U0918111

大学生创业基础
——理论与实训

杨哲旗　林海春　李连弟　编　著

科 学 出 版 社

北　京

内 容 简 介

本书是一部既符合大学生教育教学机理，又符合当代创新创业规律的创业基础教材。全书共九个模块，分别为创业导论、商机与创业、创业团队、创业财务基础、商业模式、创业风险、创业计划报告书、企业组建和项目运作。学生通过学习本书，既可以掌握创业的基础知识和基本原理，熟悉创业的基本流程和基本方法，又可以激发创业热情，提高创业意识，提升创业实践能力。

本书既可作为高等院校创业必修课的教材，又可作为社会青年创业就业培训的参考书。

图书在版编目（CIP）数据

大学生创业基础：理论与实训/杨哲旗，林海春，李连弟编著. —北京：科学出版社，2019.10

ISBN 978-7-03-062624-0

Ⅰ. ①大… Ⅱ. ①杨… ②林… ③李… Ⅲ. ①大学生-创业-高等学校-教材 Ⅳ. ①G647.38

中国版本图书馆 CIP 数据核字（2019）第 222857 号

责任编辑：吕燕新 李 海 都 岚 / 责任校对：陶丽荣

责任印制：吕春珉 / 封面设计：东方人华平面设计部

科学出版社出版

北京东黄城根北街 16 号

邮政编码：100717

http://www.sciencep.com

新科印刷有限公司 印刷

科学出版社发行 各地新华书店经销

*

2019 年 10 月第 一 版 开本：787×1092 1/16

2019 年 10 月第一次印刷 印张：12

字数：270 000

定价：36.00 元

（如有印装质量问题，我社负责调换〈新科〉）

销售部电话 010-62136230 编辑部电话 010-62135517-8032

版权所有，侵权必究

举报电话：010-64030229；010-64034315；13501151303

前　言

党的十八大以来，习近平同志把创新摆在国家发展全局的核心位置，高度重视科技创新，围绕实施创新驱动发展战略、加快推进以科技创新为核心的全面创新，提出一系列新思想、新论断、新要求。2014年，李克强总理提出“大众创业、万众创新”的号召；2015年5月13日，国务院办公厅印发《关于深化高等学校创新创业教育改革的实施意见》；2016年5月，中共中央、国务院印发了《国家创新驱动发展战略纲要》。

在新形势下，我国高校创新创业教育正在如火如荼地开展，相关教材如《创业基础》《大学生创业基础》《大学生创业教育基础》《大学生创业教育》《大学生创业教程》《创新创业教育基础》《创业管理》等，这些教材具有一定的编写水准，但都是创业教育教学理论教材，没有将创业理论与创业实训融合在一起的新形态教材，本书可填补这方面的空白。本书以高校大学生创业与管理实践案例为出发点，体现创业教育教学的新形态和实践性，帮助大学生掌握创业基础知识，熟悉创业基本原理，提高创业实践能力。

本书的结构以模块、项目及要点的形式展现，基于创业者在企业运作中可能遇到的项目、团队、资金、营销、模式及风险等创业问题，通过案例引发学生思考，使学生掌握基本的创业理论、方法、实践。

本书可满足不同层次的创新创业教育教学需要，通过增减一些模块来适应“分层分类、产教融合”的创新创业教育教学模式。在普及教育阶段，本书以大学一年级学生为对象，建议将模块一、模块二的内容融入“大学生创业基础”课程展开教学；在通识教育阶段，本书以全校选修学生为对象，建议将模块一、模块二、模块三融入“创业通识”课程展开教学；在“2+1”教育阶段，本书以有意向自主创业的大学三年级学生为对象，建议作为一门独立课程展开教学；在实践教育阶段，本书以自主创业的大学生为对象，建议根据教学需要，灵活融入全部或部分内容展开教学。

本书以独立课程的形式融入“浙江省高等学校在线开放课程共享平台”与“国家级职业教育创新创业教育教学资源库”子库建设，供全国职业院校与创业型大学的学生、创业者、行业企业及社会人员学习应用。学生可以扫描右侧的二维码，进入在线课程的学习。

浙江省高等学校在线精品课程
“大学生创业基础”

本书在编写过程中得到教育部、教学指导委员会、浙江省教育厅、浙江大学、浙江工业大学、温州大学、浙江东方职业技术学院及浙江工贸职业技术学院等单位同行的大力支持，在此表示衷心的感谢。

本书由杨哲旗、林海春、李连弟编著，申姗姗、谢姣莲、林聪伶、蔡万盛参与编写。

具体编写分工如下：杨哲旗编写模块一、模块四、模块五，李连弟编写模块二，林海春编写模块八，杨哲旗、谢姣莲编写模块六，申姗姗编写模块三、林聪伶编写模块七，蔡万盛编写模块九。全书由杨哲旗负责大纲的制定、组织编写、总纂和定稿。

由于作者水平有限，加之时间仓促，书中疏漏与不足之处在所难免，恳请广大读者批评指正。

作　者

2019 年 5 月

目　录

模块一 创业导论

教学内容

1. 创业的含义与动机。
2. 创业的意义、类型。
3. 创业者的含义、素质及要求。

教学目的

1. 了解创业的含义与动机。
2. 熟悉创业的意义、类型。
3. 掌握创业者的含义、素质及要求。

项目一 创业概述

要点一 创业的含义与动机

案例导入

小米创始人雷军的励志创业故事

雷军的首次创业是在大学四年级时，和同学王全国、李儒雄等创办三色公司。但半年以后，三色公司就解散了，这一次的创业是失败的。1992 年年初，雷军加盟金山公司。1998 年 8 月，雷军担任金山公司总经理；2000 年年底，金山公司股份制改组后，雷军出任北京金山软件股份有限公司 CEO（chief executive officer，首席执行官）。在金山公司上市后，雷军辞去了 CEO 职务。2010 年，雷军已经 41 岁了，但他还是没有停止前进的步伐，同年 4 月，雷军与 Google 中国工程研究院前副院长林斌、摩托罗拉北京研发中心前高级总监周光平、北京科技大学工业设计系前主任刘德、金山词霸前总经理黎万强、微软中国工程院前开发总监黄江吉和 Google 中国前高级产品经理洪峰，联合创办小米科技有限责任公司，并于 2011 年 8 月公布其自有品牌手机——小米手机。

（资料来源：佚名，2018. 小米创始人雷军励志创业故事[EB/OL]. (2018-10-07)[2019-11-13]. https://www.yubaibai.com.cn/article/5449.html，节选，有改动）

课堂思考：

如何理解创业动机？

一、创业的认识

人们对于创业有着不同的认识和看法，下面主要介绍几种比较受人们认可的观点。

观点 1：创业是创业者对自己拥有的资源（或通过努力能够拥有的资源）进行优化整合，从而创造出更大的经济价值或社会价值的过程。

观点 2：创业是一种劳动方式，是一种需要创业者组织、运营，运用服务、技术、器物作业的思考、推理和判断的行为。

观点 3：创业是一种思考、推理结合运气的行为，它为运气带来的机会所驱动，是创业者需要在方法上全盘考虑的领导能力。

观点 4：创业简单来说是开创事业，是指人们凭借自身的智慧与勇气，通过对资源的有效整合与利用，以达到创造价值、开拓事业为目标的一种社会活动。

二、创业的含义

狭义的创业是指创办实体企业，如创办工厂、开设公司等自主创业活动。

广义的创业是指创办企业、投资项目、自由职业、岗位就业等开拓事业的活动。这里主要介绍广义的创业。

1. 创办企业

创办企业的特点是拥有生产资料或实体，由客户付款。其优点是可以使创业者实现人生价值。其缺点是实现目标的难度较大。

2. 投资项目

投资项目的特点是可以通过货币运作方式让自己的财富增值。其优点是可以实现人生价值。其缺点是创业门槛很高，需要大量资金支持和精准锐利的投资眼光。

3. 自由职业

自由职业的特点是出卖劳动成果，买方支付报酬。其优点是相对自由；收获与付出成正比。其缺点是受技能因素、人际关系因素的限制较大；某些工种受年龄的限制也大。

4. 岗位就业

岗位就业的特点是出租劳动时间，获得薪酬收入。其优点是相对省心，收入较稳定。其缺点是不自由，有时付出与获得不成正比。

三、创业动机

1. 创业动机的含义与特征

创业动机是指创业者愿意冒各种风险去创立新的企业的激励因素。这些因素中最普遍的是独立性，即不愿意为别人工作。创业动机具有以下特征：①独立性，不愿意当雇员；②敢冒险，能够承受压力，敢闯敢干；③志向高，有目标，有韧性，能吃苦。

2. 创业的具体动机

创业动机具体体现在以下方面。

1）最大限度地实现自身价值，获得成功的满足感。一些掌握一定专业技能或者管理经验的专门人才，不满足于现状，为了最大限度地发挥自己的潜能和特长，实现自身价值，获得个人在事业上的成功而创办企业。

2）争取更高的收入，改善生活状况。为了改善生活状况，有些下岗或无业人员创办小微企业；还有一些雇员不满足于现状，为了获取更高的收入而创业。

3）拥有自己的企业，可以按照自己的意愿行动。一些人因为性格因素，不愿意受他人支配，主张自我支配生活而选择创业。

4）争取较大的自由度和灵活的工作时间。创业可以为自己争取较自由、较灵活的时间和空间，可以无拘无束地享受生活，这也是一部分创业者创办企业的动机之一。

要点二 创业的意义

案例导入

瓯塑代表性传承人——杨忠敏

2009 年，杨忠敏进入浙江工贸职业技术学院传统工艺美术研究所学习，2010 年春首次在学校创业园区接触了瓯塑艺术，经过选修课教师的指导，完成了第一幅作品——《晚霞凝香》。随着兴趣日趋浓厚，他不断创作出新的瓯塑作品。之后，杨忠敏进入学校创业精英班参加创业培训，在创业导师的精心辅导下，通过团队组建、资金筹集、细分市场等创业实践活动，逐步走上了瓯塑文化创业之路。2011 年，他创办了温州瓯塑文化艺术有限公司，任总经理，开展艺术作品的制作与营销，使中国瓯塑艺术开始走向产业化、大众化。因业绩突出，杨忠敏被评为 2012 年度温州十大经济新锐人物；2012 年荣获浙江省最佳创业规划之星——创业组第一名；荣获 2012 年度第四届“最美浙江人·文化新浙商”新锐奖。温州瓯塑文化艺术有限公司现拥有员工近百名，艺术作品远销世界各地。

（资料来源：浙江工贸职业技术学院，2016. 大学生创新创业案例选编[EB/OL]. (2017-06-12)[2019-03-04]. https://max.book118.com/html/2017/0612/113948442.shtm，节选，有改动）

课堂思考：

1. 国家为什么要提倡“大众创业、万众创新”？

2. 谈一谈杨忠敏创业的意义。

创业对国家、社会、个人都具有重要的意义。创业能为实现中国梦提供物质基础，为社会充分就业提供岗位保障，为改善个人生活水平、实现人生价值创造条件。

一、创业对国家的意义

1）“大众创业、万众创新”（简称“双创”）国家战略是践行群众路线、满足人民群众过上更好生活愿望的必然要求。创业有利于培育企业家精神，企业家是实现国家社会经济高质量发展的关键主体。充分发挥企业家的积极性，有利于实现社会资源的有效配置，提高企业的全要素生产率，进而推动我国经济往高质量和高效率方向发展。

2）创业可以带动就业，增加国家税收。在创新创业浪潮下，创业扩大了就业，使更多有创业梦想的人加入到创业队伍中，解决了一部分人的就业问题。同时，创业在全国形成了创新链、产业链、人才链、资金链、政策链贯穿一体的创新创业生态系统，成为我国经济发展的强劲动力。创业活动带来的产业增加值是国家财政收入的新来源，可以为国家提供税收，为行政开支和国防建设提供经费。

3）“大众创业、万众创新”是富民之道、强国之举。国家富强离不开人民富裕，社会文明与进步也离不开杰出的创业者。推行“大众创业、万众创新”既可以扩大就业、增加居民收入，又有利于促进社会纵向流动和公平正义，实现中华民族的伟大复兴。

二、创业对社会的意义

1）创业活动可以带动贫困劳动力实现就业脱贫，缓解就业压力。党的十七大报告提出：“实施扩大就业的发展战略，促进以创业带动就业。”通过完善支持自主创业、自谋职业政策，加强就业观念教育，使更多劳动者成为创业者。

2）创业作为“大众创业、万众创新”的组成部分，有助于推动我国经济结构的调整，打造发展新引擎，增强发展新动力，走创新驱动发展的道路。创业有助于丰富产业类型，优化产业生态，促进产业发展。

3）创业者在创业活动中势必会向社会提供产品和服务，以获取利润，提高生活水平，为社会和谐安定添砖加瓦。

4）创业实践为社会塑造奋发向上的良好氛围。创业是一项比较艰难的创新性劳动，创业过程也不可能是一帆风顺的。要想取得创业成功，就必须具备开拓者的锐意进取、不断创新的精神，探险者的百折不回、不畏艰险的勇气，掌舵者的乘风破浪、勇立潮头的魄力。通过创业实践活动将为社会培养创业者的创新精神、吃苦耐劳精神、冒险精神等，激发人民敢闯的热情，营造积极向上、奋发图强、勇于担当的社会氛围。

三、创业对个人的意义

1）创业可以增加个人财富，提升生活质量，培养敬业、诚信、合作精神，拓宽视野与思路，升华人生。

2）创业可以改变人生命运。创业是超越自我的开始，创业活动传递出一种自我努力、发愤图强的精神动力，这种动力可以改变创业者的前途和命运。

3）创业是实现自己人生价值的一个过程，令人感到满足的同时也意味着一份社会责任。通过创业，创业者不仅积累了财富，还培养出创新、冒险、敬业、合作、执着等精神特质。这些精神特质是人生价值的一部分。创业者在创业活动中，带领他人致富，为实现共同富裕贡献力量，从而实现自己的人生价值。

要点三 创业的类型

案例导入

重庆大学生卖手抓饼，两年时间连锁加盟店开遍大学城

2011 年，大学三年级的学生禹某在重庆大学开了第一家卖手抓饼的小吃店。为了追求利润最大化，禹某在顾客较多的时候一次制作 6 个手抓饼，但是这种方式并没有赢得顾客青睐。后来，他特意去成都小吃街考察，发现类似的小吃店厨师总是保持慢工出细活的状态。即使顾客在店外已经排起长队，厨师也不慌乱。禹某回到重庆，开始要求师傅一次制作 2 个手抓饼，甚至有时候一次只制作 1 个手抓饼。这种营销方式的反响很好，手抓饼保持了最好的口感，顾客反而更多了。在两年时间里，禹某就发展了 4 家直营店、1 个加工厂和 8 家加盟店。其中，加盟店的加盟费为 10 000 元，3～10 平方米的店面租金通常为 3 000 元左右，扣掉原材料、房租、水电煤及人工费用，按每家店每天卖 300 个手抓饼计算，一个月的纯利润平均为 8 000 元。

（资料来源：作者根据相关资料整理.）

课堂思考：

1. 创业有哪些类型？
2. 大学生初次创业时，为何尽量选择加盟创业项目？

一、按创业形式分类

按创业形式的不同，创业分为摊贩型创业、居家型创业、业务型创业、网络型创业。

1. 摊贩型创业

摊贩型创业以摊车为主要形式，创业者以经营餐饮、小商品为主，如出售熟肉、杂食、早点、服装、发饰等。

2. 居家型创业

居家型创业以家为工作地点。这种创业类型的优点是可以节约租金。其缺点是缺乏监督、比较，容易懈怠而导致创业失败；另外，在拓展客户方面存在难度。

3. 业务型创业

业务型创业是指创业者先在业务相似的公司工作，掌握客户来源，再以加盟或代理的方式创业，产品由加盟商或代理商提供。

业务型创业的创业者很难掌控商品的品质，故应注重服务质量。

4. 网络型创业

网络型创业主要有两种形式：①网络拍卖，即通过网络平台进行拍卖；②网络店铺，即在网络平台销售商品。

网络型创业的创业者要能够灵活运用计算机、网络等相关技术；对时尚元素具有敏感性；销售的商品具有独特性和吸引力。

二、按创业动机分类

按创业动机的不同，创业分为生存型创业、赚钱型创业、变现型创业、主动型创业。

1. 生存型创业

生存型创业的业务范围局限于商业贸易，少量从事生产、制造业。以生存型创业形式创办的企业成长为大中型企业的数量极少。其员工主要由下岗工人、失地农民、难以找到合适工作的毕业生等构成。

2. 赚钱型创业

赚钱型创业形式的创业者一般能够获得较高的回报，创业失败的概率并不高，这种类型的创业者有以下特点：①目标明确，即获得利润；②具有冒险精神；③性格独立，果断干练，不受约束。

3. 变现型创业

变现型创业是指创业者过去在事业单位掌握一定权力或者在国有企业、民营企业担任经理人期间聚拢了大量资源，在机会适当时开办企业，将过去的资源和市场关系变现，将无形资源变现为有形货币的过程。变现型创业可分为“下海”创业、辞职创业、国企承包等。

4. 主动型创业

主动型创业分为盲动型创业和冷静型创业。盲动型创业的创业者具有以下特点：自信冲动、敢于冒险；创业前不评估成功的概率，易失败；一旦成功，往往能成就一番大业。冷静型创业的创业者具有以下特点：精心谋划，慎重行事；掌握足够的资源，或者拥有精湛的技术，一旦行动，成功的概率通常较大。

三、按创业风险分类

按创业风险的不同，创业分为复制型创业、模仿型创业、安定型创业、冒险型创业。

1. 复制型创业

复制型创业的主要特征是复制原有企业经营模式、创新的成分很低、创业成功率较高。这种类型的创业缺乏创业精神内涵，不是创业管理主要的研究对象。

2. 模仿型创业

模仿型创业的主要特征是没有创造新价值、创新的成分低、创业成功率高。这种类型的创业具有较高的不确定性，学习过程长，犯错的机会多，代价较高。若经过系统的创业管理培训，掌握入市的时机，则创业成功率高。

3. 安定型创业

安定型创业的主要特征是创造市场新价值，不创造新组织，强调创业精神。这种类型的创业项目一般是创业者较为熟悉的，没有发生特别大的改变，属于企业内部创业。例如，研发单位某小组在开发完成一个新产品后，继续在该企业部门开发另一个新产品。

4. 冒险型创业

冒险型创业的主要特征是带给创业者极大改变，创业难度高；前途不确定性高，成功后所得报酬高；面临失败的风险较高。这种类型的创业对创业者能力、创业时机、创业精神发挥、创业策略研究拟定、经营模式设计、创业过程管理等各方面的要求较高。

项目二 创 业 者

要点一 创业者的含义

在有关创业者的研究中，存在以下两种对立的基本观点。

1）创业者是创造或建立任何新模式企业的个人，即企业外部的创业者。法国经济学家安·罗伯特·雅克·杜尔哥（Anne Robert Jacques Turgot）区分了创业者和资本家的概念，指出创业者以一种新的方式获得或组织生产要素以创造价值，而资本家只是“提供他需要的风险资金”。

2）创业者是革新者，即企业内部的创业者。有学者指出，企业是新组合的运行。新组合包括以下几种：①新产品或产品的新品质的引进；②新生产方式的引进；③新市场的开拓；④原材料或半成品的新供应源的控制；⑤新组织机构的运行。创业者是使新组合的自由体系不断跨越障碍的革新者，而不仅是使已建成的企业一成不变地运转的人。也就是说，创业者是能将企业资源与愿景导向相结合并对其负责的人，是不墨守成规，且能变革其轨道的人，是有眼光、有能力、敢于冒险实现创新的人。创业者是革新者，是勇于承担风险、有目的地寻找革新源泉、善于捕捉变化、对变化做出反应，并将变化作为可供开发利用的机会的人。

从构建主义角度对创业者定义进行了整合：①个体是创造新价值的一个重要或关键因素。创业者通过创建企业或某种革新为社会创造了新价值。虽然他们只是创造了大部分新价值，但这仍是经济体系合理运转的必要条件。②个体不是自动对环境刺激做出反应的机器。他们有学习和创造能力，能自我实现，因此不管环境是提供了机遇还是设置了阻碍，他们都有行动的自由。③环境中的资源促进了一个地区的创业者数量的增加。

综上所述，创业者是处于相对公平的市场环境下，通过自己或者领导的团队的一系列自由市场行为，创建一个新企业或整合固有的资源而对现有企业进行革新，从而为社会进步、经济发展、企业成长和个人财富做出贡献，在整个过程中创造大部分价值，具有个人主动性、创造性、学习能力及能够反作用于环境的个体。

要点二 创业者的素质

创业者需要具备以下素质：创业意识、创业心理品质、创业能力、竞争意识、创业精神。创业者素质是一个素质集合概念。

一、创业意识

创业者必须具备自我实现、追求成功的强烈的创业意识，它包括与创业有关的需要、动机、兴趣、理想、信念和世界观六个因素。创业意识集中表现了创业素质中的社会性，影响和支配着创业者对创业活动的态度和行为，并规定了态度和行为的方向、力度，具有较强的选择性和能动性，是创业者素质的重要组成部分，是人们从事创业活动的强大内驱动力。强烈的创业意识可以帮助创业者克服创业道路上的各种艰难险阻，使创业者将创业目标作为自己的人生奋斗目标。

案例导入

从大学时代的创新思维到世界500强——联邦快递创业之路

联邦快递（FedEx Express）公司成立于1971年，全球总部设在美国的田纳西州孟菲斯，另在中国香港、加拿大安大略省多伦多和比利时布鲁塞尔设有区域总部。2015年，联邦快递公司在全球拥有约1 200个服务中心，超过7 800个授权寄件中心，435 000个投递地点，45 000辆货运车，662架货机，服务机场覆盖全球365座大小机场，服务范围遍及世界210多个国家，日平均处理的货件量多达330万份。

联邦快递公司以其无可比拟的航空路线权及强固的信息技术基础设施，在小件包裹速递、普通递送、非整车运输、集成化调运系统等领域占有大量的市场份额，成为全球快递运输业的泰斗，并跃入世界500强企业。

20世纪60年代，联邦快递公司的创立者弗雷德·史密斯在耶鲁大学就读时撰写过一篇论文，提出了一个超越传统上通过轮船和定期客运航班运送包裹，建立一个纯粹的货运航班，用以从事全国范围内的包裹邮递的设想。这是一个具有开创性的创业设想。弗雷德·史密斯在论文中提出，在小件包裹运输上采纳“轴心概念”，并利用夜晚通过飞机运送包裹和邮件。

大学毕业后，弗雷德·史密斯当过飞行员。退役后，他在利用夜晚通过飞机运送包裹和邮件可行性研究的基础上，将从父亲那里继承的 1 000 万美元和自己筹措的 7 200 万美元作为资本金，建立了联邦快递公司。田纳西州的孟菲斯被作为公司的运输中央轴心所在地有以下原因：首先，孟菲斯为联邦快递公司提供了一个不拥挤、快速畅通的机场；其次，孟菲斯地处美国中部，自然条件优越、气候适宜。正是由于摆脱了气候对于飞行的限制，联邦快递公司的竞争潜力才得以充分发挥。

实践证明，弗雷德·史密斯的“轴心概念”将货物集中于转运中心后再出货的经营构想，的确能为小件包裹运输提供独一无二、有效的、辐射状的配送系统，是联邦快递公司成功的关键因素。除了对小件包裹运输采纳“轴心概念”的营销模式创新外，弗雷德·史密斯还能够将人们忽略的时间运用起来，将本来是低谷时段的夜晚变成生意的高峰期。

成功的选址也许对其安全记录有着重大贡献，在过去的 40 多年里，联邦快递公司从来没有发生过空中事故。联邦快递公司的飞机每天晚上将世界各地的包裹运往孟菲斯，然后运往联邦快递公司没有直接国际航班的各大城市。虽然这个“中央轴心”的位置只能容纳少量飞机，但它能够服务的航空网点要比传统的 A 城到 B 城的航空系统多得多。另外，这种“中央轴心”安排使联邦快递公司每天晚上飞机航次与包裹一致，并且可以应航线容量的要求而随时改道飞行，这就节省了一笔巨大的费用。此外，联邦快递公司相信：“中央轴心”系统也有助于减少运输上的误导或延误，因为包裹在整个运输过程都有一个总体控制的配送系统。

（资料来源：佚名，2015. 从大学时代的创新思维到世界 500 强：联邦快递创业之路[EB/OL]. (2015-02-07)[2019-05-13]. https://www.docin.com/p-1058326601.html，略有改动）

课堂思考：

联邦快递公司创业成功的关键因素是什么？

二、创业心理品质

在自主创业的过程中，创业者面对变化莫测的市场需求、强大的竞争对手，以及随时可能出现的问题和矛盾，需要具有较强的心理素质，才能够持续保持积极、沉稳的心态，即创业者要有良好的创业心理品质。创业心理品质包括独立性、敢为性、坚韧性、克制性、适应性、合作性等，反映了创业者的意志和情感，在很大程度上决定了创业者的成功。

案例导入

飞出来的“孔明灯大王”

刘鹏飞，2007 年毕业于江西九江学院。毕业后，他就毫不犹豫地踏上了开往义乌的火车。当时，他身上除了一些必备物品外仅剩 5 元钱。为了填饱肚子，同时也为了锻炼自己的工作能力，他决定先找一份工作。在一家公司做了一个月的外贸销售员后，刘鹏飞拿着 1 400 元工资，毅然辞职。当时，很多同事劝他不要辞职，因为在外面找工作不容易，不要一时头脑发热而做出错误的选择。但是刘鹏飞坚定地踏上了创业之路，丝毫不为之动摇。

刘鹏飞的创业之路并不是一帆风顺的。辞职后的一个多月，他始终没有找到合适的项目。直到有一天，刘鹏飞和朋友到公园散心，意外地看到有人燃放孔明灯。他出于好奇，就到义乌小商品批发市场购买孔明灯。出乎意料的是，在义乌这个号称全球最大的商品批发市场里竟然没有几家销售孔明灯的，这个发现让刘鹏飞欣喜不已。后来，他又对出售孔明灯的市场情况做了进一步的调查，了解到孔明灯市场竞争小、潜力大、收益高，并且有着丰富的文化内涵。刘鹏飞当机立断，开始认真地设计孔明灯销售网站，并通过网站批发销售孔明灯，第一个月就赚了几千元。从此以后，刘鹏飞更加努力地寻找客户，短短半年就积攒了 6 万元的存款。

之后，刘鹏飞开始筹建自己的工厂。在研究孔明灯的材料、制作工艺的同时，刘鹏飞的哥哥开始学习孔明灯的制作技术。短短一个月，从建厂到生产，刘鹏飞就保质保量地完成了订单所需要的全部孔明灯，获利近 10 万元。这更加坚定了他创业的决心。后来，刘鹏飞的两位亲友辞去工作，加入了刘鹏飞的公司，并分别负责外贸和采购，与负责销售和生产的刘鹏飞一起默契合作，短短半年，就将销售额提升到了 300 多万元。2009 年，刘鹏飞又推出了荷花灯、水灯等工艺灯具，产品远销欧洲的许多国家，这也为他迅速积累了数百万元的资产。

（资料来源：梁立立，2013. 刘鹏飞 飞出来的“孔明灯大王”[EB/OL]. (2013-05-29)[2018-12-21]. http://m.hexun.com/news/2013-05-29/154638949.html，有改动）

课堂思考：

刘鹏飞具有哪些创业心理品质？

三、创业能力

创业能力是一种特殊的能力，它包括决策能力、经营管理能力、专业技术能力、沟通协调能力等，影响着创业活动的效率和创业的成功。

1. 决策能力

决策能力是创业者根据主客观条件，因地制宜，正确地确定创业的发展方向、目标、战略及具体选择实施方案的能力。决策是一个人综合能力的表现，一个创业者首先要成为一个决策者。创业者的决策能力通常包括分析能力、判断能力和创新能力。

2. 经营管理能力

经营管理能力是指对人员、资金的管理能力。它涉及人员的选择、使用、组合和优化，也涉及资金聚集、核算、分配、使用、流动。经营管理能力是一种较高层次的综合能力，是运筹性能力。

3. 专业技术能力

专业技术能力是指创业者掌握和运用专业知识进行专业生产的能力。专业技术能力具有很强的实践性，要在实践中逐步提高、发展和完善。创业者要重视创业过程中专业技术方面经验的积累和职业技能的训练，对于书中介绍过的知识和经验在加深理解的基础上予以提高、拓宽；对于书中没有介绍过的知识和经验要进行探索，在探索的过程中要详细记录、认真分析，进行总结、归纳，继而上升为理论。

4. 沟通协调能力

沟通协调能力是指能够妥善地处理与公众（政府部门、新闻媒体、客户等）之间的关系，以及能够协调下属各部门成员之间关系的能力。创业者应该妥当地处理与外界的关系，尤其要争取政府部门、工商部门及税务部门的支持与理解，同时要善于团结一切可以团结的人，团结一切可以团结的力量，求同存异、协调发展，做到不失原则、灵活有度，善于巧妙地将原则性和灵活性结合起来。

案例导入

中国私人包机第一人——王均瑶

王均瑶，出生在浙江省温州市苍南县大渔镇，温州人的商业眼光在他身上一览无遗。1991 年春节前夕，在长沙做生意的王均瑶因买不到回家过年的火车票，就与几位同乡包了一辆豪华大巴回温州。在车上，他无意中说了句："汽车太慢了。"一位同乡便挖苦道："飞机快，你坐飞机回去好了。"说者无意，听者有心，这句"笑话"让王均瑶琢磨起来："是啊，能包车、包船，为何不可以包飞机？"

敢想敢为的王均瑶一过完春节就到湖南省民航部门询问开通"长沙—温州"航班的相关事宜，却被工作人员告知，温州机场是新建机场，这条航线客源尚且不足，开通后要亏本。王均瑶不相信，据他了解有 1 万左右的温州人在长沙做生意。温州人不仅将时间看作金钱，还将精力消耗作为一项经营成本。例如，往返长沙遭受的旅途之苦就是一项不小的经营成本。如果乘飞机走这条路线，虽然机票成本较高，但考虑到时间、旅行费用、精力消耗等因素，搭乘飞机的综合成本反而比乘坐长途火车再转乘长途汽车低得多。因此，他认为在长沙做生意的温州人一定看好这条"空中走廊"。基于这种分析，他大胆地抛出一句惊人之语："我要承包这条航线！"湖南省民航部门的工作人员听罢，认为王均瑶简直是异想天开。但王均瑶不气馁，他恳切地说："你们考虑的核心问题是经营风险。这个风险我来承担。我先把几十万元押给你们，等于每次先付钱，后开飞。我不押钱就不飞，这样你们就'旱涝保收'了。"这句话着实打动了对方的心，包机的突破口就从这里打开了。之后，双方的合作就在这个"先付钱、后开飞"的支点上一步步活转起来。最后经过多方协商，"温州—长沙"的包机航线开通了。

1992 年，王均瑶组建了国内第一家民营包机公司，至今已开通了 50 多条包机航线。然而，国内民航业较为特殊，王均瑶的民间包机经营业务在客观上受到限制，在许多方面很难掌握经营的主动权，因而亏损。面对出现的问题，王均瑶没有动摇创业的决心，一方面，他不断调整经营策略，开始了以地面产业养空中产业的探索；另一方面，他积极开展"当家作主，入组航空"的攻垒行动。王均瑶抓住武汉航空有限责任公司（以下简称"武航"）改制的机会，开始与武航、中国东方航空集团有限公司（以下简称"东航"）及武汉高科国有控股集团有限公司进行合作接触，向中国民用航空局、武汉市政府、东航、武航恳切表达了自己的入股心愿，并充分宣传自己的合作优势。功夫不负有心人，均瑶集团终于凭借多年来积累的航空经营经验和“近水楼台先得月”的优势，赢得了武航、中国民用航空局与武汉市政府的信任。为了进一步表示自己的诚意和决心，王均瑶向武航打入首批 5 000 万元入股资金。由此，入股事宜“一锤定音”，王均瑶稳操了入主民航业的胜券。

（资料来源：作者根据网络相关资料整理.）

课堂思考：

王均瑶创业成功的关键能力是什么？

四、竞争意识

竞争本身是提高，竞争的目的只有一个——取胜。随着我国社会主义市场经济从低级向高级发展，竞争愈来愈激烈，从小规模的分散竞争发展到大集团的集中竞争，从国内竞争发展到国际竞争，从单纯产品竞争发展到综合实力竞争。因此，创业者如果缺乏竞争意识，实际上就等于放弃了自己的生存权利。创业者只有敢于竞争、善于竞争，才有可能取得成功。

案例导入

既生“瑜”，何生“亮”

正泰集团股份有限公司董事长南存辉和德力西集团有限公司董事局主席兼总裁胡成中作为中国第一代民营企业家，讲述了既竞争又合作的故事。

1984 年 7 月，求精开关厂在温州乐清县柳市镇成立了，创办者是胡成中。1985 年，受胡成中的邀请，南存辉成了他的合伙人。两人合作的原因很简单——相互熟悉、彼此了解。此外，胡成中擅长销售（主外），南存辉懂得生产（主内），两人合作可以优势互补。当时，柳市镇已经诞生了众多的电器厂家，大部分属于家庭作坊式的工厂，产品质量比较低劣。而求精开关厂则与众不同，创办之初就很注重质量。为了保证产品质量，南存辉专程到上海，请来了一些国有电器厂的退休工程师作为技术指导。1988 年 1 月，求精开关厂又领取了国家机电部门颁发的生产许可证。1989 年，质量低劣的柳市镇低压电器遭到全国的抵制，而求精开关厂作为一家拥有生产许可证、树立了自己品牌、质量过硬的低压电器生产厂家，得到了国家六部委派出的工作组的充分肯定。温州、乐清两级政府也当即决定，将求精开关厂作为重点扶持的对象。当其他电器厂家猛然醒悟，开始大打质量牌的时候，求精开关厂已经抓住先机，遥遥领先。

1990 年，南存辉和胡成中进行了第一次“分家”，双方共用一个厂名，用一堵墙将厂房分成两个车间，各自生产，打同一品牌销售。当时，求精开关厂的总资产是 200 多万元，年产值已经达到了 1 000 多万元。经过一年的尝试，发展势头都不错，双方决定正式分开。南存辉表示：“大家走到一起是缘分，假如不能走到一起也是缘分，有些东西不能勉强，尤其是价值观。利益多一点、少一点无所谓，关键就是价值观，假如说观念不一样、想法不一样，一定要把它们揉在一起，那是非常痛苦的。而且价值观也没有对错，你怎么想都可以，怎么干都行，至于怎么干，到最后还是以成败论英雄。”

1991 年，南存辉成立了温州正泰电器有限公司，胡成中成立了乐清德力西电子元件厂，两人正式分道扬镳。20 世纪 90 年代是低压电器民营企业的黄金年代，他们抓住了国家电网改造的契机，将企业迅速发展壮大。柳市镇逐渐形成了低压电器的产业集群，并获得了“中国低压电器之都”的美誉。

1996 年之前，德力西集团有限公司一直走在正泰集团股份有限公司的前面。但在 1996 年，南存辉进行了股权结构改制，让自己的股份一再稀释，凭借稀释股权，让更多股东（企业）加盟的方式，使正泰集团股份有限公司进行了快速扩张，1996 年其销售额首次超过德力西集团有限公司。1996 年之后，正泰集团股份有限公司和德力西集团有限公司的发展轨迹也体现了两人性格和价值观的差异。正泰集团股份有限公司一直很专注：不熟悉的行业不做；跨度太大、没有优势的行业不做；要多元化也是同心多元化，最终成为低压电器行业毫无争议的龙头企业。德力西集团有限公司从 1998 年开始走上了多元化的发展道路，之后逐渐进入再生资源、房地产、物流等领域。

2006 年 12 月，德力西集团有限公司和全球 500 强企业——法国施耐德电气有限公司成立了合资公司。此前，施耐德电气有限公司一直想和正泰集团股份有限公司合作，因为南存辉始终坚持品牌的主导权和控制权，两家企业经过 10 多年都未达成合作。2010 年 1 月，正泰集团股份有限公司在上海证券交易所成功上市，成为中国第一家以低压电器为主业的 A 股上市公司。南存辉和胡成中的“斗法”还在延续。胡成中认为：“既有竞争又有合作，是战略联盟的伙伴关系。这个合作，目前来讲是价格方面的合作，大家不要竞相压价，要提高质量，共同向效益最大化、价值最大化进取。”南存辉认为：“有一个德力西在正泰身边，正泰在那儿不敢睡觉，有个正泰在德力西身边，他们也不敢睡觉，两者在不断地比赛。”

（资料来源：江远，2010. 南存辉和胡成中的分与合[EB/OL].(2010-06-22)[2019-07-09]. http://www.wanfangdata.com.cn/details/detail.do?_type=perio&id=cjj-glxj201006022，略有改动）

课堂思考：

如何看待南存辉和胡成中既竞争又合作的关系？

五、创业精神

创业精神是一种天赋，代表了一批优秀的创业者的素质，就好比温州人的“四千”精神：走遍千山万水，吃遍千辛万苦，说尽千言万语，想尽千方百计。正是有了这样一种精神，温州人才能在这么短的时间内取得巨大成就。

案例导入

千里之行，始于“足”下

1998 年，刘尊众主动从单位辞职，并瞅准了修治脚病这一市场空白，开始创业。但他没想到这一决定在家里掀起了轩然大波。他父亲知道以后，非常愤怒地说：“我宁可养你一辈子，也不要你给我出去丢人现眼。”是啊，一名大学生放着好好的工作不干，偏要下岗学修脚，这刘尊众究竟想干什么啊？是想标新立异，还是哗众取宠？一时间，众说纷纭。

虽然大家都不看好这个行业，但刘尊众还是下定决心要学修脚，可是来到报名的地方，他才发现自己连报名费都交不起。刘尊众想尽办法凑够了报名费，又将剩下的1元买了5个馒头。刘尊众回忆说："我一口气吃了4个，对当时的我来说吃干馒头都是一种奢侈。我们在练习基本功的时候，需要用到筷子。1.5元可以买100双筷子，但我没钱，只能从垃圾堆里捡别人用过的旧筷子。我在捡筷子的时候，听到别人说，'刘尊众，你咋是个拾破烂的'。听到这话的时候，我连头都不抬，因为我怕一抬头，他们看见我的眼泪。"为了学到手艺，刘尊众咬紧牙关坚持着，为了省下0.5元的公交车票，他每天骑自行车往返40里（1里=0.5千米）路去上课，渴了就喝自来水，饿了就吃干馒头。

手艺学成，刘尊众租了一间7平方米的小屋，就风风火火地干了起来。当时，修脚绝对算是稀罕事，人们印象中治疗脚病的都是"江湖郎中"，开业半个月，没有一个客人上门，刘尊众开始怀疑自己是不是真的错了，并且给自己定了个期限——假如一个月都没有客人，他就放弃。然而，就在开业第15天的时候，他终于等来了第一位客人。慢慢地，刘尊众的生意好了起来，每月能挣2 000元。然而，就在生意日渐红火的时候，刘尊众做出了一个让大家意想不到的决定——把这个店关了。因为刘尊众找不到修脚的意义。直到有一天，一位客人的一席话让刘尊众豁然开朗。客人说："你不知道，我的子女都在国外，他们每个月都给我寄很多钱，但是我脚疼，行动不便。"从那以后，刘尊众的修脚店多了一项服务，那就是为行动不便的老人提供上门服务。

刘尊众认为，可以给自己的父母洗脚是一件幸福的事。从白手起家到现在，刘尊众已经取得了成功，可他说："十年来，我最开心的其实是父亲第一次到他的修脚店来修脚。"

（资料来源：武剑，2003. 刘尊众拿别人的脚挣自己的钱[EB/OL]. (2016-01-08)[2019-07-09]. http://www.doc88.com/p-9813179056678.html，略有改动）

课堂思考：

1. 创业者在初次创业时会面临哪些困难？
2. 初次创业，创业者会选择哪些类型的创业项目？为什么？

要点三　创业者的要求

案例导入

做"不安分"的自己

朱君锋，毕业于浙江工贸职业技术学院。他是一个很"不安分"的人，不甘平淡的人生。他曾对自己说："我不能按部就班地一直走，我要挑战自己。"进入大学之前，朱君锋渴望在大学里做一些有意义的事，跟志同道合的人一起创业。进入大学之后，他尝试了很多种工作来锻炼自己，如节假日发传单、做服务生等。他认为，知识不仅来自课本，还来自社会。见微知著，虽然发传单确实是一些小事，显示不出自己的"大材"，但行动才是最重要的，任何事情只要付诸行动，就等于成功了一半，这是一种态度问题。在创业的路上，他虽然失败过很多次，但从未后悔。每次失败都是一笔宝贵的人生财富，都可以让人少走很多弯路。

浙江工贸职业技术学院浓厚的创业氛围为朱君锋的创业梦想插上了翅膀，浙江创意园、大学生科技创业园给了他创业的灵感。他在大学中认识了一批从事电子商务行业的人，自此开始学习电子商务，在这个过程中，他对电子商务行业特别有想法，特别喜欢捕捉新鲜事物。

2011 年，朱君锋成立了温州宝唐贸易有限公司，整合了温州传统的制造业，针对不同的消费群体开创了多个品牌。目前，该公司旗下品牌有“猪九戒”“模范先生”“喂！小宝”“帛藤”等。其中，“猪九戒”品牌的童鞋在市场上已经取得了很好的成绩；“模范先生”品牌主打男士鞋服市场；“帛藤”品牌主打高端女鞋市场。

2013 年 12 月，朱君锋带领自己的团队参加了浙江省首届青年网络创业大赛，经过一个多月的比拼，在全省 700 多名创业青年中脱颖而出，摘得大赛桂冠。朱君锋及其团队的创业能力和成果得到了有效的检验和肯定，大赛奖励的 15 万元的奖金及温州银行的 200 万元的授信贷款，为他在创业项目上提供了更大的合作平台。

电子商务发展到一定阶段，产品研发与自有工厂就变得尤为重要。因此，在 2015 年年底，朱君锋与温州俊辰鞋业达成合体合作。在合体合作模式中，网络营销团队等同于工厂的营销团队，弥补了工厂的电子商务短板，也弥补了电子商务在研发上的不足，合力才能吃到更大的蛋糕。有了工厂生产的自主把控，无论是在产品质量上还是在生产速度上都得到了提升。朱君锋认为，每个创业者都是勇士，人不是生来就能力超群，要多去历练。能力的自身培养＋机遇＝成功。

（资料来源：浙江工贸职业技术学院，2016. 大学生创新创业案例选编[EB/OL].(2017-06-12)[2019-03-04]. https://max.book118.com/html/2017/0612/113948442.shtm，略有改动）

课堂思考：

1. 朱君锋的身上表现出哪些素质？
2. 你从朱君锋的故事里学习到了什么？

一、创业者的心理要求

创业者的关键心理特质包括风险特质、成就特质。其中，风险特质是指创业者拥有提前预见风险的敏锐性，对不确定性具有包容胸怀，可以积极、努力地寻找降低风险的办法。成就特质是指创业者胸怀大志、自然设定目标导向，能够脚踏实地、竭尽全力地实现目标，乐此不疲、永远保持旺盛的斗志。这些关键心理特质反映了创业者的意志和情感，在很大程度上决定了创业者的成功。

二、创业者的精神要求

创业精神是指创业者在创业过程中需要具有开创性的思想、观念、个性、意志、作风和品质等重要素质，主要表现为创新、冒险、合作、执着等。

1）创新是创业精神的灵魂。创新被认为是创业精神的具体化。创业者只有具备创新精神，才可能创建新颖独特的企业，并保持一个企业的特色和可持续发展。

2）冒险是创业精神的天性。没有敢冒风险和承担风险的魄力，就不能成为一名合格的创业者。创业者的生长环境、成长背景和创业机缘虽然各不相同，但无一例外是在诸多不确定性条件下敢为人先、勇于创新的实践者。

3）合作是创业精神的精华。社会发展到今天，分工越来越细。个人无法完成所有创业需要完成的事情。真正的创业者善于合作，能将合作精神扩展到企业的每一位员工。当面临困境时，团队成员能够团结一心，奋力拼搏。

4）执着是创业精神的本色。创业的过程必然伴随着各种艰辛和曲折，因此创业者必须坚持不懈、咬定青山不放松。创业实践表明，执着的人才能在创业中生存下来。

创业精神是创业的动力，也是创业的支柱。没有创业精神就不会有创业行动，创业成功也就无从谈起。因此，创业精神对创业至关重要，是创业者必备的品质。

模块二　商机与创业

教学内容

1. 商机的含义、类型。
2. 创新思维的含义、障碍、产生方法。
3. 创业机会的特征、来源及评估。
4. 创业项目选择的要素、类型、方法。

教学目的

1. 了解商机的含义、类型。
2. 熟悉创新思维的含义、障碍、产生方法。
3. 掌握创业机会的特征、来源及评估。
4. 掌握创业项目选择的要素、类型、方法。

项目一　商　　机

创业机会无处不在，细心观察市场的万千变化，就有可能发现蕴藏商机的创业项目。下面介绍商机的含义、转化及类型。

要点一　商机的含义与转化

一、商机的含义

简单来讲，商机就是商业机会。从经济意义上来讲，商机是指由此产生利润的机会，表现为需求的产生与满足在时间、地点、成本、数量、对象等方面的不平衡状态。

商机不是一成不变的，旧的商机消失后，新的商机又会出现。好高骛远的人很难发现商机，因为商机往往存在于细微的、不受人重视的行业中。

案例导入

商机就在脚下

2019 年 4 月 6 日，30 余筐新摘的樱桃搭乘郑州至拉萨的航班，直达西藏。这是王某第一次空运樱桃。河南淅川的王某在拉萨工作已有两年，今年春天她在拉萨市场上闲逛时，发现樱桃每千克能卖到 10 元，且樱桃个大、味淡。王某暗想，自己家乡的樱桃品质好，每千克售价只有 2 元，若能运到西藏销售岂不是能赚一大笔钱，但樱桃不宜储藏、搬运，淅川到拉萨相隔千里，很可能血本无归。经过考察，王某决定采取空运的方式。2019 年 4 月 4 日，王某在家乡购买鲜樱桃 1 000 千克，分装到 30 多个竹筐里，用专车送到郑州，再搭乘郑州至拉萨的航班。4 月 7 日早晨，1 000 千克樱桃被客户抢购一空，王某大赚了一笔，之后她又积极组织货源，连续空运了三次樱桃，净收入近 2 万元。

（资料来源：作者根据相关资料整理.）

课堂思考：

如何才能准确、具体地把握商业机会？

二、商机的转化

商机转化为财富必须满足五个条件，或称为五个“合适”，具体包括：①合适的产品或服务，即在工艺、功能、材料、形式等方面都能满足消费者的产品或合适的服务；②合适的客户，即能认可企业信誉、商品，并有购买欲望的消费者；③合适的价格，即能够被客户接受的价格，被消费者认为物有所值；④合适的时空，即供应商选择的时间与地点符合客户的要求；⑤合适的渠道，即选择适合企业需求和目标的渠道模式。

要点二　商机的类型

一、商机按出现状况分类

商机根据出现状况，可以分为现有商机和潜在商机。

1. 现有商机

现有商机是指客观存在于市场过程之中，是一种有利于企业发展的机会或偶然事件，是还没有实现的必然性，如世博会、西部大开发、健康与养老等带来的商机。

2. 潜在商机

潜在商机是指凡是有利于促进企业生产，有利于企业产品开发和市场开拓，能提高企业经济效益，有利于企业摆脱困境等方面的信息、条件、事件等，如海洋开发、太空开发等商机。

二、商机按具体内容与性质分类

商机根据具体内容与性质，可以分为以下 14 种类型。

1. 短缺商机

短缺商机：有用而短缺的东西都存在商机，如高技术、真情、真品、知识等。

2. 时间商机

时间商机：在需求表现为时间短缺时，时间就是商机。例如，飞机比火车快等。

3. 价格商机

价格商机：对于需求的满足来讲，在能用更低成本满足时，低价替代物的出现就是商机。

4. 方便性商机

方便性商机：便捷、快速地满足需求存在商机，如超市、小商店并存时，寻求方便快捷的人往往选择在小商店购物。

5. 通用需求商机

通用需求商机：人们的生存需求，如衣、食、住、行等带来的商机。如果这种需求是必需的，那么在有人的地方就有这种商机。

6. 价值发现性商机

价值发现性商机：常见的物品一旦出现新的用途，就会带来新的商机。

7. 中间性商机

中间性商机：避开在竞争激烈的终端市场，另外寻找的中间性商机，如在淘金地发现卖水的商机。

8. 基础性商机

基础性商机：引起所有商机的商机。对长期的投资者来说，基础性商机是非常重要的，如社会制度、基础建设、商业规则等带来的一系列商机。

9. 战略商机

战略商机：未来一段时间必然出现的重大商机。把握住这种商机的创业者具有某种领域的远见卓识，如面临“下岗”和“致富”这种商机，主动“下岗”的人，才有可能利用这种商机。

10. 关联性商机

关联性商机：需求具有互补性、继承性、选择性，这些特性决定了地区间、行业间、商品间存在关联性商机。

11. 系统性商机

系统性商机：发源于某一独立价值链上的纵向商机，如电信业繁荣、电子信息技术行业需求旺盛。

12. 文化与习惯性商机

文化与习惯性商机：由生活方式决定的一些商机，如节日用品、食品带来的商机。

13. 回归性商机

回归性商机：人们追求的时尚具有周期性，当过去的东西又成为“短缺”物品时，随着回归心理出现而出现的商机。

14. 灾难性商机

灾难性商机：由重大的突发危机事件引起的商机。

项目二 创新思维

“穷则变，变则通，通则久”（出自《周易·系辞下》），这句话的意思是万事万物发展到一定阶段，会遇到瓶颈，原先曾经有利的条件也会成为进一步发展的障碍，这时要主动调整、主动变化，在调整和变化中寻求到新的发展路径。当今社会竞争日益激烈，大学毕业生就业难已经成为不争的事实。大学生可以转变就业思想，选择创新创业。然而思路决定出路，要想成为一位成功的创业者，大学生首先要有创新思维。本节具体介绍创新思维在创业中的应用。

要点一 创新思维概述

案例导入

卖水的淘金者

在淘金大潮来临之前，17 岁的菲利普·亚默尔像他的祖辈们一样，兢兢业业地开垦着自己的田园，依靠田地微薄的收入维持生活。

当加利福尼亚州发现金矿的消息传来，众人纷纷抢抓这个千载难逢的发财机会，背井离乡地加入了淘金的大潮，菲利普·亚默尔也是其中之一。

几年过去了，菲利普·亚默尔因为身材瘦小，虽然经受了炎热干燥的天气和饥渴的折磨，仍不遗余力，但与大部分淘金者一样一无所获。这时，菲利普·亚默尔生出了另一种心思，他悄悄地将远处的河水引入近处的水池，过滤之后用水瓶装起，卖给那些淘金者。

他的举动引起了众人的嘲笑：“千里迢迢跑来加利福尼亚州为的是淘到一本万利的金子，这种蝇头小利的生意在哪儿不能干？”“作为年轻人，不干点大事业，做这种小本买卖多没出息!”“放着现成的金子不淘，却把眼睛放在卖水上，这简直就是本末倒置嘛……”

菲利普·亚默尔一句反驳的话都没说，只是一心一意地卖水。又过了几年，淘金热渐渐冷却，绝大部分人空手而归，有的甚至因长年过度疲劳而客死他乡，只有菲利普·亚默尔靠卖水赚取了大笔资金，开办了公司，成为真正的“淘金者”。

（资料来源：佚名，2018. 美国淘金热 亚默尔[美国巨富亚默尔——卖水致富的故事][EB/OL]. (2018-08-23)[2019-07-24]. http://www.chinaks.net/tuoniao/173826.html，节选，有改动）

课堂思考：

从菲利普·亚默尔的故事中你学到了什么？

一、创新思维的概念

创新思维是指以新颖独创的方法解决问题的思维过程。在遇到问题时，创新思维能够引导人们多角度、多层次、多结构，以超常规甚至反常规的方法、视角思考问题，寻求答案，突破常规思维的束缚，提出与众不同的解决方案，从而产生新颖的、独到的、有社会意义的思维成果。

二、创新思维的特点

创新思维是创业的基石，也是创业机会的重要来源。创新思维具有以下特点。

1）新颖性。创新思维贵在创新，或者在思路的选择上，或者在思考的技巧上，或者在思维的结论上，具有独创性和首创性。

2）灵活性。创新思维没有现成的方法、程序可循，是发散性思维，人们可以自由地发挥想象力。实际上，每个问题的解决方法都不是唯一的，创新思维就是从众多可能的方案中选择最佳答案。

3）非逻辑性。创新思维往往在超出逻辑思维、出人意料、违反常规的情况下出现，是非逻辑性的产物，不能简单地按逻辑分析。

4）思维流畅性。创新思维往往是在表面上不相干的事物的启发下，思路豁然开朗而获得的。例如，托马斯·阿尔瓦·爱迪生在使用电话时，发现听筒中有杂音，据此发明了留声机，实现了对声音的保存，又在照相机的基础上发明了电影机。

5）综合性。创新是在前人的基础上进行的，必须综合利用他人的思维成果。从某种意义上来说，综合就是创造。

要点二　创新思维的障碍

定势思维是创新思维产生的最大障碍。那么，人们为什么会存在定势思维呢？思，即思考；维，即维度、方向。思维就是沿着一定的次序或者方向进行思考。人们在遇到类似问题或者表面上看相同的问题时，会不由自主地沿着上次思考的方向或次序来寻找解决问题的答案，这就形成了惯性思维。当多次以惯性思维来对待客观事物时，就会形成定势思维。

案例导入

定势思维的危害

在大山深处，住着一个孤独的人。他站在崖底，仰头望去，看到崖顶上似乎有一块肥沃的土地正等待着他去开垦耕种。

他扒着岩石，费了好大的力气终于爬到了崖顶。不出所料，这里的土地很肥沃，并且生长着许多果树。他将身上携带的绳子系到崖顶的一棵树上，带了一些果子，就顺着绳索下了山崖。

第二天，他顺着绳索上了崖顶。

第三天，他顺着绳索又上了崖顶。

第四天，第五天……第二年，第三年……他每天都沿着原先系的那条绳索爬上爬下，终于有一天他在爬到半崖的时候，那棵树因为承受不住，折断了，他从半崖掉下来，摔死了。

树会逐年衰老，崖顶并非只有一棵树，为什么不换一棵呢？

（资料来源：佚名，2014. 他是怎么摔死的[EB/OL]. (2014-02-28)[2019-08-14]. http://www.feel-bar.com/html/Article/2014/021893.html，略有改动）

课堂思考：

如何理解“一成不变，不思进取，必然会摔倒在曾经的成功下面”这句话。

定势思维主要有以下几种类型：①顺从权威型，权威专家说过了，书本上写明了，人们就坚信不疑，认为肯定是对的；②从众心理型，当群体都这样做，人们就会认为这样做肯定有道理，认为肯定是对的，盲目地顺应群体意识；③顺从经验型，过去这样做没有出现问题，人们就相信过去的经验是对的，现在仍这样做，也肯定是对的；④情感偏好型，以自己的感情偏好来认定事物的对错，认为自己喜欢的就是对的，自己不喜欢的就是错的；⑤性格决定型，如自卑型、偏执型、麻木型等性格。人的思维一旦进入定势，就会处于被动状态。

要点三　创新思维产生的方法

案例导入

头脑风暴法——直升机扇雪

某年，美国北部地区下大雪，积雪压断了高压电线，造成了巨大的损失。为此，美国通用电气公司召开会议，以期通过集体智慧找出解决方案。与会者都是不同专业的技术人员，在宣布会议的原则和目的后，大家便开始议论。有人提议用线路加温器消融积雪，有人提议安装振荡器以抖掉积雪，有人提议设计一种专用的电线清雪机清除积雪，也有人幽默地提出：“能不能带上几把大扫帚，乘坐直升机清扫电线上的积雪？”各种各样的方案陆续被提出，对于那种“乘坐直升机扫雪”的设想，大家心里尽管觉得滑稽可笑，但在会议上也无人提出批评。相反，有一位工程师在百思不得其解时，听到“乘坐直升机扫雪”的想法以后，突然冒出一种简单可行且高效率清雪的想法。他想，每当大雪过后，出动直升机沿积雪严重的电线飞行，依靠高速旋转的螺旋桨即可将电线上的积雪迅速扇落。于是，他马上提出用“直升机扇雪”的新设想，顿时又引起其他与会者的联想，有关用直升机扇雪的想法一下子又多了七八条。不到一个小时，与会的 10 名技术人员提出了 90 多条新设想。

会后，公司组织专家对设想进行分类论证。专家们认为设计专用清雪机、采用电热或电磁振荡等方法清除电线上的积雪在技术上虽然可行，但研制费用多、周期长，一时难以见效。因“乘坐直升机扫雪”激发出来的几种设想，倒是一种创新方案。如果可行，它将是一种既简单又高效的办法。现场试验结果表明，利用直升机扇雪真能奏效，一个悬而未决的难题，终于在思想碰撞中得到了巧妙的解决。

（资料来源：佚名，2015. 头脑风暴：激发团队创新的有效工具[EB/OL]. (2015-12-28)[2019-04-15]. https://www.docin.com/p-1407609137.html，节选，有改动）

课堂思考：

结合实际，谈谈创新思维的应用。

任何事情的解决都有技巧，进行创新思维活动同样存在许多技巧。如果我们能够掌握有关创新思维的一般方法，那么许多问题就会迎刃而解。心理学家阿曼贝尔指出，创新能力是个人的认识能力、工作态度和个性特征的综合表现，是在解决问题时打破旧规则、旧方法的束缚，寻求新规则的能力。创新思维是创新能力的核心，它的产生是人脑的左脑及右脑同时作用和默契配合的结果。创新思维的方法有许多种，包括发散性思维、质疑思维、比较思维、互动思维等。

一、发散性思维

发散性思维是指沿着不同方向、不同角度思考问题，从多个方面寻找解决问题答案的思维方式。这种思维方式的本质特征是多方面、多思路地思考问题，而不是局限于一种思路、一个角度、一种方法。对于发散性思维来说，当一种方法、一个方面不能解决问题时，它会主动地否定这种方法、方面，而向另一种方法、另一个方面跨越思考。它不满足于已有的思维成果，力图向新的方法、领域探索。

在日常生活中，有的人在思维过程中跨度很大，能够进行广泛的联想，但是有的人缺少一定的思维广度，思路有很大的局限性。从进行创新活动的角度来看，人们一定要具有足够的思维广度，将思维扩展，即采取发散性思维，就会产生许多奇妙的创意。发散性思维体现了思维的开放性、创新性，是事物的普遍联系在头脑中的反映。发散性思维有多向思维和侧向思维。

二、质疑思维

质疑是人类思维的精髓，善于质疑就是凡事都要追问原因，敢于肯定，更敢于否定。用怀疑和批判的眼光看待一切事物，是许多新事物、新观念产生的开端，也是创新思维的基本思维方式。

每一个正常的人都具有思考能力，这种能力在人与人之间是没有差别的，但是人们思维运用的能力不尽相同。有些人没有正确地运用自己的思维能力，方法选错了，思维的路径就错了，在错误的道路上越努力，离真理就越远。获得真理的方法是十分重要的，而正确的方法是要充分运用质疑思维来审查头脑中已有的知识和观念的正确性。首先，人们头脑中的绝大部分理论知识不是通过独立思考得来的，而是来自教师的指导；教师的知识又是通过指导他们的教师得来的，如此代代相传。在这个传承过程中，难免会存在歪曲和谬误。其次，人们自身的经验并不是十分可靠的，目睹的并不一定是事实。例如，将两条等长的直线，一条垂直放置，另一条水平放置，看起来垂直的线比水平的线长，这是视觉造成的偏差。

三、比较思维

比较思维根据角度不同，可以分为纵向思维和横向思维两种。纵向思维侧重从时间和历史的角度进行思维活动，横向思维侧重截取历史的某一横断面展开比较。

纵向思维具有历时性、同一性和预测性的特点，是从事物自身的过去、现在和未来的分析比较中，发现事物在不同时期的特点及联系，从而把握事物及其本质的思维过程。首先，历时性揭示了事物的发展过程，历时性的考察对于周期性重复的事物尤为重要。其次，同一性是指历时性所考察的事物必须是同一件事物，具有自身的稳定性和可比性。最后，纵向思维是由过去到现在，再由现在推断未来，因此它具有预测性。

横向思维具有同时性、横断性和开放性的特点。首先，同时性就是将时间范围确定下来，然后研究同一个时段中各个方面的相互关系。只有对时间进行限定之后，才可以展开横向的比较和研究。其次，横断性就是将研究的客体放到事物的相互联系中，即放到"关系"中考察。横断性可以充分展开事物各个方面的相互关系，从而揭示纵向思维过程中不易觉察的问题。最后，开放性就是要求把自己置于越来越多的事物、关系的比较中来思考问题，参与比较的关系、方面越多，发现自己的优点和缺点也就越充分。

四、互动思维

互动思维，又称为头脑风暴法，是美国学者亚历克斯·奥斯本在 20 世纪 30 年代末创新的一种激发集体智慧产生和提出创新设想的方法。他的原意为用脑力冲击某一问题。互动思维是利用集体的智慧，通过互相交流、启发和激励而产生新思想的方法。这种方法的特点如下：克服心理障碍，思维自由奔放，打破常规，激发创新性思维活动，获得新观念，并创新性地解决问题。互动思维是世界范围内应用得较为广泛的一种集体创新方法，在技术革新、管理革新、社会问题处理等许多领域都显示了它的威力。

项目三　创业机会的特征与来源

自"大众创业、万众创新"提出以来，越来越多的年轻人响应号召，积极实践创新创业活动。但是创业并非想象的那么简单，创业也并不是凭借一腔热血和一份冲劲就可以成功的。在创业前期，创业者要三思而后行。创业机会的识别和挖掘是创业成功的第一步，如果创业项目选择得好，就能迈出创业成功的第一步；如果创业项目选择不当，可能从一开始就难逃失败的命运。

案例导入

看错了市场，万元商品成"鸡肋"

王某是某大学市场营销专业二年级的学生，因为家中长辈经商，从小耳濡目染，加上所学的专业是市场营销，所以一直有创业的想法。

2016 年，王某找到一位同样有创业激情的合伙人——张某，两人将制作印度熏香作为创业项目，这个项目投资少、资金回笼快、消费群体广。他们以在校大学生作为第一目标消费群体，在校园里试销了几次，发现来咨询的人很多。于是，两人信心十足地租赁了房屋，采购了价值上万元的香料。

但当他们真正去推销时，才发现并不是所有在校大学生都喜欢这种印度熏香。在同一个寝室里，如果有人不喜欢，那么购买这种熏香的人就不好意思再用了。所以，每次都是来看的人多、表示这个东西不错的人多，但购买的人极少。

现在，积压商品成了“鸡肋”。王某第一次雄心勃勃的创业活动就不顺利，虽然损失在承受范围内，但心里很难受。

（资料来源：作者根据相关资料整理.）

课堂思考：

如何才能避免盲目地选择创业项目？

要点一　创业机会概述

创业机会，又称为商业机会或市场机会。在了解创业机会之前，我们首先要清楚什么是机会。机会就是能够促进事物发展，并取得成功的有利条件；或是实现某种目的的可行突破口等。机会是一个切入点，也是一个从开始时未成型但随着事物的发展变得成熟的过程。

由此可以推测出，创业机会是指帮助解决一个尚未被满足的有效需求市场问题的切入点。“创业教育之父”杰弗里·蒂蒙斯指出，创业机会的特征是具有吸引力、持久性和适时性，并且伴随着可以为购买者或者使用者创造或增加使用价值的产品或服务。因此，创业机会可以完整地定义为：能够帮助客户解决问题或创造价值，满足市场有效需求，并且具有市场吸引力和持久运营能力的一个适时的商业活动的切入点。创业机会的发现、分析、选择、利用等是创业研究的核心问题。

创业机会是创业活动的根源，机会无时不在、无处不在，而真正有商业价值的好创意、大商机需要有心人的精心挖掘与培育。首先，创业机会的最初状态是创业者发现未被满足的市场需求或未得到充分利用的资源，这个过程需要创业者具备敏锐的洞察力。其次，创业者需要将创业机会与实际情况相结合，形成初步的商业创意，然后进行深入的市场调研，了解未被满足的市场需求容量或未充分利用资源的决定性作用，再拟订一个完整的创业计划，不仅要考虑产品的运营、财务的运作、股权的分配等，还要考虑创业的风险及其应对策略，这就形成一个成熟的创业机会。最后，在创业计划的基础上进行正式的创业活动。创业者在进行市场调研、拟订计划或者企业运营的过程中，会对创业机会进行反思和完善，使创业机会更加成熟。从创业机会到新创企业的循环开发过程如图 2-1 所示。

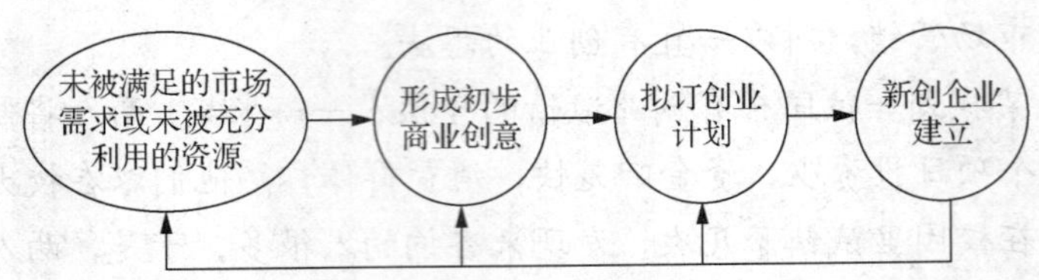

图 2-1 从创业机会到新创企业的循环开发过程

据国外不完全统计，在创业失败的案例中，有60%的人认为“创业项目选择失误导致失败”；而在创业成功的案例中，70%的人认为“良好的创业项目成就事业”。决定创业成功的首要因素是创业项目，其次是商业模式，再次是创业团队，最后是创业资金。创业机会、创业资源和创业团队是创业过程中的三大要素。在创业前期，创业机会的发掘与选择是最为关键的。

要点二 创业机会的特征

案例导入

输液器指环

项某是一名小学四年级的学生，有一次他因生病到医院输液。在输液的过程中，因为无聊，他忍不住将书本从书包里掏出来看，谁知身子一动，输液针头就不小心滑了出来，妈妈赶紧叫来护士帮他重新扎针，还用胶带将手整个绑在一块小木板上。多挨了一针不说，还挨了批评，项某心里挺不是滋味。事实上，很多人在输液时也遇到过和他一样的麻烦。在输液时，护士在患者手掌下方缠上小木板，并用胶布缠了一圈又一圈，缠得太松针头容易脱落，缠得太紧又可能让血流不畅。

从医院输完液回到家时，电视里正在播放电影《指环王》，项某看了看妈妈手上戴的戒指，发现戒指一点儿也不影响手指活动，为什么不能把这个原理应用到输液器上呢？于是他找来一根较细的 PVC 管，切成一些指环大小的圆圈，然后用强力胶水固定在输液器下方的粗导管和细导管的连接器上，做成了一个指环式固定器，把静脉针固定好后，再将指环套在指头上。这样，输液器的细软管就不会移位，针头自然更加稳固，不会脱落了。因为人的手指有粗有细，他又尝试着将指环剪断，留出一个缺口，这下再试验，不管是大人还是小孩，都能轻松地戴在任何一根手指上，同时塑料的材质不会对手指产生任何挤压。戴上它，就不需要小心翼翼地行动了，手指甚至可以弯曲，看书、发短信、喝水、上厕所，都很方便。他的父亲将这一发明申请了专利，并且将该专利转让给了一家生产输液器的厂家，获得了不少报酬。

（资料来源：佚名，2012. 小个头也有大智慧[EB/OL].(2012-08-14) [2019-07-06]. http://ycjh.xiaoxiaotong.org/news/NewsDetail.aspx?aid=18872，节选，有改动）

课堂思考：

成功创业有哪些特征？

一个好的创业机会必须是能够实行和实现价值的商业机会。一般来说，创业机会应具备以下特征：①真实的市场需求，即那些具有购买力和购买欲望的消费者有未被满足的需求；②能够收回的投资，即在承担风险和投入资源之后，可以带来回报和收益；③具有竞争力，即消费者认为购买你的产品或服务比购买其他产品或服务能够获得更多的价值；④实现目标，即满足那些具有冒险精神的人和组织的愿望；⑤有效的资源和技能，即不超出创业者所能具备的资源、能力、法律等必备条件范围。

为什么有的人总能先知先觉，发现好的创业机会呢？这就需要对创业机会进行深入研究，了解创业机会究竟存在于哪些方面。

要点三　创业机会的来源及分析

案例导入

“瘦肉精”检测纸

猪肉是日常生活中必不可少的一种食物，但是“瘦肉精”的滥用让消费者在一段时间里对猪肉颇为忌惮。人们将希望更多地寄予在检测部门的严格监管上。但是，有的时候人们还是不放心自己购买的猪肉是否含“瘦肉精”。面对消费者的这个需求，市场上出现了这样一个创意产品——“瘦肉精”检测纸。消费者只需要把煮过猪肉的水滴在检测纸上，就能够检测出有没有“瘦肉精”，而且这种检测纸对其他的药物没有交叉反应。这样简单的一个创意商品，就产生了几百万元的价值。

（资料来源：作者根据相关资料整理.）

课堂思考：

如何理解成功的创业源于解决人民群众的实际难题？

有的人将创业机会的产生归因于天赋。例如，菲利普·亚默尔在淘金浪潮中发现了卖水的商机。不过创业专家指出，如果没有平时的用心观察，机会也不会如此凑巧。无数人看到苹果落地，却只有牛顿能发现并提出地心引力学说。有的人将创业机会的产生归因于新技术的实现。例如，比尔·盖茨凭借计算机编程技术创立了微软公司，一度成为世界首富。不过，大部分的新技术发明者只成为技术骨干，而没有成为企业家。

一、创业机会的来源

目前，国内外学者对创业机会的来源众说纷纭，各研究者从不同的研究视角提出了不同的观点。比较著名的有管理学大师彼得·德鲁克提出的创新机遇七大来源：①出乎意料的情况；②现实与设想或推测不一致；③以程序需要为基础的创新；④产业结构和市场结构的改变；⑤人口统计数据的变化；⑥认知、情绪和意义的改变；⑦科学及非科学的新知识。

杰弗里·蒂蒙斯指出，创业机会主要来自改变、混乱或是不连续的状况，主要来源也是七个：①法规的改变；②技术的快速变革；③价值链重组；④技术创新；⑤现有管理者或投资者管理不善；⑥战略型企业家；⑦市场领导者短视，忽视潜在客户需要。

仔细推敲几位学者的思想发现，创业机会来源的界限并不分明，彼此之间有相当多的重叠部分，有的甚至是同样事物不同的观察角度。

二、创业机会来源的具体分析

总结前人的研究，创业机会来源大致可以分为以下四类：①把握趋势变化，包括政策变化、社会人口变化、自然环境变化、民众焦点变化、产业结构变化等；②捕捉差异市场机会，包括改良现有产品、满足消费者差异需求等；③利用新知识、新技术的更替，创新产品；④解决未满足的需求。

1. 把握趋势变化

趋势变化包括国家政策变化、社会人口变化、民众焦点变化、自然环境变化、市场环境变化、产业结构变化等。任何一项外部因素的变化，都会对现有成熟的社会供需体系产生影响，需要重新适应这种变化，在这个适应的过程中，就是重要的创业机会来源。

（1）政策变化

例如，近几年，国内雾霾严重，百姓苦不堪言，为此政府下决心改变能源结构、治理雾霾，各部门和各地方政府都出台了一系列政策文件，如原环境保护部发出《关于加强机动车污染防治工作推进大气 PM2.5 治理进程的指导意见》；财政部等多部委下发《关于开展私人购买新能源汽车补贴试点的通知》；北京公布了《北京市大气污染防治条例》等。雾霾的出现，为防治雾霾开辟了空白市场，而治理雾霾政策的出台为生产检测、治理雾霾的产品或服务的企业奠定了稳定的市场基础，也为许多环保设备公司提供了生机。国内空气质量检测设备生产龙头企业先河环保公司，在相关政策出台后一举拿下广东、山东和河北三地的空气质量检测设备生产合同，总金额超过 1 亿元。此外，由于雾霾，不少企业的空气净化器卖到“断货”，甚至一些国外企业也进军中国市场。淘宝网站的数据显示，一款总价近 4 000 元的飞利浦空气净化器，月销售量竟然达到 1 100 多台。

（2）社会人口变化

我国的人口结构因受国家政策影响，呈特殊的“纺锤形”分布，即两头小（老龄人口和幼儿人口少）、中间大（中青年人口多）。随着时间的推移，中间部分的中年人口逐渐步入老年状态。

我国从 1999 年正式进入老龄化社会，到 2010 年，60 岁及以上的老年人口达 1.78 亿，占总人口的 13.26%，老龄化问题尚不突出。但是，据预测，2011 年以后的 30 年里，人口老龄化将呈现加速发展态势，2040 年 60 岁及以上人口占比将达 28%左右，全面步入老龄化社会。到 2050 年，60 岁及以上老人占比将超过 30%，社会进入深度老龄化阶段。

老龄化程度不断加深，老年人医药需求、生活服务需求、精神娱乐需求、丧葬需求都会急剧增大，这其中会蕴藏着众多的创业机会。

人口结构呈“纺锤形”分布，除了带来老年市场以外，也意味着社会的幼儿人口比例较低，每个幼儿占有的社会资源也就更多，进而带来幼儿市场的快速发展，形成了一个巨大的“利益蛋糕”。

（3）自然环境变化

自然环境相对比较稳定，以此带来的商业机会比较少，但是因自然环境而产生的创业机会往往容易得到民众和政策的支持，其成功率比较高，比较典型的有防风固沙的植被种植项目、空气污染颗粒物检测项目等。

（4）民众焦点变化

党的十八大之后，改革成为我国民众关注的焦点。2018 年，随着供给侧结构性改革、国企改革、创新创业发展的持续推进，经济将在各种不确定和冲击中构筑新的增长动力。目前，国内面临着传统行业产能过剩、非金融国有企业的高杠杆等问题。契合时代特点的新变化，则是如何推进新经济、新业态。当新经济从信息技术（information technology，IT）时代升华到人工智能（artificial intelligence，AI）时代，中国在 IT 时代引领着共享经济的发展方向，尤其在电商经济和互联网支付方面给全球提供了范本。聚焦 AI，特别是推进 5G 技术商用，全球都在激烈竞争和抢夺市场先机。中国要在技术软硬件和市场应用的竞争中脱颖而出，打造中国经济在新科技革命时代的新动能。

（5）产业结构变化

产业结构一般可持续多年，在一定时间内从表面上看非常稳定。实际上，产业结构在受到冲击时，就会瓦解，而且速度很快。当原来的产业结构迅速瓦解时，就是创业机会兴起的一个重要时机。这几年，国家对节能减排工作的支持力度非常大，对一些高耗能、高投入、低产出的企业进行淘汰整顿。例如，淘汰了对自然环境破坏作用大的各类小煤矿和小型煤火发电机组，使风能发电和光伏发电成为一个不错的创业机会。另外，随着国家海洋经济概念的提出，海水养殖及产品深加工和海洋渔业资源的开发等也都提供了大量的创业机会。

2. 捕捉差异市场机会

改良现有产品是企业面对越来越激烈的市场竞争，为了避免产品吸引力减弱、产品同质化、产品市场前景不明等带来的困扰，打造核心竞争力，掌握市场话语权的重要举措。消费者需求的产生与满足的方式在时间、地点、成本、数量、对象等方面存在差异，把握住消费者差异需求的企业就能够迅速改变营销策略，制定相应的对策，以适应市场需求的变化，提高企业的应变能力和竞争力。

3. 利用新知识、新技术的更替

新知识和新技术是创建新企业的“金钥匙”。突破性的新知识和新技术往往可以获得更多关注和更多财富，也是人们通常所指的创新。以创新知识带动的创业机会数不胜数，以 IT 行业的兴起为例，美国硅谷掀起的高科技创业浪潮席卷全球，诞生了微软公司、戴尔公司、雅虎公司等世界 500 强巨头，让世界清楚地看到创新知识对于创业活动的推动作用。以创新知识为基础的革新不仅给企业带来了巨大的利润，而且给企业带来了响亮的名声，成为企业精神的巨大载体。

4. 解决未满足的需求

实际上，很多绝妙的创业机会与新产品构想来自消费者苦恼或者抱怨的事情。因为苦恼、抱怨的事情是消费者迫切希望解决的，并且愿意付出相应的代价。因此，如果在消费者可以接受的代价范围内，能够提供有效的解决办法，那么这就是一个创业机会。

项目四　创业机会的评估

成功与失败之间，除了不可控制的运气因素之外，还有许多创业机会在开始时，就已经注定了失败的命运。创业本身是一种做中学的高风险行为，失败也是为下一次创业成功奠定基础，如果创业者能先以比较客观的方式对一些先天"体质不良"、市场进入时机不对或者具有致命瑕疵的创业构想进行评估，那么许多创业活动就不会失败，创业成功的概率也可以大幅提升。所以，我们需要针对创业机会制定一套评估准则，为创业者创业提供决策参考。

要点一　创业机会与市场因素

一、市场定位

一个好的创业机会，不仅要有市场，而且市场定位要准确，专注于满足消费者需求，同时能够为消费者带来增值效果。因此，在评估创业机会时，可由市场定位是否明确、消费者需求分析是否清晰、消费者接触通道是否通畅、产品线是否持续衍生等，来判断创业机会可能创造的市场价值。若创业机会给消费者带来的价值越高，则创业成功的机会就越高。创业者在选择项目前需要对特定消费群体进行市场调研，知其所好，投其所好，乘"需"而入，推出新产品或新服务，从而领先一步占领市场。

二、市场结构

市场结构主要反映了企业在市场竞争中的地位和企业市场势力。因此，对创业机会的市场结构（包括进入障碍、供货商、经销商的谈判力量、替代性竞争产品的威胁，以及市场内部竞争的激烈程度）进行分析，对于创业者来说具有重要意义。通过市场结构分析可以得知，新创企业未来在市场中的地位，以及可能遭遇竞争对手的反击程度。分众传媒有限公司创始人江南春就说过，世界上有四种壁垒：一是制度壁垒；二是资金壁垒；三是技术壁垒；四是稀缺性资源的占有壁垒。

三、市场规模

市场规模与成长速度直接决定着新创企业的利润空间，是影响新创企业成功的重要因素。如果新创企业进入的是市场规模大且还在发展中的市场，那么新创企业的进入障碍相对较低，市场竞争激烈程度也会相应下降，不需要占有太大的市场份额，就可以拥有较大的利润空间，也就有较好的生存和发展空间。如果进入的是一个十分成熟的市场，那么纵然市场规模很大，由于发展空间已经不再成长，利润空间也必然很小，新创企业的生存空间也会比较小。例如，现代社会的计算机硬件业，虽然市场规模很大，但是已经非常成熟，利润空间极小，新创企业一旦进入，将直接面对生存空间问题。市场规模与机会窗口密切相关。

四、市场份额

市场份额，即创业机会预期可取得的市场占有率目标，可显示新创企业未来的市场竞争力。如果新创企业未来能够占有20%的市场份额，则表明该企业的潜力十分巨大，有机会成为市场的领导者。而对于一个市场份额不到5%的企业而言，是很难吸引投资者进入的，因为这样的企业在未来创造的价值可能比其账面价值高不了多少。

五、成本结构

产品成本控制关系到新创企业的发展空间和行业竞争力。若新创企业产品成本低，则竞争力强，企业有较好的发展空间。但由于龙头企业生产规模大、管理模式成熟、人员技术熟练，一般能够较好地控制生产成本，而新创企业要降低成本，最好的方式是改善生产技术或者降低原材料成本等。

要点二　创业机会与经济因素

一、税后净利

考虑到新创企业可能会面临各种风险，合理的投资回报率应该保持在25%以上，以提高抗风险能力。因此，创业机会预期税后净利润需要保持在15%以上，才是一个具有吸引力的创业机会；如果税后净利润在5%以下，那么就不是一个值得考虑的创业机会。

二、达到盈亏平衡所需的时间

合理的盈亏平衡所需的时间应该在两年以内，如果三年还达不到盈亏平衡，那么就不是一个值得投入的创业机会。不过，有的创业机会确实需要经过较长的耕耘时间，并通过这些前期投入创造进入障碍，保证后期的持续获利。在这种情况下，前期投入可以视为一种投资，而较长的盈亏平衡时间就可以获得容忍，如新轨道交通动车、地铁等项目的创业机会。

三、毛利润

毛利润高的创业机会，相对风险较低，也比较容易达到盈亏平衡；反之，毛利润低的创业机会，风险较高，遇到决策失误或产生较大变化的时候，企业很容易遭受损失。一般而言，理想的毛利率是40%。当毛利率低于20%的时候，这个创业机会就不值得考虑。

四、资金需求量

资金需求量中等或较低的创业机会，一般比较受投资者的欢迎。资金需求量过高并不利于创业，甚至会带来稀释投资回报率的负面效果。通常，越是知识密集型的创业机会，对于资金的需求量越低，投资报酬反而越高。因此，创业初期一般不要选择资金需求量过大的项目。

五、资本市场活力

当处于一个具有高度活力的资本市场时，它的获利回收机会相对较高。不过资本市场的变化幅度极大，在市场高点时投入，资金成本较低，筹资相对容易。但在资本市场低点时，投资新企业开发的诱因较低，好的创业机会也相对较少。但对投资者而言，市场低点的成本较低，有时投资回报反而会更高。一般而言，新创企业在活跃的资本市场比较容易创造增值效果，因此资本市场活力也是一项可以被用来评价创业机会的外部环境指标。

六、退出机制

所有投资的目的都在于回报，因此退出机制对于创业机会的评估也相当重要。退出机制主要有企业被收购或出售、公开发行股票等途径。因为企业退出市场的难度往往要高于进入市场，所以一个具有吸引力的创业机会，应该为所有投资者考虑退出机制，以及退出的策略规划。

要点三　创业机会与人为因素

一、创业者

创业过程中可能会遇到极大的困难、挑战与风险，因此创业者有必要明确自己的创业动机，以利于判断愿意为创业活动付出代价的程度。一般认为，创业机会与个人目标的契合程度越高，创业者投入意愿与风险承受意愿就越大，创业目标实现的概率也就相对越高。因此，一个具有吸引力的创业机会，一定是能够充分与创业者个人目标相契合的。

创业者需要具备创业必需的能力，如知识、技能和特质等。如果不具备，他们需要学习并提高这些能力。许多小企业的管理者是基于他们的能力才创办企业的。

创业者最好选择自己有独特优势资源的创业项目。俗话说：靠山吃山，靠水吃水。如果创业者能独具慧眼，发掘身边特有的资源进行投资开发，往往容易取得成功，因为在这种情况下，创业者没有或少有竞争对手。因此，创业者应尽量选择与自己的专业、经验、兴趣、特长相关的项目，整合自己的优势资源，如个人资历、专利权、地区优势等。如果创业者整合到创业项目中的资源越多，那么产品的市场竞争力就越高，创业成功的可能性也就越大。

二、创业团队

创业过程中会遇到资金、竞争、市场等风险决策，而规避风险的核心是创业团队。现代社会，投资者往往将创业团队组成视为创业机会的一个重要衡量尺度。

创业团队对于行业的相关经验与了解深度也会影响创业机会的成功实现，一般需要在创业团队中配备行业内的专家；否则，再好的创业机会，如果创业团队不具备相关产业经验或专业背景，也很难成功。因此，由具有卓著声誉的创业者领军，结合一群各具专业背景的成员所组成的创业团队，加上紧密的组织凝聚力与共同的价值观，这种创业团队组合可以视为创业成功的最佳保证。

要点四 创业机会的时效

案例导入

寻呼机退出历史舞台

世界上最早被后人称为“无线寻呼机”的那个小黑匣子诞生于 1948 年的美国贝尔实验室，它被当时的人们亲切地称为“带铃的仆人”。寻呼技术真正发展的时期是在 20 世纪 80 年代。在这一时期，世界发生了巨变，不仅加快了世界一体化进程，同时也加快了信息技术的发展。在中国，寻呼技术是在 1984 年由上海率先引进的。20 世纪 90 年代中后期，中国开始有企业生产寻呼机；1998 年，中国的寻呼机用户数量突破 6 546 万，名列世界第一，高峰时全国与寻呼机相关的企业达 5 000 多家，用户总数超过 8 000 万。而中国联通寻呼机在全国拥有近 4 500 万的用户，市场占有率超过 60%。但是，中国的寻呼机制造企业很少有对技术进行前瞻性研究的，他们认为，中国有 12 亿人口，有很大的寻呼机市场。的确，按人口来讲，若全国寻呼机普及率达 10%这一世界低水平，中国的寻呼机市场就有 1.2 亿以上的用户。但发展有一个时间和技术问题。中国的寻呼机市场停滞不前是很现实的，部分沿海城市已经表现出来，如珠海，寻呼机用户已经从 27 万以上下降到 15 万以下，其他城市也即将发生类似的情况。2001 年，北京多家寻呼机企业并入联通后，国内寻呼机企业巨头润迅通信也宣布将寻呼业务并入联通。到 2006 年 2 月，全国的寻呼机用户只剩下 1 044 户。至此，寻呼业在中国完全从巅峰坠入谷底。

从 1984 年正式进入中国，到 20 世纪 90 年代末达到高峰，再到寻呼机销声匿迹，寻呼业在中国的 20 多年经历了完整的生命周期。

（资料来源：马小真，2007. 寻呼机退出江湖 BP 年代的浪漫记忆今何在[EB/OL]. (2007-04-04)[2019-03-15]. https://news.sina.com.cn/c/2007-04-04/174712696360.shtml，节选，有改动）

课堂思考：

寻呼机退出中国市场的原因是什么？

创业者能否抓住创业机会成功创业，不仅取决于该创业机会的潜在市场价值大小，还取决于该创业机会的时效长短。杰弗里·蒂蒙斯称创业机会时效长短为机会窗口，他指出机会存在或产生于现实的时间中。机会窗口是指特定的创业机会存在于市场中的一定时间跨度，创业者只有在适当的时间内实施创业才有可能获得相应的投资回报（图 2-2）。

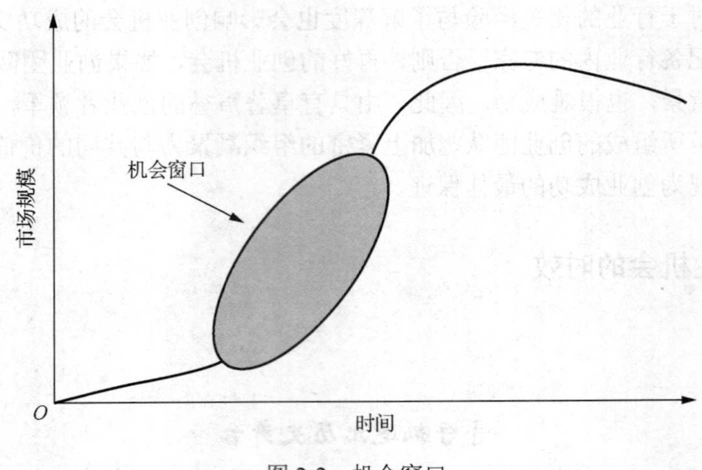

图 2-2　机会窗口

图 2-2 就是一个产品或者行业的机会窗口示意。在产品或行业的发展初期，市场规模发展较为缓慢，曲线的坡度比较平缓，创业机会出现的概率也不大，机会窗口尚未打开。随着时间的推移，产品或行业的大众接受度提高，市场规模高速增长，创业机会也越来越多、越来越明显。经过一段时间的发展，市场规模逐渐稳定并最终饱和，机会窗口就会关闭。因此，整个机会窗口的发展过程实际上也是创业机会的生命周期。

因此，创业者能否及时掌握机会窗口打开的时机，以及判断机会窗口是否拥有足够的获利时间长度是决定创业成败的关键。美国的一项调查研究表明，当机会窗口获利的时间长度短于 3 年时，新创企业投资的失败率高达 80%以上；当机会窗口获利的时间长度超过 7 年时，几乎所有投资的新创企业都能获得丰厚的回报。

创业者往往喜欢在第一时间追逐投资市场上尚未出现的全新产品，抢占空白市场。但因为市场接受度较小，机会窗口尚未打开，所以未必能获得丰厚的回报。

要点五　创业机会的评估标准

所有的创业行为都来自绝佳的创业机会，创业团队与投资者均对创业前景寄予极高的期待，创业者更是对创业机会在未来所能带来的丰厚利润满怀信心。

1）市场评估准则。该准则主要有市场定位、市场结构、市场规模、市场渗透力、市场占有率、产品的成本结构等。

2）效益评估准则。该准则主要有合理的税后净利、达到盈亏平衡所需的时间、投资回报率、资本需求、毛利率、策略性价值、资本市场活力、退出机制与策略等。

杰弗里·蒂蒙斯的创业机会评价标准涉及行业与市场、经济因素、收获条件、竞争优势、管理团队、致命缺陷的问题、个人标准、理想与现实的战略差异 8 个一级指标，51 个二级指标，见表 2-1。

表 2-1　创业机会的评估标准

一级指标	二级指标	说明
行业与市场	市场	市场容易识别，可以带来持续收入
	顾客	顾客可以接受产品或服务，愿意为此付费
	用户利益	产品的附加值高
	增值	产品对市场的影响力高
	产品生命周期	将要开发的产品生命周期长
	市场结构	项目所在的行业是新兴行业，竞争不完善
	市场规模	市场规模大，销售潜力达到 1 000 万~10 亿元
	市场成长率	市场成长率在 30%~50%，甚至更高
	市场容量	现有厂商的生产能力几乎完全饱和
	5 年内可达的市场份额	在 5 年内能占据市场的领导地位，达到 20%以上
	成本结构	拥有低成本的供货商，具有成本优势
经济因素	潜在的投资回报率	投资回报率在 25%以上
	资本要求	项目对资金的要求不是很大，能够获得融资
	自由现金流的特征	有良好的现金流量，能占到销售额的 20%~30%
	销售增长	销售额年增长率高于 15%
	资产强度	资产集中程度低
	正常运营资本	运营资金不多，需求量是逐渐增加的
	研发资本开支	研发资本开支不大
	毛利	能获得持久的毛利，毛利率在 40%以上
	税后利润	能获得持久的税后利润，税后利润在 10%以上
	达到盈亏平衡所需时间	达到盈亏平衡所需时间在 1.5～2 年
收获条件	附加值潜力	项目带来附加价值具有较高的战略意义
	退出机制和战略	存在现有的或可以预料的退出方式
	资本市场内容	资本市场环境有利，可以实现资本的流动
竞争优势	固定成本和可变成本	固定成本和可变成本低
	对成本、价格和分销的控制力	对成本、价格和分销渠道的控制程度高
	产权保护	已经获得或可以获得对专利所有权的保护
	反应/领导时间	竞争对手尚未觉醒，竞争程度弱
	法律、契约优势	拥有专利或具有某种独占性
	契约和网络	拥有发展良好的网络关系，容易获得合同
	关键人物	拥有杰出的关键人物和管理团队
管理团队	创业者团队	创业者团队是一个优秀管理者的组合
	技术经验	技术经验达到了本行业的最高水平
	整合	管理团队知道自己缺乏哪些方面的知识，并通过整合弥补不足
	理性诚实	管理团队的正直廉洁程度能达到最高水准
致命缺陷的问题		不存在任何致命缺陷问题

续表

一级指标	二级指标	说明
个人标准	目标和适配性	个人目标与创业活动相符合
	上升/下降趋势的问题	创业者可以做到在有限的风险下实现成功
	机会成本	创业者能接受薪资减少等损失
	愿望	创业者渴望进行创业这种生活方式，而不只是为了赚取利润
	风险/回报容忍度	创业者可以承受适当的风险
	压力承受力	创业者在高压下，状态依然良好
理想与现实的战略差异	适配程度	理想与现实情况相吻合
	团队	管理团队已经是最好的
	服务管理	在客户服务方面有很好的服务理念
	时机	所创办的事业顺应时代潮流
	技术	所采取的技术具有突破性，不存在许多替代品或者竞争对手
	灵活性	具备灵活的适应能力，能快速地进行取舍
	机会导向	始终在寻找新的机会
	定价	定价与市场领先者几乎持平
	分销渠道	能获得销售渠道，或已经拥有现成的销售网络
	容错空间	能够允许失败

要点六　未来创业投资热点

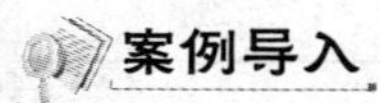

未来的投资热点

1999 年 2 月，在杭州马云的家中，18 位创业成员或坐或站，围绕着慷慨激昂的马云，召开了第一次全体会议。在这次“起事”的会议上，马云和伙伴们共筹集了 50 万元本金，并进行了全程录像，马云坚信这将有极大的历史意义。

在这次会议上，马云说：“我们要办的是一家电子商务公司，我们的目标有三个：①我们要建立一家生存 102 年的公司；②我们要建立一家为中国中小企业服务的电子商务公司；③我们要建立世界上最大的电子商务公司，要进入全球网站排名前十位。”从这天开始，马云坚定不移地做起电子商务。尽管只有 50 万元创业资金，但马云首先花了 1 万美元购买了阿里巴巴的域名，并注册了 alimama.com 和 alibaby.com。

（资料来源：佚名，2018. 马云创业详细经历[EB/OL]. (2018-09-15)[2019-06-29]. http://www.sohu.com/a/254090426_100257840，节选，有改动）

课堂思考：

未来投资的热点有哪些？

未来的企业家要有全球观、全局观、利他观、乐观主义精神、理想主义精神，才能生存。企业家应该有危机感，要从等政策转变到懂政策，提前进行战略布局；否则，企业就难逃被洗牌的命运。下面主要介绍几个未来创业投资的热点。

一、环保节能产业

环保节能项目是目前国家重点发展的项目，也是七大新兴产业的首选项目。国家将最新的节能环保项目作为创业项目推荐，是为了鼓励更多的企业发展节能环保产业，提高国民节能环保意识，故市场发展空间较大。

二、现代农业

进入 21 世纪，发展现代农业成为我国新农村建设的首要任务，资源节约型、生态保护型农业成为现代农业的主要形式。因此，抓住机遇，发展现代农业作为投资项目是十分符合社会经济发展趋势的。

三、保健行业

随着人们物质生活水平的不断提高，人们对健康的关注度也越来越高，保健产业作为朝阳产业，有着广阔的发展前景和发展空间，是未来创业投资的一大热点。

四、文化产业

中国特色社会主义进入新时代，我国社会主要矛盾已经转化为人民日益增长的美好生活需要和不平衡不充分的发展之间的矛盾。人民美好生活需要日益广泛，对物质文化生活提出了更高要求，给文化产业开辟了巨大的市场空间。在新形势下，国家将进一步推进文化产业供给侧结构性改革，加强顶层设计，加大政策保障，以培育文化企业、建设文化产业项目为抓手，企业应该紧抓这一历史机遇，为文化产业的发展壮大贡献力量。

五、汽车服务业

汽车已经成为居民日常生活中的代步工具，汽车市场日益扩大，这就产生了汽车“后市场”经济的巨大商机。它涵盖汽车维修、保养、美容、清洗、年检、后续保险、安全、防盗、二手车交易等多个领域。据调查，我国 60%以上的高档汽车有美容的需求；70%的车主愿意安装防盗报警设备。罗兰贝格公司的调查报告指出，中国汽车后市场交易额已达 2 000 亿元左右。而且，汽车美容、汽车装饰、汽车维修等领域的创业门槛并不高。其中，汽车美容这一项就被不少业内人士认为是前景广阔的投资产业，汽车美容将成为投资热点。

六、休闲旅游产业

近几年，中央和各地方政府大力发展旅游业，使旅游经济迅速崛起，成为现代服务业中新兴产业之一。其已成为涵盖旅游、观光、度假，以及相关的餐饮、住宿、交通、通信、文化娱乐、纪念型工艺美术品等众多行业的综合产业。

七、母婴服务行业

现今，母婴服务行业的发展渐臻成熟。很多投资者纷纷将目光转向母婴服务行业，使母婴服务行业成为一大投资热点领域。

八、家居饰品

以前，很多消费者认为家居饰品行业只是一个极不起眼也成不了多大气候的行业。但据统计，全国家居饰品消费量自 2000 年以来以每年 30%以上的速度增长。可见，家居饰品行业前景广阔，可以作为未来创业投资的备选。

九、收藏品投资行业

收藏活动在中国有着悠久历史。收藏品在具有艺术鉴赏价值的同时，还具有一定的经济价值。收藏品具有艺术性和不可再生性，其价值会随着时间的推移而有升值之势，因此具有稳定的回报率。如今，创业领域日益宽广，创业途径不断增多，收藏品的创业含金量也开始被越来越多的人发现，他们通过藏品交易，将兴趣爱好变成了创业捷径。

十、美容美体行业

近年来，美容美体等观念在大众媒体的猛烈宣传下被极大地激发出来，也因此拉动了美容美体行业的发展。

项目五 创 业 项 目

要点一 创业项目选择的要素

案例导入

电子商务代表——王淑娟

王淑娟，四川青川县人，毕业于四川音乐学院。汶川地震后，看到花菇、天麻、蜂蜜等丰富的土特产因为销路不畅而使农民“抱着金饭碗受穷”，于是 23 岁的王淑娟选择返回家乡，利用电子商务来经销蜂蜜等农产品。2010 年，王淑娟创立了青川森花王氏蜂业和青川县川申农特产开发有限公司，注册了“青川王氏蜂业”网店，进入了蜂蜜养殖销售行业。为了实现自身的转型，开拓青川农产品市场，2011 年，她专程去澳大利亚留学。在澳大利亚学习期间，王淑娟尝遍了澳大利亚和新西兰的蜂蜜，同时学习了他们的蜂蜜品牌文化、品牌价值的推广。回国后，在当地政府的帮助和指导下，她开始了新一轮的农业创业实践——推进了农业产业化，实现了立体经营“青川山珍”的梦想，现已初步建立了一个集农户、合作社、加工厂、开发公司于一体的现代化农业产业化企业。目标是发挥团队优势、扩大销路，加强合作社的推广力度和规模，充分发挥电子商务平台优势，结合生态旅游做好文章。

（资料来源：佚名，2018. 阿里巴巴纽交所上市 8 个敲钟人之一电商服务商王淑娟个人资料介绍[EB/OL]. (2015-08-17)[2019-07-16]. http://mip.nxing.cn/article/917137.html，节选，略有改动）

课堂思考：

选择创业项目需要考虑哪些要素？

一、创业项目

创业项目是指创业者为了达到商业目的具体实施和操作的工作。创业项目有很多种类，从行业来看，创业项目可以分为餐饮项目、服务项目、零售项目等；从性质来看，创业项目可以分为互联网创业项目和实体创业项目；从观念来看，创业项目可以分为传统创业项目、新兴创业项目；从投资来看，创业项目可以分为无本创业项目、小本创业项目、微创业项目等；从方式来看，创业项目可以分为自主创业项目、加盟创业项目、体验式培训创业项目和创业方案指导创业项目。

二、优质创业项目的特征

优质创业项目具有以下特征：①具有真实的需求；②能够收回投资；③具有竞争力；④能够实现目标；⑤具有有效的资源和技能。

三、优质创业项目的来源

优质创业项目的来源有以下几种：①根据创业者个人爱好和兴趣发展的项目；②创业者凭借个人的技能和经验能够运转的项目；③特许经营项目；④大众传媒（报纸、期刊、电视、互联网）宣传的项目；⑤展览会项目；⑥市场调查得到的项目；⑦为解决人们的痛点而产生的项目；⑧头脑风暴产生的项目；⑨创造力产生的项目。

四、选择创业项目需考虑的要素

1. 创造的价值

现在不少企业在抱怨："为什么现在营销变得越来越困难了""客户的注意力越来越难吸引""流量越来越贵""代言人也没过去那么管用了"等。其实，产生这些问题的最重要的原因是价值创造无法满足客户需求。所有行业都是为"人"服务的，因此企业应当首先了解消费者的需求，如消费者需要什么，是否是刚需和高频，面临的痛点是什么，根据这些资料来判断，才能更好地选择创业项目。其次，企业需要调研市场，需要明确这个项目带来的好处和弊端。

2. 拥有的资源

创业者空有资源，而不了解消费者的需求，是很难实现其价值的。一般资源的来源是技能、兴趣爱好、人际关系。例如，一个普通人大部分的资源和人际关系来自工作、家庭和社交圈，而这些就是选择项目时的一个很好的标准。如果在创业时期，创业者某些方面有所欠缺，就需要采取其他战略措施（如转变创业方式或是整合他人资源）实现创业。

3. 盈利的模式

在创业时期对未来的预测比较困难，需要创业者明确自己的盈利模式。一个清晰的盈利模式能为项目带来更大的收益。盈利的前提是选择好目标消费群体，选择目标消费群体时，需要创业者不断尝试。

4. 价值的延续性

创业项目有很多，在选择时，不仅要考虑创业者发现、思考和解决问题的能力，还要考虑创业项目带来的价值的延续性。可持续发展是很多企业要面临的问题，毕竟在社会市场中，想要保持一定的竞争力是非常不容易的。对于大多数创业者来说，一旦选择了创业项目，就需要不断地探索、学习，努力挖掘创业项目的价值，并使其保持可延续。

5. 其他要素

创业者在选择创业项目时，还需要考虑产品市场的发展前景、自身拥有的技术、投入资金的数额、团队成员的选用、营销渠道的设立、运营风险等其他相关要素。

案例导入

大疆汪滔：技术青年创造无人机神话

2006 年，汪滔在攻读研究生时，与两位同学一起创立了大疆创新科技有限公司（以下简称“大疆”），并招募了几位成员，研发生产直升机飞行控制系统。

汪滔在公司创立初期的主要工作是技术研发，他在本科毕业设计成果的基础上继续开发飞控系统。2008 年，大疆研发出了第一款较为成熟的直升机飞控系统 XP 3.1，随即在市场上开售。在这一阶段，大疆处境比较艰难，但因为能够采用自动悬停技术的产品十分稀缺、价格相对较高，大疆能够保持正常盈利。当时，多旋翼飞行器兴起，这给汪滔带来了灵感。大疆很快将在直升机上积累的技术运用到多旋翼飞行器上，植入自己的飞控系统进行出售，得到了初步的资金收入。之后，汪滔开始研发云台技术，他们的云台系统可以在飞行中调整方向，在各种环境下保证拍摄的稳定性。大疆在接下来的时间里不断攻克各种技术难题，拥有了开发一款完整无人机需要的所有技术，并成功将无人机的成本从数千美元降低至不到 400 美元。2012 年年末，大疆推出了一款包含飞行控制系统、四旋翼机体及遥控装备的微型一体机——“精灵”（Phantom），只需要简单调试就能轻松驾驭，在机身上架设摄像机之后即可进行航拍。如今，大疆的领先技术和产品已被广泛应用于航拍、遥感测绘、森林防火、电力巡线、搜索及救援、影视广告等工业及商业领域。

（资料来源：佚名，2018．2017 年度 20 大创新创业案例[EB/OL]. (2018-01-20)[2019-07-23]. http://www.fromgeek.com/alibaba/139232.html，节选，有改动）

课堂思考：

汪滔选择创业项目时考虑了哪些要素？

要点二　创业项目选择的类型

案例导入

任正非的创业之路

1987 年，任正非因工作不顺利，筹资 21 000 元创立华为技术有限公司（以下简称“华为公司”）。创立初期，华为公司依靠代理香港某公司的程控交换机获得了第一桶金。1992 年，任正非孤注一掷投资 C&C08 机的研发，次年年末研发成功。其价格比国外同类产品低三分之二，使华为公司迅速占领了市场。1996 年 3 月，华为公司与南斯拉夫企业进行项目合资。2003 年 1 月，思科公司正式起诉华为公司及华为美国分公司，理由是后者对公司的产品进行了仿制，侵犯了其知识产权。面对思科公司的打压，任正非一边在美国聘请律师应诉，一边着手结盟 3COM 公司。同年 3 月，华为公司和当时已进入衰退期的 3COM 公司宣布成立合资公司“华为三康”，3COM 公司的 CEO 为华为公司作证，证明其没有侵犯思科的知识产权。最终，双方达成和解。2007 年年初，任正非要求 IBM 公司派出财务人员，帮助华为公司实现财务管理模式的转型。华为公司实行人人股份制，创立了华为公司的 CEO 轮值制度，每人轮值半年。2018 年 3 月，华为公司完成了董事会换届选举，任正非担任公司董事和 CEO。

（资料来源：朱世杰，2018. 向华为学团队管理[M]. 北京：中国电影出版社.）

课堂思考：

任正非是如何选择创业项目的？

一、创业项目按方法分类

创业项目按方法不同，可以分为实业创业与网络创业两类。

1. 实业创业

实业公司通常是一些生产、制造及科技型企业，并且实业公司一般有许多下属企业。实业公司最明显的特点是它所提供的商品绝对是存在实体的，拥有自己的工厂或者实体的公司。

2. 网络创业

网络创业具有以下优势：①成本低，对网络创业者来说，如果不是开展很大的项目，起初所需要的资金并不多；②风险系数小；③利润丰厚；④人员组成简单；⑤自由度大，营业时间不受约束；⑥网络通信很发达，交易不受距离限制。

二、创业项目按观念分类

创业项目按观念不同，可以分为新型创业与传统创业两类。

1. 新型创业

新型创业项目一般是指有创新的创业项目，通常在市场上比较新颖独特，没有或少有同类竞争项目或产品。

2. 传统型创业

传统型创业项目一般是指比较保守的、历史固有的、缺乏创新的创业项目。这类项目市场上比较普遍、比较常规，产品同质化严重，竞争对手多，争夺市场比较激烈。

三、创业项目按产业分类

产业是指一个经济体中，有效运用资金与劳力从事生产经济物品（不论是物品还是服务）的各种行业。经济学上，通常将产业分门别类。创业项目按产业不同，可以分为农业、工业（建筑业）、服务业三类。

1. 农业

农业是利用动植物的生长发育规律，通过人工培育来获得产品的产业。农业属于第一产业，研究农业的科学是农学。农业的劳动对象是有生命的动植物，获得的产品是动植物本身。农业是提供支撑国民经济建设与发展的基础产业。

2. 工业（建筑业）

工业是唯一生产现代化的部门，它决定着国民经济现代化的速度、规模和水平，在当代世界各国国民经济中起主导作用，主要分为轻工业和重工业两大类。2014 年，中国工业生产总值达 4 万亿美元，超过美国成为世界头号工业生产国。工业与建筑业共同构成第二产业。

3. 服务业

服务业涵盖的领域十分广泛，凡不涉及有形产品生产和经营的经济活动，都视为服务型业务，但只有形成可交易的服务型业务才构成服务产业，统称为第三产业。

四、创业项目按方式分类

创业项目按方式不同，可以分为自主创业、加盟创业、体验式培训创业三类。

1. 自主创业

自主创业是指劳动者主要依靠自己的资本、资源、信息、技术、经验及其他因素创办实业。自主创业需要有系统化规划，创业门槛较高，风险较大。

2. 加盟创业

加盟创业是采用加盟的方式进行创业，一般的方式是加盟开店。加盟商（受许人）

与连锁总部（特许人）之间存在一种契约关系。加盟创业比较正统、专业、规模化。创业者需要从资金和经验两方面选择加盟项目。

3. 体验式培训创业

体验式培训创业类似于一个创业模拟，从中可以总结创业经验。其风险较小，比较适合在校学生创业。

五、创业项目按投资分类

创业资本是指创业者在创业前期的资金投入。创业资本包括创业者能力提高的就业培训、店铺租赁、店面装修、店面展示商品所需资金及数量不等的流动资金。创业项目按投资不同，可以分为无本创业和有本创业两类。

1. 无本创业

无本创业是指通过免费加盟形式或利用自身的技术等资源形式进行的自主创业。

2. 有本创业

有本创业是指通过入股与举债等自筹资金形式进行的自主创业。这类创业具有一定的风险性。

要点三　创业项目选择的依据

创业项目选择的依据有很多，下面主要介绍以下几种。

一、加盟型创业项目选择时的依据

加盟型创业项目的选择依据包括掌握加盟项目信息、兴趣先导、量力而行等。

1. 掌握加盟项目信息

创业者在选择加盟项目时，要充分掌握相关加盟项目的信息，如该项目的市场前景、盈利状况、投入资金、竞争激烈程度等。创业者可通过一些加盟说明会获得资讯，也可向加盟总部索取资料。

2. 兴趣先导

开创一个新事业的前几年会比较辛苦。兴趣、理想与热情是支持创业者坚持不懈的原动力，甚至决定着新事业未来的发展高度。因此，创业者选择加盟项目时，一定要以兴趣为先导。

3. 量力而行

每一个行业都有进入门槛，创业者如果不具备这方面的条件就贸然涉足，失败的可能性较大。因此，选择加盟项目时，自己的能力也是重要的参考因素，要量力而行。

二、自主型创业项目选择时的依据

自主型创业项目的选择依据包括符合地区性、兴趣先导、注重竞争等。

1. 符合地区性

自主型创业项目的选择必须符合地区性，即符合创业者所在地区的消费需要。创业者可以通过调研创业项目所在地的消费习惯，选择某一个项目。

2. 兴趣先导

最好选择自己有一定兴趣的项目进行创业，这样才能发挥个人潜能，才有利于创业的成功。

3. 注重竞争

自主型创业项目要选择竞争压力相对小的行业，即创业者可以调研创业项目所在地竞争者的数量，尽量避免选择竞争激烈的项目。

三、投资型创业项目选择时的依据

投资型创业项目的选择依据包括风险相对小、投资成本低、回报率高等。

1. 风险相对小

选择风险相对小的项目可以有效地降低投资风险。事实上，风险相对小的项目就是消费者认知度较高的项目。

2. 投资成本低

开始创业时要选择投资成本比较低的项目，这样的项目对于初期创业者来说很关键。大量的资金投入对于初期创业者来说是没有办法筹集的，所以要选择投资成本低的项目。

3. 回报率高

每个项目在投资时都要进行投资预算，如果投入的资金回报比银行利息还要低，那么就可以放弃该创业项目。所以，项目的高回报率是创业者需要考虑的重中之重。

模块三　创业团队

教学内容

1. 创业团队的组建。
2. 创业团队的管理。

教学目的

1. 熟悉创业团队的组建。
2. 掌握创业团队的管理。

项目一　创业团队的组建

经济全球化是当今世界经济不可逆转的发展趋势。经济全球化，造就了一个世界范围的大市场，而大市场呼唤大合作，即团队合作机制。所以，想获得成功的创业者必须组建一支优秀的创业团队，共同用智慧创造新的财富。那么，如何才能组建优秀的创业团队呢？

一、拥有高素质的创业团队成员

1. 相互尊重

绝大多数创业团队的核心成员很少，一般是 3～4 人，多则十余人。因为人数少，每个从事管理工作的人都会认为自己能够轻易驾驭。实际上，创业团队的成员虽少，但都有自己的想法和观点。因此，创业者只有对创业团队中的每个成员都抱以重视的态度，才能拥有才华各异、相得益彰的创业团队。

2. 知彼知己

“知彼知己，百战不殆。”（出自《孙子兵法·谋攻篇》）。在创业团队中，团队成员都应该对自身的优势与不足有非常清醒的认识，同时清楚其他成员的长处和短处，这样才能避免团队成员之间由于相互不熟悉而引发各种矛盾、冲突，从而迅速提高团队的向心力和凝聚力。

3. 才华各异

创业团队成员不能全部是技术人员，也不能全部是终端销售人员，优秀的创业团队成员应各有所长，大家相互补充、相辅相成。相对来说，一个优秀的创业团队必须包括以下几种人：①创新意识强的人，这种人可以决定企业未来的发展方向，相当于企业的战略决策者；②策划能力强的人，这种人能够全面分析企业面临的机遇与风险，考虑成本、投资、收益的来源及预期收益，甚至还包括企业管理规章、长远规划设计等工作；③执行能力强的人，这种人负责具体的执行过程，包括联系客户、接触终端消费者、拓展市场等。

二、拥有带头人

1）创业团队必须要有带头人，即创业团队必须有领导者，而这种领导者，并不是单靠资金、技术、专利来决定的，也不是单靠创意来决定的。

2）不管创业者在某个行业多么优秀，他也不可能具备所有的经营管理经验，而借助团队可以拥有企业所需要的各种经验，如顾客经验、产品经验和创业经验等。人际关系网络能够帮助创业者，这是企业成功的关键因素之一。通过团队，创业者的人际关系可以拓宽，可以提高创业成功的概率。

三、形成共同目标

一项针对创业者能力的研究报告指出，组建团队与管理团队是成功的创业者必须具备的能力之一。组建创业团队的基石在于创业远景与共同信念，因此创业者需要提出一套能够凝聚人心的发展远景与经营理念，从而形成共同的目标，作为互信与利益分享的基础。

项目二　创业团队的管理

创业管理不同于传统管理。它主要研究企业管理层的创业行为，研究企业管理层如何连续注入创业精神和创新活力，增强企业的战略管理柔性和竞争优势。

要点一　管理者与成员之间的关系

一、团队成员之间平等相待

创业初期，很多企业的管理者经常在员工面前扮演“梦想家”的角色，不断输出一个又一个美好的愿景，制定一个比一个崇高的目标，让大家都甘心为此付诸精力和时间。在企业刚成立时，这种方式通常能够达到很好的效果，员工们像一群战士一样奋进，像战友一样亲密。然而，随着时间的推移，尤其当企业规模扩大以后，激情指数会不可控地下滑。团队管理的问题一般不会出现在创业初期，而是随着时间的推移慢慢呈现出来。

那么如何管理团队才可以尽可能保持源源不断的激情呢？首先，管理者不能高高在上，而应该亲近每一位成员，多花时间与下级员工进行头脑风暴，把问题摆出来一起讨论，让员工感受到自己的价值。管理者应减少命令，尽量避免具体指令，而应该增加方向性、鼓励性的指导。

二、合理地激励创业团队

创业者在创业过程中始终都要考虑的一个问题是：如何更合理地激励创业团队？这是创业者极为关注的问题，毕竟取得合理的收益是创业收获的具体表征。能否解决好这个问题直接关系到创业企业的存亡。创业团队管理者可以试着将业务目标和创业团队成员的个人成长更明确地联系起来，这样创业团队成员就会更有干劲。

三、增强创业团队的凝聚力

无论什么行业的创业团队，无论技术含量有多高、规模有多大，团队成员之间的关系始终是第一位的，团队协作的力量永远大于个人的力量。只有将团队管理这一步做好，团队的力量才能发挥最大的作用，这就需要增强团队的凝聚力。增强团队凝聚力可以从以下几个方面来着手：①明确团队目标，指明努力方向；②培养团队的核心价值观；③通过建立共同愿景、团体学习、自我超越等打造团队凝聚力；④培育团队精神；⑤建立和谐有效的沟通机制；⑥建立有效的团队激励机制等。

要点二 管理创业团队应注意的事项

一、清楚实现创业梦想的基本原则

1）首先要找准行业。创业者在考虑涉足哪个行业最为合适、做哪些业务能够取得成功等问题时，应考虑以下原则：①利润与销售紧密相关的行业，如当销售额增长 20% 时，净福利可以增长 50%的行业；②对其他行业依赖性小，有较强独立性的行业；③有连续不断的市场需求的行业；④少有破产、倒闭事件发生的行业。

2）创业梦想要有不同于竞争对手的特点，重要的是在创业之初要在一定市场中占据主导地位。

3）一定要保证产品和服务的质量，这是成功的关键。要有最好的产品质量、最完善的服务、最丰富的存货、最优秀的信誉，要成为竞争对手难以对抗的强者。

4）必须辛勤工作。一般要遵循“5＋10”规则，即花费 5 年的时间和比创业者想象多 10 倍的费用才能到达成功的彼岸。所有的事情都要花费比创业者想象至少多一倍的时间和金钱，但往往只能取得期望中一半的效果。

5）创业者必须进行市场调查，不能参照其他企业或政府的资料，他们的目标不一定适合自己的目标。

6）创业者在开办企业前，可以先进入相关领域工作一段时间，这会缩短创业者独自摸索的时间。

二、制订切实可行的发展计划

切实可行的发展计划包括以下四个部分。

1）目标陈述。它包括企业的发展目标及达到目标的方式，资金的数目、获取方式、用途、利息等。

2）企业经营范围的描述。该部分应说明企业的业务类型，拥有的特色新产品或服务。如果企业处于创业初始阶段，还应详细列出创业费用和五年计划，包括财务、保险、安全措施、仓库控制等。

3）市场宣传计划。该部分应说明企业的潜在客户及赢得这些客户的方法，包括所有直接或间接的竞争对手及企业的竞争优势。此外，所有的促销、价格、包装等都应在计划中详述。

4）资金计划。该部分应说明企业的已有资金及企业实际需要的资金。新创企业应有一个现金流动报表，并参照此表和年收入情况制订三年收入计划。

三、学会把日常工作交由他人来做

权力下放（即授权）能够促使企业成长。授权是指管理者将自己的部分职权授予下属行使，使下属在一定的职责范围内全权进行工作，同时管理者对下属的工作结果承担最终责任。企业管理者在授权时必须因时、因事、因人、因地、因条件不同，而确定授权的方法、权限、内容等。同时，要求被授权的员工敢于付出、敢于承担责任，且具有积极热情的态度和真才实学。企业管理者在授权前应注意确定目标；授权时应注意将责任和权力一起交给下属，且不得重复授权；授权后要信任下属，还要进行反馈与控制。

四、造就创业者的商业头脑

创业者应具备深入了解创业产品，经常听取消费者意见，培养合作伙伴和下属，感知企业内部资金流入流出状况的能力。商业头脑的获得会使创业者的注意力迅速集中在以下关键点。

1）找准自己的用武之地，不能脱离实际、好高骛远。

2）确定主攻方向。创业者将主攻方向确定在一个特定的范围是非常重要的，企业在起步时更是如此。

3）相对于贸然闯入一个知之甚少的领域来说，循序渐进是促成企业快速发展的有效方式。创业者应该明白“欲速则不达”的道理，防止功亏一篑。

五、高薪诚聘英才

优秀的人才队伍给企业带来的利润比创业者付出的薪酬要多得多，因为如果新创企业的员工素质是一流的，那么企业就可能会成为一流的企业。创业者必须清楚企业需要具备哪些技能和素质的员工，并让企业的每个员工了解自己的职责范围，同时要培养他们的团队精神，使之与其他员工默契配合。只要能做到这一点，花费一些时间和精力也是值得的，这样不仅有利于管理人员明白自己需要什么样的人才，而且有利于企业吸引人才。

一般来说，部门经理要从企业内部选拔，而优秀的销售员和市场营销人员可以面向社会招聘。

六、创业之前要了解其他企业的薪金制度和规章制度

1）要建立定额销售制度，完成销售额的员工应按照公司的一定比例获得毛利润的一部分，完不成销售额者则收入相对少，超额完成者则收入相对多，形成“能者多、平者少、庸者下”的竞争机制。企业在刚起步时，创业者对薪金制度了解得越多，企业的发展就越平稳。

2）企业从创办的初始就应该有书面的规章制度。没有任何规章制度的企业，只会落入举步维艰的境地。制定企业规章制度的最大好处是，使每个人在相同的行为准则下，朝着共同的目标前进。如果创业者不制定企业规章制度，那么员工就会自行其是。

3）在企业的规章制度中，不能限制创业者处理事物的决定权。

七、从员工中寻找合伙人

创业者要从优秀员工中找到“伙伴”，合伙创业。但在合伙创业时，双方应事先签订书面协议，写明双方的权利和义务。通常来讲，双方应能为企业的发展提供不同的资源，带来不同的经验或其他相关优势。

典型的合作协议应该说明创业的具体目的，说明每个合伙人的有形资产、财产、设备、专利等和无形的服务、特有技术、关系网等投入，以及每个人的收入百分比。这样的合作协议允许合伙人拥有不同数量的公司股份，但一定要说明各个合伙人在企业管理中的职务和权限，是否允许合伙人从事本企业业务以外的其他业务等。协议中还应说明合伙双方结束合伙关系的方式，这一点也非常重要。

八、建立专业的管理组织

“小作坊”式的管理方式会带给创业者巨大的工作压力，企业的发展速度也会因此变得极为缓慢。在企业规模较小时，一个人管理尚可，但随着企业规模的逐渐扩大，客户会越来越关注企业管理的专业程度，此时企业管理就必须依靠正规而专业的管理团队。

1）创业者首先应该分析企业每天都在做什么，如何做的，以及企业的主要收益是哪些。这一过程既可以帮助管理者将权力下放，又可以指导管理者招聘人品和才能都适合企业发展的人才。严谨的调查有助于这些工作的进行。要为一个职位找到最合适的管理人才，需要经历一个漫长的过程。创业者必须了解每个人的特点，以便量才录用。

2）创业者不能随便地决定应聘者的去留，必须不停地挖掘，把具有真才实学的人才选进企业。许多企业是在向专业化管理转变的过程中消亡的，原因就在于他们没有建立起一个高效、专业的管理团队。企业要组建管理团队必须遵循以下几个原则：①聘请有经验的、素质较高的人才；②力图使其拥有的经验和才能适应企业的环境；③尽量

从共过事的人中寻找；④管理层的人数要尽可能地少；⑤利润才是最终目的。

创业团队的组建过程十分艰辛。创业者不可避免地要与一群不认识、不了解，也难以信任的人相处。这些人会频繁更替，直到找到创业者最为满意的群体。创业者在管理创业团队时可以通过“顾问”体系来形成管理团队：聘请退休的相关职业人士或通过业务关系聘请有相关经验者，他们能够弥补创业团队经验不足的缺陷。为每一个年轻的管理人员配备一个顾问，指导其工作。这样一来，企业的管理团队自然就会随着业务的开展而成熟起来。

要点三　创业团队管理理论的比较

当今世界正在经历从工业社会向消费社会的转变，从工业社会向信息社会的转变，这就是创业管理理论产生的知识经济时代。下面主要介绍创业团队两种管理理论（传统管理理论和创业管理理论）之间的比较。

一、关注点不同

传统管理理论聚焦于商品，是技术导向型的，研发、设计、工程、大批量制造、大市场、大规模操作、自动化和专业化都是其重要因素。在知识经济时代，产品的生命周期缩短，创业管理理论关注的重点是如何快速进入和退出市场，迅速推出升级产品。企业竞争的关键转向产品生命周期的前端，包括研发管理、创新管理、知识产权管理等。

二、客体不同

传统管理理论是以现有的大企业为研究对象，而创业管理理论是以不同层次的新建事业及新的创业活动为研究对象。传统管理理论侧重于向人们提供在现存大企业中开展管理工作所需要的知识和技能，灌输用保守的规避风险的方式来运用这些理论和分析方法，目的是培养优秀的职业经理人。创业管理理论侧重于培养优秀的企业家，其研究客体不仅包括中小企业，研究内容也不是一般企业管理知识在中小企业领域的翻版。

三、出发点不同

传统管理理论的出发点是效率和效益，创业管理理论的出发点是找寻机会并取得迅速的成长与成功。创业管理理论的核心是机会导向，即创业是在不局限于所拥有资源的前提下识别机会、开发机会、利用机会，并产生经济成果的行为。

四、内容体系不同

传统管理理论通过计划、组织、领导和控制来实现生产经营。创业管理理论是在不成熟的组织体制下，更多地依靠团队的力量，依靠创新和理性冒险来实现新事业的起步与发展。创业管理理论的内容体系是围绕如何识别机会、开发机会、利用机会展开的。其中，创业过程中组织与资源之间的关联和耦合是研究重点之一。它包括：①个人的知识储备与新机会之间的耦合；②创业过程中核心团队成员知识和性格的耦合；③现有资源和能促使事业成功的战略之间的耦合；④新的潜在事业的特征和当前消费者实践之间的耦合等。

要点四 优秀创业团队的特征

一、实力强大

优秀的创业团队具有很强的管理能力、人际交往能力、资金实力，以及合适的创业项目。

二、对项目有兴趣

优秀的创业团队选择的项目是其兴趣所在。

三、具有坚韧不拔的精神

优秀的创业团队具有坚韧不拔、一往无前的精神，具有吃苦耐劳、艰苦奋斗的风格。

模块四　创业财务基础

教学内容

1. 创业资金概述、类别及需求量预测。
2. 创业企业资金筹集、资金成本与风险。
3. 创业财务核算的方法。

教学目的

1. 了解创业资金概述、类别及需求量预测。
2. 熟悉创业企业资金筹集、资金成本与风险。
3. 掌握创业财务核算的方法。

大学生创业在财务管理上意识淡薄，操作实践经验不足。本模块拟从大学生创业资金需求出发，介绍如何筹措创业过程中所需资金并合理安排筹资方式，控制筹资成本；阐述大学生创业企业财务核算与监督的重要性，帮助大学生了解财务凭证、财务账簿、财务报表，以及对经济业务的监督，保证创业企业资金的安全，提高创业企业资金的使用效率。

项目一　创业资金需求

要点一　资金概述

一、资金

资金泛指资本，是指用于发展国民经济的物资或货币，也指国家、公司、社团、商业银行等拥有的款项或收益。

1. 资金的定义

资金的定义有很多，这里介绍以下几种。

1）资金是垫支于社会再生产过程，用于创造新价值，并增加社会剩余产品价值的媒介价值。

2）资金是以货币表现，用来进行周转，满足创造社会物质财富需要的价值，它体现着以生产资料公有制为基础的社会主义生产关系。

3）资金是用于社会主义扩大再生产过程中的有价值的物资和货币。

4）资金是国民经济中财产物资的货币表现。

资金是流通中价值的一种货币表现。在社会主义再生产过程中，资金通过不断运动保存并增加自身价值。资金是社会主义公有资产的价值形态，是社会主义国家和企业扩大再生产、满足全社会劳动者日益增长的物质和文化需要的手段，体现了国家、企业、劳动者三者在根本利益一致基础上的关系。

2. 资金的投入

资金的投入是指资金的取得，是资金运动的起点。投入企业的资金包括投资者投入的资金和债权人提供的资金，前者形成企业的所有者权益，后者属于债权人权益（形成企业的负债）。投入企业的资金在形成企业的所有者权益和负债的同时形成企业的资产，一部分构成流动资产，另一部分构成非流动资产。

资金的循环与周转是资金运动的主要组成部分，企业将资金运用于生产经营过程就形成了资金的循环与周转，分为供应过程、生产过程、销售过程三个阶段。

供应过程是生产的准备过程，在供应过程中，随着采购活动的进行，企业的资金从货币资金形态转化为储备资金形态。

生产过程既是产品的制造过程，又是资产的耗费过程。在生产过程中，在产品完工之前，企业的资金从储备资金形态转化为生产资金形态，在产品完工后又由生产资金形态转化为成品资金形态。

销售过程是产品价值的实现过程，在销售过程中，销售产品取得收入，企业的资金从成品资金形态又转化为货币资金形态。

由此可见，随着生产经营活动的进行，企业的资金从货币资金形态开始，依次经过供应过程、生产过程和销售过程三个阶段，分别表现为储备资金、生产资金、成品资金等不同的存在形态，最后又回到货币资金形态，这种运动过程称为资金的循环。资金周而复始地不断循环，称为资金的周转。

3. 资金的退出

资金的退出是指资金离开本企业，退出资金的循环与周转，主要包括偿还各项债务、上缴各项税金，以及向所有者分配利润等。

图 4-1 为流动资金的循环过程。

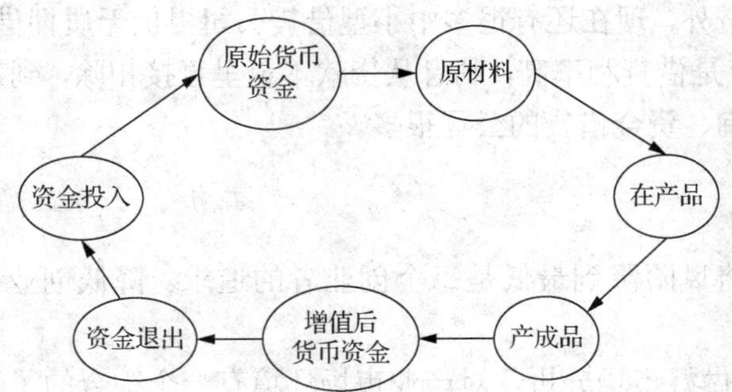

图 4-1　流动资金的循环过程

上述资金运动是相互支撑、相互制约的统一体。具体而言，没有资金的投入，就不会有资金的循环与周转；没有资金的循环与周转，就不会有债务的偿还、税金的上缴和利润的分配等；没有这类资金的退出，就不会有新一轮资金的投入，也就不会有企业的进一步发展。

二、创业资金

创业资金所涉及的内容包括创业资金的定义、资金来源方式、银行借贷程序、其他借贷方式、风险控制、国家资金扶持等。

1. 创业资金的定义

创业资金是指创业者进行创业时，前期的资本投入。创业资金包括提高创业者能力的就业培训、场地租用、店铺租赁、店面装修、店面展示商品所需资金，以及数量不等的流动资金。

2. 资金来源方式

1）自筹资金，包括自己的储蓄或者向亲属朋友借贷所得的资金。

2）社会筹资，通过提供高价值的固定抵押物，向银行等金融机构贷款，或者向民间金融机构借贷，一般后者比前者的利率更高、风险更大。

3. 银行借贷程序

1）填写居民住房抵押申请书，并提交银行下列证明材料：身份证、户口本、婚姻证明、房屋产权证等质押物品所有权证件、银行流水单。

2）银行对借款人的贷款申请、购房合同、协议及有关材料进行审查。

3）借款人将抵押房产的房产证等交予银行办理抵押登记手续。

4）借贷双方担保人签订住房等抵押贷款合同并进行公证。

5）贷款合同签订并经公证后，银行对借贷人的存款和贷款通过转账划入相关账户，贷款流程结束。

4. 其他借贷方式

除银行质押借贷外，现在还有很多中小型借贷公司提供无质押借贷。其优点是手续简单、时间短；缺点是借贷利率高，利息从贷款本金里直接扣除，到期还本即可。目前，网络上提供创业咨询、资金借贷的公司很多。

5. 风险控制

创业有风险，将风险降到最低是每个创业者的追求。降低创业风险需要注意以下几点。

1）创业前需要做好市场分析，对产业市场环境有一个综合的了解。

2）创新经营方式，做好风险评估。

3）创业必须做好长期作战准备，加强自身学习能力。

4）创业角色冲突，领薪水、付薪水，角色冲突未调适，不谙分工授权。

6. 国家资金扶持

创业者可以根据国家相关创业资金扶持政策，申请创业补助与信贷资金等。

（1）银行对贷款申请者的要求

银行对贷款申请者的要求包括：①年满 18 周岁，具有合法有效身份证明和贷款行所在地合法居住证明，有固定的住所或营业场所；②持有工商行政管理机关核发的营业执照及相关行业的经营许可证，从事正当的生产经营活动，有稳定的收入和还本付息的能力；③借款人投资项目已有一定的自有资金；④贷款用途符合国家有关法律和本行信贷政策规定，不允许用于股本权益性投资；⑤在本行开立结算账户，营业收入经过本行结算。

（2）贷款申请者需要提供的申请资料

贷款申请者需要提供的申请资料包括：①借款人及配偶的身份证件（包括居民身份证、户口簿或其他有效居住证原件）和婚姻状况证明；②个人或家庭收入及财产状况等还款能力证明文件；③营业执照及相关行业的经营许可证，贷款用途中的相关协议、合同或其他资料；④担保材料，抵（质）押品的权属凭证和清单，有权处分人同意抵（质）押的证明，银行认可的评估部门出具的抵（质）押物估价报告。

要点二　创业所需资金的类别

筹集资金是企业生产经营活动的起点，任何企业要开展生产经营活动都需要一定的资金数额。熟悉企业资金的不同分类，对于正确计算和合理筹集创业资金具有十分重要的意义。

一、资金的类别

1）按资金分配的形式，可分为通过财政收支形式而分配的财政资金和通过银行信贷形式而分配的信贷资金。

2）按资金的来源，可以分为股权资金和债权资金。股权资金是投资者投入企业的资金；债权资金是指从各种渠道借入的资金。

3）按资金的用途，可分为用于投资建设的资金和用于生产经营活动的资金。

4）按资金在再生产过程中的周转情况，可以分为流动资金和非流动资金。流动资金表现为原材料、在产品、产成品、商品、银行存款等；非流动资金表现为房屋、机器设备等的固定资金。无论是哪一种形式的资金，都必须参与社会主义的再生产过程，处在不断的运动之中。资金只有在运动中，才能保存价值并使原有的价值得到增值。

5）按资金投入企业的时间段，可以分为开业筹备期资金需求和试营业期资金需求。

二、创业者在筹备期和试营业期资金需求类别

创业者在筹备期和试营业期会发生各种各样的资金需求，有些与企业的生产经营有

直接关系，有些与企业的生产经营没有直接关系。在企业筹备和试营业前期，与企业自身运营相关的费用按照发生的时间段不同，分为筹备期费用和试营业期费用；与企业自身经营没有关系的支出可列入其他支出，如购置住宅的费用等。

开业筹备期资金需求是在企业开业之前，发生在企业筹办期间的各种支出。开业筹备期资金需求按照性质又可分为创业开办费用和创业其他支出。创业开办费用是指企业在筹建期间发生的各种费用性支出，包括验资费、注册登记费、人员工资、差旅费、办公费、培训费、印刷费，以及不形成存货等流动资产、不能列入固定资产和无形资产购建成本的各种费用；创业其他支出是指企业在筹建期间为取得存货、购建固定资产和无形资产等所发生的支出，这些支出应在其发生时确认为一项资产。企业筹建期间发生的开办费，应在企业开始生产经营的当月起一次计入当月损益，列入“管理费用”与“长期待摊费用”。

试营业期资金需求是企业从开始经营之日起到企业能够做到资金收支平衡为止的时期内，投资者需继续向企业追加的投资。试营业期的时间跨度往往因企业性质而有所不同。一般来说，非制造企业可能会在 1 个月内完成，制造企业则包括从投料生产之日开始到销售收入到账这段时间，可能要持续数月甚至 1 年以上，不同制造企业的营运前期的时间也会因性质不同而有所不同，有的短于 1 年，有的可能会更长。

【例 4-1】将下列的创办企业各项资金需求按发生的时间段分为试营业期资金需求、开业筹备期资金需求、筹备期其他支出。各种资金需求项目表如表 4-1 所示。

表 4-1 各种资金需求项目表

序号	项目名称	试营业期资金需求	开业筹备期资金需求	筹备期其他支出
1	创业验资费			
2	创业注册登记费			
3	企业装修装饰费			
4	设备购置费			
5	市场调查咨询费			
6	开业宴请与宣传费			
7	首期购进原材料费			
8	首期购置周转材料费			
9	后期购进原材料费			
10	购置创业者住宅费			
11	后期购置周转材料费			
12	员工首月薪酬			
13	创业者首月薪酬			
14	培训费			
15	购置办公用品费			
16	购置企业交通工具费			
17	通信费			
18	员工福利费			
19	利息与银行手续费			
20	支付技术转让费			

解：对于本例，属于试营业期资金需求的有创业验资费、创业注册登记费、企业装修装饰费、设备购置费、市场调查咨询费、首期购进原材料费、首期购置周转材料费、员工首月薪酬、创业者首月薪酬等。属于开业筹备期资金需求的有后期购进原材料费、后期购置周转材料费；同时属于试营业期资金需求的还有培训费、购置办公用品费、购置企业交通工具费、通信费、利息与银行手续费等；购置创业者住宅费由于与企业生产经营没有关系，属于筹备期其他支出项目，不计入创业所需资金的范畴。

要点三　创业资金需求量预测

创业资金需求量预测是指根据创办企业拟生产经营规模的规划，对创业筹备期和开业前期所需资金的估计和推测。

一、创业资金需求量预测的意义

1）创办中小企业可能会遇到很多问题，其中最重要的问题是资金不能正常流通。正如一句企业界的经典名言，“企业可能不会由于经营亏损而破产清算，却常常会因为资金断流而倒闭”。资金对于企业尤其是初创企业来说至关重要。

2）创业者对自己能力的过度自信和对企业经营的盲目乐观，常会将筹备期的时间估计得过短，或忽略筹备期，导致对创办企业所需的资金数额估计不足，引起企业运营初期的资金周转困难，并最终导致企业无法继续运营。

3）创业者为企业的顺利开办并持续经营筹集足额的创业资金。当然，创业前期筹集的资金并不是越多越好，筹集的资金过多，将导致资金的闲置，增加财务费用，影响企业经营效益。合理地筹集创业资金是对创业者财务管理素质的基本要求，也是创办企业必备的前提条件。

二、创业资金需求量预测的内容

1）创业者必须认识到，除了一些小微零售商店外，大部分企业会采用商业信用的方式开展延期结算与预付采购款等业务活动。企业的性质决定了可能会发生一些赊销业务，这就意味着企业实现的主营业务收入与其他业务收入在很大程度上无法在当期收到现款，导致现金流入与预期的销售收入不匹配。

2）在销售收入的现款无法及时收回期间，要求创业者在流入的现金无法满足资金支付时，能够继续追加对企业的资金投入；否则，就可能出现企业经营业绩良好，却无法按期支付工资、材料款、办公费等现象，如果无法按期偿还企业的债务，企业的债权人可能会申请破产清算，迫使企业无法继续生产经营。

【例 4-2】张某与任某是大学三年级的学生，他们在进行大量市场调查的基础上，发现在校大学生从事电子商务的队伍越来越庞大，但商品拍摄的技术缺乏。为填补这一市场空白，两人决定以股份制形式合办一家视觉营销公司。在开办公司前，他们还对开办公司所需的费用做了估算，具体如下。

1）租用 30 平方米工作室，计 2 000 元/月。

2）购置计算机 3 台，5 000 元/台，计 15 000 元。

3）购置空调 1 台，6 000 元/台，计 6 000 元。

4）购置桌子 3 张，800 元/张，计 2 400 元。

5）购置椅子 6 把，300 元/张，计 1 800 元。

6）购置展示柜 2 个，2 000 元/个，计 4 000 元。

7）购置打印机 2 台，1 500 元/台，计 3 000 元。

8）购置传真机 1 台，1 000 元/台，计 1 000 元。

9）广告设计制作费，计 2 600 元。

10）广告宣传费，计 1 400 元/月。

11）购置首批办公用品，计 1 200 元。

12）购置饮水机 1 台，600 元/台，计 600 元。

13）每月大约需要 5 桶水，10 元/桶，计 50 元/月。

14）电话费、网费，计 300 元/月。

15）水电费，计 200 元/月。

16）需要雇佣 1 名内勤和 1 名公关人员，其工资、社会保险费，计 4 000/月。

17）房屋装修费，计 20 000 元。

18）购置摄影机及配套设备 2 套，12 000 元/套，计 24 000 元。

19）注册登记等筹备期的基本费用，计 1 000 元。

创业者开户、刻章直至办完整套开业手续大约需要 1 个月。对于日后的收入，两人也进行了调查：每增加一位客户可以取得约 300 元的业务收入，为每一位客户服务的基本费用约为 50 元。另外，每月客户在 100 户以内时基本上不用增加内勤和公关人员。张某和任某简单测算：所需要的资金＝房屋租金 2 000 元＋计算机 15 000 元＋空调 6 000 元＋办公桌 2 400 元＋办公椅子 1 800 元＋打印机 3 000 元＋展示柜 4 000 元＋传真机 1 000 元＋办公用品 1 200 元＋饮水机及首月的饮用水 650 元＋电话费、网费 300 元＋水电费 200 元＋广告制作及宣传费 4 000 元＋雇员工资及社会保险费 4 000 元＋房屋装修费 20 000 元＋摄影机及配套设备 24 000 元＋筹备期基本费用 1 000 元＝90 550 元，即资金需要量不超过 10 万元，而利润相当可观。两位股东对自己的专业知识和开拓市场的能力非常自信，相信自己开办的公司一定会很红火。为了以防万一，张某和任某在筹集资金时多准备了一些余款，共筹集了 10 万元的资金。可是令人出乎意料的是，到第 3 个月公司资金链就出现了断裂，支付下季度房屋租金、广告费、水电费的钱都没有。原因何在？测算开办这样一个公司大约需要多少资金？

解：本例中视觉营销公司资金链出现断裂的原因主要是张某与任某对创业所需资金的计算有误。他们只考虑了筹备期的基本费用，却忽略了试营业期的资金需求，尽管他们在筹集资金时多准备了 9 450 元，但其对试营业期时间的估计不充分，忽视了对试营业期费用支出的估算，导致了在资金链上出现问题。其原因有以下几个方面。

1）对试营业期资金需求的忽略与估算错误。对于视觉营销公司来说，其计算的资金需求仅含筹备期的资金需求，这些资金需求又可以分为两类：数额较大的开办费和购置资产的支出。其中：计算机、空调、办公桌、打印机、摄影设备、展示柜、传真机等的支出构成该公司的固定资产；筹备期支付的房租、购买办公用品、第 1 个月的饮用水费用、电话费、网费、水电费、广告设计宣传费及注册登记费等筹备期的开办费的支出为长期待摊费用。而且，这些支出均在筹备期已经支付，试营业期多长时间能够做到资金的收支平衡，能够不再继续追加投资，他们却没有做好估算。

2）在计算创业所需的资金时，他们没有考虑原来兼职所获得的收入，忽略了自己基本的生活费。这也是大部分创业者可能忽略的一项支出。一般来说，创业者在开始创办企业之前会有一些兼职工作，其在筹办企业期间相当于原来这些兼职工资收入失去了，事实上这部分收入就是创业的机会成本，应当作为一项隐形支出考虑；作为创业者，每月基本的生活及相关支出应列入创业资金需求之内。

3）创业者对市场调查不够充分。在筹备创业之前，需开展一项市场调研，分析试营业期的业务量情况，根据市场调查的结果确定业务量大小，并据此估算可能获得的现金流入量，从而估算现金收支平衡点。现金收支平衡点需根据每月固定项目现金流出的数额与每月能够形成的现金流入数额的比较来估算，其计算公式为

现金收支平衡点＝每月固定项目现金流出额/单位业务现金流入额

现金收支平衡点可用图 4-2 进行说明。

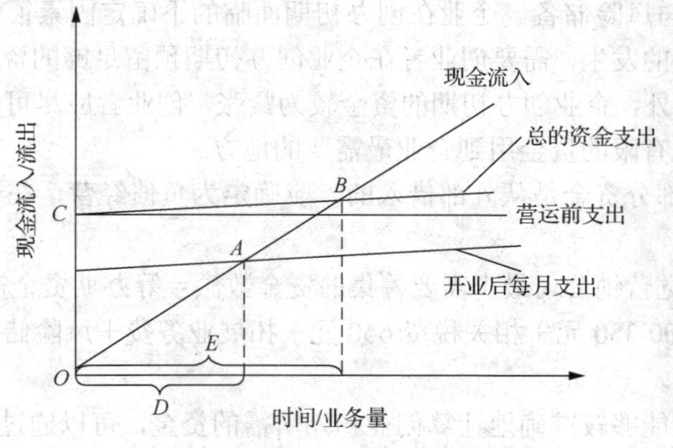

图 4-2　现金收支平衡点

A 表示现金收支平衡点；*B* 表示投资资金回收点；*C* 表示试营业期资金需求；*D* 表示试营业期；*E* 表示投资资金回收期

对于视觉营销公司来说，其每月固定的项目支出包括房屋租金 2 000 元、办公用品 1 200 元、第 1 个月的饮用水 50 元、电话费与网费 300 元、水电费 200 元、广告宣传费 1 400 元、雇员工资及社保费 4 000 元，以及创业者基本的生活费支出（即按雇员的平均薪酬水平半数来计算）为 2 000 元。由此可见，企业每月的基本支出为以上各项之和 11 150 元。对于公司来说，主要的现金流入是客户拍摄的服务费用，该案例中每项业务带来的现金流入为 250 元。因此，现金收支平衡点的计算公式应为

现金收支平衡点＝每月固定项目现金流出额/单位业务现金流入额
＝11 150/250≈45（家）

通过计算可以发现，视觉营销公司要想实现现金的收支平衡最少需要开展 45 位客户的业务。创业者需要根据自己从市场调查中得到的客户增加情况来计算其试营业所需

的时间，假定通过调查，类似的视觉营销公司每月可以增加 5 家客户，则该公司的试营业期为 9 个月（45/5）。

4）试营业期支出的重要性。通过上述案例可以发现，视觉营销公司要达到现金的收支平衡需要 9 个月的时间，这就意味着创业者在企业开始经营后依然需要在前 9 个月继续向公司追加资金，试营业期支出金额为 100 350 元（11 150×9）。可见，对于很多公司来说，试营业期资金需求远比筹备期资金需求要大得多，所以，在计算创业所需资金时一定要充分考虑试营业期的资金需求。

5）相关税费缴纳。自营业税改增值税后，视觉营销公司属于现代服务业，纳税人计税依据原则上为发生应税交易取得的全部收入。适用增值税税率为 6%。加上公司应该承担的城市维护建设税和教育费附加，该公司的综合税率为 6.6%，这就意味着，如果该公司月度收入为 10 000 元，其营业税费在 660 元。所以，在计算创业所需的资金时，应该考虑试营业期相关税费的现金流出。

6）业务拓展支付的费用。创业者应根据其所在城市类似企业业务经费的开支状况及其调查结果，估算一部分用于拓展业务活动的费用，以尽快增加客户，缩短试营业期，使企业在较短的时间内获得利润。

7）节约资金与风险储备。企业在创办初期面临的不确定因素很多，风险较大，为应对各种意外情况的发生，需要创业者在企业创办初期预留足够的资金，并准备一定的风险储备基金。此外，企业创办初期的资金较为紧张，创业者应尽可能地减少各项不必要的费用支出，把有限的资金用到企业最需要的地方。

8）企业若有部分资金是从外部借入的，应确定为负债经营，在试营业期还要考虑每月的利息支出。

例 4-2 中，视觉营销公司最少需要筹集的资金数额＝筹办期资金需求 90 550 元＋试营业期资金需求 100 350 元＋相关税费 660 元＋拓展业务费＋风险储备资金＋借款利息等＞191 560 元。

为保证创业者能够较准确地计算创业初期所需的资金，可以通过表 4-2 来进行创业资金需要量的估算。

表 4-2 创业资金需要量估算表

资金项目	筹备期	第 1 个月	第 2 个月	第 3 个月	第 4 个月	第 5 个月	第 6 个月	第 7 个月	…
房屋租金									
场地装修装饰费									
购置设备费									
购置办公家具									
购买办公用品									
员工工资									
创业者生活费									
相关税费									

续表

资金项目	筹备期	第1个月	第2个月	第3个月	第4个月	第5个月	第6个月	第7个月	…
拓展业务费									
广告宣传费									
水电费									
电话费									
保险费									
设备维护费									
申报营业执照费									
风险储备基金									
借款利息									
……									

项目二　创业资金的来源

创业者在预计创办企业所需资金量的基础上，需要对创业资金来源进行规划，考虑筹资渠道、筹资成本、筹资风险等，以确保资金在期限内筹集到位，降低筹资成本，掌握筹资风险可控度。

要点一　创业资金筹集概述

创业者在计算出创业所需的资金之后，下一步的工作就是筹集资金。根据《大学生创业指数研究——基于〈全球创业观察中国报告〉》中的数据，在普通高校对1 479位大学生就大学生创业资金进行了调查，有204位认为创业资金较充足；有408位认为创业资金一般；有663位认为创业资金不够充足；有102位认为创业资金不充足；有102位认为创业资金无法储备。还有大量的调查研究得到类似的结论，大学生认为“缺乏启动资金”是创业的最大障碍。由此可见，缺少创业所需资金及创业资金筹集困难是创业者面临的最大挑战。那么，创业者可以从哪些渠道获得所需资金呢？又如何增加获得创业资金的概率呢？一般企业的资金来源于贷款、债券发行和股东出资等渠道。创业资金按照其来源可以分为股权融资和债权融资两大类。

一、股权融资

股权融资是指企业的股东愿意让出部分企业所有权，通过引进新的股东来融资的方式。股权融资所获得的资金，企业无须还本付息，但新股东将与老股东同样分享企业的盈利与增长。股权融资的特点决定了其用途的广泛性，既可以充实企业的营运资金，又可以用于企业的投资活动。

1. 融资渠道

股权融资按融资的渠道来划分，主要有两大类，即公开市场发售和私募发售。公开市场发售就是通过股票市场向公众投资者发行企业的股票来募集资金。企业上市、上市企业的增发和配股都是利用公开市场进行股权融资的具体形式。私募发售，是指企业自行寻找特定的投资人，吸引其采取增资入股企业的融资方式。因为绝大多数股票市场对于申请发行股票的企业有一定的条件要求，如我国对公司上市除了要求连续 3 年盈利之外，还要求企业有 5 000 万元以上的资产规模，因此对大多数中小企业来说，较难进入上市发行股票的门槛，私募成为民营中小企业进行股权融资的主要方式。一般来说，创业者要创办企业首先需要自己向企业投入部分资金。创业者投入企业的资金是创业者愿意并且能够承担相应责任和义务的标志，它既反映了创业者本人对于所创办企业的信心，也是其日后在企业投入时间和精力的动力，还是对债权人资金的保障。所以，任何企业均应有部分投资者投入的资金。

在当前的环境下，私募发售是所有融资方式中，民营企业比国有企业占优势的融资方式。其产权关系简单，无须进行国有资产评估，没有国有资产管理部门和上级主管部门监管股权融资，大大降低了民营企业通过私募进行股权融资的交易成本，并且提高了融资效率。对于企业来说，私募发售融资不仅意味着获取资金，还意味着新合作伙伴的进入。新股东能否成为一个理想的合作伙伴，无论是当前还是未来，其影响都是积极而深远的。在私募领域，不同类型的投资者对企业的影响是不同的，在我国有以下几类投资者：个人投资者、风险投资机构、产业投资机构和上市公司。实业公司私募发售融资方式如图 4-3 所示。

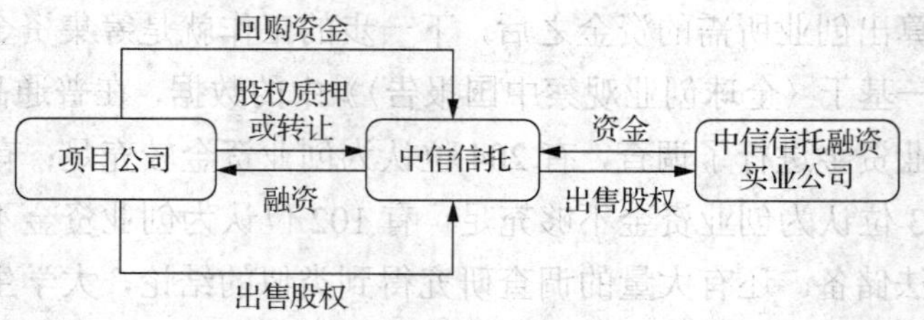

图 4-3　实业公司私募发售融资方式

下面主要介绍以下几种融资渠道。

1）个人投资。虽然个人投资的金额不大，一般在几万元到几十万元之间，但在大多数民营企业的初创阶段起着至关重要的资金支持作用。这类投资者有的直接参与企业的日常经营管理，有的只是作为股东关注企业的重大经营决策。准备创业的人，应将自己收入的一部分储蓄起来，作为创业资金。创业者还可以从亲友处取得部分资金，如果这些资金是亲友投入的，则属于股权融资；如果这些资金是从亲友处借贷的，需要按期还本付息，则属于债权融资。

2）合伙人的资金。创业者可以通过转让部分股权的方式从合伙人那里取得创业资金，创办合伙企业。创业者也可以通过公开或私募股权的方式，从更多的投资者那里获得创业资金，成立公司制企业。

3）其他企业投资。创业者可以从拥有闲置资金的企业获得投资资金，一方面可以满足创办企业的资金需求，另一方面可以使拥有闲置资金的企业获得较高的收益。

2. 风险资本

风险资本，又称为风险投资基金或创业基金，是当今世界广泛流行的一种新型投资形式，是一种以私募方式募集资金，以公司等组织形式设立，投资于未上市的新兴中小型企业（尤其是新兴高科技企业）的一种承担高风险、谋求高回报的资本形态。风险投资机构是20世纪90年代后期在中国发展较快的投资力量，其涉足的领域主要与高新技术相关。风险投资机构追求资本增值的最大化，它们的最终目的是通过上市、转让或并购的方式，在资本市场退出，特别是通过企业上市退出是它们追求的理想方式。风险投资基金可以通过证券市场转让股权而收回资金，继续投向其他风险企业。对于创业者来说，如果所创办的企业符合风险投资家的项目选择标准，则风险资本是一种比较好的融资方式。创业者通过风险资本不但可以筹集资金，还可以得到风险投资家专业的指导和帮助。

（1）风险资本的发行方法

在一些风险投资较为发达的国家，风险资本主要有两种发行方法：私募的公司风险资本和向社会投资人公开募集并上市流通的风险资本。私募的公司风险资本通常由风险投资公司发起，出资为1%左右，称为普通合伙人，其余的99%吸收企业或金融保险机构等机构投资人的出资，称为有限合伙人。有限合伙人同股份有限公司的股东一样，只承担有限责任。普通合伙人的责权利基本规定如下：①以其人才全权负责基金的使用、经营和管理；②每年从基金经营收入中提取基金总额2%左右的管理费；③基本期限为15～20年，期满解散而收益倍增时，普通合伙人可以从收益中分得20%，其余出资者分得80%。向社会投资人公开募集并上市流通的风险资本，其目的是吸收社会公众的关注和支持高科技产业的风险投资，既满足他们高风险投资的渴望，又给予其高收益的回报。这类基金相当于产业投资基金，它是封闭型的，上市时可以自由转让。

（2）风险资本的特点

风险资本作为基金，同其他投资基金相似，但也有不同之处。其主要不同之处在于：①风险资本的投资对象为高风险的高科技创新企业，失败率较高，一般为60%～80%，这就要求风险资本的规模要足够大，使风险资本能够同时投资于多个风险项目，从而通过其中的一个或几个项目的成功来弥补在其他风险项目上的损失并获取收益；②风险资本的投资人常常采取与其他风险投资公司联合投资的方式，以分散风险；③其决策者经常当机立断，敢于取舍。

（3）风险类型

风险类型有以下几种。

1）信用风险。风险资本在交易过程中可能发生交收违约或者所投资债券的发行人违约、拒绝支付到期本息等情况，从而导致风险资本损失。信用风险包括风险资本所投资的债券、票据等工具本身的信用风险，以及以交易为基础的风险。

2）市价暴露风险。它是指货币市场基金的实际市场价值，即按市价法估值得出的基金净值与基金交易价格（通常情况下是基金面值）的偏离风险。

3）政策风险。财政政策、货币政策、产业政策、地区发展政策等国家宏观政策发生变化，导致市场价格波动，影响风险资本收益而产生风险。

4）经济周期风险。随着经济运行的周期性变化，证券市场的收益水平也呈周期性变化，基金投资的收益水平也会发生变化，从而产生风险。

5）利率风险。金融市场利率的波动会导致证券市场价格和收益率的变动。利率直接影响债券的价格和收益率，影响企业的融资成本和利润。风险资本投资于债券和股票，其收益水平会受到利率变化的影响。

6）上市公司经营风险。上市公司的经营状况受多种因素的影响，如管理能力、行业竞争、市场前景、技术更新、财务状况、新产品研究开发等。如果风险资本所投资的上市公司经营不善，其股票价格可能下跌，或者能够用于分配的利润减少，那么风险资本投资收益就会下降。上市公司还可能出现难以预见的变化。虽然风险投资可以通过投资多样化来分散这种非系统风险，但不能完全避免。

7）通货膨胀风险。风险资本投资的目的是风险资本的保值增值，如果发生通货膨胀，风险投资所获得的收益可能会被通货膨胀抵销，从而影响风险资本的保值增值。

8）债券收益率曲线变动风险。债券收益率曲线变动风险是指与收益率曲线非平行移动有关的风险，导致市场价格波动，其收益水平可能会受到利率变化的影响。

9）再投资风险。市场利率下降将影响固定收益类证券利息收入的再投资收益率，这与利率上升所带来的价格风险互为消长。

10）管理风险。风险资本管理人的专业技能、研究能力及投资管理水平直接影响其对信息的占有、分析和对经济形势、证券价格走势的判断，进而影响基金的投资收益水平。同时，投资管理制度、风险管理和内部控制制度健全程度，防范道德风险和其他合规性风险的有效程度，以及基金管理人员的职业道德水平等，也会对基金的风险收益水平造成影响。

11）流动性风险。我国证券市场作为新兴转轨市场，市场整体流动性风险较高。风险资本投资组合中的股票和债券会因各种原因面临较高的流动性风险，使证券交易的执行难度提高，买入成本或变现成本增加。此外，基金投资人的赎回需求可能会造成基金仓位调整和资产变现困难，从而加剧流动性风险。

12）操作和技术风险。风险资本的相关当事人在各业务环节的操作过程中，可能出现内部控制不到位或者人为操作失误或违反操作规程而引致的风险，如越权交易、内幕交易、交易错误和欺诈等。此外，在开放式风险资本的后台运作中，可能因为技术系统的故障或者差错而影响交易的正常进行，甚至导致风险资本份额持有人利益受到影响。这种技术风险可能来自风险资本管理人、风险资本托管人、注册登记人、销售机构、证券交易所和证券登记结算机构等。

13）合规性风险。它是指风险资本管理或运作过程中，违反国家法律、法规或合同有关规定的风险。

14）其他风险。因风险资本业务快速发展而在制度建设、人员配备、风险管理和内部控制制度等方面不完善而产生的风险；因金融市场危机、行业竞争压力而产生的风险；因战争、自然灾害等不可抗力因素的出现而严重影响证券市场的运行，导致基金资产损失；其他意外导致的风险。

二、债权融资

债权融资是指企业通过借钱的方式进行融资。对于债权融资所获得的资金，企业首先要承担资金的利息，另外在借款到期后要向债权人偿还资金的本金。债权融资的特点决定了其用途主要是解决企业运营资金短缺的问题，而不是用于资本性项目方面的开支。

创业者获得债权融资的方式有银行借款、企业间借款、政府借款、商业信用融资、租赁融资等多种方式。

1. 银行借款

银行借款是指企业向银行或其他非银行金融机构借入的、需要还本付息的款项，包括偿还期超过1年的长期借款和不足1年的短期借款，主要用于企业购建固定资产和满足资金周转的需要。银行借款有以下几种类型。

（1）按提供贷款的机构分类

按提供贷款的机构，银行借款分为政策性银行贷款、商业银行贷款和其他金融机构贷款。

1）政策性银行贷款。它是指执行国家政策性贷款业务的银行向企业发放的贷款，通常为长期贷款。例如，国家开发银行贷款，主要满足企业承建国家重点建设项目的资金需要；中国进出口银行贷款，主要为大型设备的进出口提供的买方信贷或卖方信贷；中国农业发展银行贷款，主要用于确保国家对粮、棉、油等政策性收购资金的供应。

2）商业银行贷款。它是指由各商业银行，如中国工商银行、中国建设银行、中国农业银行、中国银行等，向工商企业提供的贷款，用以满足企业生产经营的资金需要，包括短期贷款和长期贷款。

3）其他金融机构贷款。其他金融机构贷款，如从信托投资公司取得的实物或货币形式的信托投资贷款、从财务公司取得的各种中长期贷款、从保险公司取得的贷款等。其他金融机构的贷款一般较商业银行贷款的期限要长，要求的利率较高，对借款企业的信用要求和担保的选择比较严格。

（2）按机构对贷款有无担保要求分类

按机构对贷款有无担保要求，银行借款分为信用贷款和担保贷款。

1）信用贷款。它是指以借款人的信誉或保证人的信用为依据而获得的贷款。企业取得这种贷款，无须以财产作为抵押。这种贷款的风险较高，银行通常要收取较高的利息，往往还附加一定的限制条件。

2）担保贷款。它是指由借款人或第三方依法提供担保而获得的贷款。担保包括保证责任、财务抵押、财产质押，因此，担保贷款包括保证贷款、抵押贷款和质押贷款。

① 保证贷款。它是指按《中华人民共和国担保法》（以下简称《担保法》）规定的保证方式，以第三人作为保证人，承诺在借款人不能偿还借款时，按约定承担一定保证责任或连带责任而取得的贷款。

② 抵押贷款。它是指按《担保法》规定的抵押方式，以借款人或第三人的财产作为抵押物而取得的贷款。

③ 质押贷款。它是指按《担保法》规定的质押方式，以借款人或第三人的动产或财产权利作为质押物而取得的贷款。

（3）按企业取得贷款的用途分类

按企业取得贷款的用途，银行借款分为基本建设贷款、专项贷款和流动资金贷款。

1）基本建设贷款。它是指企业因从事新建、改建、扩建等基本建设项目需要资金而向银行申请借入的款项。

2）专项贷款。它是指企业因为专门用途而向银行申请借入的款项，包括更新改造贷款、大修理贷款、研发和新产品研制贷款、小型技术措施贷款、出口专项贷款、引进技术转让费周转金贷款、进口设备外汇贷款、进口设备人民币贷款及国内配套设备贷款等。

3）流动资金贷款。它是指企业为满足流动资金的需求而向银行申请借入的款项，包括流动基金借款、生产周转借款、临时借款、结算借款和卖方信贷等。

2. 企业间借款

企业间借款是指无金融经营权的两个企业之间互相拆借资金的民事行为，是非金融机构的企业之间通过书面的或口头的协议，由一方企业将自己合法所有的资金借给另一方企业使用，另一方企业在约定期限届满后归还本金支付利息。对于有闲置资金的其他企业，创业者既可以吸收其资金作为股权资本，还可以向这些企业借款，形成债权资本。

3. 政府借款

国家和各地方政府为促进创业型经济的发展，推出了不同形式的创业基金或创业担保基金。创业者要善于利用政府的扶持政策，从政府方面获得融资支持，如专门针对下岗失业人员的再就业小额担保贷款、专门针对科技型企业的科技型中小企业技术创新基金、专门为中小企业“走出去”准备的中小企业国际市场开拓资金等，还有众多的地方性优惠政策。利用相关政策的扶持，创业者可以达到事半功倍的效果。

4. 商业信用融资

（1）商业信用融资的主要方式

商业信用融资是指企业之间在买卖商品时，以商品形式提供的借贷活动，是经济活动中的一种普遍的债权债务关系。商业信用的存在对于扩大生产和促进流通起到了十分积极的作用，但也存在一些消极的影响。企业在筹备期及生产经营过程中，均可通过商业信用的方式筹集部分资金。例如，企业在购置设备或原材料、商品的过程中，可以通过延期付款的方式，在一定期间内免费使用供应商提供的部分资金。商业信用融资的主要方式有以下几种。

1）应付账款融资。它对于融资企业而言，意味着放弃了现金交易的折扣，同时需要负担一定的成本，因为往往付款越早，折扣越多。

2）商业票据融资。它是企业在延期付款交易时开具的债权债务票据。对于一些财力和声誉良好的企业，其发行的商业票据可以直接从货币市场上筹集到短期货币资金。

3）预收货款融资。这是买方向卖方提供的商业信用，是卖方的一种短期资金来源，信用形式应用非常有限，仅限于市场紧缺商品、买方急需或必需商品、生产周期较长且投入较大的建筑业、重型制造业等。

（2）商业信用融资的优点

1）融资便利。利用商业信用融资非常方便，因为商业信用与商品买卖同时进行，属于一种自然性融资，不用做非常正规的安排，也无须办理正式筹资手续。

2）融资成本低。如果没有现金折扣，或者企业不放弃现金折扣，以及使用不带息应付票据和采用预收货款，企业采用商业信用融资就没有实际成本。

3）限制条件少。与其他融资方式相比，商业信用筹资限制条件较少，选择余地较大，条件比较优越。

（3）商业信用融资的缺点

1）期限较短。采用商业信用融资，期限一般很短，如果企业要取得现金折扣，则期限更短。

2）筹资数额较小。采用商业信用融资一般只能筹集小额资金，而不能筹集大额资金。

3）有时成本较高。如果企业放弃现金折扣，则必须付出非常高的资金成本。

5. 租赁融资

租赁融资主要是创业者通过融资租赁的方式融通部分资金。租赁融资是集融资与融物、贸易与技术更新于一身的新型金融业务。出租人根据承租人对租赁物件的特定要求和对供货人的选择，出资向供货人购买租赁物件，并租给承租人使用，承租人则分期向出租人支付租金，在租赁期内租赁物件的所有权属于出租人所有，承租人拥有租赁物件的使用权。租期届满，租金支付完毕并且承租人根据融资租赁合同的规定履行完全部义务后，对租赁物的归属没有约定的或者约定不明的，可以协议补充；不能达成补充协议的，按照合同有关条款或者交易习惯确定，仍然不能确定的，租赁物件所有权归出租人所有。

租赁融资具有融资与融物相结合的特点，出现问题时租赁公司可以回收、处理租赁物，因而在办理融资时对企业资信和担保的要求不高，非常适合中小企业融资。

【例4-3】20××年创业公司发行总面额为50万元的3年期债券，票面利率为12%，发行费用率为5%，企业所得税税率为25%。计算该证券的成本率。（不考虑资金时间价值）

解：证券的成本率＝发行债券总额×票面利率×（1－企业所得税税率）/［发行债券总额×（1－发行费用率）］×100%

＝50×12%×（1－25%）/［50×（1－5%）］×100%≈9.47%

所以，该证券的成本率为9.47%。

要点二　资金成本

创业企业使用的资金，无论是从各种渠道借来的资金，还是创业者的自有资金，或者通过其他方式筹集的股权资金，都具有一定的资金成本。创业者认识到这一点，对于合理选择筹资渠道、及时募集所需资金非常重要。

一、资金成本的含义与构成

1. 资金成本的含义

资金成本是指企业为筹集和使用资金而付出的代价。

资金成本是商品经济条件下资金所有权和资金使用权分离的产物。资金成本具有一般产品成本的基本属性，即同为资金耗费，但又不同于账面成本，属于预测成本。其一部分计入成本费用，另一部分作为利润分配处理。资金成本是企业的耗费，企业要为占用资金而付出代价、支付费用，而且这些代价或费用最终作为收益的扣除额得到补偿。但是，资金成本只有一部分具有产品成本的性质。资金成本的基础是资金时间价值，通常还包括投资风险价值和物价变动因素。

2. 资金成本的构成

资金成本包括资金筹集费用和资金占用费用两部分。

1）资金筹集费用。它是指资金筹集过程中支付的各种费用，如发行股票或发行债券支付的印刷费、律师费、公证费、担保费及广告宣传费。需要注意的是，企业发行股票和债券时，支付给发行公司的手续费不作为资金筹集费用。因为此手续费并未通过企业财务账务处理，企业是按发行价格扣除发行手续费后的净额入账的。

2）资金占用费用。它是指占用他人资金应支付的费用，或者说是资金所有者凭借其对资金所有权向资金使用者索取的报酬。资金占用费用包括股东的股息、红利、债券及银行借款支付的利息。

二、资金成本的计算方法

1. 长期负债资金成本

长期负债包括长期银行借款、应付债券及长期应付款。从资金成本的基本原理来讲，长期应付款与长期银行借款的情况类似。下面主要介绍长期银行借款的资金成本的计算。

长期银行借款是企业获取长期资金的重要方式之一。它的特点是偿还期长，利率在债券期限内不变，利息费用作为费用于税前列支，因而利息可产生节税效应。对于无抵押借款来说，不存在筹资费用或筹资费用较小，可不予考虑；对于抵押借款来说，不仅存在筹资费用，还要考虑抵押及担保资产的机会成本。

无抵押长期借款的资金成本实际上只是税后资金占用成本，即年利息额×（1－

所得税税率)。

【例 4-4】某企业从银行借入 50 万元，3 年期，年利率为 12%的无抵押长期借款，该企业所得税税率为 25%。计算该无抵押长期借款资金成本率。

解：该无抵押长期借款资金成本率＝年利率×（1－企业所得税税率）＝12%×（1－25%）＝9.0%

抵押长期借款资金成本，可以把抵押条件和筹资过程中发生的相关费用作为筹资费用。这些筹资费用包括：①公证机构对抵押品及担保品的公证费；②抵押品及担保品的保险费；③律师签证费；④银行所要求的手续费；⑤抵押设定的各种费用；⑥其他因抵押而发生的机会成本。

【例 4-5】某企业拟从银行借款 100 万元，年利率为 10%，期限为 5 年，另附房产抵押权，该企业房产抵押后的机会成本率为 3%，其他筹资费用率为 1%，企业所得税税率为 25%。计算该抵押长期借款资金成本率。

解：该抵押长期借款资金成本率＝年利率×（1－企业所得税税率）＋该企业房产抵押后的机会成本率＋其他筹资费用率＝10%×（1－25%）＋3%＋1%＝11.5%

2. 优先股资金成本

优先股是由它对公司的股利和剩余财产优先分配而得名。优先股融资是股权融资的一种类型，它的基本特点如下：①股息率是固定和稳定的，与债券利率类似，因为优先股股利于税后支付，所以优先股股利无节税效应；②具有对股利、剩余财产的优先分配权；③有筹资费用，如印刷费、公证费等。

资金成本在企业投资决策中的作用表现为：资金成本可作为项目投资的折现率；资金成本是投资项目的基准收益率。与此同时，资金成本是评定企业经营成果的依据，凡是企业的实际投资收益率低于这个水平的，都应认定为经营不利，这也向企业经营者发出了信号，企业必须改善经营管理，提高经济效益。

要点三　资金筹集决策与风险

案例导入

资金筹集决策与风险

徐某为某高校的艺术类学生，在艺术创作方面颇有天赋。他在大学一年级时就开始设计艺术产品，并在酒店、旅游景点等地方销售，市场前景广阔。徐某及其创业团队参加了省级大学生创业大赛，在大赛中该团队的创业项目深受好评。有一家艺术品风险投资商愿意出 60 万元资助其创办企业，但是要求拥有企业 40%的股权，徐某及其创业团队认为该投资商提出的股权占比过多，正当犹豫之际，另一位投资商也表示愿意投入 40 万元的现金，但只要求占 20%的股份。徐某及其创业团队选择了后者作为自己的风险投资商。理由是，后者的出资与所占的股权比例较前者具有明显的优势，而且企业发展壮大后，另外20%的股份价值肯定会超过20万元。

但徐某及其创业团队的艺术设计与制作项目进行得并不顺利，投资商初期投入的40万元很快就在产品研发与广告宣传中消耗殆尽，产品的销售状况也不太乐观，资金回流困难重重。尽管该企业设计与制作的艺术产品发展前景良好，但企业在资金周转上遇到了许多困难，很难在短期内找到合作伙伴，该企业在一年后便解散了。

（资料来源：作者根据相关资料整理.）

课堂思考：

试分析徐某及其创业团队在进行筹资决策时还应该考虑哪些方面的问题？

企业筹集资金的主要目的是顺利创办企业、扩大生产经营规模、提高经济效益。投资项目若不能达到预期效益，将影响企业的获利水平，增加偿债能力的风险。如果企业的决策正确、管理有效，那么就可以实现其经营目标。创业者在筹集资金时，应对债务融资、股权融资的优缺点进行比较，并考虑企业的资金需要量、资金的可得性及控制权分散等问题，进行综合分析，尽量以最低的成本获得充足的资金供应。

一、股权融资决策与债权融资决策

随着我国民营经济的迅速发展，小微企业已经成为社会主义市场经济的重要组成部分，小微企业在不断发展壮大的过程中面临较多的问题，“融资难”就是其中之一。企业融资应根据自身条件提前做好融资的比较与分析。

1. 股权融资决策

创业者是否要通过合伙或组建公司的形式筹集资金，对于企业日后的产权归属和企业发展有着极为重要的影响。合伙企业既是资合又是人合，所以合伙人的选择尤为重要，如果创业者拟吸收合伙人的资金，那么一定要认真考虑合伙人的专长和经验，以更好地发挥团队优势，各尽其才；按照目前我国的法律规定，创业者在创办企业时只能设立个人独资公司和有限责任公司。由于个人独资公司不涉及吸收他人资金，这里不进行讨论。通过设立有限责任公司的形式吸引股权资金，由于法律对有限责任公司股权转让的限制，创业者需要对投资人进行充分的考察，最好找到有共同风险偏好和经营目标的合作者，以寻求更长久的合作。

不同的风险投资商会在不同行业或领域有着强于他人的专长，而且不同的风险投资商会对其投资的企业予以不同的关注和支持。在吸引风险投资商投资时，创业者要分析其专注投资的领域及其对投资企业的态度，选择适合企业发展的投资商。另外，对企业控制权的把握也是创业者必须考虑的因素，转让多少控制权能够既吸引投资又有利于对企业日后经营权的控制，是创业者必须慎重选择且关乎企业健康发展的重要问题之一。

股权融资具有以下优点：①永久性资本，保证企业最低的资金需要；②无固定利润分配或股利支付负担；③是对债权人投资的保障，能够增强企业的举债能力；④如果企业经营出现困难，投资者会尽力帮助企业渡过难关。

股权融资具有以下缺点：①分散企业的控制权；②融资成本高；③稀释投资者的投资收益。

2. 债权融资决策

创业者如果想通过债权进行融资，那么在决策时需要从以下几个方面进行分析。

1）考虑经营过程中的获利情况，其应该能够超过借款的利息支出及其他费用支出。借款存在杠杆效应，如果企业在日后的经营过程中赚取的利润能够支付借款的利息和其他费用支出，而且有剩余，那么债权融资对企业较为有利，可以给创业者带来财务杠杆收益。但如果在对日后经营进行预测时，发现企业的获利不足以支付借款利息，那么债权融资不但会给创业者带来杠杆损失，还可能会使企业更快地破产清算。

2）慎重考虑借款期限。贷款利率有半年期利率与一年期利率两种，贷款期限在半年以内的执行半年期利率，超过半年不足一年的执行一年期利率。因为借款者预测的资金需求时间及落签的借款合同期限往往与规定贷款利率所在时点不相吻合，所以在实践中就自然而然地形成各种期限性贷款利率差。总之，借入资金的归还期限应与其投资的资产回收期限相匹配，以保证企业在日后归还投资时不会影响正常的生产经营活动。

3）确定合理的借款金额。创业者在决定借款前，一定要对其风险和收益进行充分权衡，并根据企业实际的资金需要量确定一个合适的借款金额。若借款过多，则会加大企业的资金流出（利息支付），并使企业的资金成本上升，资金使用不当可能会带来较大的财务风险；若借款过少，则可能会使企业出现资金断流。创业之初，在出现资金断流以前筹集资金要比急需资金时再筹集更容易。

4）充分考虑借款可能的支出。对于创业者来说要想获得借款，一般需要提供抵押品或担保品，如果创业者缺乏债权人认可的抵押资产，那么创业者可以申请担保公司为其借款进行担保。但是，担保公司作为营利性的企业会收取部分担保费用。所以，如果创业者拟通过担保公司担保的方式取得借款，那么创业者需要将担保公司的担保费用计入未来的经营成本，以有效地避免经营风险。

5）选择合适的银行。如果创业者有机会从银行取得借款，那么就需要对不同的银行进行对比，选择合适的银行。一般来说，银行都对其贷款的风险做出政策性规定，有些银行倾向于保守政策，只愿承担较小的贷款风险。企业选择银行贷款是节省利息的第一步，有些银行执行国家规定的基准利率再上浮 30%，而有些银行执行基准利率。从中可以看出，上浮的 30%会令企业成本上升，因此创业者应事先通过各种渠道了解银行信息，在选择贷款银行时应该货比三家，以选择最适合创业企业借款的银行。

债权融资具有以下优点：①企业控制权和所有权得到维护；②可选择有利的时间归还；③可以节约自有资金；④借款成本可在税前列支；⑤通货膨胀可以减少实际还款数。

债权融资具有以下缺点：①要负担利息成本；②要承担将来利润可能不足以归还借款的风险；③让他人了解财务及其他一些保密信息；④贷款机构（人）有可能要附加一

些限制条款；⑤如果企业经营出现困难，债权人会优先得到清偿。

二、资金筹集风险

资金筹集风险，又称为财务风险，是指企业因借入资金而产生的丧失偿债能力的可能性和企业利润（股东收益）的可变性。企业在筹资、投资和生产经营活动各环节中无不承担一定程度的风险。企业承担风险程度因负债方式、期限及资金使用方式等不同而面临不同的偿债压力。因此，筹资决策除规划资金需要数量，并以合适的方式筹措到所需的资金外，还必须正确权衡不同筹资方式下的风险程度，并提出规避和防范风险的措施。

1. 资金筹集风险的种类

按照筹资风险的成因不同，筹资风险可以分为现金性筹资风险和收支性筹资风险。

（1）现金性筹资风险

现金性筹资风险是指由于现金短缺、现金流入的期间结构与债务的期限结构不相匹配而形成的一种支付风险。现金性筹资风险对于企业未来的筹资影响并不大。同时，由于财务处理上受权责发生制的影响，即使企业当期投入大于支出也并不等于企业就有现金流入，即它与企业收支没有直接的关系。现金性筹资风险产生的根源在于企业理财不当，使现金预算安排不妥或执行不力造成支付危机。此外，在资本结构安排不合理、债务期限结构搭配不好时也会引发企业在某一时点的偿债高峰风险。

（2）收支性筹资风险

收支性筹资风险是指企业在收不抵支的情况下出现的到期无力偿还债务本息的风险。收支性筹资风险是一种整体风险，它会对企业债务的偿还产生不利的影响。一旦这种风险产生即意味着企业经营的失败，或者正处于资不抵债的破产状态。因此，收支性筹资风险产生的原因不仅包括理财不当造成的支付风险，还包括企业经营不当造成的净产量总量减少。出现收支性筹资风险不仅将使债权人的权益受到威胁，而且将使企业所有者面临更大的风险和压力。因此，它又是一种终极风险，可能会导致企业破产。

2. 资金筹集风险的原因分析

（1）内部原因分析

1）负债规模。负债规模是指企业负债总额的大小或负债在资金总额中所占比重的高低。若企业负债规模大、利息费用支出增加，则收益降低而导致丧失偿付能力或破产的可能性就会增大。同时，若负债比重越高，企业的财务杠杆系数越大，则股东收益变化的幅度也随之增加。所以，负债规模越大，财务风险也越大。

2）负债的利率。在同样负债规模的条件下，负债的利率越高，企业所负担的利息费用支出就越多，企业破产危险的可能性也就越大。同时，负债的利率对股东收益的变动幅度也有影响，因为在息税前利润一定的条件下，负债的利率越高，财务杠杆系数越大，股东收益受影响的程度也就越大。

3）负债的期限结构。负债的期限结构是指企业所使用的长短期借款的相对比重。

如果负债的期限结构安排不合理，如应筹集长期资金却采用了短期借款，或者相反，都会增加企业的筹资风险。原因在于：①如果企业使用长期借款来筹资，则它的利息费用在相当长的时期中将固定不变，但如果企业使用短期借款来筹资，则利息费用可能会有大幅度的波动；②如果企业大量举借短期借款，并将短期借款用于长期资产，则当短期借款到期时，可能会出现难以筹措到足够的现金来偿还短期借款的风险，此时，若债权人由于企业财务状况差而不愿意将短期借款展期，则企业有可能被迫宣告破产；③长期借款的融资速度慢，取得的成本通常较高，而且有一些限制性条款。

（2）外部原因分析

1）经营风险。经营风险是企业生产经营活动本身所固有的风险，其直接表现为企业息税前利润的不确定性。经营风险不同于筹资风险，但又影响筹资风险。当企业完全用股本融资时，经营风险即为企业的总风险，完全由股东均摊。当企业采用股本与负债融资时，由于财务杠杆对股东收益的扩张性作用，股东收益的波动性会更大，股东所承担的风险将大于经营风险，其差额即为筹资风险。如果企业经营不善，营业利润不足以支付利息费用，那么股东收益化不仅会成为泡影，而且要用股本支付利息，严重时会使企业丧失偿债能力，被迫宣告破产。

2）预期现金流入量和资产的流动性。负债的本息一般要求以现金（货币资金）偿还，因此即使企业的盈利状况良好，但其能否按合同、契约的规定如期偿还本息，还要看企业预期的现金流入量是否足额、及时及资产的整体流动性是否合理。现金流入量反映的是现实的偿债能力，资产的流动性反映的是潜在的偿债能力。如果企业投资决策失误或信用政策过宽，不能足额或及时地实现预期的现金流入量以支付到期的借款本息，就会面临财务危机。此时，企业为了防止破产可以变现其资产，各种资产的流动性（变现能力）是不一样的，其中库存现金的流动性最强，而固定资产的变现能力最弱。企业资产的整体流动性不同，即各类资产在资产总额中所占比重不同，对企业的财务风险关系影响很大，当企业资产的整体流动性较强、变现能力强的资产较多时，其财务风险就较小；反之，当企业资产的整体流动性较弱、变现能力弱的资产较多时，其财务风险就较大。很多企业破产不是没有资产，而是因为其资产不能在较短时间内变现，结果不能按时偿还债务，被迫宣告破产。

3）金融市场。金融市场是资金融通的场所。企业负债经营要受金融市场的影响，如负债利率就取决于取得借款时金融市场的资金供求情况，而且金融市场的波动，如利率、汇率的变动，都会导致企业的筹资风险变动。当企业主要采取短期借款方式融资时，如遇到金融紧缩，银根收紧，短期借款利率大幅度上升，就会引起利息费用剧增，利润下降，更有甚者，一些企业因无法支付高涨的利息费用而破产清算。

筹资风险的内因和外因，相互联系、相互作用，共同诱发筹资风险。一方面，由于经营风险、预期现金流入量和资产的流动性及金融市场等因素的影响，只有在企业负债经营的条件下，才有可能导致企业的筹资风险，而且负债比率越大，负债利息越高，负债的期限结构越不合理，企业的筹资风险就越大。另一方面，虽然企业的负债比率较高，但企业已进入平稳发展阶段，经营风险较低，且金融市场的波动不大，那么企业的筹资风险相对就较小。

【例 4-6】沿用例 4-2 中资料，假设视觉营销公司经过广泛的市场调查，并向专业咨询公司进行了咨询，计算出创业所需资金约为 20 万元。两位股东从父母和亲友处筹集到 15 万元的资金，剩下的 5 万元资金可以通过以下两种方式获得：从当地的商业银行借入 5 万元的贷款，借款年利率为 10%；出售 25%的股份吸收其同学赵某入股，获得 5 万元的股权资本。试从融资成本与收益的角度入手，帮助视觉营销公司进行融资决策分析。

解：创业者在进行融资决策时需要考虑许多因素，融资的成本收益比较是要素之一，在不扣除所得税的情况下，比较两者的税前利润。

1）债权融资：如果公司以借款筹资，那么每年需支付利息 5 000 元（50 000×10%），从而减少其税前利润 5 000 元；如果预计公司的利润率为 20%，年度息税前利润为 40 000 元，那么支付利息后的税前利润减少为 35 000 元。

2）股权融资：如果通过转让股份的方式吸收赵某入股，那么不存在利息的支付事宜，其息税前利润依然为 40 000 元，但归属于原股东本人的部分只有 30 000 元（40 000×75%），其中的 10 000 元利润要归新的持股人赵某。

由此可见，债权融资的成本相对较低，而且因为债务的杠杆作用，在企业效益较好时可以给创业者带来更高的经济利益流入。如果假定股东预计的公司利润率降为 10%，年度息税前利润即由 40 000 元变为 20 000 元，那么每年需要支付的利息依然为 5 000 元（50 000×10%），支付利息后的利润却变为 15 000 元；通过股权融资的成本计算，归属于原股东本人的部分只有 15 000 元（20 000×75%），其中的 5 000 元利润要归新的持股人赵某。

股权融资的成本与债权融资成本持平，如果借款年利率高于 10%，股权融资无须归还投资，可以减少企业的资金流出，不存在财务风险；企业经营初期风险过大，现金流短缺，为避免不能按期还本付息的风险，两位股东可以吸收赵某入股，取得无风险的经营资金。

3. 资金筹集风险的规避

（1）确定合理的财务结构

在资金结构中，若负债的比例过大，即过度负债经营，则企业依赖于外界的因素过多，将加大经营风险和财务风险。生产经营环节稍有脱节，资金回收不及时，资金成本将大幅度增加，从而降低企业经营利润，削弱企业活力，因此企业应把握好负债经营的“度”。创业者要合理确定债务资金与自有资金、短期资金与长期资金的比例关系，并随着企业生产的变化而变化，使企业始终处于一种动态的管理过程。合理确定企业一定时期所需筹集资金的数额是企业资金筹集风险规避的重要内容。一方面，企业要筹集足够的资金以满足企业生存和发展的需要；另一方面，企业要注意筹集的资金不能过多，防止出现资金的闲置，产生资金的配置风险，增加企业的债务负担。从根本上来说，企业发生风险是因为举债，一个全部用自有资本从事经营的企业只有经营风险而没有财务风险。因此，要权衡举债经营的财务风险来确定债务比率，同时还要考虑债务清偿能力，要尽量做到资金的筹集量与资金的需求量相互平衡。从大量负债经营实例中得出以下教训：虽然适度举债是企业发展的必要途径，但必须以自有资金为基础，如果资本结构中债务资本过大，必然产生恶性循环。同时，企业偿债能力是负债经营最敏感的指标。偿债能力是指企业拥有现金或其资产变现能力，债务资本在各项目之间配置合理程度。从偿债能力来看，负债比率越低，企业偿债能力越强，但未必合理，如企业借款利率小于利润率。不同产业的负债经营合理程度是不一样的，企业应具体情况具体分析，充分利用负债经营的优势。

（2）选择正确的筹资方式

企业的筹资方式可归为两大类，即债权融资和股权融资。一般来说，债权融资的资金成本相对较低，利息税前支付，但偿还风险相对较大，表现为能否及时足额地还本付息。创业者可以根据利率走势，合理安排债权融资。股权融资的偿还风险相对较小，不存在还本付息的问题，它的风险只在于其使用效益的不确定性上，但是股权融资的利息需税后支付，资金成本相对较高。

（3）选择适当的筹资机会

筹资机会是客观存在的，把握筹资机会，不仅影响筹资效益，还关系到筹资风险。企业在选择筹资机会时要考虑以下几点：①要与企业经济活动的周期和财务状况相匹配；②要与企业的股票行情相匹配；③要与企业未来的现金流量相匹配。

（4）采用不同筹资渠道，确定合理筹资结构

企业筹集的资金，因为来源、方式、期限或成本的不同，其筹资风险也不同。企业全部资金来源通常可分为自有资金和借入资金、长期资金和短期资金、内部筹资和外部筹资、直接筹资和间接筹资。应将负债经营资产收益率与债务资本成本率进行对比，只有前者大于后者，才能保证本息到期归还，以实现财务杠杆收益；根据组合风险分散理论，多元化筹资可以有效地分散企业的筹资风险，单一化筹资是不现实的，也可能是非常危险或成本很高的。筹资结构的确定就是要使筹资组合中各筹资方式所占比例能将筹资风险最小化的同时又将加权资金成本最小化。

（5）加强财务监控机制

近年来，国家反复强调要加强金融监控，并加大了监管力度，但一些企业的金融风险仍有增无减。其原因主要是企业重视了外部环境的制约，而对内部控制制度的建设关注不够。财务管理在企业管理中具有核心地位和作用，要防范金融风险，建立内部控制机制，必须强调和发挥财务的管理与监督职能，健全财务监控机制，不断提高财务管理人员的风险意识。财会部门除了自觉地搞好规范化、标准化、制度化建设以外，还必须通过特有的核算和监督手段，去调节、制约整个企业的营运过程，使其沿着健康的轨道运行。财会人员应积极参与企业管理，使自身的理财意识不再仅仅局限于传统的“增收节支”，更要增强理财技能，深刻理解和认识急需研究解决的配置资源、重组资产、优化资本结构、缓解债务负担、加速资金周转、提高资金使用效率等问题，这必然影响金融风险的及时化解和消除。面对不断变化的财务管理环境，企业应设置高效的财务管理机构，配备高素质的财务管理人员，健全财务管理规章制度，强化财务管理的各项基础工作，使企业财务管理系统有效运行，以防范因财务管理系统不适应环境变化而产生的财务风险。

项目三　创业财务核算

要点一　财务核算概述

一、财务核算的含义与特点

财务核算是以货币为主要计量单位，采用一系列专门方法，对企业实际发生的经济活动进行记录、确认、计量等，并提供真实的财务信息的一项管理活动。

财务核算的特点有：①以货币为主要计量单位；②对企业实际发生的经济活动进行核算，具体表现是要有真实合法的财务凭证；③具有连续性、系统性、全面性、综合性。

二、财务核算机构与人员

1. 财务核算机构

各企业、各单位应按照我国相关法律的规定设置财务机构。财务机构是企业单位的组成部分，它与企业的供应机构、生产机构、销售机构一样，都是企业的职能部门。财务机构通常包括财务科、财务部、财务组等。在现代企业中，财务核算与财务管理职能分离，财务机构的设置要取决于企业规模和财务工作的繁简程度。规模较大的企业，在财务机构内设置的岗位较细、较多。规模较小的企业，可以设置一个简单的财务机构。不具备设置财务机构条件的企业，可委托经批准设立从事财务代理记账单位中介机构代理记账。

2. 财务核算人员

一个财务机构至少要有一名会计人员和一名出纳人员。在机构内各个岗位之间应建立内部稽核制度，财务人员管“账”，出纳人员管“钱”，出纳人员不得兼任稽核、财务档案保管，以及收入、支出、费用、债权债务账目的登记工作。不具备财务从业资格的人员，不得接受财务专业职务的聘任，不得申请财务人员荣誉证书。各单位不得任用不具备财务从业资格的人员从事财务工作。

三、财务核算对象

会计要素是财务核算对象的具体表现，是构建财务报表的基本指标。企业的经济活动是以交易或事项的形式表现的，这些交易或事项所反映的经济活动多种多样，人们将其中内容相同的事项加以归类，得到资产、负债、所有者权益、收入、费用及利润6个要素。

要点二　财务凭证

一、财务凭证的分类

财务凭证，又称为会计凭证，是指具有一定格式，用以记录经济业务的发生和完成情况，明确经济责任，作为记账依据的书面证明，是重要的财务资料。

按照填制程序和用途不同，财务凭证可以分为原始凭证和记账凭证。

1. 原始凭证

原始凭证是在经济业务发生时取得或填制的，用以证明经济业务的发生或者完成情况，并作为记账原始依据的财务凭证。

（1）原始凭证的分类

1）按取得来源分类，原始凭证包括外来原始凭证和自制原始凭证。

2）按填制方法分类，原始凭证包括一次性原始凭证、累计原始凭证和汇总原始凭证。

（2）企业主要原始凭证

企业原始凭证主要有以下几类。

1）增值税专用发票（图 4-4）。

×××增值税专用发票

开票日期：　　年　　月　　日

<table>
<tr><td rowspan="2">购货单位</td><td>名称</td><td></td><td colspan="11">纳税人登记号</td><td colspan="10"></td></tr>
<tr><td>地址、电话</td><td></td><td colspan="11">开户银行及账号</td><td colspan="10"></td></tr>
<tr><td colspan="2" rowspan="2">货物或应税劳务名称</td><td rowspan="2">计量单位</td><td rowspan="2">数量</td><td rowspan="2">单价</td><td colspan="9">金额</td><td rowspan="2">税率/%</td><td colspan="9">税额</td></tr>
<tr><td>百</td><td>十</td><td>万</td><td>千</td><td>百</td><td>十</td><td>元</td><td>角</td><td>分</td><td>百</td><td>十</td><td>万</td><td>千</td><td>百</td><td>十</td><td>元</td><td>角</td><td>分</td></tr>
<tr><td colspan="2"></td><td></td><td></td><td></td><td></td><td></td><td></td><td></td><td></td><td></td><td></td><td></td><td></td><td></td><td></td><td></td><td></td><td></td><td></td><td></td><td></td><td></td></tr>
<tr><td colspan="2"></td><td></td><td></td><td></td><td></td><td></td><td></td><td></td><td></td><td></td><td></td><td></td><td></td><td></td><td></td><td></td><td></td><td></td><td></td><td></td><td></td><td></td></tr>
<tr><td colspan="2"></td><td></td><td></td><td></td><td></td><td></td><td></td><td></td><td></td><td></td><td></td><td></td><td></td><td></td><td></td><td></td><td></td><td></td><td></td><td></td><td></td><td></td></tr>
<tr><td colspan="2">合　计</td><td></td><td></td><td></td><td></td><td></td><td></td><td></td><td></td><td></td><td></td><td></td><td></td><td></td><td></td><td></td><td></td><td></td><td></td><td></td><td></td><td></td></tr>
<tr><td colspan="2">价税合计（大写）</td><td colspan="12">仟　佰　拾　万　仟　佰　十　元　角　分</td><td colspan="10">¥</td></tr>
<tr><td rowspan="2">销货单位</td><td>名称</td><td></td><td colspan="11">纳税人登记号</td><td colspan="10"></td></tr>
<tr><td>地址、电话</td><td></td><td colspan="11">开户银行及账号</td><td colspan="10"></td></tr>
<tr><td>备注</td><td colspan="23"></td></tr>
</table>

第二联：发票联　购货方记账

收款人：　　　　　　　　　　　　开票单位：（签章）

图 4-4　×××增值税专用发票

2）普通发票。普通发票是相对于增值税专用发票而言的，是指在销售商品、提供或接受劳务及从事其他经营活动时，所开具和收取的除增值税专用发票以外的其他发票。

3）入库单。入库单是企业购买材料、商品或自制产品验收入库时由仓库保管人员填制的原始凭证。

4）领料单。领料单是用料部门从仓库领出材料时由领料人填制的原始凭证。

5）限额领料单。限额领料单又称为定额领料单，是指当月或一定期间在规定限额内可以多次使用，凭此领发材料的一种累计凭证。

6）工资结算单。企业为了同职工办理工资结算手续，一般可按车间、部门编制工资结算单，计算每一位职工的应付工资、代扣款项和实发工资。

7）借款单。借款单是指单位内部所属机构为购买零星办公用品或职工因公出差等向出纳人员借款时使用的借款原始凭证。

8）现金支票。现金支票是出票人签发的，委托办理支票存款业务的银行在见票时无条件支付特定金额给收款人或者持票人的票据。

9）转账支票。其填写方法与现金支票基本相同，但转账支票还要再填写一份一式三联的进账单。进账单上应正确填写对方公司的名称和账号等相关内容。

2. 记账凭证

记账凭证是会计人员根据审核无误的原始凭证或汇总原始凭证，来确定经济业务应借、应贷的财务科目和金额而填制的，作为登记账簿直接依据的财务凭证。

记账凭证包括专用记账凭证和通用记账凭证。

（1）专用记账凭证

专用记账凭证包括收款凭证、付款凭证、转账凭证。

（2）通用记账凭证

通用记账凭证是既可以反映收付款业务，又可以反映转账业务的记账凭证，其格式与转账凭证相同。经济业务简单或收付款业务不多的单位可使用通用记账凭证（图 4-5）。

通用记账凭证

摘要	总账科目	明细科目	√	借方金额	√	贷方金额

附件××张

图 4-5　通用记账凭证

二、财务凭证的传递与保管

1. 财务凭证的传递

财务凭证的传递是指财务凭证从填制到归档保管的整个过程，在单位内部各有关部门和人员之间的传递程序和传递时间。

2. 财务凭证的保管

每月记账完毕，都要对本月各种记账凭证加以整理，检查有无缺号和附件是否齐全。

然后，将财务凭证按顺序号排列，装订成册，并指定专人负责。

要点三 财务账簿

《中华人民共和国会计法》第三条规定：“各单位必须依法设置会计账簿，并保证其真实、完整。”财务账簿、财务报告和其他财务资料，必须符合国家统一的财务制度的规定。对于不依法设置财务账簿、私设财务账簿、登记财务账簿不符合规定，以及伪造、变造财务账簿的行为，根据情节轻重分别给予行政处分和经济处罚，严重的要追究刑事责任。

一、财务账簿的含义

财务账簿，又称为会计账簿，是指由具有一定格式、按一定形式相互联结的账页组成的，以财务凭证为依据，对全部经济业务进行记录与核算的簿籍。

二、财务账簿的种类

1. 按用途分类

（1）序时账簿

序时账簿，又称为日记账，是按照经济业务发生或完成时间的先后顺序，逐日逐笔进行登记的账簿。序时账簿按照记录内容的不同，可分为普通日记账和特种日记账。

（2）分类账簿

分类账簿，是对全部经济业务事项按总分类账户和明细分类账户进行分类登记的账簿。

（3）辅助账簿

辅助账簿，又称为备查账簿，是对某些在序时账簿和分类账簿中未能登记或登记不够详细的经济业务事项进行补充登记的账簿。

2. 按外表形式分类

（1）订本式账簿

订本式账簿，是在启用前将编有顺序页码的一定数量的账页装订成册的账簿。订本式账簿一般适用于总分类账、现金日记账、银行存款日记账。

（2）活页式账簿

活页式账簿，是将一定数量的账页置于活页夹内，可根据记账内容的变化而随时增加或减少部分账页的账簿。各种明细分类账一般采用活页式账簿的形式。

（3）卡片式账簿

卡片式账簿，是将一定数量的卡片式账页存放于专设的卡片箱内，可以根据需要随时增添账页的账簿。我国企业一般只对固定资产的核算采用卡片式账簿，也有少数企业在材料核算中使用卡片式账簿。

3. 财务账簿按账页格式分类

（1）三栏式账簿

三栏式账簿，是指设有借方、贷方和余额三个金额栏目的账簿。三栏式账簿可分为设对方科目和不设对方科目两种。各种日记账、总分类账，以及资本、债权、债务明细分类账都可以采用三栏式账簿（图 4-6～图 4-8）。

总分类账

财务科目　　　　第　页

年		记账凭证		摘要	借方	贷方	借或贷	余额
月	日	种类	号数					

图 4-6　总分类账

×××明细分类账

类别：　　　　品名和规格：

编号：　　　　计量单位：　　　　存放地点：　　　　第　页

年		记账凭证		摘要	借方			贷方			余额		
月	日	种类	号数		数量	单价	金额	数量	单价	金额	数量	单价	金额

图 4-7　×××明细分类账（一）

×××明细分类账

第　页

年		记账凭证		摘要	借（贷）方					贷（借）方	余额
月	日	种类	号数					……	合计		

图 4-8　×××明细分类账（二）

（2）多栏式账簿

多栏式账簿是在账簿的两个金额栏（借方和贷方）按需要分设若干专栏的账簿。

（3）数量金额式账簿

数量金额式账簿是采用数量和金额双重记录的账簿。原材料账户、库存商品账户、固定资产账户等一般采用数量金额式账簿。

三、账簿的设置与登记

1. 账簿的设置

（1）现金日记账

现金日记账通常使用订本式账簿，由设有“借方（或收入）”“贷方（或支出）”“余额（或结余）”三栏式基本结构的账页组成。

（2）银行存款日记账

银行存款日记账一般采用订本式账簿，由设有“借方（或收入）”“贷方（或支出）”“余额（或结余）”三栏式基本结构的账页组成。

（3）总分类账

总分类账一般只提供货币指标，通常采用三栏式订本账簿，其基本结构为“借方”“贷方”“余额”三栏。

（4）三栏式明细分类账

三栏式明细分类账的格式与总分类账的格式相同，也使用“借方”“贷方”“余额”三栏式账页。

（5）多栏式明细分类账

多栏式明细分类账，一般在“借方”或“贷方”栏下设立若干专栏，也可在“借方”“贷方”栏下分别设立若干专栏，以便集中反映各账户有关明细项目的详细资料。

（6）数量金额式明细分类账

数量金额式明细分类账也采用“借方”“贷方”“余额”三栏式的基本结构，但在每栏下面，又分别设置“数量”“单价”“金额”三个小栏目。

2. 账簿登记的内容

小企业的财务账簿至少应当对现金余额、应收账款、存货、机器设备等资产情况和应发工资、应付账款、应交税费、银行借款等负债情况，以及企业的收入、费用和利润等情况进行记录。

3. 账簿登记的规则

1）财务人员必须根据审核无误的财务凭证及时登记各种账簿。

2）登记账簿后，应在记账凭证的“记账”或“过账”栏内注明账簿的页数，或用“√”符号表示已登记入账，并在相应的记账凭证上签章。

3）登记账簿时，必须使用蓝色、黑色或者碳素墨水笔书写，不得使用铅笔或圆珠笔书写（银行的复写账簿除外）。

4）账簿记录的文字必须清晰、端正，摘要内容要清楚、简洁；数字书写要规范。

5）登记账簿必须按照事先编定的页次，逐页、逐行顺序连续记录，不得隔页、缺号、跳行。

6）各账户结出余额后，应当在“借或贷”栏内写明“借”或“贷”等字样。没有余额的账户用“0”表示。

7）每一账页登记完毕，应在本账页最末一行加计本页发生额及余额。

8）若账簿记录发生错误时，应按照规定的更正错账的方法予以更正。

四、结账

1）月度结账，又称为月结。它是指财务人员在月末，对本月度所发生的财务收入与支出进行结算汇总。

2）季度结账，又称为季结。它是指财务人员在季末，对本季度所发生的财务收入与支出进行结算汇总。

3）年度结账，又称为年结。它是指财务人员在年末，对本年度所发生的财务收入与支出进行结算汇总。

五、财务账簿的保管

1）财务账簿、财务凭证和财务报表等都是企业的重要档案，必须妥善保管，不得随意丢失和销毁。

2）对于活页账簿，财务人员应在年末结账后装订成册，并加上封面，统一编号后归档。

3）各种账簿应按年度分类归档，保证各种账簿的安全和完整。

4）各种账簿的保管年限和销毁的审批，应按财务制度的规定严格执行。

要点四　财务报表

一、财务报表概述

1. 财务报表的含义

财务报表是根据账簿上记录的资料，经过整理、归类、汇总而编制的，能够反映企业某一特定时点的财务状况，以及一定时期的经营成果和现金流动情况的书面文件。

2. 财务报表的作用

财务报表是财务报告的主要组成部分，它所提供的会计信息具有重要作用，主要体现在以下几个方面。

1）为企业的投资者进行投资决策提供必要的信息资料。

2）为企业的债权人提供有关企业债务偿还能力和支付能力的信息资料。

3）为有关政府部门进行宏观调控、制定经济政策提供依据。

4）为企业的经营者和职工对企业进行日常管理活动提供必要的信息资料。

5）为其他报表使用者提供财务参考信息。

二、财务报表的分类

1. 按反映的内容分类

按反映的内容，财务报表可分为资产负债表、利润表、现金流量表、其他各种附表。

2. 按编报的时间分类

按编报的时间不同，财务报表可分为月报表、季报表、年报表。

3. 按编制单位分类

按编制单位不同，财务报表可分为基层报表、汇总报表、合并报表。

三、编制财务报表前的基础工作

1）结清账户。在结账之前，企业应对所有已经发生的收入、支出、债权、债务、应该摊销或预提的费用，以及其他已经发生并完成的经营活动和财务收支事项全部登记入账，在此基础上结出所有总分类账和明细分类账余额。

2）对账并进行检查。对各种账簿记录，在编制财务报表之前必须进行审查核对，做到账账相符、账证相符；对财产物资进行盘点清查，并进行相关账务处理，以求账实相符。

3）编制余额试算平衡表。

四、财务报表的编制

（一）资产负债表

1. 资产负债表的含义

企业资金运动处于静态状况时，表现为一定时点上的资产总值和权益总值（包括负债和所有者权益），体现了资金的使用和资金的来源两个方面。其中，资产各项目反映了资金的使用情况，负债和所有者权益各项目反映了资金的来源情况。

2. 资产负债表的作用

资产负债表较全面地提供了企业在某一特定日期的财务状况，包括企业所拥有的各种经济资源（资产）、企业所负担的债务（负债）及企业所有者在企业里所享有的权益（所有者权益）。资产负债表的作用主要体现在以下几个方面。

1）有助于了解企业的经济资源及其分布情况。资产负债表中的资产方反映了企业拥有或控制的经济资源总额。企业占用的经济资源反映了未来经济利益，据此，信息使用者可以了解、判断企业的规模、实力及未来的发展潜力。由于不同的经济资源给企业带来的未来经济利益是不一样的，资产负债表通常将企业拥有的资产按经济性质、用途等进行分类。信息使用者可据此了解企业拥有或控制的经济资源的具体构成情况，判断其经济资源结构的合理性。

2）有助于分析、评价、预测企业的偿债能力。偿债能力是指企业以其资产偿付债务的能力，一般分为短期偿债能力和长期偿债能力。在资产负债表中，资产、负债等项目通常按其流动性排列，这种排列方式有助于信息使用者评估不同类别资产的变现能力，预测未来现金流入的金额、时间及其不确定性；有助于评估不同类别负债偿还的先后顺序，预测未来现金流出的金额、时间顺序及其不确定性；有助于根据有关资产项目和负债项目的对比来评价企业的短期偿债能力。

3）有助于预测企业未来的财务趋势。信息使用者通过企业债务规模、债务结构及与所有者权益的对比，可以分析企业向投资者及其债权人筹措资金的能力；通过对企业利润及营业收入和资产总额等的分析，可以预测企业未来的发展趋势。

3. 资产负债表的格式

资产负债表采用账户式的格式。报告式资产负债表是将报表项目自上而下排列，最上方列示资产项目，接着列示负债项目，最下方列示所有者权益项目。资产负债表（简表）的格式如表 4-3 所示。

表 4-3 资产负债表

会企 01 表

编制单位： 年 月 单位：元

资产	期末余额	年初余额	负债和所有者权益	期末余额	年初余额
流动资产：			流动负债：		
货币资金			短期借款		
应收账款			应付账款		
预付款项			预收款项		
应收利息			应付职工薪酬		
应收股利			应交税费		
其他应收款			应付利息		
存货			应付利润		
一年内到期的非流动资产			其他应付款		
其他流动资产			一年内到期的非流动负债		
流动资产合计			其他流动负债		
			流动负债合计		
非流动资产：			非流动负债：		
长期应收款			长期借款		
长期股权投资			其他非流动负债		
固定资产			非流动负债合计		
在建工程			负债合计		
工程物资			所有者权益：		
			实收资本		
无形资产			资本公积		
其他非流动资产			盈余公积		
非流动资产合计			未分配利润		
			所有者权益合计		
资产合计			负债和所有者权益总计		

4. 资产负债表的基本原理

企业资金的使用和资金的来源之间存在平衡关系，表现为“资产＝负债＋所有者权益”。这一会计基本等式不仅是资金平衡的理论依据，还是编制资产负债表的理论基础。

5. 资产类项目的填报方法及内容

“货币资金”项目反映企业“库存现金”“银行存款”“其他货币资金”的合计。

“应收账款”项目反映企业因销售商品、提供劳务等经营活动应收取的款项。

“预付款项”项目反映企业按照购货合同规定预付给供应单位的款项等。

“应收利息”项目反映企业应收取的债券投资等的利息。

“应收股利”项目反映企业应收取的现金股利和应收取其他单位分配的利润。

“其他应收款”项目反映企业除应收账款、预付账款、应收股利、应收利息等经营活动以外的其他各种应收、暂付的款项。

“存货”项目反映企业期末在库、在途和在加工中的各种存货的可变现净值，包括原材料、库存商品等的价值。

“一年内到期的非流动资产”项目反映企业将于一年内到期的非流动资产项目的金额。

“其他流动资产”项目反映企业除货币资金、应收账款、应收利息、应收股利、其他应收款、存货等流动资产以外的其他流动资产。

“长期应收款”项目反映企业融资租赁产生的应收款项、采用递延方式具有融资性质的销售商品和提供劳务等产生的长期应收款项等。

“长期股权投资”项目反映企业持有的对子公司、联营企业和合营企业的长期股权投资。

“固定资产”项目反映企业各种固定资产原价减去累计折旧和累计减值准备后的净额。

“在建工程”项目反映企业期末各项未完工程的实际支出，包括交付安装的设备价值、未完工建筑安装工程已耗用的材料、工资和费用支出、预付出包工程的价款等可收回金额。

“工程物资”项目反映企业尚未使用的各项工程物资的实际成本。

“无形资产”项目反映企业持有的无形资产，包括专利权、非专利技术、商标权、著作权、土地使用权等。

“其他非流动资产”项目反映企业除长期股权投资、固定资产、在建工程、工程物资、无形资产等资产以外的其他非流动资产。

6. 负债类项目的填报方法及内容

“短期借款”项目反映企业向银行或其他金融机构等借入的期限在 1 年以下（含 1 年）的各种借款。

“应付账款”项目反映企业因购买材料、商品和接受劳务供应等经营活动应支付的款项。

“预收款项”项目反映企业按照销货合同规定预收购货单位的款项。

“应付职工薪酬”项目反映企业根据有关规定应付给职工的工资、职工福利、社会保险费、住房公积金、工会经费、职工教育经费、非货币性福利、辞退福利等各种薪酬。

“应交税费”项目反映企业按照税法规定计算应交纳的各种税费，包括增值税、消费税、所得税、资源税、土地增值税、城市维护建设税、房产税、土地使用税、车船使用税、教育费附加、矿产资源补偿费等。

“应付利息”项目反映企业按照规定应当支付的利息，包括分期付息到期还本的长期借款利息、企业发行的企业债券利息等。

“应付利润”项目反映企业分配的利润。

“其他应付款”项目反映企业除应付票据、应付账款、预收款项、应付职工薪酬、应付股利、应付利息、应交税费等经营活动以外的其他各项应付、暂收的款项。

“一年内到期的非流动负债”项目，反映企业非流动负债中将于资产负债表日后一年内到期部分的金额，如将于一年内偿还的长期借款。

“其他流动负债”项目反映企业除短期借款、交易性金融负债、应付票据、应付账款、应付职工薪酬、应交税费等流动负债以外的其他流动负债。

“长期借款”项目反映企业向银行或其他金融机构借入的期限在 1 年以上（不含 1 年）的各项借款。

“其他非流动负债”项目反映企业除长期借款、应付债券等负债以外的其他非流动负债。

7. 所有者权益类项目的填报方法及内容

“实收资本”项目反映企业各投资者实际投入的资本（或股本）总额。

“资本公积”项目反映企业资本公积的期末余额。

“盈余公积”项目反映企业盈余公积的期末余额。

“未分配利润”项目反映企业尚未分配的利润。

【例 4-7】黎明创业公司 2018 年 9 月发生的经济业务情况，以及 8 月的资产负债情况如表 4-4 和表 4-5 所示。根据以上资料编制该公司 2018 年 9 月的资产负债表。

表 4-4　账户余额表

编制单位：黎明创业公司　　2018 年 9 月 30 日　　单位：元

借方	期末余额	年初余额	负债和所有者权益	期末余额	年初余额
库存现金	5 000		短期借款	60 000	
银行存款	35 000		应付账款	50 000	
应收账款	20 000		其他应付款		
其他应收款			应付职工薪酬		
原材料	150 000		应交税费	10 000	
库存商品	120 000		应付利息		
周转材料	10 000		其他流动负债		
长期股权投资			长期借款	30 000	
固定资产	340 000		累计折旧	30 000	
长期待摊费用			实收资本	500 000	
在建工程			资本公积		
无形资产			盈余公积		
			本年利润		
借方余额总计	680 000		贷方余额总计	680 000	

表 4-5　2018 年 8 月 31 日资产负债表

编制单位：黎明创业公司　　2018 年 8 月 31 日　　单位：元

资产	期末余额	年初余额	负债和所有者权益	期末余额	年初余额
流动资产：			流动负债：		
货币资金	30 000	25 000	短期借款	50 000	40 000
应收账款	10 000	5 000	应付账款	10 000	10 000
存货	260 000	250 000	应付职工薪酬	0	
一年内到期的非流动资产	0		应交税费	10 000	0
其他流动资产	0		一年内到期的非流动负债	0	
			其他流动负债	0	
流动资产合计	300 000	280 000	流动负债合计	70 000	50 000
非流动资产：			非流动负债：		
长期股权投资	0		长期借款	30 000	30 000
固定资产	300 000	300 000	其他非流动负债	0	
减：累计折旧	30 000				
无形资产	0		非流动负债合计	30 000	30 000
其他非流动资产	0		负债合计	100 000	80 000
非流动资产合计	300 000	300 000	所有者权益：		
			实收资本	500 000	500 000
			资本公积	0	
			盈余公积	0	
			未分配利润	0	
			所有者权益合计	500 000	500 000
资产总计	600 000	580 000	负债和所有者权益总计	600 000	580 000

解：根据以上资料编制的该公司2018年9月30日的资产负债表如表4-6所示。

表4-6　2018年9月30日资产负债表

编制单位：黎明创业公司　　　　2018年9月30日　　　　单位：元

资产	期末余额	年初余额	负债和所有者权益	期末余额	年初余额
流动资产：			流动负债：		
货币资金	40 000	25 000	短期借款	60 000	40 000
应收账款	20 000	5 000	应付账款	50 000	10 000
存货	280 000	250 000	应付职工薪酬	0	
一年内到期的非流动资产	0		应交税费	10 000	0
其他流动资产	0		一年内到期的非流动负债	0	
			其他流动负债	0	
流动资产合计	340 000	280 000	流动负债合计	120 000	50 000
非流动资产：			非流动负债：		
长期股权投资	0		长期借款	30 000	30 000
固定资产	340 000	300 000	其他非流动负债	0	
减：累计折旧	30 000				
无形资产	0		非流动负债合计	30 000	30 000
其他非流动资产	0		负债合计	150 000	80 000
非流动资产合计	310 000	300 000	所有者权益：		
			实收资本	500 000	500 000
			资本公积	0	
			盈余公积	0	
			未分配利润	0	
			所有者权益合计	500 000	500 000
资产总计	650 000	580 000	负债和所有者权益总计	650 000	580 000

（二）利润表

1. 利润表的含义

利润表，又称为损益表，是反映企业一定财务期间（如月度、季度、半年度或年度）生产经营成果的财务报表。它把企业一定期间的收入与同一期间的相关费用进行配比，计算出该特定期间的净利润（或净亏损）。

2. 利润表的作用

利润表可以反映企业一定财务期间的收入实现情况；可以反映一定财务期间的费用情况；可以反映企业生产经营活动的成果，即净利润的实现情况；可以将销货成本与存货平均余额进行比较，计算出存货周转率；可以将净利润与资产总额进行比较，计算出资产收益率等；可以表现企业资金周转情况及企业的盈利能力和水平，便于财务报表使用者判断企业未来的发展趋势，为决策者提供依据或参考。

3. 利润表的格式

多步式利润表实际上是运用财务核算原则中的配比原则，即把收入和为了取得收入所发生的费用，按性质归类，按利润形成的主要环节列示一些中间性指标，分步计算出当期净损益。因为利润是分步计算出来的，所以人们称这种利润表为多步式利润表。我国使用的是多步式利润表，其格式如表4-7所示。

表4-7　利润表的格式

会企02表

编制单位：　　　　　年　　月　　　　　单位：元

项目	本期金额	上期金额
一、营业收入		
减：营业成本		
税金及附加		
销售费用		
管理费用		
财务费用		
加：投资收益		
补贴收入		
二、营业利润（亏损以“-”号填列）		
加：营业外收入		
减：营业外支出		
三、利润总额（亏损以“-”号填列）		
减：所得税费用		
四、净利润（净亏损以“-”号填列）		

4. 利润表的基本原理

利润表是根据“收入－费用＝利润”的基本关系等式编制的，其具体内容取决于收入、费用、利润等财务要素，利润表项目是收入、费用和利润要素内容的具体体现。从反映企业经营资金运动的角度来看，它是一种反映企业经营资金动态表现的报表，主要提供有关企业经营成果方面的信息，属于动态财务报表。

5. 利润表的主要内容

1）营业收入。营业收入反映企业经营主要业务和其他业务所取得的收入总额。该项目应根据主营业务收入和其他业务收入之和得出。

2）营业利润。从营业收入出发，减去为取得营业收入而发生的相关费用后得出营业利润。

3）利润总额（或亏损总额）。利润总额（或亏损总额）在营业利润的基础上，加营业外收入，减营业外支出后得出。

4）净利润（或净亏损）。净利润（或净亏损）在利润总额（或亏损总额）的基础上，减所得税费用后得出。

在利润表中，企业通常按各项收入、费用及构成利润的各个项目分类分项列示。也就是说，收入按其重要性进行列示，主要包括主营业务收入、其他业务收入、投资收益、补贴收入等；费用按其性质进行列示，主要包括营业成本、税金及附加、销售费用、管理费用、财务费用等；利润按营业利润、利润总额和净利润等利润的构成分类分项列示。

【例 4-8】黎明创业公司 2018 年 12 月各项目的账户发生额如下：①主营业务收入 100 万元；②主营业务成本 60 万元；③税金及附加 3 万元；④其他业务收入 12 万元；⑤其他业务成本 9 万元；⑥销售费用 6 万元；⑦管理费用 5.2 万元；⑧财务费用 2 万元；⑨投资收益 1 万元；⑩补贴收入 2 万元；⑪营业外收入 1.2 万元；⑫营业外支出 1 万元。

要求：

1）根据以上各项目的账户发生额编制利润表。

2）计算公司的利润总额、所得税费用（所得税税率为 25%）及净利润。

解：由题干可知以下内容。

1）根据以上资料编制该公司 2018 年 12 月的利润表（表 4-8）。

表 4-8　利润表

会企 02 表

编制单位：黎明创业公司　　2018 年 12 月　　单位：元

项目	本期金额	上期金额
一、营业收入	1 120 000	
减：营业成本	690 000	
税金及附加	30 000	
销售费用	60 000	
管理费用	52 000	
财务费用	20 000	
加：投资收益	10 000	
补贴收入	20 000	
二、营业利润（亏损以“-”号填列）	298 000	
加：营业外收入	12 000	
减：营业外支出	10 000	
三、利润总额（亏损以“-”号填列）	300 000	
减：所得税费用	75 000	
四、净利润（净亏损以“-”号填列）	225 000	

2）公司的利润总额，所得税费用（所得税税率为 25%）及净利润计算如下。

利润总额＝主营业务收入 100 万元－主营业务成本 60 万元－税金及附加 3 万元＋其他业务收入 12 万元－其他业务成本 9 万元－销售费用 6 万元－管理费用 5.2 万元－财务费用 2 万元＋投资收益 1 万元＋补贴收入 2 万元＋营业外收入 1.2 万元－营业外支出 1 万元＝30 万元。

所得税费用＝30 万元×25%＝7.5 万元。

净利润＝30 万元－7.5 万元＝22.5 万元。

要点五 财务管理与分析

一、财务管理目标

企业组织形式不同，使其在财务管理目标的定位和表述上也不尽相同。但一般在理论上，财务管理目标至少包括以下表述方式。

1. 利润最大化

以利润最大化为财务管理目标，意味着企业生产经营所涉及的各项财务决策都必须以能否带来利润、能带来多少利润为判断依据。

2. 股东财富最大化

股东财富最大化是指企业经理人通过财务上的合理运营，为股东带来更多财富。该目标强调财务管理的终极服务对象是股东。

为实现企业利润最大化或股东财富最大化的整体目标，需要将财务管理目标分解为财务管理活动的具体目标：企业筹资管理的目标可表述为在满足生产经营需要的情况下，不断降低资金成本和财务风险；投资管理的目标可表述为认真进行投资项目的可行性研究，力求提高投资报酬，降低投资风险；企业运营资金的管理目标可表述为合理使用资金，加速资金周转，不断提高资金的利用效率；利润管理的目标可表述为通过采取各项措施，努力提高企业利润水平，合理分配企业利润。企业经营者应当以财务管理目标为依据，进行各项生产经营决策，不断提高企业利润，增加股东财富。

二、企业运营资金需要量预测

企业运营资金需要量预测是指企业根据生产经营的需要，对未来所需资金的估计和推测，它是企业编制融资计划的基础。企业所需要的资金，一部分来自企业内部，另一部分来自外部融资。企业筹集资金，首先要对企业未来组织生产经营活动的资金需要量进行估计、分析和判断，可以采用以下几种方法进行预测。

1. 定性预测法

定性预测法是根据调查研究所掌握的情况和数据资料，凭借预测人员的知识和经验，对资金需要量做出预测的方法。这种方法一般不能提供有关事件确切的定量概念，而主要是定性地估计某一事件的发展趋势、优良程度和发生的概率。定性预测是否正确，取决于预测者的知识和经验。在进行定性预测时，虽然要汇总各方面人士的意见，综合说明财务问题，但也需将定性的财务资料进行量化，这并不改变这种方法的性质。定性预测法主要是根据经济理论和实际情况进行理性的、逻辑的分析和论证，以定量方法作为辅助。该方法一般在缺乏完整、准确的历史资料时采用。

2. 定量预测法

定量预测法是指以资金需要量与有关因素的关系为依据，在掌握大量历史资料的基础上选用一定的数学方法加以计算，并将计算结果作为预测的一种方法。定量预测的方法有很多，如资金习性预测法、趋势分析法、相关分析法、线性规划法等。下面主要介绍资金习性预测法和趋势分析法。

（1）资金习性预测法

资金习性预测法，是指根据资金占用量与产品产销量之间的依存关系进行定量预测的方法。按照这种依存关系，占用资金可以分为不变资金、变动资金和半变动资金。不变资金是指在一定的产销规模内不随产量（或销量）变动的资金，主要包括为维持经营活动展开而占用的最低数额的现金、原材料的保险储备、必要的成品储备，以及厂房、机器设备等固定资产占用的资金。变动资金是指随产销量变动而同比例变动的资金，一般包括在最低储备以外的现金、存货、应收账款等所占用的资金。半变动资金是指虽受产销量变动的影响，但不成同比例变动的资金，如一些辅助材料占用的资金等，半变动资金可采用一定的方法划分为不变资金和变动资金两个部分。

（2）趋势分析法

趋势分析法是通过对有关指标的各期对基期的变化趋势的分析，从中发现问题，为追索和检查账目提供线索的一种分析方法。例如，通过对应收账款的趋势分析，就可对坏账的可能与应催收的贷款做出一般评价。

3. 回归分析预测法

回归分析预测法是假定资金需要量与销售额之间存在线性关系，然后根据历史资料，用最小二乘法确定回归直线方程的参数，利用直线方程预测资金需要量的一种方法。其预测模型为 $y = a + bx$ 。其中，y 为资金需要量；x 为销售额；a 为固定资金需要量（即不随销售额增加而变化的资金需要量）；b 为变动资金率（即每增加 1 元的销售额需要增加的资金）。

三、现金流管理

企业现金流管理水平往往是决定企业持续经营的关键。加强对企业现金流的管理，确保企业随时有足够的现金来支持经营及支付债务，是企业财务管理的基本原则之一。创业者可以借助现金预算的手段，结合企业以往的经验，通过精确地预测未来的现金流状况，确定合理的现金预算额度和最佳现金持有量，保证现金充足的流动性。

1. 现金预算

编制现金预算通常采用的方法是现金收支全额法。这一方法是把计划期内涉及资金流动的财务活动全部加以反映。其基本结构可分为四大部分，即预期资金流入、预期资金流出、期末现金净流量和资金融通与调剂。

（1）预期资金流入

预期资金流入的主要来源是产品销售收入，其次是其他业务收入、营业外收入及投资收益等。投资者追加投入、吸收风险投资等也是企业预期资金流入的重要渠道，在预计现金流量时需予以考虑。

（2）预期资金流出

预期资金流出包括采购直接材料的现金支出、直接人工支出、制造费用、销售费用、管理费用、还本付息、分红及购买固定资产等项目中的现金支出。这些支出的数据分别来源于直接材料采购预算、直接人工预算、制造和营业费用预算、其他现金支出预算等。

（3）期末现金净流量

预期现金收入合计减去支出合计，就是期末现金净流量。若期末现金净流量为正数，说明现金溢余，企业可根据需要用于偿还过去的借款，或进行短期投资，但还款或投资后，仍需保持最低现金余额，以保证企业的资金供应；若期末现金净流量为负数，说明现金不足，企业需从外部筹集资金，如通过向银行取得新借款或以发行债券或股票等方式筹集资金，以满足企业经营业务的需要。

（4）资金融通与调剂

资金融通是指企业内部营业机构之间互相借款，它是以信用方式调剂资金余缺的一种经济活动，具有偿还性特征。资金调剂是指企业内部营业机构之间 A 借用 B 的资金或设备，B 借用 C 的资金或设备。

2. 现金预算的编制

现金预算的编制是以各项营业预算和资本预算为基础的，它反映各预算期的收入款项和支出款项，并作对比说明。

现金预算可以是年度现金预算，也可以是月度现金预算。如果采用计算机进行编制，还可以按日进行预算，以更好地监控企业每日的现金流入流出数量。

现金预算的格式如表 4-9 所示。

表 4-9　现金预算

单位：元

时间	1月	2月	3月	4月	5月	6月	7月	8月	9月	10月	11月	12月	全年
期初现金余额													
加：销货现金收入													
其他现金流入													
可供使用现金													

续表

时　间	1月	2月	3月	4月	5月	6月	7月	8月	9月	10月	11月	12月	全年
减：直接材料费用													
直接人工费用													
制造费用													
营业费用													
所得税费用													
购买设备、厂房费用													
支出合计													
现金多余或不足													
借款融资													
归还借款													
借款利息													
期末现金余额													

3. 现金流管理的其他内容

现金流管理的主要内容除编制现金预算、合理估计未来的现金需求外，还包括对日常现金收支的控制，以加速收款、延迟付款、减少资金占用、加快资金周转，为企业带来更高的经济效益。

（1）加速收款

应收账款是赊销过程中形成的客户对企业的欠款。应收账款占用了企业可投资于其他项目的资金，形成一定的机会成本；对应收账款的管理会带来管理成本；如果应收账款因故不能收回，就会形成坏账成本。所以，加强应收账款的管理、尽快收回货款，可以减少客户对企业资金的免费占用，降低应收账款的使用成本。

（2）延迟付款

应付账款是企业在赊购过程中形成的对供应商的欠款。尽管创业者希望在尽可能不损害与供应商关系的前提下延迟付款，增加可供企业使用的现金流量，但延迟付款不一定总是好事。在企业拥有足够的现金或者能够取得更低利率的借款时，享受由供应商提供的付款折扣也许会大大降低企业的资金成本。

假定供应商提供的付款条件是“2/10，*n*/30”，则意味着如果企业在 10 天内付款可以享受 2%的现金折扣，全部款项在 30 天到期支付。

这时，企业放弃现金折扣的成本计算为

放弃现金折扣的成本＝现金折扣率/（1－现金折扣率）×360/（信用期－折扣期）

＝2%/（1－2%）×360/（30－10）≈36.73%

如果企业能够借到年利率低于 36.73%的款项，则应该享受该笔现金折扣，而不是延迟付款。

四、财务分析

财务分析是以财务核算和报表资料及其他相关资料为依据，采用一系列专门的分析技术和方法，对企业等经济组织过去和现在有关筹资活动、投资活动、经营活动、分配活动的盈利能力、营运能力、偿债能力和增长能力等进行分析与评价的经济管理活动。它是为企业的投资者、债权人、经营者及其他关心企业的组织或个人了解企业过去、评价企业现状、预测企业未来、做出正确决策，提供准确的信息或依据。

财务分析的方法与分析工具有很多，具体应用应根据分析者的目的而定。

（一）比较分析法

比较分析法，是通过对比两期或连续数期财务报告中的相同指标，确定其增减变动的方向、数额和幅度，来说明企业财务状况或经营成果变动趋势的一种方法。

1. 不同时期财务指标的比较

不同时期财务指标的比较主要有以下两种方法：①定基动态比率，它是以某一时期的数额为固定的基期数额而计算出来的动态比率；②环比动态比率，它是以每一分析期的前期数额为基期数额而计算出来的动态比率。

2. 财务报表项目构成的比较

财务报表项目构成的比较以财务报表中的某个总体指标作为100%，再计算出各组成项目占该总体指标的百分比，从而比较各个项目百分比的增减变动，以此来判断有关财务活动的变化趋势。

（二）比率分析法

比率分析法是通过计算各种比率指标来确定财务活动变动程度的方法。比率分析法的指标主要有构成比率、效率比率和相关比率。

1. 构成比率

构成比率，又称为结构比率，是某项财务指标的各组成部分数值占总体数值的百分比，反映部分与总体的关系。

2. 效率比率

效率比率是某项财务活动中所费与所得的比率，反映投入与产出的关系。

3. 相关比率

相关比率是以某个项目和与其有关但又不同的项目加以对比所得的比率，反映有关经济活动的相互关系。

（三）因素分析法

因素分析法是依据分析指标与其影响因素的关系，从数量上确定各因素对分析指标影响方向和影响程度的一种方法。因素分析法有两种，即连环替代法和差额分析法。

（四）营运能力分析法

营运能力是企业在一定时期管理资产运营效率的能力。通常用各种资产的周转率表示，反映企业资产使用的效率情况，代表企业投入和运用单位资产产生营业收入的能力。资金周转得越快，企业创造营业收入的能力越强。测度资产运营效率的指标主要有总资产周转率、流动资产周转率、非流动资产周转率、存货周转率、应收账款周转率、营业周期等。

1）总资产周转率。它是营业收入与平均资产总额的比值，表明企业全部资产在1年中的周转次数，反映单位资产投资所产生的营业收入。计算公式如下：

总资产周转率＝营业收入/平均资产总额

在营业收入净利率不变的情况下，资金周转的次数越多，资产的运营效率越高，产生的利润就越多。一年按365天计算，总资产周转天数＝365/总资产周转率。总资产周转天数表示总资产周转一次所需要的时间。总资产周转的时间越短，则表明总资产的运营效率越高，获取利润的能力越强。

2）流动资产周转率。它是营业收入与平均流动资产的比值，表明流动资产在1年中的周转次数，反映单位流动资产所产生的营业收入。流动资产周转速度快，会相对节约流动资产，等于相对扩大资产投入，增强企业获取利润的能力。计算公式如下：

流动资产周转率＝营业收入/平均流动资产

在制造企业的流动资产中，应收账款和存货占到很大比重，其周转率会对流动资产周转率有较大影响。

3）非流动资产周转率。它是营业收入与平均非流动资产的比值，表明非流动资产在1年中的周转次数，反映单位非流动资产所产生的营业收入和非流动资产的管理效率。计算公式如下：

非流动资产周转率＝营业收入/平均非流动资产

非流动资产周转率的影响因素是在建工程、工程物资等当期不能投入企业生产中的资产项目，以及固定资产、无形资产、其他长期资产等项目。过多的在建工程、工程物资等会导致整个企业的资产周转率下降。

4）存货周转率。它是主营业务收入与平均存货的比值或主营业务成本与平均存货的比值。存货周转率表明存货在1年中的周转次数，是衡量和评价企业购入存货、投入生产、销售收回等各环节管理状况的综合性指标。存货周转率越高，则表明存货的占用水平越低，流动性越强，存货转换为现金、应收账款的周转速度就越快。计算公式如下：

存货周转率＝主营业务收入/平均存货

或

存货周转率＝主营业务成本/平均存货

用365天除以存货周转率同样可以计算存货的周转天数，反映存货周转一次所需要的时间。企业的运营模式、组织结构、生产流程、其他财务政策及行业特征等都可能会影响企业的存货周转率。企业可以通过采用订单式生产、减少分支机构、优化生产工艺流程、采用较为紧缩的信用政策等方式加速存货的周转，提高存货的管理效率。

5）应收账款周转率。它是主营业务收入与平均应收账款的比值，表明应收账款在1

年中的周转次数，是反映企业应收账款变现速度和管理效率的指标。应收账款周转率越高，周转次数越多，则表明企业应收账款的回收速度越快，企业经营管理的效率越高，资产的流动性越强，短期偿债能力也越强。计算公式如下：

应收账款周转率＝主营业务收入/平均应收账款

企业通过赊销可以扩大产品的销量、增强竞争力、提升市场份额、巩固客户关系等，但应收账款作为企业扩大销售和盈利而进行的投资，会带来管理成本、机会成本、收账成本、坏账损失成本等。企业应在赊销带来的收入和应收账款增加带来的成本之间进行比较分析，以寻求总成本最小的应收账款管理政策。

6）营业周期。它是存货周转天数与应收账款周转天数之和。计算公式如下：

营业周期＝存货周转天数＋应收账款周转天数

创业者应通过提高各种资产的周转速度，使其发挥更大的作用，提升企业的运营能力，合理利用资金，创造更多的财富。

（五）盈利能力分析法

盈利能力是企业在一定时期内产生利润的能力。企业经营的直接目的是赚取利润，在保持企业经营持续稳定的基础上追求良好的成长性。盈利能力较强的企业具有较强的主营业务竞争力和通过持续投入研发与投资新项目拓展新业务的能力，同时，盈利能力对投资者的收益回报和再投资有重要影响。因此，盈利能力通常被认为是企业重要的经营业绩衡量标准。常用的衡量盈利能力的指标有净资产收益率、总资产收益率、营业收入净利率等，分别从净资产、总资产和营业收入的角度测度企业产生净利润的能力。

企业盈利能力的分析指标均是正指标。在其他条件相同的情况下，企业盈利能力的分析指标值越高，说明企业单位总资产、净资产和营业收入赚取利润的能力越好。创业者出于对投资资产保值增值的需要，会密切关注企业的盈利能力。

（六）财务状况的综合分析法

财务状况的综合分析法是以财务报表等核算资料为基础，将各项财务分析指标作为一个整体，全面、系统、综合地对企业财务状况、经营成果进行分析与评价，从而掌握企业整体财务状况和效益情况的方法。

通过对资产负债表和利润表的分析，以及对偿债能力、盈利能力和营运能力的分析，可以从不同角度了解企业的财务状况和经营成果。但其未能揭示企业不同报表之间及各种财务指标之间的内在联系。实际上，任何一个因素的变动都会引起企业整体财务状况的改变，企业的财务状况是一个完整的系统，各因素之间都是相互依存、相互影响的。因此，创业者必须深入了解企业财务内部的各项因素状况及相互关系。

【例 4-9】假设黎明公司 2016～2018 年没有对外投资，营业外收支均为零，所得税税率为 25%。其部分财务指标如表 4-10 所示。

表 4-10　黎明公司的部分财务指标

财务指标	2016 年	2017 年	2018 年
营业收入/万元	500	520	600
总资产/万元	300	320	350
总负债/万元	100	120	150
所有者权益合计/万元	200	200	200
流动比率	1.1	1.2	1.2
应收账款周转天数/天	20	25	22
存货周转率	8.0	7.0	6.0
长期债务/所有者权益	0.40	0.35	0.45
总资产周转率/%	2.5	2.2	2
营业利润率/%	16.0	18.0	17.0

要求：

1）计算该公司 2016～2018 年的资产负债率与资产利润率。

2）分析该公司资产获利能力的变化及其原因。

3）试从创业者的角度分析，在 2019 年公司应从哪些方面努力才能改善目前的财务状况和经营业绩。

解：1）根据表 4-10 中数据可知：

2016 年资产负债率＝负债总额/资产总额＝100/300×100%≈33.3%

2017 年资产负债率＝负债总额/资产总额＝120/320×100%＝37.5%

2018 年资产负债率＝负债总额/资产总额＝150/350×100%≈42.9%

2016 年利润＝营业收入×营业利润率＝500×16.0%＝80.0（万元）

2017 年利润＝营业收入×营业利润率＝520×18.0%＝93.6（万元）

2018 年利润＝营业收入×营业利润率＝600×17.0%＝102.0（万元）

2）该公司资产获利能力的变化总体趋势良好，总负债、总资产、营业收入也是在逐年提升。但应收账款周转天数、营业利润率等在波动，还不够稳定；2018 年营业利润率与 2017 年相比下降了 1 个百分点。

3）从创业者的角度分析，在 2019 年公司应从以下方面努力才能改善目前的财务状况和经营业绩：拓宽营销渠道，提高总资产周转率、存货周转率（次数），缩短应收账款周转天数，增加销售收入。

模块五 商业模式

教学内容

1. 商业模式的类型。
2. 商业模式的创业画布。
3. 商业模式的设计。

教学目的

1. 了解商业模式的类型
2. 熟悉商业模式的创业画布。
3. 掌握商业模式的设计。

对于一个企业来说，商业模式关系着其在未来的发展方向，是非常核心的问题。可以说，如果缺乏好的商业模式，再好的产品与技术，甚至品牌最终也会消失。由此可见，商业模式对企业经营十分重要。如果将商业模式比作道，那么企业的产品、技术、品牌、销售就是术，两者是相辅相成、辩证统一的。好的商业模式需要配备强大的执行力、品牌建设、技术研发及产品精准设计等。因此，要求创业者在充分重视产品、技术、品牌、销售的基础上，更加重视企业商业模式的设定。商业模式是企业发展的方向、原点和基石，企业在确定商业模式时如果出现问题，那么创业者创办的企业就难以长期运营。

项目一　商业模式概述

商业模式的首次提出是在20世纪50年代，但直到20世纪90年代后才开始被广泛使用和传播，现在已经成为创业者和风险投资者常用的名词。创业者将丰富的机会与信息逻辑化后形成的商业创意，最终可能会演变为商业模式。

简而言之，商业模式是指盈利的模式，即企业通过什么途径或方式来获取利润。例如，饮料公司通过卖饮料来获取利润；快递公司通过送快递来获取利润；网络公司通过点击率来获取利润；通信公司通过收话费来获取利润；超市通过平台和仓储来获取利润等。只要有获取利润的地方就有商业模式的存在。

一、商业模式的含义

企业与企业之间、企业的部门之间、企业与顾客之间、企业与渠道之间都存在各种各样的交易关系，这种方式称为商业模式。商业模式是一种包含了一系列要素及其关系的概念性工具，用以阐明某个特定实体的商业逻辑。它描述了公司能为客户提供的价值，以及公司的内部结构、合作伙伴网络和关系资本等，用以实现（创造、推销和交付）这一价值并产生可持续盈利收入的要素。商业模式有两种不同的含义：①企业从事商业的具体方法和途径；②强调模型方面的意义。这两者有实质上的不同，前者泛指一个企业从事商业的方式；后者是指这种方式的概念化，提出了一些由要素及其之间关系构成的参考模型，用以描述公司的商业模式。

二、商业模式的形成

随着市场需求的日益清晰及资源日益得到准确界定，机会将超脱其基本形式，逐渐演变为创意（商业概念），包括如何满足市场需求或者如何配置资源等核心计划。随着商业概念的提升，它将变得更加复杂，具体包括产品（服务）、市场、供应链、营销、运作等概念，这个准确并具有差异性的创意（商业概念）逐渐成熟，最终演变为完善的商业模式，从而形成一个将市场需求与资源结合起来的系统。

三、成功商业模式的特征

成功的商业模式具有以下特征。

1）成功的商业模式要能提供独特价值。这个独特价值有时可能是新思想，但更多时候它是产品和服务独特性的组合。这种组合可以向客户提供额外的价值，使客户能够用更低的价格获得同样的利益，或者用同样的价格获得更多的利益。

2）成功的商业模式是难以模仿的。企业通过确立自己与众不同的商业模式来提高行业的进入门槛，从而保证利润来源不受侵犯。例如，直销模式（仅凭直销一点，还不能称其为一个商业模式），人们都知道其如何运作，也都知道戴尔公司是直销模式的标杆，但大家很难复制戴尔公司的商业模式，原因在于直销模式的背后是一整套完整的、极难复制的资源和生产流程。

3）成功的商业模式是能透彻地认识自身的。企业要获得利润，这个目标看似简单，实则并不容易。现实中的很多企业（不管是传统企业还是新型企业）其实不太了解本企业的盈利来源、客户选购本企业的产品或服务的原因，以及有多少客户实际上不能为企业带来利润等关键问题。

商业模式是一个企业满足消费者需求的系统。这个系统组织管理企业的各种资源（资金、原材料、人力资源、作业方式、销售方式、信息、品牌和知识产权、企业所处的环境、创新力等），形成能够提供消费者必须购买的产品和服务，因而具有自己能复制且别人不能复制，或者自己在复制中占据市场优势地位的特性。

项目二　商业模式的类型

商业模式是一个非常宽泛的概念。大多数商业模式依赖于技术，尤其是互联网行业。该行业的创业者发明了许多全新的商业模式，这些商业模式完全依赖于现有的和新兴的技术。利用技术，企业可以用最小的代价，接触更多的消费者。商业模式的种类有很多，如店铺模式、B2B（business to business，商家对商家）模式、C2C（customer to customer，客户对客户）模式、B2C（business to customer，商家对客户）模式、O2O（online to offline，线上线下）模式、BNC（business name consumer，商业名称客户）模式等。一般来说，服务业的商业模式要比制造业和零售业的商业模式更复杂。

要点一 店铺模式

案例导入

海底捞的商业模式

海底捞国际控股有限公司成立于1994年，是一家以经营川味火锅为主，融各地火锅特色于一体的大型跨省直营餐饮民营企业。公司在服务差异化战略指导下，始终秉承“服务至上、顾客至上”的理念，以创新为核心，改变传统的标准化、单一化的服务，提倡个性化的特色服务，将用心服务做为基本经营理念，致力于为顾客提供“贴心、温心、舒心”的服务；在管理上，倡导双手改变命运的价值观，为员工创建公平、公正的工作环境，实施人性化和亲情化的管理模式，提升员工价值。

（资料来源：作者根据相关资料整理.）

课堂思考：

海底捞属于哪种商业模式？

店铺模式，就是在具有潜在消费者群的地方开设店铺并展示其产品或服务的传统的、基本的商业模式。商业模式可以分为两大类：一类是运营性商业模式。该模式重点解决企业与环境的互动关系，包括与产业价值链环节的互动关系。运营性商业模式创造企业的核心优势、能力、关系和知识。另一类是策略性商业模式。该模式对运营性商业模式加以扩展和利用。策略性商业模式涉及企业生产经营的各个方面，包括业务模式、渠道模式、组织模式。业务模式是指企业向客户提供什么样的价值和利益，包括品牌、产品等。渠道模式是指企业如何向客户传递业务和价值，包括渠道倍增、渠道集中压缩等。组织模式是指企业如何建立先进的管理控制模型，如建立面向客户的组织结构，通过企业信息系统构建数字化组织等。

要点二 B2B 模式

B2B 模式中的电子商务主要是进行企业间的产品批发业务，因此也称为批发电子商务。电子商务远不止网络零售业，其更核心的是市场潜力比零售业大一个数量级的企业级电子商务。

一、B2B 模式的定义

B2B 模式是一个将买方、卖方及服务于他们的中间商（如金融机构）之间的信息交换和交易行为集成到一起的电子商务运作方式。这种模式的使用会从根本上改变企业的计划、生产、销售和运行模式，甚至改变整个产业的基本生产方式。因此，这种企业之间的电子商务经营模式越来越受到重视，被许多业内人士认为是电子商务未来发展的一个重要方向。

二、B2B 模式的发展状况

传统的企业间的交易往往要耗费企业大量的资源，无论是销售、分销还是采购都要占用产品成本。通过 B2B 模式，买卖双方能够通过网络完成整个业务流程，从建立最初印象，到货比三家，再到讨价还价、签单和交货，最后到客户服务。B2B 模式使企业之间的交易减少了许多事务性的工作流程和管理费用，降低了企业经营成本。网络的便利性及延伸性使企业扩大了活动范围，使企业发展跨地区、跨国界业务更方便，成本更低。任何一家企业，不论它具有多强的技术实力或多好的经营战略，要想单独实现 B2B 模式是不可能的，企业间建立合作联盟逐渐成为发展趋势。网络使信息通行无阻，企业之间可以通过网络在市场、产品或经营等方面建立互惠互补的合作关系，进行水平或垂直形式的业务整合。B2B 模式是电子商务中历史最长、发展最完善的商业模式，能为企业带来利润。它的利润来源于相对低廉的信息成本带来的各种费用的下降，以及供应链和价值链整合的好处。企业间的电子商务是电子商务的重要组成部分。企业间电子商务的实施将带动企业成本下降，同时扩大企业收入来源。

B2B 模式为中国广大企业提供了一个新的广告媒介，方便企业进行信息匹配，扩大了企业的销售半径，对企业的发展起到了积极作用。然而，其积极作用仅停留在信息匹配方面。B2B 模式要获得提高，就必须突破仅停留在信息匹配的局面，真正将交易搬到线上。

三、B2B 模式的运营模式

企业要实现完善的 B2B 模式需要许多系统的共同支持，如制造企业需要有财务系统、企业资源计划（enterprise resource planning，ERP）系统、供应链管理（supply chain management，SCM）系统、客户关系管理（customer relationship management，CRM）系统等，并且这些系统能有机地整合在一起，实现信息共享、业务流程的完全自动化。实现这样的系统需要企业投入数量可观的人力、物力和财力，多数中小企业会对这样大的投入望而却步。例如，新网考虑到这些企业的特点，提供了企业支付得起的 B2B 电子商务解决方案：①企业可以采用网络提供的产品，从低端到高端、从单一到全面，有步骤地实现 B2B 模式。例如，分销商可以针对业务的主要特点采用新网的 DRP（distribution resource planning，资源分配计划）系统，商业企业可以使用新网的 SCM 系统，以销售、服务等业务为重点的企业可以采用 CRM 系统。②在中小企业有限的资金、人员条件下，新网将以 ASP（即 active server pages，是微软公司开发的服务器端脚本环境，可用来创建动态交互式网页并建立强大的 Web 应用程序）应用软件服务提供商的方式，向企业用户提供基于互联网的软件托管、分发、管理、租用及相关服务。企业用户可以将业务应用所需的基础结构、业务运作和应用管理等完全托管给新网这样的应用服务提供商，使用户以低成本的投入方式得到高质量的技术和服务保障，从而确保企业电子商务战略的顺利实施。B2B 模式是企业实现电子商务、推动企业业务发展的一个切入点。企业获得的最直接利益就是降低成本和提高效率。从长远来看，B2B 模式能为企业带来巨额的回报。现代企业在总体战略中，越来越重视与信息技术的结合，信息技术对企业的作用越来越重要，新的信息技术投资能真正增强企业实力，而不是仅限于改善企业的日常运作。

1）垂直 B2B 模式。这种模式可以分为两个方向，即上游和下游。生产商或商业零售商可以与上游的供应商形成供货关系，如戴尔公司与上游的芯片和主板制造商就是通过这种方式进行合作的。生产商与下游的经销商可以形成销货关系，如 Cisco 与其分销商之间就是通过这种方式进行交易的。

2）水平 B2B 模式。这种模式是将各个行业中相近的交易过程集中到一个场所，为企业的采购方和供应方提供交易机会。B2B 模式只是企业实现电子商务的一个开始，它的应用将会得到不断的发展和完善，并适应所有行业企业的需要。

3）自建 B2B 模式。自建 B2B 模式一般是大型行业龙头企业基于自身的信息化建设程度，搭建以自身产品供应链为核心的行业化电子商务平台。大型行业龙头企业通过自身的电子商务平台，串联起行业整条产业链，供应链上下游企业通过该平台实现咨询、沟通和交易，但此类电子商务平台过于封闭，缺少产业链的深度整合。

四、B2B 模式的运作流程

B2B 模式的交易方主要有用户（购买商）、交易中心（销售商）、供应商（或制造商）、运输商（配送中心）、银行及认证机构和支付网关。

B2B 模式的运作流程如下。

1）客户在销售商的网站上提交一份商品订单。

2）销售商接到订单后，立即向商品供应商提交一个查询库存数据的信息。

3）商品供应商查询计算机库存数据，如果当前库存数量能完成这个订单，商品供应商进行应答，产生一个供货时间表。

4）销售商向运输商的商品系统提交一个查询运输能力的信息。

5）运输商的系统首先核对自己的运输能力，然后提供一个运输这批商品的时间表。

6）销售商向用户的系统发出订单确认。

7）销售商根据用户时间表、供货商时间表、运输商时间表向供货商发出发货通知。

8）销售商向运输商发出运输通知。

9）用户向银行发出付款通知，银行确认付款信息的真实性。

10）银行确认后开始付款，银行划账后通知销售商货款已到。

五、B2B 模式的盈利渠道

B2B 模式的盈利渠道有以下几种。

1）会员费。企业通过第三方电子商务平台参与电子商务交易，必须注册为 B2B 网站的会员，每年交纳一定的会员费，才能享受网站提供的各种服务。目前，会员费已成为我国 B2B 网站主要的收入来源。

2）广告费。网络广告是门户网站的主要盈利来源，同时也是 B2B 网站的主要收入来源。

3）竞价排名。企业为了促进商品的销售，都希望在 B2B 网站的信息搜索中将自己商品信息的排名靠前，而网站在确保信息准确的基础上，根据会员交费的不同对排名顺序做出相应的调整。

4）增值服务。B2B 网站除了为企业提供贸易供求信息以外，还会提供一些独特的增值服务，包括企业认证、独立域名、提供行业数据分析报告、搜索引擎优化等。例如，现货认证就是针对电子行业提供的一种特殊的增值服务。所以，B2B 网站可以根据行业的特殊性去深挖客户的需求，然后提供具有针对性的增值服务。

5）线下服务。线下服务主要包括展会、期刊、研讨会等。在展会上，供应商和采购商可以面对面地交流，一般受到中小企业的青睐。期刊主要刊发行业资讯等信息，也可以植入广告。例如，环球资源的展会现已成为重要的盈利渠道，占 B2B 网站收入的 1/3 左右。而 ECVV 网站组织的各种展会和采购会也已取得不错的效果。

6）商务合作。商务合作包括广告联盟、行业协会合作、传统媒体合作等。广告联盟通常是网络广告联盟，如亚马逊公司通过这种方式已经取得不错的成效。在我国，广告联盟营销还处于萌芽阶段，大部分网站对于广告联盟营销还比较陌生。国内做得比较成熟的广告联盟商有百度联盟、淘宝联盟等。

7）按询盘付费。按询盘付费是指从事国际贸易的企业不是按照时间来付费，而是按照海外推广带来的实际效果，即海外买家实际的有效询盘来付费的。其中，询盘的有效权由消费者自行判断。虽然 B2B 市场发展势头良好，但 B2B 市场还存在发育不成熟的缺陷，具体表现在 B2B 交易的许多先天性交易优势（如在线价格协商和在线协作等）还没有充分发挥出来。因此，传统的按年收费模式，越来越受到以 ECVV 网站为代表的按询盘付费平台的冲击。按询盘付费具有零首付、零风险，主动权、消费权，免费推、针对广，及时付、便利等特点。企业零投入就可享受免费全球推广，成功获得有效询盘，辨认询盘的真实性和有效性后，只需在线支付单条询盘价格，就可以获得与海外买家直接谈判成交的机会，主动权完全掌握在供应商手里。

要点三　C2C 模式

案例导入

拍拍网：商品超千万只是另一个起点

2006 年 3 月，拍拍网对外宣布正式运营。一年多的快速成长，让依托腾讯公司的拍拍网成为中国 C2C 领域的一匹潜力十足的黑马。2006 年 5 月，拍拍网发布的“蚂蚁搬家”让淘宝网开始认真打量这个快速崛起的竞争对手。2007 年 3 月，拍拍网正式宣布其在线商品数突破千万，并且成为最短时间内打破这一纪录的行业领先者，而这距其正式运营的时间不过一年，成长速度之快，令人乍舌。当然，拍拍网的快速发展让中国的 C2C 市场格局悄然发生变化。在线商品数突破千万，让拍拍网在不经意间又逼近了淘宝网一步。在 Alexa 上，拍拍网据国内 C2C 网站流量排名第二位的位置已持续很久。业内专家指出，对于购物网站来说，商品和人流量是两个关键指标。简而言之，当一个商场的商品非常丰富，而来商场的消费者又非常多的时候，商场成交额的提升将是必然。而拍拍网在这两项指标都跃居第二，这也意味着 C2C 市场格局正在悄然改变，三足鼎立的传统格局很有可能会被淘宝网、拍拍网双峰对峙的局面替代。业内资深人士认为，和腾讯公司其他业务的密切捆绑，使拍拍网拥有了很多其他购物平台所无法比拟的差异化优势，而这是拍拍网快速发展的另一个关键原因。以交易腾讯增值产品为主的 QQ 特区在拍拍网中占据着重要的位置。在拍拍网和 QQ 空间共同推出的 QCC 商城就取得了很大的成功。据保守估计，QCC 商城给拍拍网带来的流量和交易量的提升都在 20%以上。尽管有着业界最快的成长速度和强劲的发展势头，但是和淘宝网相比，拍拍网在市场份额上的差距也并不是凭一日之功就能赶超的。对此，拍拍网负责人有着非常清醒的认识："在线商品数突破千万，对于我们来说只是一个新的起点。接下来，我们会在商品搜索、购物流程、支付、物流等方面做持续改进，不断提升用户体验。例如，在最近推出的 QQ 新版本中，我们就融入了更多的拍拍元素，在进行对话时，可以清晰地显示卖家和商品信息，这样就有助于在沟通过程中快速达成交易。毕竟，用户的选择才是评判一个购物平台是否具有良好发展前景的最好标准。"在挑战的道路上，拍拍网任重而道远。

（资料来源：佚名，2007. C2C 原有格局悄然改变 进入后三国时代[EB/OL].(2007-03-30)[2019-04-25]. http://www.techweb.com.cn/news/2007-03-30/175049.shtml，节选，有改动）

课堂思考：

简述 C2C 模式的含义。

一、C2C 模式的定义

C2C 模式是美国 eBay 公司所采用的商业模式。国内目前的网站，如易趣网等就属于这一模式。采用 C2C 模式，可以让用户自己解决付费、运输和验货等问题。

二、C2C 模式的发展状况

在中国 C2C 市场，淘宝网的市场份额超过了 60%。如果是在传统行业，淘宝网完全可以高枕无忧，然而在瞬息万变的互联网领域，这样的优势并不是不可逾越的。下面以淘宝网为例，来介绍 C2C 模式的发展状况。

2006 年，阿里巴巴集团推出的招财宝受挫，淘宝网的市场领先地位并不稳固，竞争对手完全可能爆发出惊人的能量，直接挑战淘宝网的领先地位。

2007 年，淘宝网显示了其在创新上的勇气，收购了口碑网，推出分类信息，大力拓展品牌商城，将团购做成一个频道，将交易的视野扩至全球，推出"全球购"频道。很难说这些尝试给淘宝网带来的直接收益有多大，但是淘宝网的工作人员依靠不断地尝试，维护着淘宝网的领先地位。对于淘宝网而言，领先还有一个代价，需要巨大的资金投入。淘宝网面临的资金压力越来越明显。淘宝网对于入驻品牌/商城的用户开始收取服务费，而在政策和资源上对于该部分商户的倾斜，以及对于小商户的忽视，都显示了免费的淘宝网已经不能承担巨大的资金压力。

2008 年以后，淘宝网还在前行，但是每一步都不会再像以前那样轻松和自如。易趣网，从本土企业发展到跨国企业，再从跨国企业回归本土企业，不同的是其名字由易趣改成了 TOM 易趣，所有者也完成了更替。淘宝网在近几年开始探索收费模式，而一旦淘宝网收费，将使大批中小商户陷入生存困境。易趣网在这个时候提出免费，就是想达到抢夺用户的目的。

三、C2C 模式的运作流程

如今 C2C 网站的购物方式大同小异，相对于 B2B 来说，C2C 更复杂一些。C2C 模式的运作主要有以下流程。

1. 搜索

搜索有以下几种方法。

1）明确搜索词搜索。客户只需要在搜索框中输入需要搜索的物品、店铺等相关内容，按 Enter 键，或单击“搜索”按钮即可得到相关资料。

2）使用分类搜索。许多搜索框的后面设置了下拉菜单，有物品的分类、限定的时间等选项，选定后搜索就不会混淆分类了。

3）妙用空格搜索。想用多个词语进行搜索可以在词语间加上空格，然后进行搜索即可。

4）精确搜索。使用双引号搜索，如搜索“佳能相机”，它只会返回网页中有“佳能相机”这四个字连在一起的商品，而不会返回诸如“佳能 IXUSI5 专用数码相机包”之类的商品。若使用加减符号搜索，则可在两个词语间用加号，意味着准确搜索包含着这两个词的内容；相反，使用减号，意味着避免搜索减号后面的那个词。

2. 联系卖家

通过搜索找到所需的商品后，买家可以联系卖家了解商品的细节，询问是否有货等。多沟通能增进买家和卖家的了解，避免产生误会。联系卖家有三种方法：①发站内信件给卖家。站内信件是只有买家和卖家才能看到的，相当于某些论坛里的短消息。买家可以向卖家询问关于宝贝的细节、数量等问题，也可以试探地询问是否有折扣。②给卖家留言。每件物品的下方都有一个空白框，在这里填写需要咨询卖家的问题。注意，只有卖家回复后，这条留言和答复才能显示出来。因为这里显示的信息所有人都能看到，建议买家不要在这里公开自己的手机号码、邮寄地址等私人信息。③利用聊天工具联系。不同网站支持不同的聊天工具，淘宝网的聊天工具是阿里旺旺，拍拍网的聊天工具是 QQ，利用它们尽量直接与卖家进行沟通。

3. 购买

当买家和卖家达成共识后，即可进行购买。

4. 评价

当买家收到商品之后，需要确认收货，以及对卖家的服务做出评价。如果对商品很不满意，则可以申请退货或换货。

四、C2C 模式的市场服务

C2C 模式的市场服务将以百度 Hi 为例进行介绍。

百度 Hi 是打通和整合百度社区产品的通行证。用户可以从百度空间页面上添加好友到百度 IM；在百度贴吧、百度空间、百度知道等页面向百度好友发起即时通话；百度贴吧的吧主可建立属于该贴吧的百度 IM；用户可在群里向贴吧“图片库”上传图片；与百度音乐掌门人结合，可在好友列表里实时显示出好友发布的专辑；建立基于百度 IM 的社区聊天室。用户注册为会员之后，百度交易平台和百度 Hi 的会员名将通用，可与卖家及时地发送、接收消息，了解对方信用情况等，还可以发起多方聊天等。百度一直致力于为用户提供简单、可依赖的优秀产品。通过技术手段，辅助卖家判断重复铺货情况，判断标准是一个复杂的技术问题，可看作一个包括商品标题、商品描述等在内的数学向量的运算问题。例如，百度新闻搜索，对于相同新闻的聚类算法判断，就有超过 10 个因素在计算范围中。为此，百度公司进行了各种各样复杂且负责的考量、计算，才制定对应的标准。

要点四 B2C 模式

案例导入

自主经营卖产品

2011 年 4 月 1 日，京东商城宣布获得 15 亿美元的融资，从此拉开了自主经营的序幕——花费巨资自建物流仓库、重金打造广告宣传、与行业竞争对手打价格战。随着这些行动的进行，京东商城的市场份额不断提升，并且利用资金优势重创了线上与线下的竞争对手，使苏宁控股集团有限公司不得不做起自己的网络商城——苏宁易购，国美控股集团不得不自建国美网络商城并收购库巴网。京东商城的模式类似于现实生活中沃尔玛、乐购、家乐福等大型超市，引进各种货源进行自主经营。京东商城先通过向各厂商进货，然后在自己的商城上销售，消费者可以在这里一站式采购。京东商城负责经营庞大的网络商城，盈亏自付。消费者在购买商品出现问题时，可以直接通过京东商城解决。这种模式的优点有：①经营的产品多样，综合利润高；②可以根据市场情况、企业战略对自己销售的产品做出调整；③拥有经营权，内部竞争小，对外高度统一。这种模式的缺点是内部机构庞大，市场反应较慢。

（资料来源：佚名，2014. 天猫京东凡客 B2C 模式简析[EB/OL].(2014-12-14)[2019-05-16]. https://wenku.baidu.com/view/4d4ab08471fe910ef12df82c.html，节选，有改动）

课堂思考：

京东商城采取的 B2C 模式有何优势？

一、B2C 模式的定义

B2C 是“商对客”的一种电子商务模式，即通常说的企业直接面向消费者销售产品和服务的商业零售模式。这种电子商务模式一般以网络零售为主，主要借助于互联网开展在线销售活动。采用 B2C 模式的企业通过互联网为消费者提供一个新型的购物环境——网上商店，消费者通过网上购物、网上支付等进行消费。采用 B2C 模式的企业的竞争对手较多，产品种类扩充不灵活，容易与供货商发生矛盾。采用 B2C 模式的企业还有当当网等。

二、B2C 模式的运作流程

B2C 模式的付款方式是货到付款与网上支付相结合，而大多数企业的配送选择物流外包方式，以节约运营成本。随着用户消费习惯的改变及优秀企业示范效应的促进，网上购物的用户数量不断增长。此外，一些大型考试，如公务员的录用考试也开始实行 B2C 模式。其基本需求包括用户管理需求、客户需求和销售商的需求。

1）用户管理需求。用户管理需求包括用户注册及用户信息管理。

2）客户需求。客户需求包括提供电子目录，帮助用户搜索、发现需要的商品；进行同类商品比较，帮助用户进行购买决策；进行商品的评价、加入购物车、下订单、撤销和修改订单；能够通过网络付款；对订单的状态进行跟踪。

3）销售商的需求。销售商的需求包括检查客户的注册信息；处理客户订单；完成客户选购商品的结算，处理客户付款；发布商品信息，发布和管理网络广告，与银行之间建立接口，进行电子拍卖；进行商品库存管理；与物流配送系统建立接口；能够跟踪商品销售情况；实现客户关系管理；提供售后服务等。

三、B2C 模式的市场服务

B2C 模式的市场服务主要有以下几种。

1）导购信息。大部分 B2C 网站是产品展示和产品销售，内容单调，很难留住客户。很多客户在有需求的时候，面对众多的同类产品，会出现选择困难的情况。如果有非常合理的导购信息可供选择和对比，客户就可以很容易地购买到令自己满意的商品。人性化的导购信息可以帮助客户快速获得各类商品的信息。

2）购物文化。大部分购物网站缺少购物文化。购物文化就是让购物网站营造出一种氛围，让客户感觉在这种氛围内购买商品是一种享受。

3）仓储物流服务。随着电子商务的日益发展，物流配送业务也日趋庞大，甚至出现了供不应求的市场局面。因此，仓储物流行业在近几年变得异常火爆，这类企业的主要业务除了仓储、代发货、物流配送，还包括配送跟踪、终端消费者退货投诉处理等业务。而一家全面的仓储物流公司还会帮助供应商提供具体的物流解决方案，如高效的配送方案、低成本的配送选择等。而这类企业主要集中在上海、北京、广州这些资源集中型的城市。

4）支付方式。大部分 B2C 网站只提供两三种简单的支付方式，其实支付方式的便捷直接决定着用户的购买选择。大部分消费者属于冲动型购物者，如果购物过程烦琐，这些消费者就会转化成理智型购物者。所以，支付方式越便捷，对 B2C 网站的销售就越有好处。

5）盈利渠道。盈利渠道包括：收取服务费；收取会费；降低价格，扩大销售量。

6）B2C 网站组成。B2C 网站组成包括：为用户提供在线购物的商场网站；为用户所购商品进行配送的配送系统；负责用户身份的确认及货款结算的银行及认证系统。

要点五 O2O 模式

一、O2O 模式的定义

O2O 模式是指将线下的商务机会与互联网结合，让互联网成为线下交易的前台。这个概念最早来源于美国。O2O 的概念非常广泛，只要产业链中既涉及线上，又涉及线下，就可称为 O2O。

二、O2O 模式的发展状况

2013 年，O2O 模式进入高速发展阶段，开始了本地化及移动设备的整合，于是 O2P（online to place，在线到地点）商业模式横空出世，成为 O2O 模式的本地化分支，将线下商务机会与互联网结合在一起，让互联网成为线下交易的前台。这样线下服务就可以通过线上来吸引消费者，消费者可以通过线上来筛选服务，成交可以在线结算，这种模式很快达到规模。该模式的显著特点是推广效果可查，每笔交易可跟踪。

采用 O2O 模式经营的网站除了团购网站外，还有一种是为消费者提供信息和服务的网站。值得一提的是，已在全国建立 20 余家实体店铺的青岛某品牌所推行的 ITM（interactive trading mode，互动交易模式）模式，无论是经营理念、经营构架，还是经营方式，都与传统 O2O 模式不同。例如，传统的 O2O 模式更注重线上交易，而 ITM 模式更偏重于线上预订、线下交易；传统 O2O 模式的实际经营可适用于办公室等任何实体经营场所，而 ITM 模式是店铺式经营。

三、O2O 模式的运作流程

线上与线下对接是 O2O 模式需要解决的核心问题之一。使用较多的解决方案是电子凭证，即消费者在线上订购后，收到一条包含二维码的信息，然后消费者凭借信息到服务网点经专业设备验证通过后，享受对应服务。这一模式很好地解决了线上到线下的验证问题，安全可靠，且可以通过后台统计服务的使用情况，既方便了消费者，也方便了商家。

O2O 模式的运作流程包括：①引流。线上平台可以汇聚大量有消费需求的消费者，引发消费者的线下消费需求。②转化。线上平台向消费者提供商铺的详细地址、优惠等，便于消费者搜索商铺，并最终帮助消费者选择线下商户。③消费。消费者利用线上平台获得的信息到线下商户完成消费。④反馈。消费者将自己的消费体验反馈到线上平台，有助于其他消费者做出消费决策。⑤存留。线上平台为消费者和线下商户建立沟通渠道，帮助线下商户维护消费者关系。

四、O2O 模式的市场服务

O2O 模式的核心就是把线上的消费者带到现实线下商店，在线购买线下的商品和服务，再到线下享受服务。O2O 模式联盟商家，锁定消费终端，打通消费通路，最大化地实现信息和实物之间、线上和线下之间的无缝衔接，创建一个全新的、共赢的商业模式。O2O 模式的网站涵盖时尚购物、生活服务、餐饮美食等多种品类，为消费者提供诚信、安全、实惠的网购新体验。

要点六　BNC 模式

一、BNC 模式定义

BNC 模式是商场、消费者均以个人姓名为域名的商城互动，以减少中间环节，让企业利益最大化、终端消费者价格最低化的一种新的商业模式。

二、BNC 模式的特点

BNC 模式具有 B2C、C2C、O2O 等模式的优势，同时弥补了以上模式的不足，可以快速免费地推广企业和产品，使每个人拥有自己姓名的商城，从而最大限度地挖掘每个人的资源和潜力。BNC 模式是一个集高端云技术和独特裂变技术为一体的网络平台，是一个超越所有传统商业模式和电子商务模式的新型商务模式，也是一个真正符合广大消费者零起步创业的舞台。

三、BNC 模式的市场前景

BNC 模式悄然兴起，它是由商家、消费者和个人姓名组成的独立消费平台，让每个人都可以拥有自己姓名的产权式独立网站。其特点是快速裂变，抑制同行模仿，这将是互联网及电子商务的一大创举，同时也让电子商务快速进入后电子商务时代。

项目三　商业模式的创业画布

商业模式是对一个组织如何行使其功能的描述，是对其主要活动的概括。它不仅定义了企业的客户、产品和服务，还提供了有关企业如何组织及创收和盈利的信息。商业模式与企业战略一起主导了企业的主要决策。商业模式还描述了企业的产品、服务、客户市场及业务流程。商业模式的创业画布要素包括价值主张、企业收入、成本结构、客户细分、客户关系、渠道通路、关键业务、重要伙伴、核心资源等。

一、价值主张

1. 价值主张的含义

价值主张是指对客户真实需求产品或服务的深入描述，具体需要全面陈述顾客从企业在市场中所提供的产品或服务中获得的利益，顾客与供应商的互动过程中的所有体验。

案例导入

价 值 取 向

四川长虹电子控股集团有限公司（以下简称“长虹集团”）创始于 1958 年，前身是国营长虹机器厂，是我国“一五”期间的 156 项重点工程之一，是当时国内唯一的机载火控雷达生产基地。从军工立业、彩电兴业到信息电子的多元拓展，已成为综合型跨国企业集团，长虹集团逐步实现了产业结构的转换。2015 年，长虹品牌价值达 1 135.18 亿元，在中国企业 500 强中排名第 152 位，居中国制造业 500 强第 64 位。长虹集团坚持以用户为中心、以市场为导向，强化技术创新，夯实内部管理，积极培育核心技术能力，构建消费类电子技术创新平台，立足互联网、面向物联网，大力实施智能化战略，不断提升企业综合竞争能力，逐步建设成为全球值得尊重的企业。长虹集团凭借资金与规模优势，坚决奉行全面成本领先，因此在价格战中，始终掌控住了竞争的主导权。2003 年后，长虹集团虽然由于顾客价值取向的变化，在中高档市场成为跟跑者，但是在价格战再次爆发的时候，它又迅速地夺回了市场的主导权。

与长虹集团相反，海信集团是采取产品创新领先战略的楷模。在众多厂家不顾一切地投身价格战时，海信集团始终坚持数字电视技术与产品的研发。2003 年，当顾客价值取向出现变化时，海信集团迅速脱颖而出，成为市场的领跑者。

海信集团虽然是产品创新领先战略的代表企业，但在价格战中并没有置身事外，而是使自己成为靠近长虹集团的跟跑者之一。正因为如此，在顾客价值取向发生变化时，它才能在最短的时间内超越所有对手，成为市场的新领导者。

（资料来源：作者根据相关资料整理.）

课堂思考：

长虹集团和海信集团的价值取向的不同之处有哪些？

2. 价值取向的发展策略

首先，企业对顾客价值取向的发展趋势要做出正确的判断，对未来市场竞争趋势做出正确的阶段性预测；其次，根据企业的资源结构特点，进行战略选择；最后，在顾客价值取向发生不利于自身战略的转变时，企业要做出色的跟跑者。

二、企业收入

1. 收入的含义

收入是指企业在日常活动中所形成的，会导致所有者权益增加的，与所有者投入资本无关的经济利益的总流入。企业收入的来源有销售商品收入、提供劳务收入、让渡资产使用权收入、利息收入、租金收入、股利收入等，但不包括为第三方或客户代收的款项。

2. 收入的分类

1）按照企业从事日常活动的性质，收入可以分为销售商品收入、提供劳务收入、让渡资产使用权收入、建造合同收入等。

2）按照企业从事日常活动在企业的重要性，收入可以分为主营业务收入、其他业务收入。

3）按照税法计入收入项目，收入可以分为企业的销售货物收入、提供劳务收入、转让财产收入、股息红利等权益性投资收益、利息收入、租金收入、特许权使用费收入、接受捐赠收入、企业资产溢余收入、确实无法偿付的应付款项、企业已作坏账损失处理后又收回的应收款项、债务重组收入、补贴收入、违约金收入、视同销售收入等。

3. 收入的确认条件

收入的确认应当符合以下条件：①与收入相关的经济利益很可能流入企业；②经济利益流入企业的结果会导致资产的增加或者负债的减少；③经济利益的流入额能够可靠地计量。

三、成本结构

成本结构可以反映产品的生产特点，从各个费用所占的比重来看，有的大量耗费人工，有的大量耗用材料，有的大量耗费动力，有的大量占用设备引起折旧费用上升等。成本结构在很大程度上还受技术发展、生产类型和生产规模的影响。

案例导入

洗衣粉制造企业与软件开发企业的成本结构

一袋洗衣粉价格的15%左右是利润，85%左右是成本。洗衣粉制造企业的成本主要包括原料费（香精、漂白粉及各种洗涤成分等）和员工工资（即劳动力成本），此外还有分销成本和运输费。其中，员工工资约占总成本的20%。

软件开发企业的主要成本是智力成本，即软件开发人员的工资，至少要占40%～50%；其他的日常管理维护费用约占10%，利润约占50%。软件产品的价格一般不低，所以员工工资相对较高。在成本结构中，智力成本所占的份额越大，工资标准就越高。

（资料来源：佚名，2017. 成本结构分析[EB/OL]. (2017-06-13)[2019-06-29]. https://wiki.mbalib.com/wiki/成本结构分析，节选，有改动）

课堂思考：

洗衣粉制造企业与软件开发企业的成本结构不同的原因是什么？

1. 成本结构的含义

成本结构是指企业产品成本中各项费用的占比，如原材料费、工资、机器设备折旧费、销售宣传费、技术指导费、产品研发费、能源消耗、利息支出、土地使用费、管理服务费等成本项目各占总成本的比重。当某种生产因素成本占企业总成本比重高时，该生产因素就成为企业的主要风险。

2. 成本项目的构成

成本项目的构成主要包括：①主营业务成本，主要包括原材料、直接人工、制造费用等；②其他业务成本，主要包括劳务费支出、租赁费支出、销售原材料成本等；③期间费用，主要包括销售费用、管理费用、财务费用等。

3. 成本结构的分析

1）对各个成本项目的上年实际数、本年计划数、本年实际数的增减变动情况进行观察，了解其增减变动额和变动率。

2）将本期实际成本的结构同上年实际成本的结构和计划成本的结构进行对比，结合各个项目成本的增减情况，了解成本结构的变动情况。

3）结合其他有关资料，如工艺技术、消耗定额、劳动生产率、设备利用率等方面的变化情况，进一步分析各个项目成本发生增减及成本结构发生变化的原因。

若分析结果发现，产品成本超过总成本的六成，就应采取措施降低产品成本，提高生产效率。

四、客户细分

1. 客户细分的含义

客户细分是指企业在明确的战略业务模式和特定的市场中，根据客户的属性、行为、需求、偏好及价值等因素对客户进行分类，并提供有针对性的产品、服务和销售模式，按照客户的外在属性分层。客户细分要求企业提供有针对性的符合客户需求的产品和服务，满足客户多样化的异质性的需求。

2. 客户细分的依据

一般来说，客户细分的依据有以下三个方面。

1）外在属性。外在属性如客户的地域分布、客户的产品拥有、客户的组织归属（企业用户、个人用户、政府用户）等。通常来讲，这种分类简单、直观，数据也容易得到。但这种分类比较粗放，企业依然不知道在每一个客户层面，谁是优质客户，谁是一般客户，谁是较差客户；只知道哪一类客户属于大企业客户，哪一类客户消费能力更强。

2）内在属性。内在属性是客户的内在因素所决定的属性，如性别、年龄、信仰、爱好、收入、家庭成员数、信用度、性格、价值取向等。

3）消费行为。通过对客户消费行为的分析，得出一些指标，如最近消费、消费频率与消费额等。这些指标需要在账务系统中得到，但并不是每个行业都适用。例如，在通信行业，对客户分类主要依据这样一些变量：话费量、使用行为特征、付款记录、信用记录、维护行为、注册行为等。按照消费行为来分类通常只适用于现有客户，对于潜在客户，因为消费行为还没有开始，所以消费分层无从谈起。即使对于现有客户，消费行为分类也只能满足企业客户分层的特定目的，至于找出客户中的特点为市场营销活动找到确定对策，则需要企业做更多的数据分析工作。

五、客户关系

1. 客户关系的含义

客户关系是指企业为达到其经营目标，主动与客户建立某种联系。这种联系可能是单纯的交易关系，也可能是通信联系，还可能是为客户提供一种特殊的接触机会，或者是为双方利益而形成某种买卖合同或联盟关系。

2. 客户关系的类型

（1）买卖关系

一些企业与其客户之间的关系维持在买卖关系水平，客户将企业作为一个普通的卖家，销售被认为仅是一次公平交易，交易目的简单。企业与客户之间只有低层次的人员接触，企业在客户企业中知名度低，双方较少进行交易以外的沟通，客户信息极为有限。客户只是购买企业按其自身标准所生产的产品，维护关系的成本与关系创造的价值均极低。无论是企业损失客户还是客户丧失这一供货渠道，均对双方业务并无太大影响。

（2）优先供应关系

企业与客户的关系可以发展为优先选择关系。处于此种关系的企业，其销售团队与客户都建立了良好关系，企业可以获得许多优先甚至独占的机会，与客户之间信息的共享得到扩大，在同等条件下乃至竞争对手有一定优势的情况下，客户对企业仍有偏爱。

（3）合作伙伴关系

当双方的关系存在于企业的最高管理者之间，企业与客户交易长期化，双方就产品与服务达成认知上的高度一致时，双方就进入合作伙伴阶段，成为合作伙伴关系。双方成为合作伙伴后，企业深刻地了解客户的需求并进行客户导向的投资，双方人员共同探讨行动计划，企业对竞争对手形成了很高的进入壁垒。客户将这一关系视为垂直整合的关系，客户企业里的成员承认两个企业间的特殊关系，他们认识到企业的产品和服务对于他们的意义，并有很强的忠诚度。在此关系水平上，价值由双方共同创造、共同分享。若双方的合作伙伴关系背弃，则均要付出巨大代价。

（4）战略联盟关系

战略联盟是指两个企业有着正式或非正式的联盟关系，双方的目标和愿景高度一致，双方可能有相互的股权关系或成立合资企业。两个企业通过共同安排争取更大的市场份额与利润，使竞争对手进入这一领域存在极大的难度。现代企业的竞争不再是企业与企业之间的竞争，而是一个供应链体系与另一个供应链体系之间的竞争，供应商与客户之间的关系是内部关系外部化的体现。

以上四类关系并无好坏优劣之分，并不是所有企业都需要与客户建立战略联盟。供应商与客户之间彼此具有重要意义且双方的谈判能力都不足以完全操控对方，既互相需要，又具有较高的转移成本，因此建立合作伙伴关系才是恰当的。而对于大部分企业与客户之间的关系来说，保持优先供应商的关系就足够了。因为关系的建立需要资源，如果资源的付出比企业的所得还多，那么这种关系就是“奢侈的”。

六、渠道通路

1. 渠道通路的含义

渠道通路是指促使产品或服务顺利地被使用或消费的一整套相互依存的组织，其最终目的在于让产品和服务以最有效的方式被消费。营销渠道是指某种货物或劳务从生产者向消费者转移时，取得这种货物或劳务所有权或帮助转移其所有权的所有企业或个人。初创企业，其渠道的选择就是商业模式的选择，即企业产品的通路模式确定。

2. 渠道战略设计

渠道战略设计包括以下内容。

1）当前环境分析。它包括审视企业渠道现状和渠道系统；收集渠道信息，分析竞争者渠道等。

2）制定短期的渠道对策。它包括评估渠道的近期机会；制订近期进攻计划等。

3）渠道系统优化设计。它包括最终用户需求定性分析；最终用户需求定量分析；行业模拟分析；理想的渠道系统设计等。

4）限制条件与差距分析。它包括设计管理限制；分析差距等。

5）渠道战略方案决策。它包括制订战略性选择方案；最佳渠道系统的决策等。

七、关键业务

1. 关键业务的含义

关键业务是创造和提供价值主张、接触市场、维系客户关系并获取收入的基础。而关键业务也会因商业模式的不同而有所区别。例如，对于软件制造企业而言，其关键业务是软件开发；对于计算机制造企业而言，其关键业务是供应链管理；对于咨询企业而言，其关键业务包含问题求解。

2. 关键业务的类型

1）制造产品。制造产品涉及生产一定数量或满足一定质量的产品，与设计、制造及发送产品有关。制造产品业务活动是企业商业模式的核心。

2）问题解决。问题解决是指为个别客户的问题提供新的解决方案。例如，咨询公司、医院和其他服务机构的关键业务是问题解决。它们的商业模式需要知识管理和持续培训等。

3）平台/网络。以平台/网络为核心资源的商业模式，其关键业务都是与平台/网络相关的。例如，网络服务、交易平台、软件甚至品牌都可以看成平台。此类商业模式的关键业务与平台管理、服务提供和平台推广相关。

3. 关键业务的区分

区分关键业务是十分重要的。企业的各个业务部门都认为自己业务的应用很重要，属于关键业务。区分关键业务需要对关键业务的关键程度进行量化，按照 2∶8 原则，即只有小部分应用属于关键业务。通过区分关键业务，可以大大降低企业整体的投资成本。

八、重要伙伴

在企业发展中，重要伙伴主要是指合作伙伴。

1. 合作伙伴的含义

合作伙伴是一种合作过程中能力的互补，通过能力互补可以达到成功或发展壮大的目的。合作伙伴应当做到共同投资，风险共担。

2. 合作伙伴的目标

合作伙伴需要有一个共同的目标。合作伙伴的主要目标是构建一个合作载体，共同出资、共同经营、共负盈亏、共担风险，从而提高企业的市场竞争力。

3. 合作伙伴的合作内容

1）建立保障制度，确保每一个股东的合法权益。
2）合作伙伴中要有一个主导公司发展的股东。
3）建立企业的组织架构图，明确第一个岗位的责、权、利。
4）面向社会招聘优秀人才，不能由股东完全代替公司其他职员的运作。
5）定期召开董事会。
6）建立监督制度。
7）逐步创建企业文化。

九、核心资源

1. 核心资源的含义

核心资源是指有价值的、稀缺的、不完全模仿和不完全替代的资源，是企业持续竞争优势的源泉；也指在固有的广泛资源中占比较大的资源。在企业中，核心资源涵盖了人力资源、科技资源、原材料资源、能源资源、地理资源等。狭义的核心资源是指为企业创造价值与竞争优势中形成的关键性人才。根据产品或服务的特性不同，其对应的资源需求和依赖度也各有不同，在满足产品供应及产出或针对需求市场的不同，会形成同行业的竞争点。

2. 核心资源的类型

1）人才。人才是指具有一定的专业知识或专门技能，进行创造性劳动，并对社会做出贡献的人，是人力资源中能力和素质较高的劳动者。

2）技术。技术是指制造一种产品的系统知识，或者所采用的一种工艺、提供的一项服务。这种知识、工艺、服务反映在一项发明、一项外形设计、一项实用新型、一种植物新品种，或者反映在技术情报、技能中，反映在专家为设计、安装、开办、维修一个工厂或为管理一个企业及其活动而提供的服务、协助等方面。

3）资金。资金是指经营企业的本钱，可分为：①房屋、机器设备等的固定资金；②原材料、在产品、产成品、现金、银行存款等的流动资金。

4）社会关系。社会关系是指企业或人们在共同的物质和精神活动过程中所结成的相互关系的总称，即企业与企业之间或人与人之间的一切关系。

3. 核心资源的获取途径

初创企业在这个资源争夺比较激烈的时代要想生存和发展，必须找到足够的资源来支持自身的发展。哪些资源是创业企业最需要的资源？调研结果显示，大多数初创企业目前处在人才、资金、技术等“饥荒”状态。企业具备适应市场的项目就会自然地吸引顶尖人才，资金也会因为产品符合市场的需求而向企业靠拢，获得投资。而资金和人才获得成功，技术问题便会迎刃而解。

项目四 如何设计商业模式

商业模式是一种包含了一系列要素及其关系的概念性工具，用以阐明某个特定实体的商业逻辑。在这个模式制胜的时代，商业模式设计关乎企业的成败。那么，企业该如何设计自己的商业模式呢？建议企业根据发现和验证市场机会、市场把控、产品创意、产品定位、财务分析、组织保障六个步骤设计适合自己的商业模式。

一、发现和验证市场机会

首先，企业必须明确为哪部分客户服务，锁定一个相对狭窄的市场，然后进行市场调研和客户消费心理研究，将有限的资源用在刀刃上。其次，企业要花时间去研究这部分目标客户目前存在的需求。最后，将客户需求进行分层，即重要且迫切、重要但不迫切、迫切但不重要、既不重要也不迫切。如果能够把握住客户既重要又迫切的需求，企业就容易获得成功。企业还需要考虑客户的购买动机，通常来说，温饱型客户最关心的是经济因素（价格），小康型客户最关心的是功能（实用价值），而富裕型客户最关心的是心理因素（面子）。因此，客户所处的社会阶层会影响他们的价值评估。

如何给客户提供独到的产品呢？企业可以从以下四个方面来考虑：①强化的要素，即提供比现有产品更好的产品；②弱化的要素，即把客户并不在意的内容减少或降低标准；③去掉的要素，即把客户用不到的功能去掉；④创新的要素，即独创的方面。企业有了初步的产品目标创新设想后，必须与目标客户进行沟通，检验自己的想法是否具有实际意义；同时，还必须了解目标客户是否愿意消费这个产品，以及他们的切换成本，这是市场调研时容易忽视的。

二、市场把控

在一个相对稳定的市场中很难发现好的机会，因为商机往往出现在经济转折点或社会急剧变化时期。市场把控要求企业分析市场竞争状况，包括竞争对手和潜在竞争对手的实力。中小企业一般缺少资本积累，不能急于直接向大企业、品牌发起进攻，可以考虑自身情况，不与任何企业发生正面冲突。通过错位竞争，开辟新市场，把握好发展时机，寻找触发点，推出企业畅销产品。

三、产品创意

产品创意是指企业从自己的角度考虑的，能够向市场提供的可能产品的构想。创业者有了产品创意后，还要与客户沟通创意，听取客户对创意的反馈，以便掌握客户的意见和建议。要想让目标客户理解产品的价值和作用，创业者可以制作一个样品，既可以是电子版的模拟样品（通过计算机来演示幻灯片），又可以是真正的样品。在向目标客户介绍产品的价值诉求时，可以利用 FAB 分析法提炼：F（features）是指这个产品有哪些特点，主要是产品本身固有的一些特点；A（advantages）是指这个产品比同类产品有什么优点，强调与众不同之处，是一个相对的比较优势概念；B（benefits）是指这个产品给目标客户带来了什么利益和价值，侧重于客户的“买点”和消费动机。不同层次的消费者在选择产品时关注的重点不同，任何产品都很难在价格、实用价值和面子三个方面同时实现突破。企业要根据目标客户群的层次，确定自己的产品在哪些方面必须超越竞争对手，这样才能让目标客户选择自己的产品。

四、产品定位

产品定位阶段需要考虑完整产品的概念。完整的产品由三个层次组成：第一层是核心层，主要包括性能、指标、功能、品质等，是产品发挥作用的关键因素；第二层是外围层，主要是增值服务，如售前/售后服务、电话咨询服务等，目的是让客户更好地发挥核心产品的功效；第三层是外延层，主要是客户体验与感觉。中小企业可以依靠外围产品和外延产品的差异化去吸引客户。

在产品定位中，一项重要的工作就是定价。定价方法可以分为优质优价、优质同价、同质低价、低质低价。企业应根据自己的客户层次选择合适的定价方法。产品生产出来后通过什么渠道走向市场，也是在产品定位阶段必须完成的一项工作，即明确从厂家到客户需要经过哪些中间环节。最好能以关系图的形式表示，让人简洁明了地看清各个渠道之间的关系。为了提高销售环节的效率和成功率，给目标客户留下良好的印象，企业应先做市场，再做销售，即先设计好产品的统一说辞，明确产品的价值定位。

五、财务分析

企业有了好的产品，还需要做出精密的销售计划，要按照不同的销售渠道、不同的地域进行划分。把销售指标分解到人以后，就要求每个销售人员制订自己的销售计划。除此之外，还要考虑销售人员和渠道人员的培训，教会他们如何销售、如何与客户沟通等。接下来，企业要根据销售指标确定未来一年的资源分配计划，落实人、财、物三个方面的资源。指标高的部门配套资源就多；反之，则少。管理层运用利益驱动的办法来激励员工是一条非常有效的途径。将人、财、物这些固定成本落实，剩下的就是运营费用等可变成本。有了销售指标、固定成本和可变成本的预算，可以得出一年的财务分析，衡量企业管理水平的运营利润也就可以算出，所有的参数都可以量化。对于风险投资者来说，在审核一个创业项目时，最关心的问题是如何实现销量倍增，也就是关注这样的产品、商业模式是否存在倍增的机制。对于那些希望得到风险投资的新项目来说，必须把产品和商业模式的倍增机制表达清楚。

六、组织保障

仅有市场把控、产品定位和财务分析还不够，企业的组织设计也要合理，这是实现企业目标的组织保障。对于创业项目来说，一定要说清楚发起人和核心团队成员的优势，让投资者感到放心。此外，企业要向投资者展示未来的组织架构是怎么设计的，最好能用一张图来描述；同时，还要把股权结构展示给投资者。对风险投资者来说，如何退出是优先考虑的问题，他们需要一种机制来得到收益，而不是作为长期的股东持有股份。当然，为了防止投资者、发起人或其他创业股东过早退出，可以事先商定投资者退出的时间表和基本原则。

商业模式的设计应该遵循上述六个步骤，通过借鉴国外已经成功的商业模式，根据我国国情及行业特征加以改进和创新；根据市场调研的结果及寻找到的产品创新的源泉，并根据自身实力与行业竞争状况，用全新的思维去改变目前市场上的商业模式，才有可能设计出能提供独特价值、难以复制、脚踏实地的商业模式。希望初创企业可以在实践中探索与构建适合自身的商业模式，在市场竞争中取得快速、持续的发展。

模块六　创 业 风 险

教学内容

1. 创业风险的含义、类型。
2. 创业风险的危害。
3. 创业风险的规避方法。

教学目的

1. 了解创业风险的含义、类型。
2. 熟悉创业风险的危害。
3. 掌握创业风险的规避方法。

项目一　创业风险概述

要点一　创业风险的含义与来源

一、创业风险的含义

创业风险是指在创业过程中，不确定性因素导致结果与预期目标的偏差。

创业者在创业过程中要投入大量的人力、物力和财力，要引入和采用各种新的生产要素与市场资源，要建立或者变革组织结构、管理体制、业务流程、工作方法。在这个过程中，创业者会遇到各种意想不到的困难，从而使结果与创业预期目标出现偏离。

二、创业风险的来源

创业风险的来源主要有创业者能力缺乏、商机选择失误、团队实力不足、资源整合不充分、环境不确定性等。

创业风险的来源主要表现在“五大缺口”：①融资缺口，创业者可以证明其构想的可行性，但没有足够的资金将其实现商品化；②研究缺口，凭个人兴趣所做的研究判断和基于市场潜力的商业判断之间，缺乏需要大量复杂且可能耗巨资的研究工作；③信任缺口，技术专家和管理者不能信任对方或不能进行有效的沟通；④资源缺口，创业者不一定也不可能拥有所需的全部资源；⑤管理缺口，创业者可能是技术专业人员，也可能是商业创意人员，不一定是出色的企业家和管理人员。

创业风险的具体来源包括：①对市场了解不够深入，项目选择太盲目；②缺乏操作性训练，运用创业技能技巧不娴熟；③资金管理不善，导致资金链断裂；④对社会资源整合不充分，缺乏管理资源的能力；⑤组织管理能力不足，缺乏管理艺术；⑥不能全面掌握竞争对手实力，竞争意识不强；⑦目标不够明确，团队成员意见出现分歧；⑧未能把握高精尖技术，缺乏核心技术；⑨管理不到位，导致企业人才流失。

要点二 创业风险的类型

预测的市场需求发生变化，新的技术难以实现，竞争对手采取了有效的对策，需要的资金难以到位等，都可能导致创业的失败。自然灾害和意外事故等带来的风险，也会导致企业产生损失，而创业活动中的风险是与潜在的收益共生的。在创业活动中，对创业者来说，风险和利益是同时存在的，即风险是利益的代价，利益是风险的报酬。风险是不可避免的，但创业者可以降低风险造成的损失。创业风险按不同的划分标准，有不同的分类。

一、按创业风险主客观性分类

按创业风险主客观性不同，创业风险可以分为主观创业风险和客观创业风险。主观创业风险是指创业者的身体与心理素质等主观方面的因素导致创业失败的可能性。客观创业风险是指市场变动、政策变化、竞争对手的出现、资金缺乏等客观因素导致创业失败的可能性。

二、按创业投资影响程度分类

按创业投资影响程度不同，创业风险可以分为安全性风险、收益性风险和流动性风险。安全性风险是指投资方财产的安全存在危险。收益性风险是指预期实际收益有损失的可能性。流动性风险是指资金有可能不能按期转移或支付，造成资金运营停滞的风险。

三、按创业风险的内容分类

按创业风险的内容不同，创业风险可以分为资金风险、技术风险、市场风险、管理风险、政治风险、生产风险、环境风险等。资金风险是指应收账款过多，外部借贷过多，而导致的投资损失风险、创业损失风险等。技术风险是指技术方面的变化和不确定性可能导致创业失败的风险。市场风险是指市场情况的不确定性，导致创业失败的可能性。管理风险是指创业者管理不善造成的风险。政治风险是指由于战争、国际关系变化，有关国家政权更迭、政策改变，使创业者和企业蒙受损失的风险。生产风险是指企业生产的产品，从产品的小批量试制到大批量生产的风险。环境风险是指社会环境变化、法律环境变化、政策环境变化、意外灾害发生等造成创业失败的可能性。

项目二　创业风险分析

要点一　政策风险

案例导入

黑龙江一污水处理厂被罚 2 800 万元

生态环境部透露，就黑龙江省污水处理厂宾西经济技术开发区污水处理厂（以下简称“宾西经济技术开发区污水处理厂”）超标排放问题，黑龙江省宾县环保局曾下达《行政处罚决定书》《责令改正违法行为决定书》。其中，第一份《责令改正违法行为决定书》要求宾西经济技术开发区污水处理厂在 2018 年 2 月 14 日前要达标排放，并处罚款 100 万元整；此后，宾县环保局再次下达《责令改正违法行为决定书》，并要求这家企业立即改正违法行为，并处罚款 2 800 万元整。

（资料来源：作者根据相关资料整理.）

课堂思考：

国家政策可能给企业带来哪些风险？

一、政策风险的含义

政策风险是指创业者遇到国家政策变化或不确定性造成的失败或损失的风险。政策风险中的政策变化或不确定性包括法律法规的变化，政策制度的变化，管理体制的变化，规划变动，税率、利率变化，行业专项整治，外贸摩擦等。

二、政策风险的内容

政策风险包括两部分内容：①反向性政策风险，即政策的导向与创业企业的发展方向不一致而产生的风险；②突变性政策风险，即管理层政策口径发生突然变化而给创业企业造成的风险。

三、政策风险的危害

政策风险的危害主要有以下几个方面：①减少人才支撑；②增加企业税负；③增加赔偿罚没支出；④增加举债利息负担；⑤减少资源供给；⑥减少外汇收入等。

要点二　市场风险

案例导入

麦当劳成年人专属汉堡黯然收场

麦当劳于 20 世纪推出过一款招牌汉堡，声称是专门针对成年人口味打造的。这种排斥儿童的汉堡与其一贯标榜的形象定位有出入，因为麦当劳给消费者的联想是欢乐和家庭，而这种汉堡增加了消费者的选择难度和复杂性，有悖于其便捷的宗旨，所以这款花费大量心血研制并寄予厚望的招牌汉堡并未能成为招牌，黯然收场。

（资料来源：作者根据相关资料整理.）

课堂思考：

如何避免新产品进入市场时无人问津?

一、市场风险的含义

市场风险是指市场变化或市场的不确定性，可能造成创业失败或损失的风险。

二、市场风险的内容

市场风险的内容主要包括以下几个方面：①市场的供求变化；②市场行情的变化；③汇率的变化；④产业结构的调整与变化等。

三、市场风险的危害

市场风险的危害主要有以下几个方面：①材料的供应不足或短缺；②产品难以销售，形成产品的积压；③加剧市场上同类产品与行业之间的竞争；④为了消除产品库存，企业更多地采用赊销的途径，迫使企业欠款增多等。

要点三 管理风险

案例导入

不要轻易为他人提供担保

2011年7月3日，上海群力小额贷款股份有限公司（以下简称“群力公司”）与新创企业吉丰公司签订《借款合同》，约定由群力公司给予吉丰公司借款10万元。《借款合同》签订当日，群力公司还与吉丰公司的担保人张某签订《保证合同》，约定由张某对吉丰公司上述贷款承担连带责任。之后群力公司按约放款，但贷款期满后吉丰公司未按约还款。经群力公司调查，该公司已不具备实际清偿债务的能力。群力公司将张某起诉至法院，要求其承担保证责任。

（资料来源：作者根据相关资料整理.）

课堂思考：

谈一谈案例属于哪种创业风险。

一、管理风险的含义

管理风险是指管理运作过程中因信息不对称、管理不善、判断失误等造成的损失。

二、管理风险的内容

管理风险主要包括以下几项内容：①管理者的道德修养、知识水平、实际工作能力等素质较低；②企业的职务设置、职权划分、分工协作等组织结构不合理；③员工的共同价值观、工作态度、行为准则等不一致；④企业的计划、实施、控制、考核等管理过程不完善。

三、管理风险的危害

管理风险的危害主要包括以下几个方面：①企业人才流失；②企业经济损失；③信息泄露；④存在安全隐患。

要点四　财务风险

案例导入

资金链断裂而跑路

2012 年，温州奥米流体设备科技有限公司董事长孙某成为“回归”温州的第 2 名“跑路”老板。他在接受媒体采访时表示，自己“跑路”的主要原因是资金链断裂。企业在高峰时扩大生产规模，却在银根收紧的背景下未能及时偿还民间借贷。他说：“我的资金链彻底断裂，无法偿还债务，最终被逼得出走。”孙某表示，温州市政府采取一系列帮扶措施支持企业走出困境，使他看到希望，勇敢地负起责任重回温州，把企业重新“整”起来。

（资料来源：刘新宇，黄佩，2012. 温州信泰集团董事长胡福林跑路归来 眼镜业务望先复工[EB/OL]. （2012-02-21）[2019-08-26]. http://finance.ifeng.com/news/region/20120221/5625807.shtml，节选，有改动）

课堂思考：

企业如何解决资金困难问题？

一、财务风险的含义

财务风险是指创业者创办企业的财务结构不合理、融资不当，使公司可能丧失偿债能力而导致投资者预期收益下降的风险。

二、财务风险的内容

财务风险的内容包括以下几项：①负债数额多；②资金成本高；③融资渠道窄；④赊销数额大；⑤监督控制少。

三、财务风险的危害

财务风险的危害主要有以下几个方面：①资不抵债；②形成坏账；③造成企业亏损；④导致企业破产倒闭。

项目三 创业风险的规避

要点一 政策风险规避

案例导入

史上最大罚单

2014 年 6 月《天下财经》报道，生态环境部开出史上最大罚单，19 家企业因脱硫设施存在重大问题，被罚缴纳脱硫电价款或追缴排污费，合计 4.1 亿元。被罚企业涉及电力、钢铁、有色金属和化工行业。除了罚款，生态环境部还要求这些企业在 30 个工作日之内，编制完成烟气脱硫设施整改方案，并在本年年底之前完成整改任务，逾期没有完成的将依法从重处罚。

（资料来源：吴应海，2014. 应在国企推行“环保罚单”追偿制度[EB/OL]. (2014-06-18)[2019-06-28]. http://newspaper.jcrb.com/html/2014-06/18/content_161545.htm，节选，有改动）

课堂思考：

1. 创业有哪些政策风险？
2. 企业如何化解政策风险？

政策风险按照创业过程的不同阶段，分为前期风险、中期风险、后期风险。下面主要介绍政策风险的应对方法。

一、前期预防风险的方法

前期预防风险的方法主要包括：①了解国家相关政策；②熟悉所处地区的相关政策、产量限制、处罚条例等；③掌握所在行业企业政策。

二、中期控制风险的方法

中期控制风险的方法主要包括：①调整产业方向；②产业转型升级；③减少产量，降低库存；④转换产品或生产方式。

三、后期政策风险损失的补救方法

后期政策风险损失的补救方法主要包括：①关闭污染源，减少排放；②及时改正，降低处罚；③停业整顿，跨行业发展；④执行政府政策。

要点二　市场风险规避

案例导入

“价格战”引发的市场风险

“价格战”本身是一种市场竞争手段，具有杀伤力强、短平快等特点，受到广大厂商的青睐。如今的“价格战”实际上是指价格竞争，是企业应用价格战略的一个突出表现。价格竞争实际上是市场经济下基本的竞争形式，也是较容易应用的竞争形式。企业为了降低库存、收回成本，一般会在价格上大做文章。同时，一些企业在打“价格战”时，没有做好市场调查，也没有调整好企业经营策略，更没有做好长期发展战略部署，只顾渡过眼前的困境，盲目跟风降价，最终引起整个行业的恶性竞争。

（资料来源：作者根据相关资料整理.）

课堂思考：

1. 企业如何化解价格战带来的风险？
2. 创业有哪些市场风险？

市场风险按照创业过程的不同阶段，分为前期风险、中期风险、后期风险。下面主要介绍市场风险的应对方法。

一、前期预防风险的方法

前期预防风险的方法主要包括：①把握国际国内产业形势；②预测自身行业发展趋势；③掌握所在行业企业产品市场，如结构、份额等；④熟悉本产品市场细分，如对消费群体的划分等。

二、中期控制风险的方法

中期控制风险的方法主要包括：①根据国际国内产业形势，及时调整产品，如阿里巴巴集团从提供网络零售交易平台到开发支付宝，为社会提供简单、安全、快速的支付服务；②及时调整产品产量；③及时调整营销策略，如在新零售思维中，加入设计产品思维、场景思维、品牌思维、互动思维、定制思维、网络思维、无界思维等来设计营销方案。

三、后期市场风险损失的补救方法

后期市场风险损失的补救方法主要包括：①促销，降低产品积压；②停止生产或减少产量；③及时沟通，降低被处罚损失。

要点三 管理风险规避

案例导入

企业智能开关被员工贩卖

深圳一家智能家居企业的研发团队耗时 3 年开发出可用智能手机控制的“Wi-Fi 内置开关”。当初为了研发这套程序，该团队用了 3 年时间，累计投入超过 150 万元。该公司一直以产品的独特性为卖点，然而在 2016 年 6 月，市场上出现了和自家产品高度相似的产品，而且价格更低。团队通过这一线索发现，这个高度相似的产品是由公司离职的一个业务员丁某出售的，而进一步调查发现，正是 4 名程序开发人员之一的雷某将技术以 6 000 元卖给了丁某。

（资料来源：作者根据相关资料整理.）

课堂思考：

企业应如何规避管理风险？

管理风险按照创业过程的不同阶段，分为前期风险、中期风险、后期风险。下面主要介绍管理风险的应对方法。

一、前期预防风险的方法

前期预防风险的方法主要包括：①招聘员工，应注重德才兼备；②了解员工素质与工作岗位性质，使二者相匹配；③制定完善的管理制度。

二、中期控制风险的方法

中期控制风险的方法主要包括：①对员工实行动态管理，实施高层领导述职、中层干部考核、管理人员效率评定、普通员工成绩计量等动态管理办法；②对重要岗位与核心技术实行监控；③及时发现与处理管理上的疏忽与漏洞；④有计划地开展思想政治学习、学历提升进修、凝聚力训练、管理能力提升等教育与培训。

三、后期管理风险损失的补救方法

后期管理风险损失的补救方法主要包括：①发现员工离岗时，应及时安排顶岗，保证企业正常运作、持续经营；②及时查明原因，堵住漏洞；③妥善处理问题，降低损失，查明事故原因，规范企业管理。

要点四 财务风险规避

案例导入

企业无力支付工资，放弃经营

2017 年 8 月 13 日，广东莱盛隆电子股份有限公司（以下简称“莱盛隆公司”）贴出一则公告，公告称公司因经营不善，现仍拖欠全厂员工2018年5月部分及6～8月工资。根据公司实际情况及各股东充分考虑，正式向全体员工公告：莱盛隆公司已无能力支付以上拖欠工资，并决定正式放弃经营。莱盛隆公司的窘境也并非没有征兆。2016年度、2017年度，莱盛隆公司经营活动产生的现金流量净额分别为−2 688万元、−305万元，持续为负，2018年莱盛隆公司主要通过银行借款维持现有的经营。但随着业务规模的扩大，莱盛隆公司需要更多的资金来满足日常经营需求。在2017年年报中，莱盛隆公司曾进行风险提示称，营运资金较紧张，主要债务为银行短期借款，银行借款存在短借长用现象。2017年末、2016年末，公司资产负债率分别为58.33%、63.15%，流动比率分别为1.62倍、1.51倍，短期偿债能力较弱。在这种情况下，对无人机的投入又加大了公司对资金的需求，但无人机业务进展并不顺利，最终导致放弃经营。

（资料来源：佚名，2018. 新三板首例:穷到发不出工资 莱盛隆宣布放弃经营[EB/OL].（2018-08-15）[2019-08-23]. https://finance.sina.com.cn/spread/thirdmarket/2018-08-15/doc-ihhtfwqr7173519.shtml，节选，有改动）

课堂思考：

企业应如何规避财务风险？

财务风险按照创业过程的不同阶段，分为前期风险、中期风险、后期风险。下面主要介绍财务风险的应对方法。

一、前期预防风险的方法

前期预防风险的方法主要包括：①注重财务人员素质；②完善财务管理制度；③加强财务人员培训进修学习；④设立足够预备金。

二、中期控制风险的方法

中期控制风险的方法主要包括：①轮岗到位，不留死角。会计人员轮岗，不仅是会计工作本身的需要，还是加强会计人员队伍建设的需要。定期、不定期地轮换会计人员的工作岗位，有利于增强会计人员之间的团结合作意识，进一步完善单位内部控制制度。②通过调查与了解，对客户的商业信用实行A级、B级、C级三种信用评级制度，采用跟踪与监控措施，以达到降低坏账损失的目的。③实施内部资金监控。④把负债率控制在合理范围内。

三、后期财务风险损失的补救方法

后期财务风险损失的补救方法主要包括：①启动资金应急预案，动用预备金，启用应急通道等措施；②通过交换岗位、权力转移、业务交接等手段，及时调整员工岗位；③实施合理的财务重组，具体有谈判协商、达成共识、免除部分债务、重新确立还款计划、对债务人实施控制等方式；④安抚员工、对接债权人进行合理科学融资；⑤杜绝暴力事件，避免员工集体抗议，与债权人沟通协调，争取银行适时放贷等补救方法。

模块七　创业计划报告书

教学内容

1. 创业计划报告书的撰写要求。
2. 创业计划报告书编制实训。

教学目的

1. 了解创业计划报告书的撰写要求。
2. 掌握创业计划报告书的编制过程。

项目一　创业计划报告书的撰写要求

一、主题明确

创业计划报告书应该从以下方面体现出明确的主题。

1）项目名称应该简洁明了，体现创业投资的主旨或目标。

2）封面应该精心设计，体现项目特色，简洁规范。

3）摘要围绕主题对报告内容进行综述，主要包括项目名称、技术特点、产品优势、所属产业、发展趋势、市场需求、发展前景、投资效益、基本结论等。

二、结构合理

创业计划报告书的结构一般包括封面、摘要、目录、正文、附录、参考文献。其中，正文应该包括报告摘要（执行摘要）、项目或服务简介和公司简介、市场需求及所属行业的竞争和发展趋势、生产和运作模式、市场营销方案、企业管理方案、企业融资方案、投资（财务）效益可行性、风险及其防范、企业机制等。

三、内容充实、重点突出

1. 报告摘要

报告摘要即内容提要，是创业计划报告书中不可缺少的一部分，是一篇具有独立性的短文。它在对报告进行总结的基础上，用简单、明确、易懂、精辟的语言对全文内容加以概括，留主干、去枝叶，提取报告的主要信息。作者的观点、报告的主要内容、研究成果等应该在报告摘要中体现出来。

2. 项目或服务简介和公司简介

1）项目或服务简介：介绍项目或服务的技术价值和应用价值。

2）公司简介：介绍公司组建、注册资本和股权结构、发展战略。

3. 市场需求及所属行业的竞争和发展趋势

市场需求及所属行业的竞争和发展趋势需要阐述以下内容：①市场容量调查、预测过程和结果；②产品或服务的生命周期、产业的特征和生命周期；③行业的竞争对手和竞争方式；④所属行业的发展趋势。

4. 生产和运作模式

创业计划报告书中应当阐明产品的生产组织方案，包括采购、生产、仓储、运输、销售、生产工艺流程、人员和设备的配置等。

5. 市场营销方案

市场营销方案应该根据实际情况，具体分析适用的几种营销策略及组合，如 4P［产品（product）、价格（price）、渠道（place）、宣传（promotion）］组合。对所选的营销策略及组合进行利弊分析和调整，形成具有参考价值的方案。

6. 企业管理方案

企业管理方案中应重点说明以下内容：①企业的组织结构设置和调整情况；②董事会、总经理、部门经理等的职能（权、责、利）；③中层经理的职责；④部门管理（人事、财务、生产、采购、销售等）的职能范围；⑤职工管理的具体规范。

7. 企业融资方案

企业融资方案具体要阐明以下内容：①资金来源和比例，明确企业中技术入股、风险资本投资入股、管理者股本、出资入股、银行贷款的比例；②计算资本成本，具体包括各种资本的成本、加权平均资本成本。

8. 投资（财务）效益可行性

投资（财务）效益可行性要形成明确的可行性报告，具体需要编制损益表、（经营性）现金流量表、资产负债表、还贷计划表等。形成测算投资效益的指标：静态和动态回收期、净现值、内部收益率、盈亏平衡点等。

9. 风险及其防范

风险及其防范应重点说明以下内容：①创业风险的主要类型；②创业风险的规避及应对措施。此部分内容已在模块七中详细介绍，此处不再赘述。

10. 企业机制

企业机制是指推动、调节、制约企业系统各生产要素正常运转，以实现企业目标的功能体系，主要涉及股权转让机制、公司上市机制、市场调研分析机制、技术工艺机制、财务效益机制、营销机制、风险评价机制、撤出机制等。

四、方法科学、分析规范

1）市场调研和预测方法要具有科学性、合理性和可操作性。
2）财务效益可行性研究方法应科学、规范。

五、文字通畅、表述准确

创业计划报告书行文应表述准确、通俗易懂、逻辑严谨。

六、排版规范、装帧整齐

创业计划报告书的排版要规范、美观，封面、标题、分标题、引言、表格、公式、数字、参考文献等的排版要设置好模版。例如，标题，二号字，加粗；分标题，小四号字，不加粗；正文，小四号字，不加粗；段落，单倍行距等。同时，装帧要整齐、美观。

项目二 创业计划报告书编制实训

项目一已经介绍了创业计划报告书的撰写要求，下面根据相关要求进行编制。

要点一 创业计划报告书封面

在编制创业计划报告书封面时，应注意标题要简洁明了、突出主题；应列明的其他项目还有项目名称、项目单位、地址、电话、传真、电子邮箱、联系人等，注意版式要美观。

创业计划报告书

项目名称 ____________________

项目单位 ____________________

地　　址 ____________________

电　　话 ____________________

传　　真 ____________________

电子邮箱 ____________________

联 系 人 ____________________

××××有限公司编制（盖章）

______年______月______日

要点二　保密承诺

创业计划报告书的保密承诺格式如下。

> 本创业计划报告书内容涉及本公司商业秘密，仅对有投资意向者公开。本公司要求投资公司项目经理收到本创业计划报告书时做出以下承诺：妥善保管本创业计划报告书，未经本公司同意，不得向第三方公开本创业计划报告书涉及的本公司的商业秘密。
>
> 项目经理签字：
>
> 接收日期：______年____月____日

要点三　目录

目录由标题和对应页码构成，体现了整个创业计划报告书的整体结构和篇幅。一般来讲，创业计划报告书的目录应包括如下 14 个部分的内容：第一部分，公司概况；第二部分，公司管理层；第三部分，产品/服务；第四部分，行业及市场分析；第五部分，技术来源及前景；第六部分，产品制造；第七部分，营销策略；第八部分，公司管理；

第九部分，竞争分析；第十部分，财务计划；第十一部分，融资计划；第十二部分，风险分析；第十三部分，发展战略；第十四部分，附录。

要点四　摘要

摘要是将创业计划报告书的内容做进一步的浓缩，使读者在浏览全部内容之前就可以大致了解创业计划报告书的简况。创业计划报告书的摘要主要包括：公司概况；公司的宗旨和目标；公司主要经营管理人、技术负责人简介；公司目前的股权结构；公司的产品或服务的介绍及先进性、新颖性、独特性描述；市场概况和营销策略；现金流量、投资回报率等财务预测；融资计划，投资后股东构成表等。

要点五　创业计划报告书的内容及形式

创业计划报告书的内容及形式见附录 1。

模块八　企 业 组 建

教学内容

1. 企业的法律形式和组建。
2. 企业开办实务。

教学目的

1. 了解企业的法律形式和组建过程。
2. 掌握企业组建中公司取名、办理流程与专项审批、注册登记、购买现成企业、特许加盟等相关内容。

项目一　企业法律形式及组建

要点一　企业法律形式概述

企业法律形式是指企业依据不同的法律标准和条件所形成的组织形式。企业法律形式决定了企业的内部组织结构，决定了企业的法律地位和投资人的责任风险范围，是企业立法的体现。

企业法律形式的种类有个人独资企业、合伙制企业、公司制企业。

一、个人独资企业

个人独资企业即为个人出资经营、归个人所有和控制、由个人承担经营风险和享有全部经营收益的企业。个人独资企业主要盛行于零售业、手工业、农业、林业、渔业、服务业等。

二、合伙制企业

合伙制企业是指由 2 人或 2 人以上按照协议投资，共同经营、共负盈亏的企业。合伙制企业财产由全体合伙人共有，共同经营，合伙人对企业债务承担连带无限清偿责任。

三、公司制企业

公司制企业的基本类型为有限责任公司和股份有限公司。

1. 有限责任公司

有限责任公司是指由 50 个以下的股东出资设立，每个股东以其所认缴的出资额对公司承担有限责任，公司以其全部资产对其债务承担责任的经济组织。有限责任公司一般适合于中小企业。

2. 股份有限公司

股份有限公司是指公司资本为股份所组成的公司，股东是以其认购的股份为限对公司承担责任的企业法人。设立股份有限公司，应当有 2 人以上 200 人以下为发起人，注册资本的最低限额为人民币 500 万元。

要点二 个人独资企业

一、个人独资企业的设立条件

个人独资企业的设立有以下条件：①投资人为一个自然人；②有合法的企业名称；③有投资人申报的出资；④有固定的生产经营场所和必要的生产经营条件；⑤有必要的从业人员。

二、个人独资企业的特征

1）企业的建立与解散程序简单。
2）经营管理灵活自由。企业主可以根据个人的意愿确定经营策略，进行管理决策。
3）投资人以其个人财产对企业的债务承担无限责任。
4）企业的规模有限。
5）企业的存在缺乏可靠性。

三、个人独资企业的优缺点

个人独资企业的优点如下：①企业的建立与解散程序简单；②经营管理灵活自由；③利润归企业主所有，不需要与其他人分享，满足个人成就感；④在技术和经营方面易于保密，利于保护其在市场中的竞争地位。

个人独资企业的缺点如下：①企业主对企业债务承担无限责任，经营风险较大；②企业经营规模有限，独资企业有限的经营所得、企业主有限的个人财产、企业主一人有限的工作精力和管理水平等都制约着企业经营规模的扩大；③独资企业的存续完全取决于企业主个人的得失安危，企业的寿命有限。

要点三 合伙制企业

一、合伙制企业的设立条件

合伙制企业的设立有以下条件：①有 2 人以上的合伙人，并且都是依法承担无限责任者；②有书面合伙协议；③有各合伙人实际缴付的出资；④有合伙企业的名称；⑤有经营场所和从事合伙经营的必要条件。

二、合伙制企业的特征

1）可以从众多的合伙人处筹集资本。

2）风险分散在众多合伙人身上，抗风险能力较个人独资企业大大提高。

3）所有合伙人都以自己的全部财产为企业担保，有助于提高企业信誉。

4）众多合伙人在共同利益的驱动下，集思广益，各显所长，从不同的方面进行企业的经营管理，有助于企业经营管理水平的提高。

三、合伙制企业的优缺点

合伙制企业的优点如下：①相比个人独资企业，合伙制企业扩大了资本来源和增强了企业的信用能力；②合伙人具有不同的专长和经验，能够发挥团队作用，增强了企业的管理能力；③相比个人独资企业，合伙制企业增强了企业扩大经营规模的可能性。

合伙企业的缺点如下：①某一个合伙人若有意向合伙人以外的人转让其在合伙企业中的全部或部分财产时，必须经过其他合伙人的一致同意；②合伙人对企业债务承担无限连带责任。

要点四　有限责任公司

一、有限责任公司的设立条件

有限责任公司的设立有以下条件：①股东符合法定人数；②有符合公司章程规定的全体股东认缴的出资额；③股东共同制定公司章程；④有公司名称，建立符合有限责任公司要求的组织机构；⑤有公司住所。

二、有限责任公司的特征

1）有限责任公司的股东仅以其出资额为限对公司负责。

2）设立程序比较简单，不必发布公告，也不必公布账目，尤其是公司的资产负债表一般不予公开，公司内部机构设置灵活。

3）由于不能公开发行股票，筹集资金范围和规模一般比较小，难以适应大规模生产经营活动的需要。

三、有限责任公司的优缺点

有限责任公司的优点如下：①设立程序比较简单；②公司的所有权与经营管理权分离，可以聘任专职的经理人员管理公司；③股东之间可以相互转让其全部或者部分股权；④适合中小企业。

有限责任公司的缺点如下：①不能公开发行股票，筹集资金的范围和规模有限；

②股东向股东之外的人转让股权，应当经其他股东过半数同意；③双重纳税，公司盈利要上缴企业所得税，股东股息要上缴投资所得税或个人所得税。

要点五　股份有限公司

一、股份有限公司的设立条件

股份有限公司的设立条件：①发起人符合法定人数；②有符合公司章程规定的全体发起人认购的股本总额或者募集的实收股本总额；③股份发行、筹办事项符合法律规定；④发起人制定公司章程，并经创立大会通过；⑤有公司名称，建立符合股份有限公司要求的组织机构；⑥有公司住所。

二、股份有限公司的特征

1. 股份有限公司的基本特征

1）股份有限公司是独立的经济法人。

2）股份有限公司的发起人应当有 2 人以上 200 人以下，其中须有半数以上在中国境内有住所。

3）股份有限公司的股东对公司债务负有限责任，其限度是股东应交付的入股金额。

4）股份有限公司的全部资本划分为等额的股份，通过向社会公开发行的办法筹集资金，任何人在缴纳股款之后，都可以成为公司股东，没有资格限制。

5）公司股份可以自由转让，但不能退股。

6）公司账目须向社会公开，以便于投资人了解公司情况，进行选择。

7）公司的设立和解散有严格的法律程序，手续复杂。

2. 股份有限公司的一般特征

股份有限公司的一般特征：①股东具有广泛性；②出资具有股份性；③股东责任具有有限性；④股份公开、自由性；⑤公司具有公开性。

三、股份有限公司的优缺点

股份有限公司的优点如下：①通过公开发行股票，提高了公司的社会声望，因而融资能力很强；②股份有限公司的股东可以自由转让股份，不需要经过其他人同意。

股份有限公司的缺点如下：①公司设立的程序比较复杂，创办费用高；②按照相关法律要求，股份有限公司需要定期披露经营信息、公开财务数据，容易造成商业机密的外泄；③股份有限公司是从社会吸纳资金，为了保护利益相关者，政府对股份有限公司的限制较多，法律法规的要求也较为严格。

项目二　企业开办实务

要点一　公司取名

案例导入

"埃克森"：迄今最昂贵的改名

美国埃克森美孚公司前身是新泽西石油公司。新泽西石油公司改名的原因有两个：一是"New Jersey"拼写复杂，蕴意狭窄；二是各国名称和标志需要统一。于是，该公司挑选心理学、语言学、社会学、统计学等各领域专家设计新名称，调查了世界上 55 个国家的语言，走访了 7 000 多人，并对一般群众的心理、感情等进行调查研究，查阅了 15 000 个电话指南，通过计算机制作了约 1 万个名称，经过淘汰最后剩下 8 个；这 8 个名称再用 100 种以上语言进行搜索，以保证没有确切的意思，在 100 种语言中找不到与之雷同的词，并且蕴意无恶感。最后以花费 6 年的时间和 10 亿美元（包括变更名称费、起名设计费、新名称广告宣传费）的代价，确定了埃克森（Exxon）这个名字。这个名字是完全创造性品牌名字，容易记忆，内含叠字，便于拼读，在世界上是独一无二的。

最后，新泽西石油公司接受了董事会将公司名称改为埃克森（Exxon）公司的建议，这是历史上最昂贵的改名。

（资料来源：作者根据相关资料整理.）

课堂思考：

新泽西石油公司为什么要改名？

一、企业名称命名的形式

企业名称命名的形式：行政区划＋字号＋行业特点＋组织形式。例如，浙江（行政区划）索思（字号）科技（行业特点）有限公司（组织形式）；中国（行政区划）正泰（字号）电气（行业特点）股份有限公司（组织形式）。

二、企业名称命名的规定

企业名称不得含有下列内容和文字。

1）有损于国家、社会公共利益的。

2）可能对公众造成欺骗或者误解的。

3）外国国家（地区）名称、国际组织名称。

4）政党名称、党政军机关名称、群众组织名称、社会团体名称及部队番号。

5）外国文字、汉语拼音字母、阿拉伯数字。

6）其他法律、行政法规规定禁止的。

三、企业起名原则和方法

企业起名原则和方法如下：①努力挖掘公司名称的文化底蕴。如果公司所处的地理位置有历史渊源，不妨直接用地名为公司命名。②公司名称应与品牌、商标名称统一。③公司名称要有鲜明的“个性”，要有气魄，朗朗上口，寓意吉祥，如娃哈哈、报喜鸟、阿里巴巴等。④公司名称应体现公司理念和服务宗旨。

要点二　办理流程与专项审批

一、办理流程

企业组建时，直接登记的办理流程如下：①在工商登记机关办理字号名称预先核准；②在工商登记机关办理营业执照的核准。

企业组建时，经相关部门前置审批后再登记的办理流程如下：①在工商登记机关办理字号名称预先核准；②在前置审批机关进行前置审批；③在工商登记机关办理营业执照的核准。

二、专项审批

专项审批分为前置审批和后置审批。专项审批涉及的证件有生产食品卫生许可证、施工许可证、安全生产许可证、音像制品经营许可证、网站经营许可证、新办民办学校办学许可证等。

下面以电度表专项审批计量器具许可证的办理为例，具体介绍专项审批。

电度表专项审批的办理条件如下：①具有与所制造、修理计量器具相适应的技术人员和检验人员；②具有与所制造、修理计量器具相适应的固定生产场所及条件；③具有保证所制造、修理计量器具量值准确的检验条件；④具有与所制造、修理计量器具相适应的技术文件；⑤具有相应的质量管理制度和计量管理制度；⑥申请制造计量器具许可的，还应当按照规定取得计量器具型式批准证书，并具有提供售后技术服务和能力。

电度表专项审批需要的资料如下：《制造（修理）计量器具许可证申请书》原件一式二份；营业执照、有效的组织机构代码证复印件一份；《制造计量器具许可考核通用规范》自我评价记录表；计量器具《型式批准证书》复印件一份；与生产规模相适应的检验人员能力证明（至少 2 名）；产品技术标准和检定规程（或检定方法）一份；质量管理和计量管理文件（或制度）一份。

电度表专项审批过程如图 8-1 所示。

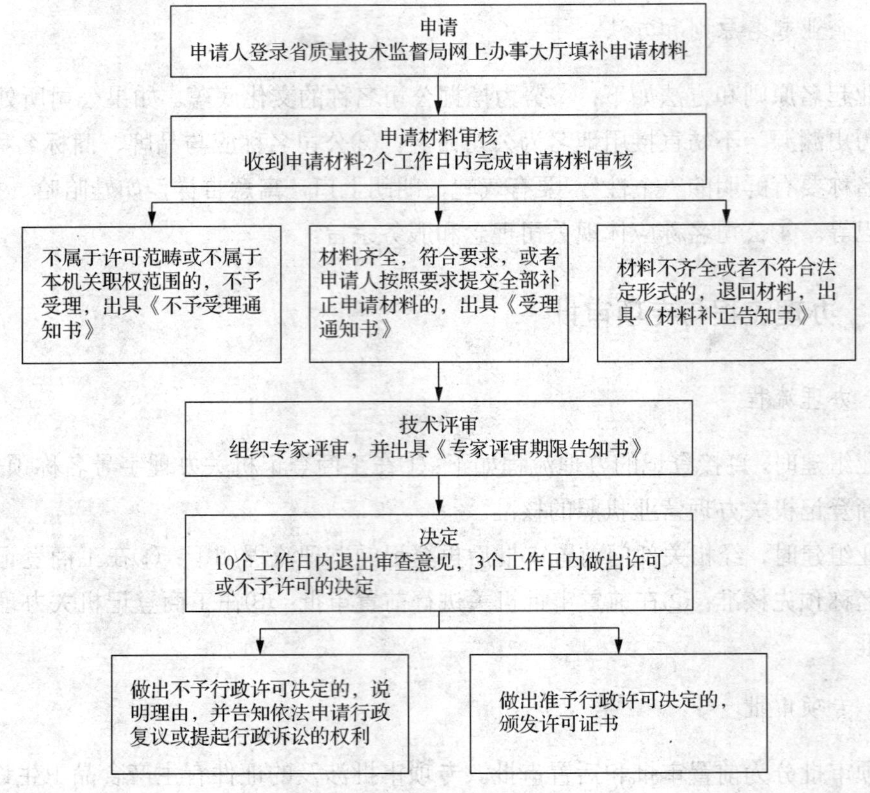

图 8-1　电度表专项审批过程

要点三　注册登记

一、新创企业注册登记的步骤

新创企业在开办过程中需要经过若干必要步骤：①办理营业执照；②刻制印章；③办理组织机构代码证；④银行开户；⑤税务登记。

二、营业执照

营业执照是工商行政管理机关发给工商企业、个体经营者的准许从事某项生产经营活动的凭证。其格式由国家市场监督管理总局统一规定。

营业执照的登记事项如下：名称、地址、负责人、资金数额、经济成分、经营范围、经营方式、从业人数、经营期限等。营业执照分为正本和副本，二者具有相同的法律效力。正本应当置于公司住所或营业场所的醒目位置，营业执照不得伪造、涂改、出租、出借、转让。没有取得营业执照的工商企业或个体经营者一律不许开业，不得刻制公章、签订合同、注册商标、刊登广告，银行不予开立账户。

三、刻制印章

印章是企业权力和信用的证明，在企业的对内、对外活动中，印章是必不可少的。

因此，企业一旦成立就必须刻制印章。印章包括企业公章、法定代表人的人名章、各类专用章、部门印章等。印章的使用实行审批制度，事先必须经过本企业法定代表人的批准或授权人的批准，批准手续不完备的，一律不能使用印章。

四、专项审批

新创企业的经营范围中有属于行政法规限定的项目，必须依法经过专项审批并取得有关部门的批准文件和颁发的许可证、资质证后方可经营。

五、组织机构代码证

组织机构代码证是各类组织机构在社会经济活动中的通行证，企业向银行申请基本账户或一般账户时必须提供组织机构代码证。企业到税务部门办理相关税务登记手续时，必须提供组织机构代码证。

六、税务登记证

税务登记证是从事生产、经营的纳税人向生产、经营地或者纳税义务发生地的主管税务机关申报办理税务登记时，所颁发的登记凭证。税务登记证用于申请减免退税、购领发票、取得一般纳税人的资格、申请纳税申报方式、办理外出经营活动证明等税务事项。纳税人应将税务登记证正本在其公司住所或者营业场所公开悬挂，接受税务机关检查。

税务登记证的主要内容包括：纳税人名称、税务登记代码、法定代表人或负责人、生产经营地址、登记注册类型、经营范围（主营、兼营）、发证日期等。

七、“三证合一”营业执照

2015 年 8 月 13 日，国家六部门联合印发通知，要求加快推进“三证合一”登记制度改革，确保“三证合一、一照一码”登记模式如期实施。作为“双创”的助推器，深化商事登记制度改革正在为中国经济孕育新的起飞“封口”。作为商事登记制度改革的具体体现，“三证合一”工作将大大便利企业，一般注册法定时间可以从 20 天减少到 5 天。

要点四 购买现成企业

一、购买现成企业概述

创业者没有开办过企业，对于业务开展、客户拓展等不熟悉，也可以选择购买现成企业。现成企业通常具备以下特点：具备注册证书、公司印章、股票簿等法律上要求的文件；购买者只需要提供所需文件即可购买。

从时间上看，现成企业可以分为新成立企业和成立 1 年以上的企业。前者的优点是刚刚成立，没有发生任何业务活动，比较容易交接。后者的特点是马上可以用来国内投资，有可能发生商务活动，必须理清账务方可出售。从行业来看，现成企业可以分为投资公司、国际贸易公司、船运公司、实业公司、科技公司、化工公司、纺织公司等。

购买现成企业的程序：确定公司名称→提交股东资料→填写委托书及签署协议→支付预付款→签署法定文件→领取绿盒并付清余款。

二、购买现成企业的优缺点

在购买现成企业时，购买者必须分析购买现成企业的优缺点、考虑该企业的发展前景、财务状态、购买价格等。购买现成企业的优缺点如表 8-1 所示。

表 8-1 购买现成企业的优缺点

购买现成企业的优缺点	内容
优点	低风险
	较多的个人自由
	已经产生现金流
	已经建立起了与供应商和银行的关系
	现成的产品或服务、现成的客户、现成的经营方式、现成的员工队伍和企业名称
	可能有不错的经营地点
缺点	产品或服务有可能处于衰退阶段
	发展潜力可能有限
	债务或库存可能太高
	产品有可能陈旧或过期
	企业主有可能隐瞒了出售的真实原因，如企业已经连续衰退好几年了
	企业在周围的声誉可能不好或经营位置较差

要点五 特许加盟

一、特许加盟概述

特许加盟是特许人与受许人之间的一种契约关系。根据契约，特许人向受许人提供一种独特的商业经营特许权，并给予人员训练、组织结构、经营管理、商品采购等方面的指导和帮助，受许人向特许人支付相应的费用。

创业者选择加盟的原则如下：①选择本身已有相当经验的连锁体系，包括经营时间的长短及店数的多寡。②技术难度不能太高。一般加盟者为外行，所以技术性越低的行业越适合加盟。③注意选择的行业的发展趋势。④考量个人兴趣。⑤考量总部在同业中的竞争能力。⑥了解加盟体系的品牌健全程度、营运状况。⑦考虑受许人本身的人力及资金等。

二、特许加盟的优缺点

特许加盟的优点有很多，如能够获得品牌支援、市场支援、人才支援、培训支援、技术支援等。此外，它也有一些缺点，如产品价格体系容易混乱等。表 8-2 列出了特许加盟的优缺点。

表 8-2　特许加盟的优缺点

特许加盟的优缺点	内容
优点	开办风险较低
	开办成本透明
	产品或服务有较好的市场
	有经过实践证明了的营销方案
	有特许人的培训保证
缺点	企业决策力受到限制
	特许费用使利润减少
	不可能再引进其他供应商产品
	对特许人的依赖性较强
	特许人一旦失去市场，受许人也就失去了市场

模块九 项目运作

教学内容

1. 创业项目的产品、定价与分销。
2. 创业项目的市场营销策略、职能与管理。

教学目的

1. 掌握创业项目的产品、定价与分销。
2. 掌握创业项目的市场营销策略、职能与管理。

项目一 创业项目的产品、定价与分销

要点一 产品策略

一、产品的含义及层次

1. 产品的含义

产品是指能够提供给市场被人们使用和消费并满足人们某种需要的任何东西，包括有形物品、服务、人员、组织、观念及其组合。

2. 产品的层次

近年来，产品层次理论运用最多的是菲利普·科特勒（Philip Kotler）等学者提出的五层次理论。产品的五层次理论，该理论将产品的层次分为核心产品、形式产品、期望产品、附加产品和潜在产品。

第一个层次，是核心产品，即顾客真正需要的基本效用或利益。例如，旅馆——休息与睡眠。

第二个层次，是实现核心利益所必需的形式产品，即产品的基本形式。例如，旅馆——床、浴室、毛巾、衣柜等。

第三个层次，是期望产品，即购买者在购买产品时通常期望或默认的一组属性和条件。例如，旅馆——干净的床、新的毛巾、清洁的卫生间、相对安静的环境等。

第四个层次，是附加产品，即提供超过顾客期望的服务和利益，将公司的提供物与竞争者的提供物区别开。例如，旅馆——电视机、网络接口、鲜花、结账快捷服务、美

味的晚餐等。

第五个层次，是潜在产品，即该产品在将来可能会实现的全部附加部分和转换部分（产品将来的发展方向）。例如，旅馆——全套家庭式旅馆的出现；又如，书斋旅馆、社交旅馆等。

产品的五个层次如图 9-1 所示。

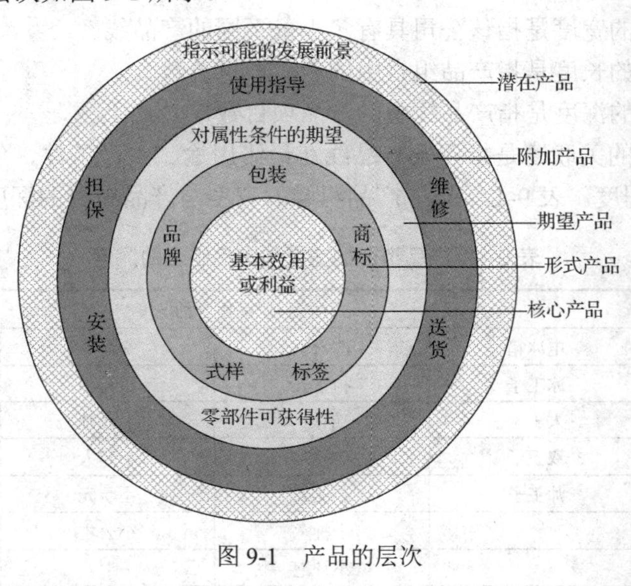

图 9-1 产品的层次

二、产品的分类

1. 按耐用性和有形性分类

1）耐用品。耐用品属于有形产品，其使用时间长，价格相对较高。

2）非耐用品。非耐用品属于有形产品，其消费快，购买频率高，价格相对便宜。

3）服务。服务是无形的、不可分离的、可变的、易消失的。作为结果，其一般要求更多的质量控制、供应者信用能力和适用性。

2. 按消费类型分类

1）便利品。顾客经常购买或即刻购买，并几乎不做购买比较和购买努力的产品。

2）选购品。消费者在选购过程中，对产品的适用性、质量、价格和式样等基本方面要做有针对性比较的产品。

3）特殊品。具有独有特征和（或）品牌标记的产品，对这些独特性的产品，有相当多的购买者愿意为此付出特别的购买努力。

4）非渴求品。消费者未曾听说或即便听说，一般也不想购买的产品。

三、产品组合

1. 产品组合的含义

产品组合是一个企业所经营的全部产品的有机构成方式，或者说是企业生产和经营的全部产品的结构。产品组合包括产品线和产品项目的组合方式。

2. 产品组合决策

产品组合决策包括产品组合的宽度、产品组合的长度、产品组合的深度和产品组合的关联度。

1）产品组合的宽度是指该公司具有多少条不同的产品线。

2）产品组合的长度是指产品组合中的产品项目总数。

3）产品组合的深度是指产品线中的产品项目数量。

4）产品组合的关联度是指各条产品线在最终用途、生产条件、分销渠道或者其他方面相互关联的程度。表 9-1 给出了产品组合的宽度与产品组合的深度的关系。

表 9-1 产品组合的宽度与产品组合的深度

产品	产品组合的宽度			
产品组合的深度	电冰箱	洗衣机	空调器	电视机
	冰王子	神童五	小元帅	探路者
	大王子	丽达	金元帅	
	双王子	小神功	小超人	
	帅王子	小丽人	小状元	
		小神童	小公主	
		小神泡		

3. 产品组合策略

产品组合策略包括横向组合策略、纵向组合策略和关联组合策略。

1）横向组合策略，是指同类产品中不同产品间的组合策略，如文具用品中笔记本和笔的组合销售。

2）纵向组合策略，是指同种商品中不同应用的产品间的组合策略，如笔中的铅笔和水彩笔的组合销售。

3）关联组合策略，是指不同类但是有关联的产品组合策略，如茶杯与茶叶之间的组合销售，核桃夹子与核桃的组合销售。

四、产品生命周期的含义及阶段

产品生命周期是指一种产品在市场上出现、发展到最后淘汰的过程。它是产品的一种更新换代的经济现象，分为导入期、成长期、成熟期和衰退期 4 个阶段，如图 9-2 所示。

产品生命周期是产品的市场寿命、经济寿命，而不是指产品的使用寿命、自然寿命。

产品生命周期的四个阶段的特征如下。

1）导入期，知名度低、成本较高、销售缓慢。

2）成长期，客户认可度提升、成本下降、销量猛增。

3）成熟期，竞争加剧、利润渐小、销量平缓。

4）衰退期，新品出现、利润更小、销量锐减。

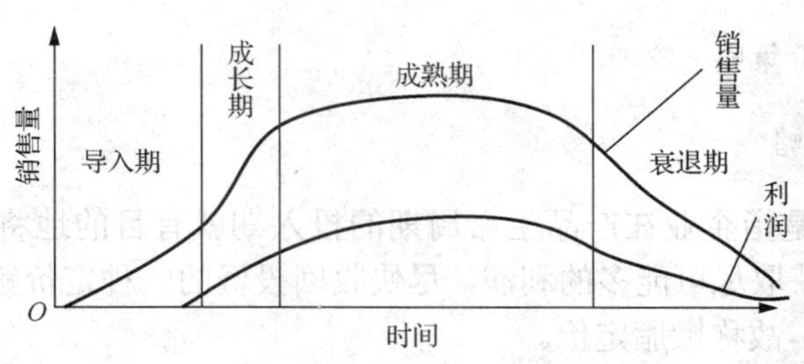

图 9-2 产品生命周期的 4 个阶段

五、产品生命周期各阶段的营销策略

1. 导入期的促销组合策略

导入期促销的主要目标是建立产品的知晓度，即让更多的消费者知道新产品的存在，此时促销组合以广告和人员推销为主。一般有两种促销策略：①快速促销，即利用各种促销工具及其组合，进行各种促销活动，使消费者在短期内熟知这一产品并产生购买行为，快速地启动市场；②慢速促销，即不开展或很少开展促销活动，让产品在市场上慢慢渗透，逐步被消费者认知。

2. 成长期的促销组合策略

成长期的促销目标不能仅停留在让消费者知晓产品，而是要让消费者对该产品产生偏好，即此阶段需要提升产品知名度。这时促销组合策略中的广告宣传仍十分必要，但要调整广告策略的目标，着重宣传企业和品牌，使之由提高产品的知名度逐渐转向建立消费者对产品的信任和提高购买量，并且要辅以人员推销。

3. 成熟期的促销组合策略

成熟期的促销目标是建立产品差异化，此时促销组合策略是：开展各种促销活动，采用富有震撼力的广告，着重宣传产品的新改进、新特点，以及与其他产品的差异性。通过让利销售、折扣销售、有奖销售等营业推广策略吸引其他品牌的使用者。

4. 衰退期的促销组合策略

当产品进入衰退期时，宜采用各种营业推广方式刺激消费者购买，同时对消费者熟知的产品配合提示性广告，促使消费者即期购买。

虽然产品生命周期各阶段促销目标有所不同，促销组合方式也有所不同，但在产品生命周期的整个过程中，促销的目标都离不开建立信任感和消费者满意感。因此，促销组合策略要时刻注意变换广告内容，并且要始终合理利用公共关系。

要点二 定价策略

当价格范围划定之后，企业通常还要根据顾客的购买心理和行为习惯，运用适当的定价策略，最终确定产品在市场上呈现的零售价格。定价策略有新产品定价策略、心理定价策略、折扣定价策略、地理定价策略。

一、新产品定价策略

1. 撇脂定价策略

撇脂定价策略是指企业在产品生命周期的投入期就有目的地将新产品价格定得很高，以便在短期内获取尽可能多的利润，尽快收回投资的一种定价策略。这就像从牛奶表面撇取奶油一样，故称撇脂定价。

事实上，采用这种定价策略应具备以下条件：①市场上存在一批购买力很强，并且对价格不敏感的消费者；②这样的消费者的数量足够多，企业有厚利可图；③暂时没有竞争对手推出同样的产品，本企业的产品具有明显的差别化优势；④当有竞争对手加入时，本企业有能力转换定价方法，通过提高性价比来提高竞争力；⑤本企业的品牌在市场上有传统的影响力。

2. 渗透定价策略

对于新产品，除了应用撇脂定价策略取得高额利润之外，还可以为了快速吸引大量的购买者，赢得较大的市场份额，以较低的价格迅速和深入地渗透进入市场，即采取渗透定价策略。通常情况下，采用这种定价策略应具备以下条件：①产品需求价格弹性较大，消费者对价格非常敏感；②企业具备大批量生产能力，且生产和分销成本必须随着销量的增长而下降；③低价格要能阻止竞争，便于企业长期占领市场，否则价格优势只能是短暂的；④产品市场容量大，并能替代市场上已有的同类产品。

3. 中间定价策略

有些情况下撇脂定价和渗透定价均不一定符合企业的定价目标，当企业需要建立产品的良好形象时，可以将价格定在适中的水平，即采用中间定价策略（满意定价策略）。这种策略是介于撇脂定价和渗透定价两种策略之间的一种比较平衡的定价策略。虽然中间定价策略最大的优点是“稳”，但在很大程度上将前两种策略的优点抹杀了，因此在运用时应避免产品没有特色而打不开销路。

二、心理定价策略

1. 尾数定价策略

尾数定价，又称为零头定价，是一种具有强烈刺激作用的心理定价策略，是指企业针对消费者的求廉心理，在商品定价时有意定一个与整数有一定差额的价格。心理学家的研究表明，价格尾数的微小差别，能够明显影响消费者的购买行为。例如，以零头结尾，给消费者一种经过精确计算的、最低价格的心理感觉。一般认为，5 元以下的商品，末位数为 9 最受欢迎；5 元以上的商品末位数为 95 效果最佳；百元以上的商品，末位数为 98、99 最为畅销。同时，尾数定价法常以奇数为尾数，如 0.99、9.95 等，这主要是因为消费者对奇数有好感，容易产生一种价格低廉的概念。尾数定价法多适用于中低档产品。

2. 整数定价策略

与尾数定价策略相反，利用消费者“一分钱一分货”的心理采用整数定价，该策略适用于高档、名牌产品，或者是消费者不太了解的商品。

3. 声望定价策略

声望定价策略，是指利用公司或产品在消费者心目中的良好声望和消费者的求名心理，对名牌产品制定比市场同类产品更高的价格。例如，高档西装、礼服等商品，目标顾客多为企业高级经理等职业的消费者，这样的企业宜采用声望定价，高价能使消费者在购买过程中得到精神的享受，达到良好效果。

4. 招徕定价策略

招徕定价，又称为特价商品定价，是一种利用消费者求廉心理有意将少数商品降价以吸引顾客的定价方式。例如，商家通常以“29 元起”或“全场 5 元”（个别商品除外）等定价策略引起消费者的注意，增大客流量。采用招徕定价策略时，必须注意以下几点。

1）降价的产品应是消费者常用的，最好是适合每一个家庭使用的产品，否则没有吸引力。

2）实行招徕定价的产品，经营的品种要多，以便使顾客有较多的选购机会。

3）降价产品的降低幅度要大，一般应接近成本或者低于成本。只有这样，才能引起消费者的注意和兴趣，才能激起消费者的购买动机。

4）降价产品的数量要适当，降价产品太多，则会导致商店亏损太大；降价产品太少，则难以吸引消费者的注意力。

5）降价产品应与因残次而削价的产品明显区别开来。

三、折扣定价策略

折扣定价策略是通过降低定价或打折等方式来争取顾客购买产品的一种定价策略，包括现金折扣、数量折扣、功能折扣、季节折扣。这种策略在现实生活中应用十分广泛。例如，全球最大的零售企业沃尔玛就提倡低成本、低费用结构、低价格的经营思想，并首创“折价”策略。每家沃尔玛商店都贴有“天天廉价”的大标语，同一种商品在沃尔玛比其他商店要便宜。沃尔玛每星期六早上举行经理人会议，如果有分店报告某商品在其他商店比沃尔玛低，可立即决定降价。沃尔玛以低廉的价格、可靠的质量作为竞争优势，吸引了大批的顾客。

四、地理定价策略

地理定价策略包括产地定价、统一交货定价、区域定价、基点定价、免收运费定价等策略。

要点三 定价目标与方法

一、定价目标

定价目标是指企业通过制定产品最优价格来谋求经济利益最大化的目标。定价目标是定价决策的基本前提和首要内容，是实现企业总体目标的保证和手段，是定价策略和定价方法的依据。定价依据可以是获取最大利润、获取合理利润、争取产品质量领先、提高市场占有率、应付和防止竞争、维持企业生存。

二、定价方法

定价方法是根据定价目标确定产品基本价格范围的技术思路。常见的定价方法有成本导向定价法、需求导向定价法、竞争导向定价法。

1. 成本导向定价法

成本导向定价法是以成本加利润为基础，完全按卖方意图来确定商品价格的方法。其优点是保证企业不亏本、计算简单。成本导向定价法往往需要根据企业特定的目标利润、目标市场的需求状况、竞争格局和政府法令做出相应调整。成本导向定价主要有成本加成定价法、目标利润定价法、盈亏平衡定价法和边际成本定价法。

生产企业以生产成本为基础，商业零售企业则以进货成本为基础。例如，某零售商店经营某种手表，其进货价为 120 元/只，加成率为 50%，则每只手表的零售价格为 180 元［120×（1＋50%）］，毛利为 60 元。

2. 需求导向定价法

需求导向定价法是以消费者的需求为中心的定价方法，即根据消费者对商品的需求强度和对商品价值的认识程度来制定企业价格。在实际运用中主要有两种方法：理解价值定价法和需求差异定价法。

（1）理解价值定价法

理解价值定价法是企业按照购买者或消费者对商品及其价值的认识程度和感受来定价的。理解价值（又称为感受价值、认知价值）是指买方在观念上所认同的价值。顾客对产品价值的理解，主要不是由产品的成本决定的。

（2）需求差异定价法

需求差异定价法是在特定条件下，根据需求中的某些差异而使价格有差别的定价方法。具体差别如下：①同一产品，对不同的消费者制定不同的价格和采用不同的价格方式；②同种产品由于不同的外观、款式、花色，采用不同的价格；③同种产品或服务在不同的地点和位置，采用不同的价格；④同种产品或服务在不同的时间提供，采用不同的价格。

采用这种定价方法应具备一定条件：①市场应是可以细分的，细分后市场相对独立；②市场中高价与低价竞争者不能并存；③采用需求差别定价法应以不招致消费者的误解或反感为宜。

3. 竞争导向定价法

竞争导向定价法是以竞争为中心的、以竞争对手的定价为依据的定价方法。具体有随行就市定价法、追随定价法、拍卖定价法、密封投标定价法。

（1）随行就市定价法

随行就市定价法是指企业以行业的平均价格为标准制定本企业的商品价格的方法。在竞争激烈的情况下，随行就市定价法是一种与同行和平共处、比较稳妥的定价方法，可以规避风险。

（2）追随定价法

追随定价法是指企业以同行业主导企业的价格为标准制定本企业的商品价格的方法。例如，同行业中实力最强、影响最大的企业的单位产品定价为 15 元，本企业可根据产品、需求的具体情况将本企业的商品价格定在略低于它的水平。此方法可以避免企业之间的正面价格竞争。

（3）拍卖定价法

拍卖定价法是在一个卖方和多个买方之间经过拍卖而确定价格的方法。拍卖定价法可以分为英国式拍卖（加价拍卖）和荷兰式拍卖（减价拍卖）两种。英国式拍卖是由卖家出示一件产品，多个买家不断加价竞标，直到一个买家以最高价格购得产品为止，通常适合不动产、古董等具有一定稀缺性和独特性的产品。荷兰式拍卖是由卖家公布一个最高价格，然后逐渐降低报价，直到有买家愿意购买该产品为止，通常适用于需要快速成交、快速周转的商品。

（4）密封投标定价法

密封投标定价法是一种被用于企业投标过程中，以竞争为基础的定价方法。其定价是以对竞争者定价的预测为基础，而不是根据企业自己的成本或者需求来定价的。在实践中，密封投标定价法主要适用于一些对工程进行投标的企业。

要点四 分销策略

一、分销渠道的含义、特征与类型

1. 分销渠道的含义

分销渠道是指商品从生产企业流转到消费者手中的全过程中所经历的各个环节和推动力量的总和。

2. 分销渠道的特征

分销渠道具有以下特征。

1）起点是生产者，终点是消费者或用户。

2）一组线路系统，参与者是中间机构。

3）产品所有权至少转移一次。

3. 分销渠道的类型

分销渠道的起点是企业，终点是消费者。在这一通道中，企业首先要考虑选用多少中间商及每层中间商的数量，即分销渠道的长度与宽度的策划。

（1）分销渠道的长度

分销渠道的长度，又称为分销层级，是指按照其包含的渠道中间商（购销环节），即渠道层级数量的多少来定义的一种渠道结构。通常情况下，根据包含渠道层级的多少，可以将一条营销渠道分为零级渠道、一级渠道、二级渠道和三级渠道等。

1）零级渠道，又称为直接渠道，是指没有渠道中间商参与的一种渠道结构，如图9-3所示。零级渠道也可以理解为一种分销渠道结构的特殊情况。在零级渠道中，产品或服务直接由生产者销售给消费者或用户。零级渠道是大型或贵重产品，以及技术复杂、需要提供专门服务的产品所采取的主要渠道。在IT产业链中，一些国内外知名IT企业，如联想集团、IBM公司、HP公司等设立的大客户部或行业客户部就属于零级渠道。另外，戴尔公司的直销模式也是一种典型的零级渠道。

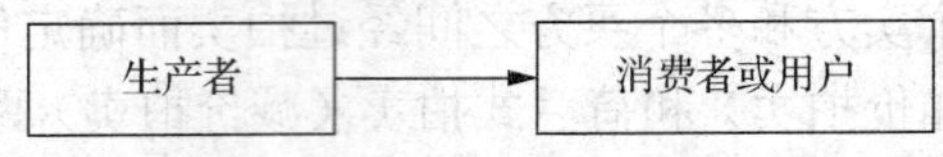

图9-3　消费品和工业品零级渠道示意图

2）一级渠道即生产者与消费者之间包括一个渠道中间商，如图9-4所示。在工业品市场上，这个渠道中间商通常是一个代理商、批发商或经销商；而在消费品市场上，这个渠道中间商通常是零售商。

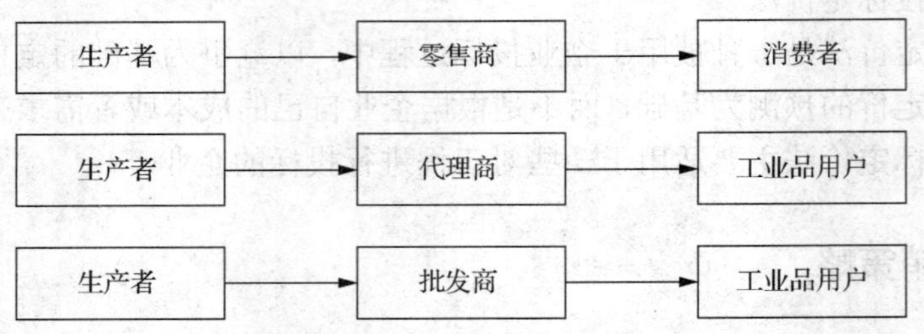

图9-4　消费品和工业品一级渠道示意图

3）二级渠道即生产者与消费者之间包括两个渠道中间商，如图9-5所示。在工业品市场上，这两个渠道中间商通常是代理商及批发商；而在消费品市场上，这两个渠道中间商通常是批发商和零售商。

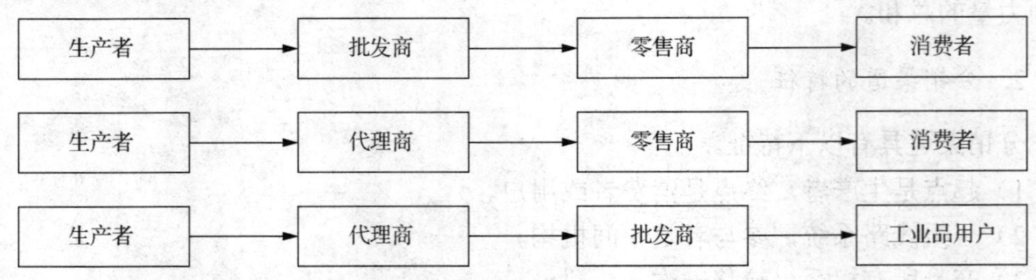

图9-5　消费品和工业品二级渠道示意图

4）三级渠道即生产者与消费者之间包括三个渠道中间商，如图9-6所示。这是因为有些小型零售商通常不是大型代理商的服务对象，因此，便在大型代理商和小型零售商之间衍生出一级专业性批发商，从而出现了三级渠道结构。这类渠道主要出现在消费面较宽的日用品中，如食品、服装等行业。

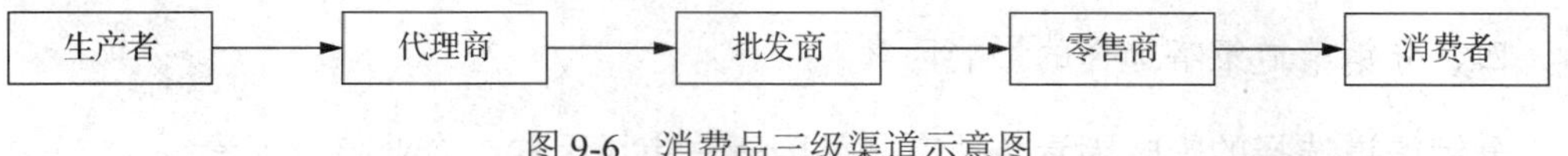

图 9-6 消费品三级渠道示意图

（2）分销渠道的宽度

分销渠道的宽度是指每一层级渠道中间商数量的多少。分销渠道的宽度结构受产品的性质、市场特征、用户分布及企业分销战略等因素的影响。一般地，根据分销渠道的宽度结构，分销渠道可以分成 3 种类型，即密集型分销渠道（intensive distribution channel）、选择型分销渠道（selective distribution channel）和独家分销渠道（exclusive distribution channel）。

1）密集型分销渠道，又称为广泛型分销渠道，是指制造商在同一渠道层级上选用尽可能多的渠道中间商来经销自己的产品的一种渠道类型。密集型分销渠道常见于消费品领域中的便利品，如牙膏、牙刷、饮料等。例如，宝洁公司就采用过密集型分销策略。宝洁公司进入中国市场时，努力将产品进入每一家商店，在资料不足的条件下，宝洁公司开始了自己的制图法。宝洁公司找来了人口在 20 万以上的中国 228 个城市的交通图，把小到夫妻店、大到百货店的位置一一标到地图上；然后把推销队伍分成片区，拜访所有店铺，并对数百万城市居民免费送上样品，于是宝洁公司的产品迅速普及开来。

2）选择型分销渠道，又称为特约经销，是指在某一渠道层级上选择少量的渠道中间商来进行产品分销的一种渠道类型。这种策略既能避免企业采用广泛经销时精力过于分散的现象，能够掌握一定的渠道控制权，又能避免企业采用独家经销时渠道太窄的弊端，使企业能有足够的市场覆盖面。多数制造商，特别是在 IT 产业链中的制造企业，多采用选择型分销渠道。例如，TCL 公司在短短的几年时间里，从默默无闻一跃成为国内彩电行业三巨头之一，就是较好地采用了选择型分销渠道方式。

3）独家分销渠道，又称为总经销，是指在一定的市场范围内，制造商只选择一家中间商经销自己的产品。这种策略一般适用于一些购买者较少、单价较高或技术较为复杂的产品。例如，汽车、电器的销售多使用该种策略。

对于渠道宽度的决策，在产品生命周期的不同阶段需要根据客观市场条件进行调整和重新选择。例如，许多新产品推出时选择独家分销渠道的模式，当市场广泛接受该产品之后，就从独家分销渠道模式向选择型分销渠道模式转移。例如，东芝品牌、三星品牌的笔记本产品渠道即是如此。

二、零售与批发的性质及区别

零售是把产品或服务销售给最终消费者。批发是把产品或服务销售给那些为再次出售或商业使用的单位或个人所进行的一切活动。两者的区别在于：服务对象不同；营业网点的选择不同；在流通过程中所处的地位不同；交易数量和频率不同。

三、选择中间商的标准

选择中间商主要有以下标准：①中间商对企业和产品的认可度与忠诚度；②中间商的合法经营资质；③中间商的信誉；④中间商的财力；⑤中间商的管理水平；⑥中间商

对本企业产品的熟悉程度；⑦中间商的地理辐射范围；⑧中间商的服务水平。

四、分销渠道策略选择的影响因素

分销渠道选择的影响因素主要有产品因素、市场因素、企业自身因素等。

1. 产品因素

产品因素的不同决定了分销渠道的选择不同。影响分销渠道选择的产品因素包括产品单位价值、产品的体积和重量、产品的耐久性、技术性等。

2. 市场因素

影响分销渠道选择的市场因素包括：①市场范围，顾客数量的集中程度；②市场需求特点，生活资料或生产资料；③消费者购买习惯，价格、品牌、购买场所等；④市场竞争状况，针锋相对或避开锋芒，扬长避短。

3. 企业自身因素

影响分销渠道选择的企业自身因素包括企业的财力、企业的管理能力和经验、企业信誉和提高服务的能力、企业的控制能力。

五、分销渠道的环境特性

随着市场经济的不断发展和全球经济一体化进程的加快，人们的消费观念与生活方式不断改变，企业面对的分销渠道环境也在不断地发展变化。分销渠道环境的特性表现在以下几个方面。

1. 复杂性与多样性

影响分销渠道选择的环境因素既包括产品因素、市场因素、企业自身因素，又包括人口、经济、自然、技术、社会文化、政治环境、法律制度环境等诸多因素，而且往往是众多环境因素综合作用于销售活动的，所以分销渠道环境具有复杂性和多样性的特征。

2. 客观性与动态性

影响分销渠道选择的环境因素是不以销售者的主观意志为转移的，有自己运行的规律和发展趋势。企业的销售活动只能主动适应和利用客观环境，但不能改变或违背它。主观臆断地确定分销渠道环境的发展趋势，必然会导致分销渠道决策的盲目与失误，造成分销渠道实施策略的失败。同时，这些分销渠道环境因素在不断地发展变化，具有动态的性质。

3. 不可控制性与企业的能动性

分销渠道环境作为一个复杂多变的整体，单个企业不能控制它、改变它，只能适应它；对于分销渠道环境因素中的绝大多数单个的因素，企业也不可能控制，只能在基本适应中施加一些影响。

项目二　创业项目的市场营销策略、职能与管理

要点一　市场营销策略

市场营销策略主要在销售者的立场上为消费者提供策略性服务，通过对消费者的不同群体、消费水平、消费时间等制定出一个有计划、有组织的经营活动，其中包含产品、价格、渠道、促销等内容上的研究，通过合理的分析与研究为顾客提供满意的商品销售服务，从而实现企业的销售计划。该营销理论被归结为4个基本策略的组合，即“4P”理论，即产品（product）、价格（price）、渠道（place）、宣传（promotion），因为这4个词的英文字头都是P，加上策略（strategy），所以简称为“4Ps”，营销理念虽然已经从传统的“4P”过渡到“4C”甚至“4R”①，但是“4P”仍然是中国市场营销策略中的核心要素。

案例导入

“优势互补”出奇制胜

联想集团是国内最大的计算机产业集团，于1984年年底由中国科学院计算机技术研究所创办。联想集团进军国际市场并取得成功，主要得益于“盲人背瘸子”式的优势互补策略。1988年，北京联想集团在香港投资创办了联想电脑公司，由北京联想集团、香港导远电脑系统有限公司和中国（香港）技术转让公司联合组成。联想集团刚刚步入国际市场，不太熟悉国际市场尤其是其贸易渠道，相对于香港的合作伙伴还缺少资金和技术实力，而技术转让公司可以提供可靠的贷款，于是，一个最佳的优势互补的合作形成了。联想集团将自身科技实力的优势与香港企业熟悉世界市场的优势结合起来，把贸易作为积累资本的手段，解决科研生产所需资金，然后以产品打入国际市场。在产品定位上，联想集团充分注意国际市场竞争激烈的特点，利用世界知名电脑厂商把大多数力量集中在电脑整机上的市场机会，出人意料、出奇制胜地将自身的资金、人力全部投入电脑板卡的开发生产上，从而挤入国际市场。联想集团的电脑板卡1990年的月销量为5 000块，到1994年年底月销量则跃至50万块，并最终取得电脑板卡世界市场份额10%的成绩，成为世界五大电脑板卡供应商之一。联想集团还与美国AST公司合作，在国内市场推出符合中国国情和消费者需求的联想品牌电脑，并全力抢占市场份额，开始与世界知名电脑企业竞争，打入国际市场。

（资料来源：作者根据相关资料整理.）

课堂思考：

联想集团采取了哪种营销策略？

---

①“4C”即消费者（consumers）、成本（costs）、便利（convenience）及沟通（communication）；“4R”即关联（relevance）、反应（response）、关系（relation）及回报（return）。

一、产品的定位

从产品的本身来讲，老百姓普遍喜欢追求产品的质量与耐用度，因此，企业在压低成本的同时，应该保持原有的产品质量，与此同时，如果能够适当地增加设计元素来满足消费者的需求，这样不仅能得到好的消费反馈，而且在品牌的合作上会有更好的发展。当然，市场中难免会出现一些较强的竞争对手，企业家要找出一个具有盈利空间的产品定位和击败对手的方法。产品在市场上会随着时间的推移而产生变化，根据不同人群的需求，主要分为旧产品、新产品和特殊品。旧产品主要是满足旧的消费群体或者经济稍微薄弱的地区，在价格上也会略低，在市场上也会面临着新产品带来的冲击和压力。新产品是时代的主流，生产者投入大量的生产成本，用于制造和开发新技术来生产新产品，满足新的消费群体。因此，新产品的主要销售对象是年轻人。除此之外，还有一些特殊品，如古董、文物和限量商品等，在很多时候，不仅突破了时间和技术上的限制，还受到一些特殊群体的青睐，这主要是价值观和地域文化等因素造成的差异性。

二、定价策略

企业为了保证产品在市场营销过程中增大销售额度，获取更大的利润，击败竞争对手，不但要考虑成本、消费者的价格心理，还要考虑竞争对手制定的价格挑战。对于企业内部来讲，企业要对自身的营销目标、营销组合、产品成本、定价目标等进行考量，同时要考虑外部市场结构、价格弹性、竞争者和国家政策法规等。在制定商品价格时，企业要充分地调研市场，选择一种好的定价方案来确定最终价格，可以根据不同地区之间的不同消费群体，客户的不同购买心理需求，将产品制定成不同的价格；可以利用一个活动日，通过折扣定价来刺激消费者购买产品；可以同时采取不同产品属性的一个组合定价，达到营销目的。

三、营销渠道策略

产品的营销渠道是指产品从生产者向最终消费者移动，直接或间接地转移所有权的途径。营销渠道策略的根本特征：起点为生产者，终点为消费者。在这条途径中，除了生产者、消费者，还包括一系列的中间商，如零售商店、代理商、批发商等。在产品的流通过程中，基本的交易途径有物流和商流。商流是指从生产商到消费者的产品所有权转移的单向过程。而物流是指生产商经过中间商到消费者，所有物品流通的多向过程。当然除了这两个基本的流程以外，还有货币流、信息流和促销流等。这些流程所形成的流线可以分为渠道的长短和宽窄。从渠道的定级来看，中间商越少，渠道就越短；中间商越多，渠道就越长。渠道的宽窄取决于每个环节中使用同类中间商的数目多少，数目越多，渠道就越宽；数目越少，渠道就越窄。企业者应根据产品的生产成本、目标群体、质量、价格、店址、竞争对手等制定出不同的渠道模式，从而为企业谋求利润。例如，在国内，目前的市场销售主要依附于小型商场或大型实体商场来售卖，当然还有现在比较流行的网络平台，主要分为线上线下的人工服务和智能服务等。在国外会有一些旗舰店、游击店的销售形式存在。此外，还有自助式购物模式，如服装品牌 H&M 和 ZARA

等采用的购物体验模式。

四、媒体宣传策略

随着时代的变迁，消费者的需求逐渐从物质层面过渡到了精神层面。从某种程度上来说，消费者消费的需求不再仅仅体现在产品的质量和技术上，更多地体现在体验购买产品时获得的愉悦心情上，因此，销售者不得不在促销活动上下功夫，此时产品的发展和服务也趋向于多样化。企业不仅要根据市场和社会的需求去思考如何定位新产品，还要能够为新产品提供优良服务的平台，促使产品更好地销售和推广，市场上也出现了各式各样的推广手段，如电视推广、广播推广、杂志推广、报纸推广、手机推广、户外广告推广和现身说法推广等，多种推广形式的同时出现，也体现了广告形式的多样性。当然，广告的推广形式要适合消费者的心理和社会发展需求，过多的广告宣传会使消费者产生一定的抵制情绪。不良的广告词会对社会和国家造成一定的政治压力。因此，企业在制定广告策划宣传时，应充分考虑当下的客户需求和时代背景，以有效的广告形式满足客户的精神需求。

要点二 市场营销职能

案例导入

运动 App 产品运营攻略

运动 App 刚兴起时，小美负责一款运动 App 的运营工作。

此 App 是一款为用户提供运动记录（轨迹、里程、配速）的产品。作为一款工具型产品，其使用频率不高，竞争门槛较低。于是，该产品的第二版本发布时重点推出了“运动社交”（类似朋友圈）功能，小美运营的重心则是让用户尽可能多地使用社交模块。

新功能发布一段时间后，使用“社交朋友圈”的用户寥寥无几。小美纳闷，因为看见不少用户宁愿先截取跑步记录的图片，再发到微信朋友圈，也不愿意在该 App 上直接发图。

小美与一些种子用户进行了沟通，获得的反馈是：微信朋友圈有人点赞。于是，小美与产品经理沟通，计划在下一个改进版本中设置“用户运动后自动将跑步记录上传至自己运动圈”功能。然后，小美每天通过上百个账号不断地给用户点赞、评论。然而，这么折腾了几天，从后台数据来看，用户依然没有养成发运动圈的习惯，社区氛围根本没有形成。

经此一事，小美认为，运动 App 的用户之间根本不具备社交基础，不应当以朋友圈的方式驱动内容，而爱运动、爱健美的用户其实是非常有“晒”的欲望的。于是，在与产品深度碰撞后，小美决定尝试以内容的形式作为切入点，通过“每天话题”栏目引导用户交流，同时申请少量预算购买奖品，在每次话题交流中进行评选，如“最美跑者”“最佳腹肌”“最快夜跑”等，以奖品形式奖励前几名，从而刺激用户喜好攀比的心理。

然而，改进后，每天话题的参与者比例依旧很低，莫非“物质+攀比”的双重刺激无效？小美仔细查看了后台数据，发现不仅参与话题的人数少，话题的阅读量也不高。小美计算了参与人数与阅读人数的比例，结果显示“知道此活动的人”的参与率非常高！于是，小美建议产品在下一个版本的改进中做一个微小调整——每当用户运动完弹出运动轨迹时，即刻询问用户是否参加当天的有奖话题。通过这次调整，整个话题栏目终于活跃起来，而社区内容也逐渐丰富了。

随着新一轮融资的到位，产品也逐渐成熟，公司打算加快产品推进步伐。考虑到爱运动的用户在高校、运动用品商店的覆盖率比较高，公司安排小美负责在高校进行试点，另外聘请了一名商务运营的同事负责与运动用品商店的商家进行合作谈判。

小美考虑到高校大学生群体“活跃、喜好传播、热衷恋爱话题”的特点，结合运动产品的特质，策划了“追女神”活动，当然，这次是利用奖品、“女神”们的攀比心理在微博、微信朋友圈拉票，让更多的男生参与“追女神”的活动。在这个过程中，小美负责招聘高校实习生，协调技术人员、设计人员支持，处理高校公关等诸多事宜。

活动结束一周后，小美盘点了活动的总支出，计算了新增用户留存率，发觉高校推进策略是一个非常高性价比的推广策略，于是总结改善了过程中的不足，并招聘两名新员工，让一名新员工协助在其他高校复制类似活动，另一名新员工则持续制造社区话题，让新用户沉淀下来。

（资料来源：作者根据相关资料整理.）

课堂思考：

案例中应用了哪些市场营销职能？

创业者在营业的过程中，不仅要根据“4P”原则对现实市场进行研究，制定营销策略，还要更深入地分析市场，在激烈的市场竞争中脱颖而出，学会把握市场营销的各项职能。按照现代市场营销环境的要求，现代市场营销职能体系包括商品销售、市场调查与研究、生产与供应、创造市场需求和平衡公共关系五大职能。

一、商品销售

美国市场营销协会于1960年发表过这样一个定义：“市场营销是引导商品或劳务从生产者流向消费者或其使用者的一种企业活动。”这个定义虽然没有承认市场营销就是销售，但是认为市场营销包含了销售，也包含了对商品销售过程的改进与完善。许多学者认为这个定义过于狭窄，不能充分展示市场营销的功能。然而，不论其是否恰当，这个定义清楚地揭示了市场营销与商品销售的关系。商品销售对于企业和社会来说，具有两项基本功能：一是将企业生产的商品推向消费领域；二是从消费者那里获得货币，以便对商品生产中的劳动消耗予以补偿。企业是为了提高人们的生活水平而采用先进生产组织方式进行社会化生产的产物。在资源短缺的现实经济中，它通过在一定程度上实现资源集中和生产专业化，能够利用规模经济规律来提高生产效率，创造和传播新的生活标准。商品销售是生产效率提高的最终完成环节，即通过这个环节将企业生产的产品转移到消费者手中，满足其生活需要。另外，社会选择市场和商品交换方式，企业在转让产品给消费者的同时，获得货币，是因为社会需要保持企业生产经营的连续。通过商品销售，让商品变为货币，社会可以为企业补充和追加投入生产要素，而企业因此也获得了生存和发展的条件。商品销售十分重要，企业需要尽最大努力来加强这一职能。其具体活动包括：寻找和识别潜在消费者，接触与传递商品交换意向信息，谈判，签订合同，交货和收款，提供售后服务。然而，进行商品销售是有条件的。顺利进行商品交换的有关条件包括：①至少有两个主体，他们分别拥有在自己看来是价值相对较低、在对方看来具有更高价值的有价物（商品、服务的货币），并且愿意用自己的所有物来换取对方的所有物；②他们了解彼此所拥有的商品的质量和生产成本；③他们相互之间可以进行有效的沟通，如洽谈买卖合同，达成交易；④交易发生后他们都能如愿地消费和享受所得物。但是，这些条件不是处处成立的，因此企业经常会面临销售困难的局面。为了有效地组织商品销售，将企业生产的商品更多地销售出去，营销部门就不能只负责销售工作，还必须进行市场调查与研究、组织整体营销、开发市场需求等活动，而且要等到后面这些工作取得一定效果以后，才进行商品销售。

二、市场调查与研究

市场调查与研究，又称为市场调研，是指企业在市场营销决策过程中，针对需要系统、客观地收集和分析有关营销活动的信息所做的研究。企业销售商品的必备外部条件之一是该商品存在市场需求。只有存在市场需求，商品才能销售出去。商品的市场需求，是指一定范围的所有潜在消费者在一定时间内对于该商品有购买力的欲购数量。如果某种商品的市场需求确实存在，而且企业知道需要的消费者是谁、在哪里，就可以顺利地进行商品销售。生产分工和商品生产本身在不断地创造着市场需求，因此，潜在市场需求总是存在的。问题在于消费者现实需要的商品是不是市场上供应的商品。经常存在的商品销售困难的根源在于市场上供应的商品不是消费者现实需要的商品，或者说，市场上的商品与消费者的现实需要（期望）之间存在着差异。这个问题一方面造成了商品销售困难，另一方面造成部分消费者的需要得不到满足。理智的生产者和经营者当然不会生产经营那些没有人需要的商品。然而问题在于，一定范围的市场对于某种商品的需求量是经常变动的。有许多因素会对潜在消费者的需求产生影响。例如，居民收入的增长会使人们逐步放弃对低档、过时商品的消费，随之将购买力转向档次较高、新颖的商品；一种商品价格过高会使许多人认为消费它不合算而很少购买它，但当它的价格下降时，人们就会产生消费合算的念头，愿意多购买、多消费。潜在消费者对于一种商品的购买欲望是不稳定的。购买欲望的变化必然影响购买力的支付方向，导致市场需求的变化。对于这种变化，生产者和经营者可能缺乏信息来源，因而在变化发生以后，处于被动状态。为了有效地实现商品销售，企业营销经理需要经常地研究市场需求，明确潜在消费者，以及他们需要什么样的商品，为什么需要，需要多少，何时何地需要，研究本企业在满足消费者需要方面的合适性，研究可能存在的销售困难和困难来源，并且对应地制定满足每一位消费者需要的市场营销策略。这就是市场调查与研究职能的基本内容。不难发现，市场调查与研究不单纯是组织商品销售的先导职能，实际上是整个企业市场营销的基础职能。

三、生产与供应

如何把握已经来临的市场销售与盈利机会，并将它充分有效地加以利用？如何灵活适应即将来临的市场需求的变化？关键在于内部进行的生产和销售、内部与外部之间两者协调的管理。企业作为生产经营者需要适应市场需求的变化，经常调整产品生产方向，借以保证生产经营的产品总是适销对路的。这就是说，要争取利用每个时期的市场需求来保持企业销售收入的稳定和增长，争取利用每个所生产经营商品的盈利机会。在市场需求经常变动的条件下，企业的这种适应性来自企业对市场的严密监测、对内部的严格管理、对变化的严阵以待、对机会的严实利用。这些职能在企业经营管理上笼统地称为生产与供应职能。这个职能名称实际上是沿用传统的说法。在现代市场营销理论中，这个职能被称作整体营销。它是由企业内部的多项经营职能综合来体现的。要让销售部门在每个时期都能向市场销售适销对路的产品，市场调研部门就要提供准确的市场需求信息；经营管理部门就要将市场需求预测资料转变成生产指令，指挥生产部门生产和协调与其他部门的合作。要让销售部门及时向消费者提供他们需要的产品，就要让生产部门在消费者需要来临之前将相应的产品生产出来；为了让生产部门做到这一点，技术开发部门就要在更早的时候完成产品设计和技术准备工作，能够向生产部门提供生产技术；财务部门就要在更早的时候筹集到资金，提供给生产部门进行生产线或机器设备的调整，提供给采购部门进行原料、材料、零部件的采购和供应；人事部门也要在更早的时候对工人进行技术培训和岗位责任教育，提高职工生产劳动的积极性和主动性。要让销售部门能够迅速打开销路，扩大商品销售数量，公共关系部门就应当在此之前在消费者心目中建立良好的企业形象和企业产品形象，扩大服务消费者的声势和信誉传播范围，广告宣传部门就要在此之前有效地展开广告宣传攻势，促销部门要组织对潜在消费者展开有吸引力的促销活动，销售渠道和网络管理部门要在此之前争取尽可能多的中间商经销或代销企业的商品。这样，各个部门相互之间协同作战，共同做好市场营销工作，就是整体营销。实行整体营销需要对传统上各个职能部门各自为政的做法加以改变，甚至需要改变某些职能部门的设置。在市场营销中，要让技术开发部门根据消费者的需要开发人们愿意购买的商品，让财务部门按照市场营销需要筹集资金，补充“给养”，让生产部门在消费者需要的时间生产消费者需要的产品，保证销售部门及时拿到合适的产品、采用消费者喜闻乐见的方式，向存在需要的消费者进行销售。这样，技术开发部门、生产部门、财务部门和销售部门就结合起来，共同为促进商品的销售而运作，才能形成整体营销的效果。

四、创造市场需求

不断提高社会生活水平的社会责任要求企业努力争取更多地满足消费者需要，仅向消费者销售那些他们当前打算购买的商品是不够的。消费者普遍存在“潜在需求”，即消费者在短期内不打算购买商品予以满足的需求。例如，对于市场上某种商品的质量水平不满意的消费者，即使存在需要，也不去购买这种商品；对于市场上价格相对较高、人们认为多消费就有些奢侈的非生活必需品，消费者即使存在需要，也不去购买，或者很少购买。有些消费者因为某种后顾之忧，把一部分钱储蓄起来，不用于生活消费，会形成“潜在需求”，另外一些消费者虽然有一定的生活收入来源，但是受手持货币数量的限制，不能购买某种他所需要的商品，也形成了“潜在需求”。当然，还有相当多的消费者因买不到自己所需要的商品而形成“潜在需求”。潜在需求的客观存在是由消费者生活需要的广泛性和可扩张性决定的，潜在需求实质上就是尚未满足的消费者需求，代表着在提高人们生活水平方面还有不足之处，也是企业可开拓的市场中的“新大陆”。企业既要满足已经在市场上出现的现实消费者需求，让每一个愿意购买企业商品的消费者确实买到商品，又要争取那些有潜在需求的消费者，提供他们所需要的商品和服务，创造某些可以让他们买得起、可放心的条件，以解除他们的后顾之忧，让他们建立起购买合算、消费合理的信念，从而将其潜在需求转变成为现实需求，前来购买企业的商品。例如，通过适当降价，可以让那些过去买不起这种商品的消费者能够购买和消费这种商品；让那些过去觉得多消费不合算的消费者愿意多购买、多消费，真正满足其需要；通过广告宣传，让那些对某种商品不了解而没有购买和消费的消费者了解这种商品，产生购买和消费的欲望；通过推出新产品，可以让那些难以从过去的那种商品获得需要满足的消费者有机会购买到适合其需要、能令其满意的商品；通过提供销售服务，让那些觉得消费某种商品不方便、不如意、不安全而很少购买的消费者也能尽可能多地购买和消费这种商品。创造市场需求，可以使市场的现实需求不断扩大，提高消费者需求的满足程度，也可以使企业开创一方属于自己的新天地，大力发展生产；同时，使企业在现有市场上可进可退，大大增强对市场需求变化的适应性。

五、平衡公共关系

公共关系活动早在 20 世纪初出现于美国，企业管理理论界承认了职工关系、消费者关系的重要性。然而，在存在落后的生产观念、销售观念的条件下，公共关系没有作为市场营销的一个内在职能。到 20 世纪 60 年代，再次爆发保护消费者权益运动之后，公共关系职能才得到广泛重视。在 20 世纪 80 年代，人们不再把公共关系看作企业的额外负担，而是将它当成市场营销的一种职能。1981 年，克里斯琴·葛郎儒提出了“内部营销”的理论，1985 年巴巴拉·本德·杰克逊提出要开展“关系营销”。这些新观点综合起来，就是需要在市场营销职能中增加一个新项目：平衡公共关系。企业作为一个社会成员，与消费者和社会其他各个方面都存在着客观的联系。改善和发展这些联系既可改善企业的社会形象，又能够给企业带来市场营销上的好处，即增加市场营销的安全性、容易性。按照巴巴拉·本德·杰克逊的观点，商品销售只是企业与消费者之间营销关系的一部分。事实上，他们之间还可以发展经济的、技术的和社会的联系与交往。通过这些非商品交换型的联系，双方之间就可以增进相互信任和了解，可以发展为相互依赖、相互帮助、同甘共苦的伙伴关系，让企业获得一个忠实的消费者群，还可以将过去交易中的烦琐谈判改变为惯例型交易，节省交易费用。这种“关系营销”的思想同样适合于发展、改善企业与分销商、供应商、运输和仓储商、金融机构、宣传媒体及内部职工的关系，使企业在市场营销过程中找到可以依赖、可予以帮助的战略伙伴。平衡公共关系需要正确处理三种关系，即商品生产经营与企业“社会化”的关系、获取利润与满足消费者需要的关系和满足个别消费者需要与增进社会福利的关系。

要点三　营销团队与管理

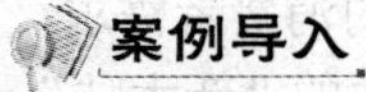

滴滴打车 App 创业初期背后的故事

2012 年 6 月，滴滴出行科技有限公司（以下简称“滴滴公司”）创业初期的目标是在两个月内安装 1 000 个司机端。一个月后，创业者跑了 100 多家出租车公司，没有敲开任何一家出租车公司的“门”。每家公司都提出同样的问题：贵公司有没有交通委员会的合同文件？没有的话，凭什么调度出租车？我们不会合作，也不靠滴滴公司调度挣钱。多次受挫后，滴滴公司的员工受不了了，觉得这个项目可行性低，后来公司创始人对大家讲，再坚持一下，跑完 189 家，没有一家愿意跟我们合作，我们就放弃。这个就是滴滴创始人推动团队的愿力。

（资料来源：佚名，2017. 滴滴打车 App 创业初期背后的故事[EB/OL]. (2017-10-27)[2019-10-20]. http://www.sohu.com/a/200623106_572127，节选，有改动）

课堂思考：

一个创业团队不可或缺的运营角色有哪些？

一、市场营销队伍

1. 企业的人才战略

如今高校内的市场营销专业人才辈出，中小企业应该积极引进具有高学历、高技能的人才，弥补巨大的人才缺失，并且要积极调动企业内部员工的工作积极性，从而建立起可靠高效的市场营销计划。例如，联想集团虽然现在是中国的大型企业，但是在联想早期也是由一家中小企业进化发展而来的，但其在发展初期就开展了人才资源国际化、本土化的政策。2004 年，联想集团主席柳传志就表示联想集团需要引进国际化的科技人才来促进本土科学技术的创新与发展。2006 年，联想集团聘请了微软公司前高管肯尼斯·迪·皮埃特罗担任人力资源部门的副总裁。为了适应国际化市场，联想集团还对员工进行了英语培训，促进其专业素养与技能的提高。除了对外引进优秀的市场营销人才，还需对企业内部的员工进行专业素养与技能的培训工作，加大与校外培训机构的合作力度，从而才能进一步提升企业内部的综合专业能力及对外市场的竞争力。人才就是企业内部机构的核心科技，对企业的员工还可以采取业绩评分制，只有激励员工工作的积极性与创造性，才能使企业充满活力。

2. 营销团队的共同愿景

企业目标一致拥有共同的愿景，坚信事情可以成，同时也有非常强的决策力。普通的运营人员，在经历了大量的选择与被选择，经历了大量的决策与被决策，经历了成败后，最终会明确自己的目标，并为这个目标努力奋斗，其实就是有“愿力”的一种表现。

二、市场营销管理

1. 提高企业的风险识别能力

营销风险预防就是提高企业管理中的风险意识，通过各种手段将企业的营销风险降至最低。第一，要重视风险的客观存在和有效预防，采取实效的行动阻止营销风险的突发和扩大化。第二，明确营销过程中风险的核心，有针对性地制订风险预防预案，将问题解决在爆发之前，有效地控制企业营销风险的扩大，使企业收益最大化。第三，增强企业员工的风险意识，使其能够灵敏地感知风险的存在与发生，及时地做出反应，降低企业可能面临的风险损失。第四，提高企业管理层次的风险预防意识，在营销过程中有效地组织相关人员对营销风险进行科学评估，提高企业的抗风险能力，使企业在竞争激烈的市场环境中能够稳定、持续地发展。

2. 完善营销风险管理体制

营销风险管理体制的完善可以使企业人员更加清晰地确定自己的岗位责任，自觉地提升自身的风险意识，在企业运营中对自己的工作正确定位，有效地提高工作效率和工作责任感，使企业营销风险得到全面的控制和预防。同时，完善企业营销风险管理体制可以使企业风险预防措施落到实处，各部门能够更加紧密地配合，科学、有效地评估风险发生的可能性、发生时间及发生后果等，提高企业应对风险的能力，也使风险预防的责任落到实处，提升营销风险预防的效果，促进企业持续的生产和发展，也有利于企业新产品的开发和企业经营管理的创新。

3. 注重信息风险防范

随着科技的发展，企业营销由传统营销模式逐渐过渡到互联网模式，新的营销模式更重视企业产品信息的交流和共享，而企业信息资源的有效开发利用和保密就成为企业营销过程中必须考虑的问题，信息风险所带来的后果是难以预计且存在很大的危机，甚至可能直接导致企业的破产和发展的停滞。对于企业营销中信息风险的防范，一方面，要提高员工的企业归属感，使其能够严守企业秘密，在不泄密的情况下做好产品宣传，提高企业产品的知名度；另一方面，对于企业档案管理、网络信息管理等要采取科学的方法，确保企业资料的完整、安全，以便企业对资源开发利用，同时预防窃密、偷盗等行为，有效地保护企业的非物质财产资源，提高企业的风险防范能力。

4. 提高员工素质

企业营销过程中，企业员工与企业文化、企业形象可以说是一体的，特别是一线销售人员直接负责与消费者面对面的接触和交流，他们代表的是企业，是社会认识企业的一个窗口。此外，企业售后人员的工作效率对于降低企业营销的服务风险有积极意义。因此，企业在风险预防中要注重员工素质的不断提升。第一，培养员工的服务精神，企业营销就是企业员工针对企业运营和消费者需求的服务，只有提高企业员工的积极性，才能从根本上改变员工在营销过程中的精神面貌、责任心与积极性，才能使员工在营销活动中，发挥更大的作用，使自己的工作做到更好。第二，培养员工的团队精神，在企业营销过程中，任何一个人都不能独立地完成一次营销任务，必须重视与他人的合作，才能将企业营销中可能面临的各种风险降至最低。第三，通过培训、学习等途径不断提高企业员工的综合素质，提高他们的营销能力和营销风险感知、预防意识，以提升企业的风险预防能力。

参 考 文 献

郭必裕，2003．对构建大学生创业评价体系的思考[J]．黑龙江高教研究（4）：135-137．

黄耀华，徐亮，2003．高校创业教育的新视角[J]．南昌大学学报：人文社会科学版，34（6）：164-167．

雷家骕，2007．国内外创新创业教育发展分析[J]．中国青年科技（2）：26-29．

李炳煌，2003．高校创业教育模式与策略初探[J]．湘潭师范学院学报：社会科学版，25（6）：129-131．

连小敏，阮秀庄，2005．大陆香港创业型人才培养模式比较研究[J]．科研管理（z1）：40-45．

刘振亚，2005．论科学发展观与高校创业素质教育体系的构建[J]．内蒙古师范大学学报：教育科学版（7）：78-79．

覃永晖，吴晓，2011．服务区域经济发展构建地方高校创新创业人才培养模式[J]．广东农业科学（22）：175-177．

谢敏，王积建，杨哲旗，2013．大学生创业指数研究：基于《全球创业观察中国报告》[M]．北京：中国社会科学出版社．

杨哲旗，2012．创业型高技能人才培养之研究[J]．浙江工贸职业技术学院学报（4）：77-80．

杨哲旗，2015a．高校大学生创业导师队伍质量指标的调查与分析[J]．前沿（4）：112-116．

杨哲旗，2015b．浙江高校大学生创业环境条件研究：基于大学生创业高校环境指标的调查与分析[J]．中国经贸导刊（5Z）：25-28．

杨哲旗，2018．提升高校教师培养创新创业人才能力的问题与对策：以部分高校为例[J]．中国经贸导刊（20）：69-71．

GREENE P G, RICE M P, 2007. Entrepreneurship education[M]. Cheltenham，Northampton: Edward Elgar Publishing.

SHATTOCK M, 2009. Entrepreneurialism in universities and the knowledge economy: diversification and organizational change in European higher education[M]. Maidenhead: Open University Press.

WEST Ⅲ G P, GATEWOOD E J, SHAVER K G, 2009. Handbook of university-wide entrepreneurship education[M]. Cheltenham, Northampton: Edward Elgar Publishing.

附　录

附录一　创业计划报告书的内容及形式

一、公司概况

公司名称________________________成立时间________________

公司宗旨____

____

注册资本________________　实际到位资本________________

其中，现金________________无形资产占股份比例__________%

注册地点____

主营业务____

公司性质：国有企业、有限公司、股份有限公司、合伙企业、个人独资、外资企业等，并说明其中国有成分比例、私有成分比例和外资比例。

公司沿革：说明自公司成立以来主营业务、股权、注册资本等公司基本情形的变动，并说明这些变动的原因。

____

____

____

目前，公司主要股东的情况，需列表说明。

股东名称	出资额	出资形式	股份比例	联系人	联系电话

本公司的独资、控股、参股的公司以及非法人机构的情况及比例，以图形方式表示如下。

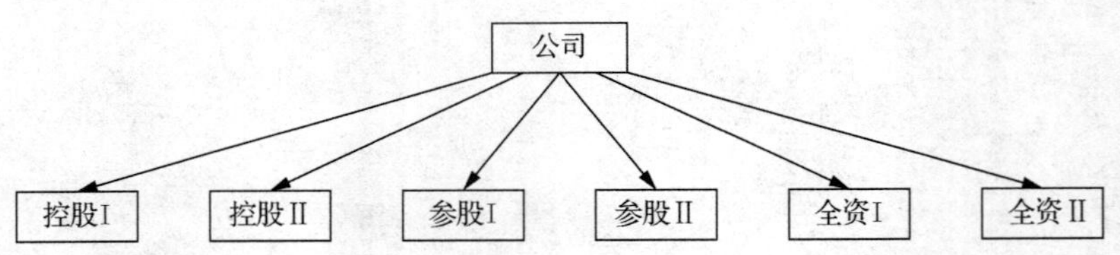

公司目前职工情况：拥有员工________人。其中，大专以上文化程度的有________人，占员工总数________%；大学本科以上文化程度的有________人，占员工总数________%；硕士学位（含中级职称）以上文化程度的有________人，占员工总数________%；博士学位（含高级职称）以上文化程度的有________人，占员工总数________%。目前，公司员工情况列表说明。

员工人数	大专以上文化程度		大学本科以上文化程度		硕士学位（含中级职称）以上文化程度		博士学位（含高级职称）以上文化程度	
	人数	比例/%	人数	比例/%	人数	比例/%	人数	比例/%

公司经营财务历史，需列表说明。

单位：万元

项目	本年度	前1年	前2年	前3年
销售收入				
毛利润				
纯利润				
总资产				
总负债				
净资产				
有形净资产				

公司外部公共关系（战略支持、合作伙伴等）：________________________________
____
____
____

二、公司管理层

董事会成员名单，需列表说明。

序号	职务	姓名	工作单位	联系电话
1	董事长			
2	副董事长			
3	董事			
4	董事			
5	董事			
6	董事			
7	董事			
8	董事			
9	董事			

管理团队名单及简介如下。

董事长：姓名________性别________年龄________籍贯________

学历__________学位__________所学专业__________职称__________
毕业院校__________户口所在地__________联系电话__________
主要经历和业绩（着重描述在本行业内的技术和管理经验和成功事例）__________

总经理：姓名__________性别__________年龄__________籍贯__________
学历__________学位__________所学专业__________职称__________
毕业院校__________户口所在地__________联系电话__________
主要经历和业绩（着重描述在本行业内的技术和管理经验和成功事例）__________

技术研发负责人：姓名__________性别__________年龄__________籍贯__________
学历__________学位__________所学专业__________职称__________
毕业院校__________户口所在地__________联系电话__________
主要经历和业绩（着重描述在本行业内的技术水平、经验和成功事例）__________

产品生产负责人：姓名__________性别__________年龄__________籍贯__________
学历__________学位__________所学专业__________
毕业院校__________户口所在地__________联系电话__________
主要经历和业绩（着重描述在本行业内的产品经验的成功事例）__________

市场营销负责人：姓名__________性别__________年龄__________籍贯__________
学历__________学位__________所学专业__________
毕业院校__________户口所在地__________联系电话__________
主要经历和业绩（着重描述在本行业内的营销经验和成功事例）__________

财务负责人：姓名＿＿＿＿＿＿性别＿＿＿＿＿＿年龄＿＿＿＿＿＿籍贯＿＿＿＿＿＿＿＿
学历＿＿＿＿＿＿＿＿学位＿＿＿＿＿＿＿所学专业＿＿＿＿＿＿＿＿＿＿＿＿＿＿＿＿＿
毕业院校＿＿＿＿＿＿＿＿＿＿＿＿户口所在地＿＿＿＿＿＿＿联系电话＿＿＿＿＿＿＿＿
主要经历和业绩（着重描述在财务、金融、筹资、投资等方面的背景、经验和业绩）

＿＿＿

＿＿＿

＿＿＿

其他重要人员：姓名＿＿＿＿＿＿性别＿＿＿＿＿＿年龄＿＿＿＿＿＿籍贯＿＿＿＿＿＿＿
学历＿＿＿＿＿＿＿＿学位＿＿＿＿＿＿＿所学专业＿＿＿＿＿＿＿＿＿＿＿＿＿＿＿＿＿
毕业院校＿＿＿＿＿＿＿＿＿＿＿＿户口所在地＿＿＿＿＿＿＿联系电话＿＿＿＿＿＿＿＿
主要经历和业绩＿＿＿＿＿＿＿＿＿＿＿＿＿＿＿＿＿＿＿＿＿＿＿＿＿＿＿＿＿＿＿＿＿＿＿＿

＿＿＿

＿＿＿

＿＿＿

外部支持（包括公司聘请的中介机构及法律顾问、投资顾问、财务顾问简介）：
律师事务所＿＿＿＿＿＿＿＿＿＿＿＿＿＿＿＿＿＿＿＿＿＿＿＿＿＿＿＿＿＿＿＿＿＿＿＿＿＿

＿＿＿

会计师事务所＿＿＿＿＿＿＿＿＿＿＿＿＿＿＿＿＿＿＿＿＿＿＿＿＿＿＿＿＿＿＿＿＿＿＿＿＿

＿＿＿

投资咨询机构＿＿＿＿＿＿＿＿＿＿＿＿＿＿＿＿＿＿＿＿＿＿＿＿＿＿＿＿＿＿＿＿＿＿＿＿＿

＿＿＿

法律顾问（简介）＿＿＿＿＿＿＿＿＿＿＿＿＿＿＿＿＿＿＿＿＿＿＿＿＿＿＿＿＿＿＿＿＿＿＿

＿＿＿

投资顾问（简介）＿＿＿＿＿＿＿＿＿＿＿＿＿＿＿＿＿＿＿＿＿＿＿＿＿＿＿＿＿＿＿＿＿＿＿

＿＿＿

财务顾问（简介）＿＿＿＿＿＿＿＿＿＿＿＿＿＿＿＿＿＿＿＿＿＿＿＿＿＿＿＿＿＿＿＿＿＿＿

＿＿＿

三、产品/服务

公司目前所有产品清单及适用领域，简要介绍主导产品＿＿＿＿＿＿＿＿＿＿＿＿＿＿＿

＿＿＿

产品前期开发研究进展情况和现实物质基础，包括：

产品开发所处阶段

产品/服务的创新之处，在国内外领先程度（提供相关证明材料）

开发和研究的设备、条件

产品的市场优势，包括专利技术和开发队伍。

专利技术说明：

专利技术类型

专利技术获得情况、保护范围的相关证明文件

与国内外基地专利技术关系，是否造成侵权行为

产品上市的周期

产品自身的影响力或依托单位的品牌形象等

该产品是否申请过国家有关基金资助？有无最后验收、鉴定的结论、评奖等

产品/服务的开发资源与条件情况，包括产品开发能力的保障。

资金

开发队伍：

技术专家

协作开发人员

设备场地

政府许可____

外协外委单位____

外部技术专家____

现在具备条件与目标的差距________________________________

融资到位后，对所需资源的满足程度____________________________

四、行业及市场分析

行业情况（行业发展历史及趋势，哪些行业的变化对产品利润、利润率影响较大，进入该行业的技术壁垒、贸易壁垒、政策限制等，行业市场前景分析与预测）

过去3～5年各年全行业销售总额：列明资料来源。

年份	前5年	前4年	前3年	前2年	前1年
销售收入/万元					
销售增长率/%					

未来3～5年各年全行业销售收入预测：列明资料来源。

单位：万元

年份	第1年	第2年	第3年	第4年	第5年
销售收入					

本公司与行业内5个主要竞争对手的比较：主要描述在主要销售市场中的竞争对手。

竞争对手	市场份额	竞争优势	竞争劣势
本公司			

市场销售有无行业管制，公司产品进入市场的难度分析________________________

____

____

产品/服务的市场分析，包括：

你有哪些类型的顾客____

____

____

现在及将来（何时）有多少顾客__________________________________

____

____

顾客分布的地方____

____

____

顾客接受产品/服务的障碍______________________________________

____

____

顾客购买（使用）标准____

____

____

五、技术来源及前景

公司近年来的主要研究的技术领域和相关的技术成果及获奖状况____________

____

____

公司参与制定产品或技术的行业标准和质量检测标准情况________________

____

____

产品开发所采用的共性技术、专有技术的相关名称，标明其中的关键技术________

____

____

风险项目技术团队简介____

____

____

请说明，今后为保证产品质量、产品升级换代和保持技术先进水平，公司的开发方向、开发重点及正在开发的技术和产品________________________________

____

____

公司现有技术开发资源及技术储备情况________________________________

____

____

公司寻求技术开发依托（如大学、研究所等）情况及合作方式________________

____

____

公司将采取哪些激励机制和措施，保持关键技术人员和技术队伍的稳定__________

____

____

公司未来3～5年研发资金投入和人员投入计划，列表说明。

年份	第1年	第2年	第3年	第4年	第5年
资金投入/万元					
人员/名					

六、产品制造

具体画出生产流程图，以及从原材料到中试再到规模生产阶段的工作流程和业务内容：

产品生产制造方式（公司自建厂生产产品，还是委托生产，或其他方式，请说明原因）____

____

____

公司自建厂情况下，购买厂房还是租用厂房，厂房面积是多少，生产面积是多少，厂房地点在哪里，交通、运输、通信是否方便______________________________

____

____

现有生产设备情况（专用设备还是通用设备，先进程度如何，价值是多少，是否投保，最大生产能力是多少，能否满足公司产品销售增长的要求）________________

____

____

请说明，如果设备操作需要特殊技能的员工，如何解决这一问题

如何保证主要原材料、元器件、配件及关键零部件等生产必需品的进货渠道的稳定性、可靠性、质量及进货周期，列出3家主要供应商名单及联系电话

正常生产状态下，成品率、返修率、废品率控制在怎样的范围内，描述生产过程中产品的质量保证体系，以及关键质量检测设备

产品成本和生产成本的控制方式及具体措施

产品批量销售价格的制定（产品毛利率是多少，纯利润率是多少）

七、营销策略

请介绍你公司所针对的市场，有何竞争优势

产品销售成本的构成及销售价格制定的依据

采取什么策略使顾客购买产品

如果产品已经在市场上形成了竞争优势，请说明与哪些因素有关（如成本相同但销售价格低、成本低形成销售价格优势，以及产品性能、品牌、销售渠道优于竞争对手产品等）

建立销售网络、销售渠道、设立代理商、分销商方面的策略与实施

广告促销、销售价格、建立销售队伍方面的策略与实施

产品售后服务方面的策略与实施

对销售队伍采取的激励机制

八、公司管理

请用图表表示公司组织结构

公司经营决策程序

员工薪酬、福利及激励制度，员工持股及高管人员期权

公司是否为每位员工购买保险？若有，请说明保险险种

公司是否与每个雇员签订劳动合同？若无，请说明情况

公司是否与相关员工签订公司技术秘密和商业秘密的保密合同？若无，请说明情况

公司是否与掌握公司关键技术及其他重要信息的人员签订竞业禁止协议？若有，请说明协议主要内容

公司对知识产权、技术秘密和商业秘密的保护措施

公司是否通过国内外管理体系认证，若有，请说明具体情况

九、竞争分析

国内主要竞争对手情况分析，列举5家企业（请用文献支持）

同类企业的名称、地域分布情况

目前开发的同类功能产品所处的研发阶段

产品在市场上的销售规模、销售价格等情况

未来可能对本项目产品的威胁分析

列举5家国外主要竞争对手产品开发情况或销售情况，与其相比本公司的优势或劣势（要以文献支持），包括专利权、技术创新性、工艺水平及领先程度________________

____

____

产品价格及生产成本情况____

____

____

财务指标____

____

____

规模大小及营业额情况____

____

____

市场促销策略____

____

____

十、财务计划

请提供以下资料：

未来1～3年项目盈亏平衡表；第1年项目资产负债表；未来1～3年项目利润表；未来1～3年项目现金流量表；未来1～3年项目销售计划表；未来1～3年项目产品成本表。

第1年每个月计算现金流量，共12个月；第2年每季度计算现金流量，共4个季度；第3～5年每年计算现金流量，共3年。

产品形成规模销售时，毛利率为____________%，利润率为____________%，并说明预测依据______________。

预计未来1～3年年均资产回报率____________%。

十一、融资计划

融资额________________

其中，投资额______________________，借贷额______________________

如果有对外借贷，抵押或担保措施是____

____

____

请说明投入资金的用途和使用计划______________________

希望让投资方参股本公司或与投资方成立新公司，请说明原因______________________

拟向投资方出让的权益及其计算依据______________________

投资方可享有的监督和管理权力______________________

如果公司没有实现项目发展计划，公司管理层向投资方承担的责任包括______________________

投资方收回投资的具体方式和执行时间______________________

需要对投资方说明的其他情况______________________

十二、风险分析

说明该项目实施过程中可能遇到的风险及其应对措施。风险分析包括：

技术______________________

市场______________________

生产______________________

财务____________________

管理____________________

政策____________________

其他____________________

十三、发展战略

公司发展战略的拟订____________________

公司发展战略的具体实施步骤____________________

本项目实施计划及进度____________________

十四、附录

已有的和正在接洽的公司客户名单____________________

有关媒体对公司及其产品的介绍、宣传等资料____________________

公司需附的其他文件____________________

附录二 创业个性特征测试

一、在下列各题中选择一个最能够反映你个人观点的句子，并将选择（A或B）填入表中

1. A. 工作一定要完成。
   B. 我喜欢与优秀的朋友在一起，这样能够获得他们对我的工作的见解和建议。
2. A. 当我的责任增加时，我会感到更加快乐。
   B. 我依靠运气把事情完成。
3. A. 我决不做任何可能使自己受损失的事情。
   B. 对于如何赚钱的理解是进入商业的第一步。
4. A. 不管是多好的事情，如果这件事情的失败可能使我遭到嘲笑，我就不会冒险去做。
   B. 除了工作之外，我还记挂别人。
5. A. 我会为自己开创的任何事业而努力。
   B. 我只会做那些使我开心并有安全感的事。
6. A. 如果我失败了，别人会嘲笑我。
   B. 尽管我对自己很有信心，但仍需要别人的建议。
7. A. 在遇到困难时，我要去找到解决的方法。
   B. 如果在新开创的事业中失败，我会继续目前的工作。
8. A. 如果我觉得一个想法是好主意，我就会实践这个想法。
   B. 我能够比现在做得更好。
9. A. 工作时，我会注意维系良好的人际关系。
   B. 不管发生什么事，都是我从中学习的机会。
10. A. 即使我失败了，我也能从中学到东西。
    B. 我喜欢舒适的生活。
11. A. 我只会投资比赛或彩票，总有一天幸运会落在我头上。
    B. 如果我在工作中失利，我会努力找出原因。
12. A. 我会尊敬我的员工，并对他们一视同仁。
    B. 如果能有更好的工作，我就会放弃现在的工作。
13. A. 在实施一个新的想法之前，我会慎重考虑。
    B. 如果我的亲人去世，我会立刻奔赴出殡室，即使这会导致公司订单延误好几天。
14. A. 只有当我拥有资本时，才能够发展一个事业。

B．我希望能够自己做出重要的决定。
15．A．当别人的好意和信任被背叛时，我不会坐视不理。
B．如果事情没有按照我的想法发展，我会寻求其他的替代机会。
16．A．我可以犯错误。
B．我非常喜欢与朋友聊天。
17．A．我希望我的钱能够安全地储存在银行里。
B．我完全信任我的工作，同时我也了解它的优劣。
18．A．我希望我能够拥有很多钱，从而过上舒适的生活。
B．如果年长者建议我不要做某事，我将绝对不会去做。
19．A．人们首先应该照顾好自己的亲人和朋友。
B．如果我能维持公司场地清洁，这将帮助提高产品的质量。
20．A．即便可能使自己受伤害，我也不会做让别人不开心的事情。
B．钱是事业发展的必需品。
21．A．我希望我的事业能够很快发展起来，这样我就不会遇到经济紧张的困难。
B．我要清醒地认识到，不能因为失败就去责备自己。
22．A．我应该能够独立地按照自己的想法做事。
B．只有为自己的未来积累了一大笔钱，我才会感到幸福。
23．A．如果我失败了，那主要是别人的错。
B．我只会做那些让我感觉舒服且令我满意的事情。
24．A．在开始一份工作之前，我会认真考虑它是否会对我的声誉有不利的影响。
B．我希望自己能和别人一样，也买得起昂贵的东西。
25．A．我希望我能够有舒适的房子住。
B．我会从失败中吸取教训。
26．A．在做任何工作之前，我都要考虑它的长期影响。
B．我希望每件事情都能够按照我的想法进行。
27．A．金钱能够带来舒适，所以我的主要目标是赚钱。
B．我喜欢在能够经常见到朋友们的地方工作。
28．A．我了解自己正在做的事，我不怕受到别人的批评。
B．如果我失败了，我会觉得自己非常差劲。
29．A．我知道碰到困难是常有的事。
B．在开始新工作之前，我会采纳有经验的朋友们的建议。
30．A．我的所有经历都会激励我前进。
B．我希望我能有很多钱。
31．A．我喜欢每天从容不迫、万事顺利，没有任何烦恼。
B．不管遇到多大的障碍，我将努力达到目标。

32．A．我不喜欢别人无故干涉我做事。

B．为了赚钱我可以做任何事情。

题号	A	B	题号	A	B	题号	A	B	题号	A	B
1			9			17			25		
2			10			18			26		
3			11			19			27		
4			12			20			28		
5			13			21			29		
6			14			22			30		
7			15			23			31		
8			16			24			32		

您的得分合计：【　　】分。

二、创业个性特征测试得分说明

题号	A	B	题号	A	B	题号	A	B	题号	A	B
1	1	2	9	1	2	17	0	2	25	1	2
2	2	1	10	2	1	18	1	0	26	1	1
3	0	1	11	0	2	19	0	2	27	1	1
4	0	1	12	1	1	20	1	1	28	2	0
5	2	1	13	2	0	21	1	0	29	0	1
6	0	2	14	1	1	22	1	1	30	2	1
7	2	0	15	1	1	23	0	2	31	1	2
8	1	2	16	2	1	24	1	1	32	1	0

三、结果分析

0～25 分，表示不具有创业性；26～36 分，表示中立；37～47 分，表示具有一定的创业性；48～50 分，表示极具创业性。

前言

QIANYAN

自彼得·德鲁克（Peter F. Drucker）于1954年在其管理学著作《管理的实践》中提出了“人力资源”一词以来，已经过去了六十余年的时间。在这期间，人力资源管理逐渐成为一门具有比较成熟理论体系的学科。无论是人力资源管理教学与学术研究，还是人力资源管理的企业实践，都得到了较大的提升和长远的发展。但近年来，工业4.0引领下的互联网、大数据、云计算、虚拟现实等技术的广泛普及和深度应用，不仅冲击着传统的管理思维与商业模式，还促使了人才结构、激励模式等人力资源管理实践的变革。在智能化时代背景下，我们需要不断调整、创新人力资源管理的方式和手段，从而与时俱进，适应时代发展，避免被遗弃于奔涌向前的时代洪流中。

因此，更新与完善人力资源管理教材以适应时代发展要求便显得尤为重要。本书呈现七篇十五章的架构，最大特色在于，在关注传统人力资源管理模块的基础上，联系时代前沿管理理念，同时顺应数字化潮流，为每章增加数字化的相关内容和应用。全书行文深入浅出，图文并茂。通过思维导图的形式引入，简洁明了地展示了每章的框架结构，方便读者把握章节内容，同时在章节主要内容之外，辅以学习目标、本章提要、本章小结、思考题、案例分析等多形式内容补充，有助于读者深入吸收和掌握章节内容。

本书从传统人力资源管理六大模块出发，系统地介绍了人力资源管理的规划与设计，员工招募、配置与人才管理，培训与开发，绩效管理，薪酬管理，劳工关系管理六大方面的内容。在人力资源管理规划与设计方面，以人力资源管理的概念及其重要性引入，详细论述了战略人力资源管理及企业总体人力资源的规划与设计；在员工招募、配置与人才管理方面，以招聘流程为依托，阐述了从职位分析、人事招聘到员工录用与招聘评估的全过程；在培训与开发方面，聚焦培训需求，提出相应的培训方案，辅以数字化培训的实施，为现代企业人力资源管理实现数字化与个性化提供参考；在绩效与薪酬管理方面，首先分别介绍了绩效管理与薪酬管理的基本内容及其在数字化下的新发展，随后从经济性奖励和福利两方面深入展开，提供数字化薪酬和福利设计的基本方案；在劳工关系管理方面，以概述员工关系及管理引入，在介绍劳动关系管理、员工安全与健康、员工离职管理的基础上，深入阐述了数据驱动型员工关系的相关内容。最后，本书结合技术发展带来的管理变革，提出了数字时代下的人力资源管理研究前沿，不仅从多方面、全方位详细阐释了数字时代下人力资源管理的中国实践，而且以本土化为导向，介绍了中国小企业及创业企业的人力资源管理，并立足世界，阐述了全球化趋势下的人力资源管理实践。

在工业4.0的智能数字化宏观背景下，本书对人力资源管理的传统和现代化知识及变革进行了详细具体的描述，以供相关专业的本科生与研究生使用，也可用于企业人力资源管理部门人员的培训，具有较高的理论和实践价值。

教材的目录搭建、逻辑结构由教材编写组在借鉴其他教材及国内外相关文章的基础上重新整理提出。其中，邓剑伟、刘涛铭、高思博参与编写了第一章和第十四章；杨添安、刘静怡、郭园庚参与编写了第四章、第五章、第六章和第十五章；邓剑伟、刘家豪、彭勃、李博文参与编写了第七章和第八章；杨添安、金宇航参与编写了第九章、第十章和第十一章；邓剑伟、郝雪婷、石胡斌参与编写了第二章、第三章、第十二章和第十三章。由于编者水平有限，书中难免出现疏漏和不足之处，敬请广大读者提出批评和建议，以使本书不断充实完善。

本书受北京市社会科学基金青年项目《北京市公立医院医务人员公共服务动机的现状及其对服务质量的影响研究》（项目编号：17GLC043）、北京理工大学工商管理国家级一流本科专业建设项目资助。本书入选北京理工大学“十四五”（2022年）规划教材。

目录

MULU

第一篇

导论

1

第1章　人力资源管理导论

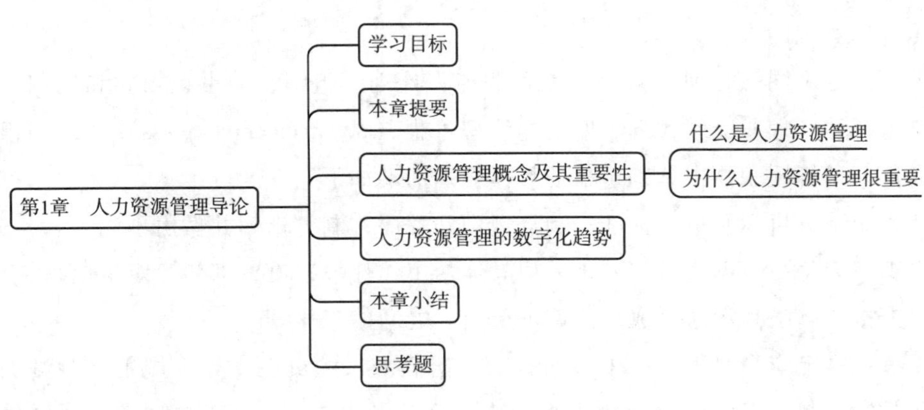

学习目标

1. 理解人力资源管理的理论依据，解释什么是人力资源管理以及它与整个管理过程之间的关系。

2. 简要讨论并描述影响人力资源管理的数字化趋势。

本章提要

本章的目的在于向读者解释人力资源管理是什么，它为什么对所有的管理者来说都很重要，以及介绍人力资源管理的数字化背景。很多人力资源管理活动——如员工的雇用、培训、绩效评价、薪酬支付以及开发等——实际上是每一位管理者日常工作中的一个组成部分，同时在经历数字化技术带来的变革和挑战。另外，人力资源管理也是一种独立的管理职能，这种管理职能是在其自己的人力资源中行使的，或者是人力资源经理作为一位管理者需要承担的职责及其需要面对的挑战。本章所要讨论的主要问题包括：什么是人力资源管理，以及它为什么很重要；数字化背景下人力资源管理的转变；人力资源管理者的胜任素质。

1.1 人力资源管理概念及其重要性

1.1.1 什么是人力资源管理

组织（Organization）是由一群具有明确的角色分工，并且为了实现组织目标而共同工作的人组成的。管理者（Manager）则是通过对组织中所有人的活动加以管理来确保组织目标实现的人。

大部分专家同意管理包括以下五种职能：计划、组织、人事、领导和控制。总体来说，这五种管理职能就代表了所谓的管理过程（Management Process）的五个组成部分。在每一种管理职能中分别包括的具体管理活动如下：

计划：制订目标及达成标准；制订规则和程序；制订计划并做出预测等。

组织：为每一位下属员工安排一项具体的工作任务；设置部门；对下属员工授权；建立权力指挥链条和沟通渠道；协调下属员工之间的工作等。

人事：决定应当雇用何种类型的员工；招募未来的员工；甄选员工；对员工进行培训和开发；制订工作绩效标准；评价员工的工作绩效；为员工提供咨询；向员工支付薪酬等。

领导：促使他人完成工作；维持员工的士气；激励下属等。

控制：制订与销售额、质量或产量等有关的标准；对照这些标准来检查员工的实际工作绩效；在必要时采取纠正行为等。

在本书中，我们将集中探讨这五种管理职能中的一种，即人事管理职能，也即人力资源管理职能。人力资源管理（Human Resource Management，HRM）是一个获取、培训、评价员工以及向员工支付薪酬的过程，同时也是一个关注劳资关系、健康、安全以及公平等方面问题的过程。下面将要讨论的这些主题能使读者获得完成管理工作中涉及的与“人”或人事有关的工作所需的一些基本概念和技术。这些主题包括职位分析、招聘、培训、薪酬、绩效、沟通等模块。

1.1.2 为什么人力资源管理很重要

如果列举出那些大家都不希望在管理过程中犯的人事管理错误，或许就很容易回答前面的这个问题了。例如，所有的管理者都不愿意看到组织中出现下面的情况：

✓ 雇佣了不合适的人承担某个职位

✓ 员工的流动率很高

✓ 不能让自己的员工把工作做到最好
✓ 在无用的面试上浪费了很多时间
✓ 由于采取了歧视性做法而使公司被诉诸法庭
✓ 由于存在不安全的情况导致公司违反了政府关于职业安全的法律规定
✓ 员工觉得自己的薪酬与组织中的其他人相比是不公平的
✓ 因员工受到的培训不足而导致本部门的工作有效性不足
✓ 发生任何不公正的劳资关系行为

作为一名管理者，即使把每件事情都做到位了——例如，制订非常完美的计划，描绘清晰的组织图，装配好世界一流的生产线，运用复杂的财务控制手段等等，仍可能会由于雇用了不合适的员工或者没有能够充分调动起员工的工作积极性等而遭受失败。另外，许多管理者——无论是总裁、将军还是一线主管人员——都有可能会在计划、组织和控制等职能不健全的情况下取得成功。他们之所以能够取得成功，恰恰是因为他们掌握了如何雇用合适的人来承担特定的工作，以及如何对他们进行激励、评价和开发等方面的技巧。而管理者必须借助他人来达成这些结果。正如一位公司总裁总结的："许多年来，人们一直都说，对一个处于发展中的行业而言，资本是瓶颈。而我却认为，这种说法现在已经是错误的。在我看来，真正构成生产瓶颈的实际上是公司的员工队伍，还有公司在招募和留住一支优秀的员工队伍方面的能力不足。我还没有听说过哪一个有着完美的思路、充沛的精力以及满腔的热情作为后盾的重大项目，会因为资金短缺而中途夭折。而我确实知道存在这样一些情况，某些行业的发展之所以受挫或者受到阻滞，恰恰是因为它们无法保持一支高效率且充满工作热情的员工队伍。我认为这种结论的正确性在未来会越来越清晰。"由于全球竞争、技术进步以及工作性质的不断变化，这位总裁所说的话在今天愈发显示出其正确性。任何一位直线主管或人力资源管理者都可以利用本书中提及的人力资源管理方法来提升团队以及公司的利润和绩效。

每个个体都可能会有一段从事人力资源管理的时间。例如，培生公司将一个出版事业部的负责人提拔为公司总部的人力资源执行官。在《财富》100 强企业中，大约有 1/3 的高层人力资源管理者来自其他职能领域。企业这样做的原因在于，这些人可能会更强调人力资源管理活动的战略视角，他们将公司的人力资源管理活动与其他经营活动加以整合的能力也会更佳。

不过，大多数企业的高层人力资源执行官的确在任职之前就拥有较为丰富的人力资源管理工作经验。一项调查显示，他们中大约有 80% 的人都是在人力资源管理领域中被一路提拔上来的。大约 17% 的高层人力资源执行官还获得了美国人力资源认证机构（Human Resource Certification Institute）提供的高级人力资源专家（Senior Professional in Human Resources，SPHR）认证，13% 的人通过了人力资源专家（Professionals in

Human Resources，PHR）的认证。美国人力资源管理协会（The Society for Human Resource Management，SHRM）曾经发布过一本手册，讲述了个人在人力资源管理领域可以选择的各种不同的职业发展路径。

最后，学习本书的你还有可能最终成为自己公司的人力资源管理者。美国有一半以上的劳动者——1.18 亿劳动者中的大约 6 800 万人——是在小企业工作的。此外，在美国每年新创建的大约60 万家新企业中，小企业这个群体占据了其中的绝大部分。统计数据表明，大多数大学毕业生在刚毕业的前几年中要么为小企业工作，要么创建自己的小企业。当你需要管理自己创建的小企业，而这个小企业又没有专门的人力资源管理人员时，你就更需要清楚地了解人力资源管理中的一些细节问题。我们将在后续的章节中具体探讨创业企业的人力资源管理问题。

1.2 人力资源管理的数字化趋势

为了更加精确地进行管理实践，现代管理学一直在推进基于事实、数据和模型的定量分析法。如今，以大数据、人工智能为代表的最新的数字技术在金融、财会、互联网等领域都获得了广泛应用，人类由此进入了数字化时代。但是具体到人力资源管理领域，我们发现数字化技术的发展却并不均衡。

早在互联网时代的初期，人力资源管理理论中就已经出现了人力分析（Human Resource Analysis）这个概念，并且拥有了对应的软件系统，但是这种人力分析的方法和理念依然处于原始阶段，尚停留在对员工的年龄、学历、工资等基本属性的统计层面上，其功能仅仅是能够生成一份简单的人员统计报告，并不能真正进行更深维度的分析。从目前市场上企业的情况来看，绝大部分企业并没有在人力资源分析上投入太多关注。常见的人力资源部门负责人在进行日常的管理和决策上，依然更多地依赖直觉和经验。

数字化时代中，海量数据的分析和挖掘体现出了巨大的价值，大数据的应用改变了数据分析的形态，使企业越来越重视数据分析的重要性。与此同时，大数据分析同样为人力资源部门提供了更多的管理手段，成为其实现基于数据驱动转型的技术基础。这使人力资源管理在数字化时代产生了一系列变革。

（1）智能化。

自动化的人力资源管理平台可以降低人力资源管理中产生的人为错误风险，使专业人员能够专注于工作中最具挑战性的方面。高效的人力资源管理有助于实现企业的发展战略，使企业管理者能够更为简洁、高效、宏观、准确地把握企业的人力资源信息，从而为经营决策提供可靠帮助。

（2）实现信息共享。

信息化社会的主要特征是信息将取代物质和资本成为社会生产和生活的第一资源。人力资源信息化管理主要是应用计算机、数据库、网络等智能化的设备，在管理活动中高效地完成人力资源信息的收集、整理、加工、存储、传播和使用等工作，将人们从复杂、繁重、无序的手工式信息管理工作中解放出来，提高工作效率。人力资源信息化管理系统可以将组织以往散乱存放、难以查找的文档资料以电子化、数字化的形式统一保存，形成统一标准、集中存储、分工维护、授权访问的管理机制，便于查阅和传递信息，实现信息资料的综合应用。同时，还可以借助数据库技术和信息处理技术，对信息资料进行指标化、定量化的加工和分析，获得结构化的信息数据，并借助网络技术和权限控制技术，在确保存储安全和访问安全的前提下，实现信息数据的共享。

（3）提高决策支持能力。

决策的正确性与掌握信息的全面和准确程度成正比。人力资源信息化管理一方面可以依靠准确、高效的数据库系统，按照指标化、量化的决策支持模型管理信息数据，为科学决策提供数据保证；另一方面可以依靠信息管理系统提供的图形化显示功能，以图表、图形等形式实时、动态、直观地展现信息数据和分析结果，使决策者及时、便捷地掌握第一手的业务动态。

（4）推行组织管控。

人力资源信息化管理可以为组织提供弹性的组织结构和优化的人员配置，强化组织管理、岗位设置、团队管理将成为实现组织管控的有效途径。依托计算机网络的人力资源信息管理平台，就像人体内的神经系统，可以凭借电子刊物、公文流转、信息发布、内部论坛、即时通信等丰富多样的技术手段，将规章制度、工作简报、通知公告、业务交流等信息完整、准确地传达给所有人员，并及时反馈意见建议，实现各级之间顺畅的信息沟通，营造文化氛围和价值认同。

（5）服务性与战略性。

数字化人力资源管理技术以人力资源信息系统的革新为契机，优化人力资源工作的流程与效能，根据企业的实际需要，提升人力资源管理者的工作效率和员工满意度，实现人力资源管理的转型升级，支撑管理层的数字化决策，助力企业的组织建设，以最终实现对传统人力资源管理模式的创新和重塑，从人力的角度助力业务成功。其理念是围绕组织效能提升展开人力资源数字化建设，并进行人力资源精细化管理，这一过程是公司管理及人力资源管理职能数字化的综合结果，也就是说，数字化人力资源管理不仅是工具层面的迭代，更是战略、组织和执行层面的转型。

数字化人力资源管理呈现服务性、整合性的趋势。传统人力资源管理的主要职能是管控，数字化人力资源管理注重体验，带来从管控到服务的变革；同时，数字化人力资源管理应基于整体业务，而非某个单一的领域，建立基于数据、流程、服务的全面一体化平台。

本章小结

所有管理者都应该要能回答以下问题：什么是人力资源管理，以及为什么人力资源管理很重要？对这些问题的回答会帮助管理者避免雇用不适合的人承担某项工作等方面的问题。更重要的是，它有助于管理者确保通过合适的人来获得相应的结果。直线经理的人力资源管理职责包括：将正确的人安排到适当的工作岗位上，完成新员工的岗前引导及培训工作。人力资源经理的职责则包括：对自己的下属进行监督，协调组织整体人事政策，以及就人力资源管理领域的问题为直线经理提供协助和建议。

影响人力资源管理的各种发展趋势正在对人力资源管理者的工作内容和工作方式产生影响。全球化意味着更多的竞争，而更多的竞争则意味着组织在以下几个方面面临更大的压力：①更多地降低成本及使员工变得更加富有生产力，同时更加重视质量；②技术进步也要求组织获得更多能够掌握相关技术知识的员工，同时对企业通过运用新的技术工具改善自己的人力资源管理过程也施加了更大的压力；③由于现在更加重视“知识型工作”，因而组织“人力资本”——一个组织中的员工掌握的知识、教育、培训、技能以及专业知识的构建就会受到更多的关注；④劳动力队伍和人口结构的变化意味着，劳动力队伍的老龄化程度加深，同时也更加多元化。

新型人力资源管理者面临着新的挑战。在传统上，人事管理者或人力资源管理者关注的是诸如管理薪酬支付等行政事务性问题。现在，企业希望它们的人力资源管理团队能够更多地关注一些全局性问题，其中包括：制订支持公司战略目标实现的人力资源管理政策和实践；找到更有效的新方法提供事务性服务；掌握新的专业知识和技能，如策划和建立能够产生卓越员工绩效的高绩效工作系统。

为了达到上述要求，人力资源管理者需要具备新的胜任素质。他们应该能够运用循证人力资源管理，即运用各种数据、事实、分析方法、严谨的科学手段、批判性评价以及经过审慎评估的研究或案例等，来支持自己提出的人力资源管理建议、决策、实践以及结论。

在理解本书的总体章节安排时，要牢记几个重要的主题：人力资源管理是每一位管理者都需要承担的职责；劳动力队伍日益多元化；企业及其人力资源管理者面临在一个充满经济挑战的时代进行管理的需要；人力资源管理者必须能够以一种可衡量的方式，即运用循证管理来解释自己的计划和对组织的贡献，以此证明他们为企业增加了价值。

思考题

1. 解释什么是人力资源管理及它与管理过程之间的联系。
2. 举例说明为什么人力资源管理的概念和技术对于所有的管理者来说都是有价值的。
3. 分别描述直线经理和人力资源经理的人力资源管理职责。
4. 比较直线经理与人力资源经理的职权，并举例说明。
5. 举例说明数字化时代给人力资源管理的变革带来了哪些机遇和挑战。

第 2 章　战略人力资源管理

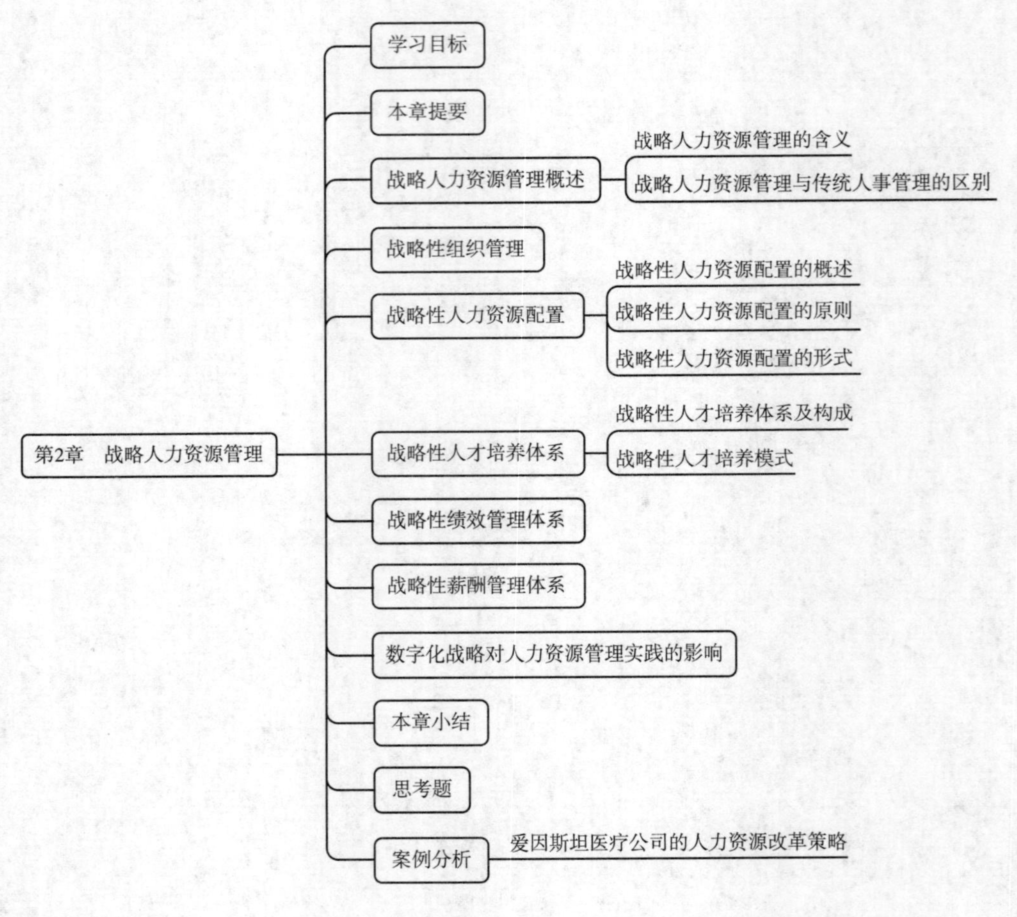

学习目标

1. 明确战略人力资源管理的有关概念。

2. 掌握战略性组织管理、战略性人力资源配置、战略性人才培养体系、战略性绩效管理体系及战略性薪酬管理体系的丰富内涵与构建措施。

3. 领会数字化战略对人力资源管理实践的影响。

本章提要

战略性人力资源管理是组织通过系统地将人与企业联系起来，把人力资源视为一种获取竞争优势的首要资源，强调一系列人力资源管理实践，获取具有竞争优势的人力资源配置，以达成企业战略目标的管理活动。作为组织战略不可或缺的有机组成部分及人力资源管理最重要的组成部分之一，战略性人力资源管理在对内外部环境理性分析的基础上，明确企业人力资源管理所面临的挑战以及现有人力资源管理体系的不足，清晰地勾勒出未来人力资源的愿景目标以及与企业未来发展相匹配的人力资源管理机制，并制定出能把目标转化为行动的可行措施以及针对措施执行情况的评价和监督体系，从而形成一个完整的人力资源战略系统。

2.1　战略人力资源管理概述

2.1.1　战略人力资源管理的含义

战略人力资源管理（Strategic Human Resources Management，SHRM）产生于20世纪80年代。1981年，戴瓦纳（Devanna）、弗布鲁姆（Fombrum）和逖凯（Tichy）在《人力资源管理：一个战略观》一文中提出并深刻分析了企业战略和人力资源的关系。这标志着战略人力资源管理的产生。1984年比尔（Beer）等的《管理人力资本》一书的出版标志着人力资源管理向战略人力资源管理的飞跃。在20世纪80年代以前，日本的企业实际上扮演着战略人力资源管理先驱实践者的角色。日本人力资源管理实践的精髓在于其人本主义理念，在这一理念的指导下，日本的企业将其管理重心集中在对人的管理上，实行了一系列充分体现其人本主义思想的人力资源管理制度，如终身雇佣制、年功序列制、教育培训制以及保障制等。这些制度的战略基础包括能力、品质、技能、教育程度、完成任务的适应性和岗位工作绩效等。但在20世纪80年代以后，日本人力资源管理的弊端也日益暴露出来。约翰·沃罗诺夫（John Voronov）的《日本管理的危机》、帕茨·史密斯（Patz Smith）的《日本：一种新的解释》、菲利普·安德森（Philip Anderson）的《黑纱的里面：除去日本人商业行为的迷雾》等著作深刻地分析了日本模式的弊端。他们指出，在日本的企业中，人力资源管理在更大程度上陷入一般事务性职能，对人力资源的战略性、战略人力资源的工作绩效激励、核心雇员的配置等方面缺乏充分的界定、使用和激励，这使日本企业“核心人力资源”（Core Human Resources）的“战略性”受到了极大的削弱和限制。对这一思想的研究与讨论日趋深入，并被欧、美、日企业的管理实践证明是获得长期可持续竞争优势的战略途径。相对于传统人力资源管理，战略人力资源管理定位于在支持企业的战略中人力资源管理的作用和职能。学术理论界一般采用怀特（Wright）和麦克马汉（Mcmanhan）的定义，即企业为实现目标所进行和采取的一系列有计划、具有战略性意义的人力资源部署和管理行为。

简单地说，战略人力资源管理就是系统地将人与企业联系起来。它将人力资源视为一种获取竞争优势的首要资源，强调通过人力资源规划、政策及具体实践，获取能与企业战略垂直匹配并能在企业内部活动间水平匹配的具有竞争优势的人力资源配置，并强调所有的人力资源活动都是为了达到企业目标。与以前的人力资源管理相比，战略人力资源管理认为人力资源是决定企业成败的关键因素，其核心职能是参与企业战略决策，根据内外环境的需要倡导并推动变革，进行企业整体的人力资源规划和实践活动。战略人力资源管理与战略规划之间是一种动态持续的多方面的联系，其职能直接融入企业战略的形成和执行过程中。

战略人力资源管理理念认为，人力资源是一切资源中最宝贵的资源，企业的发展与员工的职业能力发展是相互依赖的，企业鼓励员工不断提高职业能力以增强企业的核心竞争力，而重视人的职业能力必须先重视人本身，通过投资人力资本形成企业的核心竞争力，同时，将人力作为资本要素参与企业的价值分配。

战略人力资源管理认为，开发人力资源可以为企业创造价值，企业应该为员工提供一个有利于价值发挥的公平环境，给员工提供必要的资源，赋予员工责任的同时进行相应的授权，保证员工在充分的授权内开展自己的工作，并通过制订科学有效的激励机制来调动员工的积极性，在对员工能力、行为特征和绩效进行公平评价的基础上给予相应的物质和精神激励，激发员工在实现自我价值的同时为企业创造价值。

2.1.2 战略人力资源管理与传统人事管理的区别

战略人力资源管理指的是组织为达到战略目标，系统地对人力资源进行各种部署并对相关活动进行计划和管理的模式，是组织战略不可或缺的有机组成部分。传统人事管理是为了完成组织任务，对组织中涉及人与事的关系进行专门化管理，使人与事达到良好的匹配。两者的区别表现在以下几个方面：

（1）战略人力资源管理以“人”为核心，视人为“资本”，强调一种动态的、心理的调节和开发，属“服务中心”，管理出发点是“着眼于人”，以达到人与事的系统优化、使企业取得最佳的经济和社会效益。传统人事管理以“事”为中心，将人视为一种成本，把人当作一种“工具”。强调“事”的单一方面的静态控制和管理，属“权力中心”，其管理的形式和目的是“控制人”。

（2）战略人力资源管理作为企业的核心部门，是企业经营战略的重要组成部分，主要通过促进企业长期可持续发展来实现对经营战略的贡献；涵盖组织建设、文化建设、系统建设等各个方面，通过企业文化整合战略、组织和系统，保证企业战略的执行和实现，推动企业长期稳定的成长。传统人事管理属于企业的辅助部门，对企业经营业绩没有直接贡献，主要负责员工的考勤、档案及合同管理等事务性工作。

（3）战略人力资源管理可以灵活地按照国家及地方人事规定、制度，结合企业的实际情况制订符合企业需求的各种人力资源政策，从而建立起系统的人力资源管理体系，确保企业实现经营战略目标。传统人事管理侧重于制度的执行，即按照国家劳动人事政策和上级主管部门发布的劳动人事管理规定对员工进行管理。人事部门基本上没有制度的制定权和调整权，最多只能“头痛医头、脚痛医脚”，难以根据实际情况对管理政策和制度进行及时调整。

（4）战略人力资源管理要求人力资源管理者以企业战略的高度，主动分析和诊断人力资源现状，为决策者准确、及时地提供各种有价值的人力资源相关数据，协助决策者制订具体的人力资源行动计划，支持企业战略目标的执行和实现。传统人事管理则只能站在部门的角度，考虑人事事务等相关工作的规范性，充其量只能传达决策者所制定的战略目标等信息。

（5）战略人力资源管理体现了企业全员参与人力资源管理的特色，因为人力资源工作的切实有效，离不开各职能部门的执行与配合。

①对决策层：所有的管理最终都会落实到人，只有管理好“人”的资源，才能抓住管理的精髓。

②对 HR 工作者：只有企业全员参与人力资源工作，才能真正体现自己的价值、才能上升到战略伙伴。

③对直线经理：参与到企业人力资源工作，不仅能确保部门任务的顺利完成，而且可以使部门员工及自己得到调动与晋升的机会与空间。

④对员工：更好地领会企业战略，根据部门目标，结合自己的发展计划，科学、合理地安排自己的工作与学习，实现自己理想的职业生涯规划。

而传统人事管理基本上是单兵作战，似乎与其他职能部门的关系不大；关系比较紧密的部门是财务部门，因为工资的计算与发放、社保的缴纳大多是由财务部门负责的。

（6）战略人力资源管理的价值是通过提升员工能力和组织绩效来实现的，而提升员工能力与组织绩效要结合企业战略与人力资源战略；因此需要重点思考如何提炼和塑造优秀的企业文化、制订个性化的员工职业生涯规划等，还需要特别关注对企业人力资源的深入开发。传统人事管理价值主要体现在规范性及严格性上，即是否将各项事务打理得井井有条、是否看得住和控制住企业员工等；绝大部分工作还只停留在事物的表层。

(7) 战略人力资源管理强调其在企业整体经营中的重要地位，侧重变革管理和人本管理，属预警式管理模式，即采取前瞻态度，防患于未然。试想如果不借助现代化的手段怎能及时地了解到分散在全国各地，甚至海内外的各种人力资源相关数据等信息？又如何能做到人力资源工作的前瞻性？更何谈防患于未然？因此，借助先进、科学的现代化管理工具搭建系统、全面的人力资源管理体系成为趋势和必然。传统人事管理侧重于规范管理和事务管理，属事后管理。几乎所有工作都由手工完成，即便采用现代化的管理工具也只能是仅供人事部门单独使用的简单人事管理系统，没有搭建起系统的、全面的人力资源管理体系。

综上所述，我们可以看到，战略人力资源管理并不是泛泛而谈，它有清晰的传导路径，即企业的整体战略——→人力资源管理部门——→确立相应的人力资源战略——→制定合适的人力资源政策——→员工需求得到满足——→员工满意度提高——→生产率/服务提高——→客户满意和忠诚——→企业的可持续发展。

2.2 战略性组织管理

战略性组织管理的意义随着管理学的不断发展而演变。传统的战略性组织管理认为战略性组织管理是对企业人员流动进行动态预测和决策的过程，战略性组织管理的目的是预测企业人力资源需求和可能的供给，确保企业在需要的时间和岗位上获得所需的合格人员，实现企业发展战略和人力资源相匹配。在规划过程中，重点放在人力资源规划的度量上，也要适当注重人力资源规划和其他规划的一致性和协同性。

战略性组织管理，吸取了现代企业战略管理研究和战略管理实践的重要成果，遵循战略管理的理论框架，高度关注战略层面的内容。一方面把传统意义上聚焦于人员供给和需求的人力资源规划融入其中，另一方面更加强调人力资源规划与企业的发展战略相一致。在对内外部环境理性分析的基础上，明确企业人力资源管理所面临的挑战以及现有人力资源管理体系的不足，清晰地勾勒出未来人力资源愿景目标以及与企业未来发展相匹配的人力资源管理机制，并制定出能把目标转化为行动的可行措施以及对措施执行情况的评价和监督体系，从而形成一个完整的人力资源战略系统。

战略性组织管理核心职能包括人力资源配置、人力资源开发、人力资源评价和人力资源激励四个方面，从而构建科学有效的“招人、育人、用人、留人”的人力资源管理机制，如图 2－1 所示。

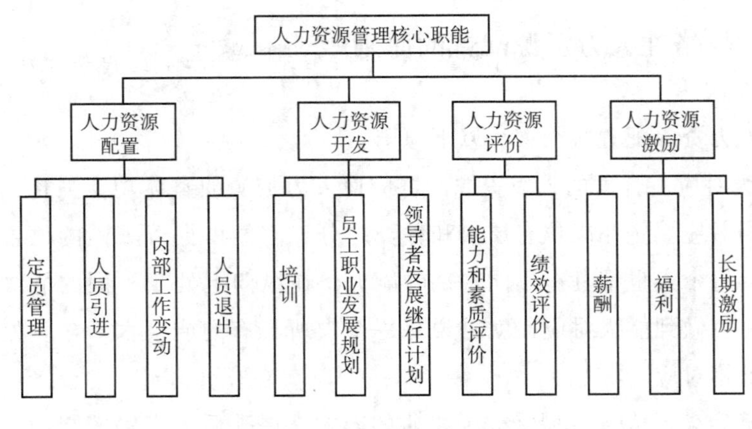

图 2-1　人力资源管理机制

2.3　战略性人力资源配置

2.3.1　战略性人力资源配置的概述

战略性人力资源配置的核心任务就是要基于公司的战略目标来配置所需的人力资源，根据定员标准对人力资源进行动态调整，引进满足战略要求的人力资源，对现有人员进行职位调整和职位优化，建立有效的人员退出机制以输出不满足公司需求的人员，通过人力资源配置实现人力资源的合理流动。

战略性人力资源配置的根本目的是更好地运用“人力”。人力资源配置就是要合理而充分地利用好包括体力、智力、知识力、创造力和技能等各方面的能力，通过一定的途径，创造良好的环境，使其与物质资源有效结合，以产生最大社会效益和经济效益。因此，如何使人力资源的配置达到优化，从而保证上述目标的实现，不仅是人力资源管理学的问题，还是一个社会经济学的问题。人力资源的资源性，是就人体本身所蕴含的各种可开发利用的能力及潜能而言的，人的潜能是以人的身体为直接承载体的，而人的自主意识又对潜能的发挥起着直接控制的作用。人力资源配置的优化，目的就是要促使人的自主意识能自觉地控制和调动其自身潜能作用的发挥，为社会经济发展所用，变成一种社会生产力。人力资源虽然是包含在人体内的一种生产能力，但如果人力资源配置的结果不能使这种能力发挥出来，则人力资源便是潜在的劳动生产力；如果通过合理的配置，使人力资源与生产资料有效地结合，生产能力得到充分发挥，则此时的人力资源就变成了现实的劳动生产力，就能创造出巨大的经济效益和社会财富。

2.3.2 战略性人力资源配置的原则

战略性人力资源配置必须遵循以下原则：

(1) 能级对应。合理的人力资源配置应使人力资源的整体功能强化，使人的能力与岗位要求相对应。企业岗位有层次和种类之分，它们占据着不同的位置，处于不同的能级水平。每个人也都具有不同水平的能力，在纵向上处于不同的能级位置。岗位人员的配置，应做到能级对应，就是说每一个人所具有的能级水平与所处的层次和岗位的能级要求相对应。

(2) 优势定位。人的发展受先天素质的影响，更受后天实践的制约。后天形成的能力不仅与本人的努力程度有关，也与实践的环境有关，因此人的能力发展是不平衡的，其个性也是多样化的。每个人都有自己的长处和短处，有其总体的能级水准，同时也有自己的专业特长及工作爱好。优势定位一方面要求个人应根据自身实际和岗位需要，选择最有利于发挥优势的岗位；另一方面，管理者也应据此将员工安置到最有利于施展其才能的岗位上。

(3) 动态调节。动态调节是指当人员或岗位要求发生变化时，要适时地对人员配备进行调整，始终保证合适的人工作在合适的岗位上。岗位及岗位要求是在不断变化的，人也是在不断变化的，人对岗位的适应也有一个实践与认识的过程，由于种种原因，能级不对应、用非所长等情形时常发生。因此，如果仅有一次定位，一职定终身，既影响工作又不利于人的成长。能级对应，优势定位只有在不断调整的动态过程中才能实现。

(4) 内部为主。一般来说，企业在使用人才特别是高级人才时，总觉得人才不够，抱怨本单位人才不足。其实，每个单位都有自己的人才，问题是“千里马常有”，而“伯乐不常有”。因此，关键是要在企业内部建立起人才资源的开发和激励机制。这两个机制都很重要，如果只有人才开发机制，而没有激励机制，那么本企业的人才就有可能外流。从内部培养人才，为有能力的人提供机会与挑战，造成紧张与激励气氛，是促成公司发展的动力。但是，这也并非排斥引入必要的外部人才。当确实需要从外部招聘人才时，我们就不能“画地为牢”，死死地扣住企业内部。

2.3.3 战略性人力资源配置的形式

战略性人力资源配置，不仅涉及企业外部，更多的、更困难的工作存在于企业内部。从实际表现来看，主要有以下三种人力资源配置形式：

(1) 人岗关系型。这种配置类型主要是通过人力资源管理过程中的各个环节来保证企业内各部门各岗位的人力资源质量。它是根据员工与岗位的对应关系进行配置的一种形式。从企业内部来说，这种类型中的员工配置方式大体有以下几种：招聘、轮换、试用、竞争上岗、末位淘汰（当企业内的员工数多于岗位数，或者为了保持一定的竞争力时，在试用过程或竞争上岗过程中，对能力最差者实行下岗分流）和双向选择（当企业内的员工数与岗位数相当时，往往先公布岗位要求，然后让员工自由选择，最后以岗选人）。

（2）移动配置型。这是一种从员工相对岗位移动中进行配置的类型。它通过人员相对上下左右岗位的移动来保证企业内每个岗位的人力资源质量。这种配置的具体表现形式大致有三种：晋升、降职和调动。

（3）流动配置型。这是一种从员工相对企业岗位的流动中进行配置的类型。它通过人员相对企业的内外流动来保证企业内每个部门与岗位人力资源的质量。这种配置的具体形式有三种：安置、调整和辞退。

2.4　战略性人才培养体系

2.4.1　战略性人才培养体系及构成

战略性人力资源培养体系的核心任务是对公司现有人力资源进行系统的开发和培养，从素质和质量上满足公司战略的需要。同时，根据公司战略需要组织相应培训，并通过制订领导者继任计划和员工职业发展规划来保证员工和公司保持同步成长。

人才培养体系是一种对人才进行教育和培训的体系。公司战略性人才培养体系由“雏鹰计划”“飞鹰计划”“精鹰计划”和“雄鹰计划”组成，这四个部分共同构成了公司的战略人才库。

（1）“雏鹰计划”：该计划旨在通过对有上进心、乐于学习、积极进取的新入职大学生的培养，使其逐步成长为部门技术骨干、业务骨干。

（2）“飞鹰计划”：该计划旨在通过对公司现有的有两年以上工作经验的、有进一步培养潜质的普通员工进行培养，使其逐步成长为各职能部门的负责人。

（3）“精鹰计划”：该计划旨在通过对公司有进一步培养潜质的中层管理干部进行培养，使其逐步成长为公司能够独当一面的人才，即公司副总、总监一级的岗位储备人才。

（4）“雄鹰计划”：该计划旨在通过对现有高级管理人员和技术领军人物的培养，使其逐步成长为全面的人才，为公司今后的战略扩张做好准备。

通过上述四个计划，逐步将培养对象培养成为关键岗位继任者和公司后备人才。

关键岗位主要指公司当前或未来发展所需要的一些重要中级和高级岗位。后备人才主要是指公司为顺应未来发展变化而储备的一类可替代公司某些中、高级岗位的具有培养潜质的人才。

2.4.2 战略性人才培养模式

人才培养模式是指在一定的现代教育理论、教育思想指导下，按照特定的培养目标和人才规格，以相对稳定的教学内容、课程体系、管理制度和评估方式，实施人才教育过程的总和，该模式包括以下几个方面。

（1）人才培养目标。战略性人力资源培养体系的人才培养目标是培养具有良好人文科学素质和社会责任感，学科基础扎实，具有自我学习能力、创新精神和创新能力的人才。其具体包含以下几个方面：得到基础研究和应用研究的训练，具有扎实的基础理论知识和实践技能，动手能力强、综合素质好；掌握科学的思维方法，具备较强的获取知识能力，具有探索精神、创新能力和优秀的科学品质。战略性人力资源培养人才的形式有多种，除了在各级各类学校中进行系统教育的进修外，还可采取业余教育，脱产或不脱产的培训班、研讨班等形式，充分利用成人教育、电化教育等条件，提倡并鼓励自学成材。各行各业对于人才培养的具体要求都有所不同，但总体目标是要达到德、智、体全面发展。对于企业来说，人才培养是多层次的，包括高级经营人才的培养、职能管理人才的培养、基层管理人才的培养等。

（2）培养目标的来源。在设定企业人才培养的具体目标时，我们必须结合企业的实际人力资源情况与未来发展需求，通过一些既定的程序进行分析，从而得出企业具体的人力资源差距，针对这些差距去设定人才培养的目标。

（3）培养的核心对象。很多企业都有做人才培养体系的需求分析，然后把大量的资源投入广大基层员工身上，结果发现效果并不理想。最明显的证据就是企业的业绩在较长时间后并未实现大幅增长。打蛇打七寸，培养中高层人才才是人才培养的关键所在。

（4）人才培养实务。真正指导各级人才能力发展的，就是员工的直接上级主管。能够协助企业做好人才培养的人，就是企业各个部门、各个领域的中高级人才，特别是中高级管理人才，因此企业应从以下几个方面做好人才培养。

①营造内部学习氛围。如果一个企业没有崇尚学习的文化，人人都反对学习的话，那么我们培养人才的目标仍然会落空，企业发展到最后也会后继无力。所以在构建人才培养体系的同时，打造一种崇尚学习的组织氛围非常重要。

②树立“人才国际化”观念。当前中国与全球经济联系更加紧密，国内企业要面临跨国企业的竞争。同样，我们实施“走出去”战略，也需要大量外向型人才。因此，培养与引进人才必须与国际惯例接轨，按照参与国际竞争的标准培养人才，使人才不仅能

在国内大展宏图，而且能在国际上一争高下。与此同时，我们必须加大在高端市场的投入，进一步突破技术瓶颈，实现从“中国制造”到“中国创造”的跨越，创造更多的“中国研发”“中国设计”“中国服务”和“中国品牌”。而对照现实的差距，我们缺乏的是创新的人才、创新的机制、创新的精神，其中，拥有国际化视野的人才是关键。

③树立“人才是活资源”的意识。在市场竞争中，产品是过剩的，但人才是短缺的。什么是人才？有了文凭不一定就是人才，能够适应企业发展需要的人才是人才。也就是说，“小公司需要关、张、赵（独当一面的将才），大公司需要刘备、诸葛亮（企业家和职业经理人）”。这里说的人才，不仅仅是指技术人才，还包括销售人才、管理人才和优秀的操作工，学科带头人、行业领军人则是可遇不可求的更高级人才。有些企业依靠引进一个人才，主抓一个产品，主管一项技术，从而创造一个领域，带动一个产业，这就是一个很好的经验。

④提高“培养大于招聘”的意识。企业得到人才的最佳方法是靠自己培养，而不仅仅是招聘。目前我国很多行业产能严重过剩，大家还在不断上马新项目，设备投资增加了，人才怎么办？只能靠“拿来主义”，挖同行企业的墙角。行业对人才的需求是无限的，但是行业内的优秀人才是有限的，企业应该更多地立足于内部培养人才。因此，企业应该两条生产线并行，一条是制造产品的生产线，另一条是培养人才的生产线。我们要大力营造尊重人才、尊重知识、尊重劳动、尊重创造的氛围，形成人才辈出、人尽其才、才尽其用的良好局面。既要确保企业核心人才队伍稳定，也要加强人才梯队建设，为企业的未来培养人才，特别是培养认同企业愿景、价值观的职业化人才。

⑤强化“因人而动”观念。企业发展取决于所拥有人才的质量和数量，更取决于人才的使用效率。通常而言，要通过感情留人、待遇留人、事业留人，对真正的人才而言，更看重的是事业发展的舞台。企业要为人才提供广阔的施展空间，无论是生产还是科研，每一环节都要以“人才”为中心，其资金调配、资源配置都“因人而动”，人才在哪里，企业的关注点就在哪里，其他的资源就流向哪里，使生产要素配置始终处于最佳状态。人才以用为本，且不可降格以求。企业要建立人才资源开发专项资金，用于高层次人才培养、紧缺人才引进、杰出人才奖励。人才支撑企业发展，企业发展造就人才。要形成企业与人才同发展，产品与市场同进步，资本与技术同增值的良好氛围，有了这个氛围，企业的经济转型升级和新产业发展才会加快，企业的未来便会充满无限的生机和活力。

2.5　战略性绩效管理体系

战略性人力资源评价的核心任务是对公司员工的素质能力和绩效表现进行客观的评价，一方面保证公司的战略目标与员工个人绩效得到有效结合，另一方面为员工激励和职业发展提供可靠的决策依据。

战略人力资源管理贯穿于组织管理的每一个环节，绩效研究的目的在于通过有效的管理实践，为保证组织发展和培育核心竞争力的战略制定提供机制和导向。战略人力资源管理会根据企业战略需要、结合员工能力制订全面的绩效管理体系，关注企业全方位的绩效管理，包括绩效计划、绩效考核、绩效评估、绩效反馈与绩效激励等全过程；更加关注绩效反馈与激励，确保员工绩效不断提高的同时，实现企业绩效的螺旋式上升。传统人事管理只关注绩效考核与惩罚，大多扮演企业警察的角色，只负责挑毛病、找漏洞，不可能形成科学的绩效管理体系。

战略人力资源管理的绩效研究既包括战略人力资源管理本身的管理绩效或实践绩效，也包括战略人力资源管理对于组织的贡献绩效。前者涉及的内容主要是对组织人力资源管理的政策和方法实施效果的评价和分析，通过具体的人力资源投资、开发和利用的计划与规划，不断提高人力资源生产率或工作业绩；后者则是通过对组织状况、环境与特点的分析，力求组织人力资源管理能够实现组织“战略贡献者”的职能。两者相互联系、相互制约。

从企业整体目标考察，战略人力资源管理的核心在于保证和增进组织绩效。米切尔·谢帕克（Michael Sheppeck）等提出了一个关于战略人力资源管理与组织绩效关系的概念模型。他们认为，组织绩效的提高是企业的环境、经营战略、人力资源管理实践和人力资源管理的支持因素等四个基本变量相互联系、相互作用的结果。人力资源管理不能单独对企业的绩效产生作用，必须与其他三个变量相互配合并形成一定的关系模式。

为获得并保证人力资源管理的管理绩效，与之相关的一个问题是“绩效是关于什么的?”绩效可能是企业财务收益，或是股东收益，或是顾客满意。许多学者认为现行的人力资源管理绩效评价方法（如360度绩效评估、平衡计分卡、满意度调查等）未能深刻揭示人力资源管理与企业绩效之间的关系。菲里斯（Ferris）提出人力资源管理与组织绩效之间关系的“社会背景理论”（Social Context Theory），这一理论将人力资源管理放在一个更加广泛的背景中，通过引入多因素调查（政治、文化、技术和组织结构等）、中介联结和约束条件，建立了两者之间的动态关系模型。

必须指出的是，为了充分实现战略人力资源管理的绩效，还需要进行人力资源绩效的定量分析研究。这方面的工作目前已经取得了一定的进展，发展了一系列的定量分析和定量研究的模型和方法，如人力资源指数问卷、人力资源案例研究、人力资源竞争基准、人力资源关键指标法、人力资源效用指数、人力资源声誉研究、会计学资产模式、人力资源成本模式等。这些定量研究和分析对于提高人力资源管理绩效、发挥人力资源管理的战略性职能具有重要意义。

2.6　战略性薪酬管理体系

战略性人力资源激励的核心任务是依据公司战略需要和员工的绩效表现对员工进行激励，通过制订科学的薪酬福利和长期激励措施来激发员工充分发挥潜能，在为公司创造价值的基础上实现自己的价值。

战略性人力资源评价的核心任务是对公司员工的素质能力和绩效表现进行客观的评价，一方面保证公司的战略目标与员工个人绩效得到有效结合，另一方面为员工激励和职业发展提供可靠的决策依据。

战略人力资源管理会根据国家政策、经济环境、人才市场状况、行业及其他企业薪酬状况等因素，再结合本企业的实际情况制订切实可行的薪酬管理战略与体系，确保薪酬政策既能吸引优秀人才加盟，又能留住核心人才；更加注重人力资源投入成本与产出效益的核算与分析工作，从而不断地完善企业的薪酬管理体系。传统人事管理只能按照国家及地方政府的相关规定进行工资及社保管理，基本上没有什么制订权和调整权；即使有也只能进行简单的工资计算，且绝大部分工作是由财务部门负责，试想如此状况又怎会根据企业发展战略制订科学的薪酬管理体系？

薪酬决定标准是指决定薪酬高低的依据，岗位、技能、资历、绩效和市场状况等都可能是决定薪酬的依据。究竟按照什么依据来决定薪酬，这取决于有关依据的特征和企业的具体状况。

（1）基于岗位或技能。传统薪酬制度通常按岗位来决定薪酬，认为岗位分析能够科学地衡量一个岗位对公司的价值，可以避免薪酬的决定受人为因素的影响。但由于岗位是流动和变化的，企业无法用过去的岗位分析结果来衡量当时的岗位对公司的贡献。此外，同一岗位，工作人员不同，其绩效也不同。因此，按岗位支付薪酬难以保证其激励的公正性。技能薪酬观认为，员工尤其是掌握多种技能的员工是公司竞争力的源泉，企业应该根据员工的技能水平决定员工的薪酬。但是，技能薪酬往往依据员工的潜在能力，而不是对企业的实际贡献来决定员工的薪酬，这容易导致员工薪酬与公司绩效相脱节，不利于公司的持续发展。

（2）基于绩效或资历。许多学者认为，应该依据组织目标和公司衡量绩效的能力来决定是根据绩效还是资历确定薪酬。如果公司确实能够精确地衡量绩效，并且相应地支付薪酬，那么这种薪酬制度就是公平的，并且也是有作用的；否则，这种薪酬制度就不是公平的，甚至具有极大的破坏性。根据资历支付薪酬的一个假设前提是：员工的资历越丰富，为企业创造价值的能力就越大。同时，员工的资历比较直观，容易确定，实施起来也比较容易。许多公司希望能根据绩效来决定员工薪酬，但由于无法客观衡量绩效，最终还是根据资历来支付薪酬。

2.7 数字化战略对人力资源管理实践的影响

有效建立战略性人力资源管理职能并发挥预期效果的前提是组织要为人力资源管理提供一个必要的平台，这个平台包括人力资源专业队伍、人力资源组织环境、人力资源专业化建设和人力资源基础建设四个方面，为构建战略性人力资源管理体系提供相应的组织保证和专业能力。

（1）人力资源专业队伍是构建战略性人力资源管理体系的重要保障。战略性人力资源管理对人力资源专业队伍有着较高的要求，对人力资源部门进行合理的定位，明确界定人力资源部门的职责和职权，对人力资源专业人员的能力和素质有着严格的要求，同时对直线经理参与和配合人力资源管理也做出了明确的要求，从各个方面保证人力资源专业队伍成为构建战略性人力资源管理的人力基础。

（2）合理的组织环境是构建战略性人力资源管理体系的重要外部条件。要求从公司战略出发，设计出一套适合公司战略需要的组织结构，并细化每个职位的设置，根据公司外部环境进行优化，为公司构建战略性人力资源体系提供相应的组织环境。

（3）人力资源专业化建设是构建战略性人力资源管理体系的专业保障。战略性人力资源管理有着明显的专业特征，通过专业化建设为有效实施人力资源管理职能奠定专业基础。人力资源的专业化建设内容包括：对组织系统进行岗位分析以明确每个岗位的工作职责、工作职权、工作条件和任职资格；根据公司业务和职位特征设定相应的定员标准；组织系统的岗位评价，作为制订薪酬序列的重要依据；根据公司战略需要和岗位类别开发出相应的素质和能力模型。

（4）人力资源基础建设是战略性人力资源管理体系正常运行的基本保障。战略性人力资源管理是一个庞大的系统，要保证这个系统能够得到正常运行还需要建立一个与之相适应的基础管理体系，包括通过建立人力资源管理信息系统高效地为各项人力资源管理活动提供客观的信息，开展日常的事务性工作保证人力资源管理体系的有效运行。

本章小结

战略人力资源管理核心职能包括人力资源配置、人力资源开发、人力资源评价和人力资源激励四个方面；构建科学有效的“招人、育人、用人和留人”人力资源管理机制。

战略人力资源配置的核心任务就是要基于公司的战略目标来配置所需的人力资源，

根据定员标准来对人力资源进行动态调整，引进满足战略要求的人力资源，对现有人员进行职位调整和职位优化，建立有效的人员退出机制以输出不满足公司需要的人员，通过人力资源配置实现人力资源的合理流动。

思考题

1. 如何理解战略人力资源管理核心理念？
2. 思考战略人力资源管理与传统人事管理的区别。
3. 思考战略性人力资源管理和公司战略的关系。

案例分析

爱因斯坦医疗公司的人力资源改革策略

爱因斯坦医疗公司 CEO 在 20 世纪 90 年代刚接手公司时，感觉到公司确实需要做出一些改变。公司面对日益激烈的市场竞争、技术革新、管理保健医疗的业务增长，以及医疗保险和医疗补助显著减少等新形势，迫切地需要一个新的战略规划。而这时爱因斯坦医疗只是一家专门处理严重疾病的急症医院。

爱因斯坦医疗新战略的核心是重新定义公司的业务。特别是要将爱因斯坦医疗转型成一个综合型的保健网络，一个拥有多样化设施并在多个本地市场提供全方位医疗保健服务的医疗机构。

进行如此巨大的转变并非易事。公司的 CEO 知道，要想实现“从一个单一的急症医疗机构转变成提供全方位服务，并拥有综合保健设施的广泛医疗网络”这样一个战略目标，需要公司进行许多变革，并要求员工参与进来。其中有一点，CEO 认为要施行这样一个巨大的变革，必须要有一个更加灵活、具有良好适应性的专业团队来为客户提供服务。基于这一点，他把变革中与员工有关的战略目标总结为三个词：“创新、适应、传递”。为了实现爱因斯坦医疗公司的战略目标，人力资源战略要和其他方面的战略规划一起协同推进，让医疗中心和员工可以产生新的服务（创新），利用机会（适应），并提供持续的高质量服务（传递）。

关于新的员工胜任力和行为要求，爱因斯坦医疗公司的 CEO 提出了这样的问题：“要达到这样的目标，我们需要什么样的员工胜任力、技能和行为？”于是，他和公司人力资源总监一起识别出了四项主要的员工技能和行为：爱因斯坦医疗公司的员工必须具有奉献的精神、负责任的态度、高效工作的能力以及很强的适应性。

他们要全身心地投入公司的创新、适应和传递工作中来，与爱因斯坦医疗的工作重点相契合。他们必须对工作结果负起每个人应该承担的责任。他们必须高效地工作，这意味着他们必须在不断创新的环境中应用新的知识和技能。他们必须有很强的适应性，如在公司需要时进行工作调动。

新的人力资源政策和实践操作：爱因斯坦医疗的人力资源经理提出了这样的问题："哪些特别的人力资源政策和实践操作可以让公司培养一个具有奉献精神、负责任的态度、高效工作能力以及强适应性的工作团队？"答案是推进以下几个新的人力资源项目：

1. 让员工了解公司新的愿景、开展员工任职要求的培训和沟通项目。

2. 工作多样化项目，包括让员工接受灵活的工作任务和基于团队的工作任务，让员工感受到来自工作的挑战和肩负的责任。

3. 激励员工成长的新的培训和福利计划，这意味着让员工自己承担起自我提高和发展的责任。

4. 提供与组织绩效挂钩的个人奖励，并提供非货币的奖励。

5. 提高员工甄选、新员工培训、解雇等环节的人力资源管理水平，建立了一个具有奉献精神、负责态度、高效工作能力和适应性更强的员工团队。

资料来源：12Reads. 一家医疗公司的战略人力资源管理案例［EB/OL］.（2015－10－23）［2021－06－10］. https：//www.12reads.cn/32288.html.

第3章　企业人力资源规划与设计

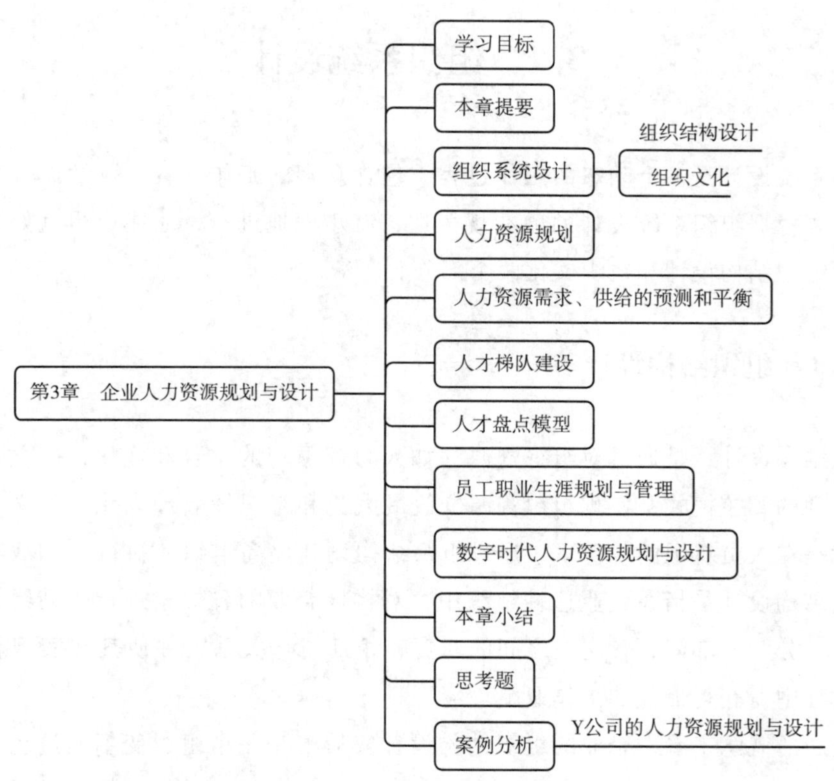

学习目标

1. 明确组织系统设计及人力资源需求、供给的预测和平衡的有关概念。
2. 掌握人力资源规划过程、人才梯队建设、人才盘点模型的丰富内涵及构建措施。
3. 理解数字时代人力资源规划与设计的主要内容。

本章提要

企业作为一个经济组织，要实现自己的战略发展目标，就必须保证组织机构的有效正常运转。而组织机构制定和实施企业人力资源规划，则是实现战略发展目标的重要工作。人力资源规划与设计必须适应组织总体计划。企业规划的目的是使企业的各种资源（人、财、物）彼此协调并实现内部供需平衡，由于人是企业内最活跃的因素，因此人力资源规划与设计在企业规划设计中起决定性作用。人力资源规划与设计的总目标是：确保企业各类工作岗位在适当的时机，获得适当的人员（包括数量、质量、层次和结构等），实现人力资源与其他资源的最佳配置，有效地激励员工，最大限度地开发和利用人力资源潜力，从而最终实现员工、企业、客户、社会利益一致基础上的企业经济和社会效益最大化。

3.1 组织系统设计

组织系统设计是一个动态的工作过程，包含众多的工作内容。科学地进行组织系统设计，要根据组织系统设计的内在规律性，有步骤地进行，才能取得良好效果。其主要包括组织结构设计和组织文化两个部分。

3.1.1 组织结构设计

组织结构设计，是通过对组织资源（如人力资源）的整合和优化，确立企业某一阶段最合理的管控模式，实现组织资源价值最大化和组织绩效最大化。狭义、通俗地说，也就是在人员有限的状况下，通过组织结构设计提高组织的执行力和战斗力。企业的组织结构设计是指在企业这种组织中，对构成企业的各要素进行排列组合，明确管理层次，分清各部门、各岗位之间的职责和相互协作关系，并使其在实现企业战略目标的过程中，获得最佳的工作业绩。

从最新的观念来看，企业的组织结构设计实质上是一个组织变革的过程，它是把企业的任务、流程、权力和责任重新进行有效组合和协调的一种活动。根据时代和市场的变化，进行组织结构设计或组织结构变革的结果是大幅度地提高企业的运行效率和经济效益。

组织结构设计的目的是创建柔性灵活的组织，动态地反映外在环境变化的要求，并在组织成长过程中，有效地聚集新的组织资源，同时协调好组织中部门与部门之间的关系，人员与任务间的关系，使员工明确自己在组织中应有的权力和应承担的责任，有效地保证组织活动的开展。

组织结构设计的主要内容包括职能设计、框架设计、协调设计、规范设计、人员设计、激励设计。

（1）职能设计是指企业的经营职能和管理职能的设计。企业作为一个经营单位，要根据其战略任务设计经营、管理职能。如果企业的有些职能不合理，那就需要进行调整，对其弱化或取消。

（2）框架设计是企业组织设计的主要部分，运用较多。其内容简单来说就是纵向的分层次、横向的分部门。

（3）协调设计是指协调方式的设计。框架设计主要研究分工，有分工就必须有协作。协调方式的设计就是研究分工的各个层次、各个部门之间如何进行合理的协调、联系，以保证其高效率的配合，发挥管理系统的整体效应。

（4）规范设计是关于管理规范的设计。管理规范是企业的规章制度，是管理的规范和准则。结构本身设计最后要落实并体现为规章制度。管理规范保证了各个层次、部门和岗位，按照统一的要求和标准进行配合和行动。

（5）人员设计就是管理人员的设计。企业结构本身设计和规范设计，都要以管理者为依托，并由管理者来执行。因此，按照组织设计的要求，必须进行人员设计，配备相应数量和质量的人员。

（6）激励设计就是设计激励制度。对管理人员进行激励，其中包括正激励和负激励。正激励包括工资、福利等，负激励包括各种约束机制，也就是所谓的奖惩制度。激励制度既有利于调动管理人员的积极性，也有利于防止一些不正当和不规范的行为。

成功的组织结构设计，一般有着以下共同的基础：

（1）明确的组织疆界。组织的疆界是划分企业内外资源的“分水岭”。企业必须通过管理手段控制组织内资源，通过市场手段购买组织外资源。聪明的企业家会有效地设计自己企业的疆界，专注于控制具有核心竞争力的资源，以达到企业利润最大化的目的。例如，一个餐饮企业正常运转不可或缺的资源包括就餐场所、烹饪服务人员及食品原材料等，其核心竞争力则来自产品和服务特色，一旦一家餐饮企业拥有这样的核心能力，它就可以将其他的组织内资源转移到组织外部，以确保效率的最大化。麦当劳、肯德基等外国餐饮连锁企业就是成功地运用了组织疆界的规律，只经营产品和服务特色，使自己的企业发展及利润迅速膨胀。

（2）集权与分权的统一。权力是组织中一种无形的力量。一个管理者的权力来源于组织对其的依赖度、所控制的财务资源、正式职位赋予的权力以及对决策信息的控制。管理者位于组织结构的中心，其权力的集中是组织正常运转的保证。组织结构中高层对低层有控制的权力，而低层对高层同样有讨价还价的权力。为了减少高层和低层之间权力的摩擦，提高效率和员工参与意识，越来越多的组织倾向于将管理者的权力分散，授予中级管理人员和普通员工。成功的分权，应保证将权力授予知识、技能达到一定水平的员工，并辅以一定的激励机制和有效的信息反馈及沟通系统。

（3）注意对影响组织结构要素的分析。根据美国的伯顿（Burton）和奥贝尔（Obel）两位教授的长期研究，影响组织结构的要素有六类，包括领导和管理模式、组织及文化氛围、组织规模及组织技能、组织的外部环境、组织的技术水平和组织的战略发展。两位教授还指出，很多企业组织结构的调整，目的多是希望新的组织结构能满足六要素的要求。两位教授通过对北欧航空、通用电气等大型企业的研究，进一步将六类要素量化，发明了一套完整的组织结构分析理论。

（4）适合的部门组合。不同业务和不同目标的企业可能会有不同的部门组合，一般分为职能式、矩阵式、事业部式、官僚式和特别式组合。随着信息技术的发展和企业管理水平的提高，现代企业的组织架构由一成不变的集权化、等级制的组织架构，转向分权化而富有弹性的架构。银行业是传统的官僚式组织，几十年来银行一直致力于建设起帝国一样森严的行政等级制度。德国的银行家正着手打破传统银行的组织模式。由几十个人和庞大的计算机系统建立起来的零售银行，将给银行业带来彻底的革命。未来的银行很可能采取矩阵式的管理架构，一旦需要新的服务项目，就成立一个临时部门，项目结束，部门随即解散。

（5）迅速有效的执行能力。越庞大的组织，执行能力越低，这就导致了大企业的效率不如小企业。提升企业的执行能力，首先，应保证管理指令系统的顺畅，每个员工都有明确的汇报路线，每个员工有唯一的经理负责他的行政管理和工作行为。很多国有企业，员工通常没有明确的汇报/管理路线，部门经理、副经理，甚至其他部门的经理都是自己的领导，指令体系的不顺畅会使员工无所适从，工作中只能消极等待上级的安排。其次，应注意管理层级和控制跨度，管理层级过多会导致企业执行速度减慢，而适当控制跨度可以减少管理成本，提高企业效率。管理层级和控制跨度是检验组织管理效率的主要因素。在一些国家，企业的组织结构经常处于变化中。由于企业的结构调整缺少方向性，没有可以量化的数据参考，组织结构的调整经常会招致不满和非议。很多企业，经常是新经理一上任，就对组织结构进行一次调整，这样会造成许多管理资源的浪费。而一些发达国家组织结构设计的研究比较完善，企业组织结构的调整一般有专业的咨询机构/人士参与指导，因而成功率相对较高。

3.1.2 组织文化

1. 组织文化的含义。

组织文化，是一个组织及其价值观、信念、仪式、符号、处事方式等组成的特有的文化形象，简单而言，就是企业在日常运行中所表现出的方方面面。组织文化是在一定的条件下，企业生产经营和管理活动中所创造的具有该企业特色的精神财富和物质形态。它包括企业愿景、文化观念、价值观念、企业精神、道德规范、行为准则、历史传统、企业制度、文化环境和企业产品等。其中价值观念是企业文化的核心。

2. 组织文化的构成。

组织文化由三个层次构成：（1）表面层的物质文化，称为企业的“硬文化”，包括厂容、厂貌、机械设备、产品造型、外观、质量等；（2）中间层次的制度文化，包括领导体制、人际关系以及各项规章制度和纪律等；（3）核心层的精神文化，称为“企业软文化”，包括各种行为规范、价值观念、企业的群体意识、职工素质和优良传统等。精神文化是企业文化的核心，又被称为企业精神。

3. 组织文化的意义。

组织文化具备以下五种意义：

（1）组织文化能激发员工的使命感。不管是什么企业都有它的责任和使命，企业使命感是全体员工工作的目标和方向，是企业不断发展前进的动力之源。

（2）组织文化能凝聚员工的归属感。企业文化的作用就是通过企业价值观的提炼和传播，让一群来自不同地方的人共同追求同一个梦想。

（3）组织文化能加强员工的责任感。企业要通过大量的资料和文件宣传员工责任感的重要性，管理人员要给全体员工灌输责任意识、危机意识和团队意识，要让大家清楚地认识到企业是全体员工共同的企业。

（4）组织文化能赋予员工荣誉感。荣誉感能激励员工在自己的工作岗位和工作领域多做贡献、多出成绩。

（5）组织文化能实现员工的成就感。一个企业的繁荣昌盛关系到每一位员工的生存，企业繁荣了，员工们就会引以为豪，会更积极努力的进取，荣耀越高，成就感就越大。

4. 组织文化的特征。

组织文化具备以下六种特征：

（1）独特性。企业文化具有鲜明的个性和特色，具有相对独立性，每个企业都有其独特的文化积淀，这是由企业的生产经营管理特色、企业传统、企业目标、企业员工素质以及内外环境所决定的。

（2）继承性。企业在一定的时空条件下产生、生存和发展，企业文化是历史的产物。企业文化的继承性体现在三个方面：继承优秀的民族文化精华、继承企业的文化传统及继承外来的企业文化实践和研究成果。

（3）相融性。企业文化的相融性体现在它与企业环境的协调和适应性上。企业文化反映了时代精神，它必然要与企业的经济环境、政治环境、文化环境以及社区环境相融合。

（4）人本性。企业文化是一种以人为本的文化，最本质的内容就是强调人的理想、道德、价值观、行为规范在企业管理中的核心作用，强调在企业管理中要理解人、尊重人、关心人。注重人的全面发展，用愿景鼓舞人，用精神凝聚人，用机制激励人，用环境培育人。

(5) 整体性。企业文化是一个有机的统一整体，人的发展和企业的发展密不可分，引导企业员工把个人奋斗目标融于企业发展的整体目标之中，追求企业的整体优势和整体意志的实现。

(6) 创新性。创新既是时代的呼唤，又是企业文化自身的内在要求。优秀的企业文化往往在继承中创新，随着企业环境和国内外市场的变化而改革发展，引导大家追求卓越，追求成效，追求创新。

3.2 人力资源规划

1. 人力资源规划的含义。

人力资源规划，是指为实施企业的发展战略，完成企业的生产经营目标，根据企业内外环境和条件的变化，通过对企业未来的人力资源的需要和供给状况的分析及估计，运用科学的方法进行组织设计，对人力资源的获取、配置、使用、保护等各个环节进行职能性策划，制订企业人力资源供需平衡计划，以确保组织在需要的时间和需要的岗位上，获得各种必需的人力资源，保证事得其人、人尽其才，从而实现人力资源与其他资源的合理配置，有效激励、开发员工的规划。

人力资源规划的目标包括：

(1) 得到和保持一定数量具备特定技能、知识结构和能力的人员；

(2) 充分利用现有人力资源；

(3) 能够预测企业组织中潜在的人员过剩或人力不足；

(4) 建设一支训练有素，运作灵活的劳动力队伍，增强企业适应未知环境的能力；

(5) 减少企业在关键技术环节对外部招聘的依赖性。

2. 人力资源规划的原则。

人力资源规划的原则包括：

(1) 制订确保人力资源需求的原则。人力资源供给保障问题是人力资源计划中应解决的核心问题。因此，企业人力资源计划要通过一系列科学的预测和分析（包括人员的流入预测、流出预测、人员的内部流动预测、社会人力资源供给状况分析、人员流动的损益分析等），确保企业对所需要的人力资源的满足。只有有效地保证了对企业的人力资源供给，才可能去进行更深层次的人力资源管理与开发。

(2) 与内外环境相适应的原则。人力资源计划只有充分考虑了内外环境的变化，才能适应需要，真正做到为企业发展目标服务。内部变化主要指销售的变化、开发的变化，或者说企业发展战略的变化，还有公司员工的流动变化等；外部变化指社会消费市场的变化、政府有关人力资源政策的变化、人才市场的变化等。为了更好地适应这些变化，在人力资源计划中应该对可能出现的情况做出预测，最好能有面对风险的应对策略。

（3）与战略目标相适应的原则。人力资源规划的制定必须依据组织的发展战略和目标，因为人员规划是企业整个发展规划中的重要组成部分，其首要前提就是服从企业整体发展战略的需要，只有这样才能保证企业目标与企业资源的协调发展。人力资源的总体规划建立在企业总体战略的基础之上，总体规划需要明确人力资源管理的职能战略目标、规划的周期、规划的范围，在明确企业总体规划的同时建立与之相适应的人力资源文化，从而吸纳、消化、开发人员。

（4）双方都得到长期利益的原则。人力资源计划不仅是面向企业的计划，还是面向员工的计划。企业的发展和员工的发展是互相依托、互相促进的关系。如果只考虑企业的发展需要，而忽视了员工的发展，则会有损企业发展目标的达成。优秀的人力资源计划，一定是能够使企业和员工都得到长期利益的计划，一定是能够使企业和员工共同发展的计划。

（5）保持适度流动性的原则。员工队伍的合理流动对企业的稳定健康发展有着不言而喻的作用。员工流动性过低，不利于发挥员工的积极性和创造性；流动性过高，易造成人力成本的损耗，使企业生产经营成本增加。

3. 人力资源规划的过程。

人力资源规划的过程，一般可分为以下几个步骤：收集有关信息资料、人力资源需求预测、人力资源供给预测、确定人力资源净需求、编制人力资源规划、实施人力资源规划、人力资源规划评估、人力资源规划反馈与修正。

人力资源规划从企业战略出发，详尽分析企业所处行业和地域等外部环境，透彻了解企业现有的人力资源基础，结合强大的数据基础，准确预测企业未来发展所需的各类人力资源的数量、质量、结构等方面的要求，结合市场供需确定企业人力资源工作策略，制订切实可行的人力资源规划方案。

（1）调查、收集和整理涉及企业战略决策和经营环境的各种信息，提炼对于企业未来人力资源的影响和要求；

（2）根据企业或部门实际情况确定其人力资源规划期限；

（3）通过职能分析进行部门化组织设计；

（4）通过岗位分析进行岗位设置，制订劳动定员定额计划；

（5）定性和定量相结合，以定量为主的各种科学预测方法对企业未来人力资源供需进行预测，在此基础上制订人力资源供需协调平衡的总计划和各项业务计划；

（6）做好人力资源管理费用预算，保证人力资源规划与企业有限的财力相适应，从经济上确保人力资源规划是遵循企业可持续发展战略目标的；

（7）做好人力资源管理制度建设，对组织行为进行规范，是人力资源管理活动有效实施的制度保障，因此制订必要的人力资源政策和措施是人力资源规划的重要工作；

（8）做好人力资源开发规划，是实现人力资源规划总目标的重要内容；

（9）人力资源规划并非一成不变，它是一个动态的开放系统，还应包括调整发展规划。

3.3 人力资源需求、供给的预测和平衡

人力资源需求、供给的预测和平衡属于人力资源规划范畴，指根据组织在一定时期内的发展战略和总体目标，科学预测分析组织在未来环境变化中人力资源的供给和需求状况，制定出相应对策和措施，确保组织在需要的时间和需要的岗位上获得所需要的人才，使人力资源的供给和需求达到平衡，并使组织和个人目标得以实现。人力资源预测是人力资源规划的重要环节，通过人力资源规划，企业可以及早发现人力不足等现象。为保证人力资源规划的合理性，不仅要对人力资源需求而且要对人力资源供给进行准确预测。

1. 人力资源需求预测。

人力资源需求预测是指根据企业的发展规划和企业的内外条件，选择适当的预测技术，对人力资源需求的数量、质量和结构进行预测。人力资源需求预测分为现实人力资源需求预测、未来人力资源需求预测和未来流失人力资源需求预测三个部分。具体步骤如下：

（1）根据职务分析的结果，来确定职务编制和人员配置；

（2）进行人力资源盘点，统计人员的缺编、超编及是否符合职务资格要求；

（3）将上述统计结论与部门管理者进行讨论，修正统计结论；

（4）该统计结论为现实人力资源需求；

（5）根据企业发展规划，确定各部门的工作量；

（6）根据工作量的增长情况，确定各部门还需要增加的职务及人数，并进行汇总统计；

（7）该统计结论为未来人力资源需求；

（8）对预测期内退休的人员进行统计；

（9）根据历史数据，对未来可能发生的离职情况进行预测；

（10）将（8）和（9）统计及预测的结果进行汇总，得出未来流失人力资源需求；

（11）将现实人力资源需求、未来人力资源需求和未来流失人力资源需求汇总，即得到企业整体人力资源需求的预测。

2. 人力资源供给预测。

人力资源供给的预测包括：

（1）内部供给预测。企业未来内部人力资源供给一般来说是企业人力资源供给的主要部分（除新建企业外）。企业人力资源需求的满足，应优先考虑内部人力资源供给。企业内部人力资源供给量必须考虑下述因素：企业内部人员的自然流失（伤残、退休、死亡等）、内部流动（晋升、降职、平调等）、跳槽（辞职解聘）等。

（2）外部供给预测。企业职位空缺不可能完全通过内部供给解决。企业人员因各种主观和自然原因退出工作岗位是不可抗拒的规律，这必然需要企业从外部不断补充人员。

3. 解决人力资源短缺的途径。

企业人力资源供求完全平衡这种情况极少见，甚至不可能，即使是供求总量上达到平衡，也会在层次、结构上发生不平衡，高职务须从低职务者中培训晋升，对新上岗人员须进行岗前培训等。企业应依具体情况制订供求平衡规划，当企业人力资源供不应求或预测企业的人力资源在未来可能发生短缺时，要根据具体情况选择不同方案以避免短缺现象的发生，例如：

（1）将符合条件而又处于相对富余状态的人调往空缺职位；

（2）如果高技术人员出现短缺，应拟订培训和晋升计划，在企业内部无法满足要求时，应拟订外部招聘计划；

（3）如果短缺现象不严重，且本企业的员工又愿延长工作时间，则可以根据《劳动法》等有关法规，制订延长工时适当增加报酬的计划，但这只是短期应急措施；

（4）提高企业资本技术有机构成和工人的劳动生产率，形成机器替代人力资源的格局；

（5）制订聘用非全日制临时用工计划，如返聘已退休者，或聘用小时工等；

（6）制订聘用全日制临时用工计划。

以上这些措施，虽是解决组织人力资源短缺的有效途径，但最为有效的方法是通过科学的激励机制，以及培训提高员工生产业务技能，改进工艺设计等方式，来调动员工积极性，提高劳动生产率，减少对人力资源的需求。

4. 解决人力资源过剩的方法。

当企业人力资源供大于求时，便形成了人力资源过剩。企业人力资源过剩是我国企业面临的主要问题，是我国现有企业人力资源规划的难点问题。解决企业人力资源过剩的常用方法有：

（1）永久性辞退某些劳动态度差、技术水平低、劳动纪律观念差的员工；

（2）合并或关闭某些臃肿的机构；

（3）鼓励提前退休或内退，对一些接近但尚未达退休年龄者，应制订优惠措施，如提前退休者仍按正常退休年龄计算养老保险工龄，有条件的企业还可一次性发放部分奖金（或补助），鼓励提前退休；

（4）提高员工整体素质，如制订全员轮训计划，使得一部分员工始终在接受培训，为企业扩大再生产准备人力资本；

（5）加强培训工作，使员工掌握多种技能，增强他们的竞争力，鼓励部分员工自谋职业，同时，可拨出部分资金，开办第三产业；

（6）减少员工的工作时间，随之降低工资水平，这是西方企业在经济萧条时经常采用的一种解决企业临时性人力资源过剩的有效方式；

（7）采用由多个员工分担以前只需要一个或少数几个人就可完成的工作和任务，企业按工作任务完成量来计发工资从而减少员工工作时间，降低工资水平。

在制订平衡人力资源供求政策措施的过程中，不可能是单一的供大于求、供小于求，往往最可能出现的是某些部门人力资源供过于求，而另外几个部门供不应求，也许是高层次人员供不应求，而低层次人员供给量却远远超过需求量。所以应具体情况具体分析，制定出相应的人力资源部门或业务规划，使各部门人力资源在数量、质量、结构、层次等方面达到协调平衡。

3.4 人才梯队建设

人才梯队建设，就是当现在的人才正在发挥作用时，未雨绸缪地培养该批人才的接班人，也就是做好人才储备，当这批人才变动后能及时补充和顶替上去，而这批接班人的接班人也在进行培训或锻炼，这样就形成了不同水平的人才，仿佛站在梯子上有高有低一样，形象地称为梯队，有效避免了人才断层。人才梯队建设能够引导企业从企业内部和市场中发现优秀人力资源人才，在实践中培养大批人才，同时激发人才的创造精神，形成继任者的人才源泉，为实践企业的愿景和战略目标提供坚实的人才保障。人才梯队建设将帮助企业实现四个方面的转变，从而更好地造就大批企业所需的人才。即从被动地依据工作岗位需要选拔人才，向主动地依据战略发展需要选拔人才转变；从出现缺口后进行应急的低层次人才运作，向重视内部选拔关键人才、外部引进储备战略型人才、管理型人力资源转变；从满足企业当前生产经营需要，向满足企业获取未来竞争优势的高度培养人才转变；从几个部门、少数人才的培养，向各个层次、各个序列的人才培养转变。更为重要的是，人才梯队建设是一个长期过程，必须与企业的人力资源战略密切结合，与企业发展战略和人才规划保持一致；人才梯队建设是一个长期工作，需要几年、十几年甚至几十年的坚持；人才梯队建设需要根据人才的稀缺性和岗位的重要性采取分级培养与管理机制；人才梯队库还要定期进行人才更新管理，以保证人才库动态发展。

人才梯队建设包括以下四个步骤。

第一步，人力资源部在员工内部建立人才梯队建设计划。由人力资源部专业人员及公司相关管理人员组成专家小组，针对公司现在各岗位的职责说明和要求，制定出各岗位的发展方向，以图文或图表的方式呈现出来。职位发展可以是横向的也可以是纵向的。由人力资源部制订人才梯队建设制度，经过专家小组讨论，通过即可实施。

第二步，召集公司管理人员开会，宣导公司人才梯队建设制度，让部门负责人充分理解并支持和配合。一方面人力资源部可以在公司里将人才建设计划充分宣扬；另一方面部门负责人及时将计划贯彻落实到部门中去，在全公司为人才培养造势。

第三步，部门经理根据梯队成员条件对员工进行考察，计划培养人数量及时间，并把此工作纳入对部门负责人的考核中，一个季度或半年必须培养出具有哪方面能力的人才。如果发现有符合梯队建设的人员，则上报人力资源部备案，由人力资源部填写成员信息表，并及时与成员沟通他们自己的发展方向、优势及劣势，需要得到什么样的提升及培训等。

第四步，根据制度实行人才培养和选拔，对梯队成员进行工作跟踪及考核，一个季度或半年对人才进行一次评估，需要培训的及时安排培训，可以提升的及时提升，全力贯彻人才梯队建设制度，如果只制定制度却不执行，那么人才梯队建设将形同虚设。

组织梯队建设是员工职业生涯和企业业绩的双赢举措，员工不断接受新岗位和层次的变化，必须不断地提升自身素质，改善素质结构。而这种职位上升的过程也将给员工带来很大的精神满足，从而使其自觉地把工作效率提高到最高。总之，员工奋斗的全过程也是企业业绩增长的过程。

3.5　人才盘点模型

人才盘点是从企业战略目标实现的需要出发，明确战略目标实现所需要的不同阶段的战略能力，结合企业的组织架构、岗位设计、岗位体系，对现有在岗人员的专业知识、技能、能力、贡献度、心智模式、发展潜力等进行测试与评价，了解岗位适配率，发现高潜质人才，形成人才预测（包括退出、引入、提升、继任等计划）。人才盘点是人才管理的切入点，也是人力资源规划中人才供需的一个预测环节。依据“标准岗位胜任模型”，确定每种素质结构和水平的测试以及评价方式。一般来说，知识、技能类属于相对客观的类别，可以通过考试、实操评比等方式进行评分；能力、经验等可以通过绩效考核结果间接评价；心智模式、职业素养等方面可以通过上级评价、“360 反馈”、心理测评等方式间接评价，具体根据企业的管理水平和资源而定。并在此基础上构建人才盘点模型，为人才盘点结果设计可视化图表。

1. 人才盘点九宫格模型。

通常，当组织规模超过500人时，人才结构变得更加复杂，分工更加细致，管理职能更加凸显。当企业人数较多时，如果用“直觉”或“穷举”来进行人才的判断，显然不够用。一家企业的规模越来越大，管理层对下属部门的人才分布难以全面掌控，如果人才不被识别和定位，那就谈不上知人善用。而通过类似“九宫格”的分类方法，企业可以对数十万的员工进行简单的分类，对于更优质、更有潜力的人才委以重任或专项培养，让人才在组织内得到关注。

如图3-1所示，九宫格的一个维度是绩效，另一个维度是潜力。所有人都认同高绩效和高潜力的9分位员工是公司最重要的A类人才，也认同低绩效和低潜力的1分位员工是公司最不需要的员工。图中的5分位则代表绩效中等、潜力也中等的员工。

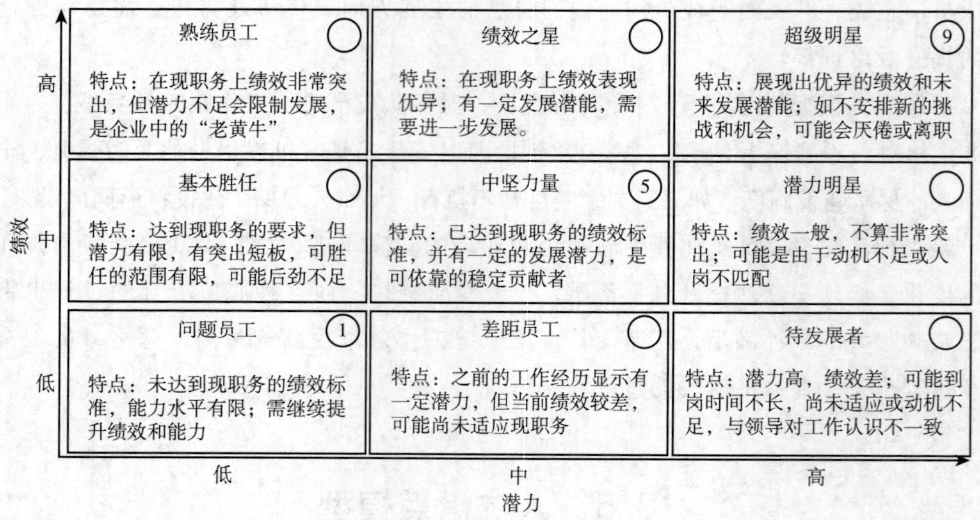

图3-1 人才盘点九宫格模型

2. ATD人才发展能力模型。

只要提到“人才模型”，很多大机构和企业都是以“能力发展”为轴心，如图3-2所示，美国著名人才发展协会（Association for Talent Development，ATD）最新的2019年版的人才发展能力模型。

全新的ATD能力模型指出了三个实践领域——个人、专业和组织领域。这三个实践领域同等重要。

（1）个人领域——人才发展能力日益个性化，包括沟通、决策、领导力、项目管理、合规和终身学习等；

（2）专业领域——人才发展专业人士的行动蓝图，包括技术应用、知识管理、领导力发展和教练技术等；

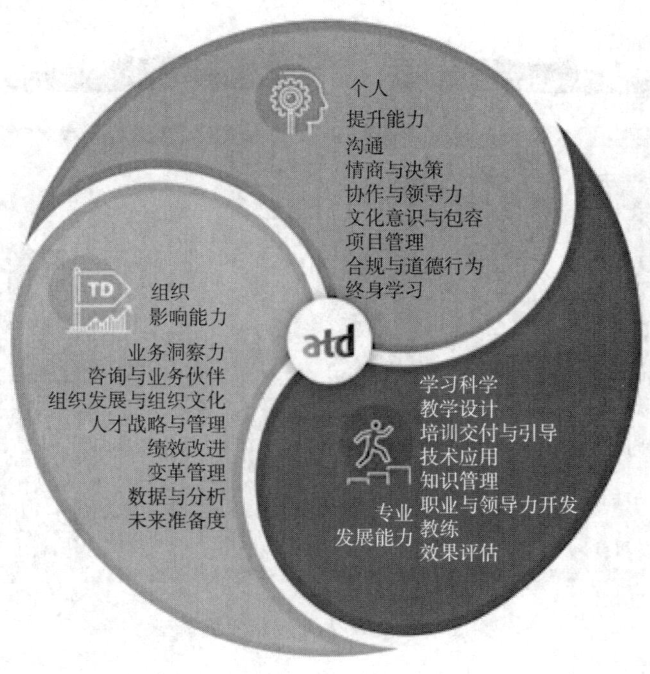

图 3－2　人才发展能力模型

（3）组织领域——为组织能力提供动力，包括业务洞察、业务伙伴、组织发展、绩效改进、变革管理、人才战略与管理、数据分析能力和未来准备等，适合公司所有人才。

ATD 认为，只要是从事人才发展相关领域工作的人都可以将此模型作为指导。换句话说，该模型主要是提供给咨询公司和培训公司的人才顾问使用的，而不是直接给 HR 使用的。因此，这个模型对于 HR 来说，最主要的作用是了解“人才发展”的趋势。

3. DDI 人才战略发展模型。

DDI（Development Dimensions International）是全球领先的以领导力评鉴与发展为核心服务的咨询公司，1970 年成立于美国匹兹堡，50 年来专注于人才发展与培育（见图 3－3）。其人才战略发展模型的主要逻辑是上接战略，下接运营。

如图 3－3 所示，从左到右解读：

（1）商业环境分析——战略思考。在公司目前和未来的重要商业背景基础上，去分析确定长期经营计划中的战略优先事项，以及领导者必须面临哪些挑战？

（2）人才需求分析——组织思考。主要考虑企业在重要的职位上是否有足够的人才来执行目前和未来的战略，是否有人才老化、文化多样性等内外部因素的影响？

（3）打造成长引擎——人才培养。定义关键岗位成功标志，确保各层级拥有足够的人才储备，发展提高个人的成熟度，提供能够减少人才差距的系统和综合性方案。

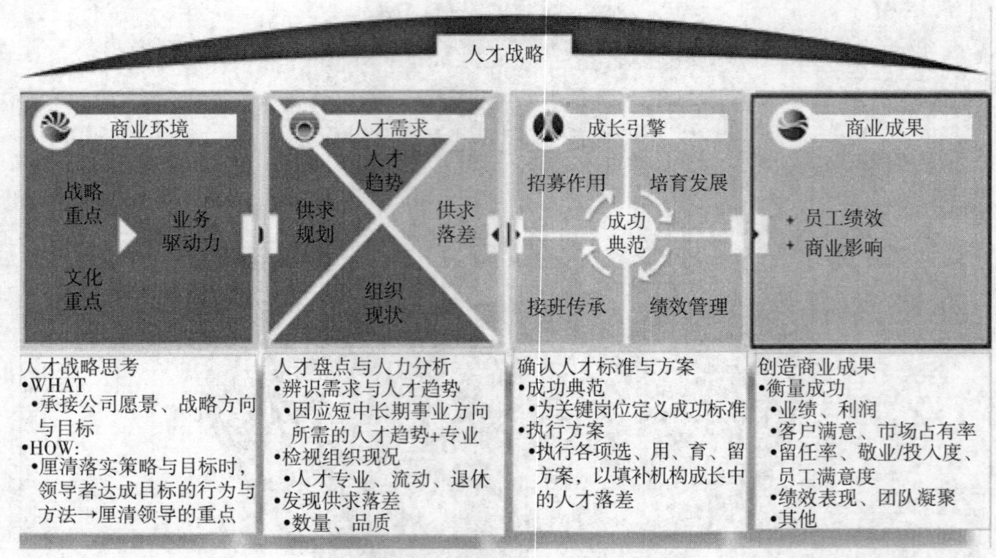

图 3-3 DDI 人才战略发展模型

（4）商业成果回顾——结果导向。所谓商业结果，包括战略目标的实现与员工绩效的提高，要获得以上成果，就需要解决“人才需求”，解决“人才需求”就需要考虑“商业环境”和人才“成长引擎”。

4. 北森 A－FAST 高潜人才模型。

北森人才管理研究院依托十多年专业心理测评的积累和对 3 万名中国企业中高层管理者的测评数据，研发了 A－FAST 高潜人才模型，如图 3－4 所示。

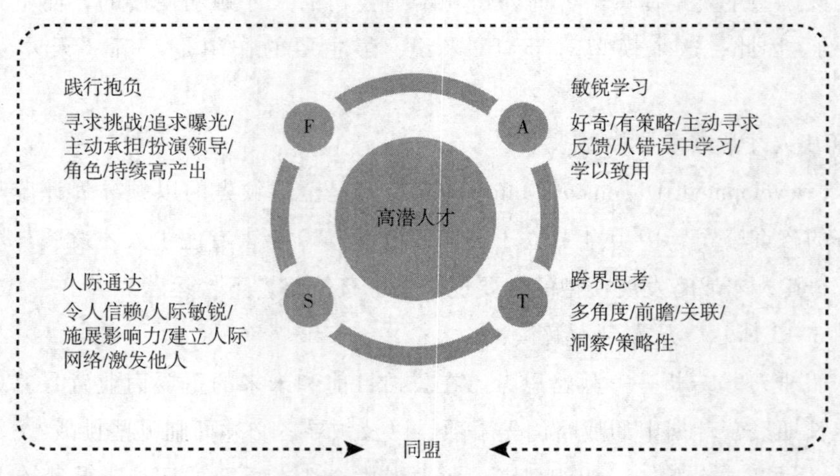

图 3－4 北森 A－FAST 高潜人才模型

通过对大量优秀领导人的共同特质进行分析归纳，北森认为，未来领导人是具备担任企业高级别领导者潜质且对组织有同盟感的人才。其中，潜质主要包含四个方面：

（1）践行抱负，渴望去承担更大的责任、追求更多的职业发展空间，并且愿意投入时间和精力去实现；

（2）敏锐学习，有好奇心，愿意学习新知识，持续应用和总结；

（3）人际通达，洞察他人的需求，用令人信服的方式施加影响，激发他人潜能；

（4）跨界思考，多角度、跨领域思考并解决问题。

除此之外，即便是最优秀的人才，能在一个组织内成功的基础和关键在于认同组织的发展方向，愿意和组织一起共同发展，从心理和行动两个方面达成同盟。

3.6　员工职业生涯规划与管理

员工职业规划就是对职业生涯乃至人生进行持续的、系统的计划。一个完整的职业规划由职业定位、目标设定和通道设计三个要素构成。员工职业生涯规划是指针对个人职业选择的主观和客观因素进行分析和测定，确定个人的奋斗目标并努力实现这一目标的过程。换句话说，职业生涯规划要求根据自身的兴趣、特点，将自己定位在一个最能发挥自己长处的位置，选择最适合自己的事业。职业定位是决定职业生涯成败最关键的一步，同时也是职业生涯规划的起点。职业生涯规划是指一个人对其一生中所承担职务相继历程的预期和计划，包括一个人的学习，对一项职业或一个组织的生产性贡献和最终退休。

1. 员工职业生涯规划的影响因素。

影响员工职业生涯规划与管理的因素主要包括内部因素、外部因素和员工自身的因素三个部分。

（1）内部因素：企业的一切活动都是与员工息息相关的，所以企业的市场价值观、发展战略、领导者的素质和价值观、企业发展前景、管理体制、组织资源、文化以及企业的规模等都对员工职业生涯规划有着一定的影响。

（2）外部因素：影响企业员工职业生涯规划的外部因素是多样的，有政治因素、法律制度、经济发展、地区文化、相关行业的市场发展环境等，且各种因素存在着较大的差异。

（3）员工自身的因素：企业员工职业生涯规划需要由组织该项工作的管理者和员工共同参与，并保持规划活动过程中的互动，只有这样才能保证职业生涯规划发挥更重要的作用。但是，由于每个员工之间都存在着差异：如知识水平、心理素质、个性特征和职业发展等，这些差异影响着职业生涯规划实际功能的发挥。

2. 员工职业生涯规划的方式。

在进行员工职业生涯规划时，先要确立一个支点，这个支点就是：我为什么工作？

职业生涯规划有三个层次的支点：生存支点、发展支点和兴趣支点。

（1）如果立足生存支点来规划职业生涯，会把薪酬作为主要导向。总是在想明天能不能找到薪酬更高的工作，一有获取高薪的机会就会跳槽，而常常忽略自身成长。待到遇上职业瓶颈，薪酬没了增长空间，而技能又没学到多少，身价便会每况愈下。如今这个知识更新越来越快的时代，在为现在的高薪得意时，更要想想如何保持高薪。因此以生存为支点来做职业规划，是一种只重现在不看将来的短视行为，不会感受到工作的快乐，也不会获得事业上的成就感。

（2）如果立足发展支点来规划职业生涯，会以自身的进步为导向。即使所从事的职业并不特别喜欢，薪酬也并不特别高，也会努力做好。对你来说，从中获取的经验和技能最为重要。这些收获让你增值，帮助你实现未来事业上的成功。除了有物质上的收获外，还有精神上的收获，如荣誉、地位等，最终成为职场上的抢手货。不过，这种职业修炼过程需要不断挑战自我极限，鞭策自己向前迈进，因此可能会面临承受工作压力的考验。

（3）如果是立足兴趣支点来规划职业生涯，会以快乐作为导向。并不一定在乎眼前的薪酬多少，也不在乎将来能获得什么地位与荣誉，能找到喜欢的职业，能享受工作的过程，就会对工作投入极大热情，忘却疲倦，甚至感到生命变得灿烂多彩。这样一来，工作成为享受，成为娱乐，不知不觉中就出了成绩。喜欢是做好一件事的前提，兴趣是成功的最大驱动力。

员工在进行职业生涯规划时，也可以结合内外部因素确定支点。职业规划既要考虑外部因素，如就业环境、家庭状况和自身发展情况等，又要考虑内部因素，如能力、专业知识、爱好和性格等。

（1）根据外部因素来确定一个合适的支点。如果知识、经验及能力储备丰厚，则可以以发展支点或兴趣支点来规划自己的职业生涯，在职场选择有潜力的职业或感兴趣的职业。如果初出茅庐，经济拮据，不妨以生存支点来规划自己的职业生涯，从一些简单的职业做起，不要好高骛远，等待职场修炼到某种程度后，再重新规划职业生涯。

（2）根据内部因素来确定一个合适的职业。职业选错会影响成功概率，美国专家曾做过统计，内向型的人从事销售职业，成功的概率低，且比外向型的人付出更多的努力。我们在做职业规划时，还要根据自己的职场修炼程度适时改变职业规划支点。当解决了温饱问题后，就要将原来的生存支点转移到发展支点上来，重新调整自己的职业规划。即使目前的工作能获取高薪，但知识及技术含量不高，没有什么发展空间，也不该多留恋。或者以兴趣支点来重新规划，找一份原来梦寐以求的工作，也许薪酬并不一定比原来高，但只要足以维持体面的生活即可，这是职业的最高层次。这时，工作就成为一种享受。

（3）在这个人才、行业、知识快速更新的时代，只有根据实际情况快速转移职业规划的支点，才能立于不败之地。除了上述单一支点以外，在做职业规划时也可以采用多支点策略，如将生存支点与发展支点结合考虑，或者将发展支点与兴趣支点结合考虑等。支点复合越多，职业规划的难度也就越大。

一般来说，职业规划应该先从单一支点起步，随着知识、技能、经验等的积累，再逐步采用复合支点。职业规划应该一直伴随着职业生涯的发展。即使是在一个你认为值得终身从事的职业上，也还存在着是继续努力还是满足现状的选择。

3. 员工职业生涯规划管理。

员工职业生涯规划管理要因时制宜，实现企业与外部环境的协调。

（1）员工职业生涯规划的制定和实施与企业的外在环境是息息相关的，不仅关系到员工自身的发展，还关系到企业的整体发展，其制定和实施不是一蹴而就的，而是一个复杂系统的过程，必须对企业的外部环境进行有效的整合，建立职业生涯规划系统，实现企业发展与外部环境的协调统一。

（2）企业的内部环境直接影响员工的发展，因此，员工职业生涯规划管理需要结合员工的实际情况和需要，并根据企业的内部因素，如企业的发展战略和目标、发展前景、管理体制等，对员工职业生涯规划做出相应的调整，促进企业发展战略与员工职业发展目标相协调。

（3）企业主要是针对员工的差异进行职业生涯规划的，但这也成为员工不满的源头。所以员工职业生涯规划必须寻找员工与企业发展的契合点，根据员工的不同心理特征制订职业生涯规划，为每一个员工提供职业发展的通道。建立保障系统，确保职业生涯规划功能的实现。

最后，员工职业生涯规划的制定和实施阶段的影响因素也非常多，包括内部因素、外部因素和员工自身差异因素，这些因素直接影响了职业生涯规划。

3.7　数字时代人力资源规划与设计

长期以来，人力资源管理基本上有三套人力资源管理系统：第一，以岗位为核心的人力资源管理系统；第二，以素质模型为核心的人力资源管理系统；第三，岗位和素质模型相匹配的人力资源管理系统。

数字经济时代，人力资源管理出现的巨大变化主要体现在以下几个方面：

（1）从关注岗位、能力转向关注工作。也许在不久的将来，我们将诞生以工作任务为核心的人力资源管理系统。

（2）从员工的个性角度去考虑我们对员工的认知，从“经济人”“社会人”转变为“复杂人”。那么在“复杂人”的个性假设的前提下，人的需求将不再从低到高，而是会呈现多元化的趋势，多种需求往往交织在一起不断迭代升级。

(3) 组织对于人员的使用，将来会更加灵活，供应的方式也会更加多样。除了正式职工之外，可能还有大量的外包、劳务派遣、临时用工等业务合作联盟。人才将会转变为以用为本——不求所有，但求所用，从而提高用人的柔性。

(4) 薪酬的核算、支付与发放。伴随着项目在将来变得更加灵活，可能会打破以月为计算薪酬的周期。

(5) 考核的动态化程度提升。伴随着数字化人力资源管理系统的全面推进，考核将更加的常态化。

(6) 人力资源职能将会从过去的招聘规划、绩效考核、薪酬、劳动关系转变成为三支柱、四支柱。人力资源管理的职能也将进一步分化，也许会出现人人都是人力资源管理者的局面，传统的人力资源管理者将变成人力资源专家或人力资源业务合作伙伴。

本章小结

企业人力资源规划与设计；满足组织总体战略发展的要求，人力资源规划与设计既是组织发展战略的重要组成部分，同时也是实现组织战略目标的重要保证。

首先，确保组织生存发展过程中对人力资源的需求。人力资源部门必须分析组织人力资源的需求和供给之间的差距，制订各种规划来满足对人力资源的需求。

其次，有利于人力资源管理活动的有序化，人力资源规划是企业人力资源管理工作的基础，它由总体规划和各种业务计划构成，为管理活动（如确定人员的需求量、供给量、调整职务和任务、培训等）提供可靠的信息和依据，进而保证管理活动的有序化。

再次，有利于调动员工的积极性和创造性，人力资源管理要求在实现组织目标的同时，也要满足员工的个人需要（包括物质需要和精神需要），这样才能激发员工持久的积极性。只有在人力资源规划的条件下，员工对自己可满足的东西和满足的水平才是可知的。

最后，有利于控制人力资源成本，人力资源规划有助于检查和测算出人力资源规划方案的实施成本及其带来的效益，避免在企业发展过程中因人力资源浪费而造成的人工成本过高的问题。要通过人力资源规划预测组织人员的变化，调整组织的人员结构，把人工成本控制在合理的水平上，这是组织持续发展不可缺少的环节。

思考题

1. 如何理解组织系统设计及人力资源需求、供给平衡的核心理念?
2. 思考人力资源规划过程与人力资源设计过程的内在逻辑?
3. 思考数字时代下，如何使用人才盘点模型进行人才梯度建设?

案例分析

Y 公司的人力资源规划与设计

一、Y 公司人力资源现状及问题分析。

Y 公司成立于 2002 年，位于 R 市高新技术开发区，是一家集软硬件研发、生产、销售为一体的高新技术型企业。公司经过十几年的快速发展，目前已有员工 300 余人，人力资源配置结构和岗位配备较为齐全，但它在人力资源规划方面还存在一定的问题，主要体现在以下三个方面：

（一）企业缺乏对人力资源规划重要性的认识。

当前，企业管理者对人力资源规划的重要意义尚缺乏必要的认识，他们大多认为抓好业绩是重中之重，这就使得人力资源的作用难以得到有效的发挥。另外，Y 公司虽然成立了人力资源相关部门，但部门工作的重心依然停留在员工招聘上，没有明确专人负责相应的人力资源规划工作，并未将其落到实处，没有针对性地对人力资源进行科学规划及设计。

（二）人力资源规划与企业发展战略不完全匹配。

企业人力资源规划的制定和实施，根本目的在于支持和保障企业战略目标的实现。因此，企业制定人力资源规划的前提是要遵循企业的发展战略，偏离了发展战略的规划无异于坐而论道，纸上谈兵。Y 公司在制定人力资源规划的过程中，没有很好地结合自身的发展战略，只是简单地沿用历史数据，导致规划并不贴合实际，且难以真正落地实施，从而使得 Y 公司的人力资源框架与企业战略发展脱节。

（三）人力资源规划缺乏针对性。

企业在制定人力资源规划时，要对各个部门的需要展开充分的调研，全面收集有关信息和数据，找出现存人力资源管理体系中存在的深层次问题，并以此制定切实可行的解决方案。但 Y 公司在制定人力资源规划时，并未与企业相关部门展开充分的讨论和分析，对人力资源管理体系缺乏客观准确的评估，难以发现其中存在的问题，也就无法做到有针对性地制定符合企业管理实际的人力资源规划，导致规划的效果大打折扣。

二、Y 公司加强人力资源规划管理的具体对策。

企业的正常运转离不开专业优秀的人才，为了确保企业在激烈的市场竞争中取得优势，必须打造一支富有战斗力和竞争力的人才队伍。在此过程中，企业人力资源规划的制定显得尤为重要。特别是对 Y 公司这种处在成长期的中小企业而言，当务之急是要结合企业的战略目标和战略定位，采取科学的方法对企业未来的人力资源进行合理规划。

（一）基于平衡人才数量的招聘规划。

人力资源招聘规划作为人力资源规划的一项基础工作，其主要目标是要促进企业人力资源的供需平衡。Y公司在制定招聘规划时，一要结合企业实际需求选择合适的招聘渠道。人力资源招聘渠道有外部招聘和内部调配两种方式，企业要结合不同招聘渠道的特点进行选择，并进一步规范招聘流程。如外部招聘首先要征求用人部门的意见，经人力资源部门和有关管理部门审核之后，通过中介、互联网等渠道公开发布招聘信息，高端人才的招聘也可委托猎头公司进行信息发布和人才找寻；内部调配则需明确企业内部员工的职务晋升制度，并确保其具有科学性和可操作性。二要优化招聘配置方案，重点关注关键岗位的人才配置。对于企业管理层等关键岗位人才，需要重视平时的培养，通过加强人才培训，实施轮岗制度等形式，让优秀人才能够得到充分的锻炼，做到合理储备关键人才，而不是等人才出现空缺了，再临时通过招聘等形式进行盲目填补。

（二）基于提升人才能力的培训规划。

首先，Y公司应建立相关平台和渠道，来收集员工的合理培训需求，在此基础上制定各阶段的培训计划。培训计划应包括培训对象、培训内容、培训周期、培训师、培训方式等。其次，要结合不同类型人才的特点，开展有针对性的培训。例如，对新入职的员工开展入职培训，培训内容包括企业文化、政策制度、员工行为规范等，以帮助新入职员工更好地融入企业。同时要着重加强对员工技能的培训，包括对员工管理能力、专业技能、协调和组织能力等方面的培训，培训完毕后应总结整理本次培训的经验教训，并对培训效果进行评估，为日后再次开展培训做好充足准备。

（三）基于扩充人才储备的配置规划。

对广大中小企业而言，关键岗位人才承担了企业的核心工作，对企业的发展起到决定性作用。若这些关键岗位人才出现空缺无法及时填补，将直接影响企业的健康及持久发展。因此，为了企业更好的发展，Y公司务必要注重对核心人才队伍的培养和建设。一方面要打通员工职业发展通道。让员工清楚自身岗位的职业发展通道，从而能够对未来的职业规划有更加清醒的认识，这有利于激励员工奋发工作，提升员工对企业的归属感。二是要建立人才晋升机制。明确人才评定的基本方式，包括人才晋升的条件、工作成果、工作技能、行为标准、知识储备等内容，这将有助于Y公司更加客观准确地选拔人才，使优秀人才脱颖而出。

资料来源：张鑫．企业人力资源规划的具体策略探析——以H公司为例［J］．现代营销（学苑版），2021（07）：126－127.

第二篇

员工招募、配置与人才管理

2

第4章 职位分析

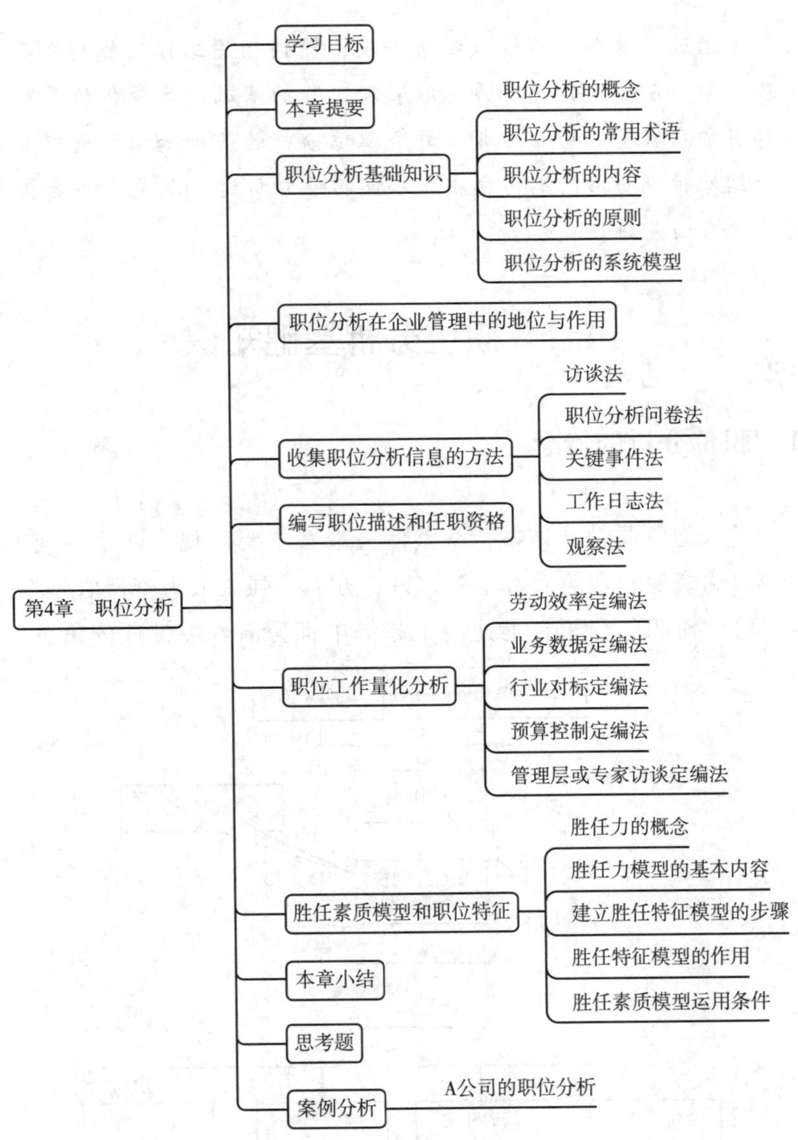
第4章 职位分析
学习目标
本章提要
职位分析基础知识
职位分析的概念
职位分析的常用术语
职位分析的内容
职位分析的原则
职位分析的系统模型
职位分析在企业管理中的地位与作用
收集职位分析信息的方法
访谈法
职位分析问卷法
关键事件法
工作日志法
观察法
编写职位描述和任职资格
职位工作量化分析
劳动效率定编法
业务数据定编法
行业对标定编法
预算控制定编法
管理层或专家访谈定编法
胜任素质模型和职位特征
胜任力的概念
胜任力模型的基本内容
建立胜任特征模型的步骤
胜任特征模型的作用
胜任素质模型运用条件
本章小结
思考题
案例分析
A公司的职位分析

学习目标

1. 掌握职位分析的含义
2. 熟悉职位分析的步骤
3. 了解职位分析的基本方法
4. 掌握职位说明书的主要内容、形式

本章提要

职位分析是通过系统全面的情报收集手段，提供相关工作岗位的全面信息，以便组织改善管理效率。职位分析是人力资源管理工作的基础，其分析质量对其他人力资源管理模块具有举足轻重的影响。本章讲解职位分析的基础知识和进行职位分析的步骤及方法；介绍职位说明书的编写方法。掌握职位分析这一职能，将会为其他人力资源管理模块奠定良好基础。

4.1 职位分析基础知识

4.1.1 职位分析的概念

现代企业的人力资源管理体系，从整体上来看主要表现为两个方面的发展趋势，一方面是强调人力资源管理的战略导向，另一方面是强调人力资源管理系统的内部整合（见图 4－1）。而职位分析在上述两个趋势中都扮演着关键性的角色。对于前者，

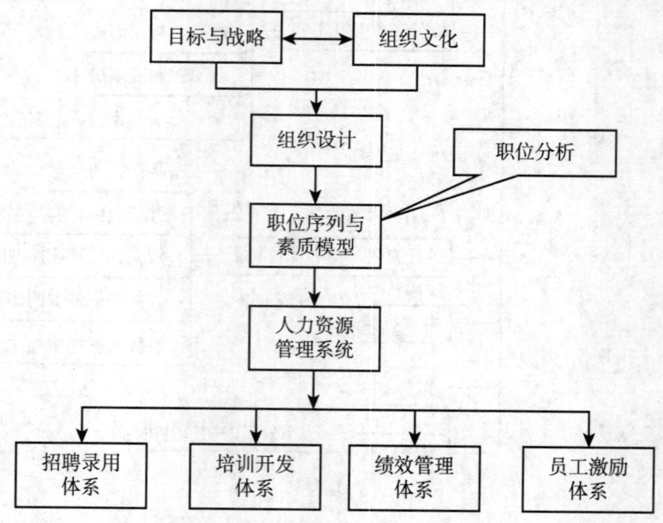

图 4－1 职位分析在战略、组织与人力资源管理中的地位

职位分析是从战略、组织向人力资源管理过渡的桥梁；对于后者，职位分析是对人力资源管理系统内在各板块进行整合的基础与前提。由于职位分析在组织与人力资源管理中扮演的这种关键角色，它在发达国家的企业中仍然能够获得关注与重视；由于其处于组织与人力资源管理中的基础地位，中国企业必须将职位分析作为探寻现代化管理之路的重要环节。

4.1.2 职位分析的常用术语

在职位分析中，会涉及一些常用术语，但这些术语又常被人们混淆，因此掌握和了解以下术语对职位分析是十分必要的。

- 工作要素（Job Elements）：工作中不能再继续分解的最小活动单位。
- 任务（Task）：为了达成某种目的而进行的一系列工作要素。
- 职责（Responsibility）：为了在某个关键领域取得成果而完成的一系列任务的集合。
- 权限（Authority）：为了保证职责的有效履行，任职者必须具备的，对某事项进行决策的范围和程度。
- 任职资格（Qualification）：是指为了保证工作目标的实现，任职者必须具备的知识、技能与能力要求（专业、工作经验、工作技能、能力/素质）。
- 业绩标准（Performance Standard）：是指与职位的工作职责相对应的、对职责完成的质量与效果进行评价的客观标准。
- 职位（Position）：是指承担一系列工作职责的某一任职者所对应的组织位置，它是组织的基本构成单位，职位与任职者是一一对应的。
- 职务（Job）：是指组织中承担相同或相似职责或工作内容的若干职位的总和。
- 职级（Class）：是指工作责任大小、工作复杂性与难度，以及对任职者的能力水平要求近似的一组职位的总和，它常常与管理层级相联系。
- 职位簇（Family）：根据工作内容、任职资格或者对组织贡献的相似性而划分为同一组的职位。职位簇的划分常常建立在职位分类的基础上。

4.1.3 职位分析的内容

工作分析的内容包含三个部分：对工作内容及岗位需求的分析；对岗位、部门和组织结构的分析；对工作主体员工的分析。

对工作内容的分析是指对产品（或服务）实现全过程及重要辅助过程的分析，包括工作步骤、工作流程、工作规则、工作环境、工作设备、辅助手段等相关内容的分析。

工作的复杂性、多样性和劳动分工使岗位、部门和组织结构成为必然，不同的行业和不同的业务都影响着岗位、部门和组织结构的设置，对岗位、部门和组织结构的分析包括对岗位名称、岗位内容、部门名称、部门职能、工作量及相互关系等内容的分析。

对工作主体员工的分析包括对员工年龄、性别、爱好、经验、知识和技能等各方面的分析，通过分析有助于把握和了解员工的知识结构、兴趣爱好和职业倾向等内容。在此基础上，企业可以根据员工特点将其安排到最适合他的工作岗位上，达到人尽其才的目的。

4.1.4 职位分析的原则

笔者在管理咨询的实践中，总结出适用于中国企业的职位分析原则，具体包括以下几个方面：

(1) 以战略为导向，强调职位与组织和流程的有机衔接。职位分析必须以企业的战略为导向、与组织的变革相适应、与提高流程的速度与效率相配合，以此来推动职位描述与任职资格要求的合理化与适应性。

(2) 以现状为基础，强调职位对未来的适应。职位分析必须以职位的现实状况为基础，反对职位分析中的面壁虚构，但也必须强调职位分析对外部市场环境、战略转型、技术变革、组织与流程再造、工作方式转变等一系列变化的影响，强调职位分析的适应性。

(3) 以工作为基础，强调人与工作的有机融合。职位分析必须以工作为基础，以此来推动职位设计的科学化，强化任职者的职业意识与职业规范；同时，职位分析又必须充分照顾到任职者的个人能力与工作风格，在强调工作内在客观要求的基础之上，适当地体现职位对人的适应，处理好职位与人的之间矛盾。

(4) 以分析为基础，强调对职位的系统把握。职位分析绝不是对职责、任务、业绩标准、任职资格等要素的简单罗列，而是要在分析的基础上对其加以系统的把握。所谓系统把握，包括系统把握该职位对组织的贡献，把握其与其他职位之间的内在关系，把握其在流程中的位置与角色，以及把握其内在各要素的互动与制约关系，从而完成对该职位全方位的、富有逻辑的系统思考。

(5) 以稳定为前提，但重视对职位说明书的动态管理。为了保持组织与管理的连续性，企业内部的职位设置以及与此相对应的职位说明书必须保持相对稳定。但职位说明书又并非一成不变，而是需要根据企业的战略、组织、业务与管理的变化适时进行调整，因此需要在稳定的基础上，加强对职位说明书的动态管理。

4.1.5 职位分析的系统模型

职位分析是对职位信息进行收集、整理、分析与综合的系统性的过程。笔者在对这一系统性过程中各种参与要素、中间变量与最终成果，以及它们之间的内在关系进行剖析的基础之上，提出了概括职位分析的系统性模型（见图4-2)。

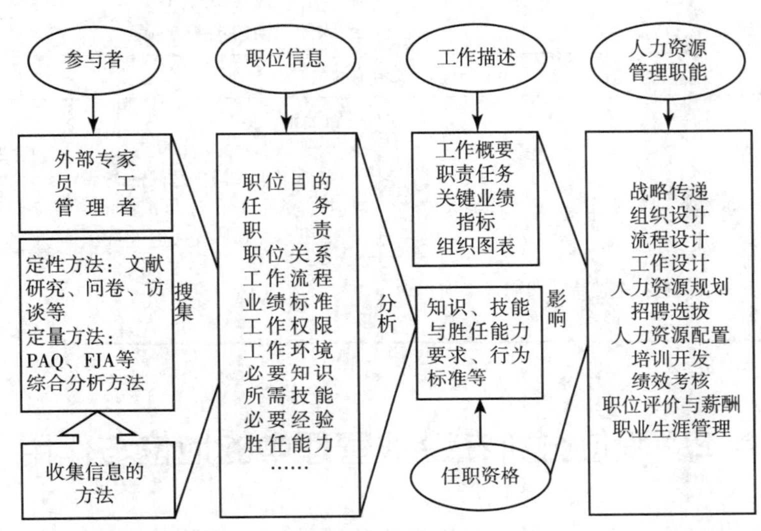

图4-2 职位分析的系统模型

职位分析需要收集的信息可概括为三个方面：工作的外部环境信息、与工作相关的信息和与任职者相关的信息（具体请参见表4-1)。在职位分析实践中，企业的职位分析人员常常会犯“信息收集的近视症”，即只看到工作与任职者的信息，而看不到职位存在的广义的环境，因此，所收集的信息往往忽略了组织的特征以及相关的产品、技术与服务等。事实上，这类信息对于帮助职位分析人员从根本上理解职位，对职位的目的、职责与任务等方面的信息进行综合判断具有至关重要的意义。

表4-1 职位分析需要收集的信息

工作的外部环境信息	
• 组织的愿景、目标与战略 • 组织的年度经营计划与预算 • 组织的经营管理模式 • 组织结构、业务流程/管理流程 • 人力资源管理、财务、营销管理等 • 组织所提供的产品/服务 • 组织采用的主要技术 • 有关组织的研发、采购、生产、销售、客户服务的有关信息 • 组织文化的类型与特点	• 行业标杆职位的状况（以行业中的领先企业与主要竞争对手为主） • 客户（经销商）信息（包括客户档案、客户经营管理模式、客户投诉记录等） • 顾客（最终用户）信息（包括顾客的内在需求特点、顾客调查、顾客投诉等） • 外部供应商的信息 • 主要合作者与战略联盟的信息 • 主要竞争对手的信息

续表

与工作相关的信息	
工作内容/工作情景因素 • 工作职责 • 工作任务 • 工作活动 • 绩效标准 • 关键事件 • 沟通网络 • 工作成果（如报告、产品等）	工作特征 • 职位对企业的贡献与过失损害 • 管理幅度 • 所需承担的风险 • 工作的独立性 • 工作的创新性 • 工作中的矛盾与冲突 • 人际互动的难度与频繁性
与任职者相关的信息	
任职资格要求 • 一般教育程度 • 专业知识 • 工作经验（一般经验、专业经验、管理经验） • 各种技能 • 各种能力倾向 • 各种胜任素质要求（包括个性特征与职业倾向、动机、内驱力等）	人际关系 • 内部人际关系（与直接上司、其他上级、下属、其他下级、同事之间的关系） • 外部人际关系（与供应商、客户、政府机构、行业组织、社区之间的关系）

4.2 职位分析在企业管理中的地位与作用

（1）工作分析为人力资源开发与管理活动提供依据（见图4-3）。

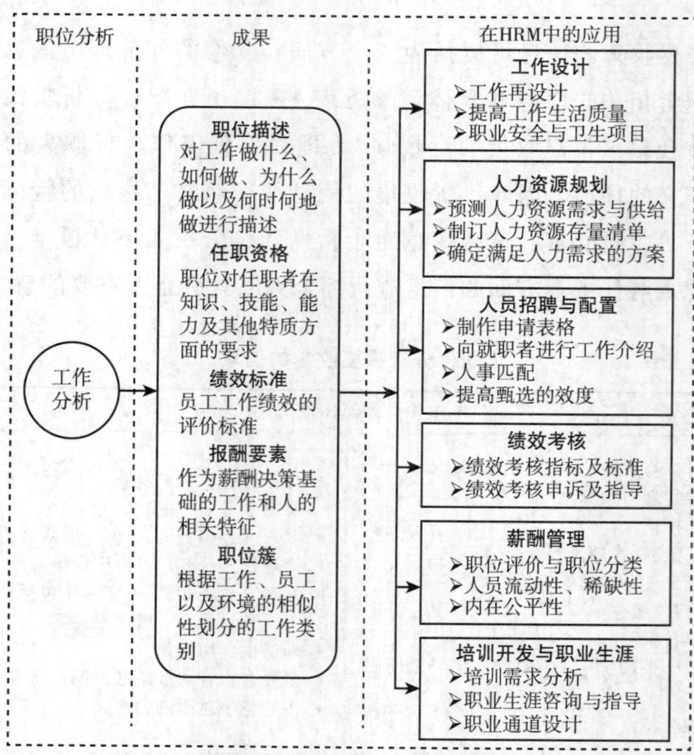

图4-3 职位分析在人力资源管理中的主要用途

①工作分析为人力资源规划提供了必要的信息；

②工作分析为人员的招聘录用提供了明确的标准；

③工作分析为人员的培训开发提供了明确的依据；

④工作分析为科学的绩效管理提供了帮助；

⑤工作分析为制订公平合理的薪酬政策奠定了基础。

（2）工作分析为组织职能的实现奠定基础。

①工作分析有助于员工本人反省和审查自己的工作内容和工作行为，以帮助员工自觉主动地寻找工作中存在的问题，实现职位对于组织的贡献。

②在工作分析过程中，人力资源管理人员能够充分地了解组织经营的各个重要业务环节和业务流程，从而有助于人力资源管理职能真正上升到战略地位。

③借助工作分析，组织的最高经营管理层能够充分了解每一个工作岗位上的人目前所做的工作，可以发现职位之间的职责交叉和职责空缺现象，并通过及时调整职位，提高组织的协同效应。

（3）岗位分析对绩效考核的作用。

这一作用主要体现在两个方面：一是岗位说明书的必备项目中有“岗位关键业绩指标”这一内容，这些指标指明了对该岗位任职人员应从哪些角度进行考核，也指出了人员的努力方向，而绩效考核方案的起点就是部门和岗位考核指标的选择，广义的工作分析甚至可以提供部门的关键绩效指标；二是岗位说明书如果包含“沟通关系”这一项目，就可以清晰地指明绩效考核的主体与考核层级关系，因为沟通关系中明确了汇报、指导与监督关系。

（4）岗位分析对人员招聘与录用的作用。

岗位说明书的另一项必备内容就是岗位任职资格条件，这些条件既是岗位评价的重要参考要素，又天然是该岗位人员空缺时设计招聘要求的基础。招聘广告中一般有空缺岗位的学历、工作经验、专业技术水平、能力方向、人格特征等要求，而这些内容在岗位说明书的任职资格条件项目中均可找到。

（5）岗位分析对员工培训与职业生涯设计的作用。

企业员工培训的一个重要特点是具有强烈的导向性，这个导向的重要依据之一就是岗位说明书所规定的内容，尤其是岗位职责的要求、考核指标要求、能力要求等内容，在新员工培训中，新员工本岗位的说明书甚至能成为其必修教材之一。另外，在对进行员工职业生涯设计时，岗位分析还可以提供职业发展的路径与具体要求。

（6）岗位分析对人力资源规划的作用。

人力资源规划的核心工作是人力需求与供给的预测。在运用技能清单法、管理人员置换图、人力接续计划、马尔可夫矩阵法进行供给预测时，都离不开清晰的岗位层级关系和晋升、岗位转换关系，这些都是岗位说明书所应该规定的。在需求观测时，除了需要对人力资源数量预测，还需要对其质量要求进行预测，说明书中的任职资格条件就成为重要的参考。

(7) 岗位分析对薪酬设计与管理的作用。

工作评价是合理制订薪酬标准的基础，正确的工作评价则要求深入地理解各种工作的要求，这样才能根据它们对组织的价值大小进行排序。岗位分析通过了解各项工作的内容、工作所需要的技能、学历背景、工作的危险程度等因素确定工作相对于组织目标的价值，也可以作为决定合理薪酬的依据。岗位分析为薪酬管理提供相关的工作信息，通过工作差别确定薪酬差别，使薪酬结构与工作相挂钩，从而制订公平合理的薪资政策。

(8) 岗位分析对组织分析的作用。

岗位分析详细地说明了各个岗位的特点及要求，界定了工作的权责关系，明确了工作群之间的内在联系，从而奠定了组织结构设计的基础。通过岗位分析，尤其是广义的工作分析，可以全面揭示组织结构和层级关系对岗位工作的支持和影响，为组织结构的优化和再设计提供决策依据。另外，岗位分析还与劳动定编和定员工作有着非常紧密的联系。定编是指按照一定的人力资源管理程序，采用科学规范的方法，从组织经营战略目标出发，合理确定组织机构的结构、形式、规模以及人员数量的一种管理方法；定员是在定编的基础上，严格按照组织编制和岗位的要求，为组织每个岗位配备合适人选的过程。在现代企业管理中，只有不断地加强定编定员工作，组织才能实现组织机构的精简与统一，才能避免人力资源的浪费，最终实现组织的经营战略目标。如果组织的定编定员工作没有实际的成效，组织就很有可能出现机构臃肿、人员膨胀、效率低下、人浮于事的现象。

(9) 岗位分析对直线管理者的作用。

岗位分析对人力资源管理者的作用显然是非常重要的，对于直线管理者的作用也是不容忽视的。首先，它有利于直线管理者加深对工作流程的理解，及时发现工作中的不足，并及时针对工作流程进行改造创新，从而提高工作效率及有效性；其次，工作分析可以使直线管理者更深入地明确工作中完成某项任务所应具备的技能，这有助于直线管理者在辅助人力资源部门进行人员招聘时真正发挥它的效能；最后，直线管理者还担负着对每一位雇员进行绩效评估，及时反馈并督促其改进绩效的职责，而绩效的评定标准以及绩效目标的设定是离不开每种工作所需完成的任务内容的，这也是与工作分析息息相关的。

4.3 收集职位分析信息的方法

职位分析的信息收集方法可以分为 5 种：访谈法（与职位的上级主管或者任职者面谈，收集职位信息）、问卷法（将关于职位信息的问题制作成问卷，让员工填写）、关键事件法（用表格记录员工在工作过程中特别有效或者特别无效的关键行为）、工作日志法（让任职者根据各自的工作时间顺序记录工作内容，然后归纳提炼）、观察法（观察、记录和提炼任职者的工作情况）。

4.3.1　访谈法

由于职位职责不同，访谈法会有几种不同的形式。处理的职位职责和其他职位有区别时，可以对职位的任职者进行单独访谈，也可以对该职位的上级经理进行访谈。在管理实践中更建议对上级经理进行访谈，因为上级经理不仅了解一个职位的主要职责，而且可以与其他职位进行横向比较，帮助访谈者更加全面地了解该职位的情况。一般称这样的访谈形式为个别访谈法（Individual Interview）。处理的职位职责属于同一类工作时，可以同时约谈多名员工，收集他们对于职位的看法。这个方法在理论上可行，但是在管理实践中一般不建议采用，主要原因是参与员工多，容易使大家有意夸大职位描述。这种形式的访谈一般被称为集体访谈法（Group Interview）。从访谈参与人员的角度看，有一个工作人员参与访谈的情况，也有多个工作人员一起访谈的情况。我们推荐至少有两名工作人员一起参与访谈的形式：一人负责沟通交流、收集必要的信息、澄清和进一步求证信息；另一人负责记录和对关键问题的追加提问。

(1) 访谈法的步骤。

- 准备阶段

首先，人员的准备。需要考虑有哪些工作人员参与访谈，各位工作人员之间的分工（谁主要负责提问，谁主要负责记录和关键问题的重复确认），访谈哪位工作人员（该职位的任职者还是上级经理）。

其次，行政的准备。需要确定访谈的时间、会议室安排等。在此特别需要说明的是，职位分析的过程是一个非常严肃的流程，最好安排在不会被打扰的地方。另外，不建议采用电话会议的形式进行访谈。如果实在时间紧急、项目重要，不能安排面对面的访谈，可采用视频会议的形式开展异地访谈。

再次，文件的准备。访谈之前，访谈者需要对被访谈的职位进行大致了解，要准备必要的文件，如该部门组织结构图（最好是能够显示该职位的图）；明确这个职位是否有类似的其他职位以供参考；可以参考的职位的基本信息（如参考职位的销售数据、年度预算数据等）；如果不是全新的职位，就要了解职位的主要职责、历史业务信息等。

最后，问题的准备。访谈之前，访谈者必须确定本次访谈需要关注哪些问题。必要的话，可提前将问题按照先后次序准备出来。如果是标准化问题，也可以在访谈之前将问题发给被访谈者，让对方做好准备。

• 访谈阶段

访谈者在访谈开始阶段需要做好以下几件事情：尽快与被访谈者建立融洽的关系，使访谈的氛围变得轻松；说明本次访谈的目的仅仅是澄清职位的具体信息，与业绩考核无关。

进行访谈时，鉴于访谈是讨论某个职位的情况，最好的切入手段就是先展示一下部门的组织结构图，从宏观的架构层面获得一个整体的工作职责概念。然后，让被访谈人员谈一下该职位的主要工作职责，在组织结构图中看到该职位和相邻职位的工作关系。访谈的主要目的是收集相关信息，一切工作都是基于客观事实进行的，访谈者不能加入主观判断。如果访谈者对对方提供的信息有不同的见解，不要和被访谈者争论。当被访谈者流露出不满时，访谈者也不要介入，不可发表任何肯定、否定的意见。

• 信息求证

在访谈过程中，一个非常重要的环节就是信息求证。访谈者可以提出以下问题：该职位的工作职责和过去相比有什么变化？该职位的工作职责和部门其他职位是什么关系？今年该工作有什么特殊安排？等等。让被访谈人员做出横向与纵向、历史与现在的比较，访谈者可以更加清楚地获得必要的客观信息。求证过程中一个非常重要的内容就是业务指标。面对被访谈人员列举的工作职责，访谈者应要求对方提供相应的业务指标，并且这个业务指标最好是能够量化的。对于类似市场销售这样的职位，容易获得量化的业务指标，对于其他职位同样可以获得。例如，某财务人员说工作内容非常复杂。访谈者可以让对方说明并提供复杂的证据：是相关法规的管理复杂？还是支持的业务部门复杂？这些都是可以拿出数据说明的。

• 访谈结束

访谈结束时访谈者要向被访谈者表示感谢，并根据访谈内容，整理相应的材料，交被访谈者审核确认。如果本次访谈的对象是职位的任职者，就应该让该职位的上级经理审批访谈内容或职位说明书。

（2）访谈法的优势。

①通过访谈双方面对面的交流，能深入广泛地探讨与工作相关的信息：目标职位的特征，任职者的态度、价值观和信仰，以及其语言等技能水平。

②职位分析师能对所提问题进行及时解释和引导，避免因双方对书面语言理解的差异导致收集的信息不准确。这对于阅读有困难的任职者更为重要。

③职位分析师能根据实际情况及时修正访谈提纲中的信息缺陷，避免重要信息的缺失。

④职位分析师能及时对所获得的信息与任职者进行现场确认。在访谈结束时，职位分析师与任职者就访谈成果进行沟通确认，将极大地提高职位分析的效率，必要时，

可以由双方签字确认。

⑤对于对职位分析有敌对情绪的任职者，可以通过职位分析师的沟通、引导，最大限度地使其参与其中，必要时可以更换访谈对象。

（3）访谈法的劣势。

①职位分析师在访谈过程中容易受到任职者个人因素的影响，导致收集的信息的扭曲，如种族、性别因素等。

②访谈法会影响任职者的工作甚至组织日常运转。访谈的双方需要充足的时间进行沟通，在大规模的访谈过程中，这个弊端表现得更加明显。

③由于访谈双方的公开性，可能导致任职者的不诚实行为或利己行为，特别是在劳动关系紧张、劳资双方缺乏必要信任的组织，会极大地影响职位分析的可信度。

④职位分析访谈记录表、提纲示例。

第一，访谈记录表：

职位分析访谈记录如表 4－2 所示。

表 4－2　　职位分析访谈记录表示例

职位分析师
时间
访谈对象
职位名称
相关工作经验____（年）____（月）
当前工作时间____（年）____（月）
工作地点
电话号码

工作条件	工作过程（职责）	
1.	1.	
2.	2.	
3.	3.	
4.	4.	
5.	5.	
6.	6.	
7.	7.	
8.	8.	
9.	9.	

第二，职位分析访谈提纲示例：

请您用一句话概括您的职位在本公司中存在的价值是什么，它要完成的主要的工作内容和要达成的目标？

请问与您进行工作联系的主要人员有哪些？联系的主要方式是什么？

您认为您的主要工作职责是什么？请至少列出 8 项职责。

对于这些职责您是怎样完成的，在执行过程中碰到的主要困难和问题是什么？

请您指出以上各项职责在工作总时间中所占的百分比重（请指出其中耗费时间最多的三项工作）。

请您指出您的以上工作职责中最为重要、对公司最有价值的工作是什么？

组织所赋予您的最主要的权限有哪些？您认为这些权限有哪些是合适的，哪些需要重新界定？

请您就以上工作职责，谈谈这些职责是否出色地完成的标准是什么？

您认为在工作中您需要其他部门、其他职位为您提供哪些方面的配合、支持与服务？在这些方面，目前做得好的是什么，尚待改进的是什么？

您认为要出色地完成以上各项职责需要什么样的学历和专业背景？需要什么样的工作经验（类型和时间长度）？在外语和计算机方面有什么要求？您认为要出色地完成以上各项职责需要具备哪些能力？

您认为要出色地完成以上各项职责需要具备哪些专业知识和技能？您认为要出色地完成以上各项职责需要什么样的个性品质？

请问您工作中自主决策的机会有多大？工作中是否经常加班？工作繁忙是否具有很大的不均衡性？工作中是否要求精力高度集中？工作负荷有多大？

4.3.2 职位分析问卷法

职位分析问卷法（Position Analysis Questionnaire，PAQ），是 1972 年由麦考密克（E. J. McCormick）提出的一种结构严谨的职位分析问卷，是最普遍和最流行的人员导向职务分析系统。设计者的初衷在于开发一种通用的、以统计分析为基础的方法来建立某职位的能力模型，同时运用统计推理进行职位间的比较，以确定相对报酬。目前，国外已将其应用范围拓展到职业生涯规划、培训等领域，以建立企业的职位信息库。

PAQ 包含 194 个项目，其中 187 项被用来分析完成工作过程中员工活动的特征（工作元素），另外 7 项涉及薪酬问题。所有的项目被划分为信息输入、思考过程、工作产出、人际关系、工作环境、其他特征 6 个类别，并给出了每一个项目的定义和相应的等级代码。

PAQ 同时考虑了员工与工作两个变量因素，并将各工作所需要的基础技能与基础行为以标准化的方式罗列出来，从而为人事调查、薪酬标准制定等提供依据。大多数工作皆可用 5 个基本尺度描绘，因此 PAQ 可将工作分为不同等级。这 5 个基本尺度是：具有决策、沟通能力；执行技术性工作的能力；身体灵活性与体力活动；操作设备与器具的能力；处理资料的能力及相关的条件。根据这 5 个基本尺度，就可以得出工作的数量性剖面的分数，职位与职位之间可相互比较和划分职位簇的等级。也就是说，PAQ 用这 5 个尺度对每一项工作测量出一个量化的分数。于是管理者就可以运用 PAQ 所给出的结果进行对比，确定哪一种工作更富有挑战性，然后依据这一信息来确定每一种工作的奖金或工资等级。应当注意，PAQ 并非职位说明书的替代品，但前者有助于后者的编制。真正施行时，我们可以将 PAQ 简化为一下，分为以下几个步骤：

（1）准备工作。

①初步调查了解公司的大致情况和工作岗位情况，与高层管理者进行沟通协调，对人力资源部进行人员分配，成立工作小组，分工协调工作。

②制订职位分析计划，明确职位分析目的，即着力于解决该公司面临的各种困难，如晋升、薪酬管理问题等，向涉及职位分析的工作人员及参加职位分析的岗位代表宣传、解释职位分析的作用和意义，让企业员工明白岗位分析的重要性，使其接受并配合工作。

③确定调查和分析对象样本，考虑样本的代表性，这可以使信息的收集更全面、详细。

④PAQ 分析人员培训。对 PAQ 的分析人员进行培训，培训的主要内容是对 PAQ 问卷中各维度和要素的理解、PAQ 问卷操作步骤、收集数据的方法等。培训结束后，可以用 PAQ 问卷试分析一个岗位，对实际操作过程中遇到的问题进行讨论，加深分析人员对 PAQ 方法的理解，提高分析人员操作 PAQ 的能力，最终统一所有分析人员对 PAQ 项目及评价尺度的认识。

（2）信息收集。

①依据目标和对象合理设计职位分析调查问卷，以方便对 PAQ 中各个维度和要素进行评定。按照任务定向和人员定向来划分职位分析方法，前者把职位分析的目的直接对准工作目标、任务和其他具有实质性特征的事项；后者则以任职者为出发点，通过了解任职者的潜质、能力和执行工作中表现出的倾向来了解工作。调查表可以由岗位分析小组在信息收集前，根据企业的业务特点以及被分析岗位的工作特征讨论制定。

②除了访谈之外，分析人员还应通过观察（对岗位任职者工作场所的观察及对岗位任职者一项或多项工作活动的观察），得到关于工具、材料、产品、工作规范以及工作环境的准确信息。

③在访谈和观察结束后，分析人员需要尽快完成 PAQ 问卷，不要等到多个岗位工作的信息收集结束后，再集中进行填写。

（3）分析成果整理。

①在对公司进行调查，得到有效、准确的信息后，就要将信息应用到职位说明书的编写中，最终形成切实有效的职位说明书。

②按照一定的标准将类似的岗位进行分类，以便于对不同类别的岗位及其任职者采取不同的管理策略和方法。

③根据工作任务的难易程度或内容将工作进行重新设计或组合。

综上所述，问卷法的优点和缺点并存，职位分析问卷的优点主要有：同时考虑了员工与职位两个变量因素，并将各种职位所需要的基础技能与基础行为以标准化的方式罗列出来，从而为人事调查、薪酬标准制定等提供了依据；大多数职位皆可由 5 个基本尺度对工作进行等级划分，对于每一项工作可以分配到一个量化的分数。因此 PAQ 可将职位分为不同的等级；由于 PAQ 可得出每一个（或每一类）职位的技能数值与等级，因此它还可以用来进行职位评价及人员甄选；PAQ 法不需修改就可用于不同组织中的不同职位，使比较各组织间的工作更加容易，也使职位分析更加准确与合理。

职位分析问卷的缺点主要有：由于问卷没有对职位的特定工作进行描述，因此，职位行为的共同性使任务间的差异较模糊，不能描述实际工作中特定的、具体的任务活动；可读性不强，只有具备大学文化水平及以上的人才能理解其中的项目，从而对使用范围产生限制；花费时间多，成本很高，程序非常烦琐。

4.3.3 关键事件法

1. 关键事件法的概念。

关键事件法是由美国学者福莱·诺格（John C. Flanagan）和伯恩斯（Baras）在 1954 年共同创立的，它是由上级主管记录员工平时工作中的关键事件：一种是做得特别好的，另一种是做得不好的。在预定的时间，通常是半年或一年之后，利用积累的记录，主管者与被测评者讨论相关事件，为测评提供依据。通过关键事件技术，可以从行为的角度系统地观察和描述实际职务的绩效和行为。这是 20 世纪 40 年代兴起的一种技术手段，目前在心理学、人力资源管理等许多领域得到了广泛应用。

2. 关键事件法的内容。

关键事件法集中关注关键的事件，以解释深入的基本问题。不管是采用问卷调查还是深入访谈作为主要的数据收集工具，其主要目的都是寻找激发重大事件的关键事件。关键事件法是最早由通用汽车公司使用的方法，是职位分析的一种补充方法，不太适合独立使用，需要结合访谈法和问卷调查法，否则关键事件有失偏颇。关键事件技术要求以书面的形式至少描述出 6 个月到 12 个月能观察到的 5 个关键事件，并分别说明杰出的任职者和不称职的任职者在这些典型事件中会如何处事。这种职位分析的方法主要用来鉴别可以区分业绩好（或满意）的员工和业绩差（或不满意）的员工的关键事件。这种方法的理论基础是：每种工作中都有一些关键事件，业绩好的员工在这些事件上表现出色，而业绩差的员工则正好相反。在使用这种方法时，职位分析专家采访目标岗位的任职者或其直接上级，鉴别出一系列的关键事件。在访谈过程中，通过询问关键事件的起因及任职者采用的解决方法，确定本项工作所需的知识、技能、能力。关键事件法在开发工作样本测试中尤其有用。

关键事件法包含三个重点：观察；书面记录员工所做的事情；有关工作成败的关键性的事实。其主要原则是认定员工与职务有关的行为，并选择其中最重要、最关键的部分来评定其结果。首先从领导、员工或其他熟悉职务的人那里收集一系列职务行为的事件，然后描述“特别好”或“特别坏”的职务绩效。这种方法考虑了职务的动态特点和静态特点。对每一事件的描述内容，包括：①导致事件发生的原因和背景；②员工的特别有效或多余的行为；③关键行为的后果；④员工自己能否支配或控制上述后果。

在大量收集这些关键以后，可以对他们做出分类，并总结出职务的关键特征和行为要求。关键事件法既能获得有关职务的静态信息，也可以了解职务的动态特点。

3. 关键事件法的基本步骤。

关键事件法是一种半结构性的职位分析方法。该方法的操作基本步骤如下：

第一步，收集职务行为的各种事件，这些事件一般来说都表明一项特定职务或一级职务上个人的工作绩效特别好或特别差的特征。这些事件可以采用个别或群体访谈、问卷、工作日志以及其他手段，从任职者、同事、以前的任职者、上级或者他人那里收集。在职务分析信息的收集过程中，往往会遇到这样的问题：工作者有时并不十分清楚本工作的职责、所需能力等。此时，职务分析人员可以采用关键事件法。具体的方法是：分析人员可以向工作者询问一些问题，如“请问在过去的一年中，您在工作中所遇到比较重要的事件是怎样的？您认为解决这些事件的最为正确的行为是什么？最不恰当的行为是什么？您认为要解决这些事件应该具备哪些素质？”。对于解决关键事件所需的能力、素质，还可以让工作者进行重要性的评定。例如，让工作者给这些能力、素质按重要性排队；按五点量表打分；或给定一个总分（如 20 分）让工作者将其分摊到各种能力和素质中去。

第二步，由专家评定这些事件是否真的就是好或坏的行为，因为有些任职者认为是好的事件其实并非如此。

第三步，由 3 个任职者将已写出的事件归到一定的类别（或维度）中去。不同维度之间的重要性是不同的。

第四步，由另外 3 个任职者再次将写出的事件进行归类，并将归类的结果与第三步中的结果进行比较。对于那些不能一致归类的事件则将其排除或另列一类。

第五步，对分析提炼、划分类别的结果进行列表，从而得出职务基本特性的总体结果。

需要注意的是，在运用关键事件法时要注意类别的确定，或者说是维度的确定。要根据不同的维度来确定事件。

4. 关键事件法的优缺点。

关键事件法的主要优点是：研究的焦点集中在职务行为上，因为行为是可观察的、可测量的。同时，通过这种职务分析可以确定行为的任何可能的利益和作用。

①为向下属人员解释绩效评价结果提供了确切的事实证据。

②确保在对下属人员的绩效进行考察时，所依据的是员工在整个年度中的表现（因为这些关键事件肯定是在一年中累积下来的），而不是员工在最近一段时间的表现。

③保存一种动态的关键事件记录有助于获得一份关于下属员工是通过何种途径消除不良绩效的具体实例。

但这种方法也有两个主要的缺点：一是费时，需要花大量的时间去搜集那些关键事件，并加以概括和分类；二是关键事件的定义是显著的对工作绩效有效或无效的事件，但是，这就遗漏了平均绩效水平。而对工作来说，最重要的一点就是要描述“平均”的职务绩效。关键事件法对中等绩效的员工难以涉及，因而全面的职务分析工作就不能完成。

4.3.4 工作日志法

1. 概念。

工作日志法，是由任职者按时间顺序，详细记录自己在一段时间内的工作内容与工作过程，经过归纳、分析，达到工作分析目的的一种工作分析方法。

2. 步骤。

通过工作日志法收集到的信息量是相当巨大的，因此在整理分析阶段需要专业职位分析师运用专业方法对所有信息进行统计、分类、提炼，以形成较为完整的工作框架。

①提炼工作活动。工作日志整理首要任务是从日常工作描述中提炼目标职位工作活动内容。一般说来，根据各项活动不同的完成方式，采用标准的动词形式，将其划分为大致的活动板块，如“文件起草”“手续办理”“编制报表”等，然后按照各板块内部工作客体的不同对工作任务加以细化归类，形成对各项活动的大致描述。

②工作职责描述。在确定工作活动后，根据日志内容尤其是工作活动中的“动词”确定目标职位在工作活动中扮演的角色，结合工作对象、工作结果、重要性评价形成任职者在各项工作活动中的职责。

③工作任务性质描述。区分工作活动的常规性和临时性，对于临时性的工作活动，应在工作描述中加以说明。

④工作联系。将相同的工作联系客体归类，按照联系频率和重要性加以区分，在职位说明书相应项目下填写。

⑤工作地点描述。对工作地点进行统计分类，按照出现频率进行排列，对于特殊工作地点应详细说明。

⑥工作时间描述。可采用相应的统计制图软件，作出目标职位时间—任务序列图表，确定工作时间的性质。

3. 特点。

①详尽性。日志是在完成工作以后逐日及时记录的，具有详尽性的优点。

②可靠性。通过工作日志法所获得的工作信息可靠性很高，往往适用于确定有关的工作职责、工作内容、工作关系、劳动强度等方面的消息。

③失真性。工作日志法是由工作任职者自行填写的，信息失真的可能性较大，任职者可能更注重工作过程，而对工作结果的关心程度不够。运用这种方法进行工作分析对任职者的要求较高，任职者必须完全了解工作的职务情况和要求。

④烦琐性。这种方法的信息整理工作量大，归纳工作烦琐。

4. 作用。

用于工作分析时，工作日志法很少作为唯一的、主要的信息收集技术。实际工作中，工作分析人员通常会将企业已有的工作日志作为问卷设计、准备访谈或对某一项工作初步了解的文献资料来源。

5. 优缺点。

优点：信息可靠性强，适用于确定有关工作职责、工作内容、工作关系、劳动强度等方面的信息；所需费用较低；对于高水平与复杂性工作的分析，比较经济有效。

缺点：主要缺点是将注意力集中于活动过程，而不是结果；使用这种方法必须要求从事这一工作的人对此项工作的情况与要求非常清楚；使用范围较小，只适用于工作循环周期较短、工作稳定无较大起伏的职位；信息整理的工作量大，归纳工作繁琐；工作执行人员在填写时，会因为不认真而遗漏很多工作内容，从而影响分析结果，另外在一定程度上填写日志会影响正常工作；若由第三者进行填写，人力投入量就会很大，不适于处理大量的职务；存在误差，需要对记录分析结果进行必要的检查。

4.3.5 观察法

观察法是由职位分析师在工作现场通过实地观察、交流、操作等方式收集工作信息的过程。观察法主要适用于大量的、周期性重复性较强的工作，可分为直接观察法、自我观察法（工作日志）以及工作参与法，由于三种方法在很多方面存在共同之处，因此本书以直接观察法来介绍观察法在职位分析中的运用。

观察法的步骤如下：

第一步，观察目标定位。

（1）明确职位分析观察的目的。

一般来说，观察法所提供的信息有两个方面的作用：

①描述（Describe）：对任职者的个体或群体工作活动、行为和环境等进行客观描述，为后续编制调查问卷、访谈提纲、职位说明书提供信息支撑。

②验证（Test）：通过对工作活动的实地观察，验证通过其他方法收集的信息的真伪，对信息进行加工修订。

针对不同的目的，将不同的观察客体、结构化程度、关注点与之对应，因此必须首先明确观察法的基本目的。

（2）观察客体的定位。

在组织中，观察的客体主要有个体、小组、团队、组织四个层面。层面定位是指将所要观察的职位置于怎样的环境中来观察。一方面，我们应根据目标职位的影响范围来确定观察的层面，若目标职位涉及整个组织的运行，则将其置于组织层面，以此类推。例如，对于一条流水线主管人员工作活动的观察应置于整个小组的层面，而对于其中某个操作人员的观察置于个体层面即可。另一方面，在确定观察客体的层面时，我们要根据观察的目的（描述或是验证）选择合适的观察客体所处的层面。一般来说，由于描述性观察法需要收集全面完整的信息，因此应针对上述四个层面展开全面的观察；而验证性观察法仅针对所要验证的信息，只须根据验证信息所涉及的客体进行观察即可。

第二步，研究设计与开发。

（1）选择确定观察对象。

根据职位分析观察法的目的以及客体的定位，从目标职位任职者中选择合适的观察对象。若目标职位任职者较少（3个以内），这些任职者都将是观察对象；若目标职位任职者较多，从经济和便利的角度出发，一般选择3～5位典型的任职者作为观察对象。当然，在选择的同时可以采用“标杆瞄准”（Benchmarking）的原则，选取绩效水平较高的任职者作为观察对象。

对于选定的对象，进行相关培训是十分有必要的。通过培训，应向他们说明职位分析的目的、操作流程以及最终的影响等，力图消除其戒备心理。职位分析组织者切忌采用“暗中观察”的方法。虽然这种方式能最大限度地排除分析人员的“介入效应”，但是这种方法是不道德的，既会降低组织成员对组织的信任感，也会导致职位分析的失败。另外，这种方法也失去了职位分析能够帮助组织成员自我改进的优点。

（2）确定观察的时间地点。

为了不影响组织日常运营，观察时间、地点应事先确定。时间、地点的确定应遵循以下原则：

①典型性：观察的时间、地点应为该职位的典型、常规的工作时间和地点，而不是偶尔发生的工作时间和地点。

②经济性：在选择时间和地点时，应考虑观察法的经济性，尽量不要影响组织的日常运营过程，同时在收集完整信息的前提下，尽量减少时间跨度和空间的转移。

③全面性：为了使观察的覆盖面能涵盖任职者的全部工作内容，观察的时间、地点应尽可能全面、完整，尤其在描述性观察法中，时间、地点的完整性会对结果产生重大的影响。对于周期性工作岗位，观察的时间最好覆盖某一典型的工作周期；对于非周期性的工作岗位，应从多方面收集其典型工作发生的时间段，在这些时间段中，对其进行观察。例如，可通过与上司、本人进行沟通讨论，确定典型时间段，作为观察时间。

④民主性：观察的时间和地点的选择可以征求本人和上司的意见，在双方沟通交流的基础上确定，这样可以增加观察对象的参与程度，降低其抵触情绪。

(3) 所需设备工具。

在观察过程中，将有大量的信息需要观察人员进行快速的整理记录，因此有必要采用一些辅助的手段帮助观察员进行记录，常用的设备包括录音机、摄像机等。如前所述，在对任职者工作活动进行录音、录像之前，应事先告知其目的及方式，避免各种负面影响；但在观察过程中，宜采用“隐形记录”的方式，即各种记录设备应放置于较为隐蔽、任职者无法看到的位置，因为过于外显的设备会给任职者造成工作压力，从而不知不觉中改变自己惯常的行为方式。同样，观察、记录人员也应处于不显眼的位置，以免影响正常的工作，如采用“单向玻璃”隔离观察等。

另外，其他计时、度量的工具应根据实际观察的需要予以配备。

第三步，观察分析人员选拔培训。

观察分析人员的选拔和培训是整个观察法操作过程中最重要的环节，培训质量的好坏将直接影响职位分析的成败。通过培训观察员，不但可以增加整个观察分析活动的规范性，还可以通过集体协商讨论弥补观察方案中的不足之处，增强方案的可行性。

(1) 选拔。

在观察人员选拔方面没有一定之规，大致说来，观察人员需要具备公正客观的态度、较强的人际交流技能、文字表达能力以及行为理解把握能力。以下一些因素对于人员的选拔有一定的参考意义：

①过程的结构化程度。高度结构化的观察过程对于观察者的公正客观性乃至培训的力度要求较低；而非结构化的观察过程则需要观察者具备高度的公正客观的态度和较多的培训。

②观察的目的。职位分析观察的目的是选拔观察员的一个重要的因素。若观察的目的定位于“描述”，则观察员最好是目标职位任职者中的一人或是任职者的同事；如果观察的目的是“验证”，则观察员最好是“外部人”或是与任职者无利益关系的人。

（2）培训。

对观察人员进行培训的主要目的是增强观察过程的可信度，收集更加准确的信息。

第四步，观察实施过程。

（1）进入观察现场。

上述准备工作就绪后，并非意味着观察可以顺利开展了，通常进入工作现场前，还需要做好一些前期铺垫工作，为观察的实施扫除“现场”障碍。主要有以下几项工作：

①相关承诺。进入现场后，首要的工作是与任职者建立良好的相互信任关系。在任职者培训阶段，已经初步介绍了与观察工作相关的事项。从实际操作角度来看，仅培训往往是不够的，任职者最关心的是观察工作的直接实施者。为了增加任职者的安全感，使其积极主动地配合观察工作，观察人员应作出如下承诺——尊重隐私权、保证匿名性、授予拒绝参与权和结果知情权。

②简要介绍。观察开始之初，重申工作的目的是非常有必要的。研究表明简要介绍观察的目的对于打消任职者的“跟随效应”（投观察者所好）有显著作用；但是过于详细的介绍反而会束缚任职者的行为，因此“开场白”一定要适度。

③设备安装。为了观察工作的顺利展开，应安装必要的观察记录设备，如前所述，设备的安装应避开任职者，以免对其造成压力。

（2）现场记录。

在观察者和任职者之间建立良好的信任合作关系后，就进入现场观察记录的阶段。观察记录质量的好坏对结果的影响是不言而喻的，因此，在观察记录的过程中，观察分析员一定要严格遵守观察记录的流程要求，本着严肃、敬业的态度完成对目标职位每个环节的记录工作。

第五步，数据整理。

观察结束后应对收集的信息数据进行归类整理，形成观察记录报告。数据整理根据采用的方法有不同的整理要求。对于结构化的观察结果，应按照计划要求，对收集的数据进行编码、录入计算机，以便分析；对于非结构化调查，则应按照一定的逻辑顺序（如发生时间）进行整理排列，补齐观察过程中的缩写，形成一份描述性的报告，当然也可加入个人的分析判断。

第六步，数据分析及运用。

观察法数据分析是一项庞杂的工作，尤其是非结构化观察法，要对大量的活动描述进行归类分析。非结构化观察法所获信息可以参照工作日志法的分析提炼过程进行加工整理，获取标准化信息。

对于结构化观察结果，可以根据设计要求和实际情况采用各种统计分析方法进行统计分析。由于结构化观察法目前在国内运用相对较少，而且主要适用于操作性职位，因此本书不加赘述。

4.4　编写职位描述和任职资格

岗位说明书是描述职位分析结果的书面文件，包括岗位基本信息、岗位使命、工作模块、工作职责、业务权限、工作频率、工作依据以及任职要求等。岗位说明书能够把组织实现战略的职责落实到具体组织成员，确保组织正常运转，支持组织实现目标。

（1）岗位说明书的基本构成。

岗位名称、所属部门、岗位编号、岗位等级、直接上级、直接下级、岗位使命、岗位职责、岗位业务权限、工作成果、基本要求（学历、专业、经验、性别、年龄、证书等）、知识（基本知识、专业知识）、技能（管理技能、专业技能）、职业素养（基本素养、特殊素养）、工作环境（工作时间、资源配置）、职业发展路径等。

（2）如何编写岗位基本信息、使命、职责、任职资格。

①编写岗位基本信息

岗位名称：岗位限定词 + 名词

岗位编号：部门代号 + 顺序号，例如，HR - 001（人力资源部部长）

②编写岗位使命

岗位使命是指对一个岗位所期望达到“什么”及“为什么”的简短准确的表述。它一般只有 1 ~ 2 句话，在组织中仅有少数岗位的目的超过一句话，也就是那些有“多种职务角色”的岗位。

4.5　职位工作量化分析

4.5.1　劳动效率定编法

劳动效率定编法是根据生产任务、员工的劳动效率以及出勤等因素来计算岗位人数的方法，或者说是根据工作量和劳动定额来计算员工数量的方法。因此，凡是实行劳动定额的人员，特别是以手工操作为主的岗位，都适合用这种方法。

劳动效率定编法的公式如下：

定编人数＝计划期生产任务总量÷(员工劳动效率×出勤率)

【案例】

某企业明年计划生产的产品总任务量是100万件，工人平均的生产效率为每天生产10件（或劳动产量定额），工人的年平均出勤率为90%，该企业工人的定编人数应是多少？

计算过程如下：

工人定编人数＝1×106÷[10×(365－2×52－11)×90%]＝445人（四舍五入）。

劳动定额的基本形式有产量定额和时间定额两种。如果采用时间定额，则计算公式如下：

定编人数＝生产任务×时间定额÷(工作时间×出勤率)

【案例】

以上例来说，如单位产品的时间定额为1小时，则计算过程如下：

工人定编人数＝1×106×1÷[8×(365－2×52－11)×90%]＝556人（四舍五入）。

4.5.2 业务数据定编法

业务数据定编法是根据公司业务数据变化来确定员工人数的方法，通常适用于员工人数与业务数据关联性较大的岗位。这里的业务数据可以包括销售收入、销售量、利润额、市场占有率等。业务数据定编法主要根据企业的历史数据和战略目标，确定企业在未来一定时期内的岗位人数；根据企业的历史业务数据及企业发展目标，确定企业短期、中期、长期的员工编制；根据企业的历史数据，将员工数与业务数据进行回归分析，得到回归分析方程；根据企业短期、中期、长期业务发展目标数据，确定人员编制。

【案例】

某品牌笔记本电脑销售企业去年每月的平均销售额为1亿元，预计明年销量将增长20%。通过回归分析，每月销售额与销售人员数量的回归分析方程得数为4.286×10－6。该企业需要的销售人员定编数量应是多少？

计算过程如下：

明年销售人员定编数量＝明年全国月平均销售额×回归分析方程得数＝1×108×1.2×4.286×10－6＝514人（四舍五入）。

业务数据定编法中用到的回归分析方法是建立在对未来预测的基础上的。要保证计算结果的准确性，首先要保证预测的准确性，其次要加强数据管理，保留真实的历史数据，便于用统计的方法建立回归分析方程。

4.5.3　行业对标定编法

行业对标定编法是用某一特定行业中，组织中某类岗位人数与另一类岗位人数的比例来确定该岗位人数的方法。在组织中，由于专业化分工和协作的要求，某一类人员与另一类人员之间总是存在一定的比例关系。该方法比较适合人力资源管理、行政管理、后勤管理等各种辅助支持类岗位的定员。行业对标比例法的计算公式如下：

某类岗位定编人数 = 另一类岗位人员总数 × 行业内对标企业定员比例

【案例】

某连锁餐饮连锁服务业现有一线服务人员 1 万人，在该行业的其他对标企业中，人力资源管理人员与公司一线服务人员之间的比例一般为 1∶100，该企业应配置多少名人力资源管理人员？计算过程如下：

该企业人力资源管理人员人数 = 1 × 10 000 × 1/100 = 100 人。

4.5.4　预算控制定编法

预算控制定编法是财务管控型企业当中最常使用的定编方法，它通过人力成本预算的金额或比率控制在岗人数，而不对某一部门或某类岗位的具体人数做硬性规定。部门负责人对本部门的业务目标、岗位设置和员工人数负责，在获得批准的预算范围内，自行决定各岗位的具体人数。由于企业的资源是有限的，且与产出是密切相关的，因此，预算控制对企业各部门人数的扩展有着严格的约束。

【案例】

某集团公司给 A 子公司设定明年的销售预算额为 10 亿元，预算人力费用率为 10%，A 子公司平均每人每年的人力成本（非工资）为 8 万元，该子公司应配置多少人？计算过程如下。

A 公司定编人数 = 10 × 100 000 000 × 10% ÷ (8 × 104) = 1 250（人）。

若组织战略调整或市场环境发生较大变化，预算相应发生了重大变化，则定编人数也应相应调整。以上例来说，假如市场形势较好，A 子公司明年的销售预算额调整为 12 亿元，则按照预算控制定编法，该子公司的定编人数如下：

A 公司定编人数 = 12 × 100 000 000 × 10% ÷ (8 × 104) = 1 500（人）。

4.5.5　管理层或专家访谈定编法

管理层或专家访谈定编法更偏重经验，通过与管理层或者相关专家访谈的形式，获得下属员工工作量、流程的饱满性，得到员工编制调整的建议，预测各岗位员工一定时间之后的流向，确定部门内或跨部门的提拔、轮岗、离职方案。

通过专家访谈可以获取到国内外同类行业、同类企业各种岗位类型人员的信息结构、管理层次、管理幅度等信息。通过对这些信息加工处理，直接设计组织内部各部门、各岗位的人员结构。

4.6 胜任素质模型和职位特征

4.6.1 胜任力的概念

"胜任力"是指能将某一工作中的卓越成就者与普通者区分的个人的深层次特征，它可以是动机、特质、自我认知、态度或价值观、某领域知识、认知或行为技能等任何可以被可靠测量或计数的，并且能显著区分优秀与一般绩效的个体的特征。

4.6.2 胜任力模型的基本内容

胜任力模型的基本内容包括以下几个层面：

- 知识——某一职业领域需要的信息（如人力资源管理的专业知识）；
- 技能——掌握和运用专门技术的能力（如英语读写能力、计算机操作能力）；
- 社会角色——个体对于社会规范的认知与理解（如想成为工作团队中的领导）；
- 自我认知——对自己身份的知觉和评价（如认为自己是某一领域的权威）；
- 特质——某人所具有的特征或其典型的行为方式（如喜欢冒险）；
- 动机——决定外显行为的内在稳定的想法或念头（如想获得权利、喜欢追求名誉）。

员工个体所具有的胜任特征有很多，但企业所需要的不一定是员工所有的胜任特征，企业会根据岗位的要求以及组织的环境，明确能够保证员工胜任该岗位工作、确保其发挥最大潜能的胜任特征，并以此为标准来对员工进行挑选。这就要运用胜任特征模型分析法提炼出能够对员工的工作有较强预测性的胜任特征，即员工最佳胜任特征能力，其主要包括以下三点。

（1）个人的胜任力：指个人能做什么和为什么这么做；

（2）岗位工作要求：指个人在工作中被期望做什么；

（3）组织环境：指个人在组织管理中可以做什么。

交集部分是员工最有效的工作行为或潜能发挥的最佳领域。当个人的胜任能力大于或等于这三个圆的交集时，员工才有可能胜任该岗位的工作。企业人力资源管理所要发掘的胜任能力模型就是个人胜任能力与另外两个圆的交集部分，即能够保证员工有效完成工作的胜任特征模型。

胜任特征模型构建的基本原理是：辨别优秀员工与一般员工在知识、技能、社会角色、自我认知、特质、动机等方面的差异，通过收集和分析数据，并对数据进行科学的整合，从而建立某岗位工作胜任特征模型构架，产生相应可操作性的人力资源管理体系。

4.6.3　建立胜任特征模型的步骤

（1）定义绩效标准（销售量、利润、管理风格、客户满意度）。

绩效标准一般采用工作分析和专家小组讨论的办法来确定。即采用工作分析的各种工具与方法明确工作的具体要求，提炼出鉴别工作优秀的员工与工作一般的员工的标准。专家小组讨论则是由优秀的领导者、人力资源管理层和研究人员组成专家小组，就此岗位的任务、责任和绩效标准以及期望优秀领导表现的胜任特征行为和特点进行讨论，得出最终的结论。如果客观绩效指标不容易获得或经费不允许，一个简单的方法就是采用“上级提名”。这种由上级领导直接给出的工作绩效标准的方法虽然较为主观，但对于优秀的领导层也是一种简便可行的方法。企业应根据自身的规模、目标、资源等条件选择合适的绩效标准定义方法。

（2）选取分析效标样本（一般经理、优秀经理）。

根据岗位要求，在从事该岗位工作的员工中，分别从绩效优秀和绩效普通的员工中随机抽取一定数量的员工进行调查。

（3）获取效标样本有关胜任特征的数据资料（BEI、问卷调查、评价中心、专家评议组）。

可以采用行为事件访谈法（Behavioral Event Interview，BEI）、专家小组法（Expert Panel）、问卷调查法（Survey）、全方位评价法、专家系统数据库和观察法等获取效标样本有关胜任特征数据，但一般以行为事件访谈法为主。行为事件访谈法是一种开放式的行为回顾式调查技术，类似于绩效考核中的关键事件法。它要求被访谈者列出他们在管理工作中发生的关键事例，包括成功事件、不成功事件和负面事件各三项，并且让被访者详尽地描述整个事件的起因、过程、结果、时间、相关人物、涉及的范围以及影响层面等。同时也要求被访者描述自己当时的想法或感想，例如，是什么原因使被访者产生类似的想法以及被访者是如何去达成自己的目标等，在行为事件访谈结束时最好让被访谈者自己总结一下事件成功或不成功的原因。

行为事件访谈一般采用问卷和面谈相结合的方式。访谈者会有一个提问的提纲以把握面谈的方向与节奏。并且访谈者事先不知道访谈对象属于优秀组或一般组，避免造成先入为主的误差。访谈者在访谈时应尽量让访谈对象用自己的话详尽地描述他们成功或失败的工作经历，他们是如何做的、感想又如何等。由于访谈的时间较长，一般需要1~3小时，因而访谈者在征得被访者同意后应采用录音设备把内容记录下来，以便整理出详尽的有统一格式的访谈报告。

（4）建立胜任特征模型（确定胜任力项目、确定等级、描述等级）。

在分析数据信息（访谈结果编码、调查问卷分析）的基础上建立胜任特征模型。通过行为访谈报告提炼胜任特征，对行为访谈报告进行内容分析，记录各种胜任特征在报告中出现的频次。然后对优秀组和普通组的要素指标的发生频次和相关的程度统计指标进行比较，找出两组的共性与差异特征。根据不同的主题进行特征归类，并根据频次的集中程度，估计各类特征组的大致权重。

（5）验证胜任特征模型（BEI、问卷调查、评价中心、专家评议组）。

验证胜任特征模型可以采用回归法或其他相关的验证方法，采用已有的优秀与一般的有关标准或数据进行检验，关键在于企业选取什么样的绩效标准来做验证。

【案例】

以我们为某大型电器营销公司的销售经理进行胜任特征模型构建的研究为例，首先我们选取了该公司不同地区的经理进行工作分析，明确经理的工作内容和工作要求，并结合该公司的实际情况确立了对经理们的绩效考核指标。在该公司现有的优秀绩效表现与一般绩效表现经理当中随机挑选45名经理，对经理进行行为事件访谈。访谈的内容主要有三个部分：一是被访谈对象的基本资料；二是被访谈者列举自己三件成功事件以及三件不成功的事件；三是对访谈者的综合评价。在实施行为访谈的过程中，我们同时对经理人进行了管理素质测评以及管理知识测评，用来验证胜任特征模型的有效性。根据各经理的访谈报告，我们归纳整理出了经理胜任特征频次表，并以此构建了经理人的胜任特征模型。根据该胜任特征模型明确了合格的营销经理应该具备的胜任特征，并以此为依据开发了结合公司目前经理现状的营销经理培训体系。帮助经理们找到自己的"短木板"，有针对性地对经理们进行培训，同时也为该公司的人员选拔以及人才招聘提供了有力依据。

4.6.4 胜任特征模型的作用

胜任特征模型在人力资源管理活动中起着基础性、决定性的作用。它分别为企业的工作分析、人员招聘、人员考核、人员培训以及人员激励提供了强有力的依据，它是现代人力资源管理的新基点。

（1）工作分析。

传统的工作岗位分析较为注重工作的组成要素，而基于胜任特征的分析，则研究工作绩效优异的员工，突出与优异表现相关联的特征与行为，结合这些人的特征和行为定义这一工作岗位的职责内容，它具有更强的工作绩效预测性，能够更有效地为选拔、培训员工以及为员工的职业生涯规划、奖励、薪酬设计提供参考标准。

（2）人员选拔。

传统的人员选拔一般比较重视考察人员的知识、技能等外显特征，而没有针对难以测量的核心动机和特质来挑选员工。但如果挑选的人员不具备该岗位所需要的深层次的胜任特征，要想改变该员工的深层特征却又不是简单的培训可以解决的问题，这对于企业来说是一个重大的失误与损失。相反，基于胜任特征的选拔正是帮助企业找到具有核心的动机和特质的员工，既避免了由于人员挑选失误所带来的不良影响，也减少了企业的培训支出。尤其是为工作要求较为复杂的岗位挑选候选人，如挑选高层技术人员或高层管理人员，在应聘者基本条件相似的情况下，胜任特征模型在预测优秀绩效方面的重要性远比与任务相关的技能、智力或学业等级分数等更高。

（3）绩效考核。

胜任特征模型的前提就是找到区分优秀与普通的指标，以它为基础而确立的绩效考核指标，是经过科学论证和系统化的考核体系真实地反映员工的综合工作表现。让工作表现好的员工及时得到回报，提高员工的工作积极性。对于工作绩效不够理想的员工，根据考核标准以及胜任特征模型通过培训或其他方式帮助员工改善工作绩效，达到企业对员工的期望。

（4）员工培训。

培训的目的与要求就是帮助员工弥补不足，从而达到岗位的要求。而培训所遵循的原则就是投入最小化、收益最大化。基于胜任特征分析，针对岗位要求结合现有人员的素质状况，为员工量身定做培训计划，帮助员工弥补自身“短木板”的不足，有的放矢地突出培训的重点，省去分析培训需求的烦琐步骤，杜绝不合理的培训开支，提高培训的效用，取得更好的培训效果，进一步开发员工的潜力，为企业创造更多的效益。

（5）员工激励。

通过建立胜任特征模型能够帮助企业全面掌握员工的需求，有针对性地采取员工激励措施。从管理者的角度来说，胜任模型能够为管理者提供管理并激励员工努力工作的依据；从企业激励管理者的角度来说，依据胜任模型可以找到激励管理层员工的有效途径与方法，提升企业的整体竞争实力。当然我们也要看到，胜任特征模型在人力资源管理的应用只是刚刚起步，还存在许多需要进一步完善的地方，特别是在构建出胜任特征模型以后，开发测量各项胜任特征的量表和工具是值得进一步探讨的问题，量表设计的准确与否将直接影响企业在进行人员招聘时的参照标准。而且企业选择胜任特征分析时一定要从自身的需求、财力、物力等各方面因素综合考虑。因为胜任特征模型的构建总的来说还是较为费时、费力，所以在选择分析目标时应有所侧重，建议企业选择企业生产经营活动价值链中的重要岗位进行胜任特征分析，从而降低因关键岗位用人不当给企业带来的巨大损失和危险。

随着对胜任特征的逐渐深入研究，我们深信以胜任特征为基础的人力资源管理新模式将为企业带来更多的收益，进一步增强企业的核心竞争力，为企业在激烈的市场竞争中脱颖而出提供坚实的基础。

4.6.5 胜任素质模型运用条件

（1）组织战略的指导。

胜任素质模型是在组织的使命、目标明确条件下，进行探索、设计和运用的。这就要求企业在确定某一职位的胜任素质模型时，必须从上往下进行分解，即由“企业使命”确定“企业核心战略胜任素质”；由“企业核心战略胜任素质”确定“企业业务发展需要的胜任素质”；由“企业业务发展需要的胜任素质”确定“职位需要的胜任素质”，将胜任素质概念置于“人员—职位—组织”匹配的框架中。根据特定职位需要的胜任素质，招聘、选拔符合职位要求的人员，确定该职位人员的绩效考核内容、培训主题、职业生涯发展等。

（2）组织文化的包容性。

市场经济环境快速变化，同一岗位对人的胜任素质要求也随之变化，即一方面构成职位胜任素质模型的要素变化了；另一方面，构成胜任素质模型的内涵也将发生变化。例如，对某些东西过去属于负面评价，而现在变成正面评价；有些东西过去非常注重，现在已经是一般基础构成，不需要特别强调。而且在企业实践中，很多胜任素质特征往往是具有一定的矛盾的，每个人往往都是一种矛盾的结合体。心理学研究表明，很多心理特征因素之间存在负向联系，如协调说服胜任素质与诚实踏实、坚持胜任素质和工作效率、敢于迎接挑战和组织忠诚度之间等，如何取舍取决于公司的文化导向。如果组织文化没有适度的包容性，胜任素质模型就难以真正实施。

（3）组织结构与管理方式的转变。

尊重知识型员工的个性、对员工进行适当授权、采取自我管理式团队的组织结构、使组织成为学习型组织、形成创新授权机制是胜任素质模型充分发挥作用的前提。高绩效的团队发展强调群体目标与成员责任匹配，强化团队目标导向行为，增强群体的凝聚力，提高工作绩效。因此要求组织结构由金字塔的命令传递模式转变为团队的自主管理模式。

（4）组织高层领导的支持。

从理想的角度来说，高层领导的支持应该能让大家有目共睹，例如，他们也把胜任素质管理的反馈工具用在他们自己和他们的直接下属身上，在他们的管理风格上采用新的、核心的行为，拥护推广胜任素质管理计划的活动等。如果没有高层领导的参与支持，胜任素质模型推广将会遇到极大的阻力，也很难取得良好的效果。

（5）高素质人力资源管理人员的实施。

胜任素质模型的开发应用需要人力资源管理者对企业管理基础理论与方法，尤其是战略管理与实施、人力资源管理等基础理论和方法较为深入的掌握和了解，还需要对企业业务与技术特征具有深入的了解，并对心理学尤其是心理测量等学科有效掌握。胜任素质模型所用到的行为事件访谈（BEI）、信息编码、建模等方法，其使用的成效还在很大程度上依赖于操作者本身的胜任素质与经验，技术门槛较高。

（6）组织薪酬体系的重新设计。

在胜任素质模型导向的人力资源管理体系下，团队的成员彼此之间没有很清晰的职责划分，大家共同协作，共同对团队绩效负责。“无边界工作”“无边界组织”成为组织追求的目标，工作说明书由原来细致地规范岗位任务和职责，转变为只规定岗位的工作性质、任务以及任职者的胜任素质和技术。相应地，要求薪酬体系也转变为以胜任素质为基础的“宽带薪酬”，具有不同胜任素质的公司员工应设计不同的薪酬结构。例如，从事结构化工作，胜任素质结构较为稳定的员工应以固定报酬为主；从事非结构化工作，胜任素质结构不稳定，潜在胜任素质较大的员工则应以非固定报酬作为其报酬的主要组成部分，将其报酬与其胜任素质发挥情况联系起来。

（7）组织培训和职业指导的配合。

在人员培训与发展方面，根据各岗位的胜任素质特征要求建立了不同层次和不同部门的培训大纲，并依此细化为具体岗位的培训专题和内容，提高培训的针对性。同时，要建立岗位发展路线和人员职业发展计划。所谓岗位发展路线是指预先为员工发展铺设通道；而人员发展路线是基于岗位发展通道和个人兴趣，考察从当前岗位到目标岗位的胜任素质特征要求的差异，根据胜任素质要求的差异设置相应的培训课程，配备绩效指标。

（8）时间和资源要求。

素质模型的建立是企业的一项“基础工程”，而一项基础工程的建设往往需要付出较大的代价。因此，建立组织胜任素质模型要花费大量的时间和资源，对此，组织高层必须有充分的心理准备。为保证胜任素质模型建设工作按科学的方法操作，要对访谈人员、编码人员和数据分析人员进行专业训练；为保证形成可靠的、有效的评估，必须进行大量的评估资料搜集；为保证模型和评估紧跟形势需要，要经常性地对胜任素质模型进行检查、修正；为保证胜任素质模型深入人心，需要对组织人员进行思想观念与技能培训。所有这些都需要时间和财力支持。

(9) 适当样本量的要求。

适当样本量是建立胜任素质模型的必须条件。中小企业不适合建立这样的模型，因为样本量太小。在相对比较大的中小企业中，干部、经理也只有一二十人，这对于建立模型样本量来说是不够的。所以在方法技术上中小企业建立胜任素质模型可以借鉴咨询公司的数据库，或向外围专家请教。而大企业有条件，但也要根据企业发展的需要建立核心部门的胜任素质模型。

(10) 参照效标的选择。

参照效标也是影响胜任素质模型建立的重要因素。对于有些岗位，优秀员工、一般员工和较差的员工很容易区分出来，参照效标容易获取，准确性也较高。而对另一些岗位，优秀员工、一般员工和较差的员工很难准确地区分和衡量，参照效标获取困难，选择出来的标杆岗位的“标杆”不能有效“测量”企业战略目标实现能力程度，达不到理想效果。

本章小结

科学管理必须建立在详尽的分析基础之上，职位分析是社会组织实现科学管理的一个基本环节，是对职位本身最基本的分析过程职位分析，是确定完成各项工作所需技能责任和知识的系统过程，是人力资源管理的基本工具。来自职位分析的信息对人力资源管理的每一个方面都有影响，通过职位分析，我们可以确定某一个职位的性质，是哪些类型的人适合从事这项职位。职位分析的方法有很多，这些方法各有利弊，也有不同的适用性。运用时，往往采用多种方法结合的方式，所有信息都必须通过职位分析的结果——职位说明书和职务规范来描述。

思考题

1. 为什么要进行职位分析？
2. 职位分析的步骤是什么？
3. 职位分析的常见方法有哪些？分别有什么优势和劣势？
4. 如何编写职位说明书？
5. 人力资源管理中有哪些职位设计的方法？

案例分析

A 公司的职位分析

一、公司的背景。

A 公司是我国中部地区的一家房地产开发公司。三年前，公司现任总经理看准当地房地产行业的广阔商机和发展前景，多方融资组建了这家公司。近年来，随着当地经济的迅速增长，房产需求强劲，公司有了飞速的发展，规模持续扩大，逐步发展为一家中型房地产开发公司，在当地房地产行业中占有了重要的一席之地。

二、变革的缘由。

随着公司的发展和壮大，员工人数大量增加，众多的组织和人力资源管理问题逐步凸显出来。

(一) 组织上的问题。

公司现有的组织机构，是基于创业时的公司规划，随着业务扩张的需要逐渐扩充而形成的。在运行的过程中，组织与业务上的矛盾已经逐步凸显出来。部门之间、职位之间的职责与权限缺乏明确的界定，扯皮推诿的现象不断发生；有的部门抱怨事情太多，人手不够，任务不能按时、按质、按量完成；有的部门又觉得人员冗杂，人浮于事，效率低下。这些状况都严重制约了公司的业务发展，并在客户中造成了不良的印象。

(二) 招聘中的问题。

公司的人员招聘，由各部门提出人员需求和任职条件，作为选录的标准，然后交由人力资源部组织招聘和面试。但是用人部门给出的招聘标准往往笼统含糊，招聘主管往往无法准确地加以理解，使招来的人大多差强人意。同时目前的许多岗位往往不能做到人事匹配，员工的能力不能得以充分发挥，严重挫伤了士气，并影响了工作的效果。

(三) 晋升中的问题。

公司员工的晋升以前由总经理直接做出。现在公司规模大了，总经理已经几乎没有时间来与基层员工和部门主管打交道，基层员工和部门主管的晋升只能根据部门经理的意见来做出。而在晋升中，上级和下属之间的私人感情成为决定性的因素，有才干的人往往却并不能获得提升。因此，许多优秀的员工由于看不到自己未来的前途，而另寻高就。

（四）激励机制的问题。

公司缺乏科学的绩效考核和薪酬制度，考核中的主观性和随意性非常严重，员工的报酬不能体现其价值与能力，人力资源部经常可以听到大家对薪酬的抱怨和不满，这也是人才流失的重要原因。

三、变革。

面对这样严峻的形势，人力资源部开始着手进行人力资源管理的变革。人力资源部的经理王义专门为此参加几个人力资源管理的培训班。在培训班上，王经理了解到职位分析是企业人力资源管理的基础，自己公司的许多问题也似乎与此相关。因此，他在和总经理商议之后，决定以职位分析作为变革的切入点。于是，人力部以雄心勃勃的王经理为首，加上几个人力部的主管，成立起了一个职位分析小组，全权负责职位分析项目的开展。

首先，他们开始寻找进行职位分析的工具与技术。在阅读了国内目前流行的几本职位分析书籍之后，他们从其中选取了一份职位分析问卷，来作为收集职位信息的工具。

工作分析问卷

一、职位基本情况

姓名		现任职位名称		年龄	
学历		所学专业		职称	
目前工资					
所在科室、部门、子公司					

二、本职位设置的目的

三、工作职责（请尽量列出本职位的职责，并按照其重要性加以排序）

重要性	工作职责	时间比重
1		
2		
3		
4		
5		
6		
7		
8		
其他		

（请你填写你的工作职责。填写空格不够时，可以另附表格）

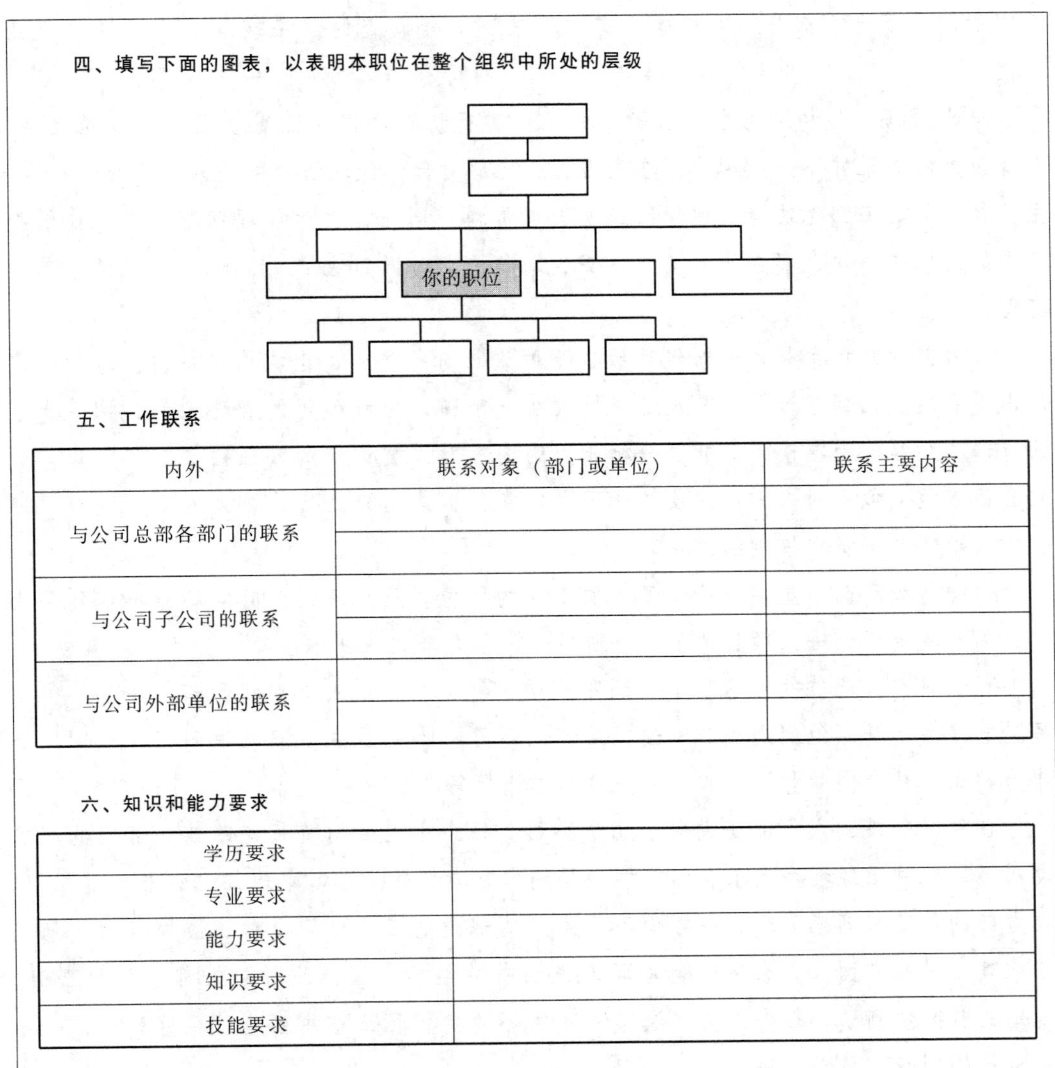

四、填写下面的图表，以表明本职位在整个组织中所处的层级

五、工作联系

内外	联系对象（部门或单位）	联系主要内容
与公司总部各部门的联系		
与公司子公司的联系		
与公司外部单位的联系		

六、知识和能力要求

学历要求	
专业要求	
能力要求	
知识要求	
技能要求	

然后，人力部将问卷发放到了各个部门经理手中，同时他们还在公司的内部网页上发了一份关于开展问卷调查的通知，要求各部门配合人力部的问卷调查。

据反映，问卷在下发到各部门之后，却一直搁置在各部门经理手中，而没有下发下去。很多部门是直到人力部开始催收时才把问卷发放到每个人手中。同时，由于大家都很忙，很多人在拿到问卷之后，都没有时间仔细思考，草草填写完事。还有很多人在外地出差，或者任务缠身，自己无法填写，而由同事代笔。此外，据一些较为重视这次调查的员工反映，大家都不了解这次问卷调查的意图，也不理解问卷中那些陌生的管理术语，何为职责，何为工作目的，许多人对此并不理解，很多人想就疑难问题向人力部进行询问，但是不知道具体该找谁。因此，在回答问卷时只能凭借自己个人的理解来进行填写，无法把握填写的规范和标准。一个星期之后，人力部收回了问卷。但他们发现，问卷填写的效果不太理想，有一部分问卷填写不全，一部分问卷答非所问，还有一部分问卷根本没有收上来。辛苦调查的结果却没有发挥它应有的价值。

与此同时，人力部也着手选取一些职位进行访谈。但在试着谈了几个职位之后，发现访谈的效果并不好。因为，在人力部，能够对部门经理访谈的人只有王经理一人，主管和一般员工都无法与其他部门经理进行沟通。同时，由于经理们都很忙，能够把双方的时间凑一块，实在不容易。因此，2 个星期时间过去之后，只访谈了两个部门经理。

人力部的几位主管负责对经理级以下的人员进行访谈，但在访谈中，出现的情况却出乎意料。大部分时间都是被访谈的人在发牢骚，指责公司的管理问题，抱怨自己的待遇不公等。而在谈到与职位分析相关的内容时，被访谈的人往往又言辞闪烁，顾左右而言他，似乎对人力部这次访谈不太信任。访谈结束之后，访谈人都反映对该职位的认识还是停留在模糊的阶段。

这样持续了两个星期，访谈了大概 1/3 的职位。王经理认为时间不能再拖延下去了，因此决定开始进入项目的下一个阶段——撰写职位说明书。

可这时，各职位的信息收集却还不完全。怎么办呢？人力部在无奈之中，不得不另觅它途。于是，他们通过各种途径从其他公司中收集了许多职位说明书，试图以此作为参照，结合问卷和访谈收集到一些信息来撰写职位说明书。

在撰写阶段，人力部还成立了几个小组。每个小组专门负责起草某一部门的职位说明书，并且王经理还要求各组在两个星期内完成任务。在起草职位说明书的过程中，人力部的员工都颇感为难，一方面不了解别的部门的工作，问卷和访谈提供的信息又不准确；另一方面，大家又缺乏写职位说明书的经验，因此，写起来都感觉很费劲。规定的时间快到了，很多人为了交稿，不得不急急忙忙，东拼西凑了一些材料，再结合自己的判断，最后成稿。

最后，职位说明书终于出台了。下面，列出了其中的一份样例。

人力部将成稿的职位说明书下发到了各部门，同时，还下发了一份文件，要求各部门按照新的职位说明书来界定工作范围，并按照其中规定的任职条件来进行人员的招聘、选拔和任用。但这却引起了其他部门的强烈反对。很多直线部门的管理人员甚至公开指责人力部，说人力部的职位说明书是一堆垃圾文件，完全不符合实际情况。

于是，人力部专门与相关部门召开了一次会议来推动职位说明书的应用。王经理本来想通过这次会议来说服各部门支持这次项目。但结果却恰恰相反，在会上，人力部遭到了各部门的一致批评。同时，人力部由于对其他部门不了解，对于其他部门所提的很多问题，也无法进行解释和反驳。因此，会议的最终结论是，让人力部重新编写职位说明书。后来，经过多次重写与修改，职位说明书始终无法令人满意。最后，职位分析项目不了了之。

人力部的员工在经历了这次失败的项目后，对职位分析彻底丧失了信心。他们开始认为，职位分析只不过是“雾里看花，水中望月”的东西，说起来挺好，实际上却没有什么大用，而且认为职位分析只能针对西方国家那些管理先进的大公司，拿到中国的企业来，根本就行不通。原来雄心勃勃的王经理也变得灰心丧气，但他却一直这次失败耿耿于怀，对项目失败的原因也是百思不得其解。

那么，职位分析真的是他们认为的“雾里看花，水中望月”吗？该公司的职位分析项目为什么会失败呢？

思考题：

1. 试分析该公司为什么决定从职位分析入手来实施变革，这样的决策正确吗？为什么？

2. 请用本书中所讲到的知识分析，在职位分析项目的整个组织与实施过程中，存在着哪些问题？

3. 该公司所采用的职位分析工具和方法主要存在着哪些问题？请用课程中的知识加以分析。

4. 从职位说明书的项目安排和书写规范的角度来看，示例中的职位说明书存在着什么样的问题？

附录：职位分析问卷

1. 工作综述。

●工作概要：您所从事工作的主要目标是什么（它为什么存在，该工作公司中起什么作用？）

例如：通过执行办公室和行政职责为本部门提供秘书支持。

以最小的成本采购产品和服务以满足特定的需求。

进行涉及计算机运用的开发、安装维护工作的系统分析。

提示：在回答该问题之前可以先列出工作职责。

____

____

2. 所运用的技能/知识。

●正规培训或教育：为开始您的工作需要什么样的正规培训/教育水平？

例如：高中毕业，两年数据处理的技术背景，化学学士学位等

____

为开始您的工作，还需要什么样的培训、资格认证、执照？

例如：注册会计师培训，锅炉工国家资格证书等

____

●工作经验：除了您前面说明的正规培训/教育或者相关经验以外，为开始您的工作，还需要多少个月（或年）的相关工作经验？

月：________ 年：________ 不需要________

●技能/能力：为完成您的工作需要哪些重要的技能和能力？（请就您所确认每一项给出两个例子）。

A. 协作技能（如计划活动、组织/维持纪录等）

需要协作技能吗？□需要 □不需要 如果回答需要，请列出所需的两项特定技能。

例1：________ 例2：________

B. 行政技能（如监督财务记录、解释政策和程序等）

需要行政技能吗？□需要 □不需要 如果回答需要，请列出所需的两项特定技能。

例1：________ 例2：________

C. 分析技能（如从统计数据中得出结论、考察备选方案等）

需要分析技能吗？□需要 □不需要 如果回答需要，请列出所需的两项特定技能。

例1：________ 例2：________

D. 工程技能（如确认过程控制需求、界定资本装备需求、设计产品测试系统等等）

需要工程技能吗？□需要 □不需要 如果回答需要，请列出所需的两项特定技能。

例1：________ 例2：________

E. 沟通技能（如处理询问、撰写标准信函等）

需要沟通技能吗？□需要 □不需要 如果回答需要，请列出所需的两项特定技能。

例1：________ 例2：________

F. 影响技能（如介绍项目构思、协商谈判合约、说服他人、直接和客户打交道等）

需要影响技能吗？□需要 □不需要 如果回答需要，请列出所需的两项特定技能。

例1：________ 例2：________

G. 计算机技能（如系统分析、软件开发、计算机硬件性能评价等）

需要计算机技能吗？□需要 □不需要 如果回答需要，请列出所需的两项特定技能。

例1：________ 例2：________

H. 创造技能（如撰写特别报道、开发可视产品、设计包装、评价创造性工作等）

需要创造技能吗？□需要 □不需要 如果回答需要，请列出所需的两项特定技能。

例1：________ 例2：________

S. 其他特殊技能

请列出从事您的工作所需的其他任何特殊技能和才干。

____

最重要的技能：在您所列出的所有技能中，哪些技能对于您所从事的工作来说是最重要的？根据重要性程度依次列出技能代码。

例如：1. C　2. P　3. B　4. R　　分别表示分析、数学、行政和软件/字处理技能。

1. ____________　2. ____________　3. ____________　4. ____________

3. 职责的复杂性。

●工作的结构和变化

您工作中的流程和任务是如何决定的，您是如何进行工作的，这些对于了解您在公司所从事的工作来说至关重要。

请描述出您的工作流程。仔细考虑一下您工作中的关键点或者您花时最多的工作活动。

（1）您是从谁/哪里（头衔而非人名）获得这份工作的？

____

（2）为了完成这项工作您需要执行哪些过程或者任务？

____

（3）您的工作产出是什么？

____

●问题解决与分析

从事公司的每一项工作都会碰到问题，但是每项工作发现和解决问题的方法又是不同的。请在下面列出您在日常工作中（如每天、每周、每月等）需要解决的三个问题。

1. ______________________________

2. ______________________________

3. ______________________________

请您列出一个在工作所遇到的特别棘手的问题。

____

____

为什么会产生这个问题？

____

____

这个问题发生的频率如何？

____

____

为解决这样的难题需要哪些特殊的技能或者资源？

____

____

在您的工作单位中，有人能够帮助解决这个问题吗？请说明。

____

____

●创造性和创新性

您所从事工作的哪一部分具有创造性和创新性，从而使我们能够找到做好工作的新思想和更好的方法？请详细举例说明。

例如，为现有产品找到新用户，修正追踪信息的方法，改变程序削减公司的运输成本等。

____

____

____

____

4. 职位对事业的影响。

●工作绩效评价的性质/独立性

工作评价可以以不同的方式出现：例如，通过直接监督，通过客户

谁（头衔而非人名）对您的工作进行评价？

____

评价者对工作绩效的哪些方面作出评价？

例如，工作的准确性，及时性，具体项目的结果等。

____

您全部的工作绩效都被评价吗，还是说评价更多地关注于最终结果？请解释。

____

当您遇到不符合现有的政策、程序和做法的情况时，您是如何处理的？

例如，把它交由上司处理，请教有经验的同事，先决断后报批。

____

●决策类型

请列出三类您在工作中通常所做的决策。

例如，把电话转给他人，决定新报告的内容，分配您所监督的工作，批准计划等。

1. ____

2. ____

3. ____

如果您在工作中的决策不正确，会产生什么样的错误？

例如，不准确的计算结果、文件存档错误、丢失数据等。

____

类似这样的错误会产生什么样的结果？

例如，存货成本过高，时间损失严重，拖延生产，丧失客户。

____

为了改正这些错误需要做哪些工作，都涉及哪些人？

____

●限制信息

您在工作中看到或者了解到了公司的哪些限制信息？

例如，商业秘密，与人力资源有关的信息等。

____

您看到或者使用这些信息的频率如何？

□定期　□偶尔　□很少　□根本没有

在您日常的工作当中，泄漏限制信息的概率有多大？

□定期　□偶尔　□很少　□根本没有　举例说明在什么情况下可能泄漏限制信息。

____

____

如果限制信息被泄漏将会造成什么样的影响？

例如，对一个重要的部门目标造成损害，内部不满意等。

____

____

●和他人共事

这一部分所要了解的是您在工作当中与他人接触的状况和目的。在描述您接触他人的目的时，请尽量用诸如给予、接受、交换信息、讨论、解释、说服或劝说这样的词汇。

●内部联系

请列出在您的直接工作之外与您有定期业务联系的工作名称。描述这些联系的性质和目的。

名称　　　　　　　　　　　　　　　　目的/性质

例如，部门会计，采购员讨论价格政策，解释发票价格差异。

●外部接触

请列出在公司之外与您有定期、业务联系的公司/机构名称。描述这些联系的目的。请根据类别而非个人姓名列出这些顾客的名称。

名称/公司/机构　　　　　　　　　　　　目的

例如：顾客　　　　　　　　　　　　　　解释产品特征

●财务责任：公司中的某些工作对资金管理负责——无论是收入、支出、资产、或者其他组合。这些工作通常和领导、监督以及管理责任有关。

注意：为了帮助您决定是否填写这一部分，问自己一个问题："我对产生收入、控制支出、管理和保护资产负有直接责任吗？"如果你的回答是"否"，那么请在"影响程度"下选择"4"，否则的话，请继续。

您的工作是如何直接影响公司的收入、支出或者资产的？

说明：

1. 估计您每年负责的资金数量。

2. 采用影响力量表来描述您的责任度。

3. 在相关的空白处简要描述您财务责任的性质。

例如，建议和监督广告预算花费，批准满足需要的存货水平，使得应收账款中的投资最小化。

影响力量表

1. 全面控制或者管理责任（设立目标，批准活动）。

2. 在有效管理中起重要作用（自主实施被批准的活动）。

3. 在计划/实施过程中起参与或咨询作用。

4. 无责任。

注：如果您不负责任何资金数量，那么您也可以同时选择影响力量表中的第“4”选项。

年度资金

描述

收益

支出

资产

●工作指导：本部分只是为那些对他人工作负责的职位填写。

□如果您的工作中没有这样的责任，那么在方框中划“√”，然后转向另一部分。否则的话，请继续。

工作指导的类型 人数

（1）直接监督他人。

（执行业绩评价，作出招聘决策）

工作名称： ________

（2）对那些没有直接报告关系的员工进行指导。

（安排或者分配工作，监督企业或者部门计划）

工作名称： ________

（3）经常性的团队领导（任务组或者项目组）。

工作名称： ________

（4）对非本公司员工的经常化直接监督。

工作名称： ________

5. 工作条件。

这个项目考察每项工作的体力要求和环境因素。

●工作位置：您每天在以下位置上所花费的时间比例是多少？您的回答总计应得 100%。

非限制坐立（可以随意走动）　________%

限制性坐立（不能随意走动）　________%

站立或者走动　________%

匍匐、爬、攀援或者其他的非站立、非坐立姿势　________%

●活动概述：您大概把多少时间花在以下活动中（全部相加不需要等于 100%）：

A. 部分活动：（1）手指/手操作　________%

（2）举/带/推/拉　________%

B. 部分活动：（1）思维集中　________%

（2）视觉集中　________%

●危险暴露：描述任何在工作中可能暴露的危险或者可能受到的伤害。说明在假定采取了正常的安全防护措施的条件下，您在每个工作日内可能暴露危险的比例。如果会发生暴露危险，请说明可能产生的后果。

危险描述或者可能的结果　需要的防护

________________ □日常关注

________________ □安全规则，培训或者保护设施

________________ □特殊技能/高度警觉

●环境舒适程度：描述所有噪音、气味、气流、粉尘、极端温度等等与您所从事工作有关的不适因素。说明您每天大概暴露在这些因素下的比例。

________________　________%

________________　________%

________________　________%

6. 总体评价。

●总评：您觉得本文件涵盖了您实际工作职责的多大比例？

□0～25%　□26%～50%　□51%～75%　□76%～100%

您所从事工作的哪些方面还没有被本问卷覆盖？

____

____

____

重要事项：

检查一下您的职位信息问卷，以便确认没有忽略重要的信息。

当您完成以后，请将职位信息问卷送到您的上司/经理那里。他/她将会与您讨论任何可能需要做的改动。最后，您和您的上司在阅读下面一段话后在相应的位置上签名。

“我们共同检查和讨论了针对这份问卷所填写的内容，确认它们代表了所描述的职位。”

员工签名：______________________　　日期：______________

监督者/管理者签名______________　　日期：______________

注：如果职位信息问卷是由监督者/管理者为一个新设立的职位而填写的话，就无须员工签名。

资料来源：百度文库. A公司的职位分析案例［EB/OL］.（2012－08－29）［2021－06－10］. https：//wenku. baidu. com/view/d6b6ca4033687e21ae45a905. html.

第 5 章　人事招聘

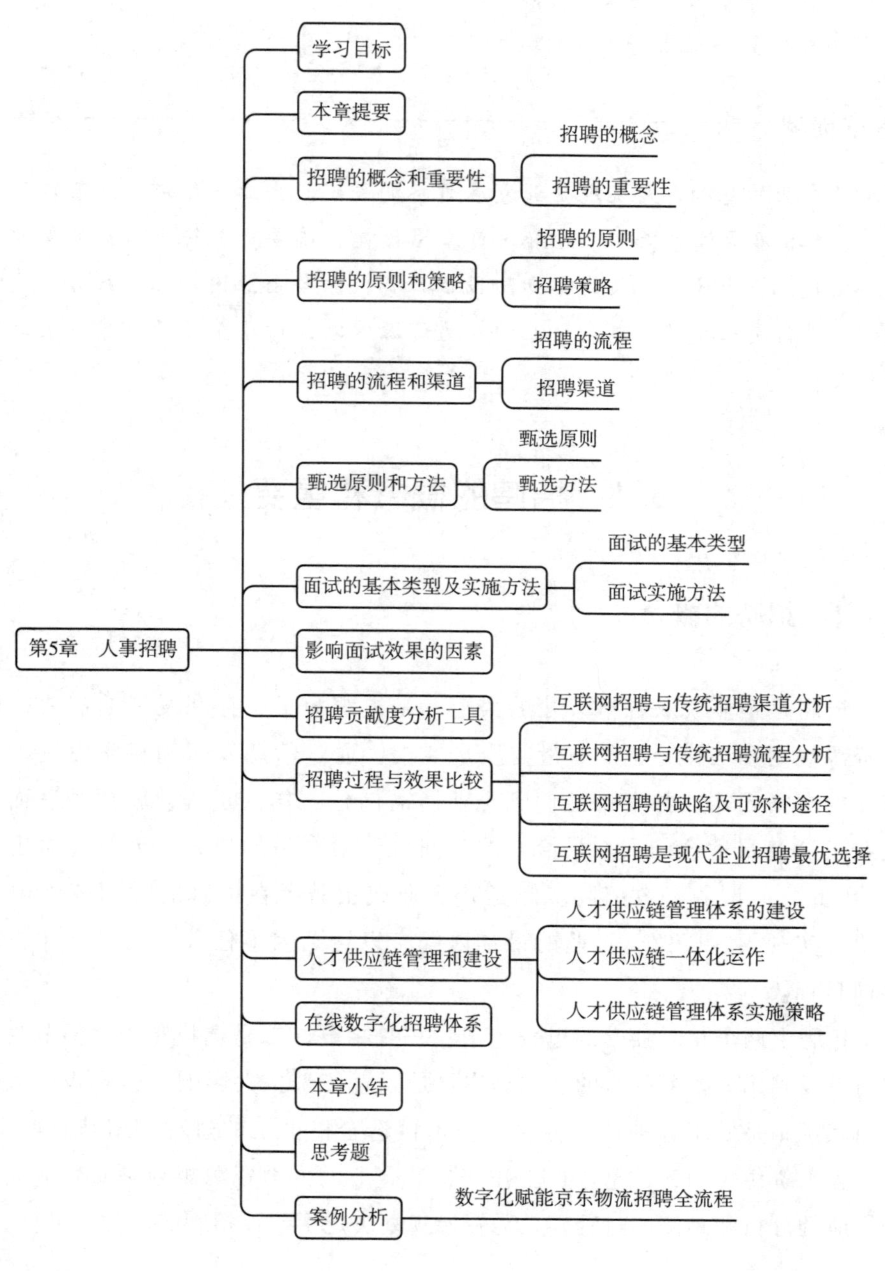

第5章　人事招聘
学习目标
本章提要
招聘的概念和重要性
招聘的概念
招聘的重要性
招聘的原则和策略
招聘的原则
招聘策略
招聘的流程和渠道
招聘的流程
招聘渠道
甄选原则和方法
甄选原则
甄选方法
面试的基本类型及实施方法
面试的基本类型
面试实施方法
影响面试效果的因素
招聘贡献度分析工具
招聘过程与效果比较
互联网招聘与传统招聘渠道分析
互联网招聘与传统招聘流程分析
互联网招聘的缺陷及可弥补途径
互联网招聘是现代企业招聘最优选择
人才供应链管理和建设
人才供应链管理体系的建设
人才供应链一体化运作
人才供应链管理体系实施策略
在线数字化招聘体系
本章小结
思考题
案例分析
数字化赋能京东物流招聘全流程

学习目标

1. 理解招聘的概念和重要性
2. 了解招聘的原则、策略、流程和渠道
3. 了解甄选原则和方法
4. 掌握面试的基本类型及实施方法，并了解影响面试效果的因素
5. 了解招聘贡献度分析工具和招聘过程与效果的比较
6. 理解人才供应链的建设和管理
7. 掌握在线数字化招聘体系的运用

本章提要

员工是企业的基础，是实现企业发展目标的关键。企业的组成、发展以及企业的各项工作，都需要员工的努力和才能。员工的数量和质量是否符合企业的需要，关键在于员工招聘依据企业的发展战略和阶段性目标，结合企业内外环境综合考虑，采用科学的方法进行员工招聘。满足企业的人力资源需求，对于企业的健康发展具有十分重要的意义。

5.1 招聘的概念和重要性

5.1.1 招聘的概念

员工招聘是企业获取合格人才的渠道，是组织为了生存和发展的需要，根据组织人力资源规划和工作分析的数量与质量要求，通过信息发布和科学甄选，获得本企业所需的合格人才，并安排他们到企业所需岗位工作的过程。就招聘者而言，其使命就在于“让最适合的人在最恰当的时间位于最合适的位置，为企业做出最大的贡献”。因此，所谓的有效招聘实际是指企业或招聘者在适宜的时间范围内采取适宜的方式，实现人、职位、企业的最佳匹配，以达到因事任人、人尽其才、才尽其用的共同目标。

员工招聘由两个相对独立的过程组成：一是招募，二是选拔聘用。招募是聘用的基础和前提，聘用是招募的目的。招募主要是以宣传来扩大影响，达到吸引人应聘的目的；而聘用则是使用各种选择方法和技术挑选合格员工的过程。招聘有两个前提：一是制订人力资源规划，二是进行工作分析。企业的人力资源规划是对企业人力资源需求和供应的分析和预测的过程，人力资源规划决定了预计招聘的职位、部门、数量、

时限、类型等因素。工作分析则是对企业中各职位的责任、所需的素质进行分析，为招聘提供主要的参考依据，同时也为应聘者提供关于该职位的详细信息。人力资源规划和工作分析两项基础性工作使招聘能够建立在比较科学的基础上。员工招聘首先要发布招聘信息，如内部招聘时的布告和外部招聘时的各种招聘广告等，其目的在于让所有具备条件的人员周知并吸引他们前来应聘，从而为甄选录用提供前提条件。若招聘信息设计不吸引人或发布对象选择不恰当，那么前来应聘的具备条件的人员就会减少，这必然会影响招聘的质量，出现“降格以求”的现象，从而给企业带来不良的影响。

5.1.2　招聘的重要性

有效的招聘可以确保录用人员的质量，提高企业核心竞争力；降低招聘成本，提高招聘的工作效率；为企业注入新的活力，增强企业创新力；扩大企业知名度，树立企业良好形象；减少离职，增强企业内部的凝聚力；有利于人力资源的合理流动，提高人力资源潜能发挥的水平等。

人力资源招聘在人力资源管理中占据十分重要的位置，它的意义重点表现在以下几个方面：

1. 招聘是组织补充人力资源的基本途径。

组织的人力资源状况处于变化之中，组织内人力资源向社会的流动、组织内部的人事变动（如升迁、降职、退休、解雇、死亡、离职等）等多种因素，导致了组织人员的变动。同时，组织有自己的发展目标与规划，组织成长过程也是人力资源拥有量的扩张过程。上述情况意味着组织的人力资源总是处于稀缺状态的，需要经常补充。因此，通过市场获取所需人力资源成为组织的一项经常性任务，人力资源招聘也就成了组织补充人员的基本途径。

2. 招聘有助于创造组织的竞争优势。

现在的市场竞争归根到底是人才的竞争。一个组织拥有什么样的人力资源，就在一定意义上决定了它在激烈的市场竞争中处于何种地位：是立于不败之地，还是最终面临被淘汰的命运。而对人才的获取是通过人才招聘这一环节来实现的。因此，招聘工作能否有效完成，对提高组织的竞争力、绩效及实现发展目标，均有至关重要的影响。从这个角度说，人力资源招聘是组织创造竞争优势的基础环节。对于获取某些实现组织发展目标急需的紧缺人才来说，招聘更具有特殊的意义。

3. 招聘有助于组织形象的传播。

研究结果显示，招聘过程的质量会明显地影响应聘者对组织的看法。许多经验表明，人力资源招聘既是吸引、招募人才的过程，又是向外界宣传组织形象、扩大组织影响力和知名度的一个窗口。应聘者可以通过招聘过程来了解组织的组织结构、经营理念、管理特色、组织文化等。尽管人力资源招聘不以组织形象传播为目的，但招聘过程客观上具有这样的功能，这是组织不可忽视的一个方面。

4. 招聘有助于组织文化的建设。

招聘过程中信息传递的真实与否，直接影响着应聘者进入组织以后的流动性，有效的招聘既能使组织得到所需人员，同时也为人员的保持打下基础，有助于减少由于人员流动过于频繁而带来的损失，并营造组织内的良好气氛，如增强组织的凝聚力、增强人力资源对组织的忠诚度、提高士气等。

员工招聘能根据企业发展实际需要，利用职位说明书的功能，通过各种科学选拔技术，达到“为事择人、任人唯贤、专业对口、事得其人”的互赢目标。

5.2 招聘的原则和策略

5.2.1 招聘的原则

在所有行业中，无论拟招聘的人员数量是多还是少，也无论招聘工作是由组织内部的人力资源部门完成还是外包给专业机构完成，只有坚持一定的原则，才能确保整个招聘工作的有效性，这些原则包括以下几个方面。

1. 公开原则。

公开原则指的是把招聘单位、职位名称、数量、入职资格、测验的方法、内容和时间等信息向可能应聘的人群或社会公告周知，公开进行宣传与选拔。这样一是有利于防止不正之风，二是有利于广纳贤才。

2. 竞争原则。

竞争原则指的是通过履历分析、结构化面试、心理和行为测验、业绩考核、资信调查等一系列方法、手段来确定应聘者的优劣和决定人员的取舍，而不是靠个别人的直觉、印象和与己关系密切程度来选人，这样有利于增强选录的科学性。竞争原则的另一层含义是动员和吸引招考的人越多，竞争越激烈，就越容易选拔到优秀的人才。

3. 公平原则。

公平原则指的是对所有应聘者一视同仁，不制造各种不平等的限制条件或不平等的优先优惠政策。

4. 全面原则。

全面原则指的是尽可能地采取 360 度评价方法，通过对应聘者的上级、下级、平级同事及其直接或间接服务的客户进行德、能、勤、绩等方面实事求是的调查，客观地衡量应聘者的竞争优势与劣势及其与职位、组织间的适宜性。

5. 能级原则。

能级原则是指在企业人力资源开发与管理中，应将人的能级与管理所要求的能级对应起来，实现“人岗匹配”。要实现能级原则应从以下几个方面着手：（1）管理能级必须分序列、按层次设置，不同的级次有不同的规范与标准；（2）不同能级应表现出不同的权力、责任与利益；（3）人的能级不是固定不变的，能级本身具有动态性、可变性和开放性；（4）各类能级必须动态地对应，保证人员在各个能级中能够自由地流动。能级原则揭示了人力资源开发的有效性、管理的科学性与人力资源组织结构的稳定性之间的关系，而管理级次分层合理，且能与人的能级行动动态对应，是实现组织结构稳定的重要保障。

6. 择优原则。

择优原则是指好中取好、差中取优，这是招考录用的核心。目前，人们越来越清醒地意识到：企业最根本也最具活力的竞争源泉就是人。员工如果缺乏内在竞争力，企业的生命力也不可能长远。因此，在员工选择录用的过程中，应该深入了解、全面考核、认真比较、谨慎筛选，确保真正实践“择优”原则。

7. 效率原则。

效率原则是指竭力用尽可能少的费用，在尽可能短的时间内（或以尽可能低的成本）录取到高素质、适应企业需要的人员。

5.2.2　招聘策略

招聘策略是招聘计划的具体体现，是为实现招聘计划而采取的具体策略。它包括招聘数量、对人员的要求、吸引人才的手段、招聘渠道、甄选模式和招聘时间等。一个成功的招聘策略将帮助企业快速找到合适的人才，推动企业持续发展。

5.2.2.1　企业在不同生命周期时的招聘策略

企业的发展至少要经历初创、成长、成熟和衰退的阶段，这是企业完整生命周期的变化过程。在生命周期的不同阶段，企业发展存在不同的特点，相应地在人才使用、技术创新及经营模式等方面也应有所不同。

1. 企业在初创期的招聘策略。

初创企业是新生儿，还没有得到社会承认，公司规模小、人员少，但却极富灵活性和成长性。其在各方面均不成熟，制度基本没有，企业文化也未形成。此阶段企业以产品为导向，生产高质量的产品或服务吸引顾客，以求得企业的生存与发展。此时，创业团队高度团结，富有干劲，效率较高，企业具有灵活性和成长性。中小企业在初创期用人的灵活性大，一人多岗和因人设岗的现象明显，没有制订详细的工作分析，分工不明确，人员的配置不合理。

初创期应注重招聘的数量。在中小企业的初创期，招聘的需求量大，希望员工有创新精神，在招聘时应分清人员的层级，制订不同的招聘策略。对于基层员工的招聘，首先想到的是校园招聘，虽然应届毕业生经验不足，但是大学生可塑性强，因此中小企业在初创期可大量使用应届毕业生。其次是网络招聘，通过网络发布用人需求，网络招聘的信息面广，可吸引较多的应聘者，企业的选择面也更广泛。对管理人员的招聘一般采用内部招聘。在初创期管理较为混乱，“权、责、利”划分不清晰，管理人员常常身兼数职，当管理人员缺乏时，企业一般会通过内部提升或工作轮换来满足需求，管理者一般是创业团队的初期成员。

2. 企业在成长期的招聘策略。

这一时期，企业逐步走向正规化，经营规模不断扩大并快速增长，人员迅速膨胀，品牌知名度急剧上升，机构和规章制度不断建立和健全，企业的经营思想、理念和企业文化逐渐形成；跨部门的协调越来越多，并越来越复杂和困难。企业面临的主要问题是组织均衡成长和跨部门协同，战略的核心是如何使企业持续、快速、稳定的发展。此时，高层之间开始出现分歧，跟不上企业发展步伐的员工主动辞职，员工流动性相对较大。企业在成长期以外部招聘为主，各层级都有人才需求，对专业技术人才和中层管理人才的需求大幅增加，并要求人员具备相同职位的工作经验，能直接上手，快速适应工作环境。

成长期注重招聘的质量。处在成长期的企业，对人员的综合素质要求很高，因此在管理人员的选拔上必须严格要求、层层把关。

(1) 基层人员的招聘渠道。在成长期的招聘中，中小企业对于基层人员的招聘还是集中在校园招聘和网络招聘上。中小企业在成长期阶段不仅招聘数量多而且要求提高，这就需要企业的人力资源部门和企业决策者设计合理的招聘制度，在招聘过程中严格把关，做好甄选环节，努力为企业选拔合适人才，同时在招聘中提高企业整体形象，做好企业的对外宣传工作。(2) 管理人员的招聘渠道。中小企业在成长期对管理人员的招聘一般以猎头公司为主，猎头公司对各类管理人才比较了解，可以为企业招到有能力的管理人员。委托猎头公司招聘的一般是少数的核心人才，猎头公司主动出击并且针对性强，可以为公司管理层节省大量招聘和选拔的时间，当然企业需要支付给猎头公司较高的委托费用。

3. 企业在成熟期的招聘策略。

成熟阶段的企业是企业发展的巅峰时期，在这个阶段企业规模大、业绩优秀、资金充盈，制度和结构也很完善，决策能得到有效实施。企业的发展，主要是靠企业的整体实力和规范化的机制，企业内部的创新意识可能开始下降，企业灵活性开始衰退。企业在成熟期的招聘相对紧缩，因为随着企业的成长，企业内部已经形成一支相对成熟的人才队伍，有一定的人才储备，这个时候空缺岗位少，招聘也主要以宣传企业或者招聘高端人才为主。企业的岗位充满竞争，企业对人才要求高，强调综合能力素质，尤其需要具备创新意识和一流的执行力。

成熟期注重留住人才。对于企业管理人员的外聘，公司可选择猎头公司，还可以通过猎头公司聘请职业经理人来领导团队，使管理科学化、规范化，为企业注入新鲜血液。本阶段的重心在于培养内部人才，留住优秀人才，尤其是企业管理人员和技术人员。当企业发展到达顶峰时，人员规模相对稳定，各层面人员晋升困难，流动率低，由于很难在组织中寻求进一步的发展，会导致一些职业目标较高的优秀人员流失。企业应与员工共同协商：一方面，制订企业新一轮的远景目标；另一方面，协助员工制订个人职业生涯规划。此外，应采取激励政策，如员工培训、福利分红、股票期权等，以留住人才。

4. 企业在衰退期的招聘策略。

这是企业生命周期的最后阶段，企业市场占有率下降，整体竞争能力和获利能力全面下降，资金紧张，危机开始出现。在这个阶段，一方面由于企业发展陷入危机，员工缺乏安全感，企业核心人才流失严重；另一方面，企业内部人员冗余，大量的冗员制约着企业发展，需要精简员工。企业应调整招聘策略，吸引并留住关键人才，为企业重整创造条件，在新的领域进行人才招聘和培训，实现企业的创新和转型。

衰退期注重招聘途径的变革。企业衰退期的核心是寻求企业重整和再造，使企业获得新生。企业实现转型有两种方式：第一，努力实现企业的可持续发展，进入新一轮的企业生命周期，让企业实现蜕变；第二，在意识到企业从成熟期向衰退期过渡时，积极寻找根源，通过精减人员、控制成本、节约开支等方式，引导企业避开衰退趋势。衰退期的招聘建议包括两个方面。一方面裁撤不合格的员工；另一方面从外部招聘人才，作为补充的新生力量，与原有员工共同进行“第二次创业”，开创企业新一轮的生命周期。这个时期员工招聘可选用初创期所采取的渠道。

5.2.2.2　数字化招聘策略

在数字化信息时代，为实现高校招聘的目的，仅仅按照传统招聘策略进行招聘是远远不够的，必须精进策略，以适应社会发展。

1. 建立完善的信息池。

要招聘优秀的人才为公司服务，其本质就是投其所好。其前提在于需要花时间去了解和发现理想的候选人是哪些、他们有什么爱好、生活方式、预期收入以及他们都会从哪些地方获取招聘信息等。为此，建立信息池、拓展信息渠道就至关重要。在启动数字招聘之前，应该深入研究潜在候选人感兴趣的内容。解决方案越好，企业就越能从竞争中脱颖而出。

2. 良好的声誉是第一品牌。

虽然将自己打造成品牌雇主需要花费不少的时间和精力，但从结果来看，这些付出是值得的——具有强大雇主品牌的公司可以将每次的招聘成本再降低 50% 以上，并且还获得了更多合格的申请人。在线创建强大的雇主品牌，需要确保信息在邮件营销、社交媒体、网站等各方面保持一致。这对于建立一个更强大、更令人难忘的品牌至关重要，前后矛盾的信息会造成候选人对公司的误判，甚至还没开始就会使优秀的候选人对其敬而远之。

3. 透明公正是筛选方法。

在招聘中做好信息公开和透明公正，这样的筛选方式，无论对候选人，还是招聘团队来说，都可以称得上是一种积极的体验。而这种体验可以通过构建各项易于浏览查看的内容来完成，例如，评估申请人的工作所需的技能、要求候选人对公司做出真实的评价或者为候选人提供工作场景模拟等。通过从一开始就为候选人设置正确的期望值，可以帮助招聘人员轻松地完成招聘工作。

4. 选择正确的招聘管理软件。

策略有了，剩下的便是利器。当然，选择自己开发管理软件是可行的，只不过会比较费时费力，不如选择一款能满足自身招聘需求的软件以节约成本。选择数字招聘软件时要优先考虑其是否具备出色的应聘者体验，了解所选择的招聘软件有哪些企业在使用、使用效果如何、是否能帮助公司完成任务等。

5. 训练团队。

有了合适的软件，需要确保整个团队都可以轻松便捷地使用该软件，这就需要培训。如果选择自己投资并开发软件，需确保团队会充分利用这些工具，这样才有可能达到最大的投资回报率。

6. 创建反馈系统。

招聘中的反馈循环是当你问应聘者对招聘过程的看法时，一旦出现负面评论和意见要及时分析，寻找改进策略的方法。另外，需要保持该过程的动态和连续性。

7. 跟踪招聘指标。

“你无法改善自己无法衡量的东西”，因此，要考虑数字招聘策略的重点，并使用行业标准的绩效指标来衡量进度。设定精确的目标，选择正确的度量标准来衡量成功以及密切关注数据，将提高数字招聘策略的成功率。一旦进行了数据驱动的改进，就要采取行动，观察并调整效果。

5.3　招聘的流程和渠道

5.3.1　招聘的流程

招聘流程是指从企业出现岗位或职位空缺并提出招聘需求开始，到招聘到合适人员，且招聘人员到岗的整个过程。不同企业的招聘流程存在差异，尤其是在具体的操作环节千差万别，但整体环节上还是类似的，具体而言，大体主要包括招募、选拔、录用和评估四个环节，如图5-1所示。

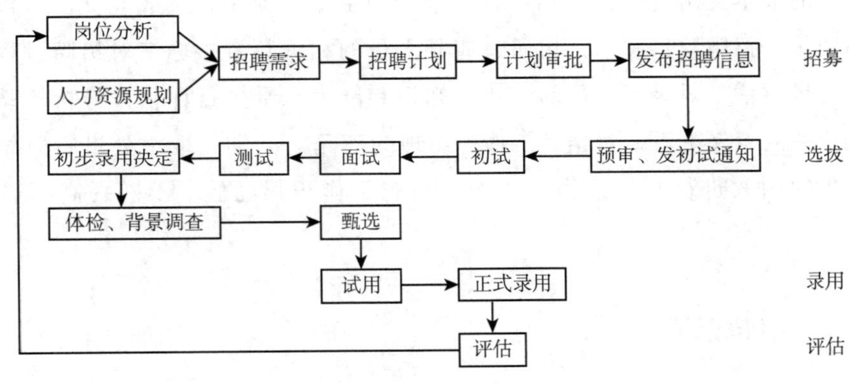

图5-1　招聘流程

（1）招募：招募环节是保证企业获得高素质员工的基础。企业要根据自身发展需求对企业人力资源进行规划，根据岗位要求对招聘岗位进行合理分析，归纳总结招聘需求总纲要。按照招聘需求制订总体和各岗位招聘计划，认真准备招聘前的工作，如挑选合适的人员组成面试团队；在各大招聘网站、校招会等外部渠道和企业内部渠道发布招聘信息；选择合适的招聘方案；发布统一时间地点以进行简单高效的招募工作，为之后的招聘环节奠定人员基础。招募的意义是为企业吸引更多的人才，在这一环节中关键要做的是给出明确的要求和条件，做好招聘信息工作，使合适的人尽可能了解公司的招聘需求，节省面试时间和成本。

（2）选拔：选拔环节是招聘工作成功的关键。为了满足企业自身需求，录用到适合企业的高素质人才，招聘团队需要认真对待选拔环节的工作。初期选拔工作一般分为两个步骤：第一步，将投放到企业的简历进行一轮筛查，按照需要和条件进行分类，依据招聘比例留下符合公司要求的简历，并根据联系方式通知人员到公司进行面试；第二步，进行定时定点面试，由专业的面试团队对人员进行进一步了解，判断是否符合公司招聘标准。一部分公司还会选择再次测试，最终发布拟录取信息。拟录取人员要进行体检和背景调查等工作，经过甄选后才可以录用。

（3）录用：录用分为两个阶段：试用期和正式录用。试用期是企业和新在岗员工的磨合时期，需进行一些培训活动，向新员工传达公司的组织文化以及发展历程。这个时期往往会有很大的人员流动，员工能否适应公司，能否接受公司环境，都会在这一段时间内有所体现，员工也会选择去留。当然，试用期也是公司接纳员工的时期，公司的价值观与员工的工作态度、行为方式是否相一致；个人目标是否符合组织目标，这些都决定了公司能否顺利接受新在岗员工。经过组织决定通过试用期后，便可进入正式录用阶段，员工真正成为组织中的一份子。

（4）评估：评估是招聘工作的最后环节。从评估的内容上来看，招聘效果评估一般包括招聘成本评估、招聘数量评估和招聘质量评估三个方面：招聘成本评估是对招聘过程发生的成本支出进行核实和审查，审查的主要内容是直接成本支出，包括差旅费、印刷费等；招聘数量评估是指通过应聘人员的相关数量指标来对招聘过程进行评估；招聘质量评估是对录用人员的学历、知识和能力水平进行评估以分析招聘效果的方法。从评估的意义上看，对招聘工作中出现的不足之处和可取之处进行总结，及时对影响招聘的因素进行归纳，为下一次的招聘工作积累经验，不断提高招聘效率和效果。

5.3.2 招聘渠道

招聘渠道是招聘工作获得人才的基础，有内部招聘和外部招聘两种方式。

内部招聘是指组织采用内部推荐、内部竞聘或内部转岗等方式在企业内部招聘新员工。

（1）内部推荐。内部推荐是由企业内部员工将自己熟知的朋友、亲人或其他关系人推荐到企业合适岗位的一种途径，求职者和企业双方信息比较对称，有利于做出正确的选择，能使企业快速获得适合岗位工作的人才。但是，内部推荐可能导致企业内部形成利益团体，不利于企业员工共同向同一目标奋斗。

（2）内部竞聘。内部竞聘是指企业中有空缺岗位，有能力胜任该岗位的员工竞争上岗，根据一定的程序和标准在竞争者当中选择最合适人员。

（3）内部转岗。内部转岗是根据企业内部机制，使员工晋升或者调配到更合适的岗位，也是一种激励手段。

内部招聘增强了企业内部员工流动性，员工适应新岗位时间较短，并且员工之间相对较了解，不需要花大量时间与新同事和新的工作程序进行磨合，从而减少时间成本和机会成本。

内部招聘会使员工具有更好的发展机会，提升员工的积极性，如员工晋升会提高福利待遇，员工岗位流动会使员工找到更加适合自己的工作，对未来发展也提供了很大帮助。但是，内部招聘往往缺乏新鲜力量注入公司，员工们一直遵守企业原有工作机制，会使员工思想僵化，不利于发现企业问题和企业创新发展。

外部招聘是指企业从外部寻找人员来填补企业空缺岗位，其渠道包括人才市场招聘、广告招聘、校园招聘、网络招聘、猎头招聘等。

（1）人才市场招聘。人才市场招聘是企业到第三方提供的正规现实平台进行招聘，求职者和面试官可以直接进行初步面对面沟通交流，减少信息不对称，使后期招聘工作更加高效。

（2）广告招聘。广告招聘是企业将招聘信息投放至各大媒体，如电视广告、公交车站站牌广告和网络广告等，发现信息的求职者根据自身条件向企业投递简历，但这种招聘方法缺乏针对性，不利于后期筛选工作。

（3）校园招聘。校园招聘是企业最常用的招聘方法之一，到各大高校的招聘会招聘应届毕业生，应届毕业生的发展潜力和可塑性较强，是企业不可缺失的力量。校园应聘针对的岗位一般都是基础岗位，针对性强，招聘成本低。

（4）网络招聘。网络招聘是指企业将招聘信息发布于各大招聘网络，这是近十年新兴起的招聘方法，覆盖的范围广，能够节约招聘成本，网络招聘逐渐成为企业最常用的方法之一。

（5）猎头招聘。猎头招聘是指企业寻找专业的猎头公司，猎头公司拥有更多的人才资源，一般企业在招聘高端优质人才和稀缺人才会使用这种方法，针对性更强。

由于通过外部招聘方式录用的员工与企业磨合的时间更长，因此其招聘成本相对较高。但是，新鲜力量的加入有助于发现企业问题，提供相应的解决方案，可能更有利于企业的发展。

5.4　甄选原则和方法

5.4.1　甄选原则

为把甄选工作做好，真正选用到企业所需人员，在甄选工作中，必须按人力资源管理客观规律办事，遵循反映这些客观规律的科学原则去开展工作，原则如下：

（1）因事择人原则。所谓因事择人就是以事业的需要、岗位的空缺为出发点，根据岗位对任职者的资格要求来选用人员。坚持因事择人的原则，从实际的事业（岗位）的需要出发去选用合适的人员，才能实现事得其人，人适其事，使人与事科学结合起来。相反，如果先盲目地录用人，然后再找岗位进行安排，就难免出现大材小用或小材大用的现象。如果因人设事，为了安排人而增加不必要的岗位，就会造成机构臃肿、人浮于事、用人成本增加、工作效率低下等后果。可见，贯彻因事择人原则是避免因人设事以造成机构膨胀的前提。

（2）德才兼备原则。德才兼备是历来的重要用人标准。实际上，纵观古今中外人事管理的实践，任何时代任何阶级的用人标准都是有德才两个方面要求的。

（3）用人所长原则。在甄选工作中，要克服求全责备的思想，树立主要看人的长处、优点的观念。人力资源管理与传统人事管理的本质区别就是它以主动开发人的能力为目的，注重人的现有能力的有效利用和潜在能力的发掘。因此，在甄选活动中，必须把寻找人的长处、优点作为自己的择人目标，看一个人，主要是看他能做什么，看他的资格条件是否符合空缺岗位的资格要求。当然，在用人之长的同时也要正确对待其短处。如果短处直接影响长处的发挥，则要采取积极的态度和措施，使其在发挥所长的过程中，把短处的干扰降到最低。规矩是死的，人是活的，要不同情况区别对待。

（4）民主集中原则。企业甄选职工，特别是选拔晋升各级管理人员时要坚持民主集中原则，这样做有助于选准人才，获选人员才能对群众负责，得到群众的认同和拥护。发扬民主，就是在甄选工作中要采取切实可行的措施，让职工群众有更多的发言权和决定权。集中，是民主基础上的集中，通过民主程序选拔出来的拟聘对象要经企业组织人事部门考察后，报经企业最高管理当局讨论审批。在讨论时，应有三分之二以上成员到会，每个成员都要认真负责地发表意见，最后按少数服从多数的原则形成决议。

（5）回避原则。回避原则在这里是指选用工作中要坚持任职回避和公务回避。任职回避要求企业内具有亲属关系（包括夫妻关系、直系血亲关系、夫妻双方的近亲属关系以及儿女姻亲关系等）的人员，不得担任同一领导班子内的职务，不得担任有直接领导关系的职务，不得担任有监督关系的职务。例如，企业经理一般不得选聘与自己有亲属关系的人员担任本企业的副经理及办公室、人事、劳资、财务、供销、审计等部门的领导职务。公务回避是指负责甄募的工作人员和领导人员，在选用工作中，凡涉及处理与自己有亲属关系的人员的问题，必须回避，不得以任何方式进行干预或施加影响。规定回避原则，是为了保证企业各项工作不受亲属关系的干扰，提高工作的廉洁度。

5.4.2 甄选方法

1. 履历分析。

履历分析，是通过对评价者的个人背景、工作与生活经历进行分析，来了解一个人的成长历程和工作业绩，判断其对未来岗位的适应性。近年来，这一方式越来越受到人力资源管理部门的重视，被广泛地用于人员选拔等人力资源管理活动中。使用个人履历资料，既可以用于初审个人简历，迅速排除明显不合格的人员，也可以根据与工作要求相关性的高低，事先确定履历中各项内容的权重，把申请人各项得分相加得出总分，再根据总分确定选择决策。

一般通过求职申请表或简历对应聘者进行履历分析和初步筛选。

2. 笔试。

笔试是一种与面试对应的测试，是考核应聘者学识水平的重要工具。这种方法可以有效地测量应聘者的基本知识、专业知识、管理知识、综合分析能力和文字表达能力。笔试在员工招聘中有相当大的作用，尤其是在大规模的员工招聘中，它可以快速把员工的基本活动了解清楚，然后划分出一个基本符合需要的界限。这种方式适用面广，费用较少，可以大规模地运用。但是分析结果时需要较多的人力，有时，被试者会投其所好，这种现象在个性测试中会更加明显。

笔试的类型包括：(1) 技术性笔试。技术性笔试主要针对研发型和技术类职位的应聘，这类职位的特点是：对于相关专业知识的掌握要求比较高，题目主要是关于涉及工作需要的技术性问题，专业性比较强。这类考试的结果与同学们大学四年的学习成绩密不可分，所以要成功应对这类考试，需要有坚实的专业基础。对于这类技术性岗位，大公司和小公司的笔试内容的侧重点有很大的区别。一般小公司注重实用性，考得比较细，目的就是拿来就用。大公司则强调基础和潜力，所以考得比较宽泛，多数都是智力测验、情感测验，还有性格倾向测验。例如，摩托罗拉（Motorola）曾经的笔试内容主要是非技术的，有很多英文阅读和智力测验。对于大公司的笔试，有很多智商题，也有很多综合性问题，可以参考公务员考试的教材。

(2) 非技术性笔试。这类笔试一般来说更常见，对于应试者的专业背景的要求也相对宽松。非技术性笔试的考察内容相当广泛，除了常见的英文阅读和写作能力、逻辑思维能力、数理分析能力外，有时还会涉及时事政治、生活常识、情景演绎，甚至是智商测试等。

3. 面试。

面试是在特定场景下，通过评价者与被评价者双方面对面的观察、交谈，收集有关信息，从而由表及里地测评被评价者的素质状况、能力特征以及动机的一种人事测量方法。可以说，面试是人事管理领域应用最普遍的一种测量形式，是企业组织在挑选职工时最常用的一种重要方法。面试给公司和应聘者提供了进行双向交流的机会，能使公司和应聘者之间相互了解，从而双方都可更准确地做出聘用与否、受聘与否的决定。

4. 心理测试。

所谓心理测试，就是指通过一系列的心理学方法来测量被试者的智力水平和个性方面差异的一种科学方法。它是心理学领域的一种研究方法，但现在许多领域都广泛采用这种方法，在企业招聘中应用的范围尤其广泛。它可以了解一个人的潜力及其心理活动规律。而所谓的人事安排，就是让合适的人担任合适的工作。心理测试也可以了解一个人的实际能力，决策者可以把适当的人安排在适当的岗位上。

（1）心理测试从内容划分，主要有智力测验、个性测验和特殊能力测验三种。

①智力测验。智力测验就是对智力的科学测试。所谓智力，就是指人类学习和适应环境的能力。智力包括观察能力、记忆能力、想象能力、思维能力等。智力的高低直接影响一个人在社会上是否成功。智力的高低以智商 IQ 来表示。

②个性测验。个性是指一个人比较稳定的心理活动特点的总和。个性可以包括性格、兴趣、爱好、气质、价值观等。

③特殊能力测试。特殊能力测试在一般员工招聘中并不常用。所谓特殊能力，就是指某些人具有他人所不具备的能力。

（2）根据形式的不同，也可以把心理测试划分为纸笔测试、投射测试、心理实验测试和仪器测试四种方法。

①纸笔测试。纸笔测试简称笔试，就是要求被试者根据项目的内容把答案写在纸上，以便了解被试者心理活动的一种方法。

②投射测试。所谓投射法，就是让被试者通过一定的媒介，建立起自己的想象世界，在无拘束的情景中，显露其个性特征的一种测试方法。

③心理实验测试。心理实验法就是指有目的地严格控制，或者创造一定条件来引起个体某种心理活动的产生，以进行测量的一种科学方法。实验法可以分为两种：一种是实验室实验法，另一种是情景实验法。

④仪器测试。仪器测量法就是指通过科学的仪器对被试者进行测试，以了解被试者心理活动的一种科学方法。

5. 评价中心。

评价中心技术是在第二次世界大战后迅速发展起来的，它是现代人事测评的一种主要形式，被认为是一种针对高级管理人员的最有效的测评方法。一次完整的评价中心通常需要两三天的时间，对个人的评价是在团体中进行的。被试者组成一个小组，由一组测试人员（通常测试人员与被试者的数量为1∶2）对其进行包括心理测验、面试、多项情景模拟测验在内的一系列测评，测评结果是在多个测试者系统观察的基础上综合得到的。严格来讲，评价中心是一种程序而不是一种具体的方法，是组织选拔管理人员的一项人事评价过程，它由多个评价人员，针对特定的目的与标准，使用多种主客观人事评价方法，对被试者的各种能力进行评价，为组织选拔、提升、鉴别、发展和训练个人服务。评价中心的最大特点是注重情景模拟，在一次评价中心中包含多个情景模拟测验，可以说评价中心既源于情景模拟，但又不同于简单的情景模拟，是多种测评方法的有机结合。评价中心具有较高的信度和效度，得出的结论质量较高，但与其他测评方法比较，评价中心需要投入很大的人力、物力，且时间较长，操作难度大，对测试者的要求很高。

评价中心的主要形式有以下几种：

（1）无领导小组讨论。无领导小组讨论是评价中心技术中经常采用的一种测评方法，是一种无角色群体自由讨论的测评形式。其操作方式是将被试者按一定的人数（一般为 5 ~ 10 人）编为一组，不确定会议主持人，不指定重点发言，不安排会议议程，不提出具体要求，根据考官提供的真实或者假设的材料（如有关文件、资料、会议记录、统计报表等材料），给被评价者一个待解决的问题（如业务问题、财务问题、社会热点问题等），给他们大约一个小时的时间，让他们展开讨论以解决这个问题。这种讨论可以形成较一致的意见，也可以不形成一致意见。

无领导小组讨论主要考察被评价者的组织协调能力、领导能力、人际交往能力、辩论说服能力以及决策能力等，同时也可以考察被评价者的自信心、进取心、责任感、灵活性、情绪的稳定性以及团队精神等个性方面的特点及风格。

（2）文件筐测试。公文处理练习也称为“文件筐”，这是一种具有较高信度和效度的测评手段，是对管理人员的潜在能力进行测定的有效方法，可以为企业高级管理人才的选拔、聘用、考核提供科学可靠的信息。在这种测评方法中，被评价者将扮演某一领导者的角色，他将面对一堆信件或文稿，包括通知、报告、客户的来信、下级反映情况的信件、电话记录、关于人事或财务等方面的一些信息以及办公室的备忘录等。

（3）模拟面谈。模拟面谈是评价中心中通常采用的人事测评方法——角色扮演的一种形式。一般是由评价者的一名助手扮演与被评价者谈话的人，这名助手是经过培训的，其行为将遵循一种标准化的模式。这个与被评价者谈话的人可以充当各种与被评价者有关的角色，甚至可以充当对被评价者进行采访的电视台记者。这种测评方法主要考察被评价者的说服能力、表达能力和处理冲突的能力以及其思维的灵活性和敏捷性等。

（4）演讲。在该测评方法中，被评价者按照给定的材料组织自己的观点，并且向评价者阐述自己的观点和理由。有时，在被评价者演讲之后，评价者要向被评价者提问。这种测评方法可以考察被评价者的分析推理能力、语言表达能力以及在压力下的反应能力。

（5）搜寻事实。在搜寻事实的任务当中，我们主要考察被评价者获取信息的能力、分析问题能力、理解和判断能力以及社会知觉能力，同时也可考察他的决策能力和抗压能力。

（6）书面的案例分析。在书面的案例分析测评方法中，通常是让一个被评价者阅读一些关于组织中的问题的材料，然后让他准备出一系列的建议，以提交给更高级的管理部门。这种测评方法可以考察被评价者的综合分析能力和做出判断决策的能力，它既可以考察一些一般性的技能，也可以考察一些特殊性的技能。

（7）角色游戏。角色游戏是一种比较复杂的测评方法。它要求被评价者扮演一定的角色，模拟实际工作情境中的一些活动。通常采用一些非结构化的情境，在被评价者之间进行交互作用。角色游戏的优点就在于它能够更好地再现组织中的真实情况。这种方法较为复杂，却更为真实。这种方法的缺点就在于对被评价者的观察和评价是比较困难的，而且这种方法费时较长。

5.5 面试的基本类型及实施方法

5.5.1 面试的基本类型

面试按不同形式，一般有以下几类：

1. 根据面试标准化程度分类。

（1）结构化面试：指根据对职位的分析，确定面试的测评要素，在每一个测评的维度上预先编制好面试题目，并制订相应的评分标准，对被评价者的表现进行量化分析。不同的测试者使用相同的评价尺度，对应聘同一岗位的不同被评价者使用相同的题目、提问方式、计分和评价标准，以保证评价的公平合理。结构化程度最高的面试方法是设计一个计算机化程序来提问，记录应聘者的答案，然后进行数据分析，给出录用决策的程式化结果，如公务员面试和一些银行、国企统一组织的面试。

（2）非结构化面试：对与面试有关的因素不作任何限定的面试，也就是通常没有任何规范的随意性面试。其特点是灵活，获得的信息丰富、完整和深入，但同时主观性强、成本高、效率较低，如一些企业聊天式的提问面试。

（3）半结构化面试：是介于结构化面试和非结构化面试之间的一种面试方式，它包括两个含义：一是面试考官提前准备重要的问题，但是不要求按照固定的次序提问，且可以谈论那些似乎需要进一步调查的问题；二是指面试人员根据设计的一系列问题来对应聘者进行提问，一般根据管理人员、业务人员和技术人员等不同的工作类型设计不同的问题表格。这种半结构化面试可以帮助企业了解应聘者的技术能力、人格类型和对激励的态度等。

2. 根据面试的组织方式分类。

（1）一对一面试：这是一种运用比较多的面试方式。面试考官和应聘者单独进行面试，一个人进行口头询问，另一个人进行口头回答。

（2）系列式面试：指几个面试考官依次对应聘者进行面试。在非结构化面试中，每一位面试考官从自己的角度观察应聘者，提出不同的问题，然后依据标准评价表对应聘者进行评定。之后将每一位应聘者的评定结果进行综合比较分析，最后做出录用决策。

（3）小组面试：即由几个面试考官（其中一个为主考官）同时对一个应聘者进行面试。

（4）集体面试：这是小组面试的一种变形，由多个面试人员同时对多个应聘者进行面试。面试小组提出一个需要解决的问题，然后不采取行动，而是观察哪位应聘者首先回答。

（5）决策者综合面试：在挑选重要岗位人选时，由最高决策者直接进行的综合面试。这种方法通常在有地位和阅历的人对具体的岗位推荐了人选时采用。

3. 根据面试进程分类。

（1）一次性面试：是指用人单位对应试者的面试集中于一次进行。

（2）分阶段面试：可分为两种类型，一种叫“依序面试”，另一种叫“逐步面试”。依序面试一般分为初试、复试与综合评定三步；逐步面试一般是由用人单位面试小组成员职级按照由低到高的顺序，依次对应试者进行面试。

4. 根据面试风格分类。

（1）压力面试：将应聘者置于一种人为的紧张气氛中，让应考者接受诸如挑衅性的、刁难性的刺激，以考察其应变能力、压力承受能力、情绪稳定性等。

（2）非压力面试：在没有压力的情景下考察应聘者有关方面的素质。

5. 根据面试内容设计的重点分类。

（1）常规面试：主考官和应试者面对面以问答形式为主的面试。

（2）情景面试：突破了常规面试考官和应试者那种一问一答的模式，引入了无领导小组讨论、公文处理、角色扮演、演讲、答辩、案例分析等人员甄选中的情景模拟方法。

（3）综合性面试：兼有前两种面试的特点，而且是结构化的内容主要集中在与工作职位相关的知识技能和其他素质上。

（4）STAR 行为面试法：STAR 是 Situation（背景）、Task（任务）、Action（行动）和 Result（结果）四个英文单词的首字母组合。通常，求职者应聘材料上写的都是一些结果，描述自己做过什么，成绩怎样，比较简单和宽泛。这样，通过 STAR 面试要素发问的四个步骤，挖掘出求职者潜在的信息，为企业更好的决策提供正确和全面的参考。这既是对企业负责，也是对应聘者负责，从而获得一个双赢的局面。

6. 根据面试形式分类。

（1）电话面试：不需要直接面对面而是以电话交流为途径的面试。

（2）视频面试：指通过视频聊天的方式对求职者面试。

（3）现场面试：指面试官与求职者面对面直接交流沟通。

5.5.2 面试实施方法

1. 准备阶段。

（1）制订面试指南。组建面试团队；准备面试题目及答案；提问分工和顺序（规定面试员工的提问内容和顺序）；运用提问技巧，设计提问方式；制订评分标准。

（2）准备面试问题。确定岗位的构成和比重；根据才能分析和评价要素权重，准备问题形式和题量，可将所提问题列表给出。

（3）确定评估方式。确定面试问题的评估方式和标准，尽可能给出统一的参考答案，以客观评价应聘者；设计面试评分表。

（4）培训面试考官。

2. 面试的实施阶段。

（1）关系建立阶段。考官从应聘者可以预料到的问题开始发问，以消除应聘者的紧张情绪，创造轻松友好的氛围，为下一步的面试沟通作好准备。

（2）导入阶段。考官提问一些应聘者一般有所准备的、比较熟悉的问题，如让其介绍自己过去的工作经历等，以进一步缓解对方紧张情绪，为面试做准备。

（3）核心阶段。要求应聘者讲述一些关于核心胜任力的事例，考官基于这些事实做出基本判断，评价应聘者的各项核心胜任力，为最终的录用决策提供重要依据。

（4）确认阶段。考官进一步对核心阶段所获得的信息进行确认。

（5）结束阶段。给应聘者提问和作补充的机会，不急于下结论，在友好气氛中结束面试。

3. 面试的总结阶段。

面试结束后，根据每位考官的评价结果对应聘者的面试表现进行综合分析与评价，形成对应聘者的总体看法，以便决定是否录用。

4. 面试评价阶段。

回顾整个过程，总结经验，为下一次的面试设计做准备。

5.6　影响面试效果的因素

5.6.1　求职者

1. 形象。

面试的实质是看你是否能符合“公司职位形象”——庄重朴素、落落大方，包括衣着、发型、眼神、表情、举止等各方面。

首先是衣着。“衣着显经历”，准备一套合体的套装是必要的。男性以西装为主，但应选择符合自己气质的颜色和款式。女性以套装为佳，最好选择长裤。同时，面试时尽量不要佩戴饰品，如果有需要，手表是可以带的，但记得一定是“成人款”，电子表、过于花哨的只会给你减分。鞋子最好选择前后都包的结结实实的，一切都以稳重大方为上策。

其次是神态。保持自信的表情最好，答题之前向考官问好及告别时适当的微笑是必要的，但在答题过程中就没有必要时刻保持微笑，再就是有关和考官目光交流的问题，在这项难关克服上要发挥出“脸皮厚”的精神来，不管考官看不看你，都要以真诚、沉稳的目光看着主考官。

最后是肢体动作。面试前可以请他人做考官，帮忙检查一次答题过程中你是否有多余的小动作是非常必要的。经过统计，大部分面试官一致认为有小动作（如手势过多、摸头发、抖脚、咬嘴唇）的考生得分都不高，原因就是不停地做小动作往往意味着这个人非常紧张或者不自信。所以克服小动作有助于成功通过面试，这是不容忽视的。在模拟时，最好设计出自己的动作套路，基本要素有问好、鞠躬、坐下、起立、感谢并道别、走出考场，每一个环节都很重要，只有这样，你才不会因为紧张而出现不好的状况。

2. 语言表达。

面试就是一个你问我答的过程，如何准确定位回答的身份、态度，如何组织语言，最终又是如何回答的。首先，在回答问题过程中，声音一定要洪亮清晰，语速不要太快或者太慢；其次，在听题时一定要集中精力，迅速找到题眼，破题，根据平时的训练打好腹稿，有条理、有逻辑地说出来；最后，一定要学会自圆其说，而不是缴械投降。通过语言表达来表现出自己可以胜任工作的自信心。

3. 良好的心态。

知己知彼，百战不殆。在面试时，正确的心态是成功通过面试的第一步。对于成功通过笔试顺利进入面试的考生，成败在此一举。要想从众多面试者中脱颖而出，首先要调整好自己的心态，这是面试成功的前提，调整心态要从以下几个角度入手：

一方面，要自信，自信是成功的关键，大家应该做的是：去发现自己、他人和世界的光明面，从而使自己保持一种积极、乐观进取的精神状态。一旦拥有了这种态度，面试者就不必劳神费力地去讨好主考官，将能坦然自若地表现自己的所有优势，能理性地绕过自己和主考官有意无意设下的陷阱。另一方面，正确对待紧张情绪，在重要关头，人人都会紧张，紧张主要是生理层面的内容。人们越想摆脱它，越会在它身上增加注意力。实际上，越想摆脱焦虑，就会越焦虑；越焦虑，便越想摆脱它，结果便形成了一个恶性循环。所以紧张不可怕，自己不是一定要做到完美。事实证明，当求职者以较放松的态度去对待紧张情绪时，紧张情绪反而能够得到缓解。

5.6.2 面试官

首先，考官在评分时常常带有主观偏见，容易产生首因效应、近因效应、晕轮效应、对比效应以及认知图式等偏差；其次，注意资源理论认为人的认知资源是有限的，考官在评价考生时会产生较大的认知负荷，尤其在连续多轮面试和评分维度较为复杂的情况下，某些线索会被忽略；最后，考官评分时需要遵守评分规范，对重要信息做好面试记录有助于提升评分的准确性，然而较多考官没有对考生的言行进行系统的归类，导致评价标准和评价策略不一致，评分结果容易产生主观偏差。

5.6.3 面试整体结构

不少公司在招聘时未事先根据工作岗位必需的才能制定出详尽面试提纲，包括所提问题的顺序和划分等级的方式等，而是将面试者生杀予夺的大权乃至公司的命运完全交由某某部门或某某人的经验与直觉。很显然，这种没有整体结构的面试，不仅让求职者感到困扰，使公司在求职者心目中的形象大打折扣，而且增大了公司为此投入的时间和金钱“打水漂”的概率。

5.6.4 面试设计

面试设计是影响面试的关键因素。在影响面试成功率的所有因素中，面试方式及工具、面试标准及技术等是最关键的因素。企业通过面试设计对面试成功率进行控制，面试在招聘和人才选拔中具有区分度和效度。结构化是企业普遍采用的面试设计方法，提高面试的结构化程度可以提高面试的信度和效度，减少面试中存在的主观因素干扰。面试标准和技术包括指标设计和权重设计，指标是面试题目测量的潜在特质，权重表现出潜在特质的内在关联。当求职者能够把握面试题目所测的潜在特质时，面试的效果更好，面试的成功率更高。

5.7　招聘贡献度分析工具

招聘数据统计与分析主要包括四大类指标：关键绩效、招聘过程、渠道效果和招聘成本。各类指标都有相应的计算方法和展现方式，当然，不同企业的取值方式和展现形式也不尽相同。表 5-1 为各类指标计算公式。

表 5-1　各类指标计算公式

类别	指标	计算方式
关键绩效	招聘计划完成率	到岗人数/需求人数
	招聘计划完成率	接受 offer 人数/需求人数
	招聘及时率	预计到岗日期内的：到岗人数/需求人数
	平均招聘周期	最后一人的录用时间-需求审批通过时间
招聘过程	简历初筛通过率	通过初筛人数/应聘人数
	初试通过率	初试通过人数/参加初试人数
	复试通过率	复试通过人数/参加复试人数
	面试到场率	参加面试人数/邀请面试人数
	录用率	录用人数/应聘人数
	到岗率	报到人数/录用人数
渠道效果	渠道有效简历率	各渠道提供的简历：通过初筛人数/提供的简历总数
	渠道面试通过率	各渠道：通过面试人数/参加面试人数
	渠道录用率	各渠道：录用人数/提供的简历总数
招聘成本	单位招聘成本	招聘总费用/到岗人数
	渠道招聘成本	渠道费用/到岗人数

1. 招聘漏斗分析。

每个 HR 都希望快速为企业找到足够合适的人，但近年来，大范围的人力资源缺口逐步增大。广告发布后收不到简历、面试通知发出去等不来人、接受了 offer 最终未入职等情况会经常出现。再加上入职后在试用期内被淘汰的人，完成招聘任务谈何容易，搞清楚到底是哪个环节出了问题是每个企业的重要任务。

要让招聘环节的效果有所改善，就需要深入分析招聘过程，这就要用到招聘漏斗分析（见图 5-2）——通过实时跟踪过程数据，第一时间发现问题，以便采取相应举措。

招聘漏斗是指通过招聘流程各阶段的状态，逐渐淘汰不合适的应聘者，把合适的应聘者层层筛选出来的过程。

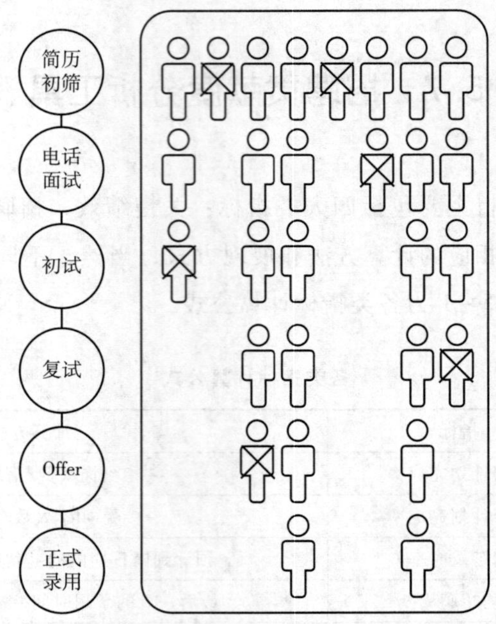

图 5-2 招聘漏斗图

基于招聘漏斗分析，可以统计各个环节转化率，例如，简历有效率 =(电话面试)/(简历初筛)；初试到场率 =(初试到场人数)/(初试人数)；复试通过率 =(复试通过人数)/(复试人数)；Offer 接受率 =(接受 offer 人数)/(发送 offer 人数)。转化率直观反映了招聘过程的效能和效率，让招聘过程关键环节的问题一目了然。例如，当招聘完成率不达标时，可追查 offer 接受率的情况。如果发现拒绝 offer 的人数较多、offer 接受率明显低于标准时，就需要进一步分析放弃 offer 的原因，以更好地洞察问题，支持决策。

2. 招聘周期分析。

核心职位的招聘周期过长，是很多管理者深感头疼的问题。在现有招聘方式下，成功招到一个关键人才需要多长时间？从发布信息到人员入职，整个流程要多久？下一个阶段大概要招多少人？管理者要明确了解这些信息，才能改善现状并提前准备。以表 5-2 为例，在网络招聘时，对使用不同网站的招聘周期进行分析，其他招聘方式可参照此表进行统计分析。

表 5-2 招聘周期分析表

部门	职位名称	职位创建日期	发布第一个广告日期	录用第一人日期	最近一人录用日期	平均招聘周期（天）
研发部	智联招聘	2015/2/11	2015/2/13	2015/3/11	2015/7/13	45
研发部	猎聘网	2015/2/11	2015/2/13	2015/3/11	2015/7/13	45
研发部	58 同城	2015/2/11	2015/2/13	2015/3/11	2015/7/13	45
销售部	内部推荐	2015/2/11	2015/2/13	2015/3/11	2015/7/13	45

3. 招聘渠道贡献度分析。

常用的招聘渠道是否足够有效，不仅涉及渠道的贡献率，还涉及各渠道的投入产出比，这些数据也是管理者亟待关注的。以表5-3为例，在网络招聘时，对使用不同网站的贡献率进行统计分析。

表5-3 不同网站的贡献率统计

渠道类型	渠道名称	简历初筛		初试			复试			offer			正式录用		
		进行中	本轮淘汰	进行中	到场人数	本轮淘汰	进行中	到场人数	本轮淘汰	进行中	接受	拒绝	已录用	已到岗	未到岗
招聘网站	智联招聘	631	203	303	152	56	96	56	13	43	21	22	18	3	15
招聘网站	猎聘网	631	203	303	152	56	96	56	13	43	21	22	18	3	15
招聘网站	58同城	321	101	64	31	11	20	15	5	10	5	3	4	1	3
内部推荐	内部推荐	631	203	303	152	56	96	56	13	43	21	22	18	3	15
猎头	科锐	321	101	64	31	11	20	15	5	10	5	3	4	1	3

渠道数据主要是分析各个招聘渠道的优劣以及在什么情况下采用何种招聘渠道最有效。渠道数据的分析主要是以招聘渠道维度来分析过程指标以及结果指标，同时可以结合部门、岗位、职级等维度来得到特定情况下最有效的招聘渠道。前期统计分析出最有效的招聘渠道工作比较复杂烦琐，但其所得结果会对之后的招聘工作有事半功倍的效果。除此之外，我们还可以通过各个招聘渠道的对比，来分析招聘成本支出情况。

例如，我们可以来分析各个招聘渠道录用人数除以录用总人数的比率，如果再结合人均招聘成本情况（见图5-3），我们会发现使用最多的网络招聘成本最低，而现场招聘、校园招聘的成本是非常高的。再结合录用人数和录用率的对比，我们可以通过年度招聘计划来做一个最优招聘渠道组合，在这个基础上安排我们全年的招聘工作。

4. SWOT模型分析。

结合外部环境、内部环境文化等，分析目前招聘存在的优势、劣势、机会、威胁，从而得出招聘各环节的贡献度。从优势和机会中找到提高招聘有效性的环节；从劣势和威胁中发现某些招聘环节的不足，客观分析企业各环节贡献度，取长补短，不断完善招聘工作。

S（Strengths）：亮眼的创始团队背景、开放且有活力的企业文化、诱人的薪资福利体系、巨大的职业晋升空间、行业内Top的客户资源、挑战性的工作内容等。

W（Weaknesses）：业务部门对于人才画像的描述和定位是否清晰、面试过程中候选人的面试体验、面试官是否具备相应的面试技巧、面试评估工具是否权威有效等。

O（Opportunities）：通过行业分析，找到有效搜寻行业翘楚的渠道及方式、整合内部优势及企业影响力吸引行业翘楚（我们不见得需要引入行业翘楚，但是通过与行业翘楚沟通了解是否是我们寻求的人才画像以及后续是否可以建立合作等）、通过招聘

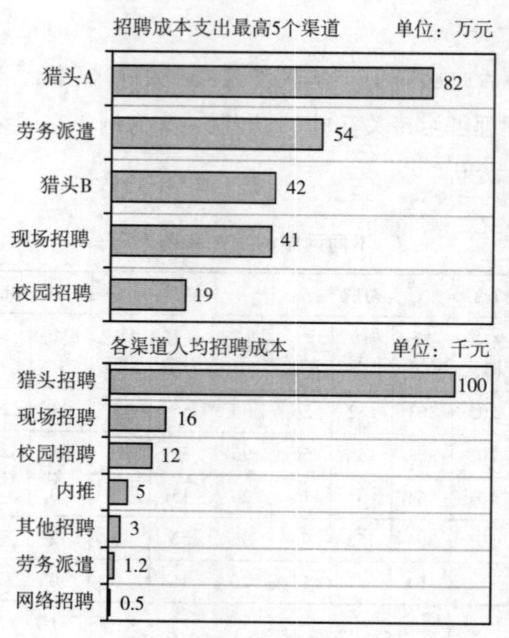

图 5－3 招聘成本

在行业中建立雇主品牌形象等。

T（Threats）：VUCA 时代（即变幻莫测的时代，Volatility（易变性），Uncertainty（不确定性），Complexity（复杂性），Ambiguity（模糊性）），瞬息万变间整个行业、企业被颠覆，需要企业高层、HR 具备对于行业市场敏锐的前瞻性眼光和思维，用实际的 HR 手段来推动业务的实现、发展和快速转型。

5.8 招聘过程与效果比较

目前，互联网应用在强化企业管理上的作用日益凸显，特别是人力资源管理中的招聘环节。与传统的招聘方法相比，互联网招聘在时间成本、资金投入及人力资本上显得更加高效。

5.8.1 互联网招聘与传统招聘渠道分析

1. 传统招聘渠道的优劣。

优势：招聘在人力资源管理范畴被定义为基于组织需求，吸引并筛选出适合特定职位的人选的过程，是提高企业经营战略的最有利途径之一。招聘也可以被视为一项由组织开展的，留住高质量员工的实际行动，这对公司在市场中取胜有着至关重要的作用。传统的招聘渠道，如猎头公司、就业中心、报纸的广告刊登等，已成为多年来企业用于寻找人才、填补空缺职位的主要模式，并且受到了目标受众人群的广泛认可。这表明，一般待业人员在求职初期会最先关注这些渠道的招聘信息，因此，传统的招聘渠道具有覆盖面广、口碑高的优势。并且，通过传统手段进行招聘通常也被视为增加企业影响力的有力途径，通过在报纸及电视刊登招聘广告，可以大幅度提升企业的社会认知度，树立“品牌企业”的优质形象。

劣势：尽管有相当数量的强势企业采用传统招聘渠道为企业寻找人才，但这些方法通常被人力资源从业者看作高成本、低效率的手段，此类招聘信息的发布需要向各个机构支付高昂的中介费用。虽然企业只需要在窗口平台发布广告，静待应聘者上门，但是，广泛撒网使企业无法准确控制应聘人数，对潜在候选人的素质也难以预测，这就加大了人力资源部门在短时间内挑选出高质量员工的工作量和难度，从而无限期延长招聘周期。

由于有大量的企业通过类似的传统渠道招募员工，使企业之间在招聘方面存在着激烈的竞争。对于各类组织来说，现在劳动力市场逐渐呈现出供不应求的状况。换言之，人才竞争的焦点需要从选择合适的人选转向吸引更多有潜力的人选，这个结果也警醒了各个公司应把未来人才招聘的重点放在如何吸引更多的待业人员上，以扩大潜在人才储备库。

2. 互联网招聘渠道的优劣。

优势：这是伴随网络日益普及的趋势下产生的一种新的媒体招聘形式，招聘信息可以定时定向投放，发布后也可以管理，其费用相对比较低廉，理论上可以覆盖到全球。通过在知名的人才网上发布招聘的信息可以快捷、海量地接收到求职者的信息，而且各网站提供的格式简历和格式邮件可以降低简历筛选的难度，加快处理简历的速度。这种形式对于白领阶层尤其实用，基本上是“找工作，一键搞定”，无论高、中、基层岗位都可以在网络招聘取到很好效果，互联网招聘已成为未来的趋势。

劣势：这种渠道不能控制应聘者的质量和数量。海量的信息，包括各种垃圾邮件、病毒邮件等会加大招聘工作的压力，在信息化不充分的地区效果差。这种形式可以在常年招聘较多的单位采纳。另外，随着各大人才网站简历库的丰富完善，如 58 同城、前程无忧、智联招聘，HR 们可以利用网站提供的“网才”服务在简历库中搜寻我们要找的人。

5.8.2 互联网招聘与传统招聘流程分析

1. 传统招聘流程。

传统的招聘流程是纵向任务处理轨迹，需要不断重复同样的流程来完成多个任务处理。第一，它需要设计职位描述和确定求职者在劳动力市场的地理区域和所处的社会位置。第二，公司需要决定吸引求职者的可行方法，如在报纸上登广告，或者从招聘机构找到高质量的简历，这个过程需要花费大量资金给广告媒介和中间商。第三，在前两个步骤完成之后，申请者信息会大量涌入人力资源管理部门等待筛选，在这个阶段，人力资源经理需要不断筛选这些简历，然后重新评估，最终将他们选入面试阶段。所有这些过程在很大程度上增加了管理者的工作量，而且，传统招聘的过程包含大量需要人工处理的个人信息，这很容易导致求职者的隐私信息泄露。

2. 互联网招聘流程。

而互联网招聘可以看作是一个横向的集成，能同步处理信息。线上招聘也主要包括三个步骤：第一步，充分考虑网络推广的优势，设计合理的网站，实时更新数据库，跟踪潜在的申请者；第二步，帮助求职者进行在线测试、在线视频面试，筛选出潜在的员工；第三步，人力资源经理可以利用网络通信自动化的优势，轻松地将招聘结果通知应聘者。此外，互联网招聘可以在招聘结束后将剩余的人才自动归档到企业人才储蓄库，以备日后使用。不同于传统招聘，在线招聘可以在不受时间和资源限制的情况下进行筛选。同时，与传统的招聘方式相比，在线招聘更倾向于双向沟通，这意味着求职者可以突破地域和时间限制，随时跟踪他们的简历审阅情况。

AI 得贤招聘官是一款 AI 面试系统，可以帮助企业实时进行在线招聘面试，在手机端和电脑端即可轻松实现批量招聘。利用 AI 技术和互联网，企业可以持续优化招聘工作。

尽管现如今信息和通信技术已经被整合到组织的人员配置、组织结构以及公司运作流程的制定过程中，但基于数据统计，很多学者认为企业使用互联网进行招聘仍然存在不足。例如，应用程序的自动筛选功能可能会将具有特殊技能的人才排除在录用名单之外，而他们可能是对公司有极大帮助的人力资源。然而，如果在招聘过程中不过分放弃人力资源部门在传统招聘中的监督作用，这些问题是可避免的。因此，在提高效率的同时，在线招聘仍然需要在降低成本的同时保证录用质量。

5.8.3 互联网招聘的缺陷及可弥补途径

1. 线上招聘人员数量和质量堪忧。

线上招聘是指通过在企业网站或第三方网站上发布招聘信息进行人才选拔，通过电子邮件或在线招聘管理系统收集求职者的简历，并在浏览后初步筛选符合职位需求的候选人。与传统的报纸和电视广告招聘相比，在线招聘与专业招聘网站的结合可以大大降低招聘成本，甚至对受众有更强的针对性。然而，电子招聘也存在缺点。虽然没有互联网的时空限制，为扩大人才储备库赋予可能性，但是线上招聘渠道也很难控制申请人的数量和质量。然而，这个问题可以通过要求申请人填写标准化简历和统一电子邮件的格式来解决，并建立系统来过滤不合格申请者的简历。它可以省去筛选简历的麻烦，同时加快处理速度。

2. 申请人个人信息真实性存疑。

此外，在使用基于网络的招聘时，很难判断申请人个人信息的真实性，这意味着在招聘过程中可能存在欺诈信息。也有很多公司指出，他们对线上招聘感到失望，因为通过电子招聘系统甄选出来的员工，在实践中并不能展示出他们在简历中所提到的知识和技能。与此同时，电子招聘要求人力资源部管理人员在招聘过程中具备更强的识别能力，并且需要通过不断改进线上招聘系统提供更精确可靠的数据。有人认为，互联网的透明度会威胁到候选人的隐私，一些猎头公司会通过招聘网站窃取求职者的个人信息，以谋求私人利益。但幸运的是，一些商业网站正在尝试设置密码和访问特权来解决这个问题。也就是说，尽管目前电子招聘仍存在缺点，但这些缺点是可以通过高科技的发展解决的。

3. 欠发达地区的潜在优质员工申请受限。

更严重的是，使用互联网作为主要的招聘渠道也被有的学者视为带有歧视性的招聘手段。特别是对那些在欠发达地区生活的申请人，对他们来说，互联网和其他基于网络开展的活动仍然受到限制，他们无法随时使用互联网，更严重的是可能不知道该如何使用互联网，故而不能及时进行网上工作申请。不可否认的是，在这些发展相对滞后的地区仍存在潜在的高质量员工。因此，线上招聘不能完全取代线下招聘。最好方法是根据职位所需及实际招聘情况，分区域选择不同招聘渠道进行招聘，从而最大限度地提高企业招聘效率。

5.8.4　互联网招聘是现代企业招聘最优选择

线上招聘最显著的优势是为雇主和求职者节省时间、提高效率。一方面，与需要阅读大量报纸广告或职业介绍公告来寻找职位信息相比，求职者在任何时候都可以通过输入几个关键字在线搜索到招聘信息；另一方面，通过线上招聘系统，企业能根据特定的岗位管理目标，在短时间内自由地设定特殊条件，寻找合适的人才。同时，传统的招聘流程需要公司“一对一”通知候选人考核结果，而电子招聘系统可以自动将考核结果通知到候选人。

1. 减少招聘成本。

与传统的方法相比，电子招聘一般情况可以帮助公司减少高达三分之二的经济成本。特别是公司通过在线上招聘广告图标背后建立公司官网的链接，将更多的应聘者吸引回公司网站，从而减少支付给中介网站的费用。这不仅可以再次降低招聘成本，还能确保申请人在企业官网上找到所有空缺岗位，从而挑选出更适合自己的职位。对企业和个人来说，是一种双赢的选择。

2. 吸引更多候选人。

研究表明，应聘者很容易被具有艺术界面、高处理速度和能快捷找到招聘信息的网站所吸引。大多数应聘者表示，如果公司能够在官网上提供简短的品牌故事、在线的心理测试或意见反馈会更容易吸引他们，因为他们有探索自己潜力的好奇心，并且有企业文化的公司更能激起他们的工作兴趣与认同感。所以不难看出，如果企业能充分利用互联网招聘的发布渠道，就会从主观上吸引更多人才选择相应的组织。

3. 互联网招聘即为集成数据库。

互联网招聘可以看作一个集成的数据库，也是电子招聘最具有长远意义的一点。一方面，申请者可以从公司网站、第三方网站或求职公告板上找到大量更新的招聘信息，将求职机会最大化；另一方面，每个招聘网站都记录了大量求职者的个人信息，公司在寻找人才时能更具有针对性。众多研究表明，在线招聘在帮助组织扩大人才储备库、节省二次招聘成本上贡献突出。

当传统招聘渠道无法适应快速发展的信息时代时，互联网已悄然成为受众最广的招聘途径。但网络招聘确实存在缺陷，例如，很难判断信息的真实性、互联网的透明度使隐私变得难以保护以及被视为对网络文盲的歧视等。然而，网络招聘具有不可替代的绝对优势，这大大弥补了其劣势，电子招聘在经济成本和时间成本上，对于组织和申请者来说都是高效的，并且减少了时间和地理区域带来的限制。同时，电子招聘可以帮助组织建立他们自己的综合人才数据库，以供进一步使用。

5.9 人才供应链管理和建设

人才是企业竞争力的核心要素，但多数企业不能在人才需求产生时找到可用之才，这一问题的产生归根结底是企业缺少长期的人才规划。人才供应链管理，是通过系统考虑企业的人才供应与需求，整合人才管理各节点的相关机构，进行协同人才预测、规划及补给管理与柔性管理，实现人才供应链一体化运作的过程，它的最终目标是实现人才队伍建设的动态优化。

5.9.1 人才供应链管理体系的构建

人才供应链管理体系由人才供应网络、人才需求网络、人才供应链一体化管理中心、信息集成系统与良好的管理环境四大主体组成。

1. 人才供应网络包括高校集群、猎头公司、社会个体人才、培训机构等，企业通过长期的人才供应渠道建设，挑选企业的战略合作伙伴集群，并通过风险评估与考核对其进行管理。

2. 人才需求网络包含企业即期的用人部门需求以及远期的人才储备池需求。这里的人才储备池既包含企业未来由于人才流动产生的临时人才需求，也包含企业未来由于战略调整所产生的人才需求，如对管理人才、高级工程师、领导接班团队的需求。

3. 人才供应链一体化管理中心作为整个体系的管控者，将系统、协同、外包、柔性的管理理念深入从战略规划到梯队建设的每一步工作当中，将非核心业务流程外包给人才供应网络中的战略合作伙伴，把精力投入人才规划与柔性管理工作当中，有效提升工作效率。

4. 人才供应链管理体系融合了企业文化因素，并以信息集成系统为技术支撑，对人才供应网络和人才需求网络进行协同整合，最终实现一体化管理。一体化管理是整个体系的核心部分，每一个环节能否顺畅运作，与企业能否提供良好的管理环境密切相关，这里的管理环境包括科学的管控模式、高效的组织架构、顺畅的业务流程、清晰的部门管理界面、健全的管理制度、竞争性的资源分配机制、包容性的战略合作机制。

5.9.2 人才供应链一体化运作

人才供应链一体化运作包含战略规划、渠道建设、招募选拔、人才适职、劳动回报、梯队建设六个模块。这六个模块既相互关联又相对独立，实现了整个人才供应链条的螺旋循环管理，其中前期的战略规划管理和后续执行过程中的柔性管理是人才供应链一体化运作的工作重心。

1. 协同人才预测、规划及补给管理。

协同人才预测、规划及补给管理是人才供应链一体化管理的核心，它要求整个人才供应链条上的相关机构通过协同合作，确定企业关键岗位人才管理体系、人才胜任力素质、人才总体规划及后续一系列执行计划，保证企业运营的即期人才需求与后续的快速人才补给。

（1）关键岗位人才管理体系的搭建。企业可以从建立关键岗位评判体系、关键人才储备和发展体系、关键人才激励体系三个方面着手，搭建关键岗位人才管理体系。企业从岗位的决策地位、战略地位和不可替代性三个维度来界定关键人才，并将分析的数据及时整理到数据库当中。结合企业的需求网络，建立人才储备体系和发展体系，保证快速补给人才，满足企业未来用人需求。关键人才的激励是对后续人才安置与继任发展所采取的相关计划措施，如图 5-4 所示。

（2）胜任力素质的分析。企业需要基于公司各类战略目标的关键驱动因素来分析承载战略目标的关键岗位，进行岗位的战略价值分析，并得出对应的胜任力素质。该

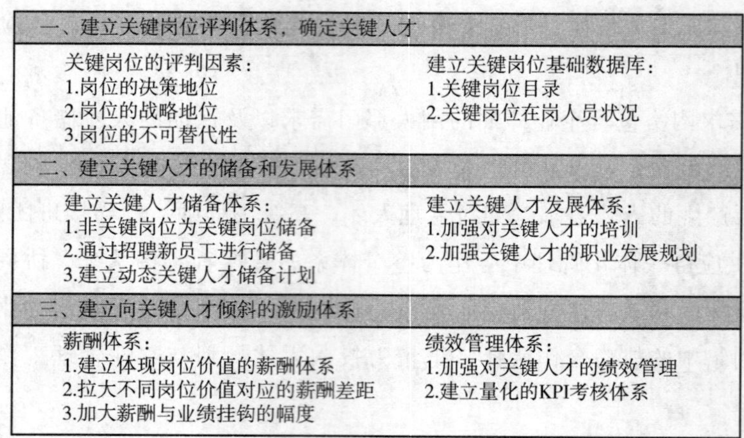

图 5－4　关键岗位人才管理体系构建

方法结合平衡计分卡原理和胜任力素质模型，从财务、顾客、内部经营流程、学习和成长四个维度出发，将战略目标分解成多个关键驱动因素，并分析出关键人才所对应的必备素质，为后续的人才梯队建设奠定基础。

（3）人才总体规划的确定。企业需要根据各类战略目标的关键驱动因素确定人才总体规划。人才总体规划以企业总体规划为指导，同时又支持企业总体规划的实施，两者相辅相成。人才的问题分析、需求与供给预测、年度计划分别与企业的战略规划、经营计划、年度计划相匹配。人才总体规划对应产生人才补充计划、人才配置计划、人才培训计划、人才激励计划、梯队建设计划等一系列执行计划，计划中包含目标、政策、预算等详细项目，便于后续落地实施，如图 5－5 所示。

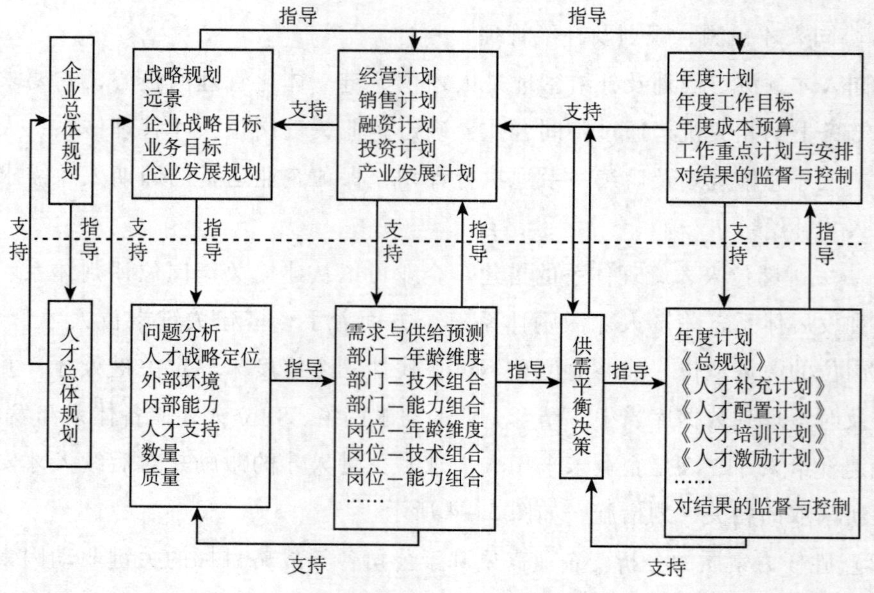

图 5－5　关键岗位人才管理体系构建

2. 人才供应链柔性管理。

如果说协同人才预测、规划及补给管理构建了人才供应链条的最初静态框架，那么人才供应链柔性管理即实现了整个人才供应链条的动态运作，渗透在以下四个执行过程中：

（1）揽才渠道建设。企业可以通过外部揽才、内部揽才和内外部联合揽才的模式进行灵活的揽才管理。外部揽才即把部分揽才工作放权给专业的培训公司、猎头公司，企业仅需要将人才需求信息及时传递给这些机构，由其掌握人才发展动态、替企业招揽人才。内部揽才主要是指通过深度培养，对企业的人才进行二次安置，企业可根据人才成长的需要，通过工作轮岗、集中培训、脱产培训等方式培养多面手，实现企业紧急用人时的内部补给。内外部联合揽才即实现企业与高校、人才市场的合作式人才管理，采用联合培养、入职前工作体验的方式进行人才招揽工作。

（2）双向人力分析、人才选拔及人才适职管理。人才供应链一体化运作充分融入以人为本的观念，灵活管理人才。市场经济是一个双向选择的过程，针对目前人才更加注重个人兴趣和目标的特点，企业在进行人才队伍建设时需要充分考虑人才的需求与偏好，打破原有单向招聘、培训、安置人才的管理模式，重视人才对于组织的价值观、目标和文化的认同，并在人才、企业双方认同的基础之上采用专业化的胜任力素质来招聘、选拔、安置人才。

（3）人性化考核激励与服务回报。该环节体现了考核体系的柔性化管理，将管理对象按照年龄结构特征、职位的重要程度、特殊行为事件、性格特色与创新能力等各项来进行考核体系的组合管理，在有针对性进行考核的同时，增加绩效考核过程中的人才参与，激励人才行为。这里的服务回报是指各种薪酬、福利措施、员工关系活动的激励组合，企业根据人才偏好，有针对性地调整服务回报，注重工作与家庭生活的平衡，不断提高人才的工作满意度。

（4）深度培养与人才梯队建设。深度培养与梯队建设是促进整个人才供应链循环的衔接环节，随着企业的不断壮大，个人的能力很难达到企业战略发展需求，企业越来越趋向于团队培养，通过团队带领团队、团队发展团队的方式培养企业接班人才。此外，企业还需要结合人才储备计划，有目标地进行人才搜索与定位，并由人才供应机构管理这些人才，这样既避免了人才闲置带来的成本损失，又降低了人才供应不及时带来的管理风险。

5.9.3　人才供应链管理体系实施策略

人才供应链管理体系结合了人才需求网络与人才供应网络，并对整个人才供应链进行一体化管理。为保证整个管理体系能够动态稳定实施，企业需要系统构建、试点运作、整体推进、持续完善，除此之外，还应做好理念、文化、机制与信息技术四个维度的相关管理工作。

1. 管理理念植入。人才供应链管理理念包括系统理念、协同理念和柔性理念。系统理念是指企业从全局角度考虑人才供应与需求，进行相关人才管理工作；协同理念是指企业整合人才供应链条上各个机构，通过相互协作来完成整个跨时间和空间的人才管理工作；柔性理念是指企业根据外部环境变化、企业战略调整做出快速反应。

2. 企业文化渗透。企业文化营造了整个人才供应链管理体系的管理环境与落地基础，实施人才供应链管理体系应充分融合企业文化，只有这样才能最终实现企业的可持续发展。企业文化的渗透体现在人才供应链管理体系资源分配标准的设置、企业管理环境的创造、企业接班团队的建设等方面。

3. 运营机制搭建。人才供应链管理体系实施需要制订激励机制、合作机制以及风险机制。为促进实施进程，企业需要建立健全绩效评价和激励机制，明晰人才供应链管理体系在哪些方面、多大程度上需要改进，推动该体系的不断完善和持续优化；为保障实施效率，企业需要建立合作机制来实现战略合作伙伴关系管理和企业内外资源的集成优化管理，促进协同人才预测、规划及补给模式的有效运行；为降低实施风险，企业需要时刻保持风险意识，运用法律效力和风险评估保证企业与各个人才供应机构或每一个企业人才达成信任，更好地促进双方合作。

4. 信息技术支撑。信息技术是实施人才供应链管理体系的操作基础。人才供应链管理体系的动态稳定发展建立在各个节点机构高质量的信息传递与共享上，为此，企业需要引入信息技术，这不仅可以节省时间和提高各个节点信息交换的准确性，而且也可以减少在复杂或重复工作中的人为错误及由于失误而导致的时间浪费和成本损失。

5.10 在线数字化招聘体系

线上平台进行招聘可以通过岗位需求快速筛选简历，整理和保留招聘和选拔过程中产生的各类信息，方便了解招聘情况和录用员工的后续表现，以科学评价本次招聘并为下次招聘做准备。一方面有利于准确把握员工数量，及时补充人员短缺；另一方面可以建立企业的人才数据库，提高推荐达成率。在采用线上招聘的过程中，要识别求职者虚假信息，建立起双向的网上交流渠道用于企业和求职者交换信息。招聘人员现在亦是求职者关系的构建者和管理者，而非继续专注于人才搜寻和筛选。他们想要为新员工创造一个积极的求职者体验，这是一项需要同时具备新职责与新技能的任务。

在线数字化招聘是时代发展的趋势。

1. 人才对企业数字化要求更高。从人力资源需求来看，企业开始雇用年轻且具有数字化头脑的员工，这些员工喜欢独立完成工作并公开透明地分享信息。员工在工作时渴望拥有一体化和数字化的体验来提高工作效率，并希望人力资源部门能够建立支持这种体验的工作环境。大型雇主企业发现，技术不足以完全提升一个公司的人员招聘体验。特别是在人才供应不足的情况下，为了确保人才稳定地流入组织并创造一个令求职者满意的方式，企业在招聘时应该从更广泛的求职者体验着手。从这一点上来看，企业的招聘压力无形中增加了很多，同时，更需要人力资源部门各模块协同发展。

2. 企业需要建立数字化人才库。高效地完成项目团队组建是对人力资源管理部门的一个新需求，这要求企业运用有效的手段建立数字化的人才库，对企业的人才进行有效的管理。除了企业内部的数字化人才库之外，互联网上的大数据也是“兵家必争之地”。除专业的招聘网站推送的人才信息之外，人们纷纷发现了互联网社交平台其实是人力资源的“藏宝之地”。基于这些社交平台建立起来的“在线人才平台”将在未来十年释放巨大能量。更加专业的职业社交网站也应运而生，其中，LinkedIn（领英）是全球最大职业社交网站，是一家面向商业客户的社交网络（SNS），并且开发了基于真实身份的职场社交 App——“赤兔”。据说，每 3 个人中有 2 个使用 LinkedIn，因此招聘人员开始时可以关注和自己有联系的人，将他们进行筛选，找出最感兴趣的人。然后进一步关注他们的人脉，曾经工作过的地方，他们推荐的人。最合适的人很有可能就在这些人推荐的人群中。通过这种“人脉”的拓宽，寻找应聘者的途径会更加广阔。

3. 建立数字化体验以提高招聘成功率。在数字化时代，应聘者希望能够通过各种渠道了解企业信息，并希望在获得真实的工作体验的基础上做出职业选择。为吸引应聘者，人力资源部门需要主动建立数字化的企业品牌。主动追踪并保持各类网站中关于企业的信息和求职者体验相关信息的一致性。IBM 的认知技术平台 Watson 利用已存在的社交数据和信息开发了此领域的相关技术，包括：对空缺职位进行优先排序的平台；在各类网站上监听组织以及竞争对手公开评论的社交平台；通过一项基于职业体验和技能的“匹配度评分”系统为求职者进行工作匹配。这些技术应用高级认知能力进行可行性分析。

在甄选手段方面，提高应聘者的便捷性和体验感。很多组织转向工作模拟软件，这种软件可以通过把未来的工作任务分配给求职者来提高招聘成功率。另外，其他一些组织使用视频来展示技能。Skill Scout（一家媒体公司）制作了一个工作视频短片“运转中的工作职位”，允许求职者预览工作内容和技能要求。

4. 更高效的甄选方式。曾有这样一种说法，如果人才甄选过程中没有采用结构化面试及评价中心方法，那么人才甄选与抛硬币做决策没有什么区别。而严格又冗长的甄选流程使很多 HR 苦不堪言，在这漫长的过程中，使很多应聘者产生了负面情绪。数字化工具在甄选环节也开始不断创新，例如，全球消费品巨头联合利华正在结合游戏化和视频面试。在中国，24% 的受访雇主反映有职位空缺，但招不到合适的候选人。这种需求上的错位加速了数字化技术在招聘工作中的发展。随着 AI 和其他技术接管搜寻求职者这一基础而耗时的任务，人类的工作将发生变化。在这样的趋势下，企业中的招聘人员将更多地采用人才获取的新技术手段。与此同时，招聘人员也将充分发挥"道义和情感"的作用，磨炼自己建立人际关系的技能。在这个新的世界里，招聘人员将通过与求职者建立心理和情感上的联系，进一步增强应聘者对公司的认同，通过主动改变工作的方法与态度来提高工作的效果。

下面介绍三个在线数字化招聘系统，了解智能化招聘系统的实际运用。

1. Moka 智能化招聘管理系统。Moka 致力于通过完整的招聘生态体系，帮助企业提升招聘效能。其产品 Moka 是一款新生代的 SaaS 智能化招聘管理系统，包含三大核心模块：聚合招聘渠道，统一管理招聘流程，提升各节点转化率，促进协同；积累企业人才库，自动且有效地进行持续激活；全方位数据统计，提供招聘洞见，全面帮助企业提升招聘效能。

2. 飞书招聘。飞书招聘系统基于数百万人才招聘经验打造，助力企业在人才竞争中脱颖而出。一方面，其能够帮助企业更高效地面试：三合一工作台，查简历、面试、面评更简单；不限量视频面试，高清、流畅、稳定。使 HR 有更愉悦的体验：深度打通 IM、日历、邮件，多角色高效协同；移动端完美体验，随时随地看简历、批 Offer；快捷打通人事、OA 系统，不改变企业工作习惯。另一方面，实现更智能的招聘成为可能，轻松解析复杂简历，更好地沉淀人才数据；高精度模糊查重，不为一份简历花两份钱；多维度、自定义报表，提供所需数据洞察。

3. 北森招聘管理系统。是实现一体化的智能招聘平台。①科技引领高质量招聘，帮助企业提高招聘效能，降低人才识别失误风险，全面提升人才获取竞争力。②提升人才质量：从人才标准到人才甄选，科技引领高质量招聘；基于能力测评与 AI 智能匹配；人才识别失误率减少 70%。③提升招聘效率：全流程的数字化招聘，减少 HR 工作量；流程自动流转，招聘周期缩短 50%；简历筛选效率提升 230%；与候选人沟通时间减少 60%。④降低招聘成本：精准吸引高匹配人才，不为重复简历买单；简历智能查重，广告精准投放；内推价值提升 50%；人才库价值提升 69%。⑤提升雇主品牌：强化雇主品牌运营，提升招聘体验；个性化定制招聘官网或微官网；便捷的投递流程与投递体验；候选人满意度提升 56%。

总之，招聘管理系统可以为企业提供独享的个性化招聘网站，有效提升雇主形象，吸引更多应聘者投递简历。同时，招聘网站、社交网站和内部推荐等招聘渠道被整合在一起，HR 只需要登录一个平台，即可轻松发布职位广告，最大限度地提升招聘效率。

本章小结

员工招聘是企业获取合格人才的渠道，是组织为了生存和发展的需要，根据组织人力资源规划和工作分析的数量与质量要求，通过信息发布和科学甄选，获得本企业所需的合格人才，并安排他们到企业所需岗位工作的过程。其原则有：①公开原则；②竞争原则；③公平原则；④全面原则；⑤能级原则；⑥择优原则；⑦效率原则。招聘流程是指从企业出现岗位空缺提出招聘需求开始，到招聘了合适人员，且招聘的人员到岗位上班的整个过程，具体而言，其主要包括招募、选拔、录用和评估四个环节。招聘渠道是招聘工作获得人才的基础，有内部招聘和外部招聘两种方式。

员工甄选，是指通过运用一定的工具和手段对已经招募到的求职者进行鉴别和考察，区分他们的人格特点与知识技能水平，预测他们未来的工作绩效，从而最终挑选出企业所需要的、恰当的职位空缺填补者。其原则有：①因事择人原则；②德才兼备的原则；③用人所长原则；④民主集中原则；⑤回避原则。甄选方法有：①履历分析；②笔试；③面试；④心理测试；⑤评价中心技术。面试根据不同分类情况可以分成不同的类型。

招聘数据统计与分析主要包括四大类指标：关键绩效、招聘过程、渠道效果和招聘成本。各类指标都有相应的计算方法和展现方式，当然，不同企业的取值方式和展现形式也不尽相同。通过数据指标分析得出招聘贡献度，并进行招聘效果比较。

人才是企业竞争力的核心要素，但多数企业不能在人才需求产生时找到可用之才，这一问题的产生归根结底是企业缺少长期的人才规划。人才供应链管理，是通过系统考虑企业的人才供应与需求，整合人才管理各节点的相关机构，进行协同人才预测、规划及补给管理与柔性管理，实现人才供应链一体化运作的过程，它的最终目标是实现人才队伍建设的动态优化。

线上平台进行招聘可以通过岗位需求快速筛选简历，整理和保留招聘和选拔过程中产生的各类信息，方便了解招聘情况和录用员工的后续表现，可以科学评价本次招聘和为下次招聘做准备。一方面可以准确把握员工数量，及时补充人员短缺；另一方面可以建立企业的人才数据库，企业可以利用已构建的人才数据库，缩短人才的招聘，提高推荐达成率。企业要有以下意识：①人才对企业数字化要求更高；②企业需要建立数字化人才库；③建立数字化体验提高招聘成功率；④更高效的甄选方式。

思考题

1. 试想招聘的真正实质，并说明为什么数字化招聘方法正在逐渐取代传统的招聘方法。

2. 如何理解"如果没有结构化面试和评价中心技术，聘用人员跟投掷骰子选人没有差别"这句话？

3. 思考怎样进行招聘渠道贡献度分析，从而选择最高效的招聘流程？

4. 如何进行人才供应链建设，实现人才柔性管理？

5. 思考在数字化时代下，进行在线招聘，企业要做哪些努力？

案例分析

数字化赋能京东物流招聘全流程

全国800余个仓库，仓储总面积约2000万平方米，行政区县近100%覆盖，90%区县可以实现24小时达，自营配送服务覆盖全国99%的人口，超90%自营订单可以在24小时内送达……

如果不是刘强东在13年前面对质疑时的坚持，我们就无法见证今天京东物流创造的奇迹。

十余年的建设和发展中，对于京东物流的质疑一直没有停止。但以用户为中心的京东，考虑更多的是消费者线上购物的全流程体验。现在我们已经习惯了极致的物流服务，但在2007年之前则是另一番景象，也许你还可以想起那段被粗暴对待货物、超时送货、丢件坏件率极高的日子。显然，要想给消费者更好的线上购物体验，物流是关键环节。

目前物流仍然属于劳动密集型行业，高速的发展使京东物流面对着较大的用工需求。

"京东物流每年入职的员工有好几万，"京东物流相关负责人说道，"我们的人才库里也积累了上百万份简历。"如此触目惊心的数字，显然会带来繁重的招聘负担，产生巨大的人力和时间成本。针对这一问题，京东物流所采取的解决方案是实现招聘全流程的数字化。

招聘数据的把控

京东物流通过监控招聘漏斗等数据，把控各环节效率。例如，在招聘渠道方面，通过渠道之间的链接和同步、判重等，显性化地观测各个渠道的效率，为管理决策提供依据；面试反馈环节，根据候选人的反馈进行针对性的改善，提升面试体验。数据可以帮助观测招聘的全流程，如果某一个环节的数据不符合正常招聘规律，便可以及时进行优化改善。

招聘流程自动化

招聘工作涉及不同阶段、多个角色的协同，因此招聘流程比想象中要繁琐很多。在过去，HR 通常将纸质版简历线下提交给业务部门，或是将电子版简历通过邮件等方式提交。预约面试前就已经写了好几封邮件。如果有临时变动，整个环节都要重新进行一次，效率非常低。使用数字化招聘系统后，京东实现了线上简历筛选、快速安排面试、信息自动同步到 OA，不仅减少了重复工作，还提升了 HR、面试官、候选人多方的体验。

AI 招聘的新尝试

面对巨大的招聘量，HR 每天需要与大量候选人进行沟通。然而这部分工作具有很强的重复性，确定候选人的面试意向、时间、方式和地点就会占据大量时间。为此，京东的数字化招聘系统通过 AI 进行面试邀约、提醒及调研，在提升 HR 工作效率和价值的同时，也提高了面试到场率。

京东物流相信，数字化招聘系统的根本目的是释放人效，最终使 HR 有更多的时间去实现真正的工作价值。

校招是雇主品牌的重要战场。京东物流对校招群体进行了细致的划分，建立了相应的校招项目，针对不同的学生群体打造差异化的传播方式和内容。如针对技术型的博士人才，无论是宣讲会还是其他渠道的沟通，京东物流主要传递的都是物流科技的概念和内容；对于优秀的本科、硕士人才，京东物流建立了“卓越之星”项目，定位为“未来物流行业的领军型人才”进行招聘和培养；此外，还有“新锐之星”项目，主要招聘未来的一线基层管理者。这一群体是京东物流的核心，担负着一线的经营管理重任。现在整个物流行业都在提经营下沉，要往更广阔的市场去思考，所以对于这些基层管理者来说，未来要承担的责任和需要的能力会更多。

HR 定位的转变也是京东物流雇主品牌建设的重要一环。作为践行者和链接者，在内部，HR 需要与各部门员工不断交流和沟通，链接各个业务部门，接触面非常广，因此在组织中其语言和行为的影响范围较大。京东物流希望通过 HR 的这一特征，在组织内部建立雇主品牌的影响力；对于外部，HR 是与候选人最直接的接触者，候选人通过与 HR 的接触产生对公司的直接评价。因此 HR 是企业文化的代表，也是雇主品牌的体现者。在实际招聘尤其是校招环节中，也会有很多候选人因为 HR 的表现而做出职业选择。

数字化同样为京东物流雇主品牌的建设带来了新的方式。

数据把控建设效果

京东物流重新审视了雇主品牌的建设和传播方式，发现传统传递的内容与目标群体的习惯存在着非常大的差异。因此，京东物流注重对于雇主品牌建设的数据挖掘和洞察，如学生群体的动向、喜好、关注点等，并依据此快速调整雇主品牌建设和传播的方式。

新触达渠道的拓展

数字化的触达渠道，在疫情之后显得愈发重要。线下的校招获取人数越来越有限，学生群体更多选择线上的方式进行联系和沟通。因此，线上社群等方式变得非常重要。然而当前企业在招聘方面的社群运营和管理还不够成熟，效果较差，这也是京东物流正在着手解决的问题。此外，京东物流还尝试了直播招聘，探索更符合年轻群体喜好的雇主品牌触达方式。

谈及人力资源数字化，京东物流认为，数字化的变革是一个必然趋势，无论企业是自愿还是非自愿，终将走向数字化这条道路，只是有些企业在当前发展阶段下所出现的矛盾还没有那么凸显，但这只是时间的问题。在京东物流，无论是 CEO 还是 HRVP，都非常关注人力资源数字化的转型。京东物流的人力资源数字化有着良好的转型节奏：招聘先行，其他模块也在有条不紊地推进中，最终实现数字化的全面覆盖，为管理者和一线 HR 提供基于数据支撑的洞察与决策。

人力资源数字化的探索虽然还不过发轫之始，但可以预见的是，数字化的趋势势不可挡，京东物流也不会停下脚步，必将坚定向前。

资料来源：摩卡研习社．是什么支撑了京东物流每年数万人才的招聘．(2021-01-03)[2021-06-10]. https://www.163.com/dy/article/FTDF41MI0518L9GK.html.

第6章　员工录用与招聘评估

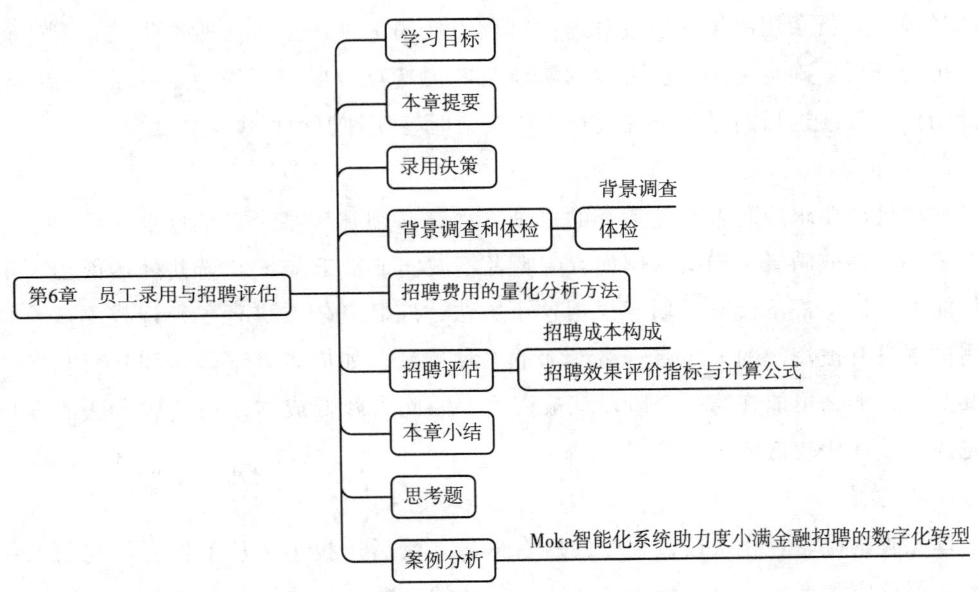

学习目标

1. 掌握招聘的含义及前提
2. 熟悉招聘的意义及原则
3. 了解招聘四个阶段的具体操作流程
4. 了解招募的渠道和方法
5. 掌握各种人才选拔方法在招聘中的应用

本章提要

员工流动是公司人力资源更新的正常现象，新员工是公司的新鲜血液，新员工的录用，离不开一些手续性的程序。招聘评估主要指对招聘的结果、招聘的成本和招聘的方法等方面进行评估。一般在一次招聘工作结束之后，要对整个招聘工作做一个总结和评价，目的是进一步提高下次招聘工作的效率。本章介绍了录用决策及对员工的背景调查，并提供了有效评估招聘工作效果的方法。掌握本章知识结构，有利于保证员工稳定性和招聘工作的效率性。

6.1 录用决策

录用决策是指对甄选评价过程中产生的信息进行综合评价与分析，确定每一个候选人的素质和能力特点，根据预先设计的人员录用标准进行挑选，选择出最合适的人员的过程。人员录用决策是通过对选拔过程中使用多种选拔方法所产生的信息进行综合评价与分析，确定每一位应聘者的素质与能力特点，根据事先确定的录用标准与录用计划作出最终选择的过程。在进行录用决策时有 3 种模型可供选择：

1. 多重淘汰式。

这种模型要求应聘者在被考查的每个方面都必须达到某个最低标准，任何一方面的缺陷都将使应聘者被淘汰。例如，应聘者不诚实或缺乏与人和谐共处的能力，不管其他能力如何，都不会被录用。根据这个方法，应聘者依次进行各种选拔测试，只有在测试中没有被淘汰的人才有资格参加下一种测试。如应聘者不能达到教育和经验的最低要求，那么可能在第一个阶段就被淘汰。因此为降低成本，在选拔方法的安排上应先选择成本比较低的。

2. 补偿式。

首先收集应聘者在选拔过程中的所有信息，然后选拔小组从工作所需要的每一种属性来评价应聘者，得出应聘者有关这一属性的一致性评价意见。例如，通过综合来自证明材料、面试和涉及这一属性的调试结果得出关于应聘者“可靠性”的总体评价。在每个属性上都受到评价后，就可以统计评分，生成一个复合评分，复合评分是一个加权平均数，反映每个属性的相对重要性。最后再按分数由高到低录用应聘者。使用这种方法的前提是假定某种属性上的高分可补偿另一种属性上的低分，适用于对应聘者没有某种最低要求而是要强调应聘者综合素质的情况。

3. 结合式。

当对应聘者在某几个方面有最低要求，但在其他几个方面没有最低要求时，可以运用混合模型。首先对应聘者采用非补偿模型淘汰一部分，再用补偿模型对应聘者进行综合评价。

在录用决策时，如果最终合格人选少于所要录用人员的数量，则应避免降低录用标准；当最终人选多于所要录用人员的数量时，应遵循前面提到的重工作能力、优先求职动机、慎用超过任职资格条件过高的人等原则。同时，应限制参加决策的人数，以免难以协调意见。

6.2　背景调查和体检

6.2.1　背景调查

背景调查又称为参考调查，是指用人单位通过各种正常的、符合法律法规的方法和途径，搜索相关信息来核实外部求职者提供的个人资料真伪的行为。这是用人单位精选人才、保证招聘质量、降低用工风险的有效方法。通过背景调查，企业可以证实求职者的真实身份、受教育背景、职业生涯状况、原薪资额度、离职原因、家庭情况、有无犯罪记录，以及确认企业根据面试等方式形成的关于求职者能力、性格、品质等的评价。

1. 员工背景调查的重要意义。

（1）开展员工背景调查的必要性：①严峻的就业形势导致求职者利用虚假信息误导用人单位的情况严重；②我国就业人口多、流动性大，新的个人诚信体系无法在短期内建立，导致劳动者个人信息的真伪难以辨明；③用人单位忽视背景调查会增加用工风险，还可能给用人单位造成各种损失；④忽视背景调查给用人单位造成损失后，用人单位缺乏事后救济手段。

（2）开展员工背景调查的目的：①预测应聘者在本企业未来可能取得的工作业绩；②发现一些与工作有关而求职者可能隐瞒的背景信息；③核实应聘者所提供资料的真伪。

2. 背景调查的适用范围、内容和方法。

对于企业而言，并不是对全体员工都要做细致入微的背景调查。一方面企业需要考虑自身财力和人力安排，资金充裕的大公司完全可以全员进行背景调查；另一方面企业要考虑自身所处的行业性质。对于一些特殊性质的职位，例如法务、财务相关工作，无论职位高低，都需要进行最全面严谨的调查。一般情况下，只须针对企业核心“命门”岗位做细致调查即可，主要有：①涉及资金管理的岗位：如会计、出纳、投资等岗位；②涉及公司核心技术秘密的岗位：如研发部的工程师、技术人员等；③部分中高层管理岗位：如运营总监、销售总监、战略管理副总经理。

员工背景调查的内容：①身份识别：核实候选人身份证的真假；②犯罪记录调查，顾名思义是指求职者是否曾有过违法犯罪等不良行为发生；③教育背景调查：主要是指求职者提供的毕业证书及学位证书是否真实；④工作经历调查：包括调查工作经历是否真实，即何时、何地、任何职、是否正常离职等信息和工作具体表现；⑤信用状况调查：指求职者在社会上的个人信用道德意识和信用自觉性的调查。

最后，员工背景调查的方法：档案查询；电话调查；发函调查；访谈调查；网络调查；利用行业人力资源联盟；委托调查机构调查；从资信评估公司购买。

3. 背景调查的实施过程。

背景调查内容设计应以简明、实用为原则。内容简明是为了控制背景调查的工作量，降低调查成本，缩短调查时间，以免延误上岗时间而使用人部门人力吃紧，影响业务开展。内容实用指调查的项目必须与工作岗位需求高度相关，避免查非所用，用者未查。调查的内容可以分为两类：一是通用项目，如毕业学位的真实性、任职资格证书的有效性以及是否有犯罪记录；二是与职位说明书要求相关的工作经验、技能和业绩，不必把所有岗位上的应聘者的背景调查面面俱到。

背景调查的实施程序：①创造良好的背景调查环境；②事先征得求职者的同意；③调查与工作有关的情况；④选择适当的调查方式；⑤选择和培训调查员；⑥核对信息。

基于国情的背景调查策略：建立企业信息共享机制；差异化的背景调查工作；基于胜任素质和职位分析的背景调查；基于招聘测评的背景调查工作；背景调查外包。

6.2.2 体检

员工入职体检是指企业安排拟录用人员在指定的医疗机构统一或者自行进行体格检查，以保证入职员工的身体和心理状况适合从事相应岗位的工作，在集体生活中不会造成传染病流行，不会因其个人身体或者心理原因而对企业以及企业中的其他人员造成严重影响。入职体检一般包括身体检查和心理检查，它不仅是对企业负责，更是对企业内部的每一位员工负责。

6.3 招聘费用的量化分析方法

在进行招聘数据分析时，招聘费用同样是非常重要的概念。招聘费用的分析不仅体现在对招聘费用本身高低的评估，更重要的是在考虑成本的情况下，评估哪种招聘渠道既经济又有效。

招聘费用中最重要的指标为每单位直接招聘成本。每单位直接招聘成本是指每招聘一名员工需要付出的成本。每单位直接招聘成本 = 招聘成本 ÷ 录用人数。招聘的成本包括招聘人员差旅费、应聘人员招待费、招募费用、选拔费用、工作安置费用等。招聘费用的记录和汇总工具，如表 6 – 1 所示。

表 6－1　　招聘费用分析表

招聘渠道	报纸媒体宣传费用	写真喷绘条幅	易拉宝/展架	招聘宣传单	岗位申请表	招聘交通费用	招聘住宿费	招聘会入场费	费用合计	人均招聘费用	上一年度人均招聘费用
短信招聘											
来公司应聘											
人力市场											
网络招聘											
校企合作											
校园招聘会											
……											
总计											

因为招聘与招聘渠道之间有较强的关联性，所以招聘费用一般都是以某种招聘渠道为单位来统计、记录和分析的。有的公司把整个招聘渠道的费用分摊到单次的招聘需求或者分摊到某子公司/部门上，这些做法都是不严谨的。

【案例】

某公司给 A、B、C 三个招聘需求做了一个媒体广告花费 6 000 元，给 B、C、D 三个招聘需求做了一次新媒体推广花费 9 000 元，但是 A、B、C、D 四个招聘需求和其他的招聘需求同时也在网络招聘、校园招聘、社会招聘会等各类招聘渠道中宣传，请分别计算 A、B、C、D 四个招聘需求的招聘费用是多少。

实务工作中比上述案例更复杂的招聘费用支出比比皆是。如果按照招聘需求计算招聘费用，一来很难算，二来就算非要按照平均值硬算，结果也是不准确的。因此，对招聘费用和招聘效果的分析，可以用到招聘渠道费用—效果分析表，如表 6－2 所示。

表 6－2　　招聘渠道费用—效果分析样表

列 1	列 2	列 3	列 4	列 5	列 6	列 7	列 8	列 9	列 10	列 11	列 12
招聘渠道	费用合计	基层岗位		基层管理岗位		中层管理岗位		高层管理岗位		总招聘人数	平均每人招聘费用
		招聘人数	贡献度	招聘人数	贡献度	招聘人数	贡献度	招聘人数	贡献度		
A 渠道	100 000	0	0.0	6	0.2	4	0.2	2	1.0	12	8 333
B 渠道	50 000	22	0.1	10	0.3	6	0.3	0	0	38	1 316
C 渠道	20 000	31	0.2	11	0.4	7	0.4	0	0	49	408
D 渠道	10 000	100	0.7	3	0.1	1	0.1	0	0	104	96
总计	180 000	153	1	30	1	18	1	2	1	203	887

招聘渠道费用—效果分析表的横向是所有的招聘渠道，公司一共有多少种渠道就列出多少种。表 6-2 中的第 1 列和第 2 列分别代表着招聘渠道和这种招聘渠道在一段时间内的费用。这里的一段时间一般是以年为单位，有月度或季度分析需求的，可以以月度或季度为单位。除非遇到某类招聘项目需求，否则不建议采取更短的周期。

第 3 列到第 10 列是按照岗位层级划分岗位类型的招聘人数和招聘贡献度的分列。根据分析的需要，也可以按照岗位的属性划分。需要注意的是，岗位类别的划分一定要全，也就是要包含全公司的所有岗位，不要有遗漏，目的是引出第 11 列的总招聘人数，也就是前面所有岗位类别招聘人数之和。第 12 列的人均招聘费用，是用第 2 列的招聘费用除以第 11 列的总招聘人数，代表的是利用该种招聘方式平均每招聘一名人才所需要的费用。

从第 12 列的数据看，发现 A 渠道是人均招聘费用最高的招聘方式，这个时候，还不能马上做出判断。通过观察，我们能够发现 A 是唯一能够满足高层管理岗位招聘需求的招聘渠道。所以即使人均的招聘费用高，考虑到高层管理岗位的特殊性，也是可以理解的。

再看 B 渠道和 C 渠道，从不同层级的招聘人数结果来看，C 渠道的招聘数量都比 B 渠道略高一些，但是 C 渠道的总费用和人均招聘费用却远低于 B 渠道。这里的岗位需求只考虑层级这一个维度，没有考虑在这些层级内部可能有一些岗位具备一定的特殊性和稀有性，而且对公司很重要。如果 B 招聘渠道能够招聘到这一类岗位，而 C 招聘渠道却做不到，那么只能说 C 渠道比 B 渠道更经济，不能简单地说 C 渠道比 B 渠道更有效。

但如果 B 渠道和 C 渠道招聘的全部都是一般的通用岗位，没有稀缺性或特殊性，那么可以说 C 渠道与 B 渠道相比既经济又有效。得出这个结论后，我们在下一年的招聘渠道选择时可以减少 B 渠道的招聘费用投入，做到降低招聘费用、提高招聘效率。为什么不把 D 渠道一起纳入进来和 B、C 两种渠道比较呢？D 渠道的成本不是更低吗？招聘到的人才不是更多吗？从招聘人员的总数看，确实 D 渠道比 B、C 两种渠道招聘到的人才都多，但从岗位层级看，我们能发现 D 渠道招聘基层管理岗位和中层管理岗位的能力远不如 B、C 两种渠道，但是在招聘基层岗位方面的能力较强。

B、C、D 渠道之间对比，如果得出结果是不用 B、C 两种渠道，全部改用 D 渠道，那么公司中基层管理岗位的招聘满足率可能会出问题。管理岗位招募本身就比基层岗位招募的难度大，在能够有效招到管理岗位的招聘渠道上，人均招聘费用比侧重招募基层岗位的招聘渠道高也是比较正常的。

对于招聘渠道费用—效果分析表的分析工作可以更细致一些，例如，在每个岗位类别的列中加上招聘过程分析表中体现招聘过程的关键数据比值 1 到比值 5。不过加入过程分析之后，会带来管理成本的增加，而且会让分析过分复杂，不容易聚焦形成结论和行动改善的方案。如果不是招聘规模大到一定程度或者管理要求高到一定程度的公司，没必要将分析细致到那种程度。

在当前人才招聘越发艰难的时代，减少在招聘渠道上的投入会不会降低招聘满足率？增加一些招聘渠道的投入会不会增加招聘满足率？所以是不是即使判断出了招聘渠道的成本和效果之间的关系，也不能随随便便减少招聘方式上的投入？

这种观点是不正确的。减少在招聘渠道上的投入确实有可能会降低招聘满足率，但也可能不会；增加一些招聘渠道的投入可能会增加招聘满足率，也可能不会。两者之间并没有必然的相关性。

改变在招聘渠道上的投入能否改变招聘满足率，除了公司自身的外部吸引力和内部招聘管理能力等状况外，还可以参考劳动力市场上不同岗位的求人倍率情况。

求人倍率 = 有效需求人数 ÷ 有效求职人数

求人倍率代表了当期劳动力市场中每个岗位需求所对应的求职人数。它可以反映一个统计周期内劳动力市场的供需状况。这个指标既是反映劳动力市场供求状况的重要指标，也是反映整个经济景气状况的重要指标。当求人倍率大于 1 时，表示需求大于供给；当求人倍率小于 1 时，表示需求小于供给。并不是所有岗位的求人倍率都大于 1，由于结构性行业的调整，总会出现一些岗位的求人倍率是小于 1 的。

如果公司当前的招聘满足率较高，劳动力市场的需求小于供给，那么公司即使减少对效率较低招聘渠道的投入，通常也不会降低招聘满足率。如果公司当前的招聘满足率较差，劳动力市场的需求大于供给，那么公司即使对效率较低的招聘渠道继续投入，通常也不会有效地增加招聘满足率。因为人才市场的供需决定了公司之间对人才的竞争将更加激烈，这时候能够有效招募到人才的手段往往已不全部在招聘渠道的层面了，还在于公司的吸引力，如薪酬、福利、待遇、文化、氛围、学习成长的机会等。

求人倍率的具体数值，人力资源管理者可以关注当地政府、机构等权威部门定期发布的数据。

6.4　招聘评估

6.4.1　招聘成本构成

1. 企业招聘成本按性质分为：单位招聘成本、标准人工成本和特殊招聘成本三大类。

(1) 单位招聘成本。

单位招聘成本指的是企业为招聘和雇佣员工而平均在他们每个人身上所花去的费用。由公式计算为：

单位招聘成本=总成本/录用人数

招聘职位的性质决定了招聘渠道的选择，而不同的招聘渠道其成本结构也各异。职位性质、招聘渠道、成本结构是决定单位招聘成本的三大要素。此外，企业平均招聘成本的计算还应涉及三个方面的因素：受聘人员的来源、受聘的职位和受聘的部门，具体为：

A. 受聘人员的来源：管理人员、技术人员、一般人员、临时工；

B. 受聘的职业：管理人员、技术人员、一般职员、临时工；

C. 受聘的部门：部门A、部门B、部门C、部门D。

不同的受聘者来源、招聘不同类型的人和最终所在的部门均是数据分析的重要参数。

（2）标准人工成本。

所谓标准人工成本，是指单位产品应耗用直接工资及附加费的成本目标，它是由直接人工的工时用量标准和工资率标准两个因素决定的。这里所说的标准人工成本局限于招聘范畴，即先确定一个员工从事某项工作平均一小时的成本，并把它作为这项工作的标准费用。例如，一名招聘专员的小时标准费用可用下面的方法计算：

工资（小时工资率）30元，津贴10元，场地、设备、资料费用15元，平均小时费用55元。那么招聘专员按照每小时的标准费用就是55元，依此类推，招聘经理、测评专家（内外部）的小时标准费用亦可以计算出来。由此可见，当确定了一个招聘部门所有工作人员直接花费在每一次招聘工作中的具体时间后，便可以计算其总招聘时间的标准费用了。

2. 企业招聘成本按其用途分为内部成本、外部成本和直接成本三大类。

（1）内部成本：企业内部招聘专员、招聘主管、招聘经理的工资福利、差旅费用支出和其他的管理费用；

（2）外部成本：外部专家参与招聘的劳务费、差旅费及委托人才咨询公司所形成的猎头招聘服务费、招聘代理费、职业中介机构收费等；

（3）直接成本：人才招聘网注册的会员费支出，招聘广告、内部员工推荐人才奖金、校园、人才市场招聘会费用等。

这里需要着重强调的是内部招聘成本的核算问题。内部招聘成本是企业进行招聘成本核算时最容易忽略的部分，而实际上它占有很大的比重，由于企业类别与招聘性质不同，其内部招聘成本构成也是有差异的。

3. 特殊招聘成本。

在企业的招聘中，有时不得不进行一些特殊形式的招聘，如临时由于企业业务的急剧扩张，迫切需要大量的某一类员工：零售人员、修理工、操作工人等。另外，企业招聘的特殊人才，有时需要将通过猎头所形成的高昂服务费列入特殊招聘成本内。

6.4.2　招聘效果评价指标与计算公式

1. 八大招聘效果评价指标。

（1）招聘的数量分析；

（2）所录用人员的质量分析；

（3）招聘时间（周期）的评估；

（4）招聘成本的核算；

（5）招聘中所采用测评方法的信效度分析；

（6）招聘渠道的有效性分析；

（7）招聘流程的流畅性分析；

（8）总的招聘目的是否达到及整个招聘选拔的效率分析等。

2. 七大招聘或评估指标计算公式。

（1）招募成本。

招募成本主要是为确定企业所需的人力资源的内外来源，发布企业对人力资源需求的信息，吸引所需的内外人力资源所发生的费用。具体包括招募人员的直接劳务费用、直接业务费用（招聘洽谈会议费、差旅费、代理费、广告费、宣传材料费、办公费和水电费等）、间接费用（如行政管理费、临时场地及设备使用费）和为吸引潜在员工的预付费用。其计算公式为：

招募成本 =（直接劳务费 + 直接业务费 + 间接管理费 + 各类预付费用）

（2）选拔成本。

选拔成本是企业对应聘人员进行人员测评与选拔，以决定录用与否时所支付的费用，其计算公式为：

选拔面谈的时间费用 =（每人面谈前的准备时间 + 每人面谈所需要的时间）× 选拔者工资率 × 候选人数

汇总申请资料费用 =（印发每份申请表资料费 + 每人资料归总费）× 候选人数

考试费用 =（平均每人的资料费 + 平均每人的评分成本）× 参加考试的人数 × 考试次数

说明：选拔成本随着应聘人员所申请工作的不同（如性质、职级等）而不同。一般来说，外部招聘比内部招聘的成本要高，选择技术人员比选择操作人员的成本要高，管理人员甄选比一般人员甄选的成本要高。

（3）录用成本。

录用成本是指企业在经过各种测评考核后，将符合要求的合格人选录用到企业时所发生的费用，其计算公式为：

录用成本 =(录取手续费 + 调动补偿费 + 搬迁费 + 旅途补助费)

（4）安置成本。

安置成本是指企业为安置新员工到具体的工作岗位时所发生的费用。与录用成本一样，被录用人员职务的高低对安置成本也有一定的影响。其计算公式为：

安置成本 =(各种安置行政管理费用 + 必要的装备费 + 安置人员时间损失成本)

（5）适应性培训成本。

适应性成本是指企业为新员工正式上岗前在企业文化、规章制度、基本技能等方面进行培训时所发生的费用。其计算公式为：

适应性培训成本 =(培训者的平均工资率 × 培训引起的生产效率的降低率 + 新员工的工资率 × 新员工的人数) × 受训的天数 + 教育管理费用 + 资料费用 + 培训设备折旧费用

在实际工作中，通常会根据招聘计划对招聘过程中的应聘人员以及实际录用人员的数量和质量进行评价，显而易见，若所录用的人员不合格，那么整个招聘过程就没有实际意义了。只有完全招聘到适合要求的新员工，才能说是圆满完成了招聘任务。

（6）招聘质量评估。

我们应该清楚，招聘成本归根结底应以满足招聘质量为提前，倘若应该保证的招聘质量都达不到，也就违背了招聘成本控制的最初目标。在短期计划中，企业可根据求职人员的数量和实际录用人数的比例来确定招聘的质量；但在长期计划中，企业则可根据所接收员工的离职率来确定招聘质量。其计算公式为：

录用比 =(录用人数/应聘人数 ×100%)

招聘完成比 =(录用人数/计划招聘人数 ×100%)

应聘比 =(应聘人数/计划招聘人数 ×100%)

（7）招聘投资收益分析。

企业的招聘渠道、方式多种多样，不同渠道、方法的应用也会产生不同的投资收益。企业招聘投资收益，包括招录的新员工为企业带来的直接经济利益、企业产品质量的改善、市场份额的增长幅度、市场竞争力的提高以及未来支出的减少等各个方面。如果采用的渠道、方法有效，就能使企业招聘到最佳的人选，并能获得长期的效益；反之，就会得不偿失，不但完不成招聘任务，还浪费了大量的钱财，影响以后的工作。因此，企业很有必要对招聘投资收益进行分析。

招聘投资收益分析常用的方法是会计收益法，即通过分析招聘带给企业的预期总收益与现实招聘总支出之间的差额，进而计算员工招聘投资净收益的方法，其计算公式为：

员工招聘净收益 =(员工招聘总收益 − 员工招聘总成本)

具体分解指标为：

员工招聘投资总收益 = 实际招聘人数 × 招聘过程有效性指标（即测评方法的效度）× 应聘后实际工作绩效的差别 × 被录用者在招聘过程中的平均测试成绩

员工招聘投资收益率 =（员工招聘总收益 − 员工招聘总成本）÷ 员工招聘总成本

综上所述，企业竞争的本质是人才的竞争，能否招聘到符合自身发展战略的人才对企业而言显得尤为重要。人力资源管理人员能否高效率、低成本地招聘到企业所需要的员工，既是人力资源管理的一项重要工作，也是能否保证企业持续发展的关键环节。

本章小结

人力资源的招聘甄选是整个人力资源管理的“入口关”。通过本章学习，你将对这一技术性较强的过程有一个全面的认识。本章介绍了三种录用决策模型：多重淘汰式、补偿式和结合式。并阐述了员工进行背景调查和体检的重要性。使大家了解评估招聘工作的多种有效方法。掌握好本章的方法和分析工具，有利于企业进行高效招聘，且招聘到优秀人才。

思考题

1. 录用决策有哪些？
2. 为什么要进行背景调查？
3. 怎样利用数据，进行有效的招聘效果分析？

案例分析

Moka 智能系统助力度小满金融招聘数字化转型

作为一家科技公司，度小满对于数字化高度重视，人力资源的数字化便是其中重要的一环。“我们 HR 工作以数据为基础，”度小满校招 HR 霍梅妮说道：“在刚开始的时候，我们的人力资源工作非常缺乏精准的数据统计，都是通过传统的方式做数据分析，费时费力。”于是，度小满选择了 Moka 智能化招聘管理系统，招聘的数字化转型便从这里开始。

优化招聘人员协作

整个招聘流程需要不同部门、不同层级紧密的配合，因此，避免在沟通过程中信息的流失很关键。度小满通过 Moka 智能化招聘管理系统，对每一个候选人配置了面试评价表，结合用人标准和需求，进行不同维度的考察，包括专业能力、通用能力和文化价值观等，对候选人进行综合评分。在每一轮的面试中，面试官可以参考评分和上一轮面试官的意见，最后 offer 审批时也可以为用人部门提供参考。

人才库搭建与积累

“我们想建立一个自己的人才库，”在越来越将人才作为企业最宝贵资产的今天，人才库是企业的财富之一。“在使用 Moka 招聘一年多的时间内，我们的人才库已经积累了超过 10 万的人才量。”

建立人才库后，最重要的是候选人激活。度小满丰富的人才库在很大程度上降低了招聘的难度，Moka 招聘可以实现人才推荐功能，将合适的人才自动匹配到相应的职位上，并通过邮件、短信等方式通知候选人，将数据反馈回 HR，实时监测激活效果。“例如，在校招中，我们会根据不同的校招年度，分成不同的人才库，同时还会根据不同归档原因分为不同的子人才库。当次年有岗位空缺时，可以更方便地找到匹配的候选人进行‘回流’操作，从而激活人才库。”霍梅妮说道。

便捷的显性化数据

通过 Moka 智能化招聘管理系统，可以快速将数据报表导出，省去了人工统计，在避免错误的同时，极大地节省了 HR 的事务性工作时间。报表的作用，是通过数据来监测和管理招聘各个环节的情况。“通过报表去定期分析招聘漏斗的健康情况，来把控招聘过程中的策略，出现问题之后便于及时调整。”

校招的数字化变革

校招与社招有很大的差异，校招在短时间内要处理大批量的招聘。在春招、秋招时，简历投递量大、格式繁多，当企业内校招团队规模较小时，工作量会非常大。

度小满校招工作同样存在这样的挑战，每年校招期间也面临简历量大、筛选困难的情况。使用 Moka 智能化招聘管理系统对校招进行全流程管理后，通过设置筛选字段，如毕业专业、意向工作城市、毕业时间等，快速筛选出符合要求的简历，减少了 HR 的工作量。“校招数据处理期间可能会做历年数据对比分析，人工收集旧数据几乎是不可能的。通过切换招聘流程，即使是已经归档的简历，也能够方便快捷地导出历史数据。”招聘系统不仅提高了 HR 的工作效率，优化了招聘效果，还可以提升学生的体验，“通过预约面试功能，可以大大缩短邀约面试的时长。预约面试可以录入面试官的空闲时间，候选人仅需要通过邮件选择并预约面试时间即可，很大程度上提升了招聘效率。”

度小满校招内推的双翼

内推被认为是快速获得优秀和符合企业需求的人才的方式，越来越受到企业的重视。“我们校招内推占比超过 50%，已经成为我们招聘工作中不可或缺的部分。”通过招聘系统进行内推管理和数据的收集整理，设置内推门户，包括 PC 端和移动端，HR 将内推信息发布到平台，员工登录后即可查看所需要的岗位和详细的需求，降低了信息沟通的成本。移动端门户更是提升了信息发布、接收等的便捷性，员工可以一键将职位信息分享到微信。投递进度实现即时同步，员工随时随地查看候选人的面试进展。

小得盈满，前行不止。度小满金融的人力资源数字化转型，从招聘模块开始，从细节之处入手，步步推进，正在实现全面的数字化。

资料来源：Monika. 小得盈满，前行不止：度小满金融的招聘数字化．（2020 - 12 - 24）［2021 - 06 - 10］．https：//blog. mokahr. com/8988. html.

第三篇

培训与开发

3

第7章 员工培训与开发

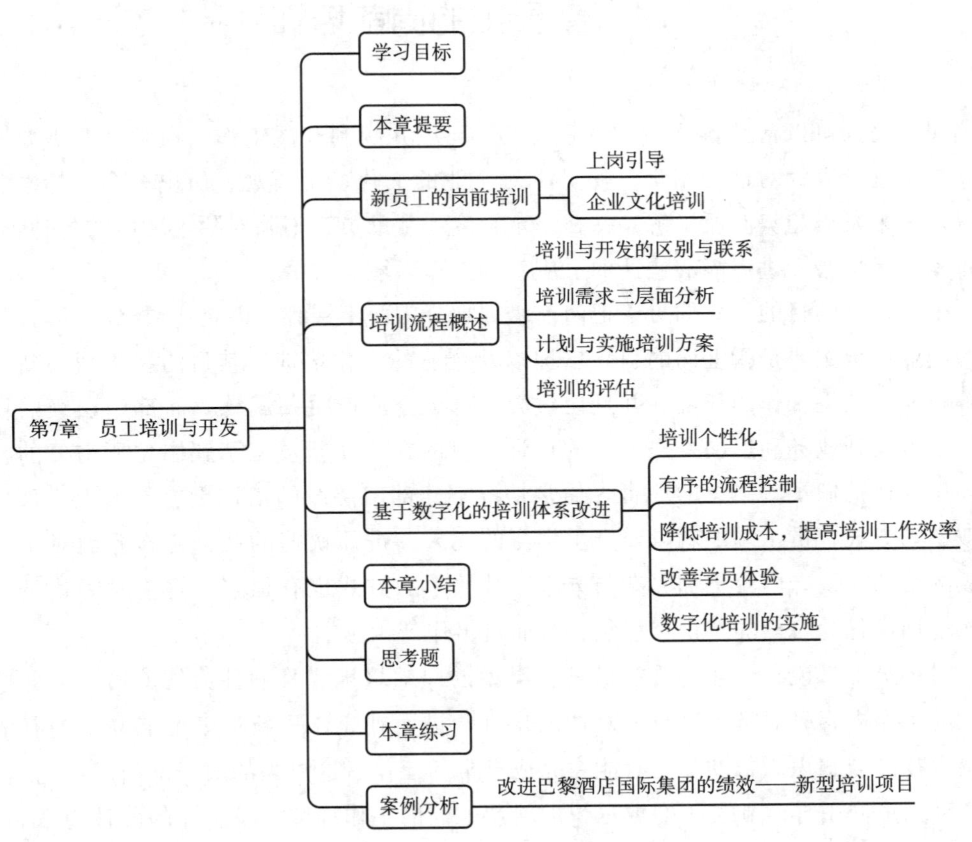

学习目标

1. 概述新员工入职引导的目的和过程。
2. 学会如何找到培训的需求。
3. 学会如何制定并实施培训。
4. 了解数字化培训的特点。
5. 了解数字化培训是如何实施与评估的。

本章提要

我们在前面讨论了如何甄选招聘员工。员工进入企业之后，必须对他们进行培训，本章目的在于帮助提升员工培训开发的有效性。本章主要包括的主题是：新员工入职引导和管理，培训的基本流程、培训的需求识别、培训的制定实施、数字化培训的特点以及数字化培训的实施与评估。之后的章节，我们将讨论员工的绩效问题。

7.1 新员工的岗前培训

岗前培训可以帮助新员工尽快适应工作环境并顺利开展工作。通常企业需要通过对新员工进行有针对性的培训，使员工对企业的文化、价值观、历史行为、标准、规范以及未来发展趋势有所了解。并在一定程度上帮助员工消除对陌生环境的各种不适，紧张和焦虑情绪，进而能够快速的适应新的工作环境。

根据培训的目的，我们可以把岗前培训划分为两个层级，即企业层级与部门层级。其中企业层级主要是指上岗的引导培训以及企业的文化培训，其目的在于帮助新员工了解企业，熟悉工作的环境。并且让新员工对于企业产生归属感。而部门层级的培训则更多涉及到业务和上岗操作方面的培训，目的在于使新员工了解岗位所需要的技能与知识。让他们了解岗位的职责。通常情况下，部门层级的培训更容易实现，采用现场教学的方式，员工马上就可以产生学习的成果，进而快速的展开工作。而对于企业层级的培训来说，内容更加复杂与分散，其教学的方式也有很多，需要时间让员工把这些培训内化为自己的意识和想法，继而对工作产生影响。

对于员工来说，企业需要提供三种类型的岗前培训。第一种为技术培训，即按照员工的工作内容，对员工进行针对性的培训，进而补充作为新员工可能并不拥有的必备技术技能与知识。帮助员工有能力完成日常的工作，这更多的属于部门层级的培训。第二种为上岗引导。新员工需要尽快的熟悉他们的工作环境以及企业的各种规章制度。完成员工角色的转变，快速的进入到工作的角色中来。建立新员工对于企业的归属感与认同感，以使其能够尽快融入企业中，完成角色所需的任务。最后一种为企业文化培训，它包括文化观念，价值观念，企业精神，道德规范，行为准则，历史传统，企业制度，文化环境，企业产品等各个方面的无形文化。其中，后两种更倾向于企业层级的培训，相对来说较为无形与宏观。

7.1.1 上岗引导

上岗引导主要包括以下几个方面，第一，迎新。可派专人专车负责接待和安排。

同时，企业内部的标语，刊物，广播及电视系统等也要予以积极配合与宣传，营造一种企业对新员工欢迎的氛围，给员工留下良好的第一印象。第二，企业还可以介绍自己的基本状况。在新员工进入企业时可先召开一个宣传会，向员工介绍企业的创业史、成长史以及未来的发展趋势。企业有什么愿景，使命，目标，以及企业的组织结构和基本团队。在员工了解了企业的这些基础之后，可以让新员工更加坚定地进入企业。第三，还可以带员工参观一些工作场所。向员工展示工作场所的真实情况，让他们感受到团队的氛围，更好地适应之后的工作。第四，对于单位和工作的介绍，这一部分主要是向员工介绍企业的布局和功能，以及之后可能用到的办事部门，办事程序，企业所运行的政策，规章制度以及组织的结构工作如何去协调各个部门之间如何去沟通工作中的设施，如何去利用等。最后则是职业的前景介绍。主要是向新员工介绍行业的背景。以及现在企业所处行业中的位置。让员工了解现在企业所处的情况。并且在一定程度上明确自己在企业中的职责，让员工更加富有责任感。明确之后晋升发展的道路，对未来的工作建立一定的热情和信念。

我们可以把上岗引导分为一般性引导与专业性引导（见表 7-1）。其中，一般性引导相对标准化，各个部门之间的差异并不大，一般由人力资源部门统一规划。而专业性引导则需要根据不同岗位的不同需求，由部门的主管和负责人拟定并执行，意在使员工快速上手工作。

表 7-1　　上岗引导的两类主要内容

一般性引导	专业性/针对性引导
企业概况、行业概况、发展前景	熟悉工作场所、办公设施设备
产品或服务知识，制造与销售情况	熟悉内部人员
劳动合同，福利与社会保险，安全、卫生等事项	了解业务、流程、职责、权限
企业的规章制度和组织结构等	专业性的技术、业务等管理方法训练

7.1.2 企业文化培训

文化有强制性特征。其存在于个体之外，对人有一种无形的，强大的限制，从而使个体与某一种文化保持一致。企业文化作为企业员工所共有的观念，价值取向和行为标准。有很强的精神制约性。从某种程度上来看，企业文化既是员工创造的，也制约着员工的行为与想法，是塑造员工的重要手段。因此，企业在岗前中一定要对员工进行文化相关方面的培训。然而，现在的许多企业并没有重视到这一方面，还处于可做可不做，总是因为花销多流程复杂，而放弃了这一方面的培训。

对于新员工进行企业文化方面的培训，首先可以让其对企业有一个基本的了解。

把个性发展与企业的文化互相融合，互相影响。其次，还可以使新员工接受并认同群体，树立一种与企业同命运的人生价值观，更加富有主人翁意识，造就企业融洽和人际关系融洽，形成一种拼搏进取的精神风范。除此以外，企业文化培训还可以让企业的精神渗透到各个部门、各个生产环节之中，从而推动企业物质文明和精神文明建设不断向前。

企业文化是一种软实力，包括企业宗旨，管理理念，经营准则，工作作风，企业精神，道德规范和发展目标等内容。优秀的企业文化能把来自不同领域，不同文化，有着不同经历的员工凝聚起来。尤其是现在劳动者大都受到过良好的教育，其想要实现自我价值的愿望越来越强烈，如果他们对于其理念，企业精神有着不同的看法，那么在日后总会产生一些不同的矛盾，发生摩擦，造成不必要的内耗，影响企业的整体效率。然而企业文化就像润滑油一样。具有导向功能，通过对员工的心理、价值、思想等进行引导，将企业与员工互相融合在一起，最终符合企业价值观的要求。

其实，企业文化其实就是企业自己的个性。所以企业文化的培养也要突出个性，不同的公司有不同的企业文化，和培养模式。其中必须融入公司个体的价值观念，提炼出企业最本质，最核心的精神，这样才能在企业文化的培训过程中形成个性，打造出独一无二的适合企业发展的文化培训。

7.2 培训流程概述

7.2.1 培训与开发的区别与联系

虽然培训经常与发展一词连用。但这两个词并非一样，培训一词专门用来指向雇员提供特定的技能。帮助他们纠正作业中的缺陷和不足。例如，一个新的设备运进了部门，那么员工需要学习新的操作方法，或者另外一名员工不是很了解一项工作流程，在这种情况下，培训可以纠正技能上的不足。相比之下，发展则是指组织向员工提供的组织将来可能需要的能力的一种做法。表 7－2 总结了培训与发展之间的区别。

表 7－2 培训与发展

	培训	发展
重点	当前的工作	当前和未来的工作
范围	个别雇员	员工群体或组织
时间框架	当前	长期
目的	弥补当前技能的不足	为未来的工作需要做准备

一次不恰当、不充分的培训可能是每个人遇到过的挫折的根源，而且企业也将在这个过程中蒙受巨大的损失。为使培训的利益最大化，管理者必须密切的关注培训过程。

其实培训的过程主要由三个阶段组成，第一，需要评估；第二，培训的制定和进行；第三，效果评估。需要评估阶段，涉及确定培训必须解决的问题或确定培训的必要性；培训的制定和进行阶段，则是为员工设计一种适当的培训类型，对员工进行定制化；而在评估阶段则是要评估培训方案的效果。

同样的发展计划几乎也总是包括三个阶段，分别为评估阶段，指导阶段和发展阶段。虽然他们是分开的，但是在实际的计划之中，发展阶段通常适合两者混淆在一起的。评估的目的是为了识别员工的优势和缺点，帮助员工选择符合实际的，可以到达的目标，确定他们为实现这个目标而需要克服的弱点。而指导阶段则包括确定员工想要从事的职业类型以及实现他们的职业目标必须采取的步骤。恰当的指导要求，对一个人当前的情况要有准确的了解，否则所确定的目标和步骤也许是不合理的。而如果想要在组织中晋升，就需要大力的发展和提高自己。发展阶段包含着采取行动去创造技能和增加技能，并为未来的工作机会做准备，这意味着不断地发展和自我提升。组织提供的最常见的发展计划就是辅导、指导、工作轮换和一些学习上的援助（例如考证时的休假，奖金等）。

7.2.2　培训需求三层面分析

培训需求分析是指对培训需求进行分析评估和最终确认的过程。它的核心一共包括两方面的内容，第一是判断是否需要培训，第二，如果需要培训，则进一步判断和确认培训的主要内容与方向。

培训需求分析具有十分重要的地位，第一，需求分析是制定培训方案，设定培训目标的前提，是进行培训效果评估的基础，是培训活动的首要环节。第二，对于组织实施来说，培训需求分析工作一般是由人力资源部门牵头，需要各级经理的积极配合以及骨干成员的充分参与和大力支持。

戈尔茨坦（Goldstein）提出了一个非常经典的三层面框架模型。第一层面是组织分析层面及对组织的发展战略，近期计划以及结构类型等综合情况进行分析，明确培训需求的过程。第二是任务分析及对具体工作所需的知识，技能和行为方式等情况进行分析，以明确培训需求的过程。第三是人员分析及对员工的知识、技能、工作态度等情况进行分析，以明确培训需求的过程。如果以组织分析的结论为指针，以任务分析和人员分析中的差距为聚焦点，就能找到那些目前较为紧迫而重要的培训需求。

（一）组织分析

组织分析属于战略层面上的分析。通常情况下是以组织整体为对象进行分析。组织的有效运作以及组织发展战略、竞争战略都需要依靠组织分析，以确定组织的哪些职能部门需要通过培训来提升。主要包括三个方面的分析内容，一方面是组织战略导向的分析。也就是说，组织的战略导向决定了各个部门的培训目标。而培训目标同时也应该服务于组织的战略。第二是组织培训资源的分析，其中包括但不限于培训经费，培训的时间以及组织中已有的相关培训知识。如果说以上的资源并不充足，则需要考虑从组织外部或者第三方进行购买。第三则是对问题部门的工作进行针对性分析，找出企业中存在问题的工作和部门，进而确定是哪些工作与部门的运作是阻碍了企业的发展，对症下药，解决目前遇到的问题。

（二）任务分析

任务分析是通过查阅一些工作上的资料等手段，确定高效完成某项工作或某项任务时必须拥有的态度，能力，知识，技能。在明确标准之后，寻找与这些标准之间的差距。任务分析主要是从工作任务的复杂程度以及工作量上展开的，其中的关键点主要如表 7-3 所示。

表 7-3　任务分析的关键点

序号	关键点
1	任务分析不仅要员工的工作内容，还需要知道如何完成好这些内容
2	任务分析的首要目标是将复杂的工作拆分成为不同的职责和任务
3	要使用不同的方法去手机任务信息，提高任务分析的准确性
4	为了使得任务分析的准确性更高，应该去询问项目上的专家，包括但不限于熟悉工作的在职人员、管理人员
5	在对任务进行评价时，重点不应放在眼前的短期目标之上，而时应该放在能实现企业长远目标的一些工作任务之上

（三）人员分析

人员分析是指以员工个体为对象，分析员工现有的工作绩效与目标绩效之间的差距。在此基础上确定是否通过培训来解决工作绩效方面的问题，以及需要什么内容的培训。

影响员工工作绩效的水平因素可以分为个体因素（技能水平，知识，能力，态度等方面），工作输入（工作计划，工作角色，时间，资金等资源），工作输出（绩效水平），工作结果（由于工作绩效而带来的各种成果），工作反馈（员工收到的关于工作情况和工作结果的相关信息）这几个方面。与此同时，这几方面还会影响到学习动机。大量研究表明，动机与培训中获得的成果之间有很大的联系，并且对行为方式的改变以及之后技能的提高也有很大的影响，因此学习动机也是我们需要关注的因素之一。

如果员工缺乏完成工作的知识和技能，且在其他条件许可的情况下，培训就是需要的。如果员工具备执行任务的知识和技能，但是工作输入输出或工作结果工作反馈中存在一些不足，培训也就不必要。例如，在现实生活中，可能存在由于设备、系统等问题而绩效偏低的情况，那么只需要对系统进行更新，或者对设备进行修理就可以解决问题。而如果绩效差是由于必要的工作反馈，那么也不需要对员工进行培训，而需要对员工的主管进行绩效反馈和沟通方面的培训。让他们与员工之间形成更好的沟通，让员工得到更多的有效信息。

7.2.3　计划与实施培训方案

为了使员工培训的工作进行的更加顺利，并且贴合员工的培训需求，使员工培训的效果最大化，培训方案的制定以及实施至关重要。在上一节中，我们已经对培训需求进行了探索，而培训方案的制定实际上就是将培训的需求转化为培训的目标，教材的说明以及测试细节和讲授策略等一系列活动，也就是说把原本的需求具象化。而培训方案的实施则是指将培训方案中的内容，通过具体的工作在培训实践中加以贯彻落实。培训方案的制定和实施是培训活动中关键的环节，其质量直接影响到培训效果的好坏，能否解决员工的问题，提高企业最终的绩效。

1. 方案的制定。

培训方案是培训需求分析报告为主要依据，从企业的顶层战略出发，对于培训时间，培训地点，培训内容，培训对象，培训方向等各个方面进行一系列的设定，培训设计实际上是一份实际的培训操作文件，以确保之后的培训工作可以顺利的开展，并在一定程度上保证培训质量。一般来说，培训方案包括以下六个步骤。第一，明确培训目标，第二，确定培训细节，第三，选择培训方式，第四，确定培训所需的预算，第五，编写培训的计划。第六，管理培训方案，并对计划进行更新改正。

明确培训目标。培训目标是指培训活动的目的和一些预期成果。有了学习培训目标，员工学习就会更加明确有效。培训目标一般是确定员工该做什么，可被接受的绩效水平是什么以及员工完成培训任务的条件是什么。

确定培训需细节。在有了目标指引之下，我们就开始对培训内的细节进行制定。其主要包括我们的培训对象是什么，要对对象进行怎样的培训，要在哪里进行培训，培训的时间如何展开，去找什么样的培训导师和培训管理者等等。

选择培训方式。培训方式的选择主要要以企业的战略为导向，以培训目的、培训细节为依据，考虑到企业内部资源和培训的可实施性，进行合理的选择。

制定培训预算。培训预算是指培训活动范围内时期内所需要的全部开支进行预算，其中一般包括场地费，食宿费，材料费，培训费，讲师培训费，交通差旅费等等，其实际培训经验，在培训过程中，培训预算应该在以上费用的基础上上浮10%～20%。

编写培训方案。在完成上述工作后，就可以根据企业自己的情况编写培训方案，培训方案完成之后，应该在企业内部进行审核，当审核完毕达到共识时，就可以在企业内进行培训了。

管理培训方案。开始时，培训方案的制定一定是有缺陷的，需要我们进行不断的管理与更新。首先，企业应该建立培训管理小组。并确定小组内每一位成员的工作内容和责任。其次，在制定管理小组工作内容计划时，应确保整个培训方案在预算范围内，并且按期按质完成培训，并在可能的情况下对于培训方案进行一定的更正与修改。

2. 方案的实施。

培训方案的实施是把培训方案付诸于实践的过程，它是达到培训目的必须经过的路径。培训方案设计的再好，如果在实践中得不到贯彻，也将没有任何意义。另外，在计划实施的过程中，可能存在很多的变数，致使培训活动不能顺利的进行，所以需要对培训工作进行有效的控制和纠偏，以保证培训工作的顺利实施以及最终培训目的的达成。

要想实施好培训方案，就要对三个方面的工作进行控制。第一是培训工作的分配。培训涉及的事务繁多，培训经理或培训管理者不可能做到事必躬亲，他必须要把工作适当的分配下去，培训工作的合理分配是培训得以顺利开展的保证。第二是安全管理工作，主要是处理好室内培训和室外培训的安全问题。室内培训最大的安全隐患是火灾，所以要做好火灾预防的工作，而室外培训则特别要注意人身安全。例如说一些极端的自然环境或突发状况。第三是意外事件的处理工作。我们尽可能把意外事件发生的可能性缩到最小。但还是无法保证他们一定不会发生。那么在这些事件发生之后，我们应该如何处理就变得尤为重要。培训实施过程中存在很多的变数，使培训活动不能顺利的进行，因此在出现意外情况时要及时的处理，保证培训活动不受意外因素的影响，并且把损失降到最低，最终按照计划顺利的进行下去。培训中可能发生的意外主要包括培训设施、设备出现故障之后，后勤服务不到位，培训环境突然发生变化等等。

总体来说，培训前要做好与各部门经理的沟通协调工作，向参训人员传达培训信息，营造良好的培训氛围，做好场地设备、材料等硬件方面的准备，并且做好与培训讲师之间的沟通工作，确认时间以及培训时注意的事项，准备迎接员工报道所需要的一切条件。在培训中，应及时跟踪培训进程与教学内容，及时跟踪参训人员的感受并进行调整，及时与培训讲师进行沟通，肯定成绩，根据学员的要求提出相应的改进和期望，并且再次提醒注意事项及检修或更换设备等。在培训后应及时进行考核验收，及时评估培训的效果，提醒参训人员在部门经理注意促进培训转化成果，及时进行最终评估并更新，完善员工培训档案。

7.2.4 培训的评估

管理者可以对以下四种基本类型的培训结果或效果进行评价：

1. 反应：即评价受训者对培训项目的反应。他们是否喜欢这个培训计划？他们是否认为这个计划是有价值的？

2. 学习：对受训者进行测试，以确定他们是否学会了要求他们掌握的原理、技能和事实。

3. 行为：问这样一个问题，受训者的工作行为是否因为参加培训项目而发生了变化。例如，百货商店投诉部的员工对待前来投诉的顾客是否比过去更加友善？

4. 结果：需要问的最重要的一个问题可能是："根据预先设定的培训目标来衡量，培训项目取得了哪些最终成果？"例如，顾客的投诉数量是否减少了？反应、学习以及行为都很重要，但是如果培训项目没有产生一些可衡量的结果，它可能就没有达到目标。

阶段一：学员反应

在培训结束时，向学员发放满意度调查表，征求学员对培训的反应和感受。问题主要包括：对讲师培训技巧的反应、对课程内容的设计的反应、对教材挑选及内容，质量的反应、对课程组织的反应、是否在将来的工作中，能够用到所培训的知识和技能。学员最明了他们完成工作所需要的是什么。如果学员对课程的反应是消极的，就应该分析区分是课程开发设计的问题还是实施带来的问题。这一阶段的评估还未涉及培训的效果，学员是否能将学到的知识技能应用到工作中去还不能确定。但这一阶段的评估是必要的。培训参加者的兴趣，受到的激励，对培训的关注对任何培训项目都是重要的。同时，在对培训进行积极的回顾与评价时，学员能够更好地总结他们所学习的内容。

阶段二：学习的效果

确定学员在培训结束时，是否在知识，技能，态度等方面得到了提高。实际上要回答一个问题："参加者学到东西了吗？"这一阶段的评估要求通过对学员参加培训前和培训结束后知识技能测试的结果进行比较，以了解是否他们学习到新的东西。同时也是对培训设计中设定的培训目标进行核对。这一评估的结果也可体现出讲师的工作是否是有效的。但此时，我们仍无法确定参加培训的人员是否能将他们学到的知识与技能应用到工作中去。

阶段三：行为改变

这一阶段的评估要确定培训参加者在多大程度上通过培训而发生了行为上的改进。可以通过对参加者进行正式的测评或非正式的方式（如观察）来进行。总之，要回答一个问题："人们在工作中使用了他们所学到的知识，技能和态度了吗?"尽管，这一阶段的评估数据较难获得，但意义重大。只有培训参与者真正将所学的东西应用到工作中，才达到了培训的目的。只有这样，才能为开展新的培训打下基础。需要注意的是，因这一阶段的评估只有在学员回到工作中去时才能实施，这一评估一般要求与参与者一同工作的人员（如督导人员）等参加。

阶段四：产生的效果

这一阶段的评估要考察的不再是受训者的情况，而是从部门和组织的大范围内，了解因培训而带来的组织上的效果改变。既要回答"培训为企业带来了什么影响?"这可能是经济上的，也可能是精神上的。如产品质量得到了改变，生产效率得到了提高，客户的投诉减少了等等。这一阶段评估所花费的费用和时间是最多的，评估难度也是最大的。但对企业的意义也是最重要的。

以上培训评估的四个层次，实施从易到难，费用从低到高。一般最常用的方法是阶段一。而最有用的数据是培训对组织的影响。是否评估，评估到第几个阶段，应根据培训的重要性决定。

7.3 基于数字化的培训体系改进

在变化莫测的商业环境里，管理人员的素养往往被看作企业成长、变革和再生最重要的因素之一，企业往往通过培训来帮助他们提升能力。但随着智能化理念、技术、方法和平台的不断产生，原先对企业管理人员的培训思路和方法等开始显得滞后、低效。所以，企业需要调整培训方略，运用智能化的一些新工具、新模式，通过转型现有培训来储备未来的企业管理者。

7.3.1 培训个性化

培训个性化的核心在于尊重学员。这种尊重表现在肯定他们作为个体的价值，认同他们具有特质，能独立思考，意志自由。对于独立的个体，培训教育就不能一刀切，需要因材施教。

过去，由于资源有限，尤其是师资力量有限，学员很难被一一关注和无差别认真对待。现在，借助智能化技术，因材施教变成现实。依靠全方位的数据记录，学员的行为数据和培训结果能被采集。分析后，系统就可以挖掘出学员的学习特征，然后运用特征数据，精准设计并实施培训，优化学员的学习体验和效果。

自适应学习系统就是一种智能化技术的现实应用。它在建模过程中选取了数据、相关利益人、方法和目标这四种因素。数据多采集自学员操作系统时留下的痕迹，通过深入挖掘，数据被清理、筛选、整合、归纳，变成了预测和调整学习过程的依据；相关利益人不单指与培训有关的人，如学员，还包括技术、环境，如系统本身。通过设置不同相关利益人，系统能根据对象呈现不同的内容；自适应学习系统的目标是满足互联网学习的两大要求。首先学员自己掌控学习的整个过程，包括自行设计、实施和评价。其次，系统主动为学员推送资源，在充分掌握学员特征的前提下，系统自我转换以便适应学员的各方面特征。

依靠自适应模型能创建出特殊的学习平台，含有若干模块，如知识库、学员模型。每个模块与平台本身实现了双向交互自适应机制，让系统了解学员，必要情况下，调整课程内容、顺序和节奏，实现了个性化的推荐，帮助学员自主学习。

7.3.2　有序的流程控制

智能化系统依靠规范的流程控制，将培训的各个步骤有机地结合在一起。不仅让培训管理井然有序，学习内容形成阶梯，而且个人的发展路径也能被独立规划。

特别是在线学习平台，它的优势在于提供真实、系统的学习资源，并帮助学员建立知识和技能体系框架。资金雄厚的企业往往建立自己公司的在线学习平台，定制化地设定各个模块，并将自己公司的培训计划、课件资源管理、课程安排、互动问答、课后测试、结业证书等资源集合在平台上。完整的培训资源和流程帮助学员从整体或联系中去掌握具体的概念和原理；中小型企业往往会通过购买的方式，让员工使用标准化学习平台。凭借丰富的供应商服务资源，同样满足提升学员能力的目标。

目前，一些学习平台在上述功能的基础上，开发出人员能力发展路径模块，把培训和人力资源管理的其他模块相整合。依托岗位能力模型和在线学员能力评估结果，平台规划出学员的学习地图。这一功能明确告知学员其岗位的学习目标、晋升通道以及相应的课程体系，帮助学员清晰的自我定位和自我规划。形成人力资源发展系统、培训管理系统和学习内容系统这样大环套小环的模式。

7.3.3 降低培训成本，提高培训工作效率

智能化技术应用在培训的成本主要来自于先期软、硬件投入。但无论是公司自主研发，还是定制开发，又或是购买通用版本的系统，随着时间推移，这部分投入的优势会逐步显现，花费变成了投资，从而在整体上达到费用节省的目的。

具体来说，现有智能化技术里，运用的最为广泛的是远程在线课程。这避免了外出培训带来的人员差旅费和误工费，也省下了场地租赁费这样的后勤费用，直接降低培训费用。

再比如多媒体教学视频和电子课件，能替代培训师高度重复的培训工作；在线流程化管控减少了纸张流转、沟通成本。间接降低了培训费用。

一般情况下，从第三方采购的线上课程，其培训费用相当于现场培训的30% ~ 50%。在以知识传授为主的培训效果方面，虚拟与现实培训不分伯仲。智能化培训系统在训导过程中，反复为学员提供练习，帮助他们加深印象。测试环节更是发挥系统自身的题库优势，快速准确地考核学员对知识点的掌握情况。除降低培训成本，原有较为繁琐的培训程序在智能化工具的帮助下可大量简化，从而提高管理效率。比如培训申请，可以在线完成，免去表单递交和人工流转过程。再如人工花费几周时间才能设计完毕的调查表，通过智能化工具快速生成，相比纸质表单逐人发放，线上调查表可以一键发送给相关人员。数据收集完成后，还能通过分析软件制作统计表格，帮助培训改进。

即便没有电子培训平台，智能化工具也给培训的整体管控带来了便利。比如，原来的纸质手工签到可以变为手机二维码签到，后者自动生成电子表格留档，代替手工录入；厚重的书面教材转变为电子化文档，打印环节和费用都不存在了；课前、课后调研通过设备按键完成，一改访谈、纸质填表所耗费大量人力物力的情况。

7.3.4 改善学员体验

按照成人学习理论，成年人追求的是自由、高效且轻松的学习体验。依靠现有网络技术，在线培训工具的使用相当灵活。员工可以利用碎片时间，通过台式电脑、手机、平板电脑等来学习，突破时空地域限制。

不管是在线学习平台、自适应系统、网络学习，还是其他的智能化学习形式，它的本质是学员的自主学习，方法、时长、频次、内容等，都由学员决定。这种“学习者中心”让学员，尤其是自律性很强的管理人员，能动地掌控培训的方方面面，激发他们的学习动力，利于其快速掌握相关知识技能。

除了不受时空限制、能动学习之外，智能化学习工具正愈发具有亲和性。对数字移民来说，可触屏、增强现实、虚拟现实等技术增强了人机交互；对数字土著来说，精致的界面、游戏化的学习设置等也能满足他们的审美要求和行为习惯。

7.3.5　数字化培训的实施

企业数字化培训工作是指，员工在数字化培训工作的过程中，利用数字化的资源和优势，以及独特的方式和手段接受培训的全过程。当前，数字化培训工作正处于蓬勃发展的阶段，众多企业都选择利用数字化培训的方式来开展员工培训工作，并且取得了一定的成就。

学习者在进入课程学习之前，首先通过课程中安排的前测环节，了解自己的已有知识和能力。前测的结果自动反馈给学员，同时，系统根据前测结果，自动对学习的起点提出建议，安排学习者进行有针对性的学习。并且按照能力评估结果为每位管理人员设计培训方案并予以实施。入职培训阶段，结合学员的职责范围、职务级别，通常针对性地分层设计课程，并安排该管理人员与讲师一对一互动交流。部分关键管理人员的入职培训甚至会与总部企业大学形成联动，借助全时电话会议和视频会议系统，调动全球工厂、销售办事处的资源共同开展。

入职培训完成后，公司需要通过学习平台，电子化培训课程跟踪学习过程，提供过程性和结果性成绩评估，使学习者及其资助者及时了解学习的效果，有利于督促学习者学习，并通过教练（Coaching）形式进行沟通。寻找拥有多年同行业高级管理者经验的教练或顾问，然后由他们与公司受训学员进行深入访谈。通过谈话，教练能评估出学员的能力情况及培训的效果，还能进一步引导学员思考，帮助其走出自己的思维局限，发掘现实问题的解决方案。学员对“教练沟通”效果给予非常积极的评价，老师与学生的全方位互动给管理人员带来新思路和新想法。弊端在于价格高昂，只能小范围短期施行。

其实，数字化培训必须提供多种形式的、在线与线下相结合的教学支持服务，包括在线的教师专题讲座、客服电话、学习论坛等，这些是帮助学习者持续学习的必要手段。这类课程的培训需求来自公司年度战略。在确定二至三个年度关键能力后，公司总裁出面牵头，设定能力发展目标、培训对象及考核要求，然后交人力资源部执行。人力资源部聘请外部专家到公司开课，花费一至两天时间，采用小组讨论、角色扮演等多样方法，传授诸如绩效考评、变革管理等知识。这类管理课程一方面有助于提升管理者个人能力，另一方面，通过课程互动增进学员间的互信，帮助改善公司的整体管理水平。弊端在于脱产学习时长有限，一些阶梯式项目不得不拆分为若干子课程，分多年实施完成。

本章小结

岗前培训是新员工培训工作的一项重要和必不可少的内容，岗前培训一般包括企业和部门两个层级。其中，企业层级的培训包括上岗引导培训和企业文化培训，部门层级的培训包括业务培训和上岗操作培训。

在完成岗前培训后，我们需要明确培训的流程以及培训和开发之间的区别，对于培训流程来讲，主要分为三个阶段：需求评估、培训的制定和效果评估。而发展计划也是包含三个阶段：评估阶段、指导阶段和发展阶段，三者之间互相分开，但又互相融合在一起。而关于培训与开发的区别，主要体现在重点范围，时间，框架，目的这四个维度上。

在了解了开发与培训的基本过程之后，下一节则是针对于培训需求的分析。在这一过程中，需要判断公司是否需要培训以及培训的主要内容与方向。这里我们主要应用了需求三层面分析法界从组织分析，任务分析和人员分析三个层面进行。首先从组织层面对于组织发展战略以及近期的规划进行分析，明确培训的需求，第二是任务分析及对现在具体工作所需的知识，技能等进行分析，明确培训目标。最后是针对人员的分析，即分析人员目前的状况与目标的差距，让企业及时聚焦，去关注那些紧迫而重要的培训需求。

在明确了培训的需求之后，我们就开始制定培训相关的方案并进行实施。培训方案的制定通常是以需求分析报告为主要依据，从企业的战略出发，对于培训时间，培训地点，培训内容，培训对象，培训方向等各个方面进行设定。而培训方案的实施则是要把这些培训计划付诸于实践中，这是培训想要达到目的的必经途径。然而，在实施过程中可能存在许多的变数，知识培训活动不能顺利进行，所以说我们需要对培训工作进行有效的控制和更新，以保障培训工作的顺利实施。

考虑到当今数字化，智能化体系的不断发展，员工的培训与开发也要与数字化进行紧密联系。因此，下一节我们介绍了数字化培训体系中的特点，主要包括培训个性化，可以有序的控制流程、以及降低成本提高培训工作效率，改善学员的体验。

最后介绍了在数字化背景下，这样的培训体系如何在企业中具体实现，并且通过反应、学习、行为、结果等方面，对于培训的各个阶段进行不同方面的评估，例如学员反应的评估，学习效果的评估，行为改变的评估以及产生效果的评估，最终形成对于培训计划的客观性评价。

思考题

1. 企业层级和部门层级的岗前培训内容分别是什么？

2. 什么是培训需求分析，包含哪些程序？
3. 培训效果评估常用的方法是什么？
4. 什么时候培训的投资回报率是一种有用的度量？
5. 什么时候培训效果的度量比投资回报率更有用？

本章练习

作为一个小组，选择一种战略并且确定执行这一战略所需要的关键行为，更进一步确定你如何培训以及如何衡量这些行为的方法。例如，你的小组可以选择一种顾客服务的战略，质量战略或者创新战略，为你选择的战略确定对于执行该战略十分重要的行为。为了实行你的战略，你将对培训采取什么样的态度，你会衡量什么行为以及决定培训的效果？你会如何制定这些行为衡量？将你的战略和培训以及评估计划与其他同学进行分享。

案例分析

改进巴黎酒店国际集团的绩效新型培训项目

巴黎酒店国际集团的竞争战略是："通过卓越的顾客服务将自己与同行区别开来，以吸引顾客延长入住时间，提高顾客再次入住比率，从而提高酒店的收入和利润水平。"酒店人力资源总监莉萨·克鲁兹现在必须制定和实施战略性人力资源管理政策和活动，通过帮助酒店获得战略所需的员工行为和胜任素质来支持酒店的这一竞争战略。

当莉萨回顾公司的培训流程时，她有理由感到担忧。一方面，巴黎酒店几乎完全依赖非正规的在岗培训。新来的安保人员需要参加由一个执法部门开设的为期一周的培训课，而其他所有新员工，从经理助理到客房清洁员，都是在工作中跟着同事或者上级学习工作的入门知识的。当莉萨将巴黎酒店的各种培训衡量指标与其他酒店或服务行业进行比较之后，她发现了这种非正规培训的明显不足。例如，在每位员工的年培训小时数、新员工的年培训小时数、每位受训者每小时支出的成本以及培训经费在薪酬总额中所占的百分比等方面，巴黎酒店远远落后于同行业的标准。

莉萨和公司首席财务官对巴黎酒店的现行培训活动评估情况进行审查时发现，（与其他类似企业相比）酒店很明显需要在一些方面有所改变。大多数服务型企业每年为每位员工提供的培训时间至少达到 40 小时，而巴黎酒店平均每年为每位员工提供的培训时间不超过 5～6 小时。类似的公司至少会为新员工提供 40 小时的培训，而巴黎酒店至多为每位新员工提供 10 小时的培训。甚至一些表面上看起来"良好的"衡量指标，实际上也隐藏着非常糟糕的结果。例如，大多数服务型企业都将薪酬总额的 8%

用于培训，而巴黎酒店的培训支出却不到薪酬总额的1%。显然，问题在于巴黎酒店的培训并没有更加有效，而是根本就不存在。

基于这些情况以及在员工培训和绩效之间存在的常识性联系，首席财务官鼓励莉萨和她的团队为巴黎酒店的所有员工设计了一个综合性的一揽子培训方案。他们保留了一个培训提供商，让其设计了一项为期一天的培训项目，该项目由课堂讲授和面向所有新员工的视听材料构成。这个培训项目涵盖了以下内容：巴黎酒店国际集团的历史、竞争战略以及关键的员工能力和行为——包括必须以顾客为导向。该项目在“行为塑造”部分将课堂讲授与展示正确和不正确的行为的视频案例相结合，目的是在新员工中培养起公司的基本价值观——包括“我们要尽一切努力来使顾客得到100%满意的住宿体验”。

该团队为酒店中的每一个职位族分别开发了自己的培训项目。例如，酒店保留了一个特定的供应商来创建一套针对前台文员和话务员的培训方案，该培训方案以计算机为基础且包括一些互动的情境。对于所有这些新的培训项目，他们都将其翻译成了巴黎酒店国际集团的经营机构所在国的语言。对客房清洁员以及停车门童或门卫等职位族，该团队选择继续采用在岗培训的方式，只不过向每个职位族的直接主管人员提供了有助于使这种培训方式正规化的培训手册。该团队为经理助理们设计了一套新的基于视频会议的在线培训和开发方案。通过这种方式，这些新的管理者可以与其他经理助理们围绕酒店的相关问题进行互动，即便是当他们还在进行有关新工作的基础学习的时候。在实施这种新型培训项目的一年时间里，很多员工的能力及行为指标（包括入住或退房登记的速度，在巴黎酒店国际集团的价值观测试中答题正确率在90%以上的员工所占的百分比，以及房间清扫不达标的情况所占百分比）的分数都大幅提高，莉萨和首席财务官看到这一点后并不感到惊讶。他们从此前的分析中就知道，酒店取得的这些成绩反过来又会带来顾客结果和组织结果以及战略绩效的改进。

资料来源：加里德斯勒．人力资源管理［M］．14版．北京：人民大学出版社，2017.

第四篇

绩效管理

4

第 8 章　绩效管理与反馈

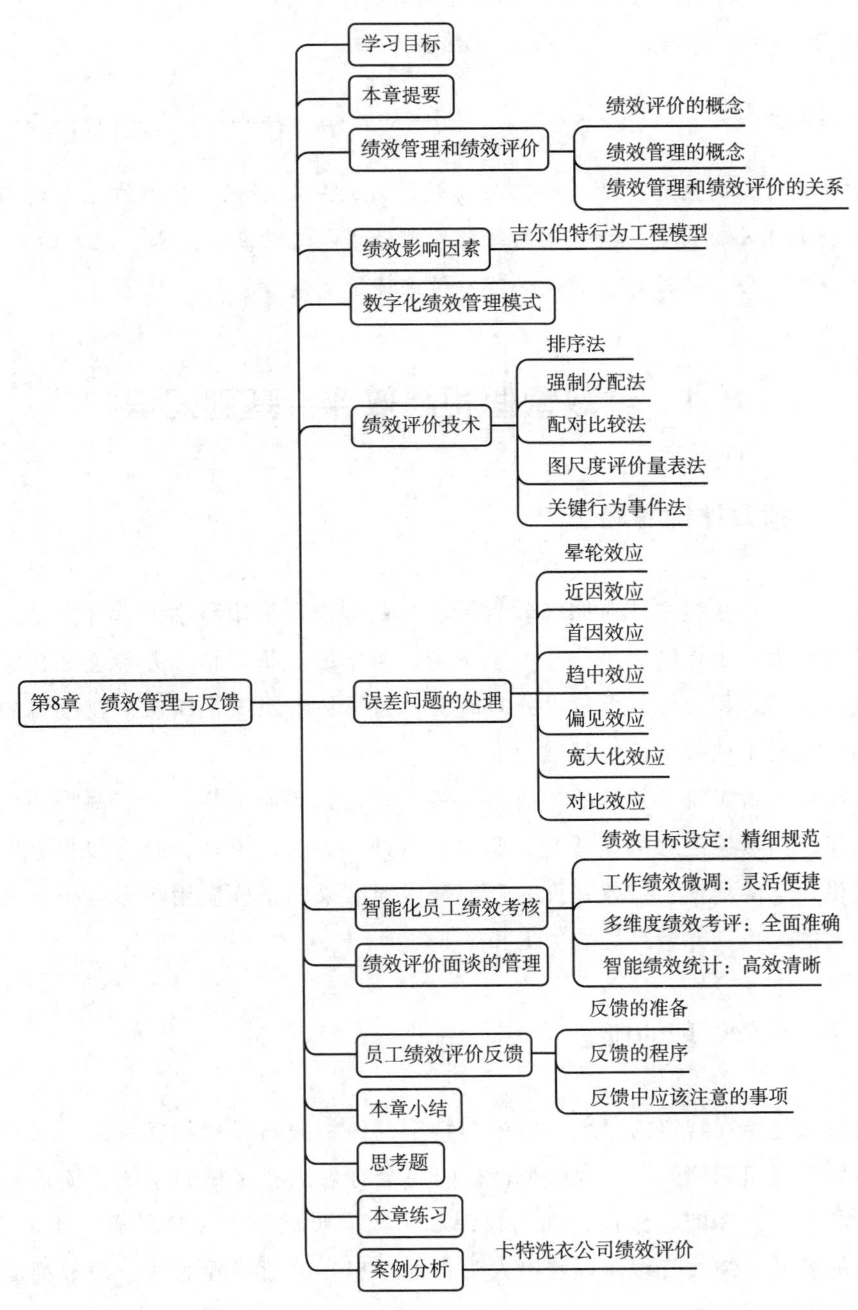

第8章　绩效管理与反馈
学习目标
本章提要
绩效管理和绩效评价
绩效评价的概念
绩效管理的概念
绩效管理和绩效评价的关系
绩效影响因素
吉尔伯特行为工程模型
数字化绩效管理模式
绩效评价技术
排序法
强制分配法
配对比较法
图尺度评价量表法
关键行为事件法
误差问题的处理
晕轮效应
近因效应
首因效应
趋中效应
偏见效应
宽大化效应
对比效应
智能化员工绩效考核
绩效目标设定：精细规范
工作绩效微调：灵活便捷
多维度绩效考评：全面准确
智能绩效统计：高效清晰
绩效评价面谈的管理
员工绩效评价反馈
反馈的准备
反馈的程序
反馈中应该注意的事项
本章小结
思考题
本章练习
案例分析
卡特洗衣公司绩效评价

学习目标

1. 描述绩效评价的过程。
2. 界定绩效管理与绩效评价的区别。
3. 了解数字化绩效管理模式。
4. 学会并应用绩效评价的方法。
5. 懂得在绩效评价中需要注意的问题和处理方法。
6. 进行一次有效的绩效评价面谈和反馈。

本章提要

本章主要讨论的主题：绩效管理与绩效评价的基础知识、根据吉尔伯特行为工程模型探究影响绩效的因素、数字化的绩效管理模式、绩效评价技术、误差的处理方式、智能化的员工考核、绩效评价面谈管理、绩效评价反馈。

8.1 绩效管理和绩效评价基础知识

8.1.1 绩效评价的概念

绩效评价是指考核主体对照绩效目标、绩效标准，采用科学的考评方法，对员工素质、工作行为、工作结果进行全面、系统、科学的分析评估，并传递考核结果、处理结果和申述的过程。绩效评价也分为员工、部门和组织三个层次，在平时的理论研究中，往往以员工绩效考核为基础和重点。

其实绩效评价本身不是目的，而是一种手段，其实质是为人力资源管理提供现有员工的信息，为员工的报酬、晋升、调配、培训、激励、招聘、辞退和职业生涯管理等工作提供科学的依据，绩效评价的合理开展和结果的正确应用将影响企业人力资源管理各方面的工作，并最终影响员工和企业绩效。

8.1.2 绩效管理的概念

绩效管理是指在特定的组织环境中与特定的组织战略目标相联系的，通过管理员工绩效达到提高组织绩效，实现组织目标的一个有效的、完整的系统。绩效管理强调组织目标和个人目标的一致性，强调组织和个人同步成长，并且具有一定的个性化，形成多赢的局面。绩效管理体现着以人为本的思想，绩效管理的各个环节都需要管理者和员工的共同参与和持续沟通。

正确的绩效管理需要注意以下几个方面：绩效管理的基础是员工绩效，总体目标是实现和提高企业绩效，根本目的是支持企业的战略实现、组织远景规划和战略目标，其本质是通过持续动态的沟通来促进员工素质提高，沿着企业目标的方向前进，达到组织所需要的结果。

8.1.3　绩效管理与绩效评价的关系

在生活中，人们经常把绩效管理等同于绩效评价。事实上，绩效管理与绩效评价并不是等价的，绩效评价只是绩效管理中的一个重要环节，是进行绩效管理的一种手段。绩效评价反映的是过去的绩效，而不是未来的绩效，而绩效管理是人力资源管理体系中的核心内容，注重的是对未来绩效的提升，着眼于未来发展战略。其具体区别为：

(1) 绩效管理是一个联系着组织团队和个人目标的完整系统，它将主体的需求整合在一起；而绩效评价是这个系统中一个重要的组成部分，是系统整合过程中一个有效的管理工具。

(2) 绩效管理事实上是事前的计划、事中的管理和事后的考核所形成的“三位一体”的系统，能帮助企业发现问题、解决问题，并且有效地规划未来企业和员工的发展方向；而绩效评价更多的是事后考核工作结果的一种工具，对于过去一个阶段形成成果的总结和回顾，并不包含对于未来方向的规划。

(3) 绩效管理是一个动态的过程，贯穿于整个日常工作中，注重对过程的管理和能力的培养，强调素质、行为、动机、结果共同在绩效中发挥作用；而绩效评价注重的是一个阶段的成果和成绩的大小，采用科学的方法对绩效进行全面客观的评价。

(4) 绩效管理有着完整的计划、监督和控制手段及方法，侧重于信息的沟通，强调提升未来的绩效；而绩效评价只是提取绩效信息的一个手段，侧重于评价和评估绩效水平的高低，反映的是过去客观的绩效水平。

(5) 绩效管理强调员工在组织的帮助下，通过持续的沟通和培训提升绩效，实现自我持续发展和自我价值，建立管理者与员工之间的合作关系；而绩效评价则强调的是，管理者对员工工作绩效的评定，这可能会导致一定程度上的紧张氛围。

8.2　绩效影响因素

被誉为绩效改进之父的吉尔伯特阐述了如何将员工绩效从一般甚至较低水平提升至杰出水平的技术。吉尔伯特用公式将绩效改进表达为：绩效改进 = 绩效提升/降低行为代价。绩效提升指组织在销售业绩、利润指标、客户满意度等方面的提升，降低行为代价指从组织层面降低成本、投入、行为上的付出。通过降低做事的行为代价提升成效，能同时实现这两个目标的因素用行为工程模型（Behavioral Engineering Model, BEM）描述，具体见表 8－1。

表 8－1　　吉尔伯特行为工程模型

影响因素		影响绩效的权重
环境因素	数据、信息和反馈	35%
	资源、流程和工具	26%
	后果、激励和奖励	14%
个体因素	知识技能	11%
	个人特质	8%
	态度动机	6%

经过大量的调研分析，吉尔伯特把影响绩效达成的因素分为环境因素和个体因素两类，每个类别下各有三个小项。其中，“数据、信息和反馈”指描述绩效的期望，关于怎样做明确的指导，以及对于绩效是否有足够连续的反馈；“资源、流程和工具”指为满足绩效需求提供的工具、资源、时间，有组织的工作流程，接触领导者及其他参与者的渠道；“后果、激励和奖励”指环境刺激，如绩效达成的金钱或职业通道奖励，以及未达成绩效必须承担的明确后果；“知识技能”指通过培训培养员工达到岗位要求；“个人特质”指人与职业的匹配能力；“态度动机”指员工主动工作的意愿。

环境因素又被称为技控，其权重高达 75%；个体因素被称为人控，权重仅为 25%。从表 8－1 中可以看出，环境因素中占比最小的“后果、激励和奖励”权重为 14%，比个人因素排名第一的“知识技能”高出 3%。吉尔伯特相信获得绩效改进的核心是改变环境支持因素，这个比提高人的能力更重要。事实上，管理者把环境控制环节设计好，就是为员工提供了一个简单的方法，让员工更易上手，更快地进入正轨，这个“简单化原则”也是吉尔伯特关注的。

8.3　数字化绩效管理模式

将战略绩效评价指标贯穿于生产经营的全过程，梳理业务流程，明确责任，设定目标、任务和指标，开展绩效评价工作并将结果及时反馈，形成“指标＋考核＋反馈＋改进＋提升”的“战略—绩效”一体化管理指导思想，并有效融入战略管理中。

“战略—绩效”一体化管理设定为 4 个层级：一是董事会根据业务分工对公司总经理班子成员（副职）进行考核；二是根据公司战略年度分解目标对各单位开展综合绩效评价；三是承担考核职责的职能部门依据分管的职责开展具体业务专项考核；四是各单位依据本单位制定的绩效评价细则组织职工开展全员绩效评价。通过“战略—绩效”一体化管理，将战略转化为执行层面的语言，以战略为中心调用各项资源，使战略成为持续的循环流程，最终使公司战略落地。

其具体可分为 6 个步骤，第一，根据历史数据、市场预判、公司战略确定年度目标，制订公司目标；第二，根据年度目标，将经营策略从财务、顾客、内部运营与学习发展四个维度进行梳理，绘制战略路线；第三，对每一项经营重点举措的主题和内容进行高度概括说明，形成公司的年度战略行动纲要；第四，以举措为标尺，与各部门工作一一对应，识别各部门年度重点任务，考察战略实施的关键要素；第五，将各部门的重点任务进一步分解到各岗位中去；第六，将部门重点任务、岗位主要工作转换为考核指标，形成战略—绩效一体化管理。

应用这样的管理模式，最大的好处是战略聚焦度明显提升。“战略—绩效”一体化管理体系突出了公司发展战略在经营管理中的核心地位，将公司发展战略融入公司管理层及每位职工的日常工作中，有效保证企业有限的资源投入聚焦主航道，并取得良好的效果。除此之外，企业的价值创造能力明显增强。“战略—绩效”一体化管理体系将战略、目标及任务进行层层分解、落实，通过战略绩效评价压力传导机制，并实时进行监控，形成“人人头上有责任、人人头上有任务”的工作氛围。同时，基于实际战略贡献度的绩效兑现机制，为“想干活、能干活、会干活”的职工搭建充分展示自我的平台。

8.4　绩效评价技术

（1）排序法。

排序法也称分级法，即综合各评价指标的内容，将员工完成工作情况的优劣次序排序。该方法的好处是操作简单，但是不能显示出员工之间的差距。排序法可分为简单排序法和交替排序法。简单排序法是指管理者把本部门的所有员工从绩效最高者到绩效最低者进行排序。交替排序法是指管理者对被评估员工的名单进行审查后，从中找出工作绩效最好的员工列为第一名，并将其名字从名单上划去，然后从剩下的员工中找出工作绩效最差的员工排位最后一名，也把其名字从名单中划去。随后管理者在剩下的员工中再找出一名工作绩效最好的员工排位第二名，找出一名最差的员工列为倒数第二名，以此类推直到所有的员工排完序。

(2) 强制分配法。

该方法是根据正态分布原理，即俗称的“中间大、两头小”的分布规律，预先确定评价等级以及各等级在总数中所占的百分比，然后按照被考核者绩效的优劣程度将其列入其中某一等级。

(3) 配对比较法。

配对比较法也称相互比较法、两两比较法、成对比较法或相对比较法，就是将所有要进行评价的对象列在一起，两两配对比较，其中价值较高者可得1分，相等者得0分，最后将各对象所得分数相加，分数最高者即等级最高者，按分数高低顺序将评价对象进行排列。

总体来说，以上三种方法为不同个体相互比较的评价方法，下面三种方法为不同个体与评价标准相对比的评价方法。

(1) 图尺度评价量表法。

图尺度评价量表法也称为图解式考评法，是最简单和运用最普遍的工作绩效评价技术之一。它列举出一些组织所期望的绩效构成要素（如质量、数量或个人特征等），还列举出跨越范围很宽的工作绩效等级（如从“非常不满意”到“非常满意”、从“差”到“优”等）。在进行工作绩效评价时，首先针对每一位评价对象从每一项评价要素中找出最符合其绩效状况的等级，然后将每一位评价对象针对所有评价要素所得的等级分值进行汇总，即得到其最终的工作绩效评价结果。

(2) 关键行为事件法。

这是客观评价体系中最简单的一种形式。它是通过对工作中最好或最差的事件进行记录，对造成这一事件的工作行为进行认定，从而做出工作绩效评价的一种方法。这种方法的优点是针对性比较强，对评估优秀和劣等表现十分有效；缺点是对关键事件的把握和分析可能存在某些偏差。

(3) 行为锚定评价量表法。

行为锚定评价量表法是一种将同一职务工作可能发生的各种典型行为进行评分度量，建立一个锚定评分表，以此为依据，对员工工作中的实际行为进行测评分级的考评办法。行为锚定评价量表法是关键事件法的进一步拓展和应用。它将关键事件和等级评价有效地结合在一起，通过一个等级评价表，将关于特别优良或特别劣等绩效的叙述加以等级性量化，从而将描述性关键事件评价法和量化等级评价法的优点结合起来。

该方法的优点是为评估活动提供明确的典型锚定点，评估者在实际评估时就有了评分尺度。此外，这些具有具体行为描述的文字也有助于被评估者深刻地了解自己的工作现状，找到具体的改进目标。

8.5 误差问题的处理

在绩效评价的过程中，多种因素如考核者、考核方法、考核环境等，都可能影响考核结果，使考核结果出现偏差。常见的绩效评价误差及避免方法如下：

（1）晕轮效应。

考核者对被考核者的某些突出特征看得过重，而忽略了被考核者其他方面的表现和品质，导致以偏概全，使某一点扩大化。其避免方法是：在进行考核时，考核者将所有被考核者的同一项考核内容同时考核，而不要以人为单位进行考核。

（2）近因效应。

考核者只注重被考核者近期的表现和成绩，而对其整个考核期间的表现缺乏印象。其避免方法是：考核者可以采用关键事件法等技术，全面考核员工在较长时期内的行为表现和工作业绩。

（3）首因效应。

在考核的过程中，考核者往往根据自己对被考核者的第一印象来对被考核者进行绩效评定。而被考核者可能因为自己本身的因素或者受外界的干扰，并没有显示出自己的真实能力。考核者在首因效应的基础上进行考核，就出现了对被考核者的不公正看法和判断。其避免方法是：对考核者进行培训，使其有意识地克服先入为主的观念和做法。

（4）趋中效应。

趋中效应是指考核者对一组被考核者做出的考核结果相差不大，既没有太好的也没有太差的评价，结果都集中在中心附近，当出现这种情况时，绩效评价的目标就不太可能完成，绩效评价也就失去了意义。其避免方法是：采用强制分配法等技术，限定各等级比例，关键是让考核者认识到区分考核结果的重要性。

（5）偏见效应。

在进行绩效评价时，考核者可能对被考核者的个人能力或者个人特征存在偏见，或者偏爱与自己行为或人格相近的人，由此造成考核的不公平和不公正。其避免方法是：采用 360 度反馈评价等技术方法，将可能怀有偏见的某特定考核者的影响降到最低限度。

（6）宽大化效应。

考核者对被考核者所做的考核往往高于其实际成绩。这种现象产生的原因主要包括被考核者是考核者的下属、考核者与被考核者关系密切、考核者想对被考核者进行鼓励等。其避免方法是：加强对考评者的培训，使其以企业大局为重，提高自己的企业整体发展意识并明确规定考核的内容和评价的标准。

（7）对比效应。

考核者将当前考核对象的绩效与其他考核对象的绩效结果进行比较，导致产生偏离标准的考核结果。其避免方法是：在确定绩效指标与衡量标准时，尽量采用定量标准，确定明确的考核标准。

8.6 智能化员工绩效考核

办公自动化（Office Automation，OA）系统打造一站式绩效管理平台，旨在帮助企业完成任务目标的分配与落地，让员工获得成长，让业务取得突破，让企业实现目标。

（1）绩效目标设定：精细规范。

企业员工执行力的推动主要依靠目标的清晰设定，考核目标的明确与量化，是整个绩效考核管理体系建设的“地基”。OA 系统通过工作流，让员工在年初指定时间节点前，提交完成年度工作目标设定流程，完成各阶段主要目标及考核占比，将目标分解细化。让目标不只是口号，让绩效考核量化、合规、有据可依。

（2）工作绩效微调：灵活便捷。

工作中，绩效应随实际情况做有针对性的调整，如何确保绩效考核管理的应变能力，提高灵敏度与合规度？利用 OA 系统，在年中（时间频率可自定义）设置指定时间，系统自动触发年度绩效微调流程，员工/主管根据实际工作情况调整目标、任务、绩效。同时满足绩效长期化与灵活变动需求，让绩效驱动执行力，促进目标更好的落地。

（3）多维度绩效考评：全面准确。

年终绩效考核对于员工、企业至关重要，效率与水平影响着企业管理制度落地，业务驱动力、员工目标执行力。

多维度评价体系：OA 系统根据企业数字化绩效管理项目搭建，结合企业绩效管理普遍需求，形成自评、他评、互评多维度的考评流程体系。自动化触发流程：年底时，在 OA 系统设定的指定时间，自动触发所有员工的年终绩效考核流程，并提交到员工自评节点，权重与绩效微调信息自动带出。

让流程成为定时器，减少手动操作、避免遗漏。

（4）智能绩效统计：高效清晰。

年终考核经过自评、互评，上级评分后，会到达 HR 节点，该节点通过绩效权重，会自动计算总得分，台账式呈现，绩效结果清晰明了。同时，员工评估结果能得到实时反馈，便于对绩效考核管理进行及时有效的沟通。减少 HR 工作量，彰显绩效管理价值，确保企业管理制度落地，为人才管理提供数据支撑。

总体来说，智能化的绩效考核具备以下两个方面特性。

轻便耦合：目标、微调、考评、统计四模块既独立又融合，适用于各种类型的企业。

高度协同：通过多维度评价体系、绩效评估结果，以目标为导向，增强业务驱动力。

8.7 绩效评价面谈的管理

在结束绩效评定时，基层主管通常要与员工进行一次面谈，向其提供反馈——评估程序最重要的部分之一。许多管理者害怕绩效评估，特别是如果他们没有好消息可告知的话。人力资源部门或外部组织，如管理协会或咨询公司，可以通过以下几个方面帮助管理者：提供进行面谈的培训；提供角色扮演的实践以及提供解决棘手问题的建议。表 8－2 总结了管理者如要有效地进行评估面谈需要掌握的几条沟通“微技巧”。

表 8－2　评估面谈的沟通技巧

技巧	收益	描述	例子
不讲话，注意倾听	表现出兴趣和积极倾听	评定者稍靠前坐，上身放松地倾斜，眼光保持接触，用一种坚定和平静的语气讲话	在被评定者讲话时，评定者注视着他，轻轻地点头，表现出感兴趣
开放的和封闭的问题	恰当地使用开放的和封闭的问题可以保证面谈期间有效地沟通交流	开放的问题鼓励信息共享，并且在面谈的初期或在复杂或模棱两可的情况下最适用。 封闭的问题引起短暂的反应，并且对集中注意和澄清问题有用	开放的问题用“能吗”“会吗”“如何”“什么”或“为什么”这些词。 封闭的问题用“做过吗”“是吗”这些词
改述	改述能够澄清及向被评定者传递你在积极倾听的意思	改述是用自己的话简明扼要地陈述某个人刚说过的话。它应该是如实的和不带评判的	你可以用这样的话开头：“如果我理解正确……”或“刚才你说的是……”用“这正确吗？”或“这是你说的吗？”这样的话结束
情感的反思	表明你试图理解工作场所情感方面的问题，这种反思的同理心和敏感性可能超越沟通，并且让面谈转向更有意义的与任务相关的问题	与释义相似，情感的反思是对你自己感觉到的他人情感的如实的陈述。要真诚地使用这一方法，对待那些需要专业帮助的人使用此法时应谨慎	用“这听起来像是你感到……”来开头，用改述的技巧来结束，如“对吧？”
文化敏感性	当你对文化差异可能产生的影响较敏感时，沟通就更加有效	注意文化差异，它们也许影响到如何与另一个人沟通以及你如何与其他人沟通	当与来自一个高度讲究形式与文化的雇员相处时，避免在工作场所叫他们的名字，这样叫也许表示对他们的不尊敬

8.8 员工绩效评价反馈

在绩效评价完成之后，管理者要与被考核对象进行反馈和沟通交流，这一方面有助于员工了解自己的工作完成情况、在哪些方面存在不足，从而进一步提出绩效改进计划；另一方面有助于企业了解员工绩效生产的原因并加以指导和帮助，并且可以在绩效反馈的过程中向员工灌输企业文化和企业价值观。

（1）反馈的准备。

管理者应做的准备：选择适宜的时间、场所；准备好面谈的资料；计划好面谈程序和进度；计划好如何开始面谈，采取什么样的方式开始面谈；计划好面谈的过程等。

员工应做的准备：收集与先前绩效有关的资料或证据；准备好个人的发展计划；准备好向管理者提出的问题；将自己的工作安排好等。

（2）反馈的程序。

第一步，营造一种积极和谐的气氛；第二步，说明面谈的目的、步骤和时间；第三步，根据预先设定的绩效指标讨论员工的工作完成情况；第四步，与员工一起分析成功或失败的原因；第五步，讨论员工行为表现与组织价值观相符合的情况；第六步，讨论员工在工作能力上的强项、有待改进的方面以及可能的解决途径；第七步，讨论员工的发展计划，为员工下一个绩效周期的工作设定目标和绩效指标；第八步，讨论员工需要的资源与帮助；第九步，双方签字认可。

（3）反馈中应该注意的事项。

在整个面谈过程中，一方面，管理者要充分应用各种沟通技巧，如倾听的技巧、表达的技巧、非语言沟通的技巧等，同时还要善于肯定员工的优秀业绩以实现正强化，并重点诊断出“瓶颈”所在，引导员工端正态度、正视自己存在的问题；另一方面，员工要积极配合，重视面谈反馈的机会，提出质疑和存在的问题，主动寻求解决方案，规划自身的发展。

本章小结

绩效管理是人力资源管理中的一个重要模块。绩效管理为人力资源管理中的其他工作，如员工招聘、岗位设置与调整、员工培训、薪酬管理、职业生涯规划等工作提供了基础和指导信息。绩效评价是绩效管理中的关键环节，两者之间既有区别又有联系。绩效评价是进行绩效管理的一种手段，绩效管理是人力资源管理体系中的核心环节，其目标就是提高员工个人和企业的绩效。

企业可以借鉴吉尔伯特行为工程模型来改善绩效。一方面使绩效提升，即组织在销售业绩、利润指标、客户满意度等方面的提升；另一方面为降低行为代价，即从组织层面降低成本、投入、行为上的付出。

而在数字化背景之下，企业可以通过战略—绩效一体化管理模式，制订公司目标，梳理战略路线，建立战略大纲，明确部门重点任务、岗位重点工作，形成绩效指标，最终提升战略聚焦度，增强企业的价值创造能力。

在实现绩效管理的过程中，需要用到绩效评价的几种手段，主要为排序法、强制分配法、配对比较法、图尺度评价量表法、关键行为事件法、行为锚定评价量表法。并且注意在新时代下产生的结合办公自动化系统的数字化绩效评价手段，明确更新后的优势。在评价的过程中，要注意因为晕轮效应、近因效应、首因效应、趋中效应、偏见效应、放大化效应、对比效应产生的误差。

在完成绩效评价之后，会进行面谈与反馈，要注意面谈之中的技巧，做好反馈阶段的准备，明晰反馈的相关流程，注意相关的事项。

思考题

1. 绩效管理与绩效评价间的关系如何?
2. 绩效管理与企业战略的关系如何?
3. 简述绩效评价的结果和应用。
4. 你认为强迫排名制是一种好的绩效管理制度吗？为什么?
5. 你能设计出一种保证对员工做出区分的绝对评定体系吗？为什么?

本章练习

作为一个小组，解答强迫排名制的方法对于提高组织的绩效水平效果的问题。考虑最近的一个模拟研究结果，该研究利用一项计算机模拟考察解雇工作绩效属于平均但是排名在最低的雇员的影响。该计算机模型发现，该制度能提高平均绩效水平，但是其作用在 6 年里减少到近乎零。

回答下列问题：

（1）为什么这一制度能发挥作用？或者说，为什么该模拟发现绩效有所提高?

（2）强迫排名制以及这项模拟背后的逻辑是：工作场所中的绩效通常是正态分布的。你认为这是一个准确的假设吗？为什么?

（3）如果工作场所的绩效不是正态分布的，你认为强迫排名制的方法仍然能够提高组织的平均绩效水平吗？请解释。

案例分析

卡特洗衣公司绩效评价

到任几个星期之后，詹妮弗非常吃惊地发现，她的父亲杰克在经营公司的这些年中一直都没有正式地评价过员工的绩效。杰克的说法是，他还有“100 件更重要的事情需要处理”，如增加销售额、降低成本等，另外，很多员工也不会在公司里干到足以等到绩效评价时还不走。此外，杰克说，像熨烫工和洗衣工这样的体力劳动者，可以通过在干得好的时候给予赞赏得到积极的反馈，当然，如果杰克在巡视店铺时发现他们有做得不好的地方，他也会批评他们，从而产生消极的反馈。同样的情况，杰克从来都是很坦率地告诉这些洗衣店管理者在他们管辖的门店中存在哪些问题，因此他们是能够获得关于洗衣店情况的反馈的。

虽然这种非正规的信息反馈已经存在，但是詹妮弗却认为，公司仍然需要更为正式的绩效评价方法。她认为，应当定期根据工作质量、工作数量、考勤和准点等标准对员工进行评价，即使是那些领取计件工资的员工也不例外。此外，她非常强烈地感到，需要给管理者提供一份涉及店面清洁度、效率、安全和遵守预算等内容的质量标准清单，同时让他们知道，公司将会根据这些标准对他们进行正式的绩效评价。

资料来源：加里·德斯勒. 人力资源管理：第 14 版 [M]. 北京：中国人民大学出版社，2017.

第五篇

薪酬管理

5

第 9 章　战略性薪酬计划

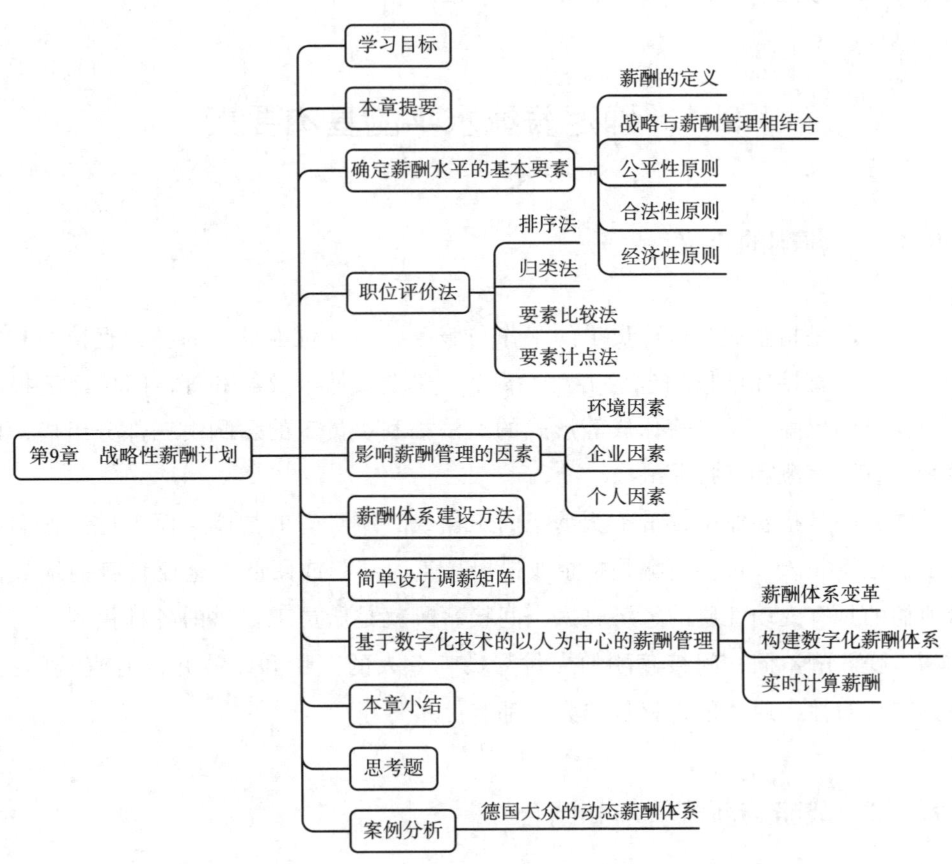

学习目标

1. 指出决定薪酬水平的基本要素有哪些。
2. 定义职位评价并举例说明如何进行职位评价。
3. 详细说明如何制订一项具有市场竞争力的薪酬计划。
4. 描述如何进行管理类职位和专业类职位评价。
5. 介绍基于数字化技术的以人为中心的薪酬管理。

本章提要

一旦对员工进行了绩效评价并提供了教练辅导，他们自然而然地就会希望能够领取薪酬。谨慎的企业绝不会很随意地向员工支付薪酬。要想使每一位员工得到的薪酬与其他员工相比是合理的，就要求企业制订一项薪酬计划。本章的主要目的就是向读者说明如何制订一项薪酬计划。我们在本章讨论的主题包括：薪酬水平决定的一些基本要素，职位评价的几种方法、如何创建一套具有市场竞争力的薪酬计划；如何评价管理类职位及专业类职位；当前存在的一些薪酬管理问题。

9.1 确定薪酬水平的基本要素

9.1.1 薪酬的定义

员工薪酬是指企业为认可员工的工作与服务，而支付给员工的各种直接的和间接的经济收入。直接经济报酬包括工资、薪金、奖金、佣金及红利等，间接经济报酬是指企业支付的保险以及带薪休假等形式的经济福利，员工的薪酬由三部分组成，即基本薪酬、可变薪酬和间接薪酬。

基本薪酬是指企业根据员工所承担的工作或者所具备的技能，而支付给他们的较为稳定的经济收入。可变薪酬是指企业根据员工、部门或团队、企业自身的绩效而支付给他们的具有变动性质的经济收入。间接薪酬就是给员工提供的各种福利，与基本薪酬和可变薪酬不同，间接薪酬的支付与员工个人的工作和绩效并没有直接的关系，往往具有普遍性，通俗地讲就是“人人都有份儿”。

9.1.2 战略与薪酬管理相结合

企业在进行薪酬管理时，首先应该根据企业的发展战略与企业的人力资源管理战略确定企业的薪酬战略，然后根据薪酬战略设计薪酬体系与制度，并据此进行薪酬管理。这就意味着企业应当创建一个有助于实现竞争战略的员工行为的薪酬包。

我们看到很多企业都制定了一种总报酬战略来支持自己的大范围战略目标。总报酬不仅包括传统的薪酬、奖金和福利，同时还包括更具有挑战性的工作、职业发展以及各种认可方案等。

9.1.3 公平性原则

公平是薪酬管理系统的基础，只有在员工认为薪酬系统是公平的前提下，才可能产生认同感和满意度。因此，公平性原则是企业实施薪酬管理时应遵循的最重要的原则，亚当斯的公平理论是公平性原则重要的理论基础，公平性包括四个层次的含义，分别是外部公平、内部公平、个体公平和程序公平。

外部公平是指在不同企业中类似职位或者员工的薪酬应当基本相同；内部公平是指在同一企业中，不同职位或者员工的薪酬应当与各自对企业的贡献成正比；个体公平就是说在同一企业中相同或类似职位的员工薪酬应当与其能力贡献成正比；程序公平是指员工感知到的企业做出薪酬分配决策的过程和程序的公平性。

9.1.4 合法性原则

合法性原则是指企业的薪酬管理政策要符合国家法律和政策有关规定，这是薪酬管理应遵循的最基本原则，从保障劳动者的合法权益、维护社会稳定和经济健康发展的角度，各个国家都会相应地制定出一系列法律法规，对企业的薪酬体系施加约束力和影响力。例如，我国《劳动法》第 48 条规定，国家实行最低工资保障制度，最低工资的具体标准由省、自治区、直辖市人民政府规定，报国务院备案，用人单位支付劳动者的工资不得低于当地最低工资标准。

9.1.5 经济性原则

经济性是指企业支付薪酬时，应当在自身可以承受的范围内进行，所设计的薪酬水平应当与企业的财务水平相适应。虽然高水平的薪酬可以更好地吸引和激励员工，但由于薪酬毕竟是企业一项很重要的开支，因此，在进行薪酬管理时必须考虑到自身承受能力的大小，超出承受能力的过高薪酬必然会给企业造成沉重的负担，有效的薪酬管理应当在竞争性和经济性之间找到恰当的平衡点。

9.2 职位评价法

职位评价是指借助一定的方法，确定企业内部各职位相对价值大小的过程。职位评价的方法一般有四种：排序法、归类法、要素比较法和要素计点法。在实践中最常用的方法是要素计点法，职位评价方法的性质和参照标准见表 9－1。

表 9－1 职位评价方法

评价时的参照标准	方法的性质	
	非量化的方法	量化的方法
其他的职位	排序法	要素比较法
既定的尺度	归类法	要素计点法

9.2.1 排序法

排序法是最简单的一种职位评价法，它是从总体上判断各个职位价值的相对大小。具体操作时，一般可采用直接排序法、交替排序法或配对比较法（也叫对偶排序法）来完成。

直接排序法就是根据对职位的总体判断，按照重要性或者对企业贡献度的高低顺序将职位依次进行排列。从理论上讲，排序时应当针对企业内部所有的职位来进行，但在实际操作中很难做到这一点，更常见的是按照部门或者职位类别来进行排序。

交替排序法与直接排序法比较类似，只是排列职位时的顺序有所不同而已，首先从待评职位中找出价值最高和价值最低的职位，然后再从剩余的职位中找出价值最高和最低的职位，如此循环，直到把所有职位都排列完毕为止。

配对比较法是指将待评的职位两两进行比较，其价值较高者可得一分，最后将各职位所得分数相加，其中分数最高者即等级最高者，按分数高低顺序将职位进行排列，即可划定不同等级，如表 9－2 所示。

表 9－2 配对比较法

	A	B	C	D	E	总计
A		1	1	0	1	3
B	0		0	0	1	1
C	0	1		0	1	2
D	1	1	1		1	4
E	0	0	0	0		0

9.2.2 归类法

归类法是指按照一定的标准将职位归入事先确定好的职位等级中的职位评价方法，

这种方法最早是在美国政府对其文职职位进行评价时开始使用的。

使用这种方法时，首先要确定出职位等级的数量，根据企业的具体情况来做出决策，一般来说，企业的职位数量越多、职位类型越多，职位等级的划分相应也要越多。其次要选择报酬要素，根据报酬要素界定各个职位等级的定义。在美国联邦政府的分类体系中，报酬要素包括以下几个方面：工作的复杂度和灵活度；接受和实施的监督；所需的判断能力；要求的创造力；人际工作关系的特点和目的；责任；经验；要求的知识水平。最后，根据各个职位的职位说明书，对照确定好的标准，将职位归入与等级定义相同或最为类似的职位等级中。

归类法也是比较简单的一种方法，尤其是当企业的职位数量比较多时，它比排序法要节省时间。但是实际中很难建立起通用的职位等级定义，特别是职位类型差异较大时，进行等级定义的难度会更大，并且与排序法一样，它也无法准确衡量出各个职位之间的价值差距到底有多大。

9.2.3　要素比较法

要素比较法是一种比较复杂的职位评价方法，它已经不再是单纯地比较职位的相对价值大小，而是把薪酬的因素也考虑进来。从本质上讲，要素比较法是排序法的延伸，只是排序的标准和方法有所不同，排序法是依据对职位的总体判断来进行排序，要素比较法则是根据不同的报酬要素对职位进行多次排序。要素比较法的操作一般要按照下面的步骤来进行。

（1）确定报酬要素。

报酬要素是各个职位都具有的对职位价值具有影响作用的因素，企业正是基于这些因素才给予职位相应的报酬。报酬要素一般要从工作责任、工作技能、努力程度和工作条件四个方面进行考虑。工作责任指为了完成职位的工作而要承担的责任；工作技能指的是完成职位的工作任务所必须具备的知识、技能、经验等；努力程度指完成职位的工作任务所要付出的体力和脑力要求；工作条件指从事工作的物理条件和危险程度。目前，一些知名的咨询机构已经建立起成熟的报酬要素体系。

需要注意的是，不同类型的职位会有不同的报酬要素。例如，对于研发职位，“独创性”十分重要，所以在确定报酬要素时要具体情况具体分析。

（2）选择典型职位。

要素比较法中不可能对所有的职位都做出比较，因此要选取典型的职位进行评价，其他职位的价值可以与典型职位的报酬要素比较后加总得出。典型职位的选取也要覆盖到各个类别和各个级别，数量也要根据企业内部的职位数量来确定。

（3）按照每一个报酬要素对典型职位进行多次排序。

有几种报酬要素，相应地就要进行几次排序。

（4）确定每一典型职位报酬要素的工资率，并且依此对典型职位再次进行排列。

首先要确定每一报酬要素在该职位总体价值中所占的比重，比重可以通过经验的方法或者统计的方法得出，然后按照比重将该职位的薪酬分配到各个报酬要素上去，典型职位薪酬水平的确定，一般要通过薪酬调查取得。

（5）剔除不合理的典型职位。

将第3、4步得到的结果进行比较，从理论上讲，对于每一报酬要素来说，两种比较得到的排列顺序应当是一样的。如果不一样，说明这一职位不能作为典型职位使用，应当剔除掉，再重新选择典型职位进行比较排序。

（6）确定其他职位的薪酬水平。

典型职位确定以后，将其他非典型职位的报酬要素与典型职位进行比较，分别确定出每个报酬要素的工资率，然后加总就可以得出该职位的薪酬。在实践中，一般要先根据典型职位的排序建立要素比较等级表，然后再将非典型职位与典型职位进行比较，以确定其薪酬水平。

要素比较法的优点是：准确客观，能够将人为影响降到最低，由于每一步骤都有详细的说明，有助于评价人员做出正确的判断，也比较容易向员工作出解释。这种方法的缺点是：操作起来比较复杂，整个评价过程比较耗时，再有就是每次评价都需要调查典型职位的薪酬水平，增加了评价的成本。

9.2.4 要素计点法

计点法（point method）的总体目的是确定要评价的职位包含被选择的这些报酬要素的程度如何。它要求确定每个职位包含的报酬要素以及这些报酬要素在每个职位上表现出来的程度。假定在一个职位中可能包括的“责任”有5个等级。再进一步假定为这个报酬要素的5个不同等级都分别设定了不同的分数。那么，一旦评价委员会确定了每一种报酬要素（如责任和努力程度）在某个职位上表现出来的程度，就可以将这一职位在所有报酬要素上得到的点数相加，从而得到某一职位的总点数。计点法的最终评价结果是对每一种职位都提供一个量化的评价点数。目前，计点法是一种得到最普遍运用的职位评价方法。

“打包的”计点法评价方案。有很多组织都已经开发出了标准化的计点法职位评价方案，数以千计的企业都在使用这些职位评价系统。这些方案都包含现成的报酬要素以及关于这些报酬要素的不同等级的定义，其中还包括针对大量职位所做的点数评价。企业通常只需要对这些系统进行很小的改动（或不作任何改动）就可以使用了。

9.3　影响薪酬管理的因素

9.3.1　环境因素

（1）国家法律法规与政策。

法律法规与政策对企业行为具有强制性的约束作用，因此企业在薪酬管理时应当首先考虑这一因素，在法律法规与政策规定范围内进行薪酬管理。例如，政府的最低工资立法规定了企业支付薪酬的下线，社会保险法律规定了企业必须为员工缴纳一定数额的社会保险费。

（2）劳动力市场状况。

按照经济学的解释，薪酬就是劳动力的价格，它取决于供给和需求的对比关系，在企业需求一定的情况下，当劳动力市场紧张造成劳动力资源供给减少、劳动力资源供不应求时，劳动力价格就会上涨，此时企业要想获取必要的劳动力资源，就必须相应地提高薪酬水平。反之，当劳动力市场趋于平缓、造成劳动力资源供给过剩，劳动力资源供过于求时，劳动力价格就会趋于平缓或下降，此时企业相对容易地能够获取必要的劳动力资源，因此可以维持甚至降低薪酬水平。

（3）物价水平。

薪酬最基本的功能是保障员工的生活，因此，对员工来说更有意义的是实际薪酬与物价水平的比例。当整个社会的物价水平上涨时，为了保证员工的实际生活水平不受或少受影响，支付给他们的薪酬相应也要调整。

（4）其他企业的薪酬状况。

其他企业的薪酬状况对企业薪酬管理的影响是最为直接的，这是员工进行横向公平性比较非常重要的一个参照系，当其他企业尤其是竞争对手的薪酬水平提高时，为了保证外部的公平性，企业也要相应地提高自己的薪酬水平，否则就会造成员工的不满意甚至流失。

9.3.2　企业因素

（1）企业经营战略。

在阐述薪酬管理的含义时，我们已经指出，薪酬管理应当服从和服务于企业的经营战略，不同的经营战略下，企业的薪酬管理也会不同。表 9－3 列举了在三种主要的经营战略下薪酬管理的区别。

表 9-3 三种主要经营战略下薪酬管理

经营战略	经营重点	薪酬管理
成本领先战略	1. 一流的操作水平 2. 追求成本的有效性	1. 重点放在与竞争对手的成本比较上 2. 提高薪酬体系中可变薪酬的比重 3. 强调生产率 4. 强调制度的控制性及具体化的工作说明
创新战略	3. 产品领袖 4. 向创新性产品转移 5. 缩短产品生命周期	5. 奖励在产品及生产方法方面的创新 6. 以市场为基准的工资 7. 弹性/宽泛性的工作描述
客户中心战略	6. 紧紧贴近客户 7. 为客户提供解决问题的方法 8. 加快营销速度	8. 以顾客满意作为奖励的基础 9. 由顾客进行工作或技能评价

(2) 企业发展阶段。

企业处于不同的发展阶段时，其经营的重点和面临的内外部环境是不同的，在不同的发展阶段，薪酬形式也是不同的，表 9-4 对企业不同发展阶段下的薪酬管理进行了简单的比较。

表 9-4 企业不同发展阶段下的薪酬管理

企业发展阶段		开创	成长	成熟	稳定	衰退	再次创新
薪酬形式	基本薪酬	低	有竞争力	有竞争力	高	高	有竞争力
	可变薪酬	高	高	有竞争力	低	低	高
	间接薪酬	低	低	有竞争力	高	高	低

(3) 企业财务状况。

前面已经反复提到，薪酬是企业的一项重要成本开支，因此企业的财务状况会对薪酬管理产生重要的影响，它是薪酬管理各项决策得以实现的物质基础，良好的财务状况可以保证薪酬水平的竞争力和薪酬支付的及时性。

9.3.3 个人因素

(1) 员工职位。

在目前主流的薪酬管理理论中，员工职位是决定员工个人基本薪酬以及企业薪酬结构的重要基础，也是内部公平性的重要体现。职位对员工薪酬的影响并不完全来自他的级别，而主要是职位所承担的工作职责以及对员工任职资格的要求。

(2) 员工能力和绩效。

能力是员工完成工作的关键因素之一。一般而言，能力越高，薪酬相应也就应该更高，在设计员工的薪酬时，必须考虑员工的能力，员工的绩效是决定其可变薪酬的重要基础，在企业中，可变薪酬往往都与员工的绩效联系在一起，具有正相关关系。总体来说，员工的绩效越好，其可变薪酬就会越高，此外，员工的绩效表现还会影响绩效加薪，进而影响基本薪酬的变化。

（3）员工工作年限。

工作年龄主要有工龄和司龄两种表现形式，工龄指员工参加工作以来整个的工作时间。司龄则指员工在本企业中的工作时间。工作年限会对员工的薪酬水平产生一定的影响，在技能工资体系下这种影响更加明显。一般来说，工龄和司龄越长的员工薪酬的水平相对也会更高一些。工龄的影响主要源于人力资源管理中的进化论，就是说通过社会的自然选择，工作时间越长的人就越适合工作，不适合的人由于优胜劣汰会离开这个职业。司龄的影响则主要源于组织社会化理论，就是说员工在企业中的时间越长，对企业和职位的了解就越深刻，其他条件一定时绩效就会越好。此外，保持员工队伍的稳定也是一个原因。司龄越长的员工薪酬水平相对就越高，这样可以在一定程度上减少员工的流动率，因为如果要流动，就会损失一部分收入。

9.4 薪酬体系建设方法

（1）制订付酬原则和策略。

制订付酬原则和策略既是企业薪酬体系设计的前提，也是企业文化建设的重要内容。制订企业付酬原则和策略，要在企业各项战略的指导下进行，根据企业的使命、愿景和核心文化价值观等集中反映企业各项战略的要求，同时必须体现薪酬制度的外在公平性与内在公平性。

（2）工作分析。

工作分析的目的是明确企业内部各项工作的职责和范围，企业根据经营目标确定相应的组织机构，形成一定的组织结构系统，并配合企业的组织发展计划做好岗位设置，在岗位设置的基础上进行工作分析，确定每一个岗位的工作内容职责和任职资格，由人力资源部和各部门主管合作编写职位说明书。工作分析是员工薪酬体系设计的基础和前提。

（3）工作评价。

工作评价是指根据各种工作的技能要求、努力程度要求、岗位职责和工作环境等因素来决定各种工作之间的相对价值。它是实现薪酬体系内在公平性的关键一步，它有两个目的，一是比较企业内部各个职位的相对重要性，得出职位等级序列；二是为薪酬调查建立统一的职位评估标准，消除不同公司间由于职位名称不同或即使职位名称相同，但实际工作内容要求不同所导致的职位难度差异，使不同职位之间具有可比性，为确保工资水平的公平性奠定基础。

（4）薪酬调查。

薪酬调查是通过各种正常的调查手段获得相关企业各职务的薪酬水平及相关信息的活动，重点解决薪酬对外公平性问题。调查内容是本地区、本行业尤其是竞争对手的薪资情况，参照同行或同地区其他企业的现有工资水平来调整本企业相应职务的工资，可使企业薪酬制度对外具有竞争力。

（5）薪酬结构设计。

所谓薪酬结构是指在一个企业的组织机构中，各个职位的相对价值与其对应的实付薪酬之间保持着一个什么样的关系。这种关系和规律通常以薪酬结构线来表示，薪酬结构线是一个企业的薪酬结构的直观表现形式。它清晰地显示，企业职务的相对价值与其对应的实付薪资之间的关系，薪酬结构线是二维的绘制，在薪酬结构图上，职务评价分数为横坐标，所付薪资值为纵坐标，典型的薪酬结构线如图 9－1 所示。

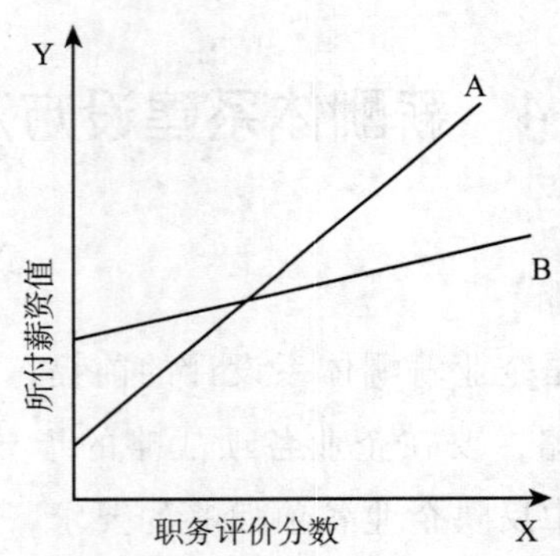

图 9－1　典型的薪酬结构线

设计薪酬结构线的用途：①开发企业薪资系统使每一个职务的薪资都对应它的相对价值，具有一定的内在公平性，并反映企业的薪酬政策与管理价值观；②用来检查已有薪资制度的合理性；③根据市场状况调整企业薪酬结构。

（6）薪酬分级和定薪。

重点解决员工薪酬公平性问题，薪酬分级就是把相对价值相近的各个职位合并成一组，统一规定一个相应的工资率，称为一个工资等级。这样企业所有职位都可以划入不同的工资等级。职位评价后，企业根据其确定的薪酬结构线，将众多类型的职务工资规定组合成若干等级，形成一个薪资等级系列，通过这一步骤就可以确定企业内每一个职务具体的工资范围，保证员工薪酬的公平性。

（7）薪酬体系的实施与调整。

在制订和实施薪酬体系的过程中，如何保证正常运转并实行适当的控制与管理，使其发挥应有的功能，是一个相当复杂的问题，也是一项长期的工作。为了保证薪酬体系的实用性，必须对薪酬体系进行定期调整。①预演薪酬体系的实施流程，根据预演情况对薪酬体系做出调整；②及时做好员工的沟通、宣传、培训工作，让薪酬分配尽量公平；③建立严格的考核制度，根据考核结果的好坏调整员工工资；④在保证薪酬方案相对稳定的前提下，根据企业经营状况和市场薪酬水平的变化做出相应的调整。

9.5　简单设计调薪矩阵

表 9 - 5 为一个简单的调薪矩阵。首先我们需要了解横向第一列和纵向第一列的数字和字母的含义。横列的数字代表了薪酬比率，也可以使用小数点后一两位来表示。这个比率是员工实际薪酬与所在岗位中位值的比率。现在大部分公司实行宽带薪酬，允许员工的实际薪酬围绕指导线上下浮动，浮动比例不超过一定幅度。假设在该公司里上下浮动比例不超过 20%，那么员工的薪酬比率就有可能落在 0.8 ~ 1.2。低于 0.8 的需要加薪，把他拉进比率区间；高于 1.2 的需要停止加薪，或者把他晋升到另一个更高的职位，让他的薪酬比率趋于正常。纵向第一列的字母代表绩效成绩。在本案例中，该公司的绩效分为 5 档，绩效最好的是 A，绩效最差的是 E。当然，你也可以不用英文字母，转用“优秀”“良好”等形容词来代替。因此，绩效越好、薪酬比率越低的人，获得的调薪幅度越大。本案例中最高的调薪可以达到 11%；绩效越差、薪酬比率越高的人，获得的调薪幅度越小，最低可至 0。

表 9 - 5　　简单的调薪矩阵

	<0.8	0.8 ~ 0.9	0.9 ~ 1.0	1.0 ~ 1.1	1.1 ~ 1.2	≥1.2
A	11%	11%	10%	8%	7%	4%
B	10%	9%	8%	7%	6%	4%
C	8%	7%	6%	5%	4%	3%
D	2%	0%	0%	0%	0%	0%
E	0%	0%	0%	0%	0%	0%

接下来开始计算具体的调薪幅度。

（1）先把员工薪酬总额归类。

按照员工的薪酬比率区间和绩效等级结果，把所有员工的薪酬总额合并分类，放入表 9 - 6 的矩阵中。

表 9-6　　薪酬矩阵 1

	<0.8	0.8~0.9	0.9~1.0	1.0~1.1	1.1~1.2	≥1.2
A	工资总额 1	工资总额 2	……	……		
B	……					
C	……					
D						
E						

（2）确定公司的整体调薪预算。

假设公司当年的整体调薪预算为 6%，也即，所有人的调薪总额加起来都不能超过一个固定的数额 Y（= 当前的全体员工薪酬总额 ×6%）。接下来就可以把 6% 作为一个调薪的基准比例，所有员工的最终调薪比例应该围绕着 6% 做上限浮动。

（3）建立调薪矩阵。

把 6% 作为基准点，放入矩阵 2 的中心位置，然后以其为圆心，向四周逐渐发散、变化。在本例中，将绩效为 C、薪酬比率区间为 0.9~1.0 的员工调薪设置为 6%，依次为圆心，依次向上、向左逐渐增加一个百分点；向下、向右逐渐减少一个百分点。以此为原则，依次逐渐填满矩阵的所有表格，如表 9-7 所示。

表 9-7　　薪酬矩阵 2

	<0.8	0.8~0.9	0.9~1.0	1.0~1.1	1.1~1.2	≥1.2
A			6% +2%			
B			6% +1%			
C	6% +2%	6% +1%	6%	6% -1%	6% -2%	
D			6% -1%			
E			6% -2%			

注意：对于绩效差、薪酬比率高的人，既可以按前面的方法去填入调薪比例，也可以直接把他们的调薪比例设为 0。

（4）核对。

把矩阵 1 和矩阵 2 各个对应的数字相乘，然后汇总测算本次调薪的总金额，最终以不超过 Y 为准。如果实际金额超过预算，那么可以相应地调低第二个矩阵中的比例，例如，按 1% 递减可以调整为按 0.5% 递减；如果金额低于预算，可以相应调高第二个矩阵中的比例，等等。

9.6　基于数字化技术的以人为中心的薪酬管理

9.6.1　薪酬体系变革

在数字经济变革背景下，随着企业用人模式、人才绩效评价的变革，外部人才市场变化幅度增大和频率提高，原薪酬机制无法快速作出反应，企业薪酬体系也要随之变革。

劳动者获得薪酬方式与传统雇佣存在根本性区别，数字经济时代薪酬体系要体现回报与激励及时性、准确性，劳动者获得薪酬的基础不再是工作时间，如计件制、工时制等，而是按照人力资源共享平台发布任务指令创造价值贡献进行付费。员工角色也是不确定，工作任务来自不同企业任务，薪酬来源也是多企业付薪叠加。在此种情况下，企业以战略定位为导向，结合外部市场环境变化，薪酬体系设计理念从以绩效为导向薪酬体系转变为全面、多元线性函数薪酬体系，有利于实现良好组织氛围、更高绩效产出、更有效人才利用、人力资源自我潜能的挖掘以及更加丰富工作场景。

9.6.2　构建数字化薪酬体系

数字经济时代，员工追求自主经营和自主管理，员工从响应客户需求到实现客户需求全过程，通过人力资源共享平台发布任务及分享收益。在职能组模式下，企业赋薪要素由岗位、技能、绩效等构成；而在平台化敏捷组织，企业根据角色定位、技能水平、平台指令、价值贡献、市场对标等形成赋薪要素。具体如下：

（1）角色：团队/员工以实现客户价值过程中角色定位及分工、责任大小进行赋薪。

（2）技能：团队/员工在实现客户价值过程中体现技能和技术水平高低进行相应赋薪。

（3）价值：团队/员工在实现客户价值过程中创造价值大小进行相应赋薪。

结合外部人才市场变化幅度和频率、薪资水平、供需关系等，平台化组织以新赋薪要素作为因变量，通过人才市场供需关系算法，建立全面认可多元线性函数薪酬模式，确定用工收入分配规则，实时计算薪资，以实现组织利益与个人利益一致化，并达到更好的激励效果。

9.6.3 实时计算薪酬

数字经济时代，企业从人工算薪时代跨越到自动化、智能化、实时化算薪时代。过去薪酬系统是人力资源系统的一部分，新一代薪酬管理系统需要深入嵌入公司业务系统，并与客户服务系统紧密集成，运用大数据、云计算、AI 计算等实时、精准计算薪酬。员工薪酬计算周期从月度、季度等缩短到实时付薪，适应灵活多变的市场环境和快速发展的人才市场。

本章小结

1. 员工薪酬是指企业为认可员工的工作与服务，而支付给员工的各种直接的和间接的经济收入。在制订员工薪酬体系时首先要将其与组织战略相结合，同时要遵循公平、合法、经济性原则。

2. 企业一般用两种方法来确定薪酬水平：基于市场的方法以及职位评价法。很多公司，尤其是规模较小的公司，仅使用基于市场的方法来确定薪酬水平。职位评价法要求将价值分配给公司中的每一个职位。这有助于公司制定出一种每个职位的薪酬都是基于其对企业的价值大小决定的公平的薪酬计划。

3. 薪酬管理的制定需要考虑多种因素，其大致可划分为环境因素、企业因素和个人因素，其中，环境因素又可分为国家法规与政策、劳动力市场状况、物价水平和其他企业的薪酬状况；企业因素又分为企业经营战略、企业的发展状况和企业财务状况；个人因素分为员工职位、员工能力和绩效、员工工作年限。

4. 我们说过，建立一个同时确保外部公平、内部公平以及程序公平的市场竞争性，薪酬计划的过程由以下 16 个步骤组成：(1) 选择标杆职位；(2) 选择报酬要素；(3) 确定报酬要素的权重；(4) 将每一要素得到的权重转化为点数；(5) 界定每一种报酬要素的各个等级；(6) 为每一种报酬要素的各个等级确定点数；(7) 审查职位描述和任职资格；(8) 进行职位评价；(9) 绘制当前（或内部）薪酬政策线；(10) 进行市场分析：薪酬调查；(11) 绘制市场（或外部）薪酬政策线；(12) 将职位的当前薪酬水平与市场薪酬水平进行比较并调整；(13) 设计薪酬等级；(14) 确定薪酬区间；(15) 确定剩余的职位的薪酬；(16) 纠正不正常的薪酬水平。

5. 在现在的背景下，传统的员工薪酬体系无法适应快速变化的环境，构建数字化的薪酬体系可以实现自动化、智能化、实时化算薪时代。数字化的薪酬体系会根据角色定位、技能水平、平台指令、价值贡献、市场对标等形成赋薪要素。

思考题

1. 在制订薪酬管理体系时，需要注意哪些要素？
2. 职位评价取决于绩效评价结果吗？为什么？
3. 定义并举例说明如何进行职位评价。
4. 举例说明如何建设薪酬体系。
5. 举例说明如何设计调薪矩阵。
6. 小公司需要制订薪酬计划吗？为什么？

案例分析

德国大众的动态薪酬体系

德国大众是当今世界排名第五的大型跨国汽车工业公司，2015 年在美国《财富》杂志按营业额评选的世界五百强企业中排名第 8 位，总部设在德国沃尔夫斯堡，在我国的一汽大众和上海大众分别占有 49% 的股份。德国大众的动态薪酬体系具有以下特点。

1. 明确提出建立动态薪酬体系的哲学理念。

1994 年，大众汽车公司提出建立德国大众公司人事经营哲学思想，其核心就是"两个成功"，第一个成功是指使每个员工获得成功，达到人与机器、人与事的有机配合；开发岗位，让上岗员工符合岗位的要求；人尽其才，使个人才能得到充分发挥；让员工提出合理化建议，增强主人翁意识，参与管理。第二个成功是指企业的成功，使企业创造出一流的业绩，使企业规模像雪球一样越滚越大。企业要构建动态薪酬体系，以适应经济状况的变动，使企业在市场经济海洋中成为有呼吸的企业。

2. 构建动态薪酬体系。

所谓动态薪酬体系有两层含义：一是根据公司生产经营和发展情况以及其他有关因素的变动情况，对薪酬制度进行及时更新调整和完善；二是根据调动各方面员工积极性的需要，如调动管理人员、科研开发人员和关键岗位员工的积极性的需要，随时调整各种报酬在报酬总额中的比重，适时调整激励对象和激励重点，以增强激励的针对性和效果。

大众公司现行的动态薪酬体系是经过七八年的动态调整，特别是根据两个成功的哲学理念和动态薪酬体系的两层含义，逐步建立起来的，包括基本薪酬、参与性退休金、奖金、时间有价证券、员工持股计划、企业补充养老保险共六项。

(1) 基本报酬。保持相对稳定，体现劳动力的基本价值，保证员工家庭的基础生活。

（2）员工参与性退休金。1996年建立，员工自费缴纳费用，相当于基本报酬的2%，滞后纳税交由基金机构运作，确保增值属于员工自我补充保险。

（3）奖金。1997年建立，一是平均奖金，每个员工都能得到，起保底奖励作用；二是绩效奖金进一步增强激励力度的作用，使员工能分享公司的新增效益和发展成果。

（4）时间有价证券。1998年开始实施。

（5）员工持股计划。1999年制定，体现员工的股东价值。

（6）企业补充养老保险。2001年建立，设立养老基金。企业补充养老保险相当于基本报酬的5%。

3. 实行以岗位工资为主的工资制度。

动态薪酬体系中的基本报酬，部分采取岗位工资制度。

（1）建立职位分析和岗位评价制度。公司内设岗位工种描述委员会，由劳资双方派人员组成，定期开会，随时根据经济情况、立法环境变化对岗位工种的描述做出改进。

（2）建立以职业分析和岗位评价制度为基础的岗位（职务）等级工资制，共分22级。其中蓝领工人的基本报酬是1～14级，白领是1～22级。蓝领最高级的基本工资是最低级的2.34倍，白领最高级的工资是最低级的3.47倍。基本报酬占全部报酬的比重，蓝领占90%。白领占60%～70%，高层管理人员占50%～60%。

（3）根据员工业绩和企业效益建立奖金制度。按照劳资协定，蓝领工人绩效奖金约占工资总额（基本报酬加奖金）的10%；白领占30%～40%；高级管理人员占40%～50%。

（4）提高工资水平，理顺报酬关系。2000年大众公司全总部全体员工年平均工资为4.72万马克，最高工资是最低工资的6.25倍，2000年员工持股人数达到52%，其中，高级管理人员持股占全部员工持股的10%，高级官员平均持股数量是普通员工平均持股数量的4倍，公司占员工收入的20%转化成股权分配，参加这项股权分配计划的员工必须首先参加时间有价证券项目。

4. 动态薪酬的决定机制。

通过劳资协议决定，员工工资不包括高级管理人员的年度工资增长，年度工资增长主要通过劳资协议确定，劳资谈判一方是工会代表，另一方是资方代表。资方代表由中央人力资源部和分厂企业代表担任，公司的增长主要是根据公司效益和通货膨胀率等因素来决定的。

资料来源：徐振斌．德国大众公司的动态薪酬体系［J］．职业，2003（2）：40－42.

第10章 绩效薪酬和经济性奖励

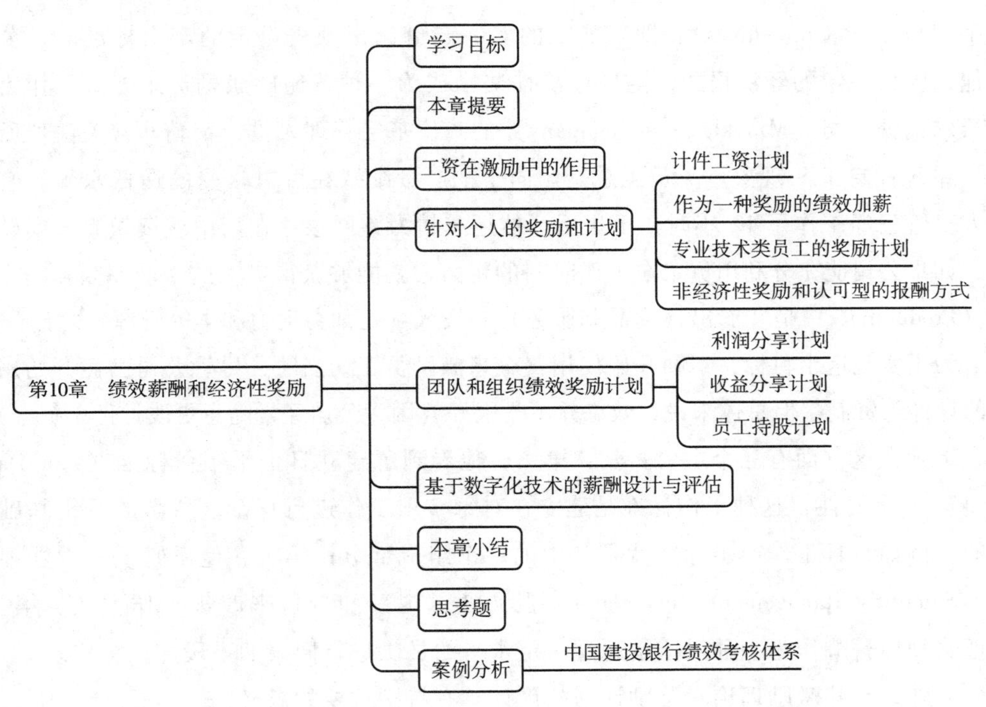

学习目标

1. 理解工资是如何激励员工的。

2. 讨论针对个人和针对团队、组织的奖励方式的区别，灵活运用不同的奖励方式。

3. 思考基于数字化技术的薪酬设计如何运用在实际管理中。

本章提要

本章的目的在于向读者介绍工资的激励作用、奖励方式的不同类型、如何运用这些奖励方式以及介绍目前基于数字化技术的薪酬设计。为了达到激励员工的目的，管理者需要针对不同目标设计不同的奖励方式，如针对个人的奖励计划、针对团队和组织的绩效奖励计划，同时为了更公平、高效地进行薪酬设计，管理者还可以采用数字化技术。本章所要讨论的主要问题是：不同类型的激励方式以及所应用的场景；基于数字化技术的薪酬设计。

10.1 工资在激励中的作用

弗雷德里克·泰勒（Frederick Taylor）在19世纪末就在管理实践中运用了经济性奖励（Financial Incentives），即当员工的实际产量超出预先设定的产出标准时，公司向他们支付一定的经济报酬，随后经济性奖励成为一种普遍的激励员工方式。作为米德沃尔钢铁公司（Midvale Steel Company）的一位基层管理人员，泰勒非常关注他所谓的"系统性怠工"现象——员工总是倾向于把产量维持在可以接受的最低水平。有些工人尽管已经工作了12小时，下班后竟然还有精力跑回家，在家中继续做事。泰勒认为，如果公司能充分利用员工在工作时间的精力，就能够获得极大的生产率收益。生产率（Productivity）是"产出（商品和服务）与投入（比如劳动力和本等资源）之比"。

为了实现这个目标，泰勒开始使用奖金来激励员工。当时，尽管公司已经开始用原始的计件工资制，但总体来说，效果并不是很好（因为公司经常随意更改计件工资率）。

泰勒在这方面有三个主要贡献：第一，他看到了建立日公平工作标准（Fair Day's Work）的重要性，这种工作标准是建立在对每一项工作进行仔细、科学的分析基础之上的，例如，日工作产出标准就是其中的一个组成部分；第二，他掀起了科学管理运动（Scientific Management Movement），强调通过观察和分析来改进工作方法；第三，他把奖励性薪酬作为一种对产量超过一定水平的员工进行回报的手段加以推广。

另外，有些激励理论对奖励计划的设计具有特别重要的意义。

（1）双因素理论。弗雷德里克·赫茨伯格（Frederick Herzberg）认为，进行激励的最好办法就是，通过恰当的工作组织和安排，让员工能够在工作中得到反馈以及感受到挑战，这样的做法能够满足员工对成就和认可等高层次因素的需要。赫茨伯格认为，这些高层次需要是永远无法得到满足的，而所以认可和有挑战性的工作就为员工提供了一种内在的动机。满足员工的低层次需求——例如，提供更高水平的薪酬或更好的工作条件——只会起到防止员工产生不满意的作用。

赫茨伯格认为，满足低层次需要的因素（保健因素）与能够满足或部分满足更高层次需要的因素（激励因素）是不同的。如果保健因素（即工作本身之外的因素，如工作条件、基本薪酬、奖金等）存在不足，员工就会变得不满意。然而，试图通过增加保健因素（如奖金等赫茨伯格认为能够提供"外在激励"的因素）来激励一个人的做法不是一个明智的选择，因为人的低层次需要很快就可以得到满足。紧接着，这位员工不可避免地会说“我希望再次得到加薪”！

赫茨伯格认为，如果管理人员渴望建立能够自我激励的员工队伍，他们就应该重视工作内容或激励因素，而不是依赖保健因素。管理人员可以使员工从事的工作更加丰富、更具有挑战性，或者提供反馈和认可——换言之，让他们在工作中受到更多的内在激励。在组织心理学中，内在动机来源于某人在完成工作或任务的过程中获得的愉悦感。这种动机来自一个人的“内在”，而非如经济性奖励计划等外部事物。

内在激励意味着仅仅是完成工作任务本身就能够让一个人产生动机。此外，赫茨伯格的理论还明确指出，仅仅依靠经济激励是不够的，公司还应该提供大多数人都需要的认可以及富有挑战性的工作。

（2）反激励理论。心理学家爱德华·德西（Edward Desi）主要研究了过度依赖外在激励的潜在不足：这种做法很可能会适得其反。德西发现，外在报酬有时可能会削弱一个人的内在动机。德西的观点是：在针对内在动机很强的员工设计奖励性薪酬时要非常谨慎，以免贬低和削弱他们出于责任感而积极主动地做好工作的意愿。

（3）期望理论。维克多·弗鲁姆（Victor H. Vroom）认为，与动机有关的另一个重要的事实是，如果人们觉得回报不够诱人，或者行动成功的概率很低，那么，他们一般是不会采取行动的。他认为，人们采取某种行动的动机或激励水平取决于三个方面的因素：一个人的期望（Expectancy）（用概率来表示），即他通过努力工作达成绩效的可能性；关联性（Instrumentality），或者说是一个人感知到的绩效和奖励之间存在的联系；效价（Valence），它代表的是一个人对自己所获奖励的价值感知。在弗鲁姆的理论中，激励就是这三个因素的产物：

$$M = E \times I \times V$$

其中，E 代表期望，I 代表关联性，V 代表效价。如果 E 或 I 或 V 是零，或者都很小，那么激励就会没有效果。弗鲁姆的理论对管理人员如何设计奖励方案有三个重要的启示。

第一，如果员工认为他们的努力不能产生效果，就不会受到激励。因此，管理人员必须确保自己的员工拥有做好某种工作的必要技能，并且相信他们能够完成这项工作。管理人员在激励员工的过程中，应该充分认识到培训、职位描述、建立与员工之间的信任和支持关系的重要性。

第二，弗鲁姆的理论表明，员工必须看到自己的努力所产生的关联性——他们必须相信一点：杰出的绩效确实能够使他们获得奖励。例如，管理人员可以通过制订易于理解的奖励计划来做到这一点。

第三，员工获得的奖励对他们来说必须是有价值的。因此，在理想情况下，管理人员应该考虑员工个体的偏好。

（4）强化理论。在采用激励手段时，一般都会假设人们知道大致结果会对行为产生何种影响。管理人员通常通过行为修正方法来运用斯金纳（Skinner）提出的这项原则。行为修正（Behaviormodification）就是根据员工的绩效表现对其进行奖励或惩罚，以改变其行为。对管理人员来说，行为修正的实施归结起来应遵循两大主要原则：第一，那些能够导致积极结果的行为会被鼓励重复出现，而那些容易导致消极结果的行为则会被限制重复出现；第二，管理人员可以通过向一个人提供适当的定期奖励（或惩罚）来改变其行为。

10.2 针对个人的奖励和计划

10.2.1 计件工资计划

计件工资制（Piecework）是一种最古老，同时也是目前仍然得到最广泛运用的奖励计划。工人的劳动报酬是与其生产的产品直接联系在一起的，工人是按自己生产的每一个单位的产品获得报酬的。例如，如果汤姆·史密斯每冲压一个门框能获得0.4美元的报酬，那么他冲压了200个门框的话，就能获得80美元。

制订一项可行的计件工资计划需要借助职位评价以及工业工程学。职位评价使企业能够为目标职位确定小时工资水平。在确定计件工资率时，一个最为关键的问题是生产标准的确定，而这个标准通常是由工业工程师来设计的。工程师以生产每一单位产品所用的标准分钟数或每小时生产的标准单位产品数量等形式对生产标准加以说明。在汤姆的这个例子中，通过职位评价可以发现，他担任的这个门框冲压人员的职位具有的价值是每小时8美元。工业工程学为这一职位确定的标准生产率是每小时冲压20个门框。因此，这个职位的计件工资率（对于冲压的每个门框而言）就是每小时8美元除以20个门框，也就是说每个门框的单价是0.4美元。

在简单计件工资（Straight Piecework）计划中，汤姆·史密斯将会按照他生产的门框数量获得报酬，并且此时没有一个有保障的最低工资。但是，今天的企业必须向它的员工保障一个最低工资水平。在一个能够保障最低工资水平的计件工资计划中，无论有没有冲压18个门框，汤姆·史密斯都会得到每小时7.25美元的工资（最低工资）。同时，如果他生产的门框数量超过了18个，他还会从每一个多出的门框中获得0.40美元的报酬。

计件工资制一般意味着，无论产出水平是多少，产出与报酬之间总是呈一种严格的比例关系。例如，在史密斯的例子中，每冲压一个门框，他都会获得0.4美元的报酬，即使他冲压的门框数已经超出了计划数量（如每天500个），这个单价也不变。

然而，某些类型的计件工资计划则提倡工人与企业共享生产率提高的成果。一种典型的情况是：在这些计件工资制下，当工人的产量超过标准生产数量的要求之后，超出的全部产品得到的报酬是被削减的——例如，当产量超过 400 个单位时，工人只能从超出的每一单位产品中得到 0.35 美元的报酬。而另一些计件工资计划的做法正好相反，一旦工人的产量超过某个临界值，反而会进一步提高工人得到的报酬——例如，如果汤姆每天的产量超过 400 单位，他就能从每件产品中得到 0.45 美元的报酬。

标准工时计划（Standard Hour Plan）与计件工资计划非常相似，只在以下这一点上存在差异：在标准工时计划中，员工不是根据计件工资率来获得工资的；相反，公司会根据员工的实际绩效超出标准的一定百分比，向员工支付相同百分比的奖金。例如，如果汤姆的工作量标准是每天冲压 160 个门框（从而每天挣 64 美元），而汤姆在一天当中冲压了 200 个，那么他就会得到 25%（即 40/160）的额外报酬，换句话说，他在这一天总共能得到 80 美元的报酬。不过，这种方法可能会削弱员工将他们的产出标准（每小时 18 个门框）与薪酬严格挂钩的倾向。这使修订产出标准变得更加容易。

计件工资计划有许多优点。这种工资计划计算方法简单且很容易被员工理解。计件工资计划体现了平等的原则，同时由于将报酬与绩效直接挂钩，因此也具有很高的激励价值。

但是，计件工资制也存在一些缺点。其主要的缺点是这种工资计划的名声很糟糕，这是因为一些企业每当发现工人得到“过多”的工资之后，就总是会随意提高生产标准。计件工资计划还有一个更隐秘的缺点，就是由于计件工资率是以每一件产品为基础计算的，因此在工人的心目中，生产标准（表现为每小时生产的件数）就变得与他们挣到的钱不可分割地联系在了一起。

因此，计件工资制存在造成工资刚性的风险。当企业试图修改生产标准时，员工就会予以抵制。员工会完全专注于自己需要生产出来的产品数量，减少对质量的关注，同时可能不愿意从一个职位调动到另一个职位（因为那样会导致他们的生产率下降）。企业引入革新过程的努力更容易失败，因为这种革新需要企业重新调整生产标准。此外，由于员工会想尽一切办法达到机器生产的产出最大化，企业的设备维护水平也会下降。

由于种种原因，越来越多的公司已经转向采用其他奖励计划。我们将在接下来的内容中讨论这些计划。

10.2.2 作为一种奖励的绩效加薪

绩效加薪（Merit Pay or Merit Raise）是指公司根据员工个人的绩效水平高低为其提供的基本薪酬上涨。绩效加薪与奖金的不同之处在于，绩效加薪在提供之后通常成为基本薪酬的一个组成部分，而奖金则往往是一次性发放的。尽管绩效加薪这一概念可以指公司提供给任何类型员工的奖励性加薪，但是这一概念更经常被用于专业技术类员工、办公室职员以及一些行政事务类员工。

绩效加薪成为很多争议的主题。绩效加薪计划的支持者认为，如果企业为员工普遍提供加薪（而不考虑员工的个人绩效），那么，这种做法实际上会导致绩效的下降，因为它实际上是在告诉员工：他们的报酬与他们的绩效表现无关。

而绩效加薪计划的反对者也列出了一些有说服力的理由来说明，为什么这种计划反而会产生适得其反的结果。最明显的一点是，如果绩效评价本身就是不公平的，那么基于绩效评价结果提供的绩效加薪也就必然是不公平的。

当绩效加薪不起作用时，解决问题的办法当然不是摒弃这种做法，而是应当对它进行改进。首先要建立更为有效的绩效评价程序，并确保管理人员确实能够做到把绩效加薪和员工的工作绩效挂钩。

绩效加薪计划的有效性还取决于是否对员工进行了有效区分。在一项调查中，薪酬最高的办公室职员得到了大约13%的短期奖金，而薪酬最低的职员仅得到了3%的奖金，薪酬本来处于中等水平的职员得到的奖金大约为8%。

很多企业正在尝试使用众包的方式来发放奖金。例如，一家位于旧金山的小公司要求它的每位员工将1 200股股票期权在自己的同事之间进行分配（无论他们如何作出选择）。这种允许每一位员工对彼此的绩效进行“投票”的做法，有助于找出那些本来属于团队中非常有价值的贡献者，但是却没有被管理者注意到的员工。

另一种绩效加薪方式是以一次性奖金的方式将绩效加薪的钱发给员工，并且这部分绩效加薪不会成为员工固定薪酬的一个组成部分（这实际上变成了一种针对较低级别员工的短期奖金）。传统意义上的绩效加薪是具有累积性的，而这种通过一次性奖金形式提供的绩效加薪却并非如此。这种一次性奖金形式的绩效加薪会带来两个方面的潜在好处。首先，绩效加薪的部分不会计入员工的固定薪酬之中，因此不需要年复一年地支付这笔钱。其次，与传统的绩效加薪相比，这种一次性奖励的绩效加薪还能够起到更大的激励作用。举个例子来说，对于一位年薪3万美元的员工一次性地奖励5%的现金，就是1 500美元，而不是在52周的时间里每周增加29美元的薪酬。

10.2.3 专业技术类员工的奖励计划

专业技术类员工是指那些运用自己掌握的知识来帮助公司解决问题的员工，如律师和工程师。制订专业技术类员工的奖励计划是一项具有挑战性的任务。首先，公司支付给专业技术类员工的报酬通常比较高；其次，他们已经受到了足够的激励——因为他们渴望取得出类拔萃的工作成果。

然而，假定像谷歌公司的工程师等专业技术类员工只是追求专业上的满足感，显然是不符合现实的。因此，没有多少公司是不努力对专业技术类员工提供竞争性奖励的。例如，有报道说，谷歌公司向那些负责重要项目的工程师提供了很高水平的薪金。而那些更看重从承担更加具有理论性的长期项目中可以获得内在激励的工程师，则会在他们的研究取得成果之后得到报酬。正如硅谷的大多数公司一样，谷歌公司的专业技术类员工还会享受到可能会使他们成为百万富翁的股票期权。

双重职业发展阶梯（Dual - Career Ladder）是对专业技术类员工的薪酬进行管理的另一种方法。在很多企业，员工要想获得更多的薪资和奖金，就必须改变自己的职业发展方向，如从工程师变成管理人员。但是，并不是所有的专业技术类员工都愿意成为管理人员。因此，很多企业制定了双重职业发展阶梯，如一条职业发展阶梯针对管理人员设计，而另一条发展阶梯则专为工程师设计。后一条职业发展阶梯为专业技术类员工提供了在不需要转变成管理人员的情况下就能运用高级专业技能获得更高收入的前景。

10.2.4　非经济性奖励和认可型的报酬方式

企业经常会用各种非经济性奖励和基于认可的报酬来对经济性奖励加以补充。认可计划就是非经济性奖励计划的一种。认可计划这一概念通常是指一些正式的计划，如“月度明星员工”计划。社会认可计划一般是指管理人员与员工之间的非正式交流，例如，管理人员的表扬、赞美以及对员工出色工作表现的欣赏等。绩效反馈则是提供与工作绩效有关的定量或定性信息，以帮助员工改善或保持绩效水平；向员工展示他们的工作绩效发展趋势图就是这方面的一个例子。

10.3　团队和组织绩效奖励计划

10.3.1　利润分享计划

利润分享计划只对代表企业绩效的某种指标（通常是利润指标）进行衡量，并以衡量的结果为依据来对员工支付薪酬，这是由美国俄亥俄林肯企业最早创立的一种可变薪酬形式，在该公司的分享计划中，每年都依据对员工绩效的评价来分配年度总利润（扣除税金、6%的股东收益和资本公积金）。

利润分享计划有两个潜在的优势：一是将员工的薪酬和企业的绩效联系在一起，因此可以促使员工从企业的角度去思考问题，增强了员工的责任感；二是利润分享计划所支付的报酬不计入基本薪酬，这样有助于灵活地调整薪酬水平，在经营良好时支付较高的薪酬，在经营困难时支付较低的薪酬。

利润分享计划一般有三种实现形式：一是现金现付制，就是以现金的形式及时兑现员工应得到的分享利润；二是递延滚存制，就是指利润中应发给员工的部分不立即发放，而是转入员工的账户，留待将来支付，这种形式通常是与企业的养老金计划结合在一起的，有些企业为了减少员工的流动率，还规定如果员工的服务期限没有达到规定的年限，将无权得到或全部得到这部分薪酬；三是混合制，就是前两种形式的结合。

10.3.2 收益分享计划

收益分享计划是企业提供的一种员工与员工分享因生产率提高、成本节约和质量提高等而带来的收益的绩效奖励模式。在通常情况下，员工按照一个事先设计好的收益分享公式，根据本人所属部门的总体绩效改善状况获得奖金。常见的收益分享计划有斯坎伦计划（Scanlon Plan）与拉克计划（Rucker Plan）。

（1）斯坎伦计划。斯坎伦计划最早是在20世纪20年代中期，由美国俄亥俄州一个钢铁工厂的工会领袖约瑟夫·斯坎伦（Joseph Scanlon）提出的一种劳资合作计划，就是以成本节约的一定比例来给员工发放奖金。它的操作步骤是，第一步，确定收益增加的来源，通常用劳动成本的节约表示生产率的提高，用次品率降低表示产品质量的提高和生产材料等成本的节约。将上述各种来源的收益增加额加总，得出收益增加总额。第二步，提留和弥补上期亏空。收益增加总额一般不全部进行分配，如果上期存在透支的话，就要弥补亏空，还要提留一定比例的储备，得出收益增加净值。第三步，确定员工分享收益增加净值的比重，并根据这一比重计算出员工可以分配的总额。第四步，用可以分配的总额除以工资总额，得出分配的单价，员工的工资乘以这一单价，就可以得出该员工分享的收益增加数额。

（2）拉克计划。拉克计划在原理上与斯坎伦计划类似，但是计算的方式要复杂许多。他的基本假设是，员工的工资总额保持在一个固定的水平上，然后根据公司过去几年的记录，以其中工资总额占生产价值（或净产值）的比例作为标准比例，确定奖金的数额。具体的计算方法是：计算每单位工资占生产价值的比例，例如，每生产1元的产品消耗的物资成本是0.6元，价值增值为0.4元，其中劳动成本为0.2元，那么，劳动成本在增值部分的比重就是50%，这也表示员工对价值增值的贡献率。

同时还需要引入预期生产价值的概念，它等于经济生产力指数与劳动成本的乘积，其中，经济生产力指数是劳动成本在价值增值中所占比重的倒数，在上例中如果实际生产价值超过了预期生产价值则说明出现了节约，我们假设实际生产价值为300万元，预期生产价值为 280 万元，那么节约额就为 20 万元，由于员工对价值增值的贡献率为 50%，因此可以分享的增值总额为 10 万元，在实际分配时，同样要按一定的比例进行提留，扣除提留以后的才是实际可以分配的净值，如提留的比例为 20%，那么员工可以分配的净值就是 8 万元。

10.3.3　员工持股计划

员工持股计划是在股份公司繁荣发展的今天，对员工的激励衍生出的新形式，就是让员工部分拥有公司的股票或者股权，虽然这种形式是针对员工个人来实现的，但是由于他和公司的整体绩效是紧密联系在一起的，因此，我们还是将它归入团队和组织绩效奖励计划中。另外，前面讲的都是短期可以兑现的，而员工持股计划是长期激励计划的一种主要形式，长期激励计划关注的是超过一年的绩效，目前常见的员工持股计划主要有三类：现股计划、期股计划和期权计划。

现股计划就是指公司通过奖励的方式向员工直接赠予公司股票，或者参照股票当前的市场价格向员工出售公司股票，使员工立即获得现实的股权。这种计划一般规定，员工在一定时间内不能出售所持有的股票，这样股票价格的变化就会影响员工的收益，通过这种方式可以促使员工更加关心企业的整体绩效和长远发展。

期股计划则是指公司和员工约定，在未来某一时期，员工以一定的价格购买一定数量的公司股票，购买价格一般参照股票的当前价格确定。这样，如果未来股票价格上涨，则员工按照约定的价格买入股票就可以获得收益，如果未来股票价格下跌，则员工就会有损失。

期权计划与期股计划比较类似，不同之处在于公司给予员工在未来某一时期以一定价格购买一定数量公司股票的权利，但是到期前员工既可以行使这项权利，也可以放弃这项权利，购股价格一般也要参照股票当前的价格确定。

10.4　基于数字化技术的薪酬设计与评估

在薪资设计上，全面的数据和精巧的算法可以帮助组织实现灵活、动态的设计，并寻求薪资设计的“最优解”。在这一方面，组织主要通过数字化技术实现了自动化的薪资过程、合理的薪资设计以及有效的薪资沟通 3 个方面的功能，并使管理者更加便利地获取内外部与薪资相关的关键信息，同时通过各类薪资管理工具使与薪资相关的信息无时无刻地在管理者和员工之间传递，精简了组织内部的薪资决策流程。例如，谷歌开发了自己的预测算法，通过及时、灵活地调整员工的薪资水平来避免人才流失。

根据《金融时报》的报道，英国的大型银行纷纷建立多水平计算模型来捕捉薪资水平的跨区域变异，从而在不同的地区吸引和保留员工。

值得注意的是，数字化技术还被认为能有效促进薪资和奖惩系统的公平性：通过系统的信息搜集与高效的计算，它能为员工制订与其贡献相匹配的薪资水平，促进薪资政策的个体公平（Individual Equity）；通过组织层面的工作分析和评估，它能优化薪资报酬在不同工种之间的分配，促进组织的内部公平（Internal Equity）；通过搜寻和加工外部市场的薪资信息，它能使员工薪资与外部劳动市场的价格相匹配，促进外部公平（External Equity）。

诚然，数字化技术是减少组织薪资管理成本、提升奖惩系统有效性的有力工具，但是它过于重视经济成本，忽视员工在激励过程中多样的价值观和偏好，导致了奖惩决策的“自动化”和“去人性化”。2019 年 4 月，亚马逊被曝利用 AI 监控仓库工人的工作效率并自动解除巴尔的摩工厂内 300 余名未达到生产率指标的员工，且据公开资料估计，该工厂每年被 AI 解雇员工的数量超过了员工总数的 10%。亚马逊这一利用算法自动解雇低效率仓库工人的事件在国内外轰动一时，引起热议，甚至被批为“AI 执行的泰罗制”。由此看来，数字化的奖惩决策既是“铁面无私”，又是“冷血无情”，此时员工面临着更加去人性化的奖惩政策环境。值得注意的是，这类自动化的、基于客观大数据的奖惩决策也许并不能如泰罗制一样提升组织效能。有学者认为，数字化技术使人力资源管理实践变得更加交易导向而非关系导向，然而当这些实践的去人性化程度升高时，人力资源管理的效能甚至组织的整体效能更有可能随之降低。

本章小结

1. 在设计有效的经济性奖励计划时，理解金钱与激励之间的关系是非常重要的。

• 弗雷德里克·赫茨伯格认为，激励员工的最佳方式是使工作能够提供反馈和富有挑战性，从而帮助员工满足高层次的需求。

• 爱德华·德西发现，外在报酬可能会削弱人的内在工作动机。

• 维克多·弗鲁姆的期望理论认为，一个人受到的激励取决于期望、关联性和效价。

• 心理学家斯金纳的强化理论意味着，根据绩效水平的高低对一个人进行奖赏或惩罚，从而改变这个人的行为。

2. 一些奖励计划是针对员工个人的激励和认可计划。计件工资制是指根据员工生产的单位数量支付报酬的计划。绩效加薪是指根据员工个人的绩效水平来提高员工的基本薪酬。非经济性报酬以及认可型报酬正变得越来越重要，这些报酬形式包括员工认可、礼品券以及个人旅游。很多公司都在运用企业奖励管理系统来实现奖励计划的规划、分析及管理的自动化。

3. 随着越来越多的公司都在组织团队工作，针对团队和整个组织的奖励计划变得更加重要。在团队奖励计划中，一个主要的问题在于，到底是应当根据个人绩效还是团队绩效来对团队成员实行奖励。这两种做法各有其优缺点。针对整个组织的奖励计划是指所有员工或大部分员工都能够参与的奖励计划，其中包括利润分享计划、收益分享计划。收益分享计划中包括斯坎伦计划和拉克计划，能够使员工通过共同努力达成生产率目标并且分享收益。员工持股计划是一项整个公司范围内的计划，公司会把自己的股份投入一个信托机构之中，这个机构代表员工来购买公司的股票。

4. 在薪资设计上，数字化技术可以帮助组织实现灵活、动态的设计，并寻求薪资设计的“最优解”，还被认为能有效促进薪资和奖惩系统的公平性，但是我们需要注意避免数字化技术带来的“自动化”和“去人性化”。

思考题

1. 请调研三个不同行业相同岗位的工资水平，并分析其原因。

2. 请比较分析本章中提到的各类经济奖励计划。

3. 请举例说明奖励计划失效的五种原因。

4. 假设你正在面试一家公司的职位，并且正处在薪资谈判的阶段，在奖金方面你将向雇主提出什么样的问题？你将采取什么样的策略来为自己争取更高的薪资？

5. 请举例说明你在什么情况下会采取团队和组织的绩效奖励计划，什么时候采取个人奖励计划。

案例分析

中国建设银行绩效考核体系

中国建设银行绩效考核体系紧密围绕全行转型发展要求，选择关键驱动因素和经营要素，细化分解全行战略目标，促使考核主体的行为与组织战略实现更加契合，并依据平衡计分法原理，平衡规模与增长考核、财务与非财务考核、短期与长期考核、结果与过程考核、经营成果与基础能力考核。在长期考核实践中，逐步构建起全行统一的，覆盖总行业务部门、一级分行、境外分行和子公司的企业级绩效考核管理体系。

建设银行绩效考核体系核心是境内一级分行绩效考核。主要由三部分构成：等级行评定办法，用以评价分行整体累计经营状态，作为确定一级分行领导人员基准薪酬和财务授权权限的主要依据；KPI 考核办法，用以评价分行年度经营业绩，作为确定一级分行领导人员绩效薪酬浮动比例的主要依据；经济增加值绩效薪酬挂钩办法突出以效益为核心的绩效薪酬分配机制，经济增加值同时也是等级行评定办法的一项重要指标，作为衡量分行年度实际财务业绩、挂钩配置各一级分行绩效薪酬总量的主要依据。三个办法相互呼应，有机结合，形成了以效益为核心，等级行和KPI双螺旋平衡规模与增长，转型发展、竞争能力、风险内控和长期可持续发展能力构架清晰、导向明确的绩效考核体系。

等级行评定办法立足于“比大小”，目标是建立符合建行发展战略要求的内部分支机构等级体系，为内部管理和激励提供客观衡量标准。目前等级行评定办法的考核指标包括集团全量资金规模、有效客户数量、综合竞争地位、经济增加值和风险管理水平五项指标，用以评价一级分行的整体累计经营状态。等级行评定办法对客观反映各一级分行经营管理的实际状况、促进一级分行加强经营管理及推动战略转型等方面起到了积极作用。

KPI考核办法立足于“比快慢”，目标是落实分行的经营管理责任，增强全行完成年度经营目标的约束力。目前的KPI办法的考核指标包括转型规划推进、综合竞争地位、集团全量资金增长、有效客户增长、产品覆盖度、移动金融交易量占比、风险管理水平和内控合规评价八项主指标，以及产品创新、消费者权益保护和重点城市行发展三项加分指标，用以评价一级分行的年度经营业绩。KPI考核办法为有效落实全行发展战略、实现年度经营目标发挥重要功效。

经济增加值绩效薪酬挂钩办法立足于“比贡献”，目标是建立科学高效的绩效薪酬分配机制，激励分行更多地创造价值。目前EVA绩效薪酬挂钩办法将经济增加值作为全行绩效薪酬分配的主要指标，突出价值创造导向，确立了EVA在业绩评价与绩效薪酬分配中的核心地位，对引导全行提升价值创造能力发挥了不可替代的作用。

建设银行一级分行绩效考核体系注重引导全行落实转型发展要求，全面提升风险防控能力，夯实发展基础，加快推进综合性、多功能、集约化、创新银行和智慧银行的建设，同时兼顾外部监管对银行业金融机构绩效考核的相关要求，较好地发挥了绩效考核管理工具的重要指导作用。在2016年，根据全行转型发展要求，结合宏观经济发展新常态特征，以及外部监管政策，建行绩效考核办法的制定突出以下导向：

一是引导分行推进落实转型发展规划。伴随宏观经济发展新常态，以及利率市场化改革不断推进，传统商业银行发展格局面临巨大挑战，为促进全行适应经营环境变化，努力探索新的商业机会和新的业务模式，建设银行在“十三五”规划期间提出全行转型发展规划，明确了“综合性、多功能、集约化、创新银行和智慧银行”的五个转型方向和“大资产大负债、批发业务、零售业务、电子银行、资产管理、母子公司联动和境内外联动”的七个转型重点，为此2016年建行绩效考核办法高度契合转型发展规划，打破传统单纯的存款考核，设置集团全量资金指标；抢占互联网+先机，考核移动金融渠道，突出重点转型产品考核，强调产品创新和城市经济圈发展战略。

二是满足监管要求严控风险确保合规。根据银监会《银行业金融机构绩效考评监管指引》要求，商业银行绩效考评办法中风险合规类指标权重不得低于40%，应明显高于其他类型指标。建行分行绩效考核办法中风险管理和内控合规指标权重合计达到41%，满足外部监管要求。同时，为应对资产质量压力不断提升的局面，加强了对新暴露不良贷款和资本的考核要求，并严肃案件防控，执行一票否决的考核政策。

三是承担大行责任支持实体经济发展。建行作为国有大型商业银行，在国家宏观经济发展处于相对困难的时期，根据党中央和国务院有关精神，一方面做好“降本增效”促进银行自身发展，另一方面承担大行社会责任，支持实体经济发展。在2016年绩效考核方面，主要体现在，首先考核海外重大项目营销，配合国家“一带一路”发展战略，在新的经济模式下寻找新的增长点。其次考核小微企业“三个不低于”，配合国家“大众创业，万众创新”发展战略，大力支持小微企业发展，在一定程度上缓解小企业“融资难、融资贵”的社会问题，在支持实体经济中寻找新的商机。再次考核“绿色信贷”和“消费者权益保护”，按照外部监管要求，承担大行相应的社会责任。

资料来源：许涛．引领转型发展，共促价值提升——中国建设银行绩效考核体系简介［J］．金融会计，2016（12）：37－39.

第 11 章　福利与服务

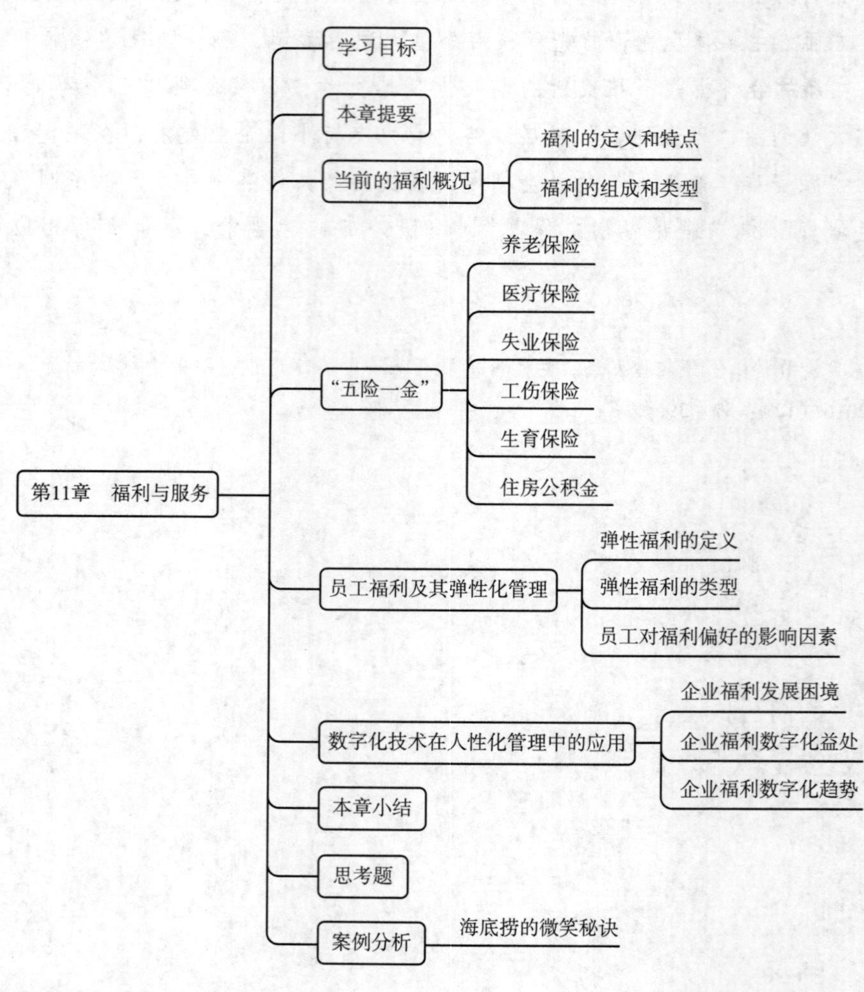

学习目标

1. 了解福利发展概况及目前的福利组成和类型。
2. 熟悉我国的“五险一金”政策及应用。
3. 解释几种主要的弹性福利计划。
4. 探讨数字化技术在人性化管理中的应用。

本章提要

我们已经讨论了薪酬计划的三个组成部分中的两个——薪资（或工资）及激励性薪酬。本章的主要目的是对第三个组成部分——员工福利进行讨论。我们将要讨论的主题包括当前的福利概况、我国的“五险一金”、公司选择的弹性福利计划、数字化技术在人性化管理中的应用等。

11.1 当前的福利概况

11.1.1 福利的定义和特点

福利是指企业为实现战略目标，依据国家相关法律规定以及组织自身情况，向员工提供的用以提高其本人和家庭生活质量的各种以非货币工资和延期支付形式为主的补充性报酬与服务的总称。在劳动经济学中，福利又被称为小额优惠，是组织为提高员工的满意度，向员工及其家属提供的旨在提高其生活质量的措施和活动的总称。

与直接薪酬相比，福利具有几个重要的特点：

（1）实物或延期支付的形式。直接薪酬往往采取货币支付和现期支付的方式；而福利多采取实物支付或延期支付的方式。

（2）固定性。直接薪酬具备一定的可变性，与员工个人直接相连；而福利则具有准固定成本的性质，员工不会因为工作绩效的好坏而在福利的享受上存在差异。

（3）均等性。即履行了劳动义务的本企业员工均有享受各种企业福利的平等权利。它在一定程度上起着平衡劳动者收入差距的作用。

（4）集体性。企业采用集中购买集体分发的形式提供福利产品，供员工集体消费或共同使用公共物品。

（5）潜在性。基本工资、绩效工资以及奖金是员工能拿到手中的货币工资，而福利则是员工所消费或享受到的物质或服务。所以员工可能不能准确估计企业提供的福利的成本。

（6）延后性。福利中的大多数项目是免税的或者税收是延迟的。这在无形中减少了企业的开支，使企业能够把更多的资金花在对企业、对员工有益的事情上。

11.1.2 福利的组成和类型

福利管理的目的在于提高员工满意度，其形式和内容纷繁多样，可以简单分为两大类：法定福利和企业福利。法定福利包括“五险一金”及法定休假。企业福利又分为经济性福利和非经济性福利两大类，如表 11 - 1 所示。

表 11 - 1 福利类型

法定福利		养老保险
		医疗保险
		失业保险
		工伤保险
		生育保险
		住房公积金
		法定休假
企业福利（非法定福利）	经济性福利	补充保险计划
		额外及超时酬金
		住房性福利
		交通性福利
		饮食性福利
		文体旅游福利
		教育培训福利
		医疗保健、意外补偿福利
		金融性福利
		特种福利
		其他生活福利
	非经济性福利	咨询性服务
		保护性服务
		工作环境保障
		文体娱乐性服务

11.2 “五险一金”

“五险一金”是国家法定员工享有的福利待遇。具体而言，“五险”是指养老保险、医疗保险、失业保险、工伤保险和生育保险。“一金”是指住房公积金。

11.2.1　养老保险

法定规定的养老保险又称老年社会保障，是社会保障系统中的一项重要制度。它是针对退出劳动领域或无劳动能力的老年人实行的社会保护和社会救助措施。世界上大多数国家实行的是投保自助型的养老保险模式，这是一种由社会共同负担、社会共享的保险模式，我国于 1997 年发布的《国务院关于建立统一的企业职工基本养老保险制度的决定》规定，在我国的大部分地区实施社会统筹和个人账户相结合的养老保险制度。2005 年又颁布了《国务院关于完善企业职工基本养老保险制度的决定》，规定个人账户的规模为本人缴费工资的 8%，单位缴费进入社会统筹账户。

11.2.2　医疗保险

医疗社会保险是指由国家立法，通过强制性社会保险原则和方法筹集医疗资金，保证人们平等地获得适当的医疗服务的一种制度。1993 年，党的十四届三中全会决议明确指出，要建立社会统筹和个人账户相结合的新型职工医疗保险制度。1998 年颁布的《国务院关于建立城镇职工基本医疗保险制度的决定》规定，城镇所有用人单位都要参加基本医疗保险。基本医疗保险费用由用人单位和职工共同缴纳。用人单位缴费率应控制在职工工资总额的 6% 左右，其中 30% 进入个人账户；职工缴费率一般为本人工资收入的 2%。

11.2.3　失业保险

失业保险是为遭遇失业风险、收入暂时中断的失业者设置的一道安全网。它的覆盖范围包括社会经济活动中的所有劳动者。我国于 1999 年 1 月 20 日颁布的《失业保险条例》规定，失业保险基金由下列各项构成：企事业单位按本单位工资总额的 2% 缴纳的失业保险费；职工按本人工资的 1% 缴纳的失业保险费；政府提供的财政补贴；失业保险基金的利息；依法纳入失业保险基金的其他资金。2010 年对《失业保险条例》的部分规定进行了修订，新规定从 2011 年开始实施。

11.2.4　工伤保险

工伤保险是针对那些最容易发生工伤事故和职业病的工作人群的一种特殊社会保险。我国在 1996 年颁布的《企业职工工伤保险试行办法》规定，工伤保险费完全由组织负担，按照本组织职工工资总额的一定比例缴纳，职工个人不缴纳工伤保险。我国采取了与国际接轨的做法，对于工伤保险不实行统一的费率，而是根据各行业的伤亡事故风险和职业危害程度类别，实行不同的费率。

11.2.5 生育保险

1994 年 12 月 1 日，原国家劳动部颁发了《组织职工生育保险试行办法》，对生育保险制度提出了原则性的意见。这份文件基本上肯定和采纳了生育费用由社会统筹的模式，提出由组织按其工资总额的一定比例向社会保险经办机构缴纳生育保险费，建立生育保险基金。生育保险费由当地人民政府根据实际情况确定，但最高不超过工资总额的 1%。组织缴纳的生育保险费列入组织管理费用，职工个人不缴纳生育保险费。女职工生育期间的检查费、接生费、手术费、住院费和医疗费，都由生育保险基金支付，超出规定的医疗服务费和药费由职工个人负担。产假期间按照本组织上年度职工月平均工资发津贴，由生育保险基金支付。

11.2.6 住房公积金

国务院于 1999 年 4 月颁布了《住房公积金管理条例》，并于 2002 年 3 月对该条例进行了相应的修改。住房公积金是指单位及其在职员工缴存的长期住房储金，包括员工个人缴存的住房公积金和员工所在单位为其缴存的住房公积金，它属于员工个人所有。我国住房公积金设有专门的机构进行管理，并且实行专款专用。《住房公积金管理条例》第十八条规定，职工和单位住房公积金的缴存比例不得低于职工上一年度月平均工资的 5%；有条件的城市，可以适当提高缴存比例。

11.3 员工福利及其弹性化管理

11.3.1 弹性福利的定义

弹性福利制度起源于 20 世纪 70 年代的美国，经过 80 年代和 90 年代的蓬勃发展，至今已经得到了非常广泛的运用。弹性福利计划，又称“自助餐式计划”，就是指在固定的福利费用预算内，由员工自行选择福利项目的福利计划。通常由企业提供一份列有各种福利项目的菜单，员工可以根据自己的需求自由选择。弹性福利计划的本质就是在固定的福利费用预算内，企业针对不同员工的需求和偏好，设计和实施多样化的福利项目以供员工选择，使每个员工的福利需求得到最大满足。传统的福利制度没有充分考虑到员工福利需求的层次性、多样性和动态变化性，无法满足员工的个性化需要，从而导致福利的激励功能逐渐弱化。因此，需要层次理论揭示传统福利计划缺陷产生的根源，以及弹性福利计划产生的必然。

如果把传统福利比作计划经济，那么弹性福利就是市场经济。传统福利往往是"企业提供什么员工要什么"，而弹性福利则是在一定的成本预算内，"员工要什么企业就提供什么"。弹性福利计划相对于传统福利计划而言，具有以下两个方面的优势：一是能够有效地控制福利成本；二是可以增加员工的福利满意度，从而激励员工更加努力地工作，达到组织期望的目标。

11.3.2 弹性福利的类型

（1）核心+选择型。核心福利是每个员工都可以享有的基本福利，员工不能自由选择；选择福利则包括可以自由选择的项目，并附有价格，每个员工都有一个福利限额，如果福利总值超过了所拥有的限额，差额就要折为现金由员工支付。福利限额一般是未实施弹性福利前员工所享有的福利水平。

（2）附加型。员工根据自己分配到的限额去认购所需要的额外福利。有些企业甚至还规定，员工如果未用完自己的限额，余额可折发现金，但要和其他所得合并，而且还要缴纳所得税。此外，如果员工购买的额外福利超过了限额，也可以从自己的税前工资中抵扣。

（3）套餐型。福利套餐型是指由企业同时推出不同的福利组合，每一个组合所包含的福利项目或优惠水平都不一样，员工只能选择其中的一个。

（4）弹性支用账户。员工每一年可从其税前总收入中拨取一定数额的款项作为自己的"支用账户"，并以此账户去选择购买企业所提供的各种福利项目。支用账户的金额无须扣缴所得税，不过账户中的金额如未能在年度内用完，余额就归公司所有；既不可在下一个年度中使用，也不能够以现金的形式发放。

（5）选高择低型。如果员工选择比原有固定福利价值高的福利组合，那么他就需要用薪水来支付其间的差价。如果员工挑选了价值低于原有固定福利的福利组合，他就可以要求雇主发放其间的差额，但是必须对所得差额纳税。

11.3.3 员工对福利偏好的影响因素

个体的差异（如性别、年龄、教育程度、婚姻状况、收入水平、"大五"人格等）会影响不同员工对企业所提供福利项目的偏好。员工以往经历的特殊的雇佣关系会影响他们对福利的偏好，以往使用过弹性工作时间和弹性工作地点的员工会更加偏好这类弹性工作福利。对于之前没有使用过弹性工作福利的员工而言，他们较难准确地估计使用这类福利给自己带来的收益，同时担心使用这类福利会给自身带来不利的后果，如职业发展停滞、收入减少、职业形象受损等，因此他们往往不愿意使用企业提供的这些福利。除人口学变量外，福利项目本身的特征也会影响员工的福利偏好，例如，员工对养老金计划特征（投资选择权、可携带性、幸存者收益、担保公式以及收益的确定方式）的偏好会显著影响员工的选择行为。

11.4 数字化技术在人性化管理中的应用

11.4.1 企业福利发展困境

(1) 模式固化，难以满足员工需求。

企业福利模式仍以传统福利模式为主，模式固化缺乏灵活性，员工在其中仅扮演“接受者”的角色，即企业提供什么福利，员工接受什么福利，不具备自主选择权。在此环境下，员工无法参与到企业福利挑选工作中，缺少参与感。

此外，由于层级不同、性别不同、年龄不同、生活方式及环境不同，员工在福利选择方面也多有差异。《2018 中国企业弹性福利行业洞察报告》显示，“60 后”“70 后”更希望以家庭实用类物品作为福利，“80 后”“90 后”则更偏向于娱乐时尚类、游玩类项目。由此可见，差异化福利主流趋势日渐明显，单一的企业福利模式难以满足全体员工的需求，易导致员工对企业福利的满意度降低而无法达到员工激励及员工保留的效果。

(2) 成本高，福利预算有限。

相关研究报告结果显示，相较于 2017 年，2018 年福利预算占薪资 10% 以上的企业比例提升 13.4%，而低于 5% 的企业比例下降近 10%。由此可见，企业福利成本处于逐年上升的态势。“福利成本高，员工满意度低”是当前企业福利发展过程中管理者最为头疼的问题。如何在有限的福利预算中，实现福利与员工需求的最大化对接，力求达到成本降低、激励提升的效果，是企业福利成本管理面临的主要挑战。

同时，在成本控制的情况下，企业福利成本的提升，必然导致企业其他工作成本的压缩，从而对企业的发展造成不利影响。当前企业福利仍以“采购——统一发放”的形式为主，除采购成本外，人工发放福利仍是当前企业的主要选择，而人工发放福利的形式对于企业人力、时间、财力又会造成一定损耗，使企业综合成本上升。

（3）HR 处理，费时费力。

企业福利一般都交由企业人力资源管理部门负责，仅节日福利物品采购这一项，就需要企业 HR 与管理者、采购商、物流等部门和机构进行“节日福利选择——采购供应商选择——福利产品数量确定——价格谈判——确定发货时间、地址——处理员工售后问题”等多项工作的对接，耗费大量时间且工作繁琐程度较高。

此外，当企业 HR 消耗大量精力为员工选择福利、发放福利，但所选福利无法得到员工认可，甚至出现消极评论时，企业 HR 也会受到负面影响，降低其工作积极性。

11.4.2　企业福利数字化益处

（1）满足个性化需求，真正实现员工激励。

数字化时代，人们的需求已不再拘泥于传统的节日食品等福利，而是变得多元化、个性化，福利形式已在悄然转变。当前，弹性福利被越来越多的企业认可和应用，与时代技术对接所进化形成的数字化员工福利创新应用日益凸显。

通过构建数字化福利场景，从电商购物、餐饮美食、交通出行到健康保障、休闲娱乐、教育培训等，多角度整合覆盖员工生活、工作、学习中的各类需求资源，构建数字生态满足员工的个性化需求，从而提升员工满意度，优化员工体验，助力企业福利真正对员工形成激励，着力达到人才吸引与保留的效果。

（2）节省企业成本，实现成本效用最大化。

通过数字化企业福利模式，打造或引入数字化福利平台，从多方面、多角度降低企业成本，以实现福利价值的最大化，着力打造福利成本支出与员工获益的“负向关系”，即企业成本支出低，员工对于企业福利的感知力与满意度高。

通过数字化福利场景，直接对接网络供应商，福利商品供应商为实现持续合作，在商品价格、质量及售后等方面均会提供较好的服务，从商品价格及后续服务方面降低企业购买、管理成本。同时，福利平台多为整合型平台，整合多类型福利资源，供应渠道可控，降低企业的选择成本。此外，福利平台较多采用积分兑换的形式，企业依据员工表现及规章制度为员工发放积分，员工便可在平台中选择合适的商品福利，协助企业合理配置资源产生最佳的效果。

（3）培养 HR 聚焦战略性工作，优化企业氛围。

自助式企业福利数字化系统平台，从货物供应—员工挑选—物流发货—售后服务都无需企业 HR 进行过多操作，从烦琐的基础性事务中解放 HR，使其更聚焦于企业战略层面的人力资源管理活动。

一方面，通过数字化企业福利，HR 无需参与设计企业福利方案及相关活动，仅需做好发布福利发放通知、制订企业福利相关制度等关键节点的把控即可，其余事情交由数字化福利平台完成，缩减 HR 在企业福利事务处理过程中所耗费的时间及精力。另一方面，由于传统福利模式的单一性，较多 HR 在选择福利后无法得到员工的认同，易产生不满情绪，进而影响个人心态、工作效率甚至企业氛围。通过企业福利数字化改革，可以增强员工对于福利选择的自主性，在提升员工对于企业福利认同感的同时，减少 HR 不满情绪的产生，提升整体效率，优化企业氛围及环境。

11.4.3 企业福利数字化趋势

（1）市场规模扩大。

云计算、大数据、区块链等新技术的开发迭代，企业管理数字化已是大势所趋。当前，企业在数字化管理手段方面日益精进，在此大环境下，未来在企业福利管理方面，将会有更多的数字化服务平台涌入市场，打造企业数字化福利生态链。无论是企业自行开发或是第三方服务商提供平台，不可否认的是，企业福利数字化市场规模将呈现逐渐扩大的趋势。

（2）定制化福利方案。

企业福利的直接接受方为员工，在当前社会新鲜事物层出不穷，员工需求个性化愈发明显的情况下，更好、更高效对接企业员工福利诉求是发展数字化福利的应有之义。因此，定制化福利方案将成为企业福利数字化的趋势之一。通过数字化技术及手段，对员工信息进行采集及分析，形成员工“画像”，并基于员工“画像”精准对接员工喜好及切实需求，为不同的员工推荐不同的选择方案，使福利选择权掌握在员工手中，增强员工的参与感。

（3）立体化福利格局。

传统的企业福利为单一化模式，当下依托先进的技术，企业福利将逐渐向立体化模式“演化”。一方面，横向角度扩大数字化福利场景的容纳度，以社会、市场及个人需求为切入点，完善福利品类，增加福利对于员工、企业的适应性；另一方面，纵向角度拓展福利供应链，增强供应商的多元化，开辟更多的合作渠道，与更多云平台实现纵深合作，为客户提供更多种类的福利选择空间，从横向、纵向角度打造立体化福利格局。

（4）技术升级，更契合需求。

这是一个“科技爆炸”的时代，新技术的研发及面世的速度不断加快，科技对于人们生活、工作模式的改变远超于以往任何时代，对于数字化福利管理而言也是如此。技术创新与升级推动着企业福利领域精细化发展，对于数字化福利开发者的技术响应速度及福利类型细分提出了更高的要求。通过技术升级，挖掘企业福利的更多显性及隐性诉求，并实现数字化福利平台的不断优化与完善，使其更精确地对接企业及员工需求，将会是数字化企业福利发展的下一段“旅程”。

企业员工福利应当是企业与员工紧密联系的“催化剂”，而非疏离双方关系的“冷却液”。通过数字技术与企业福利的结合，实现企业的降本增效与员工的激励保留，是可预见的未来企业福利发展模式。

但在推动企业福利数字化的同时，企业也应当在考虑成本、效益、需求的基础上，对企业福利数字化的方式进行选择，即内部开发、外部“托管”或是两者结合，以确保福利数字化开发能够切实赋能企业长远发展而非成为企业发展的阻碍。与企业文化、战略、员工需求具备高匹配度的企业福利管理解决方案，将协助夯实企业“底层建筑”，通过提高员工忠诚度、敬业度及归属感，进一步激发人才价值与活力，助力企业发展实现指数型增长。

本章小结

1. 福利是指企业为实现战略目标，依据国家相关法律规定以及组织自身情况，向员工提供的用以提高其本人和家庭生活质量的各种以非货币工资和延期支付形式为主的补充性报酬与服务的总称。具有实物或延期支付、固定性、均等性、集体性、潜在性、延后性等特点。

2. “五险一金”是国家法定员工享有的福利待遇。具体包括养老保险、医疗保险、失业保险、工伤保险、生育保险和住房公积金。

3. 弹性福利指在固定的福利费用预算内，由员工自行选择福利项目的福利计划。其类型包括核心+选择型、附加型、套餐型、弹性支用账户和选高择低型等。个体的差异和福利项目本身的特征均会影响员工对福利的选择偏好。

4. 过往的企业福利政策模式固化，难以满足员工需求；成本高，福利预算有限；HR 处理，费时费力等。相比之下，福利数字化可以满足员工的个性化需求，真正实现员工激励；节省企业成本，实现成本效用最大化；培养 HR 聚焦战略性工作，优化企业氛围。未来企业福利数字化的市场规模将进一步扩大，定制化的福利方案将更多被采用，形成立体化福利格局，随着技术升级，将更契合企业和员工需求。

思考题

1. 选择一家企业调研它的福利包含的种类并分析其优劣势。
2. 请概述企业年金的含义，及其在中国的发展情况。
3. 请描述主要的员工退休福利项目。

案例分析

海底捞的微笑秘诀

“海底捞”火锅店成立于1994年，是一家以经营川味火锅为主、融汇各地火锅特色为一体的大型跨省直营餐饮品牌火锅店，全称是四川省简阳市海底捞餐饮有限股份公司。公司名称是来源于麻将术语，在打麻将中最后一张是自己摸到并胡牌称为“海底捞”。海底捞火锅店的店数不算多，知名度却很高。主要的好评集中于它周到细致的服务。每一位海底捞的员工干活不仅勤快麻利，更重要的是，他们始终面带微笑、礼貌有加，这让每一位前来消费的客人都吃得舒心、满意。究竟是什么让海底捞去除了餐饮服务业服务态度差的通病？我认为，是因为海底捞的“微笑链”——企业对员工好，员工满意后用微笑招待顾客；员工的微笑赢得了顾客的微笑，顾客间口口相传带来了更多的回头客，从而企业的效益上去了，达到了员工与企业的双赢。而支撑起这条“微笑链”的是企业赢得员工微笑的秘密武器——员工福利。

1. 员工宿舍。

海底捞免费提供宿舍，即使是洗菜工，住的房子也是夏天有空调冬天有暖气的公寓，有电脑，也有专人打扫，宿舍离门店很近，走路也顶多只有20分钟。他们每天能吃到不同的菜、白米饭，来到大城市有关食住的问题就这样很好地解决了。

在海底捞的员工宿舍，公司配有专门的宿舍长。有一位宿舍长倪阿姨就是众多宿舍长的代表。在一次采访中，海底捞的员工说，倪阿姨的工作非常繁重，但她从没怨言。“不论我们回来多晚，她每天总是当夜把我们换下的工作服洗干净，第二天再给我们叠得整整齐齐。每当深夜员工下班时，她总是给大家煮好热腾腾的面条；员工生病的时候，她总是亲自送饭。宿舍里喝的纯净水，她总是骑三轮车，几大桶几大桶的从店里亲自拉回……”这位阿姨在海底捞工作了10年，她去世时，海底捞为她负担安葬费用以感谢她的辛勤付出。

2. 给父母“红包”——海底捞的“奖文化”。

在海底捞的激励机制里，几乎每个月都要给员工发四五次奖，有时候是一顿免费火锅；有时候是一天假期；有时候是十几、二十几元钱的现金……其中非常特殊的一点是海底捞给员工父母的“红包”。

海底捞每个月会另外给员工父母人民币400元养老费，张勇笑说，“这笔钱”是按员工表现，直接给员工父母的。张勇很聪明，他把其他企业发给员工的奖金的一部分变成养老费直接发给员工的父母，既实现了公司对于员工家庭的关心，又让员工与家人一起分享他用双手创造的财富，还借助父母的力量进行管理。因为一旦这笔钱没了，员工父母自然不会帮忙盯着小孩，真是一箭三雕。

3. 对其他家人的关心。

不仅有对员工父母的关照，海底捞理解打工仔对家庭的渴望。一个人在外打拼不容易，多一些人、多一些依靠。因此，海底捞制订了以下的福利：对于夫妻，海底捞鼓励双方同在海底捞工作，并提供有公司补贴的夫妻房；对于员工的孩子，海底捞在四川简阳设立小学，免费提供员工小孩读书；对于员工的兄弟姐妹，海底捞允许员工推荐自己的亲戚来公司工作。事实上，现在的员工队伍大部分是由现有员工介绍亲朋好友组成的。

张勇说，“当员工的生活都跟工作有联动，自然会认真”。同时，完善的制度保障可以防止隐患的发生。而他的这一苦心也的确收到了成效，在其他餐厅平均员工流动率为 40% 时，海底捞只有 8%。

4. 令人惊羡的免单权。

海底捞的一线员工都有免单权。不论什么原因，只要员工认为有必要就可以给客人免费送一些菜，甚至有权免掉一餐的费用。在其他餐厅，这种权力起码要经理才会有。聪明的管理者能让员工的大脑为他工作。为此，除了让员工把心放在工作上外，还必须给他们权力。张勇的逻辑是：客人从进店到离店始终是跟服务员打交道，如果客人对服务不满意，还得通过经理来解决，这只会使顾客更加不满，因此把解决问题的权力交给一线员工，才能最大限度地消除客户的不满意。员工不仅仅是机械地执行上级的命令，他就是一个管理者了。按照这个定义，海底捞的员工都是管理者，海底捞是一个由 7 000 名管理者组成的公司！难怪张勇说：“创新在海底捞不是刻意推行的，我们只是努力创造让员工愿意工作的环境，结果创新就不断涌出来了。”如果你是海底捞的同行，想想看，你怎么跟这 7 000 个总是想着如何创新的脑袋竞争？有人会问：难道张勇就不怕有人利用免单权换取个人利益？这种情况确实发生过，只不过极少，而且那些员工做第二次的时候就被查处开除了。

资料来源：论通过员工福利获取企业竞争优势——浅谈“海底捞式”员工福利［J］. 商场现代化，2015（30）：75 - 76.

第六篇

劳工关系管理

6

第 12 章　企业员工关系管理

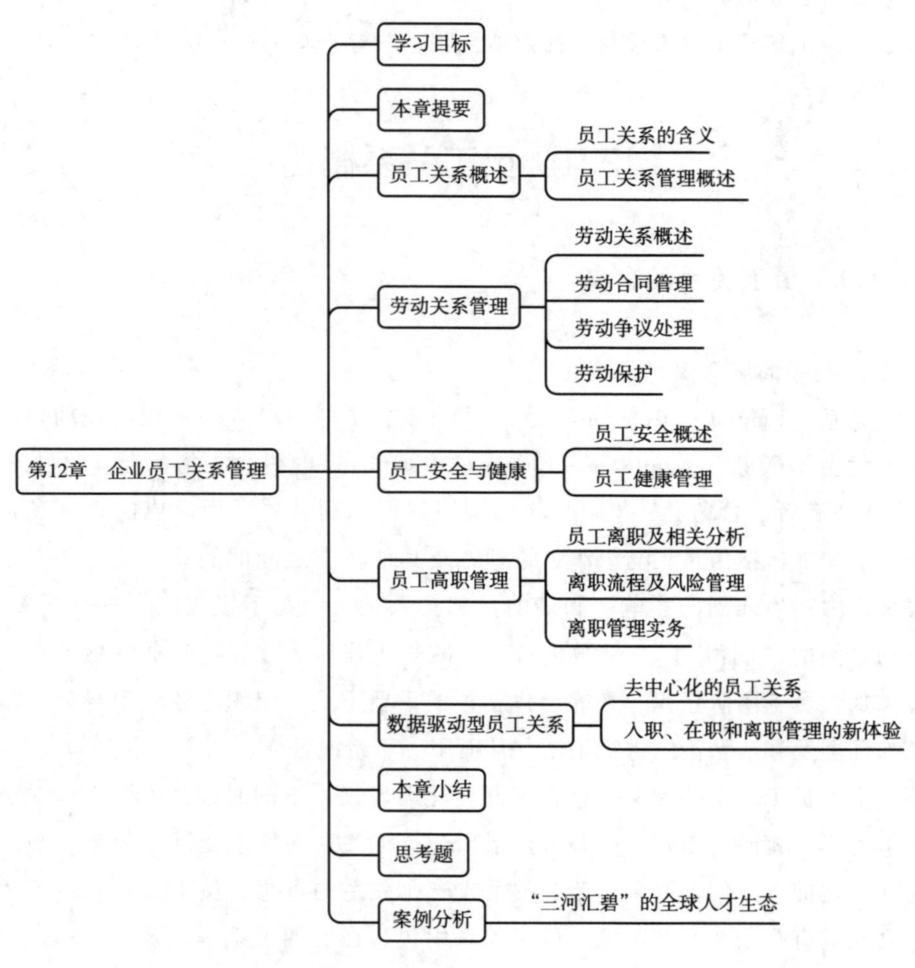

学习目标

1. 了解员工关系及员工关系管理的基本内容。
2. 掌握劳动关系管理的含义、构成要素、特征及管理原则。
3. 了解劳动关系的分类及其所包含的内容。
4. 懂得员工安全的重要性、引发原因和预防措施。

5. 掌握员工健康管理的相关内容。

6. 在了解员工离职的基础上，把握离职流程及风险管理。

本章提要

组织归根结底是人的集合，员工关系的和谐融洽是组织实现盈利与长远发展的关键。本章在概述员工关系及其管理的基本内容的基础上，从劳动关系管理、员工安全与健康、员工离职管理三个方面详细展开论述，以便全面掌握员工从在职到离职的全过程中涉及的方方面面。另外，基于信息时代的大背景，介绍了数字化驱动的新型员工关系，从而了解员工关系管理中的最新变化，与时代接轨。

12.1 员工关系概述

12.1.1 员工关系的含义

1. 员工关系的概念。

员工关系（Employee Relation）是20世纪初西方学者从人力资源管理的角度提出的一个取代劳资关系（Employee - Employer Relation）的概念，指的是企业中各主体（包括企业所有者、管理者、员工）之间围绕雇佣和利益关系而形成的权利和义务关系，可以简单地概括为员工与组织、管理者及其他员工之间的关系。员工关系会对组织的发展潜力产生强烈的影响，和谐的员工关系是上级与下级之间、平级同事之间、不同部门之间的“润滑剂”，是激励员工、减轻工作压力、促进沟通的重要手段，也是培养和加强员工团队意识、平等合作精神的重要方式。组织会依此引导建立积极向上的工作环境及和谐融洽的组织氛围，从而服务于组织目标。

事实上，员工关系的含义一直在不断变化与发展，不同时期、不同学者对员工关系的理解也不尽相同。李娅特（Leat）指出，员工关系的概念是近些年来才被广泛采用的，在此之前，人们普遍采用劳资关系或产业关系的概念，员工关系和劳资关系两个概念之间既有联系，又有区别。员工关系中包含在雇佣关系中涉及的集体谈判及集体谈判制度，既涵盖了工会会员与雇主之间的关系，也涵盖了非工会员工与雇主之间的关系。此外，有些学者甚至认为，员工关系还涉及政府在员工关系调整方面所扮演的角色。例如，法恩汉姆（Farnhan）指出，员工关系是产生于劳动提供者（员工）和劳动报酬支付者（雇主）之间的双向关系，这种关系具体表现为管理者和企业与工会及员工之间的关系，同时，政府或者政府联盟（如欧盟）在调整员工关系过程中扮演着第三方角色。克里斯·布莱华特（Chris Bradwater）也持基本类似的观点，他指出，员工关系包括两个方面的关系，一是员工与企业和企业管理者之间的关系；二是企业与负责雇佣关系管理的相关政府机构之间的关系。他认为，虽然在员工关系概念中也包含企业与工会之间的关系，但员工关系概念更侧重于组织内部的人事管理方面。

近年来，我国一些学者也开始使用“员工关系”这一概念来更为全面而具体地描述一家企业和其所雇用的员工之间形成的更为具体的一种关系。例如，刘昕指出，员工关系就是指在雇佣关系这一基本关系基础之上，企业本着改善经营绩效和获取竞争优势的目的，在调节自己与其员工之间关系时所依据的基本理念以及所有的制度、政策以及管理实践的总称。程延园指出，广义的员工关系管理是指在企业的人力资源体系中，各级管理人员和人力资源职能人员通过制订和实施人力资源管理政策实施沟通等管理行为，来对企业和员工之间的关系以及员工与员工之间的关系进行调节的过程。狭义的员工关系管理就是企业和员工之间的沟通管理，这种沟通更多地采用柔性的、激励性的、非强制的手段，其目的在于提高员工的满意度，支持组织其他管理目标的实现。

2. 员工关系的内容。

员工关系的内容是指员工关系的双方或多方依法享受的权利及应当承担的义务，一般包括员工与企业之间在劳动合同、劳动纪律与奖惩、工作及休息时间、劳动安全与保护、劳动环境等方面形成的关系。这些方面与企业密切相关，直接关系到企业的投入与收益；同时也与劳动者密切相关，直接影响劳动者的工作质量与身心健康等。建立并维持和谐融洽的员工关系，是人力资源管理必不可少的内容之一。下面将详细介绍劳动者和用人单位依法享有的权利和应承担的义务。

（1）劳动者的权利。

《中华人民共和国劳动法》规定了劳动者在劳动关系中的各项权利，主要有包括平等就业的权利、选择职业的权利、取得劳动报酬的权利、获得劳动安全卫生保护的权利、享有社会保险和福利的权利、接受职业技能培训的权利、提请劳动争议处理的权利以及休息休假的权利等。

①劳动者有平等就业的权利。是指具有劳动能力的公民，有获得职业的权利。劳动是人们生活的第一个基本条件，是创造物质财富和精神财富的源泉。劳动就业权是有劳动能力的公民获得参加社会劳动和切实保证按劳取酬的权利。公民的劳动就业权是公民享有其他各项权利的基础。如果公民的劳动就业权不能实现，其他一切权利也就失去了基础。

②劳动者有选择职业的权利。是指劳动者根据自己的意愿选择适合自己才能、爱好的职业。劳动者拥有自由选择职业的权利，有利于劳动者充分发挥自己的特长，促进社会生产力的发展。劳动者在劳动力市场上作为就业的主体，具有支配自身劳动力的权利，可根据自身的素质、能力、志趣和爱好，以及市场资讯，选择用人单位和工

作岗位。选择职业的权利是劳动者劳动权利的体现，是社会进步的一个标志。

③劳动者有取得劳动报酬的权利。随着劳动制度的改革，劳动报酬成为劳动者与用人单位所签订的劳动合同的必备条款。劳动者付出劳动，依照合同及国家有关法律取得报酬，是劳动者的权利。而及时定额地向劳动者支付工资，则是用人单位的义务。用人单位违法这些应尽的义务，劳动者有权依法要求有关部门追究其责任。获取劳动报酬是劳动者持续的形式劳动权不可少的物质保证。

④劳动者有权获得劳动安全卫生保护的权利。这是保证劳动者在劳动中生命安全和身体健康，是对享受劳动权利的主体切身利益最直接的保护。这方面包括防止工伤事故和职业病。如果企业单位劳动保护工作欠缺，其后果不仅是某些权益的丧失，而且是劳动者健康和生命直接受到伤害。

⑤劳动者享有休息的权利。我国《宪法》规定，劳动者有休息的权利，国家发展劳动者休息和休养的设施，规定职工的工作时间和休假制度。

⑥劳动者享有社会保险和福利的权利。疾病和年老是每一个劳动者都不可避免的。社会保险是劳动力再生产的一种客观需要。我国《劳动法》规定，劳动保险包括养老保险、医疗保险、工伤保险、失业保险、生育保险等。但目前我国的社会保险还存在一些问题，如社会保险基金制度不健全，国家负担过重，社会保险的实施范围不广泛，发展不平衡，社会化程度低，这些问题影响劳动力的合理流动。

⑦劳动者有接受职业技能培训的权利。我国《宪法》规定，公民有受教育的权利和义务。所谓受教育既包括受普通教育，也包括受职业教育。公民要实现自己的劳动权，必须拥有一定的职业技能，而要获得这些职业技能，越来越依赖于专门的职业培训。因此，劳动者如果没有职业培训权利，那么劳动就业权利也就成为一句空话。

⑧劳动者有提请劳动争议处理的权利。劳动争议是指劳动关系当事人，因执行《劳动法》或履行集体合同和劳动合同的规定引起的争议。劳动关系当事人，作为劳动关系的主体，各自存在着不同的利益，双方不可避免地会产生分歧。用人单位与劳动者发生劳动争议，劳动者可以依法申请调解、仲裁、提起诉讼。劳动争议调解委员会由用人单位、工会和职工代表组成。劳动仲裁委员会由劳动行政部门的代表、同级工会、用人单位代表组成。解决劳动争议应该贯彻合法、公正、及时处理的原则。

（2）劳动者的义务。

劳动者的义务是指《劳动法》规定的对劳动者必须做出一定行为或者不得做出一定行为的约束，由基本义务和其他义务组成。劳动者的基本义务是完成劳动任务；其他义务包括提高职业技能、执行劳动安全卫生规程、遵守劳动纪律、遵守职业道德等。

（3）用人单位的权利义务。

用人单位的主要权利有：①依法录用、调动和辞退职工；②决定企业的机构设置；③任免企业的行政干部；④制订薪酬与激励方案；⑤依法奖惩职工。

用人单位的主要义务有：①依法录用、分配、安排职工工作；②保障工会和职代会行使其职权；③按照职工的劳动数量、质量支付劳动报酬；④加强对职工思想、文化和业务的教育、培训；⑤改善劳动条件，维护劳动关系和工作环境。

3. 影响员工关系的因素。

对任何一个企业来说，建立积极正向的员工关系可以吸引且留住优良员工，提高员工生产力，增加员工对企业的忠诚度，提升工作士气，提升公司绩效，降低旷工率、缺勤率。建立和谐的员工关系，是企业文化和企业形象建设的重要方面。要想建立积极正向的员工关系，首先要明确影响员工关系建立的因素，并据此制订管理措施，从而改进员工关系。

(1) 沟通是影响员工关系最重要的因素。

如果企业沟通渠道不畅，缺乏必要的反馈，将会引起很多矛盾，进而导致员工工作热情和积极性下降，影响工作效率。不断进行的双向沟通将会增进员工关系，减少冲突，增加员工对企业的信任。如果员工不信任管理者，上行沟通将会受到阻碍；如果管理者不信任员工，下行沟通将会受到影响。

(2) 管理者的管理理念是员工关系的影响因素之一。

如果员工不支持或不理解管理者的道德理念，他们将间接的对管理者的动机产生疑问。这将使员工产生压力，进而影响工作绩效，同时也影响员工对企业的信念。在员工关系中，信念比现实更重要，员工将根据他们对企业的信念履行工作职责，员工的信念及其不确定性将会影响工作绩效。良好的沟通将确保员工信念与企业现实相关联。另外，重视和关心与工作问题有关的员工情感是建立员工关系的重要部分。

(3) 冲突是产生负向员工关系的直接起因。

冲突是指由于工作群体或个人，试图满足自身需要而使另一群体或个人受到挫折时的社会心理现象。企业内冲突表现为由于双方的观点、需要、欲望、利益和要求的不相容而引起的激烈争斗。企业内部的冲突既可发生在个人与个人之间，也可发生在群体与群体之间，如上下级冲突、同一层级各部门之间的冲突等。企业需要解决并尽可能避免冲突的发生，从而减少不适的压力对员工及其绩效产生的负面影响。

(4) 管理者对员工的期望不明确将增加员工的压力，进而影响员工关系。

员工需要知道管理者对他们的期望是什么，了解管理者的期望后，员工会有计划、有目的地努力，从而在降低不确定性的同时，减少员工的工作压力。

(5) 企业是否公平地对待所有员工是影响员工关系的关键因素。

公平可以简单地理解为管理者在处理事情时合情合理，对所有的员工都一视同仁，不偏袒某一方或某个人。但这并不意味着绩效更好的员工不应当得到更高的报酬，而是要尽量保证每位员工的付出与回报相符。虽然公平是相对的，但一个好的管理者会考虑多种因素，尽可能地保证每一方的公平。

12.1.2 员工关系管理概述

1. 员工关系管理的概念。

员工关系管理（Employee Relationship Management）的概念，最初源自西方的劳资关系管理。第二次世界大战以后，工人阶级为了提高工资和改善各项福利待遇，掀起了一次又一次罢工运动，劳资矛盾不断激化，为企业的稳定带来了不良影响。后来，在劳资双方力量的博弈中，资方认识到缓和矛盾、改善员工关系的重要性，逐渐开始关注劳资关系的管理，并建立专门的劳资关系管理职能来营造与维护和谐的劳资关系。演变到后来，便形成了现代人力资源管理体系中的一个重要模块——员工关系管理。

从广义上讲，员工关系管理指的是在企业人力资源体系中，各级管理人员和人力资源职能管理人员，通过拟订和实施各项人力资源政策和管理行为，以及其他的管理沟通手段调节企业和员工、员工与员工之间的相互联系和影响，从而实现组织目标，并为员工、企业及社会增值。从狭义上讲，员工关系管理就是企业和员工的沟通管理，这种沟通更多采用柔性的、激励性的、非强制的手段，从而提高员工满意度，支持组织各项管理目标的实现。其主要职责是协调员工与公司、员工与员工之间的关系，引导建立积极向上的工作环境。

我们认为，员工关系管理就是组织采用各种管理手段和行为，来调节与维护组织与员工、员工与员工之间的相互联系，使其良性循环并向前发展，从而实现组织目标的过程。

2. 员工关系管理的内容。

从广义的概念上看，员工关系管理的内容涉及整个企业文化和人力资源管理体系的构建，包括企业愿景和价值观的确立、内部沟通渠道的建设和应用、组织的设计与调整、人力资源政策的制定和实施等。因此，所有涉及企业与员工、员工与员工之间关系和影响的各方面，都是员工关系管理体系的内容。

不难看出，员工关系管理的内容繁杂，不同组织、不同理论对其分类不尽相同，一般来讲，实务中主要包括以下内容：

（1）劳动关系管理。包括劳动争议的处理、员工入职和离职手续办理及相关风险的预防、人事档案管理、劳动合同管理、劳动保障物资管理，处理员工投诉、人事纠纷及意外事件等。

（2）员工纪律管理。包括制订并维护相关的制度、流程、规范或标准作业程序，通过实施过程中的宣传、引导、纠偏、奖惩等方式，提高员工行为的统一性和组织纪律性。

（3）员工人际关系管理。包括沟通管理、员工情况管理两个方面。不仅需要保证沟通渠道的畅通，引导公司上下层级之间进行及时的双向沟通，完善员工建议制度；还需要组织员工心态、满意度调查，定期进行谣言、怠工的预防、检测及处理，解决员工关心的问题。从而引导员工建立良好的工作关系，创建有利于员工建立正式人际关系的环境。

（4）员工支持服务。包括员工援助计划（Employee Assistance Program，EAP）、员工满意度调查等。优先解决员工最关注的问题，监测并处理劳动风险事项，提供有关国家法律法规、公司政策、个人身心等方面的咨询及培训服务，帮助员工实现工作与生活的平衡。

（5）组织文化建设。包括建立并维护积极有效、健康向上的组织文化；鼓励员工参与到企业文化的建立和维护工作中来；引导员工认同组织的愿景和价值观，将组织的愿景规划与员工的愿景规划相匹配。

3. 员工关系管理的重要性。

员工关系管理的重点是组织如何通过一系列的人力资源管理政策和实践与员工达成双赢性质的组织内部关系，其核心是双方之间的经济契约和心理契约的总和。尽管员工管理的工作较为复杂、琐碎，但它是人力资源管理体系中不可或缺的重要组成部分。

（1）员工关系协调是实现组织目标的前提。

员工关系在人力资源管理中占据极其重要的地位。员工作为组织的主体，促使组织内部一切工作都从员工关系开始。组织目标的实现，绝非某一个人的事情，而是要靠全体成员齐心协力共同完成。实践证明，员工团结一致，互相配合，其工作成果就会较为显著；反之，员工关系处理不好，组织内部就会矛盾重重，步调不一，企业目标也就难以实现。

在组织中，员工是最为核心的资源，是组织获得理解和支持的内在动力。作为一种独立群体，员工在利益上虽然与组织具有天然的一致性，但也存在着利益上的差异。一方面，员工是组织的细胞、构建和主体力量，对组织的生存和发展起着决定性的作用，组织需要将自身利益与员工利益保持协调一致，以形成组织发展的内在动力；另一方面，员工日益分化为独立的利益群体，存在着与组织利益矛盾的一面，成为牵动、制约组织的一种力量，主导并规定着组织的行为选择。组织之所以要协调好同员工之间的关系，不仅由于内在利益一致性的驱使，更为重要的是双方有着不同的利益倾向，需要在员工公众利益基点上予以协调。

（2）员工关系协调是塑造组织形象的基础。

较好的员工关系管理不仅是对内管理的需要，同时也是对外保持良好社会声誉和企业形象的需要。员工关系管理做得比较好的组织，通常在社会中的美誉度也较高，从而成为组织健康经营、吸引人才的有力保障。

在很多情况下，外界公众是通过接触组织内部员工来了解组织的，员工的待人接物、言行举止乃至气质、风度，都直接或间接地传播着组织信息。长期从事考察企业的专家发现，顾客对IBM公司的忠诚度是IBM员工良好服务态度的结果。迪士尼公司也非常重视协调好员工关系，在“使员工有高度的满足感”的宗旨下，该公司把每位员工都称为“主人”，如“饮食主人”“保安主人”“市容主人”等。这样做的目的是使员工热爱组织、热爱工作，从而善待顾客。IBM公司与迪士尼公司之所以声誉卓著，在对外关系中左右逢源，在业务拓展上长驱直入，其奥妙就在于它们在员工关系的协调上有独到的见解。

通过员工关系管理，能够提高员工对企业的满意度，加强员工的忠诚度、增进员工的敬业度，从而增强客户的满意度，塑造良好的外界形象，维持企业在市场中的竞争优势，提高企业经营的效益和效率。

（3）员工关系协调是企业成功的根本条件。

积极的员工关系管理有利于发展企业的核心竞争力。企业的核心竞争力不仅包括品牌、技术、创新等方面的竞争力，还包括人才和文化竞争力。良好的员工关系正是构建和谐组织文化，形成稳定员工团队的重要保障。

员工是企业赖以生存和发展的细胞，与企业的目标和利益最为密切。企业的一切目标、利益、计划、政策、措施和活动都要通过员工的行为加以推进和实现。因此，员工是企业最宝贵的财富，企业与员工之间是唇齿相依、血肉相连的关系。要将员工关系作为最重要的第一关系来对待。只有员工关系协调，才能在企业中产生巨大的内聚力，发挥员工作为企业细胞的内在动力和潜能，为企业创造业绩和财富，使企业壮大并实现长远发展。

12.2 劳动关系管理

12.2.1 劳动关系概述

1. 劳动关系的含义。

我国2008年1月颁布的《中华人民共和国劳动合同法》（以下简称《劳动法》）对劳动关系做出了界定，认为劳动关系是指用人单位（包括国家机关、企事业单位、社会团体、个人经济组织和民办非企业单位）与劳动者之间依照法律签订劳动合同，劳动者接受用人单位的管理，从事用人单位合理安排的工作，成为用人单位的一名成员，从用人单位领取劳动报酬和受劳动保护所产生的一种法律关系。

2. 劳动关系的构成要素。

依据劳动法律法规形成的劳动关系，主要由三个要素构成：劳动关系的主体、劳动关系的客体和劳动关系的内容。

（1）劳动关系的主体。

劳动关系的主体即劳动法律关系的参与者，主要包括劳动者、特定组织和用人单位。劳动者包括所有具有劳动权利能力和劳动行为能力的受雇于用人单位的人，特定组织指的是工会、职工代表大会等代表员工权益的组织，用人单位包括企业、事业单位、国家机关、社会团体及个体经营单位等。

（2）劳动关系的客体。

劳动关系的客体是指劳动法律关系主体双方的劳动权利和劳动义务共同指向的事物，如劳动时间、劳动报酬、安全卫生、劳动纪律、福利保险、教育培训、劳动环境。同时，在市场经济条件下，随着企业管理理念的变化和劳动者主体意识的进一步增强，劳动关系客体的内涵和外延也不断发生着新的变化。

（3）劳动关系的内容。

劳动关系的内容是指劳动法律关系主体双方依法享有的权利和承担的义务。根据我国《劳动法》的规定，劳动者依法享有的主要权利有劳动权、民主管理权、休息权、劳动报酬权、劳动保护权、职业培训权、社会保险权、劳动争议提请处理权等。劳动者承担的主要义务包括保质保量完成生产任务和工作任务，学习政治、文化、科学、技术和业务知识，遵守劳动纪律和规章制度，执行劳动安全和卫生规程，保守国家和企业的机密等。

用人单位的主要权利为依法录用、调动和辞退职工，决定企业的机构设置，制订工资、报酬和福利方案，依法奖惩职工等。其主要义务有：依法录用、分配、安排职工的工作；保障工会和职工代表大会行使其职权；按职工的劳动质量、数量支付劳动报酬；加强对职工思想、文化和业务技术的教育培训；改善劳动条件，搞好劳动保护和环境保护等。

3. 劳动关系的特征。

（1）劳动关系主体双方具有平等性和隶属性。

劳动关系主体一方是劳动者，另一方是用人单位。劳动者与用人单位是平等的主体，双方是否建立劳动关系以及建立劳动关系的条件按照平等自愿、协商一致的原则依法确立。同时，劳动关系还具有隶属性特征。劳动者一旦与用人单位形成劳动关系，就必须接受用人单位的管理，成为被管理者。也就是说，用人单位与劳动者之间形成了管理与被管理的隶属关系。劳动关系同时具有的平等性和隶属性特征，与民事法律关系主体间单纯具有的平等性特征不同，也与行政法律关系主体间单纯具有的隶属性特征相区别。

（2）劳动关系具有国家意志为主导、当事人意志为主体的属性。

劳动关系是按照劳动法律规范和劳动合同约定形成的，既体现了国家意志，又体现了双方当事人的共同意志。劳动关系具有较强的国家干预性质，当事人双方的意志虽为劳动关系体现的主体意志，但它必须符合国家意志并以国家意志为指导，国家意志居于主导地位，起统率作用。

（3）劳动关系具有在社会劳动过程中形成和实现的特征。

劳动关系的基础是劳动者提供的劳动和用人单位提供的劳动条件相结合，才能依据劳动法律规范形成双方的权利义务关系。

4. 劳动关系管理的原则。

劳动关系管理作为员工关系管理的一部分，既与员工关系管理的其他内容相联系，又具有自身的特点。劳动关系作为员工最为关注、与员工切身利益相关的内容之一，管理者在对其进行管理时需要遵循以下特定的原则：

（1）合法性原则。市场主体的行为应该遵守国家的法律法规与国际公认的人权准则。与劳动关系相关的法律法规是立法者为了维护雇佣双方的利益而订立的强制遵守的行为准则，在企业的劳动关系管理中，合法性原则是企业与员工双方在处理相互关系时最基本的原则。

（2）公正性原则。公平与正义原则是所有管理活动都应该遵循的原则，在涉及员工与企业之间各种利益分配的程序与规则的劳动关系管理中的意义则更为重大。公正性原则是管理者进行有效劳动关系管理的前提与衡量标准，也是管理者需要不断追求的管理目标。

（3）符合企业文化的原则。企业各项制度、政策的最终落实，都有赖于企业文化的推进。与企业文化不相符的劳动关系管理制度及实践往往会由于难以得到员工的心理认同而夭折。因此，管理者需要格外注意审视企业的劳动关系管理措施中是否有与企业文化相悖的地方，以保证劳动关系管理系统与组织文化保持一致。

（4）高绩效原则。人力资源管理实践的终极目的之一是通过采取各种管理措施，极大地开发人的潜能，提升企业绩效，劳动关系管理也不例外。劳动关系管理必须以企业实现高绩效为目标，努力通过妥善处理与正确利用员工与企业的雇佣关系来提升企业的绩效。

12.2.2 劳动合同管理

1. 劳动合同概述。

（1）劳动合同的概念。

《劳动法》第16条规定，“劳动合同是劳动者与用人单位确立劳动关系、明确双方权利和义务的协议。建立劳动关系应当订立劳动合同”。《劳动法》第 17 条规定，“劳动合同依法订立即具有法律约束力，当事人必须履行劳动合同规定的义务”。

（2）劳动合同的特征。

劳动合同的基本特点是体现劳动关系当事人双方的意志，具有以下几个特征。

①劳动合同主体具有特定性。我国《劳动法》明确规定，劳动合同的主体一方是劳动者，另一方是用人单位。劳动者是指依法具有劳动权利能力和劳动行为能力的自然人，包括在我国境内与用人单位确立劳动关系的本国公民、外国人和无国籍人。用人单位主要是指企业、个体经济组织，同时也包括与劳动者通过签订劳动合同或其他方式确立劳动关系的国家机关、事业单位和社会团体。

②国家干预下的当事人意思自治。劳动合同是在国家干预下的当事人意思自治，也就是说，尽管用人单位和劳动者之间约定的是他们双方之间的事，但也不可以随意约定合同内容。例如，用人单位在与劳动者约定工资条款时，不可以把工资约定在当地政府规定的最低工资以下。尽管双方当事人把工资约定在最低工资标准以下，并不侵害国家利益、公共利益，也没有侵害第三者的利益，但这违反了《劳动法》的规定，这就是国家干预的体现。因此，劳动合同中的当事人意思自治是限定在定范围内的。

③劳动合同具有平等性和隶属性。劳动合同的平等性表现为：用人单位和劳动者都是劳动力市场的主体，双方都要遵循平等自愿、协商一致的原则订立劳动合同，缔结劳动关系。任何一方在单方决定与对方解除劳动关系时，都要遵循一定的法律规定。劳动合同的隶属性表现为：劳动者与用人单位签订劳动合同而形成劳动关系后，就有义务在工作场所接受用人单位的管理和监督，按照用人单位所规定的纪律或要求付出劳动。用人单位有权利也有义务组织和管理本单位劳动者的劳动，并在法律允许的范围内有权对本单位的劳动者进行奖励和处罚，这就形成了所谓的隶属性。

2. 劳动合同的订立。

（1）劳动合同的内容。

劳动合同包括法定条款与约定条款两方面，以下是两者的具体内容：

①法定条款。也称为必备条款。《劳动法》规定的法定条款主要包括劳动合同当事人、劳动合同期限、工作内容和工作地点、工作时间和休息休假、劳动报酬、社会保险、劳动保护、劳动条件和职业危害防护。

②约定条款。指的是用人单位与劳动者可以约定试用期、培训、保守秘密、补充保险和福利待遇以及服务期和竞业限制等其他事项。

（2）劳动合同订立的原则。

《劳动合同法》第三条规定，“订立劳动合同，应当遵循合法、公平、平等自愿、协商一致、诚实信用的原则”。劳动合同订立的目的在于约束劳动者与用人单位双方的行为，在员工与企业中合理地分配各种收益。其宗旨是为了同时保护企业与员工双方的利益不受到非法行为的侵害。

(3) 劳动合同订立的程序。

《劳动合同法》第十条规定，“建立劳动关系，应当订立书面劳动合同”。

①劳动合同订立时的知情权。用人单位招用劳动者时，应当如实告知劳动者工作内容、工作条件、工作地点、职业危害、安全生产状况、劳动报酬，以及劳动者要求了解的其他情况；用人单位有权了解劳动者与劳动合同直接相关的基本情况，劳动者应当如实说明。

②根据劳动法及有关法规的规定，订立劳动合同的主要程序如图 12－1 所示。

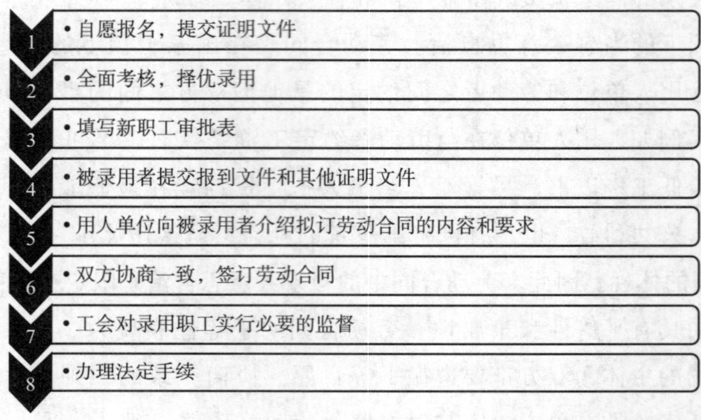

图 12－1　订立劳动合同的主要程序

(4) 劳动合同订立的注意事项。

用人单位在与劳动者订立劳动合同时，应注意以下问题。

①当事人双方应首先衡量本身是否具备招工的条件。

②订立劳动合同既要符合国家法律、法规和政策又要结合实际。

③劳动合同内容简繁得当。对于国家法律、法规规定的详细内容，可以从简；对于国家法律、法规没有具体规定的内容，应尽量详细具体地做出规定说明。

④劳动合同中的用语要力求准确、明白，避免使用容易产生误解、歧义的词语。

⑤双方当事人的责任规定要明确，责任不仅是劳动合同的核心，也是处理劳动争议的依据之一。

⑥劳动合同订立的日期和生效的日期要明确。

3. 劳动合同的履行和变更。

(1) 劳动合同履行的含义。

劳动合同的履行是指劳动合同双方当事人依照合同约定履行其义务，共同实现劳动过程和各自合法权益的法律行为。

劳动合同订立的目的就是履行，即劳动者付出劳动，用人单位支付劳动报酬，使双方的利益得以实现。

（2）劳动合同履行的一般原则。

劳动合同履行的一般原则，指的是劳动合同履行本身具有的、贯穿劳动合同履行始终，指导整个劳动合同履行全过程的基本准则。劳动合同履行需要遵循如图 12－2 所示的四条原则。

实际履行原则	亲自履行原则	全面履行原则	协作履行原则
• 劳动合同双方当事人要按照劳动合同规定的标的履行自己的义务和实现自己的权利，不得以其他标的或方式来代替。	• 劳动合同双方当事人要以自己的行为履行合同规定的应当承担的义务，不得由他人代为履行。	• 劳动合同当事人必须履行合同的全部条款和各自承担的全部义务，既要按照合同约定的标的及其种类、数量和质量执行，又要按照合同约定的时间、地点和方式履行。	• 劳动合同双方当事人在合同履行过程中要发挥合作精神，互相帮助，共同完成合同规定的义务，共同实现合同规定的权利。

图 12－2　劳动合同履行应遵循的原则

（3）劳动合同履行的特殊情形。

《劳动合同法》还规定了在用人单位发生某些特殊变化后，劳动合同如何履行的事项：

①用人单位变更名称、法定代表人、主要负责人或者投资人等事项，不影响劳动合同的履行。有些企业，公司或者事业单位等用人单位因更改了名称或着更换法定代表人、主要负责人而拒绝履行劳动合同；还有的用人单位也借口投资主体发生了变化而拒绝履行劳动合同，这是法律所不允许的。

②用人单位发生合并或者分立等情况，原劳动合同继续有效，劳动合同由承继其权利义务的用人单位继续履行。在用人单位合并的情况下，原用人单位在合并后均不再存在。为了保护原用人单位劳动者的合法权益，合并后的法人或者其他组织作为一个新的用人单位继承了原用人单位所有的权利和义务，原劳动合同继续有效，由合并后的新的用人单位继续履行该劳动合同。在用人单位分立的情况下，《劳动合同法》规定原劳动合同继续有效，防止用人单位以分立后原用人单位不存在或者劳动者权利义务已经转移到新的用人单位为由损害劳动者的合法权益，且规定用人单位分立后，劳动合同由承继其权利义务的用人单位继续履行。

（4）劳动合同变更的含义。

劳动合同变更是指依法制订的劳动合同在尚未履行或者未全部履行之前，合同当事人双方或单方依据法律规定或者约定，对劳动合同内容进行修改或补充的法律行为。

（5）劳动合同变更的情形。

①协商一致变更。根据《劳动合同法》第三十五条规定，“用人单位与劳动者协商一致，可以变更劳动合同约定的内容”。也就是说，对于劳动合同约定的内容，只要是经双方当事人协商一致而达成的，都可以经协商一致予以变更。

②客观情况发生重大变化下的协商变更。根据《劳动法》第二十六条和《劳动合同法》第四十条规定，“劳动合同订立时所依据的客观情况发生重大变化，致使劳动合同无法履行，经用人单位与劳动者协商，未能就变更劳动合同内容达成协议的，用人单位在提前30日以书面形式通知劳动者本人或者额外支付劳动者一个月工资后，可以解除劳动合同”。由此可以确定，劳动合同订立时所依据的客观情况发生重大变化，是劳动合同变更的一个重要事由。

③法定条件下用人单位可变更劳动合同的情形。根据《劳动法》第二十六条、第六十一条、第六十三条以及《劳动合同法》第四十条的规定，以下情形，用人单位可依法变更劳动合同，调整劳动者的工作岗位：

✓ 劳动者患病或者非因公负伤，医疗期满后不能从事原工作的，用人单位可以另行安排工作。

✓ 劳动者不能胜任工作的，用人单位可以调整其工作岗位。

✓ 女职工在怀孕期间，从事国家规定的第三级体力劳动强度的劳动或者孕期禁忌从事的劳动的，用人单位必须为其暂时安排其他禁忌以外的工作。

✓ 女职工在哺乳未满一周岁的婴儿期间，从事国家规定的第三级体力劳动强度的劳动或者哺乳期禁忌从事的劳动的，用人单位必须为其暂时安排其他禁忌以外的工作。

（6）劳动合同变更的程序。

在劳动关系双方当事人确认变更劳动合同的前提下，应该达成变更劳动合同的书面协议，并且要严格按照一定的程序进行劳动合同的变更，劳动合同变更程序如图12－3所示。

提出变更要求	按期做出答复	达成书面协议
• 提出变更劳动合同的主体可以是企业，也可以是职工 • 需要变更劳动合同的一方，应当及时将变更劳动合同的要求书面通知对方，并说明变更劳动合同的理由、内容、条件等	• 接到变更请求的一方，应当在规定的时间内（一般为15日）做出答复，逾期不答复的，一般规定视为对变更合同的默认	• 双方当事人就变更劳动合同的内容协商一致后，需达成书面协议 • 书面协议应指明劳动合同变更的条款，明确变更后劳动合同的生效日期，书面协议经双方当事人签字盖章后生效

图12－3 劳动合同变更程序

4. 劳动合同的解除与终止。

(1) 劳动合同的解除。

劳动合同的解除是指当事人双方提前终止劳动合同的法律效力，解除双方的权利义务关系。

依据解除方式的不同，劳动合同的解除可以分为双方协商一致依法解除、劳动者单方面解除和用人单位单方面解除三种形式：

①双方协商一致依法解除。

《劳动法》第二十四条规定，“经劳动合同当事人协商一致，劳动合同可以解除”。劳动合同的协商解除需要符合三个条件：①双方自愿；②平等协商；③不得损害对方和第三方的利益。

应当注意的是，根据解除动议提出者的不同，协商解除又可分为用人单位向劳动者提出解除与劳动者向用人单位提出解除，两者的法律后果是不一样的。如果是由用人单位向劳动者提出解除劳动合同动议并与劳动者协商一致解除劳动合同的，用人单位应当向劳动者支付经济补偿；反之，如果解除动议是由劳动者主动提出，之后协商解除的用人单位则不必支付经济补偿。

②劳动者单方解除劳动合同。

《劳动合同法》第三十七条规定，“劳动者提前三十日以书面形式通知用人单位，可以解除劳动合同。劳动者在试用期内提前三日通知用人单位，可以解除劳动合同”。《劳动合同法》第三十八条规定，用人单位有下列情形的，劳动者可以解除劳动合同：

✓ 未按照劳动合同约定提供劳动保护或者劳动条件的；

✓ 未及时足额支付劳动报酬的；

✓ 未依法为劳动者缴纳社会保险费的；

✓ 用人单位的规章制度违反法律、法规的规定，损害劳动者权益的；

✓ 因本法第二十六条第一款[①]规定的情形致使劳动合同无效的；

✓ 法律、行政法规规定劳动者可以解除劳动合同的其他情形。

用人单位以暴力、威胁或者非法限制人身自由的手段强迫劳动者劳动的，或者用人单位违章指挥、强令冒险作业危及劳动者人身安全的，劳动者可以立即解除劳动合同，无需事先告知用人单位。

③用人单位单方面解除。

用人单位单方面解除劳动合同主要包括劳动者过失性解除、劳动者无过失性解除和用人单位经济性裁员三种情形，具体内容如表12-1所示。

---

① 以欺诈、胁迫的手段或者乘人之危，使对方违背真实意思的情况下订立或者变更劳动合同的。

表 12－1　用人单位单方面解除具体内容

情形	内容	
劳动者过失性解除	《劳动法》第二十五条规定：劳动者有下列情形之一的，用人单位可以解除劳动合同	①在试用期被证明不符合录用条件的 ②严重违反劳动纪律或者用人单位规章制度的 ③严重失职、徇私舞弊，对用人单位利益造成重大伤害的 ④被依法追究刑事责任的
劳动者无过失性解除	《劳动合同法》第四十条规定：有下列情形之一的，用人单位提前三十日以书面形式通知劳动者本人或者额外支付劳动者一个月工资后，可以解除劳动合同	①劳动者患病或者非因工负伤，在规定的医疗期满后不能从事原工作，也不能从事由用人单位另行安排的工作的 ②劳动者不能胜任工作，经过培训或者调整工作岗位，仍不能胜任工作的 ③劳动合同订立时所依据的客观情况发生重大变化，致使劳动合同无法履行，经用人单位与劳动者协商，未能就变更劳动合同内容达成协议的
	《劳动合同法》第四十二条规定：劳动者有下列情形之一的，用人单位不得依照本法第四十条、第四十一条的规定解除劳动合同	①从事接触职业病危害作业的劳动者未进行离岗前职业健康检查，或者疑似职业病病人在诊断或者医学观察期间的 ②在本单位患职业病或者因工负伤并被确认丧失或者部分丧失劳动能力的 ③患病或者非因工负伤，在规定的医疗期内的 ④女职工在孕期、产期、哺乳期的 ⑤在本单位连续工作满十五年，且距法定退休年龄不足五年的 ⑥法律、行政法规规定的其他情形
用人单位经济性裁员	《劳动合同法》第四十一条规定：有下列情形之一，需要裁减人员二十人以上或者裁减不足二十人但占企业职工总数百分之十以上的，用人单位应提前三十日向工会或者全体职工说明情况，听取工会或者职工的意见后，裁减人员方案经向劳动行政部门报告，可以裁减人员	①依照企业破产法规进行重整的 ②生产经营发生严重困难的 ③企业转产、重大技术革新或者经营方式调整，经变更劳动合同仍需裁减人员的 ④其他因劳动合同订立时所依据的客观经济情况发生重大变化，致使劳动合同无法履行的

（2）劳动合同的终止。

劳动合同终止是指劳动合同的法律效力依法被结束，即劳动关系由于一定法律事实的出现而终结，劳动者与用人单位之间原有的权利义务不再存在。

《劳动合同法》第四十四条规定，有下列情形之一的，劳动合同终止：

①劳动合同期满的；

②劳动者开始依法享受基本养老保险待遇的；

③劳动者死亡，或者被人民法院宣告死亡或者宣告失踪的；

④用人单位被依法宣告破产的；

⑤用人单位被吊销营业执照、责令关闭、撤销或者用人单位决定提前解散的；

⑥法律、行政法规规定的其他情形。

12.2.3　劳动争议处理

1. 劳动争议概述。

(1) 劳动争议的概念。

劳动争议又称为劳动纠纷，是指劳资关系中的双方因雇佣关系、薪酬待遇、工作时间等条件的主张不一致而产生的纠纷。与一般的诉讼案件不同，劳动争议案件在法律程序上是仲裁前置，即必须先申请劳动仲裁。

(2) 劳动争议的产生原因。

劳动争议产生的原因多种多样，大体可以分为两大部分，如表 12-2 所示。

表 12-2　劳动争议产生的原因

宏观原因		劳动关系双方经济利益的差异性逐渐明显； 劳动法律的确立及劳动法规的执行是相对滞后的； 过去劳动关系中长期遗留问题的显性化。
微观原因	劳动者层面	劳动者不再受习惯性观念制约； 劳动者的法律意识越来越强； 个别劳动者贪图私利，故意钻企业政策的空子。
	企业层面	企业内部的规章制度不合理、不健全或不按照合理的程序执行； 企业管理层及人力资源管理人员劳动法律意识淡薄，同时缺少在动争议管理方面的专业知识； 企业改制或经营困难导致劳动争议的产生； 某些企业知法犯法造成的劳动争议。

(3) 劳动争议的处理程序。

《劳动争议调解仲裁法》第四条、第五条规定：发生劳动争议，劳动者可以与用人单位协商，也可以请工会或者第三方共同与用人单位协商，达成和解协议。当事人不愿协商、协商不成或者达成和解协议后不履行的，可以向调解组织申请调解；不愿调解、调解不成或者达成调解协议后不履行的，可以向劳动争议仲裁委员会申请仲裁；对仲裁裁决不服的，除本法另有规定的外，可以向人民法院提起诉讼。可见，我国的劳动争议处理程序一般包括以下几个步骤。

①协商。发生劳动争议时，劳动者可以与用人单位协商，也可以请工会或者第三方共同与用人单位协商，达成和解协议。但是，协商属于双方当事人自愿，并非处理劳动争议的必经程序，也非法定程序，如达成和解协议，对和解协议的履行也属自愿性质没有强制性的法律效力。

②调解。发生劳动争议时，当事人不愿协商、协商不成或者达成和解协议后不履行的，可以向调解组织申请调解。调解程序是法定程序，但不是必经程序，当事人享有是否选择调解的自主决定权。经调解达成的协议也不具备强制履行的法律效力，但

因支付拖欠劳动报酬、工伤医疗费、经济补偿或者赔偿金事项达成调解协议，用人单位在协议约定期限内不履行的，劳动者可以持调解协议书依法向人民法院申请支付令，人民法院应当依法发出支付令。

③仲裁。发生劳动争议时，当事人不愿调解、调解不成或者达成调解协议后不履行的，可以向劳动争议仲裁委员会申请仲裁。仲裁是处理劳动争议的法定必经程序，同时还是劳动争议案件提请人民法院审理的前置条件，只有在案件经过仲裁委员会仲裁之后，当事人对裁决不服时，才能向人民法院起诉，否则，人民法院不予受理。仲裁裁决书一旦生效，即具法律效力，如一方当事人在法定期限内不起诉又不履行，仲裁裁决的另一方当事人可以申请人民法院强制执行。

④诉讼。当事人对仲裁裁决不服的，可以在规定期限内向人民法院提起诉讼。人民法院审理劳动争议案件适用的是民事诉讼程序，采取两审终审制之后即使当事人对判决不服，也只能通过判决监督程序进行申诉，但申诉并不影响判决的执行。这就是我国的“一调一裁二审制”和“仲裁前置原则”。需要注意的是，用人单位违反国家规定，拖欠或者未足额支付劳动报酬，或者拖欠工伤医疗费、经济补偿或者赔偿金的，劳动者还可以向劳动行政部门投诉，由劳动行政部门依法处理。

此外，根据《劳动合同法》第 30 条的规定，用人单位拖欠或克扣劳动报酬的，劳动者还可以直接向人民法院申请支付令。

2. 劳动争议的协商与调解。

(1) 劳动争议协商程序。

劳动争议协商，是指用人单位和劳动者为解决劳动争议，平等自愿地进行协商，以便达成和解协议的活动。发生劳动争议，一方当事人可以通过与另一方当事人约见、面谈等方式协商解决。

①协商的提出。一方当事人提出协商要求后，另一方当事人应当积极做出口头或者书面回应。5 日内不做出回应的，视为不愿协商。

②协商期限。协商的期限由当事人书面约定，在约定的期限内没有达成一致的，视为协商不成。当事人可以书面约定延长期限。

③协商形式。《劳动争议调解仲裁法》第四条规定，“发生劳动争议劳动者可以与用人单位协商，也可以请工会或者第三方共同与用人单位协商，达成和解协议”。可见，劳动争议协商有三种形式：第一，劳动者独自与用人单位协商；第二，劳动者邀请工会组织共同与用人单位协商；第三，劳动者邀请工会之外的第三方共同与用人单位协商，第三方可以是律师、专家、法律援助机构等。

④和解协议。协商达成一致，应当签订书面和解协议。和解协议对双方当事人具有约束力，当事人应当履行。

经仲裁庭审查，和解协议程序和内容合法有效的，仲裁庭可以将其作为证据使用。

但是，当事人为达成和解的目的做出妥协所涉及的对争议事实的认可，不得在其后的仲裁中作为对其不利的证据。

当事人不愿协商、协商不成或者达成和解协议后，一方当事人在约定的期限内不履行和解协议的，可以依法向调解委员会或者乡镇、街道劳动就业社会保障服务所（中心）等其他依法设立的调解组织申请调解，也可以依法向劳动人事争议仲裁委员会申请仲裁。

（2）劳动争议调解程序。

劳动争议调解，指的是在第三方的主持下，依据法律规范和道德规范，本着客观公正的立场，劝说争议双方当事人，通过民主协商的方式、互谅互让的态度达成协议，从而消除争议的一种方法和活动。

存在劳动争议的双方当事人申请调解，应当自知道或应当知道权利被侵害之日起的 30 日内，以口头或书面形式向调解委员会提出申请，并填写《劳动争议调解申请书》，申请须符合三个条件：申请人必须与该争议有直接利害关系；申请人必须说明与谁、在哪些问题上发生了争议；申请人的调解请求具备具体的事实和理由。

①审查受理。调解委员会要审查待调解的争议是否属劳动争议，若不是则不予受理；对仲裁已经裁决或法院已经判决的劳动争议，调解委员会不予受理。

调解委员会收到申请人的劳动争议调解申请书后，须征询对方当事人的意见，若对方当事人不愿意调解，应做好记录，在 3 日内以书面形式通知申请人。

调解委员会应在 4 日内做出对该劳动争议受理或不受理的决定，并以书面形式向申请人发出受理案件通知书或不予受理通知书，对不受理的劳动争议，应向申请人说明原因。

②调查核实。对决定受理的劳动争议，调解委员会须指派调解员全面调查核实劳动争议事项的真实过程，并做详细的调查记录。调查核实的流程如下：

✓ 劳动争议产生的原因、过程、焦点问题等基本事实；

✓ 查阅与该劳动争议有关的各项法律法规，为争议的判断提供法律依据；

✓ 根据调查的事实、材料和相关法律法规分析判断当事人双方应承担的责任，初步拟订调解方案和意见；

✓ 调解委员会内部召开会议，就初步拟订的调解方案和该争议的事实情况进行进一步的分析讨论，做出统一的调解意见，形成劳动争议调解意见书；

✓ 调解委员会指派成员就争议事实根据相关法律法规与劳动争议的双方当事人谈话，通过交流沟通达成当事人双方对该争议调解方案的客观认识并做好思想准备。

③组织调解。调解委员会应在自收到调解申请之日起的 15 日内结束调解，但如果双方当事人都同意延长期限的，则可以延长时间。调解的流程如下：

✓ 会议书记员向调解会议主持人报告到会人员情况；

✓ 调解会议主持人宣布会议开始并宣读会议程序、纪律要求以及申请调解的争议事项双方当事人陈述案情以及对争议的各自意见和期望；

✓ 调解委员会就案件的不明之处询问双方当事人，并核实；

✓ 调解委员会公布核实的情况和调解意见，征求双方当事人的意见；

✓ 依据事实、相关法律规定及劳动合同的约定促使双方当事人协商达成协议；

✓ 不论最终双方意见是否达成一致，调解委员会都要将调解过程记录在案，双方当事人核对后签字。

④调解终结。调解终结的表现形式如下：

✓ 双方当事人经调解协商后，意见一致，达成协议，并在调解协议书上签字；

✓ 调解的申请人撤回劳动争议调解申请书；

✓ 当事人在调解过程中提出拒绝调解；

✓ 当事人未在法定期限内达成调解协议。

⑤仲裁审查确认。双方当事人达成调解协议的，可以自调解协议生效之日起的15日内共同向劳动人事争议仲裁委员会提出仲裁审查确认申请。仲裁机构接受申请后，应告知双方当事人仍然具备申请仲裁的权利。当事人不愿调解、调解不成或达成调解协议后未经仲裁审查确认且不履行的，可以直接向劳动人事争议仲裁委员会申请劳动仲裁。

3. 劳动争议的仲裁。

(1) 劳动争议仲裁的含义及原则。

劳动争议仲裁，是指劳动争议当事人自愿把劳动争议提交给第三者处理，由劳动争议仲裁委员会在查明事实、分清责任的基础上根据国家法律法规对纠纷事实和当事人责任的认定与裁决。劳动争议申请仲裁的时效为一年，时间从当事人知道或者应当知道其权利被侵害之日起开始计算。

劳动争议仲裁委员会仲裁劳动争议，除需要遵守处理劳动争议的基本原则外，还需要遵守如下特有原则：

①强制性原则。只要劳动争议一方当事人提出仲裁申请就能引起劳动争议仲裁程序的开始，相比之下，《中华人民共和国仲裁法》规定其他类型仲裁必须采取“自愿性原则”，即争议双方都必须在自愿的前提下采用仲裁方式解决纠纷。

②先调解后裁决原则。仲裁庭处理劳动争议应先行调解，在查明事实的基础上促使当事人双方自愿达成协议，经过调解不能达成协议的，应及时仲裁。

③及时、迅速原则。这一原则要求劳动争议仲裁委员会在处理劳动争议案件时，必须严格依照法律规定的期限结案尽快地解决争议。《劳动争议调解仲裁法》第四十三条明确规定，仲裁裁决一般应自受理仲裁申请之日起45日内结束，案情复杂的，经批准可延期，但延长期限不得超过15日。

④回避原则。其是指仲裁委员会成员或仲裁员在仲裁劳动争议案件时，认为具有法定回避情况不宜参加本案审理，或当事人认为仲裁员具有回避情节的，可能裁决不公，都可以申请更换他人，以保证仲裁公正顺利进行。是否采取回避措施由仲裁委员会决定。

⑤少数服从多数原则。仲裁委员会由三方代表单数组成，仲裁庭则由三名仲裁员组成，均为多数人组成，难免意见有分歧，而仲裁委员会成员、仲裁员均有平等的表决权，为保证裁决不因少数成员意见的不一而难以做出，故以少数服从多数简单多数即可做出裁决。

⑥裁审衔接制原则。当事人对仲裁裁决不服时，可依法向法院提起诉。而其他仲裁实行“裁审分轨制”，即当事人达成仲裁协议的，一方向法院起诉的法院不予受理。

（2）劳动争议仲裁程序。

劳动仲裁的程序内容如下：

①提交仲裁申请。申请人是劳动者的，需要提交以下材料：

✓ 劳动仲裁申请书（包含详细的陈述、申诉理由和要求，提交正本一套、并按被申请人数提供副本）；

✓ 申请人身份证明复印件一份；

✓ 有委托代理人的，需提交授权委托书一份，注明委托事项。委托公民代理的还应提交委托代理人的身份证复印件；

✓ 被请人工商注册登记资料（机读资料或被申请人营业执照副本的复印件）价证据清单，证据中一般应包括证明存在劳动关系的资料，如劳动合同书、工作证、厂牌、工卡、工资表、入职登记表、押金收据、社会保险缴费清单、暂住证、考勤记录、奖惩通知、解除（终止）劳动关系的通知（证明）等。当事人应提供证据正本一套，并按照被申请人数提供副本。

如果申请人为 10 人以上，并有共同请求的，可以推举代表参加仲裁活动。申请人除了需要提交劳动者需要的上述各项资料外，可推举 1 ~ 3 名代表，并提交全体申请人签名的授权书。如果属于拖欠的员工集体争议案件，申请人还需要提交按月列清的拖欠薪酬金额明细表。

申请人是用人单位的，需要提交以下材料：

✓ 营业执照副本的复印件一份；

✓ 法定代表人（主要负责人）身份证明书一份；

✓ 有委托代理人的，需要提交投权委托书一份，并注明委托事项；

✓ 证据清单，内容同劳动者需要提供的证据清单相同。

②案件受理。劳动争议仲裁委员会自收到仲裁申请之日起 5 日内，认为符合受理条件的，应当受理并通知申请人。同时，应在受理后的 5 日内将仲裁申请书的副本送

达至被申请人。被申请人收到仲裁申请书的副本后，应在10日内向劳动争议仲裁申请委员会提交答辩书。劳动争议仲裁委员会收到答辩书后，应当在5日内将答辩书的副本送达申请人。被申请人未提交答辩书的，不影响仲裁程序的进行。

劳动争议仲裁委员会认为仲裁申请不符合受理条件的，应当以书面形式通知申请人不予受理，并说明理由。对劳动争议仲裁委员会不予受理或逾期未做出决定的，申请人可以就该劳动争议事项直接向人民法院提起诉讼。

③庭前调解。仲裁庭在做出裁决前，应当先进行调解。调解达成协议的，仲裁庭应形成调解书。调解书应当写明仲裁请求和双方当事人的协议结果。调解书由仲裁员签名，加盖劳动争议仲裁委员会的印章，并送达双方当事人。调解书经双方当事人签收后即产生法律效力。如果调解不成或调解书送达前，一方当事人反悔的，仲裁庭须及时做出裁决。

④开庭审理。仲裁庭应当在受理仲裁申请之日起5日内将其成员组成以书面形式通知当事人。仲裁庭一般由3名仲裁员组成，设首席仲裁员。简单的劳动争议案件可以由一名仲裁员独自仲裁。仲裁员中有以下情况的，应主动申请回避：

✓ 与本案有利害关系的；

✓ 是本案当事人、代理人有亲属关系或其他关系，可能影响决公平公正原则的；

✓ 私自会见当事人或代理人；

✓ 接受当事人或代理人的请客送礼。

仲裁庭应当在开庭前5日，将仲裁的开庭时间、地点以书面形式通知双方当事人。双方当事人若有正当理由的，可以在开庭3日前请求延期开庭。开庭是否延期，由劳动争议仲裁委员会最终决定。

申请人收到开庭的书面通知后，无正当理由拒不到庭或者未经仲裁庭同意中途退庭的，可以视为撤回仲裁申请。开庭前双方当事人就劳动争议达成一致意见并决定和解的，可以向仲裁院提交撤诉申请书。

对于某些劳动争议，仲裁庭认为需要进行鉴定的，需要找专门的机构鉴定。鉴定机构的选择可以由双方当事人协商确定，双方当事人没有意见或无法达成一致意见时，由庭指定鉴定机构进行鉴定。

⑤执行裁决。仲裁庭应当自劳动争议仲裁委员会受理仲裁申请之日起45日内结束劳动争议案件的裁决。若案情复杂需要延期的，经劳动争议仲裁委员会主任的批准，可以延期，并须书面通知双方当事人，但延长期限不得超过15日。如果劳动争议案件的一部分事实已经清楚，仲裁庭可以就该部分先行裁决。对逾期未做出仲裁裁决的案件，当事人可以就该劳动争议事项向人民法院提起诉讼。

仲裁庭有权力裁决先予执行。对于追索劳动报酬、工伤医疗费、经济补偿或者赔偿金的案件，若双方当事人之间的权利义务关系明确、不先执行将严重影响申请人的生活，一方当事人可以提交先予执行申请书，申请仲裁庭裁决先予执行。当申请人是劳动者时，可以不提供担保。

4. 劳动争议诉讼。

（1）劳动争议诉讼的含义及原则。

劳动争议诉讼，是处理劳动争议的最终程序，是指劳动争议当事人不服劳动争议仲裁委员会的裁决，在规定期限内向人民法院起诉，人民法院依照民事程序，依法对劳动争议案件进行审理的活动。此外，劳动争议的诉讼，还包括当事人一方不履行仲裁委员会已发生效力的裁决书或调解书，另一方当事人向人民法院申请强制执行的活动。

人民法院审理劳动争议案件时，遵循司法审判中的一般诉讼原则，如以事实为根据，以法律为准绳的原则；独立行使审判权的原则；回避原则；着重调解的原则等。

（2）劳动争议诉讼程序。

劳动争议诉讼实行二审终审制，当事人对劳动争议仲裁机构的仲裁不服的，可以向人民法院起诉，对一审法院判决不服的，可以向上一级人民法院上诉，二审法院判决是劳动争议的最终判决。劳动争议案件由各级人民法院的民事法庭受理，包括劳动争议案的起诉、受理、调查取证、审判和执行等一系列诉讼程序。

①准备材料。如果起诉申请人是劳动者，则需要准备下列材料：

✓ 起诉状；

✓ 申请人的身份证复印件；

✓ 用人单位的营业执照副本的复印件；

✓ 有代理人的，代理人应提供授权委托书以及代理人的身份证明；

✓ 证据材料及清单。

如果起诉申请人是用人单位，需要准备下列材料：

✓ 起诉状；

✓ 营业执照副本的复印件；

✓ 法定代表人身份证明复印件；

✓ 劳动者身份证复印件；

✓ 代理人的权委托书以及身份证明；

✓ 证据材料及清单。

具体材料以法院立案前的要求为准。

对于一般举证范围，需要准备的证据材料一般包括劳动关系的证明，例如，劳资双方签订的劳动合同，聘用或雇佣关系的证明。未签订劳动合同的应提供工作起止日期及有关证明材料对于劳动保险、劳动保护引起的劳动争议，需要举证的范围一般包括企业的老保险金、住房公积金的有关证据；员工的工资和奖金情况；员工伤势鉴定及医疗费单据等。

对于因涉及企业开除、除名、辞退员工而引起的劳动争议，需要提供企业开除、除名、辞退员工的决定通知等；涉及培训费的，用工单位必须提供支付培训费的具体依据及必需的服务期限等。对于追索劳动报酬的劳动争议，需要提供劳动起止日期等有关证据。

②案件受理。人民法院受理劳动争议案件的标准如下：

✓ 有明确的被告；

✓ 有具体的诉讼请求和事实、理由；

✓ 原告是与本案有直接利害关系的公民、法人和其他组织；

✓ 属于人民法院受理民事诉讼的范围和受诉人民法院管辖。

对于符合起诉条件的，人民法院必须受理，在 7 日内立案，并通知双方当事人；对于不符合起诉条件的，应当在 7 日内裁定不予受理，并做出裁定书；原告对裁定不服，可以提起上诉。

③庭前调解。同仲裁的调解类似，劳动争议诉讼案件在开庭前同样会征询双方当事人是否愿意接调解，协商解决劳动争议。若双方当事人就劳动争议不能达成一致意见或一方当事人受调解，则继续开庭审理。

④开庭审理。在正式开庭审理之前，人民法院还要提前做好相关的准备工作，例如，向被告发送起副本，组成合议庭，开展调查或委托调查，通知当事人参加诉讼等。劳动争议开庭审理的流程如下：

✓ 开庭；

✓ 原告陈述诉讼请求、事实及理由；

✓ 被告答；

✓ 法庭调查；

✓ 当事人陈述；

✓ 双方举证质证；

✓ 宣读鉴定结论；

✓ 勘验笔录；

✓ 辩论（先原告及其诉代理人发言，再被告及其诉代理人答辩，再辩论）；

✓ 最后总结陈述（按照原告、被告、第三人的先后顺序）。

⑤依法判决。在人民法院做出判决前，如果劳动争议能够调解，还可以进行调解，仍然无法调解的，应当及时判决。在判决书送达当事人之日起 15 日内，如果当事人没有向上一级人民法院提起上诉，则判决书生效。

⑥申请二审。如果有当事人不服一审判决，可依法提起二审程序。但须在一审判决书送达之日起的 15 日内向上一级人民法院提起上诉。上诉状应当写明当事人的姓名、企业法人名称及法定代表人姓名，原审人民法院名称、案件编号和案由，上诉的

请求和理由。上诉状应通过原审人民法院提交，并按对方当事人或代表人的人数提交副本。二审人民法院的诉讼过程同一审诉讼程序，其做出的判决为终审判决。

12.2.4 劳动保护

1. 劳动保护概述。

（1）劳动保护的含义。

劳动保护是提升劳动安全的重要手段。它是指企业针对员工在劳动过程中存在的许多不安全、不卫生的因素采取的各种技术措施和组织措施的总称。没有良好的劳动保护措施，企业就没有安全的生产、工作环境，员工的身心健康得不到保障；没有强健的体魄和健康的心理，员工就不会持续、安心地投入工作。

（2）劳动保护的内容。

劳动保护所要解决的问题是针对生产活动中一切有可能危害劳动者的因素，采取有效措施加以消除或控制，创造合乎安全生产要求的劳动条件，防止伤亡事故、职业病的发生。劳动保护的基本任务是保证安全生产、实现劳逸结合、对特殊劳动群体的保护、规定工作时间和休假制度、组织工伤救护以及做好职业病的防治等。

劳动保护的内容包括四个部分：劳动时间规定、安全生产技术、职业卫生和对特殊劳动群体的保护。其中，劳动时间规定是指企业所实行的员工工作的时间必须符合国家有关法律法规的相关规定，并且应该有利于员工身心的健康发展；安全生产技术是指为了消除生产过程中的不安全因素，保障员工人身安全，预防人身事故而采取的各种技术、物质措施的总称；职业卫生是为了消除由于职业特点而形成的对于劳动者健康的不利影响（职业病），从工作安排、技术组织管理等方面采取各种措施，建立合乎科学的劳动环境，保证劳动者的身体与心理健康；对特殊劳动群体的保护主要指对女员工、年长员工等具有特殊生理特点的员工应实行有针对性的劳动保护措施，例如，禁止女性员工从事一些禁忌从事的、强度过大的工作，以及女性员工在怀孕期、产期、哺乳期的特殊保护等。

2. 实施劳动保护。

企业如何在现有的劳动条件下，利用有限的资源来实现劳动保护效果的最优化，这是每个企业都会面对的现实问题，也是企业管理者需要深入思考的问题。一般而言，改善企业的劳动环境，为员工提供更为优质的劳动保护条件可以分为四个相互关联的步骤与环节——排查隐患、评估风险、采取措施、监管控制。其具体内容如下：

（1）排查隐患。排查隐患是指通过企业全体员工的努力，找到那些有可能威胁企业员工工作安全与身心健康的工作、工作要素与行为动作。

（2）评估风险。在找到企业所存在的工作隐患之后，就需要对这些隐患进行评估与排序。根据霍特（Holt）与安德鲁（Andrew）提出的理论，风险评估可以用风险的严重性评估指数乘以风险的可能性指数来计算，即，风险 = 严重程度 × 概率值，通过这一计算公式的评估结果，可以将隐患根据其潜在严重程度进行排序。

（3）采取措施。通过以上两个步骤，企业管理层找到工作中存在的隐患并进行了粗略的排序，以确定资源投入的优先顺序。这些工作完成之后，企业就需要采取切实的措施来有效地防控隐患演变为事故，改善员工的工作条件。这些措施应该符合企业所面临的具体环境。总体而言，企业对于改善劳动保护的效果所采取的各种措施可以分为针对工作的改进措施与针对员工的改进措施两个方面：

①针对工作的改进措施。针对工作的改进措施着眼于工作中所存在的隐患点，力图通过对工作方面的改进，消除或降低这些隐患点的威胁水平。

②针对员工的改进措施。与针对工作的改进措施不同，针对员工的改进措施更依赖于对劳动主体的资源投入。希望通过对员工采取一定措施，力图使员工远离危险隐患，或者将这些隐患对员工的伤害可能性与程度降至最低。

（4）监管控制。作为改善企业劳动保护效果的最后一个步骤与环节，监管控制的作用不容忽视。它用以监督企业所制定的各项改进措施的实施情况，客观评价这些措施的实施效果。同时，通过这一环节，企业可能进一步得到关于其在劳动保护方面所取得的成效的信息，确定下一步的努力方向，对已采用的不尽如人意的措施进行修正。

12.3 员工安全与健康

12.3.1 员工安全概述

1. 员工安全的重要性。

《劳动法》第五十二条规定，“用人单位必须建立健全劳动安全卫生制度，严格执行国家劳动安全卫生规程和标准，对劳动者进行劳动安全卫生教育，防止劳动过程中的事故，减少职业危害”。《劳动法》第五十四条规定，“用人单位必须为劳动者提供符合国家规定的劳动安全卫生条件和必要的劳动防护用品，对从事有职业危害作业的劳动者应当定期进行健康检查”。

用人单位提供安全的工作条件非常重要。首先，工作场所的事故数量多得惊人；其次，安全事故造成的经济损失非常大；最后，危险的工作场所并不仅仅局限于制造业。例如，在提供商业服务的厨房中存在刀具过多、表面过热和地板湿滑所带来的危险。在餐馆里，滑倒和跌落占所有工伤事故的1/3。因此，安全的工作条件不仅对于员工是至关重要的，对于企业的生存和发展也是必不可少的。

2. 引发安全事故的原因。

导致工作场所事故的原因有以下三种：偶然事件、不安全的工作条件、员工的不安全行为。下面将对其进行详细的介绍。

（1）偶然事件。

偶然事件会导致事故，但其或多或少超出了人为的控制。因此，企业对这种事件的人为预防作用较小。

（2）不安全的工作条件。

不安全的工作条件是引发安全事故的一个主要原因。比较明显的因素包括：

✓ 脚手架缺陷；

✓ 设备防护不当；

✓ 字迹磨损；

✓ 危险的机械或设备操作程序；

✓ 不安全的存放，如超载；

✓ 照明不当；

✓ 通风不畅。

对于此类问题的解决，需要企业中的相关管理人员对可能出现安全隐患的工作条件和设施进行定期检查和更换，以便识别并消除。

（3）员工的不安全行为。

实际上，仅仅通过减少不安全的工作条件是无法彻底消除安全事故的。有时候，员工本身也会引发事故，而且没有人能够完全避免以下的不安全行为：

✓ 乱扔物品；

✓ 以不安全的速度运行或工作；

✓ 挪动、调节和分离安全设备，使安全设备无法运行；

✓ 乱抬东西。

目前对于员工展现出不安全行为的原因解释有以下几种：①工作条件可能给不安全行为的滋生提供了温床；②员工没有就安全的工作方法接受足够的培训；③某些特定的人群比其他人更容易引发事故，但相关研究结果较为复杂。

3. 预防安全事故的方法。

虽然工作场所安全事故的影响极大，但这并不意味着企业无法通过特定的措施加以预防。预防安全事故的方法主要有以下几种，企业需要结合具体实际情况加以选择及使用。

（1）减少不安全的工作条件。

减少不安全的工作条件永远是企业的第一道防线。安全工程师应当通过工作设计来消除或减少工作中的物理风险。有时候排除不安全的工作条件的解决方案很容易找到，例如，工作时失足和摔倒常常是由碎片或地板湿滑所致。企业和安全专家一起合作排除掉这样的潜在危险条件因素，例如，可以在房里铺上防滑垫，在活动的机器旁边安装护栏。

（2）个人保护设备。

完成以上这些工作之后，管理人员还可以让员工穿戴个人保护设备。例如，美国防盲协会（Prevent Blindness America）估计，在美国，每年有超过 70 万工人在工作中眼睛受到伤害，而其中 90% 的伤害是可以通过佩戴安全护目镜避免的。

让员工穿上个人保护设备可能是一件很困难的事。防护服的穿着性能很重要，除了能提供可靠、耐久的保护屏障和应当比较合身之外，还应当易于保管、维护和修理；灵活和重量较轻能给人以舒适感并减少压力；纹理粗糙，比较容易穿和脱，容易清洁、处理和回收。

当然，在事前穿戴个人保护设备比在事故发生之后再穿更有意义。但是，减少不安全的工作条件（如关闭复杂的设备）应当永远是预防事故的第一选择；其次是管理控制（如工作轮换以减少长期接触危险的情况）；再次才是个人防护设备。

（3）减少不安全的行为。

尽管减少不安全的工作条件是第一道防线，但是员工的不安全行为甚至能使那些最好的安全措施失效。有时候，断开安全开关等不安全的行为并非员工故意为之，例如，分心引发了一半以上的交通安全事故。在工作中，没有注意到移动或静止的物体以及湿滑的地板往往会引发事故。而且，具有讽刺意味的是，通过机械或者个人防护设备来保证安全降低了工人的危机意识，从而导致不安全的行为。

然而，仅仅告诉员工“一定要小心”是不够的。实际上，减少不安全的行为需要一个过程。首先，识别并努力消除潜在的危险，如没有防护的设备；其次，减少可能引发分心的因素，如噪音、热度和压力；最后，需要仔细地筛选和培训员工，以做到防患于未然。

（4）通过人员甄选来减少不安全行为。

安全事故与其他类型的低绩效是类似的。心理学家已经能够成功地针对某些特殊的职位筛选出容易引发事故的求职者。最基本的方法就是识别出在特定工作中容易引发事故的人格特征，然后再决定在这项人格特征上的得分是否能够预测出工作中的事故。

（5）使用海报和其他宣传方式。

安全海报等宣传方式能够帮助减少不安全的行为。在一项早期的研究中，使用安全海报使安全的行为显著地增加了 20%。不过，企业应当把安全海报和其他方式结合起来以减少不安全的工作条件与行为，如甄选与培训等。

（6）提供安全培训。

安全培训能够减少不安全的行为。这对新员工来说尤其重要，企业应当教给他们安全工作规定和程序，警告他们哪里存在潜在的危险，并帮助他们建立安全意识。

（7）强化安全文化。

企业和基层主管应当通过自身认真对待安全问题的表率创造注意安全的文化。具有安全文化的工作场所能够表现出：

①团队合作，管理人员和员工共同参与到安全问题中；

②在安全问题上高度透明、相互配合的沟通和合作；

③对卓越的安全的共同愿景（最重要的是态度——所有的事故和伤害都是能够避免的）；

④把关键的安全职能分配给特定的个人或团队；

⑤持续识别和纠正工作场所安全问题和风险的努力。

（8）进行定期的安全和健康检查。

要借助核清单对所有可能引起安全与健康问题的因素进行例行检查。对所有事故和“准过失”进行调查，并建立一种让员工向管理人员通报危险情况的制度。安全审计包括两层含义，它既指的是安全检查，同时也指的是企业对安全数据进行整理和分析，如安全事故、工人赔偿申请和工伤引起的误工等。衡量指标包括与安全行为和程序一致性的比率，以及有害结果的比率，如损伤率。

12.3.2　员工健康管理

1. 员工健康的含义。

员工健康管理是一项企业管理行为。它是通过企业自身或借助第三方的力量，应用现代医疗和信息技术从生理、心理角度对企业员工的健康状况进行跟踪、评估，系统维护企业员工的身心健康，降低医疗成本支出，提高企业整体生产效率的行为。

员工健康管理是一种现代化的人力资源管理模式。它是人力资源管理模式从对“物”的管理转向对“人”的管理的反映。人力资源管理经历了从以“经济人”理论为核心的雇佣管理模式到以“社会人”理论为核心的人力资本运营模式的变迁。在这种演进的过程中，人的重要性日益凸显，人的个性化需求不断得到满足，人力资本逐渐成为企业最为重要的资本。而员工健康管理实际上体现了企业对员工的人文关怀，体现了对人的尊重和对人力资本的重视，这种管理模式迎合了现代企业管理的需求，具有相当的现实意义。

2. 员工健康管理的重要性。

员工健康管理降低了人才流失的风险，有助于形成可持续的人力资本，为企业的可持续发展奠定了良好的基础。

(1) 有利于提高组织绩效和企业生产力。波特—劳勒激励模型（Poter - Lawler's Expectancy Model）指出，工作绩效除受个人努力程度决定外，还受到个人能力与素质、外在的工作条件与环境、个人对组织期望意图的感悟与理解、对奖励公平性的感知等因素的影响。知识经济时代，人力资本的重要性逐步彰显，企业对组织绩效的改善，在很大程度上要着眼于员工本身。按照波特—劳勒激励模型，在其他因素不变的情况下，如果员工的工作意愿强烈、工作能力能得到有效发挥，其工作绩效会更容易提高。而企业进行员工健康管理，一方面降低了员工健康风险对其能力发挥带来的限制，改善了企业人力资本的质量；另一方面，使员工感到企业的关怀，解除了员工的后顾之忧，优化了员工的工作动机与意愿，进而提升其努力程度，提高工作绩效。

(2) 有助于增强企业凝聚力，促进企业可持续发展。凝聚力是企业作为一个团队生存的基础，也是企业发展壮大的必要条件。这种力量使组织成员心甘情愿留在组织中，为组织贡献自己的聪明才智。员工健康管理体现了以人为本的管理理念，可以增强员工的组织认同感和归属感，提高企业的凝聚力。

(3) 我国企业的员工健康状况不容乐观。我国企业的员工健康状况令人担忧。据卫生部对10个城市上班族的调查显示，亚健康状态的员工已占48%，尤以经济发达地区为甚；而几乎每个参与市场竞争的个体都或多或少患有慢性病和心理疾患。另外，根据全球最大的员工福利咨询公司美世《2008年中国员工健康和福利现状调研报告》显示，88%的企业对员工现在和未来的健康状况感到担忧。在这种情况下，企业进行员工健康管理尤为必要。

3. 员工健康管理的实施。

对企业而言，全面实施员工健康管理，需要做到文化、制度、管理等方面的多管齐下，这样才能确保员工健康管理的全面性，并取得较好的效果。

(1) 建立尊重员工的文化氛围。正如前所述，员工健康管理根源于“以人为本”的企业文化。因此，要实施员工健康管理，必须先从企业文化着手。一方面，企业要树立人性化的管理理念，营造尊重员工、重视员工的文化氛围，塑造“以人为本”的企业形象；另一方面，在具体的管理实践中，实行柔性管理和爱心管理，倾听员工需求，帮助员工进步，让员工参与决策等，使员工切实体验到受尊重的感觉，找到“以企业为家”的归属感。

(2) 创造舒适的工作环境。舒适的工作环境有利于身心健康，也有利于调动员工的工作积极性，发挥员工的创造力。例如，从空间、装饰、光线、整洁度等方面对工作环境加以优化，为员工提供舒适的办公环境；对于一些枯燥的重复性劳动，通过工间操、播放背景音乐等形式，达到舒缓压力、调节情绪的目的。在这方面，谷歌的做法值得借鉴。谷歌总部地处环境优美的加州山景城，办公楼的设计风格别致，员工使用滑板车往来于不同的工作场所；为了满足员工休闲的需要，谷歌特意建造了别致的休息区；为了满足员工的个性化需要，谷歌支付预算让员工自己布置办公室。

（3）完善企业的激励、沟通机制。通过完善企业的激励、沟通机制来解决员工的后顾之忧，扫清员工健康发展的障碍。关注员工个人发展，提供广阔的发展空间，完善职业晋升通道，给员工以动力和希望；提供有竞争力的薪酬和奖励制度，激励员工朝着积极、健康的方向迈进。同时，建立畅通的沟通渠道，让员工之间、上下级之间可以平等对话、互通信息、交流思想。积极举办各种形式的文化体育活动，舒缓工作的压力，增强员工之间的情感交流，提高团队凝聚力。

（4）设置员工健康管理相关岗位。加强人力资源方面的投入，设置员工健康管理的相关岗位，负责对员工健康进行管理和监督。如华为公司于 2008 年设立首席员工健康与安全官，以进一步完善员工保障与职业健康计划。除此以外，华为还专门成立了健康指导中心，规范员工餐饮、饮水、办公等健康标准和疾病预防工作，提供健康与心理咨询。一些世界 500 强企业如 GE、Dow Chemicals 等也设立了亚太或中国地区健康顾问的职位，用来对公司员工的身体健康和心理健康进行管理和监督。

（5）实施 EAP 计划。EAP（Employee Assistance Program）计划，即“员工援助计划”，是由组织为员工提供的一套系统服务，通过专业人员对企业员工提供诊断、辅导、咨询和培训等服务，解决员工的各种心理和行为问题，改善员工在组织中的工作绩效。EAP 主要包括初级预防、二级预防和三级预防三个方面内容，作用分别是消除诱发问题的来源、教育和培训、员工心理咨询与辅导。据了解，目前世界 500 强中相当数量的企业建立了 EAP。惠普、摩托罗拉、思科、诺基亚、爱立信、可口可乐、杜邦、宝洁等一大批外资企业，纷纷启动了它们在中国的 EAP 项目。不少本土企业，如联想集团等，也认识到员工健康管理的重要性，纷纷引入 EAP 项目。

12.4　员工离职管理

12.4.1　员工离职及相关分析

1. 离职的分类及产生。

（1）员工离职的分类。

员工离职在性质上可以分为自愿离职和非自愿离职。自愿离职包括员工辞职和退休；非自愿离职包括辞退员工和集体性裁员。退休对于企业更新人员年龄结构具有正面价值，在正常情况下，其数量和比例具有可预期性。集体性裁员和辞退员工是一种偶发行为，一般在离职分析中不予考虑。

（2）离职问题的形成。

企业员工离职可以分为两种情况：一种是对于企业认为不符合企业文化或不具有竞争力的员工，企业往往通过较低的加薪、缓慢的升迁等制度或方式暗示员工主动辞职，从而规避给付员工经济赔偿金；另一种才是真正意义上的企业内部人才流失，即那些有利于企业运营和成长的员工从该企业离职。

2. 离职的相关分析。

（1）离职的原因分析。

当企业的员工离职率偏高时，企业应系统地收集相关资料，了解员工离职的原因。资料收集的方法有离职访谈、对离职或现有员工进行问卷调查等。一般来说，员工离职的原因主要体现在三个方面，具体如图 12－4 所示。

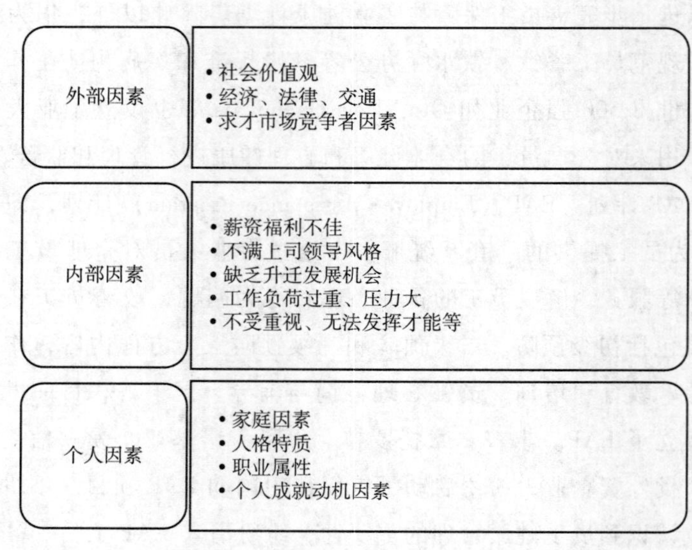

图 12－4　离职原因

（2）人才流向分析。

对人才流向的分析，是对商业竞争的预警，是对潜在危机的洞察。人才流失后是去了同业或竞业，还是去了其他行业，对本企业的意义和影响完全不同。如果是去了其他行业，那本企业的损失只是人才流失造成的直接成本；如果到了具有竞业业务的单位，相当于替竞争对手培养了人，还存在客户丢失、关键技术泄露、商业秘密泄露等难以发现和维权的间接成本。

（3）离职效果分析。

员工离职的影响是多面的，企业及管理者需要以批判的眼光看待。员工离职的效果分为良性和恶性影响两个方面。

①良性影响。在企业中保持一定的员工流动率能够为企业不断输入新鲜血液，引进高素质员工，淘汰不合格员工，使企业保持活力。这是员工离职的良性影响，它对

企业发展的积极作用体现在以下几个方面：

✓ 员工因能力或健康状况不能胜任组织工作而要求辞职时，可以减少组织负担。

✓ 辞职人数保持在正常范围内，可以促进组织吸收新生力量，保证员工队伍正常的新陈代谢。

✓ 员工离职还能改善员工与工作、与企业之间的搭配关系。没有离职，很多员工就会深陷在不适合自己的工作中无法摆脱，企业也同时被这些没有发挥出水平的员工拖累。

✓ 离职使公司能够重新配置和补充人员，从而避免了停滞。外部输入的新想法、新能力和新经验能帮助企业保持竞争力。

②恶性影响。如果离职率超过正常范围，特别是骨干员工、核心员工的离职，则会严重影响企业正常的生产运营和发展。这样企业必然会因缺乏人才而面临被市场淘汰的风险。员工离职的恶性影响对企业的发展具有严重的消极作用，具体有以下几点：

✓ 掌握核心技术或商业机密的员工的离职可能导致企业赖以生存的核心技术或商业机密的泄露；

✓ 知识型员工的离职可能导致企业关键岗位的空缺；

✓ 增大招募和培训成本；

✓ 增加企业经营风险；

✓ 导致企业现有员工士气低落，工作效率下降。

12.4.2　离职流程及风险管理

1. 离职流程。

（1）提出辞职申请。

企业应建立起完善的离职管理制度，以规范离职管理。一般规定，正式员工因故辞职，须提前 30 天向人力资源部提交书面的辞职申请表或离职申请表，并呈送相关领导审批。试用期员工须提前 3 天向人力资源部提交书面的辞职申请表或辞职通知。

（2）离职面谈与审批。

接到辞职申请的负责人应当及时与辞职员工进行沟通，对于工作表现优秀、业绩良好的员工，应适时安排离职面谈，了解其辞职原因，并寻找解决办法尽量挽留，减少企业因员工流失造成的损失。另外，可以安排员工所属部门负责人参与离职面谈，有助于企业了解员工离职的原因，同时能够有助于企业管理和领导状况的改善和提升。

①面谈前的准备。面谈地点应选择轻松、明亮的空间，另外，离职者的个人基本

资料、离职申请书以及考核记录表也应妥善准备，以正确掌握离职的真正原因，同时也让离职者感受到面谈者对于当事人的重视程度。

②离职面谈内容。为了达到较好的效果，面谈人员应先确定好面谈的内容，不能漫无目的、随心所欲地进行。离职面谈一般需要了解的信息包括以下六个方面，具体内容有以下几点：

✓ 离职后的个人职业生涯规划等；

✓ 离职后本岗位后续工作开展的建议；

✓ 离职人员对所在部门或公司层面需要改进的合理化建议；

✓ 离职人员对公司当前工作环境及公司内部人际关系的看法；

✓ 离职人员对当前公司管理、文化的评价；

✓ 离职人员离职的真实原因，导致离职的主要事件。

面谈应以开放性的问题为主，避免问太笼统或具有引导性的问题，多问一些类似"什么""如何"和"为什么"等开放式的问题，让离职员工能够表达自己的想法。离职面谈结束后，如果对离职员工挽留无效，就要对离职人员对面谈工作的配合表示感谢，并将其离职申请交由负责人审批。

③空缺岗位分析与补充。在为离职人员办理手续的同时，人力资源部需要及时对离职人员所在岗位进行分析，根据岗位职责、岗位需求，以及企业的实际情况确定采取内部招聘或外部招聘的方式补充人才，确定招聘方式的标准如图 12－5 所示。

内部招聘优先	外部招聘优先
• 如果企业具有相对完善的人才培养计划及激励机制，企业人才流失率较小，且岗位涉及的业务发展需求没那么迫切，可以优先选择内部竞聘。	• 如果岗位涉及的业务发展需求迫切，急需技术或能力投入保持业务产出的，岗位内部供应的选择较少，特别是关键技能型的岗位，可通过外部招聘选拔人才。

图 12－5　确定招聘方式的标准

（3）工作交接。

人力资源管理部门在收到员工的离职或辞职申请，并进行离职面谈后，应通知所在部门做好离职员工的工作交接。工作交接主要包括办公用品交接和工作内容交接两个方面。

2. 离职风险及管理对策。

对企业来说，员工的自动离职往往是不可预测的，员工离职率高可能会给企业带来多种消极影响。因此，针对员工离职可能会带来的风险，企业应制订相应的管理对策，具体内容如表 12－3 所示。

表 12－3　　离职风险和管理对策

离职风险	管理对策
违法解雇	1. 保留好员工的辞职申请书，离职证明需要注明详细的离职原因和离职时间； 2. 如果员工是因为严重违反公司规章制度而离职，还需要保留员工违反规章制度的证明、向工会提出的申请、公司内部的公告、向员工发放的通知等全套证据材料。
经济赔偿	1. 需要用人单位支付经济补金的，用人单位应按规定支付； 2. 员工在职期间造成用人单位损失需要赔偿的，员工也应该在离职前赔偿； 3. 除非企业有明确的证据证明，否则在员工离职时，企业应一次性付清员工的工资。
竞业禁止	1. 用人单位在与员工签订《竞业禁止协议》时，要约定经济补偿金的金额； 2. 员工离职后，用人单位要切实履行经济补偿金的义务，否则该《竞业禁止协议》无效。
关键技术/商业秘密泄露	1. 加强商业保密措施，并签订竞业限制的协定； 2. 员工未按照相关协定履行时，企业可以按照协议约定追究员工的法律责任。
绩效损失	1. 对员工离职的方法和离职工作交接做事先约定； 2. 在企业内部创建顺畅的沟通渠道，创造富有激情的内部环境，以提前避免人才流失。
客户流失	1. 建立客户信息数据库，实施客户关系管理； 2. 实施品牌战略，依靠品牌的知名度和美誉度来吸引顾客。
岗位空缺	1. 在内部设立后备人才的培养计划； 2. 在外部设立行业关键人才的监测计划。

12.4.3　离职管理实务

1. 离职管理的重要性。

离职管理是指用于员工离职过程及离职后个人信息的管理。具体的作业包括业务设置、申请办理、手续交接、离职处理、查询统计等。

员工离职管理在企业人力资源管理体系中起着举足轻重的作用，它是企业减少人才流失、降低人力资源管理成本、保证人才有序流动、维护企业和员工的合法权益、提高人力资源管理水平的重要方式。

2. 降低员工流失率的措施。

人才流失对企业造成的损失不仅包含招聘、培训等管理成本，还包括从寻找接任者到接任者达到能够满足该岗位需求能力的时间成本和因人才流失而影响现有在职人员士气的精神成本。降低员工的流失率可以从以下方面着手。

（1）注意招聘的环节。

面试时，如果候选人曾经的工作经历转换比较频繁，平均每份工作的时间不超过三年，工作过的单位数量较多，转换工作的理由含糊其辞，说明该员工的稳定性较差，用人单位在选择时需谨慎考虑。

有的人力资源管理人员为了迅速吸引人才，在招聘宣传时会给候选人传递过多的正面信息；有的人力资源管理人员提供薪酬信息时只提供薪酬范围（例如，4 000 ~ 15 000

元）；有的甚至提供虚假岗位、薪酬、福利待遇等信息。候选人因此而产生过高的期望，入职后发现实际情况与人力资源管理人员的描述或自己的期望不符，必然会产生较大的心理落差，最终导致离职。

（2）用薪酬福利留住员工。

具有市场竞争力的薪酬福利体系是留住员工的有效手段之一。薪酬和福利应采取多样化的方式，不应仅包括工资和奖金金额的提高，还应在薪酬福利的多样性、长远性、独特性方面下功夫。例如，设置员工持股计划、提供菜单式可选的个性化福利、定期组织集体活动等。

需要注意的是，薪酬和福利是“保健因素”，而不是“激励因素”；是能够满足员工物质和生活需求的基本资源，而不是“万能钥匙”，一味期望通过采取高薪酬、高福利留住人才的方式并不可取。

（3）用文化和情感留住员工。

比制度更能够影响员工的是企业文化，企业文化是员工扎根的土壤，优秀的企业文化天然具有吸引和留住员工的作用，能够让员工在这片土壤上茁壮成长；而不好的企业文化，就像一股无形的力量在把员工往外推。

与薪酬和福利的“保健因素”不同，与员工建立起的情感交流属于“激励因素”。上级与员工、员工与员工之间建立起的感情纽带，能够极大地增进员工的幸福感、满意度和责任感，进而增强员工的稳定性。

（4）用职业发展留住员工。

如果企业能够为员工提供良好的学习和培训机会，提供一条畅通、清晰的职业发展通道，那么哪怕目前企业在该岗位的薪酬没有市场竞争力，但未来的预期收益是明朗的，职业的发展和能力的提升意味着员工将收获自身价值提高的满足感，会有更多员工为了得到更好的发展而选择留在企业。

因此，企业应完善培训管理体系，做好职业发展通道建设，为员工创造更多的学习和发展的平台和机会。

12.5 数据驱动型员工关系

12.5.1 去中心化的员工关系

移动互联时代是个去中心化的时代，去中心化不仅表现为组织变化，也渗入员工关系的方方面面。因此，以去中心化的员工关系为底色，构建新职场生态圈是一个全新的命题和思维走向。

去中心化的职场生态圈里不是没有工作分工和管理分工，不是没有监管和指令，而是管理的角色转变、监管和指令的方式转变，从等级森严、监控冰冷、心路遥远的工业时代特色，变成有温度、有湿度、有质感的，更为人性更为柔性的方式。

1. 从“人与人”到“体与体”。

巨人网络没有层级限制，高管也不会高高在上，总监、副总裁甚至 CEO 都和员工打成一片，“做项目的时候，高管都冲在一线，带着大家一起做”，巨人的管理者说。开放与融合是互联网公司的特质，这使管理者与员工之间的距离变小，有利于打破管理的沉默感。

身为互联网公司，巨人网络的组织架构已充分扁平化，经常以项目为主导形成一个团队开展研发工作，而在不同团队之间的临时性组合也早已成为平常，在此情况下，只有做到办公空间的快速变更，才能更好地推进项目协同协作。

可以想见，在一个沟通边界交叠、上下层级简单、以任务而非等级为导向的工作平台上，员工可以根据任务需要快速组网，又快速联网，再快速组成新的工作群体。这样的员工关系，就是平台上的工作资源点、价值贡献点、能量点之间的关系，这三点实际上是“体”的表现方式，是网络企业中员工体与体之间的关系，当然与传统企业组织中的员工关系有很大的不同。不仅是案例中的巨人网络，很多移动互联时代的优秀公司和新锐企业，以及“互联网 +”的企业，都具有非常明显的“员工在平台式的工作环境上，以任务为核心快速组网、联网、再组网”，员工和员工相互之间发生着“工作资源、价值贡献、能量的交换和转换”，这就是员工体，员工与企业是体和网的关系。

2. 员工价值盈余管理。

人力资源价值充分开发是这个时代的大课题。几乎所有企业的人力资源价值远远没有得到充分的开发，整个企业内部有着大量的员工价值盈余被搁置、耗散和浪费。移动互联时代无比强大的智能手机提供了无处不在的手段，使员工可以随时随地“分心”，产生价值盈余，这个盈余就是员工价值没有被充分开发而且被白白耗散的部分。

滴滴打车立志要做“互联网行业最牛的福利”，而且也的确做到了。滴滴打车为三四线城市来京工作的外地员工提供了两项高价值福利，分别是员工身故给予相当于 5 倍年薪的保险赔偿，员工外地父母来京看病，企业提供医疗费用的支援。公司建立了这样的文化：“公司在乎小桔人和家人”，“小桔人拼命工作”。满意的员工将这种关怀的温度传递给了司机，司机传递给了用户。公司约有 5 000 员工，而公司关于外地户籍员工的父母来京看病的视频，在腾讯视频网上却有 3 万次点击，道理很简单，员工把这些视频大量转发了，员工说：“来我们这儿吧，看病不要钱。”

这不是简简单单的人力资源部主导的一项福利计划，当然一般企业往往将之归属于此。应该看到，公司通过这种方式，以实际上相当合理的成本投入，极大地利用了员工价值盈余，即这些年轻员工的后顾之忧被极大地削减了，他们就可以全身心地投入工作中，从而充分实现了人力资源本身的资源价值。从这个意义上看，这已经远远超过福利本身，具有了道德和经济意义，是在经济基础上，重修了道德意义，这不正是企业员工关系所有的深刻内涵吗？因此，在同样的物质或者金钱投入范围内，要么企业满足于交作业式、大家都有我也有的所谓年度福利计划，要么再往前走一步、进入思考构建一个什么样的员工关系的层次上，从如何利用好员工价值盈余开始思考，建立管理逻辑，实现“小切口，大意义”的管理手法。

3. 从机制到静修的“YOU +”。

“YOU +”一词来源于目前国内首创的专为创业团队打造的青年创业社区。不过，本书转用该词为一种新型的工作关系，这个工作关系是员工平等，互相服务，缔造幸福企业。

美国演讲家、作家雅各布·摩根（Jacob Morgan）的《工作的未来》（*The Future of Work*）一书中，描述了五个在未来几年最有可能出现的新的职场工作方式。

（1）去等级制度。所有的员工都是平等的，没有等级制度，只有分工职责不同，任何人之间都可以随意交流，思想的自由碰撞产生巨大的创造力。

（2）去固定工作时间。工作时间是自由的，一切视工作任务的具体情况的化而定。只要做好分配制度，充分利用人力资源和时间资源，就能比过去创造更大的价值。

（3）不只把办公室作为工作之地。工作的地方是自由的，办公室、家、咖啡馆，哪儿都可以作为工作的地方。

（4）不止高管和经理控制所有信息。重要的信息也会在所有人之间共享。

（5）去员工的年度审查制度。工作绩效可以实时得出，每完成一份工作就会有相应的记录，并做出总结，以便员工进一步改善。对于公司来说，也会在一年中的各个阶段及时给予员工必要的奖惩。

这是通过互联网机制而实现的新型工作关系，这种工作关系在当今的双创企业里已经部分成为现实。

我们坚信，移动互联时代是一个讲内心意义的时代，是个道德感更强、知识水平更强、服务他人成为良好风尚的时代。只有当员工的所作所为被赋予了更高层次的社会意义时，员工才会主动承担更大的社会责任，从而实现构建新职场生态圈的目标。

12.5.2 入职、在职和离职管理的新体验

移动互联时代不是一个慵懒的时代，不是一个全面小资的时代，恰恰相反，这个时代是一个追求效能、追逐创新、追赶同仁的时代。有几个词汇代表了时代的声音：颠覆、迭代、极致。各种 HR 论坛上，当“专注”“极致”“快”等高级互联网专享词

汇出现时，为什么大家如此关注？这是互联网所创造的创新的力量，“不关注创新，就是不关注未来”。

1. 在职赋能的柔性管理。

员工在职管理的核心是什么？归根到底是企业获得绩效和结果，员工获得成长和收益。问题是，如何实现这样的双赢？传统的人力资源管理的做法是管控和培训，通过管控约束和指导员工的工作行为，通过培训统一思想，提高技能。不过，移动互联时代，赋能成为一个新的选项。在人力资源管理体系其他部分的支持下，赋能成为帮助员工实现全面发展，从而创造更高绩效的巧妙方法。

“京东年级”是京东大学的评价体系。这个体系整合了线下培训、线上培训、京东 TV、文档中心、内部论坛、价值观积分等多个平台，员工在内部系统的所有动作都将以积分形式被记录。根据这些积分，员工可以获得京东授予的专业岗位认证。拿到认证的员工，即使离开京东，也可以凭借京东的影响力找到较好的工作。

“京东年级”是一个很好的赋能思路。“京东年级”实际上整合了员工在京东所有与知识、技能、贡献、价值有关的活动和活动成果，并加以量化，最终借助京东的市场品牌，将量化的分数与市场价值接轨，形式类似“期权”式的回报预期，产生了强大的激励拉动力，拉动员工积极参与赋能。“京东年级”实际上具备了“京东价值认证”的效果，这个认证，衡量的就是员工在京东所养成的综合素质和综合能力。当然，我们可以充分相信，具备年级和证书的员工，自然会有不俗的绩效，企业和员工共荣。赋能的具体做法很多，这些做法，更多地带有在职工工作过程中的过程管理含义，已经不单单是培训或者学习的范畴了，为什么？因为这些做法的普及性高，解决的问题是雇佣感受和心理气场，而不仅仅是知识和技能。

京东大学发现，对于一些比较资深的专业人员，他们的痛点是“想换管理岗”“不受重视”“没有话语权”，因此，京东大学按照“给舞台”“给机会”的设计思路，设计了两款产品：京东 TALK 和京东 TV。京东 TALK 似于 TED，每月一期，每期 4 人每人 18 分钟，如同一台精彩的节目，现在，京东各个系统的人会自发地报名当演讲人，各地分公司纷纷开设分会场。

“京东 TALK”是一种培训，更是一种在职心理疗法。通过登台演讲，人的内心所集聚的“顺气”“怨气”或者某些不能产生正能量的心理感受，都可以获得降解和耗散，从而恢复和保持内心的平衡，最终有助于员工得到积极正向的在职感受。这样的做法，是企业用柔性方法解决软性问题的新思路。

京东 80% 是一线员工，尤其是仓储和配送人员。他们认为公司不重视他们，因为“参加集团组织的培训都是有茶歇的，而没有茶，那还叫开会”。理由听起来很奇葩，不过却说明，一线员工首先看重的是公司对他们是否尊重，于是，京东大学设计了四个尖叫项目，其中第四个称为“8 元茶歇”。

"8 元茶歇"是个很独特的思路，人均 8 元，不过是一份廉价盒饭的成本，所带来的感受却非常实在，对于广大一线员工的心理有着独特的抚慰作用。

2. 时代迭代人才，持续颠覆自己。

移动互联时代同时也是一个 VUCA 时代，即"动荡、无常、复杂、模糊"的时代，追求极致和简单的背后是管理的轻装化，说得再深入一些，是重装"管理"这个与机器和资本一起长大的"消耗者"退去，而人成为一切的中心和核心。传统的人力资源管理是以"管理"为中心的，移动互联时代，第一次将人力资源管理带入以人为中心的航向上来。不过，应当看到，以人为中心的管理并不容易，并不是所谓"把复杂的变简单"这么简单，因为，在这个变化过程中，极容易丢掉那些真正的价值。

李开复说，自己之所以下决心离开微软，加入谷歌，是因为不想在微软做一个可以被替换的"光鲜零件"，"我想，那就是来自我内心深处的声音了"。李开复的"光鲜零件"说一语道破了工业时代的人的价值和人力资源管理的本质：无论是谁，都是"资本和劳动"这一对替换关系等式两边的排队者而已。工业时代的人是被资本雇佣的。移动互联时代，员工不是被企业和资本雇佣，而是被用户雇佣，是被自己雇佣。今天，互联网思维下的以人为中心的管理，在海尔和小米有了活的实践，早已经成为人力资源管理学界和实践界热议的话题。

在海尔内部，每一位员工都要找到自己的顾客，要明确自己能够给顾客创造的价值，要知道如何匹配自己的能力来为顾客创造价值，同时，也要从顾客那里获得自己应该获得的价值，从而实现利益共享。在海尔，实行著名的 OEC 管理模式，即 Overall，Everyone，Everything，Everyday。全方位地对每个人每一天所做的每件事进行控制和清理，"日事日毕，日清日高"。员工要坚持每天提高 1%，每天都要寻找工作中的差距。

海尔采用人单合一的管理模式，其最核心的特征是分权，权利从高层领导转移到各级员工中，尤其是一线员工获得了充分的授权。

小米的工程师也在小米论坛上与"米粉"和用户交互，至今 200 多次，这已经非常了不起了。从人力资源管理角度看，小米的工程师在线沟通，就等于天天在做工程师的外部 360 度考核，虽然没有传统的 KPI，但是用户的直接反馈要求更高，工程师的表现直接与产品的口碑和市场关联，可以说是设计和市场零距离的沟通方式。

我们看到，海尔似乎走得更远，海尔通过把有创意有能力的核心员工，变成小微成员，实现了直接与用户创造产品，而且这些创造出来的产品的市场表现又与小微们直接相关。小微们参与了传统的研发、生产、销售全过程，如何考核和激励？小微们的 JD 如何写？这就是问题的核心。当我们用 JD、考核等传统套路和思路来思考和行动时，我们会发现无从下手。海尔的价值在于，我们必须转换思路，直面企业经营管理的根本，直面人在企业为什么存在的根本。

在海尔，人才有两个零距离：员工内部协同的零距离、员工所在组织与外部用户的零距离。市场零距离、协同零距离，这两个零距离成了移动互联时代标杆。企业组织变革的核心目标和指向，也是员工在职管理的核心目标。

于是，若干新问题出现：人的能力短板可以通过培训和培养得到有效提升吗？是让人做他自己更适合的工作，还是让人改变自己，或者提升那些不行的地方？例如，一个技术出身的干部，现在做了公司副总经理或者总经理，但是他的经营管理能力远逊技术能力，是让他提升经营管理能力，还是让他做专职技术工作？所以能力要与企业发展和员工职业发展相匹配。

其实，面对这样的问题，如果按照传统管理的套路和思路，需要消耗的管理资源太多，需要设计很复杂的能力模型、评价体系、职业发展通路，所得到的结果员工往往难以信服照海尔的“双零”模式，所有的能力都指向一个核心：市场能力，这是核心能力或者本原能力，其他的能力都是这个能力的派生能力或者周边能力。无论何种出身，只要市场能力强，都可以走向组织的核心。

世界的一切都充满了精神意义，归根到底是我们如何在一个变化的世界里不断提升自己的境界。持续颠覆自己，是因为这个时代在迭代人才，员工的在职管理必须成为持续颠覆和迭代的人才管理。

3. 入职在册，离职在群，时刻在线。

移动互联时代，员工在职和离职的区别从在册变成了在线。入职即在册，离职即在线，始终在企业的大群里。如果我们把人力资源真正当成第一资源，而不是第一成本，就应该采取一些并不需要“高大上”，但一定需要温度和湿度的做法。

国内的几乎所有的著名互联网公司，都有自己格局、特色的离职员工圈，如腾讯有“南极圈”“单飞企鹅俱乐部”、阿里巴巴有“前橙会”、网易有“离易”、金山有“旧金山”、百度有“百老汇”等。

2015 年春节，百度给许多离职员工发去了短信。百度还曾通过百老汇，给许多离职员工发去一套明信片，“一份来自老东家的深深问候”这套明信片，主题是百度总部位于北京西二旗的楼群。阳光照进楼群，投射在崭新而空寂的桌椅上，上面写着：“这里有最自由的空间，最广阔的舞台”；楼群外的玻璃幕墙倒映着蓝天白云，上面写着：“我们用技术改变互联网，改变世界”“相濡以沫、不忘江湖”。

正确地认识人才离职管理，是把思维由“雇佣”向“结盟”转变，把“打工”向“交往”转变，把“离职”向“暂别”转变。根据优秀企业的经验，要做好离职员工管理企业要做到以下四点。

（1）建立离职员工的人才库并定期更新；

（2）与离职员工保持沟通，并建立持续、良好的关系；

（3）与离职员工分享企业近期取得的发展与进步；

（4）为在职或离职员工打造创业化器。

企业一定要正确地对待人才离职，与其用传统的思维、固执的心态、僵化的态度去看待这件事，不如接受这种流动，用更加开放的态度、更加包容的心态去激活离职员工这笔隐形的资产。

本章小结

本章从对员工关系的概述引入，详细展开了对劳动关系管理、员工安全与健康、员工离职管理的深入介绍，最后结合移动互联时代的大背景，让读者了解了数据驱动型员工关系的相关内容。

员工关系指的是企业中各主体，包括企业所有者、管理者、员工之间围绕雇佣和利益关系而形成的权利和义务关系，可以简单地概括为员工与组织、管理者及其他员工之间的关系。它包括员工与企业之间在劳动合同、劳动纪律与奖惩、工作及休息时间、劳动安全与保护、劳动环境等方面形成的关系。沟通、管理者的管理理念、冲突、公平等因素都会影响企业内部的员工关系。因此，员工关系管理是至关重要的，它是组织采用各种管理手段和行为，来调节与维护组织与员工、员工与员工之间的相互联系，使其良性循环并向前发展，从而实现组织目标的过程，包括劳动关系管理、员工纪律管理、员工人际关系管理、员工支持服务、组织文化建设等。

首先，劳动关系是员工最为关注、与员工切身利益相关的内容之一，管理者在对其进行管理时需要遵循合法、公正、与企业文化相符、高绩效等原则。另外，劳动关系管理又可以细分为劳动合同管理、劳动争议处理、劳动保护三个方面。

其次，员工安全与健康是关系到员工基本需求的重要内容，包括引发安全事故的原因、预防安全事故的方法、员工健康管理的实施等内容。

再次，员工离职管理关系到企业在外界的声誉和形象，需要给予足够的重视。它包括离职的分类及产生、离职的原因分析、人才流向分析、离职效果分析以及离职流程和风险管理、离职管理实务等内容。

最后，移动互联时代是个去中心化的时代，去中心化不仅仅表现为组织变化，也渗入员工关系的方方面面。以去中心化的员工关系为底色，构建新职场生态圈是一个全新的命题和思维走向。本章从去中心化的员工关系及员工入职、在职和离职管理的新体验两个方面展开，论述了信息时代的员工关系变革。

思考题

1. 简述员工关系管理的基本内容及重要性。
2. 劳动关系管理的构成要素及管理原则是什么？

3. 为什么说员工安全与健康很重要？

4. 对一个企业而言，怎样做好离职管理？

5. 简述去中心化的员工关系。

案例分析

“三河汇碧”的全球人才生态

联想是 PC 时代的明星企业，然而，联想的很多经验依然可以在移动互联时代成为很好的案例。我们看看以下两段案例。

联想全球工程团队的“创新三角”。这个团队成员包括来自美国、日本和中国的员工。美国工程师的长项是高超的架构能力，以及对客户需求的精准把握，尤其是企业客户。日本工程师的传统优势是细节设计，让产品更优美、轻巧。中国设计师的优点是高效率，可以非常迅速地将设计或概念转化为实在的产品。在“公司利益至上”的原则指导下，各国团队向其他团队学习，让自身不断完善和进步，如采取创新的工作流程，超出所有人的期待。这一切的努力，使联想成为“多元、互联、多中心的组织”，全球人才网络为联想提供了创新想法，人员的整合与合作促进了业务目标的达成。

“三河汇碧”的文化。联想国际化进程中存在着三条河流，员工来自三家主要企业：IBM、联想和戴尔。从戴尔来的同事因为高速度、紧迫感、数字和结果导向受到赞赏的同时，也被打上了“争强好胜、傲慢自大”的标签，在大家眼里，他们把速度和结果看得比人还重要。从 IBM 来的同事因其创新和忠诚受肯定，但也会让人觉得他们把忠诚看得比业绩还重要，说得难听些，他们就是“行动迟缓、看重名分”。联想的中国员工重视业绩、办事牢靠，但是“倔强且不愿交流”，缺乏作为全球领袖的才能。联想通过努力，将这些独特的多元人才物质聚合变为一个突出的竞争优势，推动联想向着全球化不断迈进，实现全球业务多元化、人才多元化和文化多元化。

新时代也是一个更加全球化的时代，是中外人才皆可用的全人才时代，而在全球化人才管理方面，联想的经验更为老道。在更全球化、更国际化的时代背景下，构建好能够实现不同国家文化、不同企业文化、不同员工个体文化等相互融合，实现“汇碧”的企业工作平台，才是实现新的全球化的职场生态圈的核心。

资料来源：胡明．人力资源管理互联网思维［M］．北京：清华大学出版社，2017.

第七篇

数字时代下的人力资源管理研究前沿

7

第13章 数字时代人力资源管理的中国实践

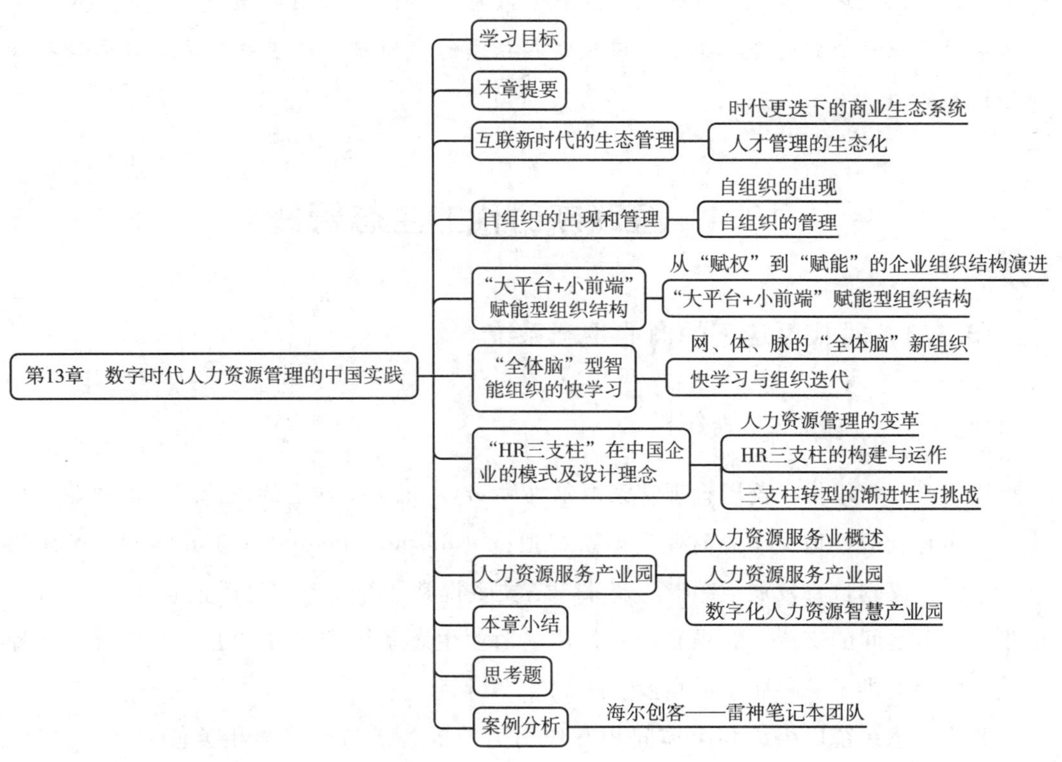

学习目标

1. 了解互联时代商业生态系统及人才管理生态化的基本内容。

2. 掌握自组织出现的背景、含义、特征及其管理的核心理念。

3. 在了解企业组织结构演进的基础上，熟悉“大平台＋小前端”组织结构的相关内容。

4. 掌握全体脑型智能组织的含义、特征及“快学习”的方式方法。

5. 在熟悉HR三支柱的形成背景的基础上，掌握三大支柱及其转型的基本内容。

6. 了解人力资源服务业及产业园发展革新的相关内容。

本章提要

伴随着移动互联技术的飞速发展，社会进入全面互联阶段，技术推动着大数据、云计算、平台、移动互联、物联网等的迅速发展，网络和终端成为重要的管理要素和生产要素，深度融入研发、制造、营销和品牌构建的全产业链条中。此时，管理哲学和管理思维日益活跃，催生了多元多态的管理模式，任何公司都不再是“孤岛”，而是处于不断变化的生态系统之中，并需要持续学习、与时俱进，从而实现自身的长远发展。本章在移动互联时代的大背景下，详细介绍了几种全新的组织管理模式及组织结构——生态管理、自组织、赋能型组织以及全体脑组织。同时还展开了对 HR 三支柱及人力资源产业园的全面讲解，以便掌握信息时代所赋予的有关人力资源管理的最新知识和能力。

13.1 互联新时代的生态管理

13.1.1 时代更迭下的商业生态系统

13.1.1.1 商业生态系统概述

20 世纪 90 年代，美国管理学家摩尔（Moore）把生态学上的理论引入对商业的描述中，颇有创造性地提出“商业生态系统理论（Business Ecosystem Theory）”。摩尔指出，企业在谋划自身发展战略时，越来越需要重视其外部关系，包括企业与企业之间、企业与环境之间的交流、联系和相互作用。商业生态系统理论客观上为我们观察和探究企业发展提供了一种崭新的角度。

商业生态系统以组织和个体间相互作用为前提，是与自然界相类似的相互制衡、依存、协同研究的有机整体。价值的产品和服务的产生是系统存在的基础，消费者、供应商、生产者、竞争者以及其他各类直接和间接的风险承担者均为这个生态系统的成员。通过企业组织和环境的共同作用，商业生态系统不断随着时间的推移而发生演进。根据企业生态位、协同进化和自组织等理论基础，企业应主动作为有机体融入系统的发展中。

另外，学者们从不同方面总结了商业生态系统的基本特征。例如，吴建材认为，商业生态系统是多个共生关系形成的价值网，系统成员具有多样性，系统中关键成员及系统的交互作用对形成健康的生态系统具有重要意义。钟耕深等认为商业生态系统的特性可以用复杂性理论进行研究。

13.1.1.2　互联时代的商业生态系统

1. 互联网商业生态系统的含义。

互联网商业生态系统从属于商业生态系统，是商业生态系统理论在互联网、移动互联网行业的拓展和延伸。相关学者对互联网商业生态系统的定义并不统一，例如，胡岚岚等对电子商务生态系统定义如下：众多有着紧密联系的企业、机构，基于互联网的平台，通过有效的形式进行优势互补和资源共享，结成了一个有机的生态系统。

现有定义存在两个缺陷：其一，因研究角度差异，对互联网生态系统的定义局限于其子系统，没有从互联网行业的全局出发，对蓬勃发展的互联网领域做一个整体的生态性概括；其二，许多研究给出的定义侧重于互联网商业生态系统的物种组成及物种战略，对生态系统物种之间、物种与外部环境的关系及交互作用关注不够。

本书借鉴陈健聪等针对以上两点缺陷所做的补充，对互联网商业生态系统作了如下定义：互联网商业生态系统是一个以互联网经济为中心，超越地理界限，各种类型的互联网企业之间、互联网企业与非互联网企业之间、企业与用户之间、企业与外部组织及环境之间相互作用，而形成的统一的不断进行信息流、资金流和物流交互的有机整体。

2. 互联网商业生态系统的特征。

互联网商业生态系统根植于互联网的虚拟形态，同时具有生态系统、商业系统和复杂自适应系统等三种系统的一些基本特征，并表现出强劲的系统活力和系统创造力。

（1）整体性。互联网生态系统是一个具有完整结构的整体。具体而言，这个整体既包括政策、行业环境等外部条件，还由多种相关物种组成，即包含极少数领导种群、少数关键种群，为数众多的支持种群和寄生种群。互联网商业生态系统中的物种与外部环境条件的关系如图 13－1 所示。

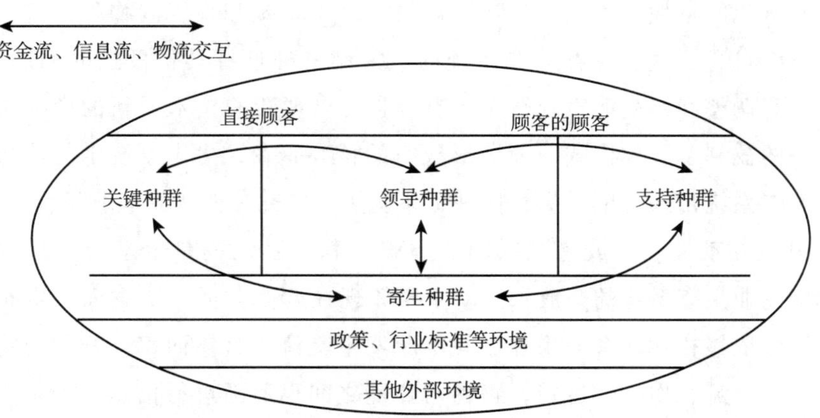

图 13－1　互联网商业生态系统中的物种与外部环境条件的关系

✓ 领导种群：以核心互联网企业为代表的系统资源领导者。领导种群在生态系统中占据中枢位置，发挥创造价值和分享价值的主要作用。领导种群通过提供系统平台、关键技术、行业标准和服务等，促进互联网商业生态系统中的资源的整合和协调，如提供应用下载平台的苹果公司、提供操作系统的微软公司等。

✓ 关键种群：关键的互联网企业，主要包括一些提供关键应用、维系生态系统均衡的生产企业、供应企业，如进驻阿里巴巴、淘宝等网购平台的各类企业。

✓ 支持种群：互联网生态系统中发挥特定功能、提供特定服务的各类企业，如物流企业、金融组织、电信设施提供商等。通过加入互联网商业生态系统，支撑种群获取远超过依靠单个企业竞争力能得到的利益。

✓ 寄生种群：补充互联网商业生态系统各项服务功能的企业，如营销服务企业、技术外包企业。这些物种寄生于互联网生态系统之上，参与系统的日常运作，与系统共同进化。

（2）多样性。互联网商业生态系统通过自动调节，吸引物种进入。当物种多样性不断增加时，生态系统的功能也不断进化。只有进入系统的物种数量足够多，系统的稳定、健康和演进才有保障。例如，作为核心企业的阿里巴巴和腾讯，都通过吸引大量专业化供应商、金融机构、相关厂商，以及服务延伸而涉及的销售渠道、辅助产品制造商、专业化基础设施供应商，形成庞大的生态构成。生态系统中参与的物种类型逐渐多元化，它们的协同关联性逐渐增强，生态系统的稳定演进逐渐加速。

（3）引进性。互联网商业生态系统具有自然界生态系统中物种间相互依存、协同演化的发展机制。系统的演进性又称协同进化，是指系统随着时间不断演进，经历诞生、扩展、领导、死亡或自我更新四个阶段。例如，电子商务生态子系统具有共生互利、协同演进协调机制。更深入地，生态系统中的企业会根据不同演进时期的外部环境、竞争关系做出不同的战略决策，采取不同的战略行为，以更好地保证自身的发展。此外，协同进化的特性还体现在相互依赖的各个子系统和系统内物种通过彼此的交流和作用，不断自我调整和平衡。在系统内，关键物种自身具备极强的动态平衡能力，因而具有自我调整和修复能力。然而，当行业内出现新的技术或新的商业模式后，容易颠覆原来的盈利、服务模式，渐渐形成新的核心企业，生态系统随之演进。协同进化给整个生态系统带来规模效应，促进了研发能力提升、创新成本下降。

（4）开放互动性。开放是互联网的 DNA，物种互动则是生态系统基本功能的体现。互联网商业生态系统的开放和互动主要体现在两个方面：一方面，生态系统的均衡和日常运作依靠相互联系的物种之间不断发生交流。具体而言，物种与物种之间存在信息流、资金流、物流的运转，物种与环境之间也不断进行信息、资金、资源的交换。另一方面，互动性还表现在生态系统中物种的生态位重合而引发的不同物种间的竞争。企业在生态系统及其产出品中所占据的特定位置称为生态位。不同企业的生态位趋近或部分重合会带来激烈的竞争，如生产和提供同种类型的产品、发挥同样的功能作用。基于互联网行业的变革和颠覆性，互联网商业生态系统中物种的竞争互动过程比一般传统行业进行得更激烈。通过这个过程，竞争力更强、生态位更宽的优秀企业最终留下，实现生态系统内的优胜劣汰。

此外，开放是互联网生态系统长远发展和稳定演进的重要基础，封闭将带来生态系统的衰亡。互联网生态系统的开放体现在生态系统的生物主体与环境不断发生着相互作用，如政策影响生态系统的发展，而生态系统自身发展情况也对政策的制定产生影响。如果生态系统一旦封闭，生态系统的竞争力、创造力均受到损害，则不可能维持系统健康的进化。

（5）自组织和自适应性。互联网商业生态系统在一定范围内具有系统自组织和自适应性，并通过自发组织和物种自主适应不断进化。具体而言，生态系统中的企业发展必须围绕顾客需求来组织产品生产，同时因生产经营需要要求保持同其他相关利益主体的交换关系，根据外部环境的变化以及内部出现的问题不断进行自我适应。系统内部所有物种共同处于一个大环境当中，同时每个个体在各自的局部小环境中独立地进行着适应性学习。为了更好地生存和发展，物种不断根据环境和竞争态势调整自己的行为。另外，众多适应性个体的适应性行为又反过来不断影响和改变环境。如此循环，个体与环境就处在一个相互影响、相互作用的过程。

（6）价值性。互联网生态系统的兴起，归根到底是价值的驱动，本质是实现商业价值创造。只有把握“价值化”的精髓，通过不断创新的方式，才能形成物种的不断更新替代、生态系统的健康发展和演进。因此，生态系统核心价值链的不断深化、价值创造能力的不断提升是互联网商业生态系统持续发展的关键。

（7）稳健性。互联网商业生态系统的稳健性是指系统会及时对外部环境的变化表现出响应状态，从而保持系统内部的一定均衡，维持正常运作。稳健性主要来源于两个方面：一是系统具有承载能力，即生态系统作为一个整体，能承受单个企业承受不了的破坏；二是系统具有恢复能力，能在较短时间内恢复原来状态。当然，系统的稳健性是具有阈值的，一旦承载超过阈值，则系统功能无法恢复，系统将逐渐衰退。

阈值的出现主要有如下原因：政策制度不适合互联网商业生态系统发展，与系统持续健康演进的基本要求相违背；系统开放程度不足，内部竞争过于激烈，资源过度利用并耗费殆尽；互联网商业生态系统受到严重污染，这里的污染主要指假冒伪劣商品、虚假广告、欺诈行为等频繁出现，影响消费者信心。

（8）涌现性。商业生态系统的复杂性体现在其出现的涌现现象中。当各个物种以及它们与外部的相互作用逐渐发展形成互联网商业生态系统时，系统将表现出原来单个物种均不具备的某些性质。这些性质只有在系统从较低层次逐渐向较高层次过渡时才表现出来。这种现象就叫涌现性。互联网商业生态系统的涌现是以系统相互作用为中心的，它比逐个单个行为进行的简单累加要更加多样、更加复杂。互联网商业生态系统出现涌现性也说明它是一个复杂的自适应系统。

综上所述，互联网商业生态系统的基本特征可概括为图 13－2 所示内容。

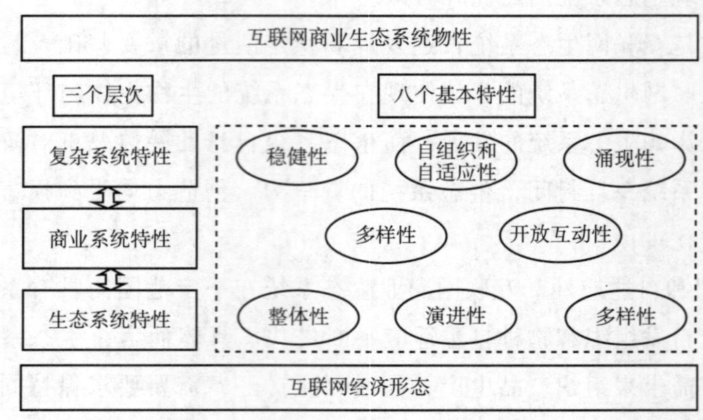

图 13－2　互联网商业生态系统的基本特征

3. 互联网商业生态系统的健康评价维度。

互联网商业生态的形成、演进、更新是一个涉及生态系统内外大量组织和个体的复杂工程、系统工程。这其中一个十分关键的问题是，如何合理评估生态系统的健康程度，以及根据当前所呈现出来的内外部特征，探究该生态系统未来一个时期的发展趋势。对于互联网商业生态系统的健康程度评价可从创新度、完整度和丰富度三个方面展开。

（1）创新度。创新是互联网商业生态系统的生命所系、价值所在。基于互联网生态系统的开放互动性，生态系统内领导种群位置相对固定，一旦出现一种新的商业模式，后来者将很快占据有利的生态位并据此吸引大批追随物种和消费者。对于新进互联网企业而言，商业模式和盈利模式的创造显得十分重要。生态系统的创新能力，体现了生态系统的强健性。生态系统的创新能力越强，则对交易成本的降低幅度越大，越具有竞争力。创新能力也带来生态系统内更加稳固的物种关系，产生了生态系统良好的可预见性和行为的一致性，保持了系统均衡，为系统演进储蓄和提供能量。

（2）完整度。生态系统是重视完整性的，一个生态系统只有覆盖了更广泛的行业领域，不断延伸其边界，才能在生态链条上具有完整性，才谈得上是一个健康的商业生态系统。互联网商业生态系统在完整度上的要求更加明显也更加苛刻。“互联网＋”作为互联网商业生态系统从消费互联网向产业互联网的延伸，互联网商业生态系统将与各个行业的发展融合。在未来，覆盖各行各业的互联网应用将是经济持续增长的重要支柱。生态系统在生态链条上的完整，可以通过生态系统内部物种自建的方式形成，也可以以并购、收购、入股等方式吸纳其他物种而完成。

（3）丰富度。如果说完整度是从生态系统的广度来描述其健康状态的话，那么丰富度就是从生态系统的深度来进行评估。丰富度既指互联网商业生态系统内物种的丰富程度，又指系统内技术、流程和制度的发展水平及完善程度。一个健康的生态系统必定会吸引类别众多、作用各异的物种进入，参与系统的运作。而高度发展的信息化技术，以及技术背后高度丰富完善的制度安排，则大幅降低生态系统内的交互成本，确保系统内部平衡及协同进化。

13.1.2　人才管理的生态化

13.1.2.1　互联网生态时代下的企业重构

（1）背景概述。

生活在互联网时代，互联网无处不在。截至 2019 年 6 月，中国网民突破 8.54 亿，中国互联网普及率达 61.2%。尤其是伴随着移动互联技术的飞速发展，网络和终端作为重要的管理要素和生产要素，已经从“术”发展升级为“道”，深度融入研发、制造、营销和品牌构建的全产业链条中。任何公司都不再是“孤岛”，其势必处于不同的生态系统中。

但是，并非所有公司都能产生最大化的生态系统价值，越来越多的案例表明，采用正确的生态系统战略对于公司获得竞争优势至关重要。因此，未来的竞争将不再仅仅是企业之间的竞争，而升级为互联网生态的竞争。

不仅如此，互联网正逐渐演变成为人类的“电子器官”，成为人们社交、学习、休闲乃至人格情绪的一种展现。今天的我们不仅隶属于现实中某一具体的社区，也会同时虚拟存在于互联网的某一社区之中。个人熟知的生活模式、产业发展路径及社会生态系统都在经历颠覆性的剧痛与重构。

（2）企业转型。

在互联网生态时代已然到来的当下，很多企业已经不甘于仅仅作为生态的参与者，而是积极转型要成为生态的构建者，力求从单一的产品演变成繁华的生态，不仅通过直观的产品功能作用于产品的使用者，更重要的是通过一套自洽的运作模式间接吸引更广维度的参与者，并通过联动他们来极大地提升这个“生态”的产品体验。例如，“协同、在线、赋能”是“钉钉”致力于打造的商业生态系统；“价值共创、反向购买”是海尔互联工厂商业生态系统的创新思维；“以‘需求社交’突破‘熟人社交’”是陌陌打造的商业生态系统；“网络社群化”是小米商业生态系统的核心。

（3）机遇挑战。

究其本质，互联网生态的打造就像是从“摘苹果”到“种苹果”，进而到“苹果园”的演进历程。

在互联网生态里，网络将逐步缩小或边缘化一切基于信息不对称的商业模式，互联网技术的全方位渗透使产业的边界越来越模糊，无法想象的竞争对手近在眼前。“互联网＋”对传统产业的全方位渗透将加快农业、工业与服务业的融合，并推动产业内部的结构分化和跨界重组，构成未来经济转型的重要驱动力。

在互联网生态里，到处可见“学习”大量“非结构化数据”的创新：特斯拉的无人驾驶、英特尔的精准医疗及微软小冰等。随着人工智能的快速应用及普及，大数据不断累积，深度学习及强化学习等算法不断优化。工业经济时代下的线性思维被打破，人人成为“造物主”，根据自己的个性化需求来引领生产，让来自生产流程、内部管理和消费市场上的数据联动起来，真正实现“善融”与“创变”。

互联网生态时代已经到来，置身其中的所有企业都面临着巨大风险，但挑战的背后也潜藏着升级蜕变的大机遇。既然大势不可改变和逆转，就只有顺势而为、造势而起、乘势而上！

13.1.2.2 人才管理的时代进化论

（1）人性假设理论的新发展。

移动互联时代，人性假设理论产生了新的更新和发展。继“经济人”“社会人”“自我实现人”之后，产生了一种新的形态——“生态人”。关于此种进化过程中的具体内容比较如表 13－1 所示。

表 13－1　进化过程中的具体内容比较

人的进化	“经济人”	“社会人”	“自我实现人”	“生态人”
核心特质	等价交换，劳动力，单一	文化和社群关系里的等价交换，员工	文化和社群关系里的交互和交换，骨干，核心	多元、互联、交互、交换、适应 VUCA、伙伴
人力资源管理	纯雇佣关系，薪酬＝绩效，机械式等级管理模式	纯雇佣关系，扩大了的薪酬＝扩大了的绩效，科层式管理模式	超出纯雇佣关系的范畴，具有一定的事业合伙人特性	充满生机活力，能量快速充填，“生态人”体系
价值	交付明确、清晰、可衡量的一般性工作成果	交付明确、清晰、可衡量的多种工作成果	交付具有创新性和突破性的新工作业绩	创新、创业、差异
增值价值	无	员工关系	创新品	差异品

移动互联时代式“生态人”的时代，是更好地解放人性的时代。而且，仅仅再次解放人性，就能够解放深层次生产力，即智慧生产力和创新生产力，会造就更强大的生产力。人的发展永无止境，工业式发展模式已经成熟且逐渐被时代抛弃，生态式发展将逐渐变为主流。

(2)“生态人”体系的构建。

沿着移动互联时代的大势一路走去，社会进入全面互联阶段，技术推动着大数据、云计算、平台、移动互联、物联网等的迅速发展，商业创新进入范式转移和模式颠覆并存的时代，管理哲学和管理思维日益活跃，催生多元多态的管理模式，凡此种种，我们看到，人力资源管理已然进入生态化时代，人们称为生态式人力资源管理体系，简称“生态人”体系，具体见图 13 - 3。

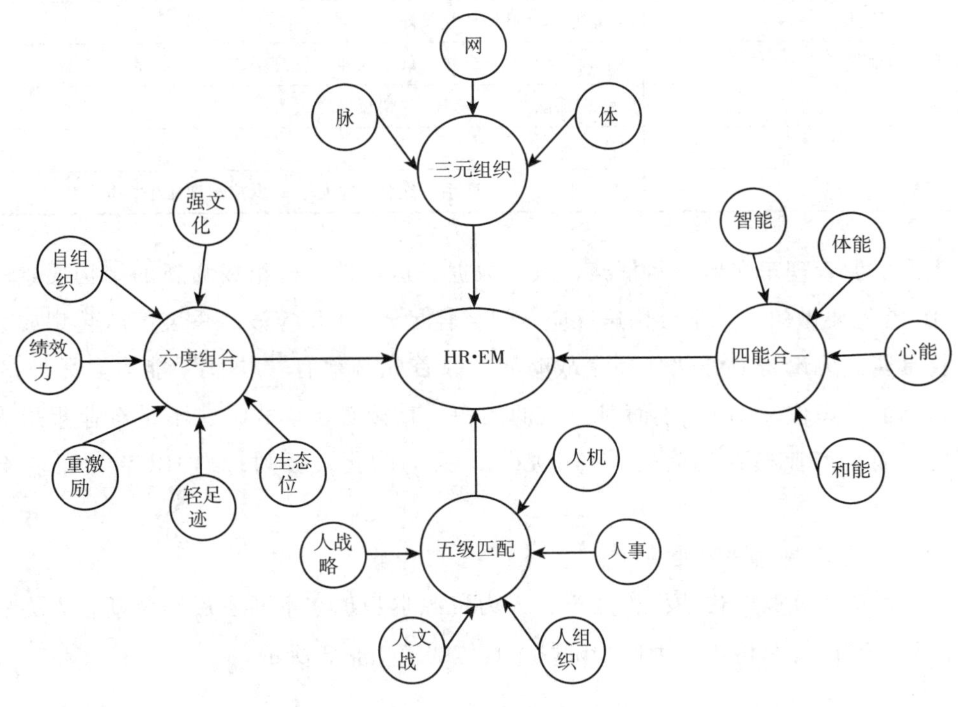

图 13 - 3　“生态人”体系

“生态人”体系所蕴含的主要意义是：

①全面的、更高层级的全息化，员工成为全息的信息节点，企业成为“全体脑”智能网络组织。

②建立在六度组合基础上的管理活力和灵活适应性，主线是协同。

③新利益共享机制，综合期权、股权、内部人才 IPO、内部创业等多种手段，人的创世纪时代全面到来。

④全面自主创新，不再是简单“山寨”西方管理，现代管理的后管理时代正在到来。

⑤员工所在的是生态位，是信息体、智慧体、活力体、数据体，员工体是最大的生态。

⑥HR 在该框架下变形，成为 HREM。

(3) 人才管理的生态化。

移动互联时代，企业发展形成了新的人力资源管理模式。相比传统的人力资源管理，其在以下几个方面表现出新的特征，如表 13-2 所示。

表 13-2　传统模式和移动生态模式特征

传统模式	移动生态模式
高度创新性、高度学习敏锐度	高度专业化员工
高度执行力团队	应变能力、灵活调整策略
正规军、阵地战	总结教训、不断试错、敢于决策、管理勇气
整建制	“特种部队”“合成营”“快反”
分工、专注	多能
管控、规则、秩序	高度民主、密切联系、充分扁平化、减少控制和命令、充分表达

人力资源管理正在形成新框架，人、数据、迭代性、群组成为新的结构要素。因此，HR 首先要做的是，学会快速反应，学会轻足迹，HR 应该从重装部队转型成为轻装快反部队。无论是业务伙伴还是战略协同，首先必须有“快反”能力。另外，HR 要有自己的生态位，HR 直接面对一线的问题，直接对接模式，这不是企业规模大小的问题，而是商业模式的问题；去中心化、去隔断化，否则，给 HR 带来的不会是福音。

(4) 人力资源发展与变革。

伴随着移动互联时代的机构变革，人力资源本身也在不断发展和革新。人力资源的发展和自身的变革可概括为四个阶段，具体如表 13-3 所示。

表 13-3　人力资源发展与变革的四个阶段

工具阶段	渠道阶段	平台阶段	入口阶段
HR1.0	HR2.0	HR3.0	HR4.0
六大模块	HR 产品化	HR 社群	HR 大数据
各种 HR 工具	企业大学	改造后的三支柱	HR 电商
HR 职能	政委和 HRBP	HR 生态化	HR 生态和集成

HR 已经走过了纯专业化时代，即以六大模块为代表的功能专业化时代，而进入了集成专业化时代，这个时代的突出特点是“多元的专业形象”和“多专业组合能力”，能够快速集成 HR 其他所有领域里已经成熟的方式方法，快速以体系能力解决问题。

总之，面对飞速发展的技术和快速变化的时代，企业及人力资源管理者需要明白，创新生态比创新规划更重要，构建创新生态，HR 的创新自会涌现出来。

13.2　自组织的出现和管理

13.2.1　自组织的出现

13.2.1.1　不确定时代的推动

近年来，在互联网浪潮的推动下，自组织管理成为人们关注的热点话题。尤其是海尔内部创客式的组织变革，体现了自组织的理念，更使这一组织形态以及基于它的管理理念、方法有了强烈的实践和借鉴意义。

其实，自组织并不是一个新概念。在系统理论中它已有数十年历史。从系统论早期的耗散结构理论，到后来复杂系统科学中的涌现理论，自组织都是其中的核心概念。甚至可以说，自组织就是复杂系统的基本属性。在美国管理学的丛林，系统学派早就将系统理论引入其中了。而到了互联网时代，自组织管理才真正有了操作层面的价值。

13.2.1.2　自组织的含义和特征

（1）自组织的含义。

“自组织”既可以是名词，如“这个企业是个自组织”；也可以是动词，如“海尔公司正在自组织内部结构”；甚至可以是形容词，如“这家企业很自组织”。它的基本含义是：一个系统——可以是自然的，也可以是社会的，通过系统中低层次单元或元素的局部互动和协同，在不存在外部特定干预和内部统一控制的条件下，从无序变得有序（或从有序变得更加有序），即形成新的结构及功能有序模式。

（2）自组织的特征。

具体来说，自组织具有以下特征：

①自组织具有“1 + 1 + 1 > 3”的系统效应，即人们常说的“整体大于部分之和”。这种效应，系统理论称为“涌现”。公式中的“1”，是组织中的个体或局部群落，相对于组织整体，它们是“较低层级的”。通过某种纽带和机制将它们联结起来，并使之相互作用和协同，就能产生个体无法企及的整体、系统功能。这是合作的奇迹，是一种非零和、共赢的局面。但“1 + 1 + 1”为何能大于“3”，当组织属于灰色和混沌系统时，机理是不清楚的，过程也难以分解和还原。这正是组织的魅力和奥妙所在，也是管控难题的渊源。

②自组织就控制方式而言，不是集中控制的，而是分布式控制的。分布式控制，不同于传统科层组织通过一个控制中心控制组织的方向、运行过程以及功能实现，它是去中心的、分散的、多中心的控制。此时，组织中的次级或局部单元，作为一个相

对独立的主体自我控制、自主应对变化、自主修复和生长。需要指出的是，分散式、多中心并不意味着组织内部相互离散和割裂，不是“土豆式”集成和诸侯格局，而是彼此联系和相互作用的。这种联系表现为复杂、多向、立体的网络状态。

③自组织的变化来自低层、局部和边缘。由于分布式控制，因此组织的变化不是源于中心和上层，而是起始于小环节、小变量、低层级单元以及主体结构的边缘。不仅如此，局部小的变化有可能引发组织的整体性、颠覆性的变化。当组织“自组织”地演化到临界值（“从量变到质变”的边界）时，某一个小变量极微的增量就有可能导致系统剧变。

④自组织演变的轨迹通常是非线性和突变的。所谓“非线性”，主要是指因果关系不清晰、自变量因变量之间的变动比例不对等、事物之间的联系复杂多维；而“突变”则是变化在时间、地点、方向、范围、程度上具有不确定性。也就是说，我们不知道或不太知道变化何时发生、何地发生、因何发生、后果如何等问题。非线性关系和突变，与分布式控制、多中心有关，同时源于复杂系统立体、网络化的传感、传导和传输机制，它是局部变化引发整体变化的重要机理。

⑤自组织具有自我修复和自我演化的属性。一个组织，当能量耗散殆尽、陷入死寂状态时，只要是开放的状态，与外部发生能量、信息的交换，就有可能起死回生、重新恢复结构和功能。组织内部的运行、成长逻辑（密码和机制）在一定的条件下总是能让组织轮回再现并进化成长。尤其是有机生命体，如带有基因的一粒种子，只要有合适的土壤和气候条件，就有可能生根开花结果，并衍生出草地、森林、动物，直至演化出整个生态。

13. 2. 2　自组织的管理

13. 2. 2. 1　自组织是企业战略的必由之路

自组织管理目前之所以引人注目，是因为企业所处的环境发生了重大、深刻的变化。互联网时代，信息传递的范围、效率与以往相比，扩大、提升了很多倍，社会、产业和市场的不确定性增加，颠覆性创新呈爆炸状出现和扩散。在此背景下，企业必须成为自组织，或者说必须具有自组织属性和机制。只有这样，才能适应变化、动态成长。

在市场方面，需求同样变化莫测、不可把握。一方面新生代文化程度较高，信息来源丰富，且处理信息的能力较强，需求的个性化程度、自主程度以及变化速度，都远远超过他们的前辈；另一方面，蜂拥而来的创新，也在不断激发、创造需求。面对技术和市场需求的双重不确定性，面对混沌的竞争格局，面对瞬间被颠覆的风险，企业的“自组织”化，是一种战略上的必由之路。

（1）以分布式创新应对技术、需求的多元格局。既然未来充满不确定，路径分叉多向，那就不能完全依赖组织的一个大脑来思考，不能完全依靠一个指挥中心来统一指挥、计划和控制。企业必须搭建一个创新的平台，在其之上形成多个自主、自为的主体，它们自下而上地选择创新方向、确定项目、组合人员、整合资源，以小团队形态探索试错、突围突破。这样做，有点“东方不亮西方亮”的味道，对冲了企业内部的创新风险，以弹性与灵活性应对不确定性。从企业整体看，构建了一个创新的生态。这样分布式创新，将分散于组织内部及外部（可以和外部人力资源及其他资源合作共同创业）的智慧挖掘出来并加以利用，使组织有了开放、流动、弹性的无边界特征。

（2）以边缘性变革推动企业的转型。很多企业，主体业务的结构以及利益格局已相对固化，整体变革过程复杂、路径漫长、风险巨大；稍有不慎，便入万劫不复之境。因此，局部、边缘性的试验、试错以及迭代式变革推进，就变得很有意义了——正如中国的改革开放起始于深圳等特区一样。边缘性创新代价小、方式灵活，即便不成功也无碍大局。一旦试验成功，可以通过中心控制方式在企业内部学习推广，也可以通过自组织方式引发组织的整体变化。

（3）通过机制设计触动组织自发、自为地演进成长。前面谈到，自组织内部具有非线性关系，自组织变化往往呈现出突变性。在此情境下，加之环境的不确定，因此企业的成长路径很难事先清晰地规划。但我们可以设计一些机制，赋予自组织“第一推动力”。这些机制包括权力责任对称机制（分权授权机制）、利益分配分享机制、自律机制、对标机制、PDCA 管理循环机制、制衡机制等。它们使组织内部产生势能和张力，与自组织相结合，会强化、放大组织的运动和变化，激发组织能量增长和功能实现。我们可以通过调节这些机制，影响自组织运行的方向和过程。

13.2.2.2　自组织管理的核心理念

（1）自组织管理是分权型管理和自主型管理。分布式、去中心意味着结构扁平，组织中的小单元（个人及团队）在一定的权责边界内相对独立地朝着目标自主运行。这一点容易理解，不需多解释。

（2）自组织管理是平台型管理。在多点驱动、内部创业、无边界组合的组织形态下，管理的重心需要放在平台打造上。所谓平台，既是供个体表现的舞台，也是价值创造活动的支撑和基础。平台也是多形态的，包括共享的资源平台、共同遵守的规则（制度）平台——前面提到的机制，往往包含在制度中，以及作为协同纽带的信息平台。需要特别强调的是，规则平台是自组织得以成立和运行的前提和保证。没有指挥中心的鸟群，在空中组成多种有序的图形，原因在于每个鸟儿都遵循共同的规则，如“不能相撞”“向中心靠拢”“保持视线”等。

（3）自组织管理是整合型管理。分布式、去中心、多点驱动、边缘创新并不意味着组织四分五裂，它们都是产生系统效能和组织功能的机制和途径。甚至可以说，这一切是为了组织更加健康、更具适应性、更好地进化。整合型管理，首先，要整合分散控制和统一控制的关系，明确在何种情境下、运用何种手段实现统一控制（前面提到的打造平台即是统一控制的一种途径）。通过控制方式的整合，实现局部目标和整体目标、灵活性和协同性的统一。其次，要整合分散的资源和信息，将它们集中起并加以利用，“云结构”则是这种整合的结果。再次，在一个大任务分解为众多小任务时，要整合各细分封闭模块（将小任务封闭起来模块化完成，可以简化流程和管理），通过较高层级的流程和时空节点管理，使其组合、匹配、对接，从而实现总体目标。最后，在组织可能突变的情况下，整合风险防控阀门和手段，采用隔离、切割、应急机制启动、设定红线、价值观内化等方式，在一定程度上化解不利突变的冲击。

（4）自组织管理是文化型管理。对自组织而言，企业文化和价值观管理，具有独特而重要的意义。一方面，在不确定的环境中，具体的策略、行为都需要动态化、弹性化，但为保证组织使命的达成以及根本性安全，必须信守核心价值观和基本规则。在混沌的环境里，唯一能使企业不迷失的，是基石般的价值理念。处理复杂多变的内部外部关系时，相机行事固然重要，但最终能消除、化解不安、焦虑和恐惧的，恰恰是一些基本原则。另一方面，在分布式、多中心的情形下，价值观是组织控制最重要的手段，有时甚至是唯一的选择。自组织的协同，也有赖于价值观的一致性，后者已成为前者的必要条件。

13.3 “大平台+小前端”赋能型组织结构

13.3.1 从“赋权”到“赋能”的企业组织结构演进

13.3.1.1 背景及演进

（1）背景。

随着信息化时代的到来，企业组织环境和条件因信息技术的加速发展和普及运用发生巨大变化，现代公司组织的基本假设受到质疑，工业时代企业组织分工的逻辑面临挑战。一方面，时代转换时期所产生的混沌，使企业组织的外部环境不确定性和复杂性大大增加，组织决策日益困难，按照传统组织分工原理建立的组织结构已陷入力不从心的尴尬境地；另一方面，企业组织内部的成员及其在组织中的角色也在发生重大变化，听命于组织安排的产业工人正在被自主思维、自激励意识、使用组织公共资源和服务的“创意精英”所取代。组织与其成员的关系由此发生深刻变化，引致组织内激励约束机制发生改变，而依据雇佣关系确定的以赋权为特征的组织管理方式和机械式组织结构明显不能容纳、适应这样的变化，甚至逐渐成为信息时代组织和个人成长的桎梏。

组织演进的实质是组织分工假设和逻辑的改变，核心推动力是组织创新。时代转换期是组织创新实践最活跃的时期，而信息技术的发展和运用既给以现代公司制度为经典的传统企业组织带来严峻挑战，也通过改善组织信息产生、传播的方式，极大地降低了企业组织内信息不对称和不完备的程度，从而为企业流程再造和组织创新提供了新的条件和手段。从目前国内外的企业实践看，面向信息时代创新组织形态或组织结构已成为“潮流”。无论是针对企业间的组织形态，还是围绕企业内的组织结构，无论是新兴的互联网企业，还是传统的制造、服务企业，无论是大中型企业，还是小微企业，多维度、多层面、多样化的组织创新和变革尝试层出不穷、日益活跃。

（2）演进。

就社会维度而言，以雇佣关系为前提的组织原理，其核心是以组织为本位的赋权，即围绕组织权力的确定、配置和授予，设计组织结构和协调机制，在确保有序实现组织目标的过程中，通过与权力高度匹配的、自上而下的责权利组织安排，获得组织成员对组织行为的激励相容，以最大限度地提高组织效率。具体而言，赋权包括四个方面的含义或内容：一是从组织出发贯穿整个雇佣关系的组织权力确定；二是围绕所确定的组织权力的分配设计组织结构，即设置与所分配的权力相容的层级和岗位；三是针对相应层级和岗位配置组织成员并授权；四是给予与岗位责权紧密联系的物质激励手段，即围绕岗位责权设计的以计酬工资为核心的报酬包。也就是说，对组织成员或雇员的激励约束是通过赋权于其上的岗位及责权利匹配、对等机制来实现的。

事实上，传统工业组织中的雇佣关系正在被现实打破。从组织的社会维度看，信息时代所引致的生产方式和生活方式变化，以及组织成员向“创意精英”转变，传统组织信息优势逐渐消融，企业与组织成员之间在合约层面趋于平等，也就是组织关系中拟人化的权力义务关系日益平等，造成企业组织内的雇佣关系发生变化，为合作关系创造了条件。这意味着，信息技术普及运用导致信息不对称、不完备程度的降低，使组织成员的自主性、独立性得到强化，他们不再满足于作为企业的附庸和雇员，而是强烈要求在组织活动中完整体现自身的价值创造需求。企业与组织成员以利益广泛共享和风险共同承担为基础，互相成就，一起成长，共同为社会创造新的价值。这样一来，企业组织中的雇佣关系必然向合作关系递进，这种组织内在关系的递进和演变从价值观和方法论上彻底颠覆了企业。以合作关系为前提的企业目标演变为全体员工目标的集合，企业的关系架构和运转规范需要重新定义，企业的组织功能也发生改变。在合作关系下，企业的组织优势发生变化，企业不再具有信息优势，只有资源聚集优势。企业不过是提供一个集聚、组合了生产要素和资源的空间或舞台，并在此之上与组织成员共享要素和资源。组织成员利用企业以不同组织形式和机制提供的生产和服务条件去主动地满足市场需求，进而实现自身价值。合作关系彻底改变了人作为组织成员在企业中的地位，组织本位真正让位于组织中人的本位。由此，典型的以岗位层级为依据的责权利组织激励约束注定走向没落，依据赋权原理形成的按照传统组织分工和组织架构设定层级和岗位的时代自然成为历史。

企业组织中合作关系的确立，改变了组织构造和组织行为的根本逻辑，以人为本作为组织设计起点顺理成章，企业的激励约束机制也随之发生改变。在合作关系中企业与其员工地位趋于平等，一旦员工自主地、独立地创造价值的本能得到释放，员工内在的创造性、积极性就不再需要来自外部的激励，自我激励将替代组织激励，进而促使企业组织功能从“要素集聚＋组织赋权”转变为“资源整合＋组织赋能”。换句话说，替代传统赋权组织原理的是赋能组织原理，即依据赋能原理构造的新组织激励约束方式将主导新的组织分工和组织架构。可以预见，这种转变势必推动传统的组织岗位和层级不可挽回地趋于弱化。

13.3.1.2 含义与基本特征

(1) 赋能的含义。

“赋能授权”思想最初由被尊为“管理之母”的福莱特（Follett）创立，并被后续几代追随者不断完善。这一理论关注组织内部权力分配问题，主张给予组织成员更多的额外权力，认为随着集权向分权的转变，组织成员会感觉个人拥有了某种能力，整个群体也拥有了某些能力，即增权升能。

在关于授权扩展方面，有学者认为授权不仅是赋予相应权力，还是让员工承担责任、自主决策，也是分享信息、促进技能发展和对创新绩效的指导。还有学者主张，授权不仅是主管的一种行为，还是下属心理状态的一种“感知”。

利益相关者理论将员工提升到企业高度利益相关者的层面，企业应当为增强员工的专用性资产提供能力支持。格斯特（Guest）和佩切伊（Peccei）则进一步论证，在利益相关者合作协调的框架下，与员工建立起合作伙伴关系的企业能够更好地促进两者之间相互的发展与进步，这种关系将成为21世纪劳动关系的主流。

国内学者王辉等认为授权赋能使员工获得心理上的感受，从而激励其更加全力和积极地实现组织目标，并通过量表开发，将授权赋能分解成为个人发展支持、过程控制、权力委任、结果和目标控制、参与决策和工作指导5个维度。孙中伟认为，赋能（Capacity Building）强调行动者的能力，赋权（Empowerment）强调赋予某种资格。

本书根据以上不同时期不同学者的相关研究，给出如下定义：赋能是通过提高个体的表达、交往和认知能力，增加他们的自信心，激发其内在潜能，以及改善个体、团体、组织与社区相关资源的种种方式，促进个体能力、结社能力与合作能力以满足想要的目标。

（2）赋能型组织的基本特征。

①赋能型组织的核心是激发组织和人的活力。赋能型组织有效改变了传统组织等级森严、管理层次多等结构特征，创新地以激发组织和个人的自驱力为目标，通过提升能力来释放组织和人的活力，从结构、模式、机制等方面实现组织变革。赋能的形式是赋予权力，放手让员工自行决断。

②赋能型组织是敏捷适应环境变化的网络化组织。赋能型组织是以分权为特征的去中心化组织，在这种组织形态下，通过将大型组织拆解为无数小型的赋能团队，并对最接近市场的组织端点和小团队充分授权，将外部环境变化的一般响应路径演变为"市场—组织端点—市场"，从而使组织更加灵敏高效地应对变化。此外，赋能型组织从结构上更多地表现为由相对独立的组织端点链接而成的网络化组织，这些组织端点之间以平行关系为主，弱化了层级关系，更加注重信息共享和协作支持，化解了"谷仓效应"。

③赋能型组织是共享开放的生态系统。赋能型组织既遵循一般的市场逻辑，也强调生态逻辑，注重组织与环境的相互影响、相互制约、相互促进，体现了帕累托原则的共赢效应，通过信息共享、协作支持、开放平台等赋能机制，实现整个组织系统和系统中各个小团队的能力提升和绩效福利改善。赋能型组织不但实现内部的开放共享，同时也作为组织生态的积极建设者，保持对其他外部组织的开放性，实现与外部组织的相互赋能。

④赋能型组织是行业发展战略方向的推进者。把握行业本质是企业生存发展的基本要求，赋能型组织的一个重要任务就是实现行业及行业间组织的赋能，共同塑造行业发展的正确方向。

13. 3. 1. 3　向赋能型组织转型的基本路径

对于那些想要将自身组织结构向赋能型组织转型的企业而言，从组织变革的视角看，需要紧盯赋能型组织的基本特征，结合企业实际，把握好向赋能型组织转型的核心要素与路径。

（1）塑造赋能型的企业文化。赋能型组织建设的过程也是企业文化重塑的过程，要把赋能作为企业文化建设的核心内容，形成共同的价值观，渗透到组织中的每一个团队、每位员工，使之变成自觉的组织行为。赋能文化包括充分授权、开放包容、平等交流、信任支持、承担责任、自主决策、分享信息、技能发展、鼓励创新等内涵，通过这些文化要素充分激发各类组织和个人的活力和战斗力。

（2）改革行政化的组织构架。赋能型组织需要扁平化、网络化的组织架构与之匹配，传统的等级森严的行政化组织构架需要被打破。在大型企业集团中，要实现组织赋能，一方面要减少管理层级；另一方面要实现决策权力下移，集团总部要减少对具体生产运营的过度干预，让决策者更接近市场和现场，充分发挥基层对市场敏捷反应的优势。

（3）建立基于心理契约的劳动关系。赋能型组织更注重心理契约建设，企业与员工以及员工与员工之间，是平等的合作关系，形成了一种信任机制，充分授权成为赋能型组织的核心特征。因此，企业要建立以心理契约为核心的劳动关系，以承诺和信任为基础，在员工和组织之间形成责任和义务组合。

（4）通过数字化实现技术赋能。要充分利用大数据、云计算、人工智能等先进信息技术，对企业进行数字化、智能化改造，建立信息共享和分散控制的大数据平台，发挥现代技术优势，促进工作效率的提升，从而大幅度提高决策效率和工作精度。例如，国家能源集团大渡河公司创新开展“智慧企业”建设，将先进的信息技术、工业技术和管理深度融合，实现管理的数字化感知、网络化传输、大数据处理和智能化应用。

（5）建立 OKR（Objectives and Key Results）战略目标管理系统。赋能型组织对企业战略的贯彻落实更为深入，赋能型组织能够有效凝聚企业与员工的发展合力，将管理团队和成员行为与企业愿景紧密关联，通过 OKR 管理方法和工具，明确企业和管理团队的“目标”以及每个目标达成的可衡量的“关键结果”。OKR 可以在整个组织中共享，组织成员在共同的目标、行为准则和价值观的前提下合作，促进内部资源的流转、共享，提高组织效能，促进整个组织内资源的整合，提高企业管理的核心竞争力。

13.3.2 “大平台 + 小前端”赋能型组织结构

13.3.2.1 阿米巴经营模式

在介绍“大平台 + 小前端”之前，首先需要了解阿米巴经营模式，它不仅是京瓷经营成功的两大支柱之一，还是数字时代衍生出来的“大平台 + 小前端”的基础和借鉴。

（1）阿米巴经营模式的含义。

在京瓷公司成立 5 年后的 1964 年，为了保持公司的发展活力，稻盛和夫独创了阿米巴经营方式。

阿米巴经营是指将组织分成小的集团，通过与市场直接联系的独立核算制进行运营，培养具有管理意识的领导，让全体员工参与经营管理，从而实现“全员参与”的经营方式。这是京瓷集团自主创造了独特的经营管理模式。

例如，某陶瓷产品有混合、成型、烧结、精加工四道工序，将这四道工序分成四个“阿米巴”，每个“阿米巴”都像一个小企业，有经营者、销售额、成本和利润。“阿米巴经营”不仅考核每个“阿米巴”的领导人，而且考核到每个“阿米巴”人员每小时产生的附加价值。这样就可以真正落实“全员经营”的方针，从而发挥企业每一位员工的积极性和潜在的创造力，把企业经营得有声有色。另外，“阿米巴”可以随环境变化而“变形”，即具有适应环境的灵活性。

（2）阿米巴经营模式的优势。

阿米巴经营模式能够提高员工参与经营的积极性，增强员工的动力。另外，“阿米巴经营”的小集体是一种使效率得到彻底检验的系统。同时，由于责任明确，能够确保各个细节的透明度。

✓ 这种管理方式可以在公司直接对比生产活动与产值，通过数字把握内部日常生产状况、原材料、人工、机械的市场价格和利润率的变化。

✓ 各个小组所创造的利润及占公司利润百分比的情况一目了然。

✓ 使员工对自己的工作成果有实实在在的了解，从而激励员工更加努力工作。

✓ 可以通过准确的数据对每个组员进行评估，通过评估数据使优质资源流动到合适的岗位上，从而各个岗位上的人员配置达到最佳。

13.3.2.2 “大平台 + 小前端”赋能型组织结构

数字化变革颠覆和重塑了很多行业，也考验着管理者的见识与智慧。工业时代，企业以 IT 技术为核心实现数字化，促使数据进行流动以及在线化。数字化、智能化时代，数据的流动与共享，推动着商业流程跨越企业边界，编织全新的生态网络与价值网络。随着数据科学、机器学习、深度学习、认知分析、机器人流程自动化（RPA）等机器智能技术不断融入经营与财务管理，并迈向智能商业和智慧财务，其将不断释放人力，追求人的更有价值的体现。

随着平台经济的发展，基于“小前端 + 大平台 + 富生态”的商业范式成为主流和标杆，其实际也是一种对多个产业甚至是全社会资源进行开放重组和融合再造的组织方式。开放敏捷、中台架构、自组织协同网等成为包括 BATJ、滴滴、韩都衣舍、海尔集团、华为公司等企业在组织进化和构建生态时的关键，也成为领先企业组织进化的集中趋势。图 13 – 4 展示了关于未来组织的变革方向和侧重点。

例如，阿里巴巴最早提出“中台战略”，将搜索事业部、共享业务平台、数据技术及产品部独立出来组成中台事业群，整合资源，为“前台”的业务开展提供底层的技术、数据等资源和能力的支持。阿里巴巴 CEO 张勇在 2018 年 11 月 26 日对阿里巴巴组织体系调整的公开信中表示：“阿里巴巴过去几年在实施中台战略过程中构建的智能化能力，包括机器智能的计算平台、算法能力、数据库、基础技术架构平台、调度平台等核心能力，将全面和阿里云相结合，向全社会开放，为全社会服务。”阿里巴巴之所以能够频繁地进行组织架构调整，主要得益于阿里巴巴在 2015 年实行的“大中台 + 小前台”组织战略，此战略为阿里巴巴提供了非常重要的组织架构基础。

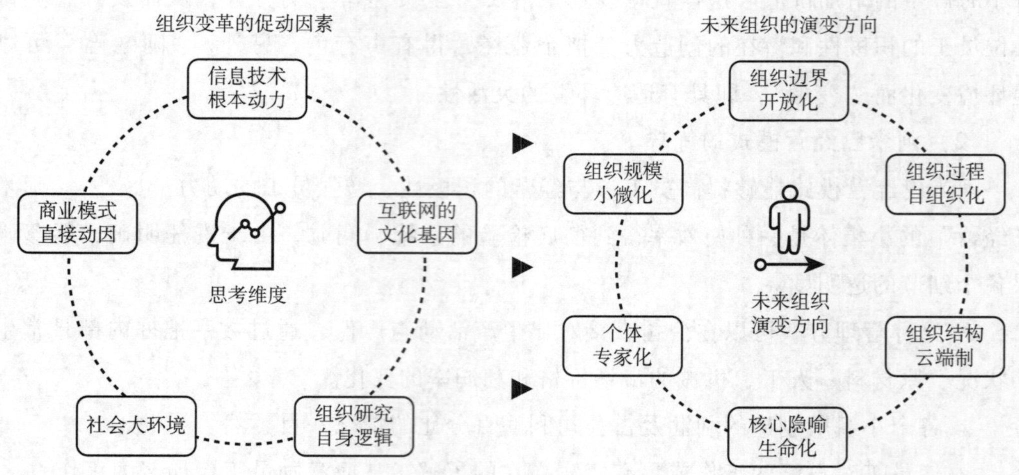

图 13－4 关于未来组织的变革方向和侧重点

中台战略也是符合数字化、智能化时代需要的更灵活、更敏捷的组织机构和业务机制，促使组织管理更加扁平化，使管理更加高效，组织运作效率提高，业务更加敏捷灵活。2018 年 9 月 30 日，腾讯公司公布了第三次组织架构调整，其中最突出的就是成立技术中台，即成立腾讯技术委员会，通过内部分布式开源协同，促成更多协作与创新。

与此同时，京东集团近年来也在大力推行中台架构，搭建了京东中台研发体系和京东开放平台（POP 平台）中台系统等。此外，海尔集团也打造了“小微＋平台＋生态”的商业范式，华为公司以“平台＋社区＋跨团队的项目制”，形成“纵向＋横向＋网状”的三维组织结构，来满足消费者快速变化的需求。

2008 年，韩都衣舍确立品牌战略后，打造“韩都衣舍”品牌。同时，进行组织创新，打造以客户为中心的倒三角式的自主经营体。公司内部将这些自主经营体称为“产品小组”，并增加相应的管理机制。例如，每个产品小组相当于一个自主经营体，由三名员工——设计师、货品管理专员以及页面制作专员组成。此外，韩都衣舍拥有强大的后端平台支持产品小组的不断裂变，例如，最小起订量为 30 件的生产中心，实现数据打通的柔性供应链，专业的摄影、运营和客服团队等。韩都衣舍在前端有 300 个左右的产品小组，而在中后台则建立起 7 个支撑体系。在日常的运作中，产品小组将得到来自 7 个支撑体系的赋能。韩都衣舍一方面保持前端团队规模的小型化和灵活性，更好地匹配市场需求并进行创新；另一方面，也通过后台赋能平台，有效地保证每一条业务线的高效运转，为试错和规模化提供可能性。

图 13－5 为韩都衣舍以“产品小组”为核心的运营模式，其将“大平台＋小前端”与组织赋能很好地结合在了一起，在取得较好经营业绩的同时，企业也得到了持久的扩张和发展。

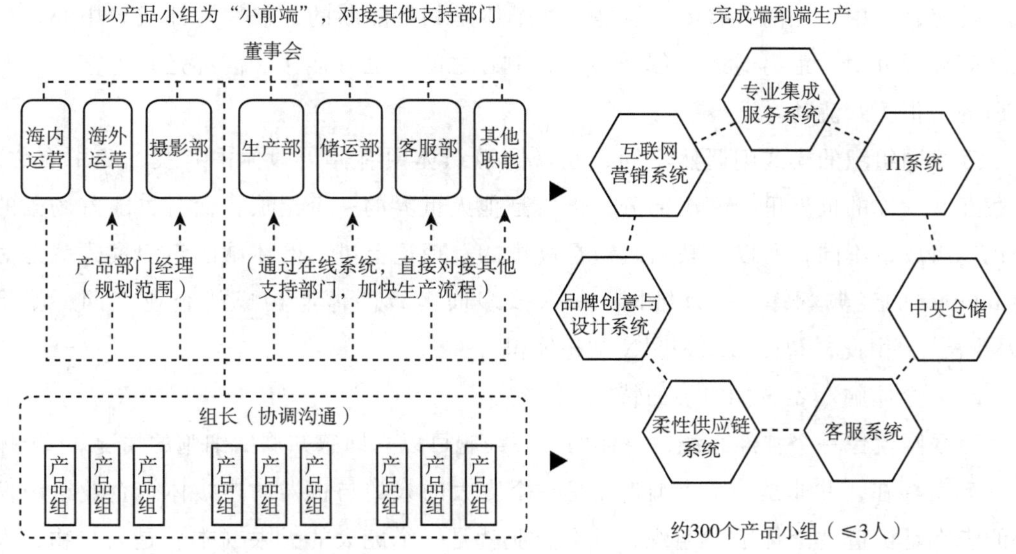

图 13－5　以“产品小组”为核心的运营模式

13.4　“全体脑”型智能组织的快学习

13.4.1　网、体、经脉的“全体脑”新组织

1. “全体脑”型智能组织的含义。

移动互联时代的所有新组织，都是“网、体、经脉”的有机体。网、体、经脉是所有互联网组织的必备要素。

（1）网。互联网组织是商流网、信息流网、数据网，也是人联网和智联网。互联网组织是一个共建世界的子网络。传统企业讲究的是规模、产能和资源量，而互联网时代的组织讲究的是网。若规模、产能和资源不能成网，他们将得不到充分利用。

（2）体。互联网本身是虚拟的，但互联网组织不可能完全是虚拟的，必须有实体支撑。点、线、面形成了体。而前面介绍的“大平台”“小前端”“富生态”就是超越传统的组织结构的三个体。体的性质是“所有的你都让我变得更强，所有的我都让你变得更加有效”。这里的你和我，就是体。体要数字化，数字化是天然的扁平化。

（3）经脉。第一条经脉，用少且有效的规则，满足网体的运行；第二条经脉，构造一个四重螺旋，包含社会、技术、商业、管理，从而驱动信息和数据通畅流动；第三条经脉，实现人的动中通，动中升，动中动。人只有不断流动、不断调整，才会处在创业创新的状态中。

传统企业中，无网，有体，但是这些个体是相互隔断的，被称为部或者中心，相互之间界限分明，距离遥远。各个部或者中心之间，也有连接，但都是硬连接，按照所谓的汇报关系流动。

互联网组织的模式则迥然不同，互联网组织体中有体，即你中有我，我中有你，你我互联，你的世界里的高潮部分，恰恰是他人世界的一个组成，而且，随着场景的变化，组成也不同，所以互联网组织是高维的。理论上讲，网体脉的组织模式就是对于 Internet 的经典翻译——万维网——众多多面多维的体所构成的企业之网，就是“万维网”，由此，智能组织是“N 维超体积”。

2. “全体脑”型智能组织的特征。

互联网就像一个神经系统，身体的某一细胞可以立即感知周围细胞的情况。“全体脑”确实存在，并非是一个大脑，而是一个庞大的人类与机器的连接体。企业组织发展的未来是构造“全体脑”组织，整个企业就是一个庞大的无限（本质是人与物、人与数、人与人）的智能连接体。

目前，组织创新仍以人的自身组织为主，以商业模式驱动为主，但未来的组织创新应该是基于社会、技术、商业、管理四核的全体组织的新的经济增长模式，新的企业组织范式需要企业具有新能量，实现智能、体能、心能、和能四能合一，从而凸显组织的新能量。

（1）智能。人的智力和智慧，员工和企业组织的学习能力。创新是需要聪明人用智能来解码的超级智力活动，需要更为强大的智能。

（2）体能。运动是人的生物本能，没有体能就没有智能的充分发挥，没有体能，任何追求业绩的热情都要破灭。

（3）心能。员工要有乐观心态，要有类似“新教伦理与宗教精神”一般无形的力量，自信、自尊、自重，心能创造气场，可以心胜，战胜心魔。心能可以产生心流，从而创造持续有益的工作。根本上讲，心能就是文化气质和高级个性。

（4）和能。人能群体协同，是人类群体最大的红利，和能是把优秀员工变成优秀团队的能量，和能是协同和合成的能力，是在移动互联网时代建立组织柔性的核心能力。有了和能，才能走向生态。

综上所述，移动互联时代，企业的人力资源管理体系要成为“善治管理体系”，即要具备智能、体能、心能、和能的有机结合能力，四能合一，形成企业的强大管理势能。

13.4.2 快学习与组织迭代

1. 移动互联时代的快学习。

持久的快速学习、持久的快速转化、持久的快速形成能力，这是移动互联时代所有优秀企业之所以优秀的核心能力。"学习—转化—能力"是这个过程的培训三阶段逻辑，不过，很多企业的培训往往在第一阶段结束后就止步不前了。如何进行转化？如何形成能力？移动互联时代的答案是：以用户为牵引，以产品为载体。具体到管理上，就是以形成满足最终用户需要的能力为核心，以快速迭代产品为核心，构建的培训和学习体系。所有的课程在用户和产品的实际场景中才有意义。例如领导力培训，只有放在具体的用户服务或产品服务的工作实景或者模拟场景中，领导力才能落实到位，才不会是空谈。所有的快速迭代，都是以用户为中心的，唯有如此，迭代的方向和路径才能正确。

移动互联时代学习的核心就在于在"资源、知识、学习和工作"这些核心要素上，建立能量的传输通路，多面综合，以形成综合性的能力为要旨。

例如，华为实行的全员导师制。所有员工都需要导师的指导，通过导师制实现一帮一、一对红。为确保全员导师制落实到位，华为采取了以下几项措施：(1) 广泛宣传，提高认知。(2) 做好新员工指导。新员工到岗之前，就做好导师安排，入职第一天，就接受导师全方位的指导。(3) 保证老员工接受指导。因工作需要或者晋升的员工，都要遵守导师制，并作为晋升考核的条件之一，以此来打破权利壁垒，保证导师制在全企业推广。同时，用机制保证成效：(1) 每月给予导师费，定期评选优秀导师。(2) 导师不论资排辈，刚毕业进入华为一两年的员工，同样可以成为导师。(3) 责任连带制。徒弟出现问题，责任全归导师，导师也因此不能提拔，甚至会降职。(4) 晋升激励制。把导师制提升到培养接班人的高度来对待，并以制度的形式规定，没有担任过导师的员工，不得提拔为行政干部，不能继续担任导师的，不能晋升。

华为的全员导师制是资源、知识、学习、工作等层面的新老能量传输，这使宝贵的学习资源在学习和工作中建立强关联，并形成了反馈循环，不仅实现了学以致用，更实现了以用促学。

2. 战略性学习是组织发动机。

企业的培训和学习，要嵌入用户和产品中，嵌入具体的管理和应用场景中，才是真正符合互联网思维的。管理和应用场景包括不同的工作层级，必须针对不同类型的问题以及不同工作职责的人员组织实施，其中承担要职的各类核心人才的学习，是真正的"组织发动机"。

海尔有一个著名的"周六会"，是一个领导者"日清自己"的会议，这个会议已经坚持了十多年，中间从来没有停止过。不仅是海尔高级经理人的日清会，更是整体日清管理体系的发动机。为了保证能够参加周六会，海尔创始人张瑞敏的出差安排都是围绕着周六进行的。

周六会的目的就是"清体系、清战略和清理念"。在日清会上，张瑞敏、杨绵绵会担任“老师”的角色，“学生”则是海尔的高级经理人，而“教材”则是各个自主经营体在变革中所形成的最佳实践。每次周六会都有一个鲜明的主题，与会人员可以围绕主题进行互动。海尔内部有一套严格的流程来筛选议题。张瑞敏有一个著名的三阶段论，认为管理分为三个阶段：最低层次是管事，高一个层次是管人，最高层次是管机制。周六会的核心议题必须围绕着机制来设计。

一次周六会上，某员工把自己的工作进展做成损益表，益是收入，损是目标和收入的差距。一位集团副总裁指出，这种提法不正确。目标应该是经营人，而不是“哪一个项目”。高级管理者的目标首先是经营出最有竞争力的 A 类优秀员工，通过这些员工创造价值，才是益。

日清会后，集团战略部会把决议形成正式的文件，下发给各个自主经营体。集团企业文化中心会根据周六会的重要决议，尤其是根据张瑞敏提出的最新观点写成文章或社论，发表在《海尔人》报上，同时，也会通过海尔的电视新闻传播系统、内部员工交流平台第一时间把重要精神、最新理念传播出去。另外，所有与会的高级经理人根据周六会决议，在周六下午召开本部门内部的会议，制订行动方案落实决议。

海尔的案例系统地再现了一个著名的传统工业企业实现“互联网+”的时代企业秘籍，或者秘籍之一，就是坚持不懈地将战略性系统化培训学习变成“组织发动机”，甚至是“组织永动机”。具体实践可以总结出四条要点：

（1）学习和培训的指向极为明确，完全可以量化，如来自“日清”体系，要与企业战略高度契合。

（2）最高层每次都亲自到场，不是随意性作秀或者有感而言即兴演讲，而是担当讲师。

（3）紧扣企业文化价值观的最高主题，不论当期的具体议题如何，最高主题毫不动摇，如本案例中的“经营人”。

（4）通过传播系统和执行系统，将最高层的战略性培训学习变成全员的战术实施。

总之，企业在组织战略性学习的过程中，需要做到以下两点：①将企业核心理念作为唯一主驱动力，保持核心能量直接在人才内心做功，而不耗散；②将学习进行深度发酵，广泛传播。组织的核心动力，归根到底来自掌握着组织核心价值观的高级人才，这些高级人才，将正确的组织价值观和高能的工作行为有机融合，成为“组织发动机”。

3. 滋养心智的生态式学习和成长。

阿里的“三板斧项目”专门针对一线管理者设计，以行动学习为基础，核心是“揪头发”（向上思考，开阔眼界）、“照镜子”（自我认知，开阔胸怀）、“闻味道”

（精神融合，修行心力），以此作为优秀管理者的成长功课。

针对“三板斧项目”的反馈有以下几点：①参加“三板斧项目”是对阿里价值观的重新认识，其核心是拥抱变化。②参加“三板斧项目”是对阿里绩效管理体系的一次体验。阿里的绩效评估系统做到了随时设目标，随时评估，而且价值观要符合要求。③参加“三板斧项目”是对参加者组织能力的一次检验。互联网行业需要的就是具有强大心力的领导者。心力特别强调百折不挠，不管遇到什么困难都可以一如既往地向前冲。④参加“三板斧项目”是对阿里管理能力的一次学习。“三板斧项目”从 2009 年开始，举办了近百期，“触动而且改变了很多人”。

“只有拥抱变化，才能时刻生机；随时设目标，随时评估。”唯有如此，组织生长才有可能，员工的创造力和爆发力的生成模式才能成为生态式的，而不是机械的或者指令的。触动之后，还要感知，感知之后，还要长出新芽，新芽要成为枝干，才算成功。

组织学习的方式正越来越多元化，对企业来说，人才培养没有完美的、一招制胜的方式。以课堂培训为例，学员在课堂上仅能吸取 10% 左右的内容，需要和导师有效沟通之后得到 20%，剩下的 70% 要在解决问题和自我成长中获得。所以我们要借助互联网扁平化信息传播与互动的特点，来获取这 70% 的持续性成长。

自然界里的生态系统，差异往往体现在不同生物的生存细节上，正是这些亿万年进化而成的独特细节，构成了生态系统的无比丰富性。自然界生态系统里，所有系统成员的执行力来自一个：生存和发展的内驱力。我们追求生态系统式的丰富、平等、包容、自由、创新，但是不可忽视生态系统的生命执行力和生命细节。构建一个具有生态系统特质的智能有机组织，这个组织必须是有生命执行力的，有细节的，这样，才能既有繁茂的外表，又有强大的根。

生命生长的核心方式有两个——能量的吸收和传输、学习和基于学习的信息传递。企业的人力资源群体，是企业的生命群体，他们的生长的核心方式同样有两个：能量和学习。人力资源的学习能力和基于学习的能量传输能力，决定了企业生态的生命力。移动互联时代是人类社会升级的时代，这个时代学习必然要升级，因为升级才能生存，要实现“打开思维”“打开心灵”“打开意志”，实现了这三者，学习的本质会发生改变，要向“正在生成的未来”学习。

“要产生新的行动，我们需要更深层次的注意力，使人们能够走出传统的经验并真正感到超越了思维。”“向未来学习对创新至关重要，需要具有直觉，需要接受高度的模糊性、不确定性以及具有勇于接受失败的精神。”这也就是新时代对学习的新要求。

13.5 “HR 三支柱”在中国企业的模式及设计理念

13.5.1 人力资源管理的变革

13.5.1.1 职能角色与组织架构的变化

一般认为，人力资源管理的发展经历了人事管理、人力资源管理和战略人力资源管理三个阶段。伴随着人力资源管理职能的变化，企业对人力资源管理方法、工具和架构的要求也越来越高。但总体而言，企业对人力资源管理职能、方法、工具等方面要求的高低取决于企业规模的大小。这里的企业规模更多地表现为企业人数规模。人数规模越大，组织对人力资源管理的要求越高。相反，当企业人数很少时，传统的经验式人力资源管理就能够满足大多数企业人员管理的需要。

1. 角色分工对人力资源管理（Human Resource Management，HRM）职能实现的影响。

人力资源管理的发展经过了人事管理、人力资源管理和战略人力资源管理等不同阶段，并且人们认为小企业的人员管理往往处于人事管理阶段。随着企业规模的扩大，人力资源管理水平也在提升，大型公司或者跨国公司的管理更有可能为战略人力资源管理。这种观点更多的是从人力资源管理职能重心转变的角度来看待 HRM 的演变与发展，并没有考虑到 HRM 角色实施主体的演变，特别是垂直分工。

从 HRM 垂直分工的角度来看，即使是大型公司（包括国际著名跨国公司）的人力资源管理处于战略人力资源管理发展阶段，其 HRM 工作依然会承担人事管理、人力资源管理和战略人力资源管理的角色，只是这三重角色会在垂直层面上进行分工。在大多数情况下，公司总部更多地承担战略人力资源管理的职能，业务单元（Business Unit，BU）或二级单位主要承担人力资源管理职能，而分支机构或基础业务部门可能更多的是人事管理职能。

这种垂直分工表现出的最大特点是：集团公司总部及各二级、三级机构均设置人力资源机构；各级人力资源管理机构均处理人力资源管理的战略规划、职能开发、业务管理、实务操作、政策解答等工作。总体而言，在垂直层面上，不同层级的人力资源管理职能定位和内部岗位设置是有较大差异的。

这种分工也必然会带来当前大企业常面临的 HRM 问题，主要体现在以下几个方面。

（1）HRM 与现场业务需求的脱节。随着市场需求的多样化为了紧贴市场趋势，许多企业的组织结构设计更多地采取了战略业务单元（Strategic Business Unit，SBU）或者事业部的模式。这在客观上也需要 HR 提供差异化、个性化、快速化的支持。集团统一的 HR 管理职能往往不能很好地提供这种 HR 支持。目前大多数大型企业人力资源部的运作模式是按功能块划分的（如薪酬、培训等）——每个功能块分别负责政策制定、政策执行以及事务性支持（如发薪、入职手续）。人力资源工作者的状态往往都是想尽办法完善自己模块内的工作，让自己所覆盖的模块更加系统化、专业化。此外，在总体上，集团公司的大多数人力资源管理制度、政策来源于公司总部的 HR 部门。在这种模式下，公司发展越来越大，HR 却高高在上，离业务现场越来越远，对企业现场的实践需求掌握不准确或不及时。统一的政策也会使制定的 HRM 政策容易脱离现场的实际需求，遭到现场业务人员的不满和抱怨。中基层业务主管和员工需要 HR 支持，却很难得到支持；HR 往往只对上不对下，政策缺乏业务所需的针对性和灵活性，业务主管更多地感受到的不是价值而是管控。而基层 HR 虽然了解现场的实际需求，但其工作更多的是被人事事务缠身、大量时间聚焦在事务性工作上，没有足够的时间和精力投入帮助业务部门解决更多的 HR 现实问题。而且，基层 HR 从业者的专业能力往往有限，不能对业务主管进行有针对性的辅导，不能提供业务需要的客户化、集成的 HR 解决方案，从事的员工管理工作对组织的贡献也很少。这也是当前企业界对 HR 实际贡献和价值争议的根本原因所在。

（2）人事成本较高。当公司规模很大（如跨国公司）、分支机构多时，几乎每个基层分支机构都需要配备人力资源管理相关的岗位。管理跨度大，机构庞大臃肿，每家分支机构的 HR 岗位员工从事的事务有一定的类似性，但是由于配备的人员很多、人事成本也急剧地增加。作为一个成本中心，人力资源部有责任为公司节约成本。

（3）不利于人力资源管控。由于 HR 机构的分散和重复设置，一方面 HRM 无法形成合力；另一方面各人力资源机构工作标准不一致，服务标准不统一，也不利于公司的人力资源管控。

因此，垂直分工不恰当可能会在增加人力成本的同时降低人力资源运营效率，带来组织管控不力，不利于有效地支撑公司发展和提升核心竞争力。这些问题带来的结果就是我们听到最多的对人力资源管理的质疑，认为人力资源管理对业务没有什么贡献，甚至出现了是否应该“炸掉你的人力资源部”的争论。

2. 三支柱的形成过程。

职能导向的人力资源管理组织模式的好处是：它可以把每一份 HR 工作做得特别精细，但相应的缺点就是服务功能比较弱化，工作内容对外无法形成价值。人力资源从业者更多地从自己的职能模块或专业来考虑本职工作，而不是为内部客户提供解决方案。面对人力资源部门的低效率，公司管理层会质疑人力资源部的产品是什么，能为组织和业务部门提供什么样的贡献。

面对质疑和挑战，企业都想从业务发展的角度思考人力资源管理的问题，为业务部门提供最为有效的人力资源管理支持，成为业务部门真正的合作伙伴。让人力资源部门的专业人才摆脱烦琐的事务性工作，从而有更多的精力思考业务部门对人力资源管理的需要，为业务发展提供贡献和支持。由此，人力资源业务伙伴（HR Business Partner，HRBP）应运而生。

许多企业将 HR 的职能分散到各个业务单元，使 HR 从后台走向前台，以便贴近业务、了解业务，及时保证满足业务部门的要求，让 HRBP 能够更好地在业务部门支持相关的工作，提供高效率、高质量的服务。显然，满足客户定制化需求的难度最大，而这又能最大限度地反映人力资源管理的价值。HRBP 角色的产生正是为了满足这个需求，目的在于针对内部客户需求，贴近业务，提供咨询服务和解决方案，做他们的业务伙伴。

HRBP 的提出是一种创新，而且这种创新在很大程度上是由 HR 在企业中遇到的挑战带来的。例如，微软亚太研发集团发现原有的人力资源管理模式无法满足业务部门对人力资源管理者提出的服务要求。为了解决业务部门的特殊化需求，该公司大胆地尝试将人力资源从业者下放到业务部门开展工作，以解决公司面临的人力资源管理需求。几次试点完善后带来的显著效果也得到了业务部门的好评。试点成功后，该公司根据需要对各个业务部门进行了 HRBP 的配置。

为业务部门提供解决方案意味着需要同时精通业务及 HR 各领域的知识，这对 HR 专业人才的能力有了更高的要求。寻找一批样样精通的人才是很难的，于是就出现了 HR 专业的再细分。

一方面，产生了人力资源专家中心（HR Center Of Expertise，HRCOE）。HRCOE 作为领域专家，借助其精深的专业技能和对领先实践的掌握，负责设计整个公司业务导向、创新的 HR 政策、流程和方案，并为 HRBP 提供技术支持和服务。

另一方面，要让 HRBP 和 HRCOE 聚焦在战略性、咨询性的工作上，就必须把他们从事务性的工作中解脱出来。而公司员工的很多需求是相对同质的，存在标准化、规模化的可能。于是，出现了人力资源共享服务中心（HR Shared Service Center，HRSSC），它作为 HR 标准服务的提供者，负责解答管理者和员工的问询，帮助 HRBP 和 HRCOE 从事务性工作中解脱出来，并对客户的满意度和卓越运营负责。

因此，正是由于人力资源部门受到业务部门的质疑和挑战，才促使人力资源部组织模式从职能导向向解决方案导向转变。直观上，我们把以前的人力资源部门分割成 HRCOE、HRBP 和 HRSSC 三条线。新的分工表现在实施中就是：HRBP 通过整理业务部门的需求，提请解决方案和整改机制，提交到 HRCOE 进行专业论述和技术支持指导；HRBP 再与 HRSSC 达成一致，推行服务方案，更好地支持业务部门的基础工作。通过人力资源管理的再分工，HR 职能完成了从服务型向战略型、从职能驱动向业务驱动、从同质化向定制化的转型，从而发挥更多的战略功能。

13.5.1.2　三支柱转型下的人力资源管理

戴维·尤里奇（Dave Ulrich）提出，HR 部门应当像企业一样运营，人力资源管理的角色应该进行分工：有人负责客户管理，有人负责专业技术，有人负责服务交付。在《人力资源最佳实务》（*Human Resource Champions*：*The Next Agenda for Adding Value and Delivering Results*）中，尤里奇最先提出了 HR 部门的组织架构再设计框架，几经完善，变成今天大型企业中流行的三支柱模型。

1. HR 三支柱：HRBP、HRCOE 和 HRSSC。

三支柱模型本质上就是基于互联网技术，改变公司传统的垂直分工。三支柱模型的三个支柱分别是人力资源业务伙伴（HR Business Partner，HRBP）、人力资源专家中心（HR Center Of Expertise，HRCOE）和共享服务中心（HR Shared Service Center，HRSSC）。三支柱模型也被称为 3D 模型，这是因为 HRBP 扮演的是 discovery（即挖掘业务部门需求）的角色，COE 和 SSC 的职能分别是 design（设计方案）和 deliver（交付/执行）。简单来看，就是把最贴近现场的人事管理者手中的人事事务集中为 HRSSC，而通过能力的提升把他们自己转换为 HRBP，把总部的战略人力资源管理角色转换为 HRCOE。当然，三支柱模型的内涵比这个简单的转变要更复杂、更充实。

2. 三支柱的分工。

三支柱分工如下所述：

（1）HRBP 提供符合业务需要的人力资源支持。作为人力资源部门和业务部门沟通联系的桥梁，HRBP 是进驻业务部门的人力资源管理者。他们通过深入业务部门调研，与业务部门的同事一起工作。HRBP 处理各业务单元中经常出现的较简单的 HR 问题，做到将 HR 职能和业务需要吻合起来，协助业务经理更好地使用各种人力资源管理制度和工具管理员工；从 HR 视角出发参与业务部门管理工作，向业务部门提供个性化的人力资本服务，将人力资源管理和本业务部门的人才吸引、保留、激励工作结合起来，制定出符合本部门的人才方案；强化 HRSSC 与服务对象的沟通与协调，与 HRCOE 和 HRSSC 合作，在能力范围内推进人力资源管理的实务工作。

一般而言，HRBP 的定位主要是“HR 的业务伙伴”：确保业务导向，贴近业务现实，一方面提供统一的服务界面，提供端到端的 HR 解决方案；另一方面为公司核心价值观的传承和政策落地提供组织保障。

（2）HRSSC 提供服务平台。基于共享服务的思想，HRSSC 借助现代化信息技术的平台，整合人力资源流程，将企业不同地域或业务单位中的与人力资源管理有关的基础性、操作类行政工作合并。例如，HRSSC 把员工招聘、薪酬福利核算与发放、社会保险管理、人事档案、人事信息服务管理、劳动合同管理、新员工培训、员工投诉与建议处理、入职离职、差旅报销、咨询服务等集中起来，建立一个服务中心来统一进行处理。它是直接面对顾客提供服务的操作层，可以帮助公司更有效地管理人力资本，为员工和经理提供更为便捷的人事信息获取方式，解决了日常工作中反映的常规操作性和事务性问题，以提升 HR 组织核心运营效率。HRSSC 通过集中化操作、简单化的工作以便企业获取规模效应，通过标准化的规范操作提升运营效率，如利用交互语音系统和互联网技术通过在线知识数据库与人力资源管理数据库来服务顾客，如政策的查询、工资的查询。

一般而言，HRSSC 的定位主要是“HR 标准服务的提供者”：确保服务交付的一致性，提供标准化、流程化的服务，使主管和 HR 从操作性事务中释放出来，解决重复性的人事问题，提升 HR 整体服务效率。

（3）HRCOE 发挥专业才华。HRCOE 根据公司整体的战略目标，基于需求或问题出发，通过战略、策略、政策、机制的构建，为公司的人力资源领域或领域内的细分项进行整体方案的设计。HRCOE 的主要职责是：为各业务单元提供人力资源方面的专业咨询；根据公司整体的战略目标，为公司制定出整体的人力资源管理政策，包括人力资源规划、招聘与人事测评、培训发展、薪酬福利、企业文化、在职与离职管理、员工关系管理、企业工会、高潜质人才管理、职业健康管理、企业并购支持、高管薪酬等专业性较强的工作。HRCOE 是三支柱转型的战略层，帮助 HRBP 解决在业务单元中遇到的人力资源管理方面的专业性较强的难题，并从专业角度协助企业制定和完善 HR 方面的各项管理规定；指导 HRSSC 开展服务活动等，相当于 HRSSC 的“指挥中心”。

一般而言，HRCOE 的定位主要是“HR 领域的专家”：确保设计一致性，建立 HR 专业能力，提升公司人力资源政策、流程和方案的有效性，并为 HRBP 服务业务提供技术支持，为 HRSC 提供流程服务规范。

3. 三支柱转型的价值。

企业人力资源管理进行三支柱转型，有助于提升 HRM 的价值。

（1）HRM 从专业导向到业务导向。HRM 从来都强调以提升业务效率和企业绩效为导向，但是实践中的专业分工导致很多 HR 工作者习惯于从 HR 自身职能出发，关注 HRM 能提供什么而不是业务部门需要什么。HR 三支柱转型则更突出 HRBP 的角色和作用，强调以业务部门的需求为导向，倡导业务部门需要什么，HR 就要去满足和提供相应的支撑。传统的模式强调职能模式，层层复制，上下对齐，总部的想法靠发个文件强推下去。而三支柱模式强调的是 HR 工作的专业分工。

（2）HRM 工作的重心从事务型 HR 到策略型 HR。HR 三支柱模式提倡人力资源管理和服务职能的有效分离，把可流程化实施的事务性服务职能交给 SSC 或外包，把复杂程度高的技术性职能交给 COE，而 HRBP 只须聚焦业务部门动态的需求变化，匹配相应的解决方案。共享服务中心的出现让 HRBP 和 HRCOE 得以从事务性工作中解脱出来，从而让 HR 团队整体在主要时间里从事增值性工作，真正实现战略伙伴的目标定位。因此，HR 三支柱转型可以通过 HRBP 和 HRCOE 提升 HR 效能，通过 HRSSC 提升 HR 效率。通过深入业务现场的 HRBP，HR 三支柱转型一方面为公司核心价值观的传承和政策落地提供组织保障，另一方面贴近业务、提供端到端的解决方案；通过建立 HRCOE 专业能力，提升公司人力资源政策、流程和方案的有效性；通过 HRSSC 提供标准化、流程化的服务，使主管和 HR 从操作性事务中释放出来，提升 HR 整体服务效率。三支柱通过对 HR 工作的重新分工，实现了专业化和规模效应。

13.5.2　HR 三支柱的构建与运作

13.5.2.1　HRBP 的角色定位与实践

企业推行 HRBP 首先要从角色认知开始，只有帮助任职者及业务主管理解 BP 的角色定位和职责要求后，才能保证日后所有的努力均走在正确的轨道上。明确 HRBP 本身的定位和职能就成为发挥其功效的前提。

总体来说，HRBP 的定位是业务伙伴。HRBP 是人力资源部门与业务部门的桥梁，负责公司战略目标在业务端的实施和推进，帮助业务部门设定人力资源的工作目标和计划，并树立对业务部门的内部客户服务意识，为它们提供专业的人力资源解决方案。因此，他们需要深刻理解业务需求，整合周围的 HR 资源，将业务需求转化为 HR 解决方案，确保业务绩效有效达成。特别强调的是，HRBP 的定位是“伙伴”不是“伙计”，其时间应该聚焦在战略性、咨询性的工作上，通常认为事务性工作占比不应该超过 20%。

1. HRBP 的角色及关键活动。

HRBP 的角色包括：①战略伙伴，即配合业务战略，推行人力资源战略，将业务需求转换为人力资源解决方案，提升组织业绩；②HR 日历管理者：在业务线推行 HRM 工作，为业务主管提供咨询服务，有效地支撑人员管理决策，代表业务部门对 HR 政策、流程、方案和服务提供输入；③变革推动者：即扮演业务现场的变革催化剂和变革推动者的角色；④关系管理者：即解决在执行业务计划中的顾虑，建立员工与经理的桥梁，提升员工的敬业度。

相应地，HRBP 完成角色任务的关键活动可以概括为：①盯住业务团队的“业绩目标”，如人均产出、人均利润、人工成本，发现差距，主动从中分解出具体的人力资源指标，形成清晰具体的人力资源行动方案；②厘清业务团队的“最佳实践”，总结业务团队的经验，结合母公司的文化，形成视觉化、可复制化的子文化，打造属于业务团队的“软实力”；③洞察员工的“个性需求”，员工共性需求可以通过系统性政策解决，而个性需求需要 HRBP“一对一”去解决，既能够让员工享受到优质的人力资源服务，也能够让员工体验到优质的人力资源咨询服务。成功的 HRBP 善于用业务语言描述 HR 问题，把 HR 专业知识和业务知识结合，进而发现并解决企业内部的问题，关注并支撑业务绩效的提升。

2. HRBP 的职责。

业务伙伴的整体工作职责范围应该包括但不限于以下几个方面。

①执行公司 HRM 政策，把业务端 HR 现状反馈给公司，并为公司 HR 项目提供专业支持，负责落实跟进业务端的项目执行进度。

②从 HR 视角出发参与业务部门管理工作，主动了解业务部门发展需要及员工的需求，建立所在业务部门特色化的人力资源管理体系和工作计划，并能够根据业务部门的需要及时调整，以应对外界变化，帮助业务绩效的提升。

③理解业务部门发展对人的需求，确立各类人才的培养储备计划、人员配备的方案。

④与员工沟通公司文化、政策以及工作流程，支持企业文化变革并参与变革行动，确保 HR 的项目和公司文化保持一致，评估追踪所负责业务端员工的工作态度，提供员工关怀服务。

⑤调节管理层之间、管理层和员工之间的矛盾，处理应对紧急事件并处理各种投诉，能对业务经理甚至员工提出的问题，迅速给予回应或提供解决方案。

3. HRBP 的知识能力要求。

在三支柱转型下，对 HRBP 的要求主要体现在以下几个方面。

①由被动型 HR 到主动型 HR：HRBP 首先要理解业务，要通过与业务部门的交流，在对业务、员工、整个行业变化和竞争对手了解的基础上，主动积极地发现业务的痛点和未来需求与 HR 的相关性，而不是等待业务部门的指令去工作。

②从事务型 HR 到战略型 HR：HRBP 角色类似内部顾问，不仅能发现业务问题，还能设计出对组织发展非常有用的 HR 解决方案。

③从支持型 HR 到引领型 HR：HR 不再仅仅作为支持部门，而是去引领推动公司变革的部门，在公司变革管理、组织结构、企业文化等变革上起到一定的领导和推进作用。HRBP 要真正成为业务伙伴，需要三个转变：转变观念，从“以业务部门为中心”到“以业务为中心”转变；从事务性工作到策略性工作，再到战略性工作；转变技能，从人力资源传统技能到业务服务技能。这些角色的变化就要求 HRBP 拥有更多的知识和技能来整合资源，主动解决业务问题。

（1）HRBP 的知识要求。

HRBP 是介于业务单元和人力资源运营两者间的桥梁，扮演“润滑”和“协作”的角色，为业务经理提供人力资源的战略观点，将人力资源服务和业务单元的需求结合起来。与传统的人力资源从业者不同的是，HRBP 在一定程度上是全才，他们必须熟悉人力资源各职能，清楚其实施对公司战略的影响。HRBP 参与业务战略的讨论，帮助业务单元确认使用哪些资源促进业务绩效的提升。从 HRBP 角色就容易推理出来，HRBP 需要的知识主要包括两个模块，即业务知识和 HR 专业知识。

①业务知识。HRBP 首要的职责就是以业务需求为导向，需要像业务人员一样思考，通过提供 HRM 产品和服务来解决业务部门遇到的问题，贡献于业务。HRBP 要想吸引业务经理的注意，就得懂得他们的日常业务，需要 HRBP 掌握较为充分的业务知识，包括 HRBP 所服务的具体业务部门的知识和该业务所处行业的知识。但这些都是途径，不是目的，其根本目的是通过掌握业务知识，理解业务需求，找到业务“痛点”。

②专业知识。与传统的人力资源组织架构中的分工不同，HRBP 全面负责业务部门涉及的人力资源管理实务，当传统单一模块可能无法支持快速成长的业务部门的需要时，可能需要 HRBP 拉通各模块，消除六大模块人为的阻隔，通过技术手段快速拉通并解决问题。其中，专业知识包括人才的招聘、选拔、发展与保留、职业生涯管理、后备人才规划以及薪酬福利等知识，能够识别运用 HR 具体解决方案的能力以及了解这些解决方案局限性的能力。重点是人力资源战略、人力规划、能力发展、继任计划、绩效管理和变革管理等领域。另外，HRBP 不仅要从 HR 角度设计解决方案，更需要由外及内的思维，跳出 HR 看 HR，真正实现客户导向。因此，还需要掌握更多的拓展知识，包括变革管理、咨询模型和技巧、e－HR 系统（电子化人力资源管理系统）、组织发展等。HRBP 必须依靠多种途径及时掌握 HR 新知识、新工具、新方法。

（2）HRBP 的能力要求。

HRBP 所需要具备的核心能力可以概括为以下几点。

①HR 专业能力。HRBP 首先是一名人力资源管理工作者，而且在业务现场负责较为全面的人力资源管理活动，因此，全面的 HR 专业能力毫无疑问的是必需的。对 HRBP 而言，这种 HR 专业能力强调要能够把人力资源工作进行专业化整合与表达，实现显性化的业务交融：能将人力资源开发管理业务和所处的环境与业务需求结合起来；能够把握人员、流程和信息等企业成功的关键因素，并能将其转化为企业创造价值的能力。

②商业敏感性。和三支柱转型之前的 HR 相比，HRBP 角色最大的变化点就是“业务伙伴”。这种角色的重大变化要求 BP 具有商业敏感性。商业敏感性（Business Acumen）是指 HRBP 能够基于业务战略和痛点，准确识别人力资源在哪些领域能够带来价值增值。HRBP 具备对业务价值链的深刻洞察力和敏感性，能够洞察公司和业务部门的动态变化，深入业务、紧贴业务、理解业务，挖掘业务需求，主动发现问题、机遇和可能，并突破性地解决问题。

HRBP 根据业务需求能提出切实有效的 HR 解决方案，真正履行人力资源业务合作伙伴职责，才能在业务部门立足并生根发芽。这种商业敏感性首先表现为 HRBP 对业务的敏感性，具体体现在：成为受欢迎的成员，代表人力资源部门参加关键的业务会议；在业务会议上，对于人力资源相关的议题能够贡献有价值的观点；能够识别业务痛点，挖业务需求，并把业务痛点和需求转换为人力资源需求。商业敏感性要求 HRBP 不能只关注过去的业务，还得留意业务接下来的变化，主动识别业务。因此，商业敏感性还表现为 HRBP 能够把发现的业务需求及时、敏锐地转化为 HR 需求，即人力资源敏感性，体现在：识别 HR 提供增值服务的机会和带来业务价值的项目；持续使人力资源战略（计划）和业务战略（计划）匹配；能够识别出现行的人力资源政策、流程和方案存在哪些方面阻碍了人力资源有效性的发挥，可行的改进建议是什么；衡量人力资源方案、措施带来的业务价值。HRBP 具有良好的商业敏感性，也要求 HRBP 对问题系统思考，其中掺杂信息采集、数据挖掘分析以及综合分析能力。

③咨询诊断能力。HRBP 要能够审视业务单元组织运作的合理性，对企业的运作有深入的理解，从公司战略、业务流程、人员管理、激励机制等方面对组织的各个层面进行审核，对业务发展存在的问题进行诊断，并提供 HR 解决方案。因此，咨询诊断能力（Consulting Capability）被认为是 HRBP 所必备的一项重要专业能力。咨询诊断能力即分析问题、解决问题和变革管理能力。HRBP 必须站在公司全局的角度完成这些事情，要在深入了解所支持的业务单元与人员管理的基础上，根据业务单元所处具体阶段的状况来做出决定。

④人际连接力。HRBP 通过自己的诊断能力，提供 HR 解决方案。但是，推行解决方案，还需要得到业务单元各级管理人员的支持和参与。因此，成功获取这种支持，对于 HRBP 角色的完成就显得非常重要。HRBP 必须具备较强的人际连接力。所谓人际连接力（People Connection），是指与业务主管和其他利益相关者产生共鸣，在和谐和信任关系中识别问题解决方案的能力。为此，HRBP 需要做到以下几点。

✓ 建立信任。这要求 HRBP 充满自信，在分享信息方面深思熟虑，让业务主管及时了解各种人力资源举措的进展。HRBP 本人需要行事可靠，能够满足已做出的承诺。

✓ 积极倾听。这要求 HRBP 在清晰、简洁地传递个人想法的基础上，积极倾听并积极追问潜在的问题及其背后的原因，切中要害。

✓ 提供辅导。这要求 HRBP 有技巧地提供坦诚的反馈，提供具体、可操作的、可以改进有效性的技巧和建议；取得进步时进行正面鼓励，以强化行为。

✓ 和业务伙伴建立共鸣。即要求 HRBP 通过分析业务的价值，论证所提供的建议和解决方案的合理性，并能够理解他人的行为和动机，结合他们的顾虑或兴趣点调整自身的行为方式，引发共鸣。

13.5.2.2　HRSSC 的构建与运作

自人力资源管理三支柱理论引入国内以来，一些大型企业纷纷开始探索人力资源管理组织结构转型，构建 HRSSC。构建 HRSSC 是一个复杂的过程，不同的企业具有不同的起点（战略、业务、所处环境等），通向 HRSSC 的路径也因企业而异。但这些路径的本质都是对传统人力资源组织的变革，它们之间必然存在相似的环节，比如新组织的设计、基于新组织的要求进行的人员配置等。无论什么企业，要想成功构建 HRSSC，都需要把握好一些共同的关键要素。

所谓共享服务中心（SSC），就是企业将分属于不同业务单元（Business Unit，BU）的职能管理领域（如财务、人力资源、1T 等）内的工作原 BU 中分离出来，形成专门的组织进行运作，以确保跨组织协同，履行专业化、简单化和标准化的管理原则，保障职能管理的高度和深度，打造卓越的职能中心。同时，解放 BU，使 BU 将精力转移到主价值，聚焦于实现主价值链上各职能领域的增值能力和效用。这种方式如果由第三方提供，就形成了业务流程外包（Business Process Outsourcing，BPO）。BPO 与 SSC 的唯一区别是服务提供者的所属不同。共享服务中心通常为独立的事业部或独立的子公司，充分利用互联网等信息技术推动企业生产组织形式或运营模式的变革与创新。企业信息化建设，包括建立企业资源规划系统（ERPSAP 系统），是实施共享服务的基础和前提。企业通过共享服务中心与内部业务客户签订合同，在提供服务时共享组织成员和技术等资源，为内部客户提供统一的、专业化和标准化的服务，从而达到整合资源、降低成本和提高效率的目的。

1. 构建 HRSSC 的三大基础。

在正式着手构建 HRSSC 之前，企业必须进行必要的准备、确保具备构建共享中心所需的三个基础：一是有足够数量的组织，使构建 HRSSC 形成规模效应；二是统一人力资源技术基础所需的流程，即建立“一个公司”背景下的共享服务愿景；三是 IT 的支持。

（1）有足够数量的组织形成规模效应。

只有实现规模效应，降低人力资源运营成本，HRSSC 才有构建的必要。因此，人力资源共享服务通常更适合大型集团企业，并不适合单一机构的公司，大型企业员工规模庞大、工作地点分布广泛，如果在每个业务单元设立人力资源组织，工作流程不统一且运营成本高。但把各级子公司重复性的事务集中处理，更容易产生整合规模效应，从而降低单位成本。

积极创建 HR 共享中心的组织大多有以下特征：一是企业集团（包括分公司和分支机构）员工数量庞大；二是企业在全国各地或者世界各地设立数量众多的子公司或分支机构；三是人力资源部员工数量大，例如在子公司或者分支机构中都设立人力资源部；四是企业集团重视人力资源及政策的执行，重视员工发展，强调员工信息管理和其对公司的满意度、归属感；五是企业集团有以提高人力资源管理效率为出发点来提高企业竞争力的愿望。特别地，当业务复杂度较高（如员工上万人、人力资源部上百人）时，人力资本将发挥重要作用。因此，需要将员工服务和效率、成本放在较重要的位置，建立 HRSSC 可以给企业带来明显收益。

(2) 建立“一个公司”背景下的共享服务愿景。

虽然成本是企业在建立 HRSSC 时考虑的重要因素，但是，根据调研结果显示，一致性和质量，而非成本，是实施全球共享服务的关键驱动因素。尤其在中国由于和发达国家相比其存在人力成本优势，所以提升服务质量和客户满意度往往是主要驱动因素。此外，跨国公司在业务规模扩张的背景下容易出现各个 BU 目标各异、管理重复、资源共享效率低的状况。整合资源，实现“一个公司”的管理模式就成为公司管控的迫切需要。HRSSC 的构建在很大程度上是大规模企业实行“一个公司”、提升 HR 服务质量和客户满意度的驱动结果。

(3) IT 的支持。

信息技术的发展改变了人力资源管理的工作方式，如今，档案管理、薪酬计算等事务性人力资源工作通过人力资源信息系统就能完成。HRSSC 的一个主要任务是为全公司人力资源政策的制定提供数据和信息，以及通过电话中心或内部网络与直线经理和员工互动。在进行这些大量的、标准化的或者可以复制的工作（如培训、人员数据维护）时，就必须用到远程信息技术。在共享中心模式之前，企业每个分公司或业务单元有独立的人力资源部门，每个部门各自拥有 e - HR 系统，它们之间开放的功能并不统一，无法实现共享。

HRSSC 的前提之一是信息化，需要 HR 数据集中、准确。中国的员工更加习惯于“面对面”（High Touch）而非“自助式”（High Tech）的服务，主要原因是 IT 没有得到充分运用。共享服务的前提是要有实现共享业务的 IT 系统做支撑，通过自助服务系统来减少 HR 事务处理的工作量，实现效能提升。

因此，企业在构建 HRSSC 时必须保证其具备统一的 IT，普遍的做法是购买现成的技术或升级企业的现有技术。企业要在购买新 IT 系统还是升级现有的技术中做出权衡。首先，HR 领导者要确定实施 HRSSC 对 IT 方面大体的需求。其次，评估现有技术工具的功能，找出哪些需求能由现有技术提供，哪些不能由其提供。最后，测算升级旧技术以满足技术需求的成本和购买新技术的成本，作出决策。

2. HRSSC 的内部结构。

HRSSC 内部结构应该能保障流程的有效性并能提高流程运行效率。从 HRSSC 的组织架构上看，其一般包括：①员工呼叫中心，支持员工和管理者发起的服务需求；②HR 流程事务处理中心，支持由 COE 发起的主流程的行政事务部分（如发薪、招聘)；③HRSSC 运营管理中心，提供质量、内控、数据、技术（包括自助服务）和供应商管理支持。

具体到流程事务处理中心的设置和分工，其通常有三种类型。

①流程结构。这是目前采用最多的一种结构，即在每个 HRSSC 内部根据 HR 流程划分模块，比如将一个 HRSSC 内部分为流程 A 组、流程 B 组等，按流程（HR 模块）进行管理。这种结构最大的优点是流程标准化程度高，工作效率高。

②业务单元结构，是指共享中心内部按照业务单元的不同来划分模块，不同的业务单元在人力资源需求上往往会有差异。因此，这种结构能更精准地聚焦于内部客户的需求，但流程标准化程度和工作效率会有所降低。

③区域结构，类似于业务单元结构，是通过划分区域来划分共享中心内部结构。选择这种结构的原因是：不同的区域存在法律、环境等因素的限制，需要具备特定区域的相关知识。同样，它的标准化程度和工作效率也会低于流程结构。

根据 HRSSC 体系的设计，一个共享服务中心需要向某一区域内的所有内部客户提供服务，因此，选择哪种内部结构取决于该 HRSSC 服务区域的内部需求，比如，该区域内业务单元需求差异性较大，可选择业务单元结构。同时，项目团队要考虑如何将前面设计的分层交付模型嵌入到选定的内部结构中。比如在分层交付模型中，每一层按流程、业务单元或区域进一步分类，这样将会保证企业向客户提供服务时更具针对性，从而提高 HRSSC 工作效率。

3. HRSSC 员工能力要求。

HRSSC 内部员工主要分为两大类岗位：一类是提供基础事务性服务的前台普通员工，另一类则是负责处理特殊案例的后台人力资源咨询师。在配置这两类员工时要注意他们在来源及管理上的差别。

第一类员工与内部客户通过人力资源信息技术平台、电话，甚至面对面接触他们应对的客户需求大多比较基础，但涉及人力资源管理的各个模块，而且数量非常庞大，这决定了他们的日常工作以机械的流程化工作为主，工作强度比较大。这类员工只需要具备基本的沟通技能、计算机操作技能和基础的人力资源专业知识就能完成工作。因此，在配置这类员工时选择企业内部现有的低层 HR 工作人员，或从外部招聘初级人力资源工作者即可。

第二类员工任职要求明显要比第一类员工高得多，他们必须对人力资源某一领域的专业知识有深入的理解，并对公司各个业务单元有一定的了解，才有能力处理前台员工无法解决的特殊案例，以及向专家中心提出新的政策需求。因此，企业最好以内部竞聘的方式挑选这类员工，在现有的各个人力资源模块里挑选那些进入公司时间相对较长、经验较为丰富的从业者。

由于这两类 HRSSC 员工岗位的特殊性，与以往的 HR 从业者相比，对其知识和能力的要求也会有所不同。通过访谈了解到，大多受访企业对 HRSC 的能力要求可以归纳为以下几点：①熟悉法律法规、政策，具有一定的人力资源工作实务操作经验；②较强的自我学习与创新能力；③具备较强的分析、解决问题的能力；④较强的服务意识并以客户为导向，对人力资源工作有较高的工作热忱；⑤对所服务的业务熟悉并能换位思考；⑥良好的沟通技能。

13.5.2.3 HRCOE 的运作

自人力资源管理三支柱理论引入国内以来，一些大型企业纷纷开始探索人力资源管理组织结构转型，构建 HRSSC。构建 HRSSC 是一个复杂的过程，不同的企业具有不同的起点（战略、业务、所处环境等），通向 HRSSC 的路径也因企业 HRCOE 的不同而有所区别。HRCOE（Human Resource Centers of Expertise）又称人力资源领域专家，主要借助本领域精深的专业技能和对领先实践的掌握，负责设计业务导向，创新人力资源政策、流程和方案等工作，并为 HRBP 提供技术支持。

HRCOE 在人力资源转型中具有重要的作用，但 HRCOE 作为 HRBP 三支柱模型核心理念的重要组成部分，在实践中却往往最容易被忽视。人力资源管理的未来属于 COE，目前看来最有改进空间的也是 COE。

1. HRCOE 的角色和职能。

HRCOE 把公司内部员工安置、员工发展、薪酬、组织绩效、组织设计、员工关系和组织关系等方面的专家或小组集中到一起，以便让业务部门充分利用这些资源来解决业务问题。HRCOE 具备了被组织认可、能够创造价值的能力，并且这些能力还能被其他部门所利用和传播。知识管理是 COE 的一个重要特征。COE 在日常工作中不断努力获取组织内外的知识和经验，以提升自身的知识和经验水平，同时促进其他部门的工作，带动整个组织进步。专注于解决和适应外部客户和本地市场需求驱动的业务需求上的差异，COE 可以因地制宜设计和运用科学的管理流程。

COE 通过应用人力资源领域专业知识，深刻理解商业要求以及市场趋势，推动整个组织的实践和发展。COE 一般由职能或跨职能团队组成，团队可以是实际存在的也可以是虚拟的，其在组织中主要承担的具体角色包括以下几种。

（1）设计者：制订人力资源管理制度、流程和方案，建立组织人力资本指标。HRCOE 作为组织人力资源管理的设计者，需要根据组织的战略、计划和目标，制订人力资源管理的战略、计划和目标，并且与业务发展的要求联系起来，制订人力资源管理的具体流程、制度和方案，合理配置资源。

（2）技术专家：在专业领域为业务单元和 HRBP、HRSSC 提供专业支持、服务和咨询。在 HR 三支柱中，HRBP 负责不同团队的个性化工作对接，SSC 负责提供共性服务和基础性工作，COE 负责专业主义，尊重专业逻辑，发挥专业价值。HRCOE 作为人力资源部的智囊团，要在制度执行过程中向 HRBP 和业务部门详细解释制度的内容和实施流程，并且在 HRBP 和业务部门遇到问题时，提供及时、准确的咨询和指导。HRCOE 既需要设计适用于整个组织的常见问题的解决思路，也需要为 HRBP、特定业务部门遇到的困难提供特定的解决方案，运用专业知识，提供创新的组织架构设计、薪酬绩效等人力资源方向的技术方案。此外，还要处理 HRSSC 产生的复杂问题，为各个部门各个环节提供专业指导。某些问题可以由某个具体领域的专家解决，必要时还需要招聘、薪酬、绩效等各个领域的专家一起合作，共同制订解决方案。

（3）管控者：人力资源管理过程监督管控及风险管理。HRCOE 的管控者角色表现为对人力资源管理全过程的监督和管控。例如，对人力资源管理流程的介绍和解释，根据实施情况对流程进行补充和再设；为加强组织职能运行效率引进新的管理技术和工具，提高人力资源管理者乃至组织所有员工的能力等。此外，风险管理也是非常重要的，HRCOE 必须时刻保持警惕，及时识别组织管理中可能存在的问题，并提供解决方案。HRCOE 站在公司的角度，对一线人力资源政策与流程的合规性，提出自己的专业意见，给予专业指导与监督，特别是 HRBP 在不同团队、不同阶段的政策导向与纠偏，监督与制衡 HRBP 在各区域的运作，管控政策、流程的合规性，控制风险。HRCOE 可以通过思想领导或实施减少人力资源管理风险的相关政策，努力增强人力资源管理者对风险的管控能力和对组织的社会责任感。COE 要负责制订组织人力资源战略规划、行动方案和公司范围内的相关政策。需要强调的是，COE 开展工作的出发点有两个：“一个公司”的战略要求；HRBP 提出的问题本源。

（4）知识传递者：组织内外部知识经验分享。为了使组织人力资源管理紧跟时代潮流，及时学习领域新知识和新工具、识别新动向，HRCOE 既要时刻保持学习状态，同时，还要促进组织内外部的知识经验分享。为组织创造一个知识自由流动的氛围是 HRCOE 的工作职责：一方面，HRCOE 应该经常与组织管理层交流先进的管理理念和实践经验，推动先进理念和工具在组织的运行，同时，还要在 HRCOE 之间、人力资源部各模块之间和业务部门之间分享与传递知识及实践经验；另一方面，保持联系，广泛获取外部先进的知识和宝贵经验，为组织注入新鲜力量。

2. HRCOE 的能力要求。

作为组织的设计者、管控者、技术专家和知识传递者，HRCOE 必须具备必要的能力、素质，才能成功地承担起这些角色，真正发挥该有的作用。与传统的人力资源管理模式不同，HRBP 模型对 HRCOE 的能力有了更高的要求，HRCOE 必须在拥有基本人力资源管理能力的基础上，再发展和塑造一些新的能力、素质，以适应角色和职能的变化。HRCOE 作为人力资源领域专家，一方面需要时刻关注组织变化并制订相应的制度、流程，这要求 HRCOE 拥有强大的专业核心能力；另一方面，HRCOE 还要为业务部门和 HRBP 提供专业咨询与指导，这又对 HRCOE 的咨询能力提出了更高的要求。

下面从两个方面具体探讨。与传统人力资源管理者相比，HRCOE 还需要额外具备的能力、素质。

(1) 专业核心能力。

专业核心能力是 HRCOE 必须具备的基础能力，包括以下内容。

①业务知识，明确影响业务发展的竞争性因素和理解业务如何创造利润与价值的能力。HRCOE 要对组织的整个业务系统及其运作方式有清晰的认识，掌握组织业务发展的战略方向、核心竞争力以及目前面临的机遇与挑战。除此之外，HRCOE 还需要了解组织各业务部门内部的文化氛围、领导风格和其存在的具体问题，对组织业务的内外部情况都有大致的认识。

②以客户为导向，从客户的立场看待问题的能力。HRCOE 的工作应该以客户的需求为导向，例如，根据组织的发展要求设计政策和流程，或根据业务部门或 HRBP 的问题提供专业咨询并制订解决方案。

③有效的沟通，提供清晰、一致和有说服力的口头和书面信息的能力。HRCOE 不仅要根据战略制订制度和流程，还要推动这些制度、流程的实施。这就要求 HRCOE 要具备良好的沟通表达能力，能够让其他人明白其制订的制度或流程的具体内容、实施步骤、期望达到的效果以及价值和意义，并在其他人理解有误时提供有说服力的解释。

④良好的信誉和诚信。HRCOE 必须做到口头和行动统一，在所有工作中保持行动的一致性，并且遵守承诺，不轻易许下诺言。一旦答应客户的要求就要努力完成，在组织内建立良好的信誉和口碑。

⑤系统的远见，从更宏观、更广阔的角度看待问题，理解各个组成部分之间内在关系的能力。HRCOE 必须拥有系统分析问题的能力，从组织所运行的整个大环境来分析组织所处的位置和面临的机遇与挑战，制订适用于整个组织的全面的人力资源管理政策和流程。

⑥谈判和冲突解决，在不同的目标和倾向中达成共识、获得一致认同的能力。人力资源管理经常要面对各种错综复杂的问题，不同的人对同一问题往往会产生不同的想法和目标，HRCOE 不得不与拥有不同想法和目标的人进行谈判，最终形成一个各方都认可的方案。当发生冲突时，HRCOE 还需要在冲突各方之间进行调解和协商，最后达成一致。

(2) 咨询能力。

除专业核心能力以外，由于 HRCOE 还有为 HRBP、业务部门以及组织管理者提供专业咨询的职责，因此，HRCOE 还必须具备相应的咨询能力，以更好地为客户提供服务。具体包括以下内容：

①影响和劝服能力。即让别人接受自己的观点和提议的能力。在 HRCOE 设计好一项新政策和新流程后，必须说服高层管理者接受他的想法，新政策才有付诸实践的

可能。此外，在提供专业咨询时，HRCOE 也需要有一定的影响力，才能使咨询者接受为其提供的解决思路和建议。

②咨询技能。诊断问题、提供解决方法并与客户进行沟通的能力。当客户前来咨询时，HRCOE 需要尽量在短时间内判断客户所表达题的关键之处，并且与客户反复沟通，以防止信息不对称，尽快为客户提供解决方案。

③推动和实施变革。不受反抗因素的干扰，坚持构思、设计和实施新计划的能力。一项新政策的实施往往会受到众多阻碍因素的干扰。若无法排除这些干扰，一项新政策很容易就被扼杀在襁褓中，所以 HRCOE 必须拥有坚持推动和实施改革的魄力与能力。

④合作和团队建设。鼓励团队成员朝着共同目标努力工作的能力。HRCOE 的工作往往以项目制的形式进行，在一个可能包含不同部门员工的团队内工作，HRCOE 作为组织者或参与者，需要努力确保每个团队成员有统一的工作目标，齐心协力地推动任务进度以实现目标。

3. HRCOE 的能力提升计划。

当确定了 HRCOE 需要具备哪些能力后，接下来就要帮助 HRCOE 获取和增强这些能力。虽然直接雇用已经具备相应能力的人来担任 HRCOE 也是一种选择，但是，考虑到文化适应性和成本问题，以及对 HRCOE 的需求远远超过人才的供应，大部分企业仍然选择自己来培养 HRCOE。能力培养比定义需要的能力难度更大，定义所需要的能力只是第一步，而要帮助 HRCOE 建立和提升这些能力需要投入大量的时间和精力，最好能运用有创造性的能力提升方法和战略。在总结现有的理论和实践经验的基础上，归纳出一套帮助 HRCOE 建立必备能力的能力提升计划。

①定制计划，进行能力测评。大部分企业在开始 HRCOE 能力提升计划之前，都会进行一次能力测评，目的是测评 HRCOE 目前在特定的能力领域所处的水平，然后定义与理想水平的差距，明确努力方向，为之后能力提升方案的实施提供参考和引导。能力测评的具体方式有很多，比较常用的是 360 度能力测评法。HRCOE 可以根据测评的个人反馈结果定义自己的发展需求和方向，组织也可以根据所有 HRCOE 的平均测评结果确定整体的能力水平，然后将结果与确定好的标杆进行比较，如与行业平均水平或组织以往的水平进行比较。

②与 HRCOE 和培训发展等部门沟通交流。组织一旦确定了 HRCOE 所必须具备的能力和目前的差距，接下来必须与 HRCOE 和培训发展等部门进行沟通交流，清楚地表达对 HRCOE 能力的要求和期望，明确可以为 HRCOE 能力提升计划提供的资源，以及没有达到预期目标的后果。此外，组织还可以提供一些成功的案例和楷模，为 HRCOE 能力提升计划提供参考和学习对象。根据不断提高的业务发展需求和组织目标，各个能力层次的 HRCOE 都必须不断提升自身能力，以适应新的需求和应对人力资源管理面临的挑战。

③绩效管理。当 HRCOE 不清楚新能力的建立与个人职业和奖励之间的关键联系时，交流沟通的效果将会打折扣，所以组织可以将 HRCOE 能力的建立和提升与工作绩效管理联系起来。组织可以要求 HRCOE 在做工作计划时，制订一个能力提升计划，计划具体的方法和步骤，确定想要达到的目标。此外，还可以将能力提升纳入绩效考核的范围，设计一些关于能力建立和提升的指标，与其绩效考核成绩挂钩。通过将能力提升与绩效考核联系起来，组织可以确保 HRCOE 会从个人发展的角度提出能力发展需求。

④培训。组织应该为 HRCOE 提供一些培训资源，如内部培训课程、外部实践项目或者与科研院所合作等。组织可以根据 HRCOE 能力测评结果，由内部培训发展部门或者邀请外部专家在公司内开展专门的培训讲座，也可以鼓励 HRCOE 参与外部的能力提升项目，并提供费用和资源支持。现在越来越多的组织开始与科研院所进行合作，为 HRCOE 再次接受学校教育提供资源，并且为 HRCOE 与大学导师建立联系提供途径。

⑤在工作中提升能力。其实在实际工作中，通过正式的培训方式进行学习只占很小一部分，大部分是通过在工作中的锻炼来提升能力的。通过系统的工作安排、HRCOE 学习网络或导师指导，组织可以为 HRCOE 创造有效的即时学习机会，所有这些战略都可以成为拓宽和增强 HRCOE 能力的有力工具。

第一，系统的工作安排。例如，通过工作扩大化，在 HRCOE 的日常工作职责之外，安排 HRCOE 参与对关键技能和能力有要求的特定项目或团队，如设计和推行一项重要的业务流程，成立一个新的业务部门，关闭一个工厂或参与一个变革过程。通过职位轮换，要求 HRCOE 在不同人力资源管理角色和不同专业领域之间进行轮换，帮助 HRCOE 建立起对组织整体的认识。此外，还有业务经理与 HRCOE 分享工作职责，帮助 HRCOE 更快地获得业务知识，培养客户意识并且提高信誉。

第二，组建 HRCOE 学习网络。在学习网络中，HRCOE 可以与他人分享新知识和优秀的实践经验，提高整个组织信息传递的效率和先进知识的运用。当遇到问题时，学习网络中的 HRCOE 可以一起讨论，不同领域的 HRCOE 从自己专业领域的视角分析问题，最后汇集所有人的智慧，制定出详细、全面的解决方案。

第三，导师制。高级人力资源管理者提供的支持和指导对于 HRCOE 能力的提升有非常大的帮助。组织可以为每个 HRCOE 配备固定的导师。导师可以由高级人力资源管理者担任，负责引导和提供咨询。导师必须与 HRCOE 一起制订能力提升计划，并且在实施过程中提供指导和监督。HRCOE 在遇到困难或者有什么想法时，可以向导师咨询意见，与导师一起商讨下一步的计划。这样，导师在帮助 HRCOE 提升能力的同时，也能为自己的个人发展和提升获取强大的人员支持。

总体而言，当前组织正将越来越多的专注点放在吸引、发展和配置最有效的人力资源管理者来承担 HRCOE 的角色上。为了更好地承担起这个富有挑战性的角色，HRCOE 需要具备各种各样实用的技能和认真的工作态度。HRCOE 要想成功需要做出很多努力，如抛弃以前利用真实业务案例作为实践学习资料的方式，采用更加有效的新型学习模式；使用多种形式的培训，如教室教学与导师辅导、社区事件和自学相混合的模式；更加关注培养一种有效的学习文化，鼓励个体对自己的学习负责；更多地意识到知识分享的力量，如社交和合作软件在知识分享中的运用，鼓励创新等。

4. 如何发挥 HRCOE 专家作用。

推行 HRBP 模型时，说服人力资源部员工转换到新的职位是非常困难的。尤其对那些被安排到人力资源领域专家中心的员工来说，刚开始他们可能会有一种权力丧失的感觉。当人力资源主管感到失去控制权时，他们唯一的办法就是开始承担起更多的业务战略伙伴的角色，利用专业知识对专业项目发挥杠杆作用，从而真正承担起 HRCOE 的角色。此外，组织设立人力资源领域专家中心后，需要思考如何与不同的人力资源管理部门共同携手工作，而不能仅仅依靠 COE 自身的独立发展。否则，业务部门可能无法从人力资源部得到最好的服务，因为他们往往向自己熟悉的人寻求帮助而不知道现在有一个领域专家中心可以为他们提供更好的服务。

由此可见，HRCOE 的建立是不容易的。要想 HRCOE 真正发挥专家作用，组织和 HRCOE 都要做出努力。为了更好地发挥 HRCOE 的专业作用，提供以下建议。

（1）明确角色要求，实现人与角色的匹配。

在成立人力资源专家中心（HRCOE）时，组织首先需要确定成立该中心的目的，明确 HRCOE 应该担任的角色和承担的职能，然后选择合适的人担任合适的职务。组织必须清楚地描述 HRCOE 应该专注于为业务提供怎样的解决方案和咨询服务，并且了解建立一个 HRCOE 需要投入多少时间和成本，这样有助于建立一个合理的期望。公司应该预料到，建立一个 HRCOE 的初始成本会远远高于建立一个 HRSSC 的成本。此外，对 HRCOE 而言，吸引和留住优秀的人才是至关重要的。HRCOE 一般需要由那些在某个领域有着渊博学识和丰富实践经验的人来担任，HRCOE 不一定要是通才，但至少应该在某一个领域内比其他人精通，并且对其他相关领域也有一定的了解。组织可以充分利用各种相关信息，提供及时、有价值的管理指标和报告，为与人力资源管理相关的决策提供指导。组织还需要促进业务经理思想的转变，因为业务经理刚开始可能并不愿意或还没有准备好与这些新定义的人力资源管理角色共事，所以组织必须努力帮助业务经理更好地接受 HRCOE，并且做好与 HRCOE 合作的准备。

（2）与业务挑战对齐。

人力资源管理者总是被视为行政服务的提供者，而不是帮助组织实现战略目标的战略伙伴。为了打破这个认识规律，满足业务发展的需要，人力资源管理者必须由传统的、以职能为导向的角色向以业务为导向的角色转变，重视业务发展所关注的项目和流程。与 HRBP 一样，HRCOE 的角色也会逐步演化，对其业务敏锐度提出越来越高的要求，HRCOE 需要具备各种各样的能力和技能，将专业知识运用于更加专注于业务的工作环境。通过将更多的精力用于寻找应对诸如企业并购、人才管理、旷工和组织改革等业务挑战的解决方案，在共同目标的基础上建立关系，HRCOE 可以更多地参与企业发展，并做出贡献。HRCOE 应该充分利用组织的各种敏感数据，利用数据为决策提供参考和支持，提高决策的科学性和准确度，以应对业务发展不断变动的要求。在全球体化的进程中，所有劳动力数据都将逐步归拢在一个平台，特别是跨国公司。未来的人力资源专家，也应该是一个 HR 数据发掘专家，通过公司各种数据分析员工的行为习惯、思维模式、人格特质以及个体、部门及企业的绩效等，给公司的人力资源管理提供更准确的决策依据。当然，对这些数据保密是非常重要的，HRCOE 必须格外注意对数据的保护。

（3）专注于解决方案交付。

HRCOE 需要灵活性。通常情况下，人力资源专家中心实行项目制，即当需要为组织或业务部门制订和交付某项解决方案时，专家中心的成员会组成团队一起工作，任务完成后，团队随之解散。这对 HRCOE 的项目管理能力提出了一定要求。为了适应从传统模式向以业务为导向的新模式的转变，HRCOE 需要拥有不同的领导风格和掌握不同的职业管理模型。如今，HRCOE 和业务之间的距离正在不断缩小，为了顺利交付设计好的解决方案，并且检验实施效果，HRCOE 必须以一种与业务完全整合的方式运行。为此，HRCOE 必须时刻专注业务需求，并且保持所期望的业务成果透明化，使大家都能看到 HRCOE 为业务部门提供的解决方案实现的成效。HRCOE 可以先在短期内快速实现几个业务的成功，从而获得他人信任，建立良好的口碑，这有利于之后工作的开展。但在之后的工作中，还是需要 HRCOE 专注于解决方案交付，为组织及业务发展出谋划策。

（4）确定 HRCOE 的发起者和可能的参与者。

HRCOE 工作实施的效果与领导层支持的质量、强度和一致性是直接相关的。没有利益相关者的参与，HRCOE 的努力很难获得成功。与利益相关者的沟通交流也很有必要，尤其是那些可能受到影响的领域的领导者，他们会对 HRCOE 的工作产生很大的影响。所以组织可以把倡导成立人力资源领域专家中心的管理层召集起来，让他们拥护和帮忙宣传 HRCOE 的存在价值，为整个项目提供行政领导的支持和战略引导。行政倡导者应该站在总揽全局的位置上，与整个组织的利益相关者交流和探讨 HRCOE 的所有价值和意义，至少确保 HRCOE 计划能得到信息技术和业务管理团队的支持，而不是仅仅从某个单一业务单元的兴趣出发，聚焦于业务部门中的某个具体问题。此外，确定关键的利益相关者作为 HRCOE 的参与者也至关重要。由于 HRCOE 的工作需要触及组织的各个部门，因此，获得利益相关者的支持是非常关键的，让高层管理者参与其中，可以保证每个人都协同合作，为了一致的组织战略目标而努力。

（5）与 HRBP 和 HRSSC 保持密切联系。

人力资源管理三个模块之间保持联系、进行数据分享是非常重要的。HRCOE 容易陷入被禁在“象牙塔”里的危险。保持与 HRBP 和 HRSSC 的交流，确保各种数据的可获得性，可以避免这一危险。HRCOE 需要与 HRBP 保持非常好的关系，来了解业务的发展方向和战略优势，这样他们在制订解决方案时可以对现实状况有清楚的认识，而不是仅仅坐在“象牙塔”里进行决策。与 HRSSC 的联系也是一样的，通过与 HRSSC 共享数据，HRCOE 可以了解到组织劳动力的基本状况，为制度、流程的制定提供参考，从而使制定的制度更加贴近实际需求。此外，HRCOE 还可以从 HRBP 和 HRSSC 处获得关于制度、流程实施的反馈意见，了解当前制度在组织员工中的认可度、接受度和满意度，根据需求推行相应的政策，或者对不足的地方做出适当的完善。

（6）加强与公司其他部门的沟通。

HRCOE 需要保持与其他部门的紧密沟通甚至合作，制订各种沟通交流计划。沟通交流计划必须明确定义 HRCOE 和组织其他部门交流的结构和程序，这要求 HRCOE 和其他参与者进行交流，确保所有参与者都清楚这个计划的目的和 HRCOE 期望实现的成果。此外，HRCOE 还要确保定期与内部客户进行交流，不管是通过周期性会议、内部邮件还是其他形式，以使客户可以及时获知可能的工作环境或流程的变化。同样地，沟通交流计划应该是双向的，它还可以为内部客户对组织人力资源管理的意见或建议提供一个反馈渠道，使 HRCOE 从客户那里获得有价值的信息，或是通过客户的反馈意识到某项制度的不合理之处，及时做出改进。

13.5.3　三支柱转型的渐进性与挑战

13.5.3.1　转型的渐进性

企业推行 HRBP 首先要从角色认知开始，只有帮助任职者及业务主管理解 BP 的角色定位和职责要求，才能保证日后所有的努力走在正确的轨道上。

人力资源管理三支柱在业界的盛行，在一定程度上让国内很多的企业蠢蠢欲动。追求热点和新潮，也是一部分企业所热衷的。但不是任何企业的 HR 部门都需要变成“三驾马车”的组织结构，要看企业发展到了什么阶段和企业的实际需要。如何因地制宜地进行人力资源管理转型，建立适合企业自身特点（如企业发展战略、发展阶段、产品复杂程度、管理基础、人员素质、财务资源等）的三支柱模式，是我国诸多企业在人力资源管理中遇到的问题。

在企业层面，首先决策者需要考虑清楚企业现在的战略目标是什么，以及对 HR

有什么相应要求，是否真的需要进行三支柱转型。即使企业需要进行三支柱转型，如何转型也是众多企业需要认真思考和解决的。

1. 转型的不同模式。

HR 三支柱转型的本质是强化人力资源管理的业务伙伴角色，强调以业务部门的需求为导向，倡导业务部门需要什么，HR 就要去满足和提供支撑。因此，在三支柱转型中，HRBP 的角色及其实现是最重要、最关键的，在一定程度上 HRSSC 和 HRCOE 是为 HRBP 角色实现提供支持条件。正因为如此，也有人把三支柱模式直接命名为 HRBP 模式。

完整的 HR 三支柱转型需要企业对自身的 HR 职能模块进行重新设计，将原有的 HR 角色一分为三：HRBP 的功能是贴近业务，解决实际问题，包括员工发展、能力培养，人才政策在业务单元的推行、落实以及促进团队和谐、留住员工等；COE 由公司内部的员工安置、员工发展、薪酬、组织绩效、员工关系和组织关系等方面的专家组成，主要针对以上方面提出专业建议和设计有效的解决方案，他们是真正的职能专家，有时这项功能又被称为“HR 研发组”，负责 HR 最新工具的研发、最新 HR 市场信息报告的整理，为 HRBP 提供决策依据和技术支持；HRSSC 的功能是在招聘、薪酬福利、费用报销、工资发放等基础工作方面为公司提供全方位统一服务。只有建立起这种组织环境，才能将 HRBP 从事务性工作中解放出来，将其主要时间用于挖掘内部客户需求，以扮演顾问和 HR 客户经理的角色，提供咨询服务和解决方案。

但是，在通往成功的道路上，并不是只有一条路。只要 HR 能够认识到“业务导向”的意义，就可以通过部门人员配置和工作规划，逐步实现心里的想法。而组织架构的变化，则因企业而异，企业人力资源管理架构和分工的转型并不一定都完全按照三支柱架构。这可能是因为：一方面，企业的转型过程是渐进的，企业变革总是从最需要突破的地方着手；另一方面，并不是所有企业都有条件建立三支柱，但是这并不能阻止其对 HRBP 的需求。

具体的组织结构可以根据业务需求选择合适的模式，可以根据企业发展的侧重点将各种职能放在不同的机构中，各机构之间的界限也不是绝对的，可以根据公司业务发展的需求随时调整机构之间的职能。企业需要因地制宜，定制适合企业的转型模式。总结现有的转型经验，我们把转型模式分为三种类型。

(1) 只有 HRBP 的转型模式。

这种仅有 HRBP、缺少 HRSSC 和 HRCOE 的转型大多出现在中小企业中。从形式上看，人力资源部门的三支柱转型中，HRBP 岗位的出现可能是最容易的。在一定程度上，仅仅是业务现场 HR 的角色转变就可以实现 HRBP 岗位的出现，尽管真正实现角色转变是非常不容易的事情。

实际上，HR 三支柱转型，首先要转变观念。很多企业也许现在还没有条件或不需要把自己的 HR 分成“三驾马车”的架构，不过一定要有 HRBP 的思维。这种只设置 HRBP 转型的价值在于，人力资源管理者从过去远离业务，转变为走进业务、理解业务的伙伴，在人力资源组织架构不变的同时，实现服务于业务的角色定位。

但是，这种转型也存在潜在的风险：从业界经验来看，帮助 HRBP 从事务性工作中解脱出来，需要建立 HR 共享服务中心或将 HR 事务性工作外包。没有 SSC 和 COE 的 BP 会做一些什么工作呢？如员工的入职、离职，或者出具一些 HR 文件、证明材料，同时，员工有问题都会找 BP。HRBP 更容易陷入琐碎的日常事务之中，甚至会变成打杂的，每天忙于一些事务性工作。在转型的过渡期，HRBP 还有大量的事务性工作要自己承担，这会导致他们产生挫败感，从而使很多企业推行 HRBP 不成功。解决这个问题的办法是在 HR 团队中设立一些承担事务性工作的初级角色，他们帮助有经验的 BP 分担事务性角色，让他们聚焦于高端工作。而在共享服务中心建立后，这些角色将逐步转移到共享服务中心。

（2）HRBP + HRSSC 的转型模式。

第二种转型方式表现为，一部分企业把传统的人力资源管理工作中的事务性工作聚集为 HRSSC，现场的 HR 角色转变为 HRBP。但是这种转型模式并没有设立 COE，相应地，总部的 HR 架构并没有大的变化，也不存在 COE 的明确岗位。其中，HRBP 通常会被直接派驻到业务部门，以处理 HR 相关事务。人事服务平台（或者 HRSSC）则通常在总部，负责公司层面的薪酬福利、人员招聘、内部培训等基础 HR 工作。这种架构能给予 HRBP 充分的自主权，为业务部门提供定制的系统性的人力资源解决方案。由于 HRSSC 的构建，企业需要在一段时间内，从“以人为主”的 HR 部门转变为强调“基于事件”的流程，使用最佳实践案例为事件管理提供参考，以期利用全新的方式提交人力资源流程和服务，获得规模经济优势，最大限度地共享知识和技能，从而为整个公司的 HR 职能提供高效、高质量和成本最佳的 HR 共享服务。

总体来看，在第一种转型模式中，HRBP 只能称为初级 HRBP，而这种有 HRSSC 支持的 HRBP 可以算作中级 HRBP。从初级 HRBP 到中级 HRBP，许多公司可以选择先从 HRSSC 模块入手，实施人力资源管理信息系统，借此在整个组织中建立起 HR 的通用流程、系统工具和效率标准，大幅度降低管理难度和费用，更为 HRBP 极大地减少了处理 HR 事务的时间和精力。

（3）设置 HRBP，合并 HRCOE 和 HRSSC 为共享服务中心。

由于 HRCOE、HRSSC 均面向公司全体员工（或者一定地域范围内的员工），而且无论是 HRCOE 在这个范围内制定的 HR 政策、工具，还是 HRSSC 在这个范围内实施的 HR 事务流程、服务，都强调在该范围内保持 HR 政策的一致性。特别地，HRSSC 实施的标准化、规范化的 HR 事务流程和服务，往往也是 HRCOE 制定或者参与制定的。基于两者职能上的共性和相互关系，有些企业会把 HRCOE 和 HRSSC 合并在一起，通常为人力资源共享服务中心。这样，组织架构可能更精简，而且在一定程度上，有助于 HRCOE 和 HRSSC 之间的沟通协作。

（4）完整的三支柱。

当企业条件适合时，就可以按照三支柱模式对公司人力资源管理的组织和分工进行转型。与之前的几种模式相比，构建完整的 HRBP、HRSSC、HRCOE，突出 HRCOE 的专家指导作用。HRCOE 负责变革管理，设计 HR 方案，研发 HR 管理工具，整理 HR 市场信息报告以及为 HRBP、HRSSC 提供智力支持。这既能保证 HRBP、HRSSC 的服务质量，也有利于持续提升 HR 的管理水平。HR 从业者的发展通道，也可以在管理领域和专业研发领域中做选择。这种组织架构比较讲究平衡。

并非所有的企业都适合采用三支柱模式。完整架设三支柱模式的公司应具备以下主要条件。

①公司高层领导的重视度：高层领导重视人力资源管理，有从人力资源管理方面出发来提升企业竞争力的愿望。

②企业具有较大的规模：企业有庞大的下属子公司或者机构，员工数量众多；各子公司或分支机构均设立人力资源部，且各人力资源部均重复性地设立了很多职能相似的部门。

③人力资源活动的相似性：各子公司或下设机构的人力资源活动有较高的相似性，可以将某些人力资源工作从下面收归到集团层面进行统一处理。

2. 制订转型推进计划。

企业规模的大小会影响人力资源组织的架构设计。对于规模较小的企业而言，HR 团队人数较少，更需要通才，分工过细反而会带来麻烦。当组织规模和管理复杂度达到一定程度时，就会出现专业分工进一步细化的趋势。此时，HR 的角色由混合角色细分成三支柱的分工，即 HRBP 扮演业务主管顾问或客户经理的角色；HRCOE 负责设计某一领域的政策、流程、方案及提供技术支持；HRSSC 通过流程化、自动化、远程处理，提供人力资源相关服务工作。

因此，对于不同规模的企业，三支柱转型的方式也存在差异。企业需要根据自身的情况和需求循序渐进地推行人力资源管理转型。

（1）小型企业。当企业组织规模较小时，HR 是混合角色，即将战略性工作、咨询性工作、事务性工作一肩挑，其职能也按照不同类型划分为培训、薪酬、招聘、绩效等模块，这种传统模式被称为混合模式。这种规模的企业，不可能采取三支柱的分工模式。但是，三支柱的理念在中小企业中依然可以贯彻，主要表现方式是：企业的人力资源负责人就是 HRBP。例如，一个规模几百人的小企业，HR 团队有 4 ~ 6 人。HR 团队中可以划分一个小团队负责发薪、招聘等事务性工作，其他人尤其负责人更多的是政策制定和关键部门 BP 的角色。事实上，有些小企业推进 HRBP 也具有一定的优势，小企业的 HR

部门天生就接近业务现场，而且不少小企业的人力资源负责人就是业务岗位出身，对业务较熟悉。小企业的 HRBP 需要有非常强的战略意识，能有效安排 HR 事务的优先级，把为企业创造价值的事务放在重要位置。因此，总的来看，当企业规模较小时，HRBP 就是一个广义概念，即整个人力资源部都要贴近业务，还不能细分为招聘、培训、绩效、薪酬等各个职能模块，而是整体都要做 HRBP，在思想观念上就要树立人力资源部是一个服务部门的宗旨，它的工作重心就是怎样为组织提供更好的服务。

（2）中型企业。在中型企业里，HR 转型的成败取决于直线经理和业务经理对转型的认知，毕竟业务经理身边多了一个 BP 的岗位存在，这需要得到业务经理的认同和配合。对想要发展 HRBP 的中型企业来说，可以采取循序渐进的方式，在初始阶段进行试点：一方面，把人力资源部能力最强的员工放到一个领导本身很精通或重视人管理、支持 HR 工作的业务部门，或者在能够成功转型的部门，或者在最重要的业务部门设置 HRBP；另一方面，需要提高后台职能部门员工的能力，做好对 HRBP 的配合。通过试点的成功，再推广到其他需要配备 HRBP 的业务部门中。通过试点也可以摸索出适合企业的 HRBP 运作方式，包括 HRBP 的汇报方式、HRBP 的选拔标准和能力培养等。

（3）大型企业。对于大型的、跨国的、职能分工很细的企业来说，往往大多数甚至所有业务部门都要设置 HRBP，并逐步构建完整的三支柱。这种企业可以通过把 HRBP 派到业务部门，然后 HRBP 把业务部门的一些需求反馈到后台的人力资源职能部门，与所在业务部门的领导起推动部门的文化建设。具体对于集团化企业而言，下属企业规模的不同又会影响其具体的转型方法。一般而言，如果下属企业的规模比较小，可以撤销原来的 HR 部门，只保留 HRBP 来处理 HR 相关事宜；如果规模比较大，那么可以将招聘、培训、工资核算等属于常规性的工作，收归集团 HRSSC 来统一处理，原来的 HR 部门工作人员精简以后转变成为 HRBP。

此外，结合业务急需度和资源能力，通常中小企业三支柱（HRBP、SSC、COE）建设的推进次序是 HRBP > SSC > COE。因为从业务视角来看，企业最需要 HRBP，然后是 SSC，最后才是 COE。

即便是大企业，真正实现三支柱需要 3～5 年甚至更长的时间，HRBP 和 HRSSC 都是逐渐成熟的。企业必须制订切实可行的转型推进计划，详细、明确地规定每个时间段需要完成什么样的任务，哪个部门在哪个时间段需要提供什么样的资源、完成什么样的目标等，越详细越好。只有提前制订出推进计划并坚定不移地实施，才能保证转型的顺利进行并发挥预期作用。

13.5.3.2　转型面临的挑战

1. 如何平衡公司管控目标和业务个性需求的关系。

三支柱转型本质上是对企业人力资源管控和分工带来的各种问题进行的一种组织

优化。这种认识对于客观分析三支柱、辩证应用三支柱非常重要。有了 HRBP，可以为不同业务单元提供差异化的人力资源管理服务，环节总部与业务单元之间的战略分歧，同时提升业务单元之间的协同效率；有了 SSC，就可以使人力资源基础性工作逐渐工具化、标准化（或是外包），从而降低人力资源运营成本；有了 COE，就可以为不同业务单元设计系统化的人力资源解决方案，从而促进企业整体运行效率。三种角色相互作用，既实现了企业的战略意图，又满足了业务单元个性化的人力资源需求。公司（特别是多体化、集团化的大型企业）必须能够站在人力资源管控的视角进行三支柱转型架构和内容的设计，把握公司整体管控与业务现场个性需求之间的关系。

（1）HRSSC 的设置意味着人力资源管控更强调“一个公司”，即加强了管控。

构建 HRSSC 的前提之一就是公司强调“一个公司”，已经有相对完善的人力资源体系，且各个 BU，区域的政策、流程相对一致。由于企业将原来设置在下属公司 HR 部门的行政性事务统一合并到 HRSSC 中，撤销下属企业原来的人力资源部门，从公司层面组建了 HRSSC，这样一来，公司下属企业的所有人事相关活动收归集团统一处理。HRSSC 通过人力资源实现标准化、规范化、专业化的集约式管理，聚焦公司业务战略，搭建共享服务模式下的公司管控模式。下属企业在处理具体 HR 事务时各自为政的现象得到极大的控制，这在一定程度上实现了人力资源事务的集中管控。

一般而言，企业构建 HRSSC 的目的包括统一服务、降低人事成本等。但是，具体到不同公司或者公司发展的不同阶段，这些目标还是有不同的优先级的。我们也发现一些企业建立 HRSSC 的首要目标是实现相关 HR 事务和流程的集中管控，人事成本的降低与否并非集团总部优化考虑的目标。例如，某公司在过去十多年的快速发展中，各个生产基地的企业人力资源政策差异非常大，特别是下属企业随意发放薪酬和福利，这是集团希望能够尽早控制的。因此，该集团公司在建立 HRSSC 时，就要求把各下属企业的薪酬发放（包括高管的薪酬发放）集中到共享中心的业务范围中，管控的目的非常明确。

虽然集团公司有 HR 管控的动因，但其一些下属企业由于具有独立的法人资格，不属于集团统一法人，具体事务都是由各企业 HR 部门独立处理的，上级单位无法进行统一管理。这给集团公司构建 HRSSC 带来了一定的阻碍。面对一些处于迅速扩张、存在较多组织机构变化的情况，人力资源部门内部较多采用当地提供服务的方式进行运作，缺乏统一规划以及长期的人力资源规划，短期内就不可能考虑实施人力资源共享服务。此外，由于其他原因而处在不适合强化管控阶段的企业，搭建 HRSSC 往往不太合适，或者 HRSSC 的职能范围较小。

（2）HRBP 的设置意味着对业务现场部分 HR 政策的管控放松。

三支柱中 HRBP 充分发挥其 HR 专业能力，助力业务部门解决业务需要，实现业务伙伴的角色。这里的 HRBP 并不仅仅是简单地贯彻、执行总部的 HR 政策，还需要解决业务现场的个性需求，特别是那些总部 HR 政策不能兼顾到的个性需求。这就意味着，总部的 HR 政策在贯彻实施时还是留有一定的空间和弹性，才可以让 HRBP 利用这个空间和弹性，并结合现场业务的个性需要，提供解决方案。因此，这种三支柱转型下的管控模式不同于以往的直管型管控模式。直管型管控模式是公司统一制定规章制度，下属企业必须无条件执行，没有一定的弹性空间。在三支柱模式下，虽然由公司 HRSSC 统一管控下属企业的 HR 事务工作，但是由于 HRBP 的存在，可以很好地处理不同下属企业在 HR 工作上的不同需求，同时在该模式下，集团人力资源部与各业务单元或者各下属企业是平级的关系。这种既监督管理又提供服务的管控模式具有很大的弹性空间，可以很好地解决企业集团与下属企业之间在 HR 管理方面的不同需求，能够让各企业集中精力于重点业务，努力完成考核指标。

在统一框架下的定制化服务，这就是 HRBP 的定位。因此，从这个角度来说，HRBP 的推行意味着公司总部在部分人力资源政策和空间上的管控放松。

（3）HRCOE 是掌握集团管控松紧、权衡公司 HR 政策一致性和灵活性的关键。

HRSSC 的统一服务意味着公司 HR 管控的加强，而 HRBP 的定制化服务意味着公司 HR 管控的放松。HRSSC 的服务范围、HRBP 的操作空间在很大程度上是 COE 在 HR 架构、流程、规范设计时重点考虑的问题。COE 团队在制订 HR 政策、流程和方案时平衡公司管控目标和业务个性需求之间的关系是至关重要的。例如，在 HRSSC 的覆盖内容中，COE 必须考虑在多大范围内实现“一个公司”：哪些服务内容是全球统一的（构成全球 HRSSC 的服务内容）、哪些是区域统一的（构成区域 HRSSC 的服务内容），还有哪些是容许各业务现场个性化存在的（在很大程度上成为 HRBP 的服务内容），内容覆盖面的设计背后是公司在相应的 HR 职能模块上管控的强度把握。同样，在 HRBP 实现“在统一框架下的定制化服务”中，COE 必须考虑统一框架覆盖的范围是多大，给现场 HRBP 留有多大的自由空间。空间过大，意味着公司统一的地盘过小；空间过小，意味着 HRBP 的地盘过小。极端的情况是，当 HRBP 没有活动空间时，也就意味着定制化服务被取消了，HRBP 变成了完全意义上的监督和执行者。如何实现“在统一框架下的定制化”，做到统一和定制化之间的平衡是很有难度的。因此，COE 必须掌握集团管控的松紧度，做好管控目标和业务个性需求的平衡工作。

2. 如何解决 HRBP 角色定位不清晰和能力缺陷的问题。

（1）HRBP 定位和职能不清楚。

企业推行三支柱转型，处于业务现场的 HRBP 是非常重要的角色。BP 对业务现场起到专业支持作用，在一定程度上也起到监督和引导作用。企业设置 HRBP 通常出于两种目的：一种是协助业务部门管理层做好员工发展、人才培养等常态性人力资源管理工作，即服务职能；另一种是确保公司的人力资源管理政策体系、制度规范在各业务部门的推行和贯彻，带有一定的制约职能。此外，也有部分企业向业务部门派驻

HRBP是为了加强对绩效考核、收入分配、成本费用等方面的管控，防止舞弊，甚至有个别企业因为无法撤换业务部门负责人而派一位HRBP去进行监督。

从业务部门的角度来看，业务部门通常以业绩论英雄，其管理层对业务经营工作高度重视，但对人力资源管理工作的要求往往是“不出乱子”“不拖后腿”即可，并不真正认同HRBP的价值和有效性。很多业务经理对人力资源的认知和需求还仅仅停留在人力资源各个模块的传统职能上。在面对HRBP时，通常只希望他们做好招聘、培训、员工关系、团队活动等基础工作，并不打算让其更深层次地介入业务经营和业务发展中。另外，业务部门人力资源管理基础相对薄弱，与此相关的很多问题长期积压。新到任的HRBP往往会在相当长的时间内忙于“救火”和解决“历史遗留问题”，无暇参与业务经营工作。长此以往，HRBP很可能沦落为业务部门的补充行政人员，不是“业务伙伴”而是“业务伙计”。还有很多企业在推行HRBP时，没有做好事前沟通。这导致参与者不能了解推行这种模式的目的，以至于公司很多员工会认为这是公司的策略，是对员工的不信任，将HRBP安插在他们部门是专门来打小报告的。这样，HRBP工作者会在融入部门时受阻，不能深入了解业务和员工的需求。

因此，企业在推行三支柱转型或HRBP角色时，一定要在组织上下明确HRBP的定位和角色。虽然不同企业在不同发展阶段对HRBP可以有不同的理解，但企业要有明确的定位，以帮助HRBP从业者顺利实现转型。HRBP既不是业务战略的制定者，也不是业务部门的从属者，HRBP是一个资源整合的角色，能根据业务需求整合公司人力资源部门以及人力资源专家提供的解决方案。HRBP是一个中立的伙伴角色，在HR专业知识的基础上帮助业务经理看到人力资源管理中的问题，并提供一些专业的有针对性的建议和解决措施，提升业务单元人力资源管理能力。HRBP千万不能只是一直没原则地服务，要有管理职能和战略眼界。

此外，对于派往各部门的HRBP，人力资源部门最好“扶上马后再送一程”：在人选酝酿阶段，要充分征求当事人的个人意愿确定人选后，要给他们1~3个月的缓冲期，让他们能够利用这段时间有针对性地加强业务知识学习，便于他们进入业务部门后能迅速开展工作；同时，人力资源部门负责人要多关心HRBP在业务部门的工作、生活情况，及时了解他们所遇到的困难，并从组织层面给予帮助，避免在HRBP心中留下“孤军奋战”的感觉。此外，人力资源部门还要勤于与业务部门沟通，了解业务部门对HRBP工作的评价，及时向HRBP反馈，并提出针对性建议。

（2）HRBP的能力欠缺，尤其是业务敏锐度。

HRBP要实现其业务伙伴的角色是需要足够的知识和能力作为保障的，除了常规的HR知识和能力外，更强调其业务知识，以及运用HR业务知识为业务部门提供人力资源管理咨询和解决方案，从而增强对业务的贡献。调查显示，目前国内95%以上的HRBP来自人力资源部门。很多企业HRBP推行不成功是由于HRBP自身素质达不到这一岗位的要求。他们最突出的问题是不熟悉公司主营业务，到了业务部门后，要么瞎指挥遭到排斥，要么了解业务太慢不被认可。有些 HRBP 可能在人力资源传统的各个模块中有很深的造诣和能力，但是对业务缺乏了解，特别是缺乏业务敏感度，或者根本没有意愿去了解，不能根据业务需要分析诊断人才发展方面的问题，不能满足业务部门战略发展的需要。另外，HRBP 的专业程度和影响力不够，不能以自身的专业知识发现业务战略问题并为其提出建议，不能得到业务部门的信任，从而不能促进业务部门有效战略的制定和推行，也不会考虑整合、定制一些 HR 服务来满足业务部门的需求。

实施 HRBP 战略比较有见地的想法就是直线经理的 HR 素质与 BP 的业务素质“双提升”。一方面，提升直线经理对人力资源业务的理解，对于懂得授权和员工激励的直线经理，通过培训提高其统筹全局、驾驭现代企业的领导力；另一方面，精挑细选，推出合适的 HRBP 候选人。HRBP 既要理解业务，又要掌握通用的人力资源知识。HR 要深入产品一线，深入市场客户，建立客户和产品导向的思维模式，具备产品经理意识，才能为业务部门提供有效的战略支持服务。企业在选择这一人选时，要十分清楚这一职位需要怎样的人，不是所有的 HR 人员都能从事这一工作。在业界实践中，选拔 BP 有两种路径：一种是从 HR 群体中选择有全面 HR 知识、具备咨询技能和影响的人才，并通过在岗实践提升其业务敏锐度。另一种是从业务主管中选择有成功人员管理经验的人才，并通过系统的培训提升其角色认知和人力资源技能。

两种模式各有利弊。根据企业实际情况，选拔合适的 HRBP 是推进三支柱转型的重要保障。

3. 如何实现三支柱之间的有效分工与配合。

（1）三支柱配合中存在的问题。

三支柱模型应该从人力资源管理流程与核心业务流程之间的关系的角度进行定位，把人力资源管理分为三种：SSC、BP、COE。SSC 本质上是为所有业务单元提供常规性、基础性的人力资源服务；BP 本质上是为不同业务单元提供灵活的、个性化的人力资源服务；COE 则是为业务单元提供系统化、集成化的人力资源问题解决方案服务。人力资源业务伙伴、共享服务中心以及人力资源专家三者之间需要紧密地配合、互动，才能保障三支柱的运行。有共享服务中心的支持，HRBP 才能减少行政性事务的工作，以更多的精力来了解业务部门，参与组织战略，完成 HRBP 的角色。有了 HRCOE，HRBP 才有后盾，能够提供有针对性的业务战略咨询和问题解决方案。

三支柱这种分工与协作的关系，需要厘清三者之间的工作界面，并以制度形式予以明确。在向业务部门派驻 HRBP 的同时，人力资源部作为后台部门，将内部职能分为 HRSSC 和 HRCOE 两部分。SSC 负责离职手续、社保办理、劳动合同及档案管理、考勤管理、薪酬发放、员工福利等可标准化的基础服务工作，要求其服务高效、准确；

COE 负责设计业务导向、HR 政策创新、流程和方案及管理工具，并为 HRBP 提供技术支持，专家团成员要具有丰富的专业经验和一线工作经历，并且战略思考、分析、判断能力要强；HRBP 则扮演面向业务部门的 HR 客户经理角色，挖掘业务部门各级管理者及员工的需求，提供咨询服务和一揽子解决方案。

在实际工作过程中，上述三个方面内容要循序渐进，尤其是在进行"参与业务部门经营决策"这一工作内容时，不能超越业务部门的管理成熟度和接受度。类似上述的分工描述，在三支柱转型中非常重要。专业分工模式都会遇到一个问题，即不管如何梳理，还是会存在"灰色地带"，如何确保三支柱之间无缝衔接而不是互相指责？这就需要黏合剂，例如，IBM 在 2008 年开始推行两顶帽子（dual hat）的模式：公司的一个副总裁同时兼任一个业务单元的 BP 负责人和 COE 负责人。国内也有多家公司在公司、业务单元及国家层面组建 HR 领导团队，通过定期会议的方式处理跨支柱事宜。

（2）明确三支柱之间有效的分工与配合。

在三支柱转型中，HRBP 是人力资源内部与各业务单元经理沟通的桥梁，负责在业务前线为业务经理提供咨询服务，实施人力资源政策和流程，如绩效管理、员工发展、薪酬奖金分配等，发现问题和采集需求并反馈给 COE。COE 负责设计政策和程序，以满足业务和人才管理的需求，谋求适应企业发展的人才管理需求，并且设计相应的流程指导及负责实现事务性管理任务，支持 HRBP 在业务部门实现有效的人力资源管理。HRSSC 依据规范流程集中为各业务现场提供人事服务。

HRBP、HRSSC 和 HRCOE 之间的配合尤其重要，它是决定三支柱能否良性运行的关键因素之一。特别地，三支柱中最突出的角色"HRBP 团队"的专业度在很大程度上取决于 COE 和 SSC 团队的专业度和配合度。只有得到 COE 和 SSC 的专业配合和支持，BP 才有足够的精力投入与业务部门的合作上。

表 13-4 总结了三支柱之间的区别和联系。

表 13-4　　三支柱之间的区别和联系

	HRSSC	HRCOE	HRBP
聚焦点	员工相关事务	改变公司的人力资源实践活动	建立沟通桥梁
主要任务	获得规模经济	集中各部门的专业知识使其能分配到各种业务中	政策落地和业务部门人力资源管理顺利进行
成功条件	成本削减，员工获得更有质量的服务	人力资源实践活动更创新、更有目的性地实现了公司目标	各主体信息和需求能及时反馈
角色	员工服务代表的政策专家	咨询顾问技术指导纷争解决专家教练	协调者、反馈者
对接对象	所有员工	主要是领域内的人力资源专员	直线经理
对接方式	声音，信息技术，面对面等	任务团队，咨询服务	客户服务代表，面对面

三支柱要实现良好的分工和配合，首先强调以流程梳理为基础，进行 HR 职责的界定，便于双方多司其职，为员工提供优质的 HR 服务。公司需要在职责分工前，更加深入、细致地梳理 HR 工作的流程，以流程和流程中的节点为基础进行不同 HR 主体的职责分工，尽量避免采用 HR 某个模块划分职责。

但是，即使产品及流程定义清晰，可能仍然会出现职责交叉的地方。这可以通过后续的两个途径辅助解决。

①根据员工岗位要求和技能要求进行职责区分的判断。例如，在大多数企业中，"员工入职"服务包含 HRBP 和 SSC 的共同职责。在企业实践中，会出现在入职合同的签署过程中员工常常对合同约定提出问题，SSC 不一定能够清晰、准确地回答所有问题，特别是合同中的非标条款，如针对特殊岗位或特殊人选所约定的特殊条款。这对 HR 人员的技能要求更高。在这种情况下，SSC 应该把这部分职责切分给 HRBP，以确保工作质量和降低风险。

②本着以客户为导向的原则，先解决问题，再改进工作。当出现 HR 问题或者相关投诉时，最先接触问题或投诉的 HRBP（或 SSC）本着"客户第一"的原则，第一时间进入问题或者投诉处理流程，尽快解决问题。之后再与 SSC（或 HRBP）讨论问题原因，分析是否需要完善工作流程或者提高人员技能。

4. 如何赢得管理层支持是人力资源转型的保障。

三支柱转型需要组织、人力资源管理者、业务经理三个方面都做好充分的准备。人力资源转型是系统性工作，涵盖 HR 组织管控、HR 共享服务中心、流程再造和 IT 实施及 HR 能力提升等领域，项目立项必须赢得决策层的支持。

因此，三支柱转型需要"天时"和"地利"，"天时"意味着公司存在变革时机，"地利"意味着 HR 领导者有强烈变革意愿和能力。事实上，对人力资源转型负有首要责任的应该是 CEO 和每位直线经理。因为他们是工作流程和工作成果的最终责任人，必须成为人力资源部的坚强后盾，需要带头使人力资源部全面融入企业实际工作中。

（1）企业高层的支持。仅仅凭借 HR 部门经理的影响力根本不可能完成这样一个再造的过程，只有得到来自企业高层领导甚至是总经理等的支持才有可能在重重阻碍中实施下去。HRBP 模式推行的最大支持就是来自企业高层对 HRBP 价值的真正认可，这种认可是成功推行新模式最有力的保障。在业界纷纷学习阿里巴巴政委做法时，大多数企业忽视了一个重要的背景因素——人力资源管理在阿里具有绝对重要的地位。没有这种地位的保障，依靠 HRBP 个人去赢得在业务现场的地位是非常困难的。而组织中人力资源管理地位的高低，从根本上取决于长期以来高管的支持与否。再如，HRSSC 的构建并不是企业做的第一个共享模块。企业往往先着手财务、IT 或采购共享，CEO 通过这些模块的共享渐渐意识到人力资源共享的必要性，所以公司"一把手"的理念是非常重要的。企业一旦着手构建 HRSSC，就意味着这是一笔不小的投资，而这笔支出远非人力资源经理或人力资源总监能够决定的，往往由公司 CEO 甚至董事会来决定。

（2）各业务部门经理的支持。业务部门经理和人力资源经理必须结成合作伙伴关系，以便迅速而彻底地重新设计和确定人力资源部的职能，从而将一个原本忙于各种活动的部门转变为注重结果的部门。一些企业 HRBP 推行不成功的原因就包括业务经理不知道 HRBP 到底应该干什么，还是按照老路来要求 HRBP。因此，在推行 HRBP 之前，应该与业务经理清晰地沟通 HRBP 的角色，其会做什么，不会做什么，做好期望管理。设置 HRBP 这职位影响最大的应该是业务部门的负责人，要改变他们对于人力资源职责和作用的传统认知，清楚地说明 HRBP 进入业务部门的目的和其对业务部门以及整个公司业绩的益处。

（3）变革环境的营造。HRBP 在企业中能否成功推行，在很大程度上依赖于组织成员对这职位接受与否。要和各个部门以及参与这种变革的员工充分沟通，在内部达成共识，让大家清楚 HRBP 的职责以及这种模式需要各个部门作出政策上的哪些改变。在公司决定推行 HRBP 以及相应的人力资源管理模式之前，必须做好充分沟通，消除各种潜在障碍。

HRBP 体系的运行机制设计应符合效率原则。不管是数据分析传输，还是跨部门信息沟通将更加频繁、高效。实践证明，企业仅仅靠几个系统软件是无法彻底解决体系内部的沟通与衔接问题的。

13.6 人力资源服务产业园

13.6.1 人力资源服务业概述

1. 定义及内涵。

（1）人力资源服务业的定义。

人力资源服务为个人和单位提供相关产品服务，进而推动人力资源的有效整合与高效配置的市场经济活动，其产品服务是围绕人力资源需求提供的，可以使各单位和个人的人力资源服务需求得到满足。主要业态包括：职业招聘、劳务派遣、职业规划、人力资源事务代理、人员测评、高端人才猎聘、人力资源外包、人力资源咨询以及人力资源软件系统服务等。

人力资源服务具有以下三个特点：一是人力资源服务是交易品；二是生产性是人力资源服务的使用价值；三是人力资源服务作为使用价值采取了运动形态的存在形式。

（2）人力资源服务业的内涵。

①人力资源服务的服务主体，即人力资源服务的供给方，是人力资源服务企业。这一方往往是人力资源服务公司，他们是人力资源市场中经济活动的主体，可以根据需求方需要提供特定化的产品及服务，以此凸显行业中的竞争地位。

②人力资源服务的服务对象，即人力资源服务的使用者，与人力资源服务的输出方相反，通常该主体具有一定的产品或服务生产、制造能力，为人力资源服务公司被服务者，它可以是法人单位，也可以是独立个人。

③人力资源服务目的，是为了实现社会生产、消费环节中各类参与方的需求满足，这些需求目的具有明显的排他性、竞争性的经济性质。

④人力资源服务服务内容，组织或者个人的服务获取方，因各项人力资源的配置环节所组成的各项服务需求，重点可以涵盖操作及战略层面的服务力。

2. 业务类型。

从人力资源服务的外延来看，传统人力资源服务业主要包括人才招聘与中介、人才培训、人才测评等，具体服务范围如表 13－5 所示。

表 13－5

服务类型	服务范围
人才招聘与中介	专场招聘、网络招聘、杂志报纸招聘、代理招聘、猎头服务、人才信息收集与储备等
人才培训	管理沟通技能、生产运作与管理、人力资源开发与管理、市场营销技能、职业资格认证
人才测评	为组织或个人提供人才的基本素质，职业能力，职业心理和职业兴趣等方面的测评
人力资源管理咨询	人力资源绘画，薪酬、绩效管理体系，员工长期激励方案设计等
职业指导	为求职人员提供职业发展、个人职业生涯设计以及求职择业的技术方法等方面的指导
人力资源从业者服务	人力资源管理职业资格认证，人力资源管理系统软件，人力资源从业者专业网站等
人事代理	人事外包，信息调查预处理，档案接转和管理，调查档案工资和代办各种保险
劳务派遣	为企业提供人才招聘、培训到管理等在内的一整套人才服务

13.6.2　人力资源服务产业园

1. 人力资源服务产业园概述。

（1）含义。

人力资源服务产业园是我国特有的一种为鼓励和促进人力资源服务产业发展的经济业态。它是以集聚人力资源服务产业发展所需的必然要素为手段，通过人力资源服务机构的集聚为发展形态，促进区域人力资源开发管理水平提升、实现人力资源优化配置的载体。人力资源服务产业园可归纳为“以人力资源为主体，推进人力资源积极运用和共享”。其中，园区的政策体系、地理区位、集聚产业、技术职称、服务平台是构成产业园的必然要素。

作为国内人力资源行业独有的发展模式和产业形态，人力资源服务产业园通过关联人力资源以及配套园区行业基础，形成有人力资源服务机构和其相关企业在一定区域的集合。人力资源服务产业园建设有利于拉动人力资源服务业的业务增长，在优化当地经济发展基础、促进社会发展转型及产业优化转型等方面产生极大的带动意义。

（2）运营模式。

人力资源产业园的运营模式大致有以下三种：

①市场型——公司治理模式。公司治理模式又称为无管委会管理体制或公司型管理体制。该模式完全由市场主导，具有决策灵活、贴近市场、应变速度快等特点。该模式具有第三方市场化运营的特点，相对没有区域划界拘束，能辐射更广的区域。该模式以企业作为人力资源服务产业园的建设者和管理者，即选择市场上专业化企业，委托其经营管理园区日常运营活动。通过建立投资公司，由公司开展产业园内的经营管理活动，同时承担一些政府部门的相应职能，例如，园区的项目招标、建设管理、企业管理和规划管理能职能，其他管理事务则还是由政府职能部门管理。

②政府主导型——“联合会议 + 联席办 + 服务中心”。政府主导是指由政府设立园区运营管理机构，直接由政府主导园区日常工作管理和运营。该模式的主要优势是：有利于内外协调，便于政策的制定和实施。采用这种模式的园区，一般是依托传统人力资源市场转变发展而来的人力资源服务产业园区。但该模式需要花费较高成本，也存在一定的滞后性，容易造成在运营中与实际情况脱轨。“联合会议 + 联席办 + 服务中心”三级管理运营模式管理体制构成灵活，适用于园区建设的各个发展阶段，有利于园区建设发挥政府主导和推动作用，有助于联合多个部门为园区发展提供更多的资源和要素，同时可以为园区的规范发展提供良好的体制保障。

③混合型——“政府 + 企业”。混合运营模式是由政府和企业共同出资建立运营企业，企业负责产业园区的运营和管理。该模式一方面有市场主导、决策灵活、贴近市场、管理成本低等优点；另一方面有政府主导协调资源的优势，有利于明确政府管理、企业运营的责任。在缺少产业园运营人才和运营经验的地区，人力资源服务产业园较多采用政企合作的运营方式。

2. 建设意义。

人力资源产业园区主要实现资源聚集、孵化、培育等作用，特别是我国正着力推进产业转型升级、构建现代产业新体系，人力资源产业园区建设在推进人力资源产业加速发展中将起到至关重要的作用。

①聚焦产业园区服务。产业园区建设一个重要的维度就是聚焦同类型产业，形成规模经济效应和产业点。人力资源服务产业园同样具有集聚效应，吸纳同行企业，专

业的供应商、专业人才、前沿技术，甚至吸引资本进入园区，形成产业集聚效应。人力资源服务领域有多种业务形态，包括招聘、派遣、猎头、培训、咨询、外包、代理等。产业园区将众多不同业态的企业集聚在一起，这样，在业务开展过程中就会产生商机的人力资源产业园区对接，就会产生不同的链条结合，产业链可能会由此而形成。另外，还可以进一步拓展与人力资源服务产业相关或以人力资源服务产业为核心的领域，也可以集聚到人力资源服务产业园中来，如财务、法务、心理咨询、科技中介、健康服务、专利服务、保险服务、技能鉴定等。同时，吸引了上下游企业入驻园区，把整个人力资源服务行业链条拉长、维度拉宽，形成多种业务形态集聚，关联性产业汇集。由此可见，聚焦人力资源产业链延伸是人力资源服务园区建设的必然结果。

②提高园区初创企业的存活率。园区建设之后，一方面，为企业提供了相应的配套设施，争取相关优惠政策；另一方面，随着资本的进入，会在园区孵化一些企业，为行业发展的新生力量提供一定的资金支持。一系列的辅助环境，为初创期企业提供了良好的成长环境。例如，园区通过举办项目推介会、合作洽谈会、创投会等方式，进行资智对接；推动创投、风投、天使投资基金与创业项目对接；帮助园区内创业企业有效解决融资问题，为创业企业对接投资方，搭建桥梁，使成功融资的企业安全渡过初创期，提高创业企业的存活率。

③塑造人力资源服务优质品牌。我国已经成为人力资源产业服务大国，在人力资源服务理念、服务质量、服务水平方面可以说居于世界领先之位。人力资源服务园区为产业集群化、产业聚焦化提供了载体和平台，打造了人力资源服务高地，应该塑造一批有国际、国内知名的人力资源服务品牌，为推进整个产业“专业化、信息化、产业化、规范化”创造良好的环境。

3. 产业园发展质量评估。

产业园区经济在中国经济发展过程中扮演着重要角色，并在产业集聚、技术创新等方面发挥了巨大作用，为了打造产业发展平台，探索人力资源服务业这一生产性服务业的集聚规律，中国在各地建立了一批人力资源服务产业园区，通过园区模式来推动产业发展并取得了较好的效益。

人力资源服务产业园区的快速发展得到了广泛的关注。而评估人力资源产业园的发展质量对现存问题的解决及其高质量发展的促进是至关重要的。以下将从产业园发展的现存问题、质量评价指标及对策建议三个方面展开详细介绍：

（1）现存问题。

人力资源服务产业园尚处于起步和探索阶段，发展质量还有提升空间，与当初提出建设人力资源服务产业园，提升人力资源服务产业集聚，打造产业可持续发展的平台还有一定差距。具体体现在以下四个方面：

①园区整体发展尚不均衡，作为促进产业集聚发展的载体和平台，人力资源服务

产业园区建设得到了各地的重视，但在建设过程中，存在一定程度的盲从性，一些经济总量小、产业结构尚不满足产业园建设的地区，在产业园区建设之后，其产业集聚效果和经济效益不理想。

②产业园区运营机制尚需创新。从现有园区建设模式，除了单个建设的园区之外，基本上是按照“一园多区”的模式开展，根据经济发展特点，在一个城市或者区域，同时设立几个分园区，这种模式考虑了产业部分的地域性，但是，各个园区基本上属于属地化管理，园区之间的有机互动、协同发展不足，在业态布局上，园区之间还存在一定的重复。

③园区发展的内生动力不足。为了吸引人力资源服务机构入驻，形成产业集聚，各地针对人力资源服务产业园区入园企业出台了大量的优惠政策，这些政策在早期形成产业集聚具有较好的作用，但从长期看，优惠期过后，如何吸引企业在此长期发展，尚没有形成一个长效机制。而且，这些政策在园区之间的可塑性很强，导致不同园区之间的“政策竞赛”，不利于产业园区的良性发展。

④人力资源服务产业园软、硬件设备配套过程中没有充分考虑长短期目标的结合、新技术对设备折旧率的影响以及园区建设的可延展性，很多产业园还没有跟进人工智能、大数据等新技术发展趋势配备现代化的硬件设施，这与当前推行的大规模的“新基建”趋势不一致。

(2) 质量评价指标。

人力资源服务产业园的发展质量主要体现为三个方面：一是基础设施，包括与人力资源服务产业园区建设配套的交通设施、楼宇以及其他配套设备等；二是园区的管理和服务，即当前园区发展的软环境，主要包括园区的产业发展等配套政策、政务环境、管理制度等；三是入园企业的经济效益和社会效益。经济效益主要从人力资源服务业的经济功能角度考量，主要指土地资源利用率、入园企业的营业收入、缴纳税收等。具体指标体系如表 13 - 6 所示。

表 13 - 6

一级指标	二级指标	三级指标
园区基础设施	交通状况	公交站数
		地铁数
	场地规模	园区使用的楼宇面积
		园区的容积率
		园区企业聚集区的面积占比
		单位面积企业数
	配套设施	园区公用面积
		配套车位数

续表

一级指标	二级指标	三级指标
服务和管理水平	公共服务	园区公共服务项目数
		园区人力资源公共服务项目数
	园区管理	园区管理部门是否通过 ISO 9001 质量体系认证
		针对入园企业的管理文件数
		园区管理规章文件数
发展效益	经济效益	入驻企业总数
		入园企业年度营业收入
		上市企业数
		入园企业纳税额
		入驻园区的其他生产型服务业机构情况
	社会效益	在入园企业就业的人数
		入园机构服务企业数
		入园机构实现就业择业和流动人次

（3）对策建议。

①建立园区发展的动态评估机制。在总结各地发展经验和发展特点的基础上，建立人力资源服务产业园发展质量的动态监督机制。制订园区企业清退机制，对不规范的企业要限期整改，对违法操作、屡次不改的企业要坚决予以清退，实现园区企业优胜劣汰。国家级园区可以考虑由人社部相关部门牵头，委托专业的第三方机构进行年度评估，考核结果作为当地促进人社工作考核的一个有机组成部分。地方性的人力资源服务产业园由其所在省区市人社部门组织和实施评估，条件成熟的可以引入第三方机构进行评估，考核结果用于产业园动态调整、评级和支持政策的制定等方面。

②以现代信息技术为载体，发挥技术创新在提升人力资源服务产业园发展质量中的关键支撑作用。在产业园区建设过程中，充分使用互联网、大数据、人工智能等新技术。在建立人力资源服务公共信息平台、提高信息网络化服务水平的同时，围绕特色产业园区建设，促进产业聚集和集群化发展。

③分类、分发展阶段规范园区管理。初创园由于建设经验不足、追求发展速度等原因，往往对入园企业设置的门槛较低，给予的政策优惠也比较多，因此，加强过程管理对园区建设尤为重要。老牌园区有必要适当提升入园门槛，在保障现有发展水平的基础上，提升入园企业标准，把主要精力放在营商环境打造和形成园区核心竞争力上，为提升人力服务业发展质量提供样板和示范作用。

④创新园区管理和服务发展机制。前述分析显示，效益较好的园区管理和服务也是比较好的，且这个维度是拉开园区发展质量的主要因素，这意味着，一些园区要想

在全国园区竞争中脱颖而出，就必须在园区管理和服务机制改革上下功夫。因此，建议在园区投资、运营管理等领域，因地制宜地引入社会力量参与，形成更为科学的治理体系。提升园区的投资运营水平，整合财政资金、社会资本等多种资金，提高园区投资和运营的资金支持力量和效率。落实国家关于经济开发区、自贸区管理改革精神，探索更为适合服务业类园区管理的制度和机制。

⑤中西部和东北地区要积极利用“一带一路”建设的开放红利，借势而为，提升园区的经济效益和社会效益。对于经济发展水平相对落后地区，要充分把握中国开放新格局下所带来的区域战略优势，找准开放新格局的节点，打通与“一带一路”沿线国家人力资源服务国际交流合作渠道，推动人力资源领域迈入新阶段。

13.6.3 数字化人力资源智慧产业园

1. 产业园数字化的概述。

随着大数据等信息技术的发展，人力资源服务产业正处在新一轮的产业转型和融合发展的拐点，这对人力资源产业园的发展模式提出新的要求。构建“政府引领、市场化运营”的数字化、智能化、可视化动态呈现的数字化智慧园区将成为人力资源服务产业园发展的新形态。

(1) 数字经济已成为高质量发展的关键力量。

近年来，移动互联网、大数据、云计算、物联网、人工智能等信息技术的突破和各产业的发展融合，推升了数字经济在整体经济中的地位，数据成为驱动经济增长的重要生产要素。数字经济成为我国经济高质量增长、实现新旧动能转换、带动国民经济发展的重要引擎和关键力量。

数字经济与传统产业融合发展，不断孕育出新模式新业态，打破原有产业发展格局，催生出越来越多的经济新增长点。在数字经济迅猛发展的态势下，随着人工智能、大数据、云计算等新技术的应用，人力资源服务产业正处在新一轮的产业转型和融合发展的拐点，“拥抱科技，培育人力资源数字经济”成为人力资源服务产业转型的趋势和方向。

(2) 人力资源服务产业园发展的新高度。

以2010年11月中国上海人力资源服务产业园的诞生为标志，中国人力资源服务产业园从政府主导模式，发展到探索人力资源服务与地方产业融合协作发展的实践模式，掀起了建设人力资源服务产业园的热潮。

历经近十年的迅猛发展，人力资源服务产业园对壮大产业规模、强化社会效益、推动服务创新、拓展公共服务和培育地方产业等方面带来了巨大的影响，成为各地助推人力资源服务产业发展的重要抓手、新亮点和促进经济产业转型升级的新引擎。

(3) 人力资源服务产业园面临的形势与挑战。

目前，我国人力资源服务产业园发展呈现出不同的地域发展特色，但顺应数字经济时代的发展要求，人力资源产业园在发展模式上也面临诸多挑战。

首先，大数据、互联网、人工智能技术在人力资源服务行业的应用将如何影响人力资源服务产业园发展，需要思考。

其次，在高质量发展的背景下，产业园需要研究应如何突破物理平台限制和地域限制，"顺势而为，升维发展"。特别是在产业园"遍地开花"的局面下，如何避免同质化竞争，如何提高管理和服务效能，尤其是在具有吸引力的政策红利优势结束后，产业园如何持续发展、如何持续为地方社会经济赋能，需要认真研究。

最后，借助产业园平台，如何打造"人力资源服务产业+"的融合生态集成平台值得思考。传统产业园区逐渐聚焦数字产业发展的新方向布局，人力资源服务产业园如何融合数字产业进行升级仍需要深入研究。

2. 数字化人力资源智慧产业园的功能特征。

(1) 人力资源公共服务平台。

按照服务引导的管理理念，应建立园区公共服务体系，将政府公共行政服务、公共信息发布、公共服务采购、市场化经营补偿公共服务，以及园区产业招商、服务业务受理、公共政策咨询等业务，纳入公共服务平台。将政府人才办、人社部门的公共服务及提供人才政策咨询、高层次人才引进、就业创业、社会保障、职称申报、争议调解服务受理等，纳入智慧服务平台，形成智慧服务环境。按照智慧园区软硬件设施要求，应搭建延伸公共服务平台，将服务审批、工商、税务、人才、科技、产权、出入境等部门引入产业园设立服务窗口，为企业提供企业注册、税务变更、出入境服务、商务咨询、物业物流等智能化服务。按照专门服务要求，应引入社会商事业务代理服务机构、咨询服务机构等，为园区提供市场化的增值服务；引入外包服务机构为产业发展提供宣传推广、招商引资、扶持发展等服务，搭建体现政策集成、管理集约、服务集中的智慧化综合管理服务平台。

(2) 人力资源市场服务平台。

应集聚包括知名人力资源服务企业、规模人力资源服务机构、特色人力资源机构聚集发展在内的数字化服务空间、培育空间、市场空间、孵化空间，形成涵盖全产业链的智慧服务平台。

应集聚市场化延伸服务，将人才引进、开发、配置、使用、培养及支撑、保障和公共人力资源服务等功能汇于一体，形成公平竞争、自主择业、自主用人、诚信服务、公开评价的智慧服务环境。

(3) 人力资源创新创业平台。

应打造人力资源发展创新创业先导区、试验区，提供便捷化、专业化、社区化的创新创业环境，建设人力资源服务技术创新孵化平台，促进在线注册登记、在线申报纳税、在线申请审核融资等的便捷化，形成集创业服务、资本对接、市场推广等为一体的智慧创业空间。

应建立便捷高效的商事服务机制，给予专项资金支持，促进金融机构、各类创业风险投资机构进入园区，与园区内人力资源服务项目对接，降低创业门槛，促进中小人力资源服务企业的发展。

应鼓励培育孵化，为人力资源服务企业打造品牌创新、业态创新、产品创新、技术创新、商业模式创新的试验基地，鼓励发展大数据、云计算、“互联网+人力资源服务”等新技术、新领域。

（4）高层次创新创业人才引进平台。

应立足于国家级人才、省级人才、地方县市级人才等的分类管理，将产业园打造成地方各类高层次创新型人才引智服务平台。建设智慧化引智平台，开展引才引智，构建新型人才服务模式。整合组织、人才、人社、教育、科技、公安、工商、税务等多部门力量，实行一“窗”受理，全程服务，提供评价认定、引进流动、待遇落实、生活保障等“一站式”服务。

（5）人力资源素质培训提升平台。

应培育培训品牌。集聚企业职业教育、社会培训机构，提升素质培训基础能力，开展管理培训、技术技能人才再培训、再教育，实现产业园与社会共建实习基地、实训基地、研发中心，合力打造人力资源区域性数字化培训基地。

应引入政府公共培训机构、国际合作交流机构等，建立以继续教育、职业技能培训、员工综合素质培训、创新创业培训为重点的全业态、全流程素质提升平台，依托大数据信息技术，打造区域引进、培训、输送人力资源的枢纽。

（6）人力资源数字化服务平台。

应借助智慧园区云服务平台，在园区内部建立与外部网络服务对接的共享开放平台，实现内外融合发展，营造高速、开放、共享的信息服务环境，构建智慧化园区。

应构建园区智慧化运营，整合前后台物业，形成一体化管理服务，在提供安保服务、公共服务、公共信息利用、公共资源使用、物业管理等方面，为企业创建更好的服务经营环境。

应建立用户数据智能服务管理，通过大数据采集、挖掘分析，把整个服务行为、过程、结果进行数据化、个性化处理，将大数据与各种资源相互融合，使资源能够更全面地得以整合利用，进一步驱动服务优化与升级。

（7）政务服务数字化融合平台。

应融合民生大数据应用平台、政务云数据资源服务平台，搭建人力资源服务的智能化云服务窗口，积极对接市场产业链对人力资源服务需求，满足社会对人才服务的需要。

（8）对外交流合作平台。

在发展规划、管理服务、产业政策、园区发展、市场开发、素质提升、技术研讨、发展交流、信息互通、开放合作等方面，建立合作共享的信息化平台。

应搭建产业园与国家京津冀、长三角、粤港澳大湾区、长江流域经济带等的对接发展路径，瞄准国家级战略导向，在推进人员跨区域流动中，打造园地合作智慧化信息共享服务平台，破解就业中的市场错配、信息不对称等问题，为解决大学生就业难、企业招工难等难点服务。

应搭建产业园与国际人力资源、引才机构的交流对接路径。面向国际特别是面向"一带一路"国家的枢纽城市或企业，依托信息网络与"一带一路"国家广泛开展的技术合作、信息共享、人文交流、经贸服务合作等，构建对外联系的开放、合作的网络空间网络。

应以园区为载体，开展对外合作试点和国际交流业务，与人力资源服务企业合作建立海外人才工作站，搭建人力资源流动和人力资源配置国际化平台，满足多层次、多元化、国际化的人力资源服务需求。打造对外合作的综合性、一站式信息展示平台、交易服务平台和电子商务平台，使产业园成为人力资源服务对外合作的信息枢纽、合作枢纽。

3. 数字化人力资源智慧产业园的发展模式。

（1）数字化人力资源智慧产业园架构。

数字化人力资源智慧产业园，是以人力资源数据为底层、以人力资源软件服务（SaaS）为基础、以物联网为引擎的数字化运营管理中央控制系统，应用大数据、云计算、移动互联网和人工智能等数字化技术搭建而成的集成化数据智能平台。

如图 13 - 6 所示，数字化人力资源智慧产业园的总体组织架构，包括五个层面：终端感知层、通信和网络层、数据和控制层、应用层和支持系统层。

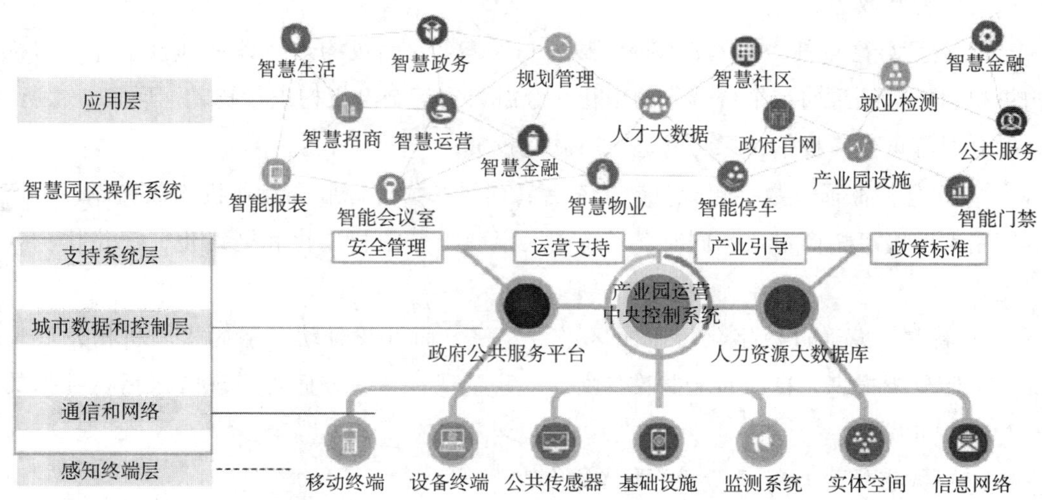

图 13 - 6　数字化人力资源智慧产业园的总体组织架构

其中，数据和控制层依托人力资源 SaaS 平台，是数字化人力资源智慧产业园的核心功能，也是与其他智慧园区的本质区别。

①数据层。人力资源数据以就业数据、薪资数据、社保数据为核心，同时整合其他相关人力资源数据，如技能、培训、工作时长等。

②系统层。主要搭建人力资源 SaaS 和智慧物业的中央控制系统。

✓ 构建人力资源 SaaS，含招聘管理 SaaS、薪酬 SaaS、社保 SaaS，以及智能报表中心；

✓ 构建智慧物业系统，含智能门禁、智能监控、智能终端（如智能机器人、智能显示）等。

③应用层。

✓ 政府所需要的智能报表：区域人才情况、区域“双招双引”情况、区域就业情况、区域薪酬指数、区域社保缴纳情况等；

✓ 园区管理所需的智能应用：智能停车、智能会议室、智能收费、生活服务等智慧服务系统；

✓ 入园机构所需的智能应用：行业薪酬结构、人才流动情况、区域招聘成本监测等。

④服务层。数字化人力资源智慧产业园围绕人力资源服务产业及产业园的持续发展建设园区公共服务和入园企业服务两大服务体系，开展智慧政务、智慧金融、智慧招商、智慧运营四大智慧服务。

✓ 智慧政务根据产业园发展需求，对接政府人社公共服务、人才服务等公共服务移动政务端口，开放社保、公积金等查询及线上业务预约平台。同时，安装智能引导机器人、智能化办事终端、引导触摸屏等终端设备，打造智能办事大厅，实现线上线下联动的智慧政务；

✓ 智慧金融依托人力资源 SaaS 服务平台，对入园机构进行评估和授信，入园机构可根据授信结果向与平台合作的银行、金融公司等金融机构进行贷款、融资，银行、金融公司等可参考授信结果为其进行放款、投资；

✓ 智慧招商通过数字化智慧园区平台，建设人力资源服务行业机构数据库，为产业园精准匹配可招商对象；同时，实现园区招商工作的智能化和网络化，简化机构入园流程；

✓ 智慧运营通过数字化智慧园区平台，一方面可及时动态掌握入园机构发展情况，智能分析报表，自动匹配财政奖励等政策兑现；另一方面可实现园区运营数据的及时性、可视化。

（2）数字化人力资源智慧产业园的价值。

①对政府的价值为政府提供动态数据信息，延伸政府服务窗口，为政府赋能企业

提供多种工具，为政府决策提供参考依据；

②对入园机构的价值为入园机构提供金融和投资对接，提供市场和政策信息，提供技术服务；

③对社会的价值为个人提供动态就业信息，为企业提供区域薪酬指数和招聘信息，为区域产业赋能，提高区域社会服务效能。

（3）数字化人力资源智慧产业园的路径。

数字化人力资源智慧产业园的实施路径主要依托平台技术结构智慧化、平台自身管理智慧化、服务功能智慧化及定制开发四个步骤实现。上一个十年，在国家人社部高屋建瓴的指导及《人力资源服务业发展行动计划》的要求下，人力资源服务产业园取得了巨大的成就，达到了新高度。下一个十年，人力资源服务产业将会着力融合数字经济的新方向布局，实现人力资源服务与科技、金融及实体经济协同发展的产业生态体系。数字化人力资源智慧产业园将翻开人力资源服务产业发展的新篇章。

本章小结

移动互联时代，是全人才的时代。企业应成为人才的生态系统，为人才的成长，提供充足而优质的生态空间，让人才可以根据自己的本性和时代的需求，自然成长。本章在互联网新时代生态管理的基础上，详细介绍了自组织、赋能型组织、“全体脑”型智能组织的形成及发展模式，以及“HR 三支柱”在中国企业中的应用，最后从宏观层面展开对人力资源产业园的形成及发展的论述。

首先，本章先介绍了商业生态系统，从而引出了互联时代的商业生态系统，即互联网商业生态系统，并介绍了其含义、特征及健康评价维度。另外，随之而来的是人力资源的发展变革以及人才管理的生态化。

其次，自组织、赋能型组织、“全体脑”型智能组织都是在移动互联时代的大背景下涌现的新型组织结构，本章对这三种组织进行了详细的介绍，以便读者更好地了解与掌握。

再次，人力资源管理的最大变革即为职能角色和组织架构的变化，本章展开了对三支柱从产生、发展到转型，以及各支柱的职能和能力要求的详细阐述。

最后，本章从宏观角度切入，基于人力资源服务业及人力资源服务产业园对大数据等信息技术快速发展下催生的数字化人力资源智慧产业园进行了全面介绍。

思考题

1. 请简述互联网时代的商业生态系统。

2. 为什么说自组织是企业战略的必由之路?

3. 请简述赋能型组织的含义及基本特征。

4. 谈谈自己对阿米巴经营模式的理解。

5. 请简述“全体脑”型智能组织的含义及特征。

6. 谈谈自己对 HRCOE 的理解。

7. 论述数字化人力资源智慧产业园与人力资源服务产业园的异同。

案例分析

海尔创客——雷神笔记本团队

2014 年,海尔提出员工创客化的战略转型之后,在线和在册创业已经颇具规模:2 000 多家创客小微公司在海尔的创业平台上孵化孕育,特别是雷神笔记本,颇有复制当年“小米神话”的传奇色彩。

海尔的笔记本业务,之前只是其众多业务单元中毫不起眼的一块。然而,一个普通员工李宁却让海尔雷神笔记本在网上异军突起。该产品在京东开放销售时,仅一周时间,就吸引了 18 万人预约。仅用了一年半的时间,实现销售 2.5 亿元,净利润 1 200 万元,粉丝从 3 万人增长到 130 万人。

李宁原本只是负责海尔笔记本与京东的接口。他偶然从京东得知游戏笔记本的销售数据增长很快,便察觉到这其中的市场空间。针对这一特殊需求,他组建了团队,另外两名成员分别是熟悉上游市场环境的“85 后”和善于理解同龄人需求的“90 后”。

这个自己组织起来的小团队,充分依靠互联网发现产品目标、培养用户群体、给予用户强烈的参与感,而笔记本的生产则交给代工厂,物流、售后等方面则通过海尔提供的平台实现。

像雷神笔记本团队这样的“自组织”越来越成为创业的主流,这样“内部创业”的跨职能团队模式,也逐渐成为互联网时代“自组织”最基本的模式。并且,离互联网越近的行业,其管理的自组织趋势越明显。

在传统的层级制组织机构下,由于大大小小的决策都需要通过层层反馈,最终再由最高层做出。这个过程中信息的层层传导,决策的反复酝酿,不同部门的磨合对接,消耗了大量时间,造成整个组织的反应迟钝、效率低下。

另外,采用传统垂直控制型的管理方式,或权威性领导方式,组织的活力很难激发出来,而要尽可能发挥所有员工的作用,就必须去激发他的价值创造活力和自主管理能力。

在互联网时代,形势瞬息万变,创新层出不穷。为了适应外部环境的变化,需要进行结构性、颠覆式创新来构建新的组织体系。无法依靠过去那种预先所确定的组织秩序和组织规则，必须依靠“自组织”。

自组织的优势不仅在于创新的灵活性和对环境的适应性，而且具有相对低廉的试错成本。越是小规模的团队，调整方向也越容易，而这对于大组织来说则艰难得多。

例如，诺基亚在智能手机时代遭遇“滑铁卢”，微软在互联网时代的发展滞后，都值得人们警醒和反思。相反，如腾讯集团内部微信等独立团队的成功，谷歌集团内部谷歌眼镜、无人汽车等独立研发团队的探索，一个“自组织”的创新成功，就能为整个组织赢得发展先机。

资料来源：陈以新．互联网时代的“自组织”管理［J］．决策，2015（10）：78－79.

第 14 章　小企业及创业企业人力资源管理

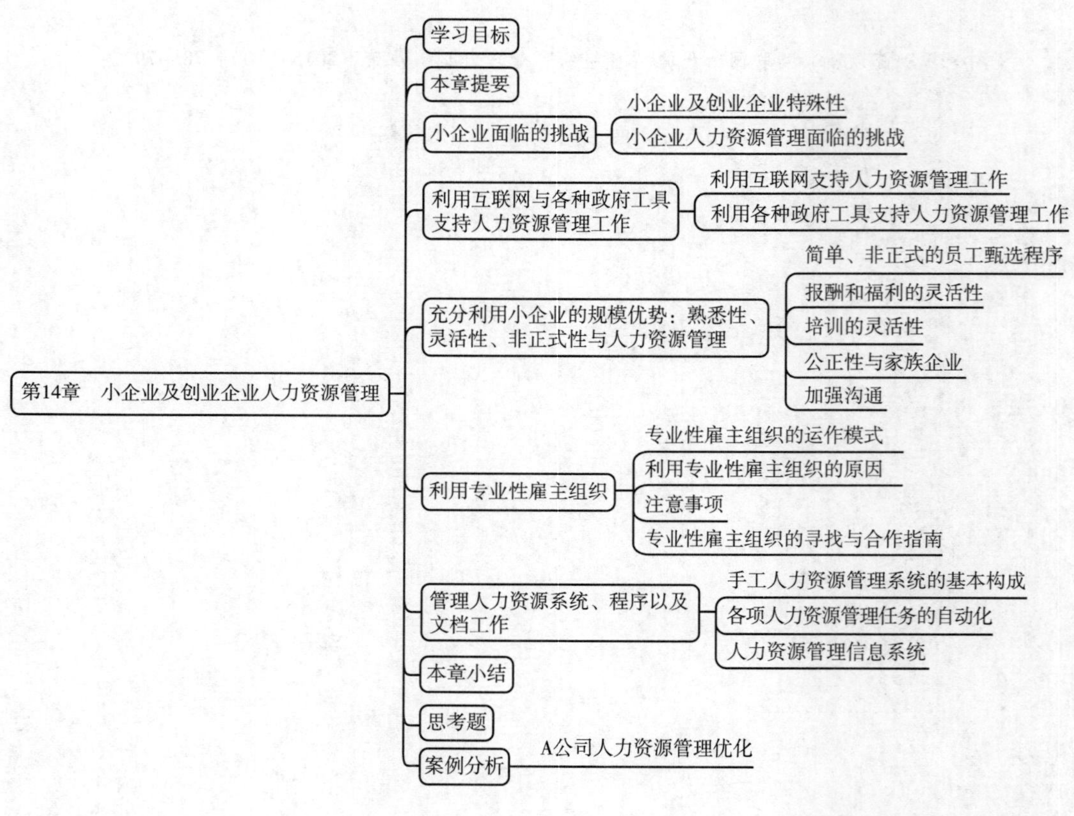

学习目标

1. 了解小企业及创业企业的特殊性以及面临的挑战。

2. 学习如何利用互联网以及政府工具支持小企业人力资源管理工作。

3. 理解“为什么熟悉性、灵活性、公正性和非正式性是创业者在小公司中改善人力资源管理实践的重要工具?”

4. 掌握专业性雇主组织的含义，以及创业者应当如何利用这些组织。

5. 描述小公司的人力资源系统通常是如何发展起来的，并举例说明小企业可以怎样利用人力资源管理信息系统。

本章提要

在当前这个充满挑战的时代，未来几年中很多毕业生可能要么去小企业工作，要么创建属于自己的小企业。而创业者通常会遇到一些特定的人力资源管理需要。本章的主要目的就是帮助读者运用所学的人力资源管理相关知识来经营一家小企业。我们在本章中讨论的主题将包括：小企业所面临的挑战；运用互联网以及政府提供的各种工具支持小企业的人力资源管理活动；充分运用熟悉性、灵活性、公正性以及非正式性等工具提升小企业的竞争力；有效利用专业性雇主组织，以及管理人力资源系统、程序和文档工作。

14.1　小企业面临的挑战

14.1.1　小企业及创业企业特殊性

1. 小企业所具有的特点。

（1）企业组织结构层次简单。

调查发现，中小企业平均的结构层次为 3.133 层。在中小企业中，CEO 的主要任务是参与战略决策和主要的运作决策的制定。CEO 通常是本企业主要的创立者之一，直接参与本企业的建立工作。组织体系的中间层是两个不同的运作经理群：专业经理和运作经理。前者受过专业的教育，有着专业的知识背景。后者中的大部分人有着多年生产运作相关领域的工作经验和知识，有时这些运作工作要跨越企业中的好几个部门。这些跨行业运作的知识对于中小企业来说是非常有用的，因为它支持跨部门检查和通过网络制定决策。执行层由专业人员组成（比如计划者、采购员、生产监督者等等）。随着全球化和企业间竞争的加剧，越来越多的专业人员被安排到这些执行层上工作。

（2）企业特殊的生产运作模式。

随着现代社会生产分工的细化，大部分的中小企业都作为大型企业的辅助性制造商。S. F. Huin 以问卷调查的形式，从东南亚众多的制造业企业中选出了 30 家典型中小企业作为实证研究对象，并且对这 30 家中小企业进行了分析。在被调查的 30 家中小企业中，有 20 家企业属于大企业的分承包商或零部件制造商或外购资源制造商。更有甚者，6 家生产消费型家用电器的企业也是大企业最初的设备制造商，他们的产品一半以上是卖给这些大公司的。这些大公司再将买来的零部件产品进行组合和装配，最终再以自己的品牌出售。这就决定了中小企业与大企业的依存关系，而这种相互依存的关系又会影响中小企业内部和外部供应链网络的设计。在主要的客户级和企业级都需要搜寻清晰的供应链指令，这将迫使中小企业的项目管理目标失去独立性，需要根据大企业的生产变化进行适应性调整或重新安排，所以中小企业中的采购、生产、销售等运作特征同那些大企业相比有着明显的不同。

（3）企业内部管理人员职责模糊。

在中小企业中，各部门之间在职责上没有清晰的界线。在被研究的这30家中小企业中，17家企业存在这种现象：即某一个部门的经理同时也直接负责另外一个部门的管理工作；有20家企业曾报道说，企业中的一些关键性部门的经理能对另外一个并非他们直接负责的部门的运作和决策制定施加显著的影响。同时企业管理人员职责的模糊性，还表现在企业CEO工作角色的多样性上。中小企业中的CEO主要进行本企业战略的制定，但他同时也是高水平的生产线经理。企业管理人员职责的模糊性，究其原因在于中小企业的规模小、组织结构简单。一般说来，企业的规模越大，企业的组织结构就越复杂，部门之间分工就越明确：而中小企业规模小，对应地其组织结构就显得简单，组织的正规化程度低，从而部门之间的分工就比较模糊了。

（4）企业要求具备迅速应对外部变化的能力。

在生产中要考虑的一个特定因素就是必须能快速适应变化。随着产品生命周期的缩短和新产品的不断推出，需求的变化是在所难免的。又由于存在着对大企业的依存关系，这种产品的变化对中小企业造成的影响就更为显著。与此同时，企业还面临着“要以最便宜的价格在最短的时间内生产出最好的产品”的持续压力。企业外部需求的高变化率，要求企业内部生产流程能够快速响应其变化，并且根据其变化不断改进项目管理方式。

（5）企业实际生产与计划预测的偏离较大。

与那些大企业一样，中小企业在每年也通常需要做预测和预算。很多中小企业确实在进行此项计划活动。但是，有趣的是，30家企业中有25家并没有按照它们在年初计划和预测的数量去生产和销售产品，有17家生产的产品都不同于它们最初的预想或者都对最初预想进行了修订。实际生产与计划的偏离非常显著，主要有两种表现形式：实际生产的成品和生产的数量。随着产品生命周期的缩短，大型企业不断地改进新的产品形式甚至向市场上频繁推出全新产品。中小企业通常都是第三方辅助性制造商，它们的成品生产很大程度上依赖于那些大企业要卖些什么产品。因此，对于中小企业来说，每年的计划和预测只能作为企业生产和销售的一个粗略指导方针，而根本不能作为企业的实际生产计划。

（6）企业员工的高流动率。

在这30家中小企业中有3家企业报道说每年它们企业中的人员流动率超过30%，有25家企业报道说它们的人员流动率超过20%。可见，中小企业表现出很高的人员流动率。

2. 科技型小企业人力资源的特点。

随着时代的进步以及科学技术的发展，市场上大批量的出现科技型小企业，其人力资源更具特色。

（1）高素质人才为主导，需求层次相应较高。

在科技型小企业中高素质的技术型人才占绝大多数，他们学历高，一般是本科以上的学历。由于高学历人才具备了足够的知识资本，并且他们的工资水平较一般工人更高，因此按照马斯洛的需要层次理论，谋生已不是他们第一位需要，他们最看重的是寻求自我发展，倾向于进行自主性的工作。

（2）人员年龄构成年轻化。

由于科技型企业技术更新换代周期短，所以必须拥有一批年轻的、掌握最新技术的员工。一般的科技型小企业员工平均年龄不超过 30 岁。尤其是在电子、通信等行业中，人才的年龄结构优势更为明显。

（3）人才流动性强。

年纪轻、高学历，加上技术人才供需矛盾突出，容易产生较高的流动性。这种不稳定性可能对员工的工作积极性和归属感带来负面影响，并对公司的稳定成长不利。

（4）重视激励机制的运用。

许多科技型小企业在收入分配机制上仍沿用传统方式，没有形成新的机制。这主要表现在三个方面：①总体收入水平不高。②分配机制没有创新，按劳分配与按生产要素分配相结合的机制没有形成，技术入股在绝大多数企业中没有实施。③激励内容过于单一，常以金钱激励为主，缺少精神鼓励。然而对年轻人来说，除了物质收益外，还追求一种自我认同感，即得到他人、社会的认同、尊重。

（5）缺少规范的人员培训体系。

许多企业只进行浅层次的上岗培训，很少有人才的发展培训。主要原因有二：①这类企业人才流动率高，企业不愿成为别人的“人才培训中心”。②企业规模小，而社会上又缺乏权威的专业培训机构，人才培训也就无从抓起。

（6）缺乏完善的绩效考评体系。

许多企业，由于生产的产品需多个技术人员协作完成，业绩难以计量，因此也难以进行有效且适当的业绩考评。

3. 互联网创业型企业人力资源特点。

以不断创新和探索作为不变的主题，互联网企业不断摸索自己的运作模式和盈利模式，大数据分析给互联网企业的发展注入动力。同时，与其他行业的交叉互通，互联网企业采用“互联网 + 其他行业”的运作模式整合创造出新的产业模式。在这样的企业新特点下，互联网创业型企业的人力资源具有以下特点：

（1）价值来源的原动力界限模糊，员工和顾客共创价值。

在互联网经济时代，互联网企业员工和顾客的界限被打破，企业价值的来源也呈现多极化趋势，传统行业中，员工就是企业经济利益的创造者，而顾客则是企业经济利益的转化者，两者界限明确。而在互联网企业中，客户就是员工、员工就是客户。比如智能手机制造商，用户的使用体验可以直接传达给企业，企业可以对照反馈来改进产品；而员工也是本企业的用户，他们同样以自己的体验参与到企业的发展当中。员工和顾客的互通，促进和更新了企业人力资源的整合，很好的促进了互联网企业的高速增长。

（2）数据分析的介入：计量人力资源管理的引入。

一是网上办公。互联网时代给企业带来丰富的资源，在创新型互联网企业中，由于人员流动频繁，工作节奏和知识技能更新快等特点，发展电子人力资源管理势在必行。从职位分析、招聘、培训，到薪酬管理、绩效管理以及员工职业发展，都可以引入电子化，比如，通过网络可以进行全球招聘，扩大人才挖掘范围；线上员工培训可以大大节省开支和时间等。

二是基于互联网大数据的计算。人力资源量化管理在互联网企业中已成为趋势，通过对员工工作态度、工作期望满足程度的大数据分析，可以更好的合理制定薪酬和进行岗位分析；通过大数据分析，找到岗位要求和岗位能力的最佳组合，减少因为岗位匹配错位而带来的消耗；计量人力资源管理要求人力资源善于在数据中发掘各种信息，并且能够进行数据分析，为企业发展服务。

（3）组织网络分散化和管理者角色的转变。

互联网创业型企业的显著特点之一就是，要在多变的经济市场中快速抓住机遇，这就要求企业组织架构能够足够灵活。在互联网企业中，团队式的人力资源整合方式就是组织网络分散化的表现之一，具有很好的效果。在面对变化时，团队能够迅速做出应对，并且分工合作，高效的完成任务。传统意义上的企业领导和员工打破了管理与被管理的界限，在互联网创业型企业中以合作者的身份登上舞台，管理者把自己看作是团队的一份子，每个团队成员都是组织的中心，都是推动组织发展的重要力量。

（4）对员工自身能力的成长要求更高。

在人力资源管理中，员工的培训对企业发展的至关重要而在互联网创业型企业当中，这一点则更加明显。互联网企业独有的商业特点决定了其人才知识能力的多元化，仅仅掌握某一方面的知识是不足以应对互联网大潮的冲击的。故在互联网企业当中，对员工的培训不仅要在方式上创新，更要在内容上更新。

14.1.2　小企业人力资源管理面临的挑战

1. 宏观挑战。

（1）中国经济从单循环、规模高速成长进入双循环、有质量中低速成长阶段。

随着中国经济的不断发展，过去由单一的国际投资拉动，逐渐转向由国际国内两大市场拉动中国经济的发展，尤其是依靠创新和内需拉动经济发展，由表 14－1 可知，2012～2020 年我国 GDP 呈持续上升趋势，但从 GDP 增长百分点可以看出，我国经济增速不断放缓，2019 年经济增速 6.0%，受疫情影响，全球经济下滑的情况下，2020 年经济增速 2.3%。由表 14－1 可以看出，在未来几年的时间内，我国经济增速将不断放缓，这将为中国企业的发展规划的制定产生重大的影响。当今社会的竞争，归根到底是人才的竞争，十八大以来，习近平总书记高度重视人才工作，“十四五”时期，中国经济要想维持现阶段不断增长的经济发展状况，必须不断寻求新的发展要点，企业更应该加强对人才的管理，加强人力资源管理模式的构建。

表 14－1　　2012～2020 年国内生产总值及增长

年份	2012	2013	2014	2015	2016	2017	2018	2019	2020
GDP（亿元）	538 580	592 963	643 563	688 858	746 395	832 035	919 281	986 515	1 015 986
GDP 增长（百分点）	7.9	7.8	7.4	7	6.8	6.9	6.7	6.0	2.3

（2）人口老龄化问题不断凸显，人才结构不合理。

人口结构问题是影响社会中长期发展的大问题。根据国家统计局数据统计 65 岁及以上人口显示（见表 14－2）：2019 年我国 65 周岁及以上人口 17 603 万人，占总人口的 12.6%。相较于 2018 年年底，老年人口增加约 439 万。这标志着中国已经进入了老龄化社会。与此同时，2019 年，中国出生人口为 1 465 万人，全年人口出生率降至 1952 年以来最低的 10.48%，相比 2018 年的 10.94% 和 2017 年的 12.43%，降幅有所减少，2015 年开放“二孩”政策，因此，2019 年二孩占出生人口比例达 57%。

表 14－2　　2011～2019 年 65 岁及以上人口

年份	2011	2012	2013	2014	2015	2016	2017	2018	2019
65 岁及以上人口（万人）	12 288	12 714	13 161	13 755	14 386	15 003	15 831	16 658	17 603

数据来源：国家统计局。

通过数据可以看出人口老龄化问题日益突出，人口红利下降尤为显著。因此，人口老龄化将减少适龄劳动人口规模，使“人口红利”难以继续。随着科技的不断发展，老龄人口对于新事物的接受能力也在不断下降，创新能力不足，不利于产业结构的调整。企业人力资源管理需要充分考虑这一因素，对企业的人才供应链、人才梯队建设、人才的进退机制等作出系统安排。

（3）数字化、智能化推动产业升级与加速应用。

疫情的爆发，给中国经济和世界经济的发展带来了一些障碍。不少企业资金链、产业链断裂，甚至倒闭和破产。能够承受疫情冲击的企业开始寻求新的企业发展和运营模式。在线非接触式办公已成为2020年的主流。腾讯会议、钉钉等办公软件、人脸识别技术、人员流动轨迹管理等都发挥着重要的作用。由此可以看出，在未来的几年内，数字化、智能化将发挥越来越重要的作用。数字化的不断发展将进一步推动人力资源管理数字化、智能化的发展。人力资源管理实现数字化、智能化将改变人力资源管理的活动方式。除此之外，还将对整个市场的雇佣关系产生影响，甚至影响企业未来发展战略的制定。

2. 内部问题。

目前，我国中小企业虽然数量众多，但是与大型企业相比，人数少、资金少、规模小，企业最主要的困难是难以吸引、留住与合理运用优秀人才。具体来说，我国目前中小企业资源管理工作中存在的问题主要表现在以下几个方面：

（1）缺乏完善的人员招聘、选拔及培训机制。

首先，一些规模比较小的企业，在发现人才缺乏之后，为了能够及时补充人力资源，在没有制定客观、合理的选拔标准的情况下，就进行人才的招聘，并且存在人才招聘渠道单一的问题，这会对企业整体的人才招聘工作产生制约作用，企业最终所招聘到的人才质量难以保证。

其次，很多企业没有制定完善的人才选拔、晋升制度，这会导致企业已有人才的职业规划受到限制，长期以来，容易导致企业人才的流失；而且一些中小企业人才选拔、晋升制度中存在不合理现象，同样不利于企业留住人才。

企业在开展人力资源管理工作中，积极组织新员工及老员工开展培训工作是非常必要的，通过培训有利于人才质量的提升，不仅能够有效提升员工的工作积极性，还有利于企业经济效益的提升，但是目前的中小企业发展过程中，人员培训工作还有待改进。

（2）企业对人力资源管理工作重视度不够。

中小企业在发展过程中，由于面临着资金、技术、设备等各方面的压力，使得其在发展过程中面临着非常激烈的竞争，为了能够保证企业短期内的经济效益，很多中小企业没有意识到人力资源管理工作的重要性，不愿意投入时间与精力到人力资源管理工作中，很大一部分中小企业都不具备完善的人力资源管理体系。同时，在员工培训方面，培训方式大多局限于师徒之间的“传、帮、带”，普遍缺乏系统性和连续性，制约了员工整体素质的提升，导致员工能力的提高滞后于企业利润的增长。

（3）缺乏完善的激励制度与激励措施。

人力资源管理工作中，有效的激励制度与激励措施，对于员工工作积极性的提升具有非常重要的作用。员工工作积极性与忠诚度的提升，对于企业的良好发展是非常重要的。但是目前的中小企业，往往忽视了这一点，没有制定完善的激励制度，或者是在开展员工激励的过程中，带有明显的主观性，这会导致一些员工的不满情绪，对于企业的长远发展非常不利。

（4）企业文化建设有待进一步加强。

企业文化作为企业的灵魂，对于培养企业员工的凝聚力具有非常重要的作用，一个良好的企业文化能够获得员工的认同，员工只有认同了相关的企业文化，才更愿意为企业的发展奋斗。但是目前我国的中小企业对企业文化建设没有予以足够的重视，导致企业文化的功能与作用不能得到充分的发挥。

14.2　利用互联网与各种政府工具支持人力资源管理工作

14.2.1　利用互联网支持人力资源管理工作

1. 创新管理理念。

为了解决在以往人力资源管理工作中所存在的问题，在新时期下需要根据“互联网+”发展的背景创新实际的管理理念，从而使得人力资源管理能够具备与时俱进的特征，为企业的发展提供重要的方向。在实际工作中需要改革传统人力资源管理模式，完成理念层的不断创新，并且还要基于传统人力资源管理理念实现内容方面的不断调整，在实际管理时需要注重员工本身的价值，并且将动态和静态管理理念融入其中，打破岗位之间的固化现象，实现人力资源管理的不断创新以及发展。在传统人力资源管理工作中，一些管理方式太过简单。因此在新时期下需要革新管理理念，根据“互联网+”时代对人力资源管理所提出的新要求，具备新时代下必备的思维观念和职业素养，掌握时代发展的规律，迎合企业改革和创新的准备。在实际工作中需要树立新型的工作思维，更加科学有序地完成人力资源管理的规划，并且还需要密切关注员工的行为，对员工行为进行更加客观的引导。在后续工作中需要融入大数据的管理理念，根据企业当前的发展现状，进行企业文化的个性化宣传，不断提高岗位人员对于企业的认同感。并且还可以了解自身在企业发展中的重要作用，不断提高工作积极性以及工作热情，使得企业管理效率能够得到全面优化和创新。

2. 建立适应大数据时代发展的人力资源管理体系。

企业人力资源管理信息化不但需要着力解决管理效率低下的问题，而且要着眼于未来发展，适应大数据时代的发展特点，建立科学合理的人力资源管理体系。企业的人力资源管理体系，一是要能够整合企业的人力资源数据，将合适的人才放在合适的岗位上。二是要在资源数据的基础上，认清企业人才短板，不断补充优秀人才，保证人才储备，避免出现人才断层。

3. 强化网络招聘。

在互联网时代下的人力资源管理工作，需要充分迎合时代发展方向，实现人力资源管理模式不断调整。传统管理模式已经无法适应企业发展的新需要，因此在实际工作中需要利用互联网来提高人力资源管理的效率以及水平，借助网络平台实现双向招聘，通过智能分类筛选出最适合岗位要求的求职人员。企业要运用网络平台发布招聘信息，不断扩大企业招聘的渠道，通过网络平台可以寻找更加出色的人才，求职者也可以通过网络平台，获取自己想要的信息。企业要以互联网作为主要基础，构建完整数据库，并且还需要加快数据共享的速度，使得人力资源管理工作可以得到不断的创新，加强信息和设备的投入力度，为人力资源管理工作提供更加有序的支撑。企业需要作为人力资源管理和互联网相互融合的重要指导，提高人力资源管理的效率，符合“互联网+”时代的发展特点。

4. 建立完善的考核机制。

在“互联网+”背景下，传统考核机制已经无法顺应时代发展的新方向，因此，在实际工作中为了提高人力资源管理的质量，需要完善考核机制，根据互联网时代发展背景，探索出适合企业发展的人才聘用机制和任用机制。企业在内部要采取公开招聘，或者是网上招聘的方式，多方位考核应聘者的综合能力和工作素质，获得上岗的资格。其次还可以通过晋升和薪酬奖励等不同的形式，将相关岗位员工的工作绩效纳入计算机平台中，通过系统的自动化计算来得到有效的竞争效果，以此来提高员工的工作积极性以及工作热情。与此同时还需要改进人力资源的管理方式，通过更加全面而层次丰富的激励机制提高岗位员工的工作热情。并且，在后续工作中，需要注重员工本身的培训工作，从而使得人力资源管理可以得到平稳性的发展，为企业后续的正常运营提供新的力量。在一切人力资源管理工作实施时，需要做好数据的记录以及统计工作，纳入大数据平台中完成数据的重要筛选、管理，优化人力资源管理的模式。

5. 加强企业人力资源管理方面的学术交流。

在企业人力资源队伍建设过程中，人员自身素质表现为多样化，为适应互联网时代背景下企业人力资源职场环境建设，首先应多注重理论研讨，通过学术讲座、主题演讲、交流学习等方式，完善人力资源管理体系，深度挖掘人才的潜能和价值，满足人力资源建设的多样化需求，促进个人与企业的共同提升、共同成长。

6. 人力资源管理数字化、智能化。

“十四五”时期是加快数字化、智能化应用的时期，是平台运营和平台组织的崛起时期，是知识经济和共享经济大发展的时期。因此，一定要重构组织与人的关系，构建以数字智能和共享经济为基础的新型劳动关系。数字化战略是当今中国企业转型升级的核心战略。数字化人力资源管理正在进行中，“十四五”期间必将取得突破性进展。人才数字化运营时代，就是人才工作的数字化，资源配置的数据化。在人才数字化时代，所有的价值创造活动都离不开数字化和智能化。企业通过人力资源管理的数字化和智能化，不断提高企业内部管理活动的效率，在数字化的工作场景中，更好更迅速地获取企业员工的相关数据，加强企业内部人员的管理，在人际物交互下构建企业自有的人才供应链、能力开发链以及人力资源产品服务链，在大数据技术的运用下，推动企业人才管理人员对于数字化、智能化知识的了解，让企业人力资源管理者更懂自己的员工，推动人才管理人性化。同时，“十四五”时期也是人工智能加速应用的时期。人工智能将取代大量的体力劳动者，也将取代大量重复性工作内容的知识型劳动者。

在互联网背景下，企业人力资源管理规划与企业的自身发展过程愈发向网络化的进程迈进，通过信息技术的运用，加快了企业人力资源管理规划的工作革新，能够切实有效地提升企业人力资源管理水平，提高企业资金周转和分配效能，实现企业人力资源规划与企业自身发展的和谐统一。

14.2.2　利用各种政府工具支持人力资源管理工作

1. 利用政府提供的精准化政策服务。

当前中央省市针对中小企业发展出台了一系列优惠政策，但发现一些政策还难以落地，有些乡镇企业对于国家出台的优惠政策还不清楚。新形势下政府要用活、用好、用透政策，让政策红利真正惠及到中小企业。一是完善土地政策。要保障中小企业的合理用地需求，发展集约型供地，合理规划中小企业产业布局。在县内规划的产业带、北部产业园，大力培育科技含量高、经济效益好、环保节能的中小企业；二是加大财税支持。要建立和完善中小企业发展资金随财政收入增长而增加的机制。完善税收优惠政策，灵活采取直接补助、创业创新奖励等方式给予补贴补助。三是健全人才激励政策。根据各地情况出台相适应的人才新政，引导中小企业完善人才制度，与高校合作，把培养本土人才与引进外来人才结合起来。

2. 利用政府完善的多样化信息服务。

在“互联网 +”背景下，政府要全面提升中小企业信息化服务和应用能力。一是完善网络创客平台。要为中小企业和创客打造一个提供交流展示、产融对接、项目孵化的一体化网络平台，促进中小企业激发创业创新潜力，集聚创业创新资源。二是增强信息技术服务。建立充分开放的信息服务系统，建立线上线下联动功能，为企业内部信息系统建设提供信息技术支持。三是提供市场信息服务。为中小企业提供政策导向、市场趋势、行业动态、企业发展和服务活动等市场信息服务，促进中小企业明确市场导向。四是加大企业合作交流。要定期举办地区、行业、企业之间的中小企业发展论坛，积极为中小企业搭建合作发展、研讨交流的平台，促进中小企业之间的广泛合作。

3. 利用政府推进的精细化管理服务。

中小企业与大企业相比，由于其规模小，管理水平差距大，在市场竞争中处于不利地位。政府应该重视为中小企业提供培训、管理服务。一是加强企业创业指导。建立创业指导基地，为创业者和初创企业提供创业策划、咨询等服务。引导社会各类服务机构开展信息、技术、管理创新等各类创业服务活动。二是提供管理咨询服务。通过建立中小企业管理咨询信息平台，提供最具有实效性的管理咨询。三是引导开拓市场服务。建立政府机构、社会组织与企业之间的市场营销关系，帮助中小企业开展市场销售、品牌规划、市场定位分析，顺应市场发展需要。四是开展人才培训服务。依托高等院校、科研院所、中小企业培训机构等，积极培训创业者和技工人员。联合相关部门定期举办人才招聘活动，开展校企对接，搭建多种形式的人才交流平台。

4. 利用政府构建的便捷化社会服务。

中小企业的健康发展，离不开一整套完善高效的社会化服务体系的建立。一是提供融资服务。要建立创业银信支持体系，通过完善资本市场建设、规范民间融资等方式拓宽企业融资渠道，创新金融扶持方式，引导银行创新金融产品服务，提供融资信息、信用征集与评价等服务，建立完备的风险管理体系。二是推进中小企业信用制度建设。建立多层次的融资信用评价和担保体系，推进征信体系建设，为金融机构与企业之间提供信息交流渠道。三是提供法律咨询。通过建立中小企业法律咨询与服务平台，提供法律援助、法务培训、企业维权、合同审核、律师顾问等方面的对接服务。四是加强知识产权保护。引导中小企业增强知识产权保护意识，提升知识产权保护能力，促进中小企业加大技术创新和产品研发。

5. 利用政府营造的优质化政务环境。

促进中小企业持续健康发展，要为中小企业的创业创新和发展提供多层次、多渠道、多功能、全方位的公共服务政务网络。一是完善政务服务环境。要规范各类环保、安全、消防等检查方式，清理行政事业性收费，规范部门自由裁量权使用，提高政务服务水平，在工商注册登记、行政许可、税收缴纳、社保缴费等方面实现信用信息共享，完善智慧政务服务体系，真正实现“最多跑一次”，为企业提供办事便利。二是营造良好市场环境。有不少中小企业手中攥着核心技术，有着好的创新思路，但就是苦于缺少与大企业同台公平竞争的机会。要优化中小企业发展创业环境，需重点研究开放更多的中小企业准入领域，为中小企业创造公平的市场竞争机会。三是抓好党建服务企业。要抓好中小企业党建工作服务企业发展，充分调动中小企业党员“领航员”、“管理员”、“服务员”作用，建立引领企业发展的党建文化体系，为企业创造强大的精神力量。四是构建良好人居环境。政府要完善教育、医疗、生活等公共配套服务设施，构筑和完善交通网络，营造良好的人居环境，吸引人流、物流、信息流的聚集。让企业人员既能引得来，也能留得住，享受良好的城市家居环境，提高生活质量。

实现中小企业创业创新发展，离不开政府的大力推动和扶持。政府要提升服务能力，优化营商环境，促进中小企业提升市场竞争能力，实现集约、创新、绿色发展，切实增强中小企业获得感，不断为经济发展注入新活力。

14.3 充分利用小企业的规模优势：熟悉性、灵活性、非正式性与人力资源管理

小企业需要充分利用自身的优势，因此，在与员工打交道时，小企业应当首先利用自身规模小的特点。规模小可以理解为企业对每一位员工的优势、需求、家庭状况等都很熟悉。规模小的优势还可以转化为公司的人力资源管理政策与实践方面享有的相对灵活性和非正式的优势。如前所述，小企业经常需要快速适应竞争挑战等外部环境的变化。这往往意味着，创业者倾向于“在短时间内以非正式的、被动反应式的方法”来解决晋升、绩效评价以及休假等问题，灵活性常常是关键所在。

14.3.1 简单、非正式的员工甄选程序

我们在前面已经看到，小企业管理者可以很容易地利用基于互联网的招募与甄选工具来抵消自己在员工招募和甄选方面的不利。但总的来说，小企业与大公司相比，更倾向于依赖非正式的员工招募和甄选方式（例如内部员工推荐以及非结构化的面试等）。大公司只不过是有更多的时间、资源以及专业化的支持来建立正式的招募与甄选程序。然而，小企业也可以有很多技术含量稍低，但是成本也不高的方法来改善其甄选程序。

工作样本测试

如果想雇用一名市场营销经理同时还想通过一种简单但更为正式的方法对求职者进行甄选，应该怎么做呢?

设计一个工作样本测试是一种比较简单的解决问题的办法。工作样本测试就是让求职者完成其申请的职位实际需要完成的各种任务的一些样本。这类测试有非常显著的表面效度，能够清楚地衡量实际的工作职责，并且很容易设计开发。这个过程很简单。把职位所承担的主要工作职责分解成为若干项工作任务，然后让求职者完成其中某一项具体任务。例如，对于市场营销经理这种职位的求职者来说，可以要求他们用一小时的时间来设计一份广告，或者是用半小时的时间来为某个假想的产品撰写一份市场研究计划。

14.3.2 报酬和福利的灵活性

研究发现，大公司往往比小企业提供内容更为广泛的总体福利计划。然而，很多小企业却通过提供更为灵活的福利计划来应对比自己规模更大的竞争对手。

1. 灵活性文化。

据发现，规模小的公司正是由于老板每天都能与员工进行沟通和交流，因而彼此之间有更高的熟悉度，而这种熟悉程度更有利于培养一种“灵活性文化”。最为重要的是，“当员工遇到工作和生活之间的冲突时，管理者能够提供更多的理解和支持”。这一点在具体实例中主要体现在，公司总是愿意根据员工的需求作出相应的调整；员工可以共担一些工作职责，并且有部分时间在家办公。

2. 工作—生活平衡福利。

关键的一点在于，小企业虽然没有大公司那样财大气粗，但却可以为员工提供大公司无法企及的工作—生活平衡福利。具体表现为：

（1）额外的假期。例如，一些小企业的老板在夏季的时候，会在周五下午给员工放假。

（2）压缩工作周。例如，在夏季时，让员工每周的工作天数压缩，从而让员工能够享受时间更长的周末。

（3）在重要时刻提供额外补贴。小企业老板更有可能知道自己的员工在生活中发生了哪些事情。他们经常会利用自己知道的这些信息，为员工提供一些特殊的补贴，比如，在某位员工家中喜得贵子时赠予一定数额的红包。

（4）灵活性。小企业应当善于帮助员工处理儿童看护和老人照料等个人方面的需求。例如，如果某位员工遇到了个人生活问题，那么就应该帮助这位员工创建一份新的工作时间表，从而使其能够更加顺利地解决所遇到的问题，而不是感到自己会陷入麻烦之中。

（5）清楚员工的优缺点。小企业老板和员工之间的相对紧密性使得老板能更好地针对员工的优点、缺点和需求来作出微调。因此，小企业所有者应关注自己的每一位员工所做的事情。询问这些员工做哪些工作的时候感觉最舒心，并且为他们提供培训以及做自己喜欢的工作的机会。

（6）帮助他们提高自己。例如，花钱让员工学习和参加培训，从而帮助他们发展自己的职业技能。

（7）犒劳员工。尤其是在员工在某一周中工作非常辛苦或者取得重大工作进展（如完成一大笔销售额）的时候，为他们提供一顿免费的大餐，比如公司花钱请他们吃午饭。

（8）让员工有主人翁意识。职位丰富化在小企业中相对更容易实现。例如，让员工参与公司的重大决策，直接与客户接触，获得客户的反馈，与员工分享公司的绩效信息，以及与他们分享公司的财务成果等。

（9）确保他们拥有完成工作所需的一切资源。对员工进行高水平的激励只不过是小企业面临的一部分挑战。此外，还需要确保他们拥有工作所需的各种工具和资源。例如，必要的培训、程序和计算机等。

3. 认可。

很多研究表明，对员工的认可往往能够产生和经济报酬相同的效果。小企业所有者与员工之间的交流所具有的相对个人化性质，使得对员工进行认可不仅更为简单，同时也更为重要。可以在日常工作中运用各种形式的认可报酬。这些认可报酬的一些形式包括：

（1）富有挑战性的工作任务；

（2）更多员工偏爱的工作任务；

（3）职位轮换；

（4）鼓励学习与持续改善；

（5）在他人面前表达对员工的欣赏；

（6）感谢信；

（7）特别的赞扬；

（8）更大的办公室或者工作间。

4. 简单化的退休福利。

各种退休福利在大公司比小企业更为流行。大约 75% 的大公司提供退休福利，而只有大约 35% 的小企业有这样的福利。但小企业可以通过很多简洁的方式，为员工提供退休福利。

对小企业而言，提供退休福利的最简单方式可能是一种简化的个人退休账户计划。这是一种储蓄奖励匹配计划，在这种计划中，企业必须（同时员工也可以）向传统的员工个人退休账户中投入资金。不过，这些计划只适用于雇佣人数少于100名员工且没有其他类型的退休计划的小企业。这种计划有很多优点，首先就是简洁性。公司所有者只需要与一家有相关资格的金融机构联系，并填写几份个人退休账户表格即可。当然，这些金融机构首先要得到批准。不过，很多提供养老金计划的银行、共同基金、保险公司通常都有这种资格。其次，这种计划的行政管理成本通常很低。企业向此账户中缴费是可以获得减税的。在参加这种储蓄奖励匹配计划的情况下，员工的个人退休账户是永久性地授予员工本人的。根据这些计划，企业必须向账户缴费，而员工也可以向此账户中投入资金。一种比较典型的企业缴费情况是，在不超过员工薪酬水平3%的情况下，企业会根据员工缴费的情况实行1∶1的匹配缴费。这些金融机构通常能够帮助企业处理政府要求的各种文档工作和报告要求。

14.3.3 培训的灵活性

小企业通常也会采取不正式的方式来进行培训与开发。很多小企业都并不系统地监控自己的管理人员的技能需要，只有不到一半的小企业（而大公司中则有70%）制定了管理人员职业开发计划。小企业在管理技能开发培训中，也更为注重学习与本企业相关的特定能力（例如如何推销本公司的产品）。它们往往不那么重视开发长期的管理技能。其中的原因是，小企业不愿意在管理人员身上进行过多的投资，因为这些人将来有可能会离开公司。

无论小企业是否受到资源的限制，都必须有培训程序。即使拥有高潜力的员工，也并不能保证他们就一定能取得成功。相反，他们必须知道你希望他们做什么以及怎样做。如果他们不知道，他们就会完全凭借即兴发挥或者做事完全没有效率。

非正式的培训方法

有培训专家认为，小企业实际上并不需要制定昂贵的正式培训计划，也一样能够通过做很多事情来实现与工作有关的个人改善。他的建议如下：

（1）报销员工参加某些特定培训课程的学费；

（2）寻找各种在线培训的机会；

（3）为员工提供包括磁带和DVD等工具在内的图书馆，以供员工在上下班途中进行系统性、条理性的学习；

（4）鼓励员工在同事之间分享自己在工作中的最佳实践；

（5）在可能的情况下，派员工参加一些专门的研讨会和行业协会会议，从而让他们学习、交流以及建立人际网络；

（6）通过让每一位员工与他人分享自己学到的东西形成一种学习伦理。

14.3.4 公正性与家族企业

大多数小企业都是家族企业，这种企业的老板以及其中的一位或多位管理人员（也可能是员工）都是一个家族的成员。

在这种情况下，作为一名非家族成员的员工工作起来不那么容易。他们有时会感到自己是个局外人。此外，不公正地对待家族成员和非家族成员的做法可能也会破坏员工的公平感以及员工士气。若果真如此，就会像一位作家所说的那样，“低落的士气和长期酝酿的不满情绪会对公司的运营产生消极影响，并且减少你的利润”。减少这种“公正性”问题需要采取很多步骤，其中包括：

（1）确定基本原则。一位家族企业顾问指出：“在雇用员工的过程中，就应该让求职者（尤其是管理职位的候选人）知道，他们将来在公司中是否会有一席之地，或者是否存在潜在的晋升机会。最重要的一点是，要让员工形成更加清晰的期望，其中包括员工在公司中享有的权利以及决策权的大小等事项。”

（2）公平对待员工。家族企业中的大部分员工都知道，他们不会受到与家族成员完全一样的对待。然而，他们确实希望被公平对待。从某种程度上说，这就意味着要努力避免产生“家族成员以牺牲他人的利益为代价来获益的不公正现象”。正是由于这方面的原因，在很多家族企业中，家庭成员都注意避免购买豪华汽车等奢侈品。

（3）正视家族事务。家族成员在工作中的不和与紧张会影响到其他员工的工作，并降低他们的士气。因此，家庭成员必须正视他们之间存在的分歧并设法解决。

（4）消除特权。家族成员“应当注意避免任何可能会导致其他员工认为他们在工作任务或职责安排方面要求得到特殊待遇的行为”。还需要明确指出的是，家族成员必须通过自己的努力获得晋升。

14.3.5 加强沟通

有效的沟通对任何一位管理者而言都十分重要，尤其是对那些管理小企业的人。在一家员工数量超过 1 000 人的大公司中，即使有一两位员工因为觉得公司没有公平对待他们而感到不满，那么，这一两个人也会被淹没在人群中。但如果是在一家小餐馆或者小型零售店中，一两位感到不满意的员工可能就会破坏整个公司的优质服务。由于小企业所有者总的来说并不具备实施成本昂贵的沟通计划的条件，所以像下面这样的一些简单的沟通计划就显得很重要。

1. 在线报告。

通过在线系统让新员工匿名发表他们对于整个雇佣过程的意见。这种简单的沟通工具可以使管理者得以重新修改公司的培训与新员工入职指导的方法，并最终大大降低员工流失率。

2. 时事通讯。

通过每个季度一次的电子通讯，让员工了解公司的各种情况。例如，F公司不仅将电子通讯分别发送到下属的10家连锁店，而且还在公司的网站上发布，并且，公司还计划将这种通讯翻译成英文。“这种做法听起来有点老掉牙，但我们的员工确实是我们成功的关键”，这家餐厅的老板认为，“我们希望确保能够为员工提供他们所需要的所有信息和相关工具”。

3. 在线通知。

例如，T自助餐厅员工到公司的任何一部电脑上输入顾客的菜单时，都可以迅速浏览一下本连锁店的菜单变化、特价促销情况以及必须参加的员工会议的消息。S海岛虾屋让在自己的7家连锁餐厅中工作的员工保持相互沟通，并将其称为“串联碰头会”。在足球专业术语中，碰头会是指一次简短小会。每天早上9点，餐厅的高层管理者举行当天最早的“碰头会”。接下来是高层管理者与各连锁店经理的一次电话碰头会。然后，在餐厅开始营业前，每家餐厅的经理都要与餐厅中领取计时工资的员工碰头，以确保当天的新闻能够得到传递。“这是一种上下一致、良好而及时的沟通”，公司认为，“当天需要沟通的任何问题都会在这种一连串的碰头会上得到沟通”。

14.4 利用专业性雇主组织

很多小企业老板都会看着各种与人事管理有关的问题发愁，最终决定把所有或者大部分人力资源管理职能外包给外部的供应商（通常称为专业性雇主组织（PEOs）、人力资源外包服务商（HROs）或有时所称的员工或职员租赁公司）。很多企业之所以借用这些组织的服务，主要是为了获得更好的员工福利，但还有其他方面的一些原因。

14.4.1 专业性雇主组织的运作模式

能够提供人力资源外包服务的供应商服务能力差异很大，有的只处理薪酬支付事宜，有的则可以满足企业的所有人力资源管理需求。一般情况下，这些公司至少能够帮助企业支付薪酬。然而，此外，专业性雇主组织往往还能承担企业的大部分人力资源管理日常工作。

专业性雇主组织有几个特点。首先，通过将客户公司的员工转移到专业性雇主组织的薪酬发放名单上，成为这些客户公司的员工在档案记录上显示的共同雇主。这样，专业性雇主组织能够以较低的成本把客户公司的员工纳入本组织的保险和福利计划。其次，专业性雇主组织通常负责处理各种与员工有关的活动，例如招聘、雇佣（在得到客户公司管理人员批准的情况下）、薪酬支付以及税收事务（社会保障支付、失业保险等）。大多数此类专业性雇主组织重点服务的客户都是员工数量少于 100 人的公司，收费的标准大约为一家公司薪酬总额的 2% ~4%。相比之下，人力资源外包服务提供商通常提供的是“单一行政管理服务”，这些人力资源外包服务提供商只是充当公司的“人力资源管理部”，公司的员工仍然只是与公司构成雇佣关系。

14.4.2 利用专业性雇主组织的原因

企业之所以需要专业性雇主组织的帮助，原因是多方面的。

1. 缺乏专业化的人力资源支持。

员工人数在 100 人左右的小企业通常没有专门的人力资源管理人员，甚至是在大公司中，也仅有为数不多的人力资源管理专业人员。这就意味着，几乎所有的人力资源管理负担都压在了企业所有者的肩上。

2. 文档工作。

据估计，小企业所有者通常要将 25% 的时间用在处理与人事管理相关的文档工作上。这些工作包括求职者的背景调查、福利的注册登记等。人才租赁公司协会的估计则是，小企业在政府管制、文档工作以及遵守税法等方面需要承担的成本大约为每年每位员工 5 000 美元，而专业性雇主组织则能承担其中的全部或者大部分工作。因此，很多小企业所有者发现，还不如把这些工作交给人才租赁公司去做，然后把节省的管理成本用于支付人才租赁公司的收费。

3. 法律义务。

遵守关于养老金计划的各种规则以及其他各种与人事相关的法律都会让企业感到劳神。专业性雇主组织一般会根据法律的要求，“与客户公司明确划分各自需要承担的法律责任，并且有足够的兴趣阻止出现工伤事故以及员工诉讼案件”。因此，专业性雇主组织应当帮助小企业切实履行所有与人事管理有关的法律责任。

4. 福利。

我们可以看到，保险和福利往往是大型专业性雇主组织最具吸引力的地方。对于规模较小的企业来说，为员工购买健康保险和其他保险的确是一件棘手的事情。必须记住的是，员工租赁公司是你所使用的员工的法定雇主。这样，你的员工就被纳入了一个规模更大的被保险员工群体，在这个员工群体中还包括一些过去属于其他企业的员工。这样，这些小企业现在就能够获得它们过去不能为员工提供的保险等。

5. 绩效。

最后但同样非常重要的一点是，专业性雇主组织在招聘、甄选、培训、支付薪酬以及维护员工安全和总体福利等方面所具有的专业性，将会有效地改善员工与公司的绩效。

14.4.3 注意事项

请记住，员工租赁服务可能会因为看上去太好了，而让人觉得有些不真实，而且事实也常常如此。“如果你使用的专业性雇主组织出现管理不善甚至是破产，你可能就会发现，你的办公室里挤满了失去保险的员工。”很多企业将自己的人力资源管理工作当成是自己的一个战略优势，而不是倾向于将甄选、培训等具有战略敏感性的工作任务交给第三方机构去完成。很多雇主不太愿意让一个第三方成为其员工的法定雇主。

“有问题的专业性雇主组织”往往会在不知不觉中传递出一些信号。其中的一个信号就是不够尽责，它们是与客户公司共同分担责任的，所以首先就应当广泛地询问公司的工作场所安全性以及人力资源管理政策和实践方面的相关问题。另一个信号就是近期更换过公司名称，通过查询互联网或者优良企业局进行咨询，看看这些公司最近是否更改过公司名称，公司之所以更改名称很可能是因为过去出现过问题。最后，企业与专业性雇主组织开展合作所能够获得的收益（如果有的话）其实并不会太大，最多也就是节约一点成本（相对于自己去处理各种人力资源管理事务而言）。因此，对于任何许诺能够提供巨大成本节约的公司，都应当保持谨慎。

14.4.4 专业性雇主组织的寻找与合作指南

小企业所有者应当谨慎挑选专业性雇主组织并处理好与它们之间的合作关系，一些相关的建议如下：

（1）进行需求分析。提前弄清楚本公司想要解决的人力资源管理问题和风险管理问题。

（2）审查你正在考虑的所有专业性雇主组织所提供的服务项目，然后确定到底哪一家能够满足所有需求。

（3）考察这家公司是否可信。到目前为止，还没有针对专业性雇主组织的评价制度。

（4）核查这家公司的银行账户、信用记录以及专业推荐材料。务必要求其提供关于保险提供商以及资金提供方的细节信息。

（5）了解员工福利的资金来源。是全保还是要部分地自行缴费？谁是第三方管理者或运营方？此外，还要确保从签订合同的第一天起就能够得到服务。

（6）检查与专业性雇主组织签订的合同是否符合雇佣法律要求。

（7）仔细检查服务协议的内容。双方的责任和义务都已经划分清楚。

（8）调查这家公司成立的时间。供应商应该表明自己的经营历史，以证明自己的经管管理水平。

（9）对这些公司的职员进行核查。这些员工是否有能力和经验提供该组织所承诺的那些服务。

（10）询问这家公司将通过何种方式提供服务。面对面的方式、电话的方式还是网络的方式？

（11）询问需预付的费用有哪些以及这些费用的确定方式。

（12）定期确认工薪税和保险费支付无误，并查看所有法律方面的问题是否都得到正确处理。

14.5　管理人力资源系统、程序以及文档工作

想象一下一家总共才有 5 位员工的零售店需要完成的各种文档工作。首先，招募和雇用一位员工可能需要撰写招募广告，设计雇用申请表，审查面试名单以及各种证明材料，例如，受教育程度证明、移民身份证明等，可能还要审查推荐人电话单。然后，可能还需要签订一份雇佣合同、保密协议、竞业禁止协议以及雇主补偿协议等。为了雇用一位新员工，可能还需要进行员工背景调查，制作一份新员工注意事项清单，制作预扣税表格以及新员工数据表等。一旦员工开始入职工作，还需要对他们的工作情况进行跟踪，包括一张人事信息数据表、员工每天和每周的工作时间记录表、按小时计酬员工的周工作时间表以及费用报告表等，而这仅仅是一个开始。接下来还要有绩效评价表、奖惩通知、职位描述、员工离职记录表、缺勤记录以及就业推荐反馈表等。

上面提到的这些清单还只是企业人力资源管理事务所涉及的政策、程序和文档工作中的一个很小的部分。在只有一两名员工的时候，你或许还可以用脑子记住一切，或者仅仅是为每一项人力资源活动写一份单独的备忘录，然后放入每一位员工的档案夹里。但是，如果你的员工不止几个人，你就需要创建一个包括各种标准化表格的人力资源管理系统。随着公司发展壮大，你可能会希望本企业人力资源管理系统的很多组成部分，例如薪酬支付、绩效评价等都实现电子化，以保持公司的竞争力。我们将会在最后一节中讨论手工的和电子化的人力资源管理系统。

14.5.1 手工人力资源管理系统的基本构成

规模非常小（比如员工人数在10人左右）的企业的所有者往往是先从手工人力资源管理系统开始的。从实践的角度来看这通常意味着获取和创建一整套标准化的人事表格，这套表格既要涵盖人力资源管理的招募、甄选、培训、绩效评价、薪酬管理、安全管理等各个方面，同时，其中还要包括能够针对每一位员工来组织所有这些信息的方式。

1. 各种基本表格。

可以想象，即使是在一家小企业，需要的各种表格的数量也是相当大的。下面的表格清单可以体现这一点，这份表格清单是从一本人力资源管理合同和表格汇编的目录表中截取下来的。要想获得手工人力资源管理系统中需要包括的各种基本表格，一种比较好的方法就是从与此类似的一本表格汇编书籍入手。

（1）新员工适用表格。

（2）现任员工适用表格。

（3）员工离职表格。

（4）求职申请表员工身份变更申请表。

（5）退休人员手续清单。

（6）新员工入职清单员工信息记录表。

（7）解雇手续清单。

（8）雇用面试表绩效评价表。

（9）《综合平衡预算法》承诺书。

（10）推荐材料核查表警告通知。

（11）失业申明。

（12）推荐材料电话反馈报告休假申请表。

（13）员工离职面谈记录表。

（14）员工手工签署确认书试用通知表。

（15）雇佣合同职位描述。

（16）员工免责声明表直接存款确认书。

（17）试用期评估表缺勤报告表。

（18）惩戒通知书。

（19）员工保密协议。

（20）员工申诉表。

（21）费用报告表。

（22）工伤报告。

一些办公用品商店出售这种成套的人事表格。比如，欧迪办公用品公司既销售各种单独的人事表格，也销售包括以下几种表格在内的一套“人力资源管理工具箱”：求职申请表、雇用面试表、背景核查表、员工记录表、绩效评价表、离职面谈记录表以及请假申请表，外加一份法律诉讼预防指南。此外该公司还提供一套员工记录文件夹。企业可以用这种文件夹来为每一位员工形成一整套文件；在文件夹的封皮上可以印上每位员工的信息包括姓名、入职日期、公司福利等。

2. 各种表格的来源。

有几家直接邮寄产品目录的营销公司也同样提供各种人力资源管理方面的材料。除了完整成套的各种人事表格、文档和海报，有些公司还提供与以下各种主题有关的手工人力资源管理系统表格，例如出勤记录、职位分析以及用于追踪休假申请和安全记录的表格。它还有一个完整的人力资源管理“启动”工具箱，其中包括在一个手工人力资源管理系统中需要的 25 种基本表格的副本。这些表格包括雇用申请表、考勤记录表、绩效评价表、薪酬/员工身份变更通知表、缺勤报告表、休假申请及批准表等。

14.5.2　各项人力资源管理任务的自动化

随着小企业的发展，仅仅依靠手工的人力资源管理系统将会变得越来越不明智，同时也越来越没有竞争力。对于一家拥有 40 或 50 名以上员工的公司来说，在管理出勤记录表和绩效评价表等方面所需花费的时间可能会倍增至数周。因此，许多中小企业往往就是从这个时候开始，将它们的各项人力资源管理工作逐渐向自动化过渡。例如，在国际人力资源信息管理协会的网站（www.ihrim.org）上，你会发现，在采购者指南选项卡中，有一个人力资源软件供应商的分类目录。这些公司实际上提供针对各种人事工作的软件，从福利管理到工伤保险管理，再到遵守法律要求、员工关系、薪酬，以及工时和出勤管理系统等。

随着企业的进一步成长，企业所有者可能就会决定过渡到一种综合性的人力资源管理系统，下面我们就将对此加以介绍。

14.5.3　人力资源管理信息系统

很多企业都需要各种信息系统来帮助完成各项工作。例如，销售团队需要以某种方式告知财务人员向客户收账，同时告知生产部门完成订单的生产。信息系统是指一家公司用来收集、处理、存储和传播信息的彼此之间存在关联性的人员、数据、技术与组织程序。信息系统有可能是计算机化的，也有可能不是，但一般情况下都会被计算机化。

我们所描述的人力资源管理文档系统，如收集新员工信息以及跟踪记录员工绩效评价、员工福利、培训等方面的信息等，都属于信息系统的组成部分，尽管它们并不是计算机化的。当然，随着公司的发展，将这些信息系统加以计算机化处理是很有必要的。

1. 信息系统的层次。

很多公司往往会按照组织的层级高低，一层一层自下而上地建立信息系统。各种日常事务处理系统通常是最先建立的，这些系统能够为公司的管理者以及财务人员提供关于各种短期和日常活动的信息，比如应付账款、税务以及订单状态等。

管理信息系统（MIS）是更高一级的信息系统，这种系统通过定期提供标准化的总结报告来帮助管理者做出更好的决策。例如，一个管理信息系统可以通过获得原始数据（例如，各地区的销售额），为销售经理展示过去两周的销售额变动趋势，或者是为生产经理展示一份每周的库存水平图，还可以为首席执行官展示公司在本季度中的收入、支出以及利润情况的总结报告。

更高一级的信息系统就是高层管理人员支持系统，这种信息系统可以为高层管理者提供制定未来5年规划等决策时所需要的信息。

随着公司的发展，管理者开始运用整体人力资源管理信息系统（Human Resources Management Information System，HRMIS）。我们可以将人力资源管理信息系统定义为：通过收集、处理、存储和传播信息，支持组织各种人力资源管理活动的决策、协调、控制、分析及其可视化的彼此相互关联的构成要素。企业建立人力资源管理信息系统的原因有很多，其中的第一个理由就是它可以提高各种事务的处理效率。

2. 日常事务处理效率的提高。

日复一日地维护和更新员工记录这样的琐事会占用企业的大量时间。一项研究发现，人力资源部门员工把71%的时间都花在了核查剩余休假时间、维护员工的家庭住址信息、监控员工的福利发放情况等方面。人力资源管理信息系统软件包可以用强大的计算机化处理系统来替代各种人力资源管理的日常事务。例如，在某位员工结婚之后，人力资源管理信息系统就会自动更新所有表格中这位员工的信息。

3. 在线自助信息处理。

人力资源管理信息系统使得公司有可能（或更容易）把员工纳入其中。例如，远见银行（Provident Bank）就有一种名为Benelogic的人力资源薪酬系统，这种系统可以让员工通过一个安全的网址来注册他们想要的福利项目。同时，该系统还能够帮助解答员工提出的问题，例如，各种福利选择对于员工可支配的薪酬所产生的影响、W-4表格信息的变化、各种保险的覆盖范围、退休规划等。这些原本都是需要该银行的人力资源部门的员工完成的工作。

4. 提高报告能力。

由于人力资源管理信息系统整合了大量的单项人力资源管理任务（例如培训记录、

绩效评价和员工个人资料记录等)，因此使用人力资源管理信息系统可以大大提升人力资源方面的报告能力。在实践中，可以提供的报告类型是多种多样的，只要管理人员能够想到，系统基本上就能做到。举例来说，该系统可以提供的报告包括整个公司以及各个部门中的每一位员工的医疗保健费用、薪酬与福利在运营成本中所占的百分比、雇用一位员工的平均成本、培训成本、自愿离职率、离职成本、填补职位空缺所需的时间以及人力资本投资的回报率等。

5. 人力资源系统的整合。

由于人力资源管理信息系统软件的各个组成部分（信息记录、薪酬发放、绩效评价等）得到了整合（也就是建立了彼此之间的联系)，企业就可以大幅对其人力资源管理职能进行再造。仁科软件（PeopleSoft，现为甲骨文公司旗下的子公司）在自己的办公室中安装的这种软件系统就是一个很好的例证。该公司的人力资源管理信息系统会自动将晋升、加薪、岗位调动等各种表格，逐一自动传送给相关的管理人员审批。当前面的一个人签字之后，表格会自动传递给下一个需要签字的人。如果某个人忘记签署一份文件，智能助手就会向其发出提醒，直到整个流程完成为止，这种软件的出现就使得企业不再需要雇用过去专门负责完成这些工作的员工。

6. 人力资源与内网。

我们看到，很多企业都在努力建立基于内网的人力资源管理信息系统。员工可以访问员工福利信息主页，从中了解公司可以选择的投资方向，迅速得到一些与公司的医疗与牙科保健计划有关的常见问题的答案，报告家庭状况的变更情况。人力资源内网的其他一些用途包括职位空缺公告、求职者追踪、培训注册、提供电子薪酬支付存根、电子化员工手册以及让员工更新自己的个人档案，访问他们的账户等。

本章小结

1. 由于小企业与创业企业自身的特殊性，例如企业结构层次简单、生产运作模式特殊、人员流动性强等，使得其在人力资源方面面临着挑战，包括有宏观层面国家双循环经济发展、数字化智能化产业升级，以及企业内部对人力资源管理缺乏重视，缺乏完善的招聘、选拔、培训机制，企业文化建设有待加强等。通过认识小企业的特殊性来理解企业面临的挑战，从而在未来的发展中抓住关键去分析和解决问题是学习本节后的思考。

2. 由于小企业规模较小，所以需要特别注意利用互联网以及各种政府工具为自己的人力资源管理工作提供支持。例如创新管理理念、发展网络招聘、加强线上的学习交流、推进人力资源管理智能化和数字化，此外，还可以从各种机构获得一些在线培训项目。

3. 小企业需要充分利用自身的优势，这就意味着要充分利用自己所具有的熟悉性、灵活性以及非正式性的特点。例如，在很多方面，小企业都更容易在额外休假时间、压缩的工作周以及工作丰富化等方面保持更大的灵活性。小企业还可以使用那些相对非正式但却很有效的员工甄选程序，例如我们曾经讨论过的工作样本测试。非正式的培训方式则包括各种在线培训机会、鼓励同事之间分享最佳实践、让员工参与研讨会等。由于小企业通常都是家族企业，所以让非家族成员得到公平的对待就显得格外重要，而这就要求小企业制定一些基本的规则来公平地对待员工，处理家庭内部成员之间的冲突以及取消家族成员的特权，小企业还可以采用一些简单的方法，比如在线的实时通讯等改善沟通。

4. 很多小企业在审视了管理人力资源方面所要面对的各种挑战之后，都会选择使用专业性雇主组织的服务。这些组织也被称为人力资源外包商或员工租赁公司，这些公司一般会把客户公司的员工转到自己的薪酬支付账户上，并且成为这些客户公司员工名义上的雇主。小企业之所以求助于专业性雇主组织，其原因包括缺乏专业化的人力资源支持、想要减轻文档工作负担、避免与人力资源管理有关的法律诉讼、为员工提供更好的福利以及达到更好的员工绩效和组织绩效。

5. 小企业管理者需要了解人力资源管理系统、程序以及文档工作的演变发展过程。最初的时候，企业可能会有一个简单的手工人力资源管理系统。后来，企业所有者可能会购买某种或成套的人力资源管理系统，以实现各单项人力资源管理事务的自动化，例如，求职者的追踪以及绩效评价等。随着公司的发展，企业开始寻求运用一种综合性的人力资源管理信息系统，将各个独立的人力资源管理系统整合在一起，也就是说，具有相互关联的系统各个组成部分彼此合作，通过收集、处理、存储和传播信息来支持一家公司的人力资源管理活动所涉及的决策、协调、控制、分析以及可视化。

思考题

1. 小企业的特殊性表现在哪里？

2. 解释为什么人力资源管理对于小企业而言是很重要的？

3. 解释并举出至少两个例子说明创业者应当如何运用互联网与各种政府工具来支持人力资源管理工作？

4. 解释并举出至少三个例子说明创业者可以怎样利用规模小的优势——熟悉性、灵活性及非正式性来改善人力资源管理流程？

5. 讨论你将如何持续地寻找、留住一个专业性雇主组织并与之达成合作？

6. 举例说明你将如何为一家新建小企业创建一套刚刚起步的手工的人力资源管理系统？

案例分析

A 公司人力资源管理优化

简介：

A 公司是 s 省的一家集交通安全设施制造和销售于一体的小型民营公司。公司于 2008 年创立，设立了行政综合部、财务部、生产部、质量部等核心职能部门，采用扁平化管理模式。企业业务以省域公路建设管理为主，年销售额约 5 000 万元，在同行业中具有一定的区域影响力。截至 2019 年末，员工人数达 110 人，其中有 12 名管理人员，其他人员以生产性工人为主，企业属于定制化生产，按订单销售，销售人员仅有 5 名。企业员工的整体受教育程度偏低，技校和初中学历占 75%，具有大专及以上学历的员工人数为 12 人，占员工总数的 11%。拥有职业资质的员工有 5 名，仅占企业员工总数的 5%。整体看，A 公司的人力资源质量较低，影响企业的可持续发展与创新能力。由于近两年来核心骨干员工流失率居高不下，员工对薪酬的满意度低，公司决策层决定外聘管理咨询公司，提出优化人力资源管理的策略方案。

问题：

通过对调研资料的整理分析，梳理出 A 公司人力资源管理的现状及存在的主要问题：

（1）战略管理缺失，未能制订人力资源规划。

通过调研，发现由于行业需求旺盛，A 公司从创业期步入成长期，但目前尚未建立清晰的战略目标，企业在战略管理方面的缺失，势必影响战略规划对人力资源管理的引领作用，也难以形成对企业员工向心力的引导。A 公司尚未建立与企业经营战略相匹配的人力资源规划，导致公司在人员招聘培训开发、绩效管理、薪酬管理等方面都没有发挥战略的引领和导向功能，人力资源基础工作的开展多集中在应急性需要和短期目标的达成。此外，由于公司人事部门人员短缺，人力资源管理还是停留在人事管理阶段，没有形成专业化人力资源管理格局。

（2）未进行工作分析，招聘管理缺乏系统性。

A 公司目前主要有两种招聘渠道：网络平台招聘和内部人引荐，前者主要针对专业技术人员，后者多针对生产部门的一线生产工人。由于公司在工作分析模块的缺失，导致 A 公司人员招聘管理工作的开展并未依托科学规范的岗位说明书。招聘数量与招聘标准多依靠中高层管理人员的经验判断，招聘标准与录用决策也多基于短期决策，没有根据人员供需平衡状况，制订符合当前与未来公司发展状况，基于胜任力的人员招聘标准。同时公司专业技术人员的招聘把注意力放在受教育程度和专业方向等基准性胜任特征方面，对拟招聘岗位所需要的人格特质、动机等鉴别性胜任特征的测度关注不足，导致人员招聘与绩效的关联性弱化。

(3) 培训开发缺乏系统性，培训迁移水平低。

通过调研，了解到公司目前并没有制定中长期培训规划和短期（年度）培训计划，使得公司培训工作的开展呈现碎片化和非系统化特征。针对培训需求的调研，A公司员工在两个模块的培训需求最为强烈，分别是“技术知识培训”（占问卷样本总数的50%）和“具体工作中所需特殊技能培训”（占问卷样本总数的40%）。从培训方式看，A公司主要采取三种培训方式：新员工培训（师徒培训模式）、中高层管理人员的专项培训（网络课程模式）以及生产部门业务内训（现场示范性培训）；从培训频率分析，61.4%的受访员工是“一年一次”，仅有8.5%的员工表示自己的培训频率是“每年三次”。绝大多数员工肯定了培训对企业发展和个体成长的重要意义，61.4%的员工表示“培训对实际工作帮助比较大”。通过调研，发现员工的培训迁移程度（培训后把所学知识在实践中的应用程度）低。公司承担培训经费开展了培训活动，但对培训效果的评估工作尚未重视，而这恰恰是促进培训成果转化的关键。同时，A公司管理人员的选拔、任用多基于资历和能力综合考量，但没有明确的任用标准，也无竞争机制的引入，导致人员配置的科学性有待加强，对年轻员工的激励与职业规划引导弱。员工普遍反映纵向晋升机会匮乏，横向流动可能性小。

(4) 绩效考核粗放，其中心功能弱化。

据了解，A公司属于外向型企业，以销定产。绩效考核指标简单，非生产部门主要与考勤挂钩，生产部门与产量关联，没有健全完善的绩效考核指标。针对考核方式的调研，调研样本中42.9%的员工表示公司对工作的检查采取“定期的口头汇报”40%的员工表示检查方式属于“非定期、随意的口头汇报”。由于A公司尚未建立科学的考评机制，对员工的激励与约束引导功能弱。生产部门内部针对制造过程中出现的缺陷产品处理，员工表示多以教育为主，惩戒力度比较弱。整体看，A公司目前的绩效考核尚未制度化、常态化，绩效考核结果与薪酬管理、培训开发的关联度差，也是公司亟待解决的重要人力资源管理问题之一。

(5) 薪酬偏重硬薪酬，内部公平性亟待提高。

通过调研，了解到A公司目前实施的员工薪酬结构比较简单。从直接薪酬角度看，员工薪酬包括月薪和年终奖两大部分，其中月薪主要由“基本薪酬+全勤奖金+加班补贴”组成；年终奖主要是公司向员工增发一个月工资，但关于发放标准，员工表示并不清楚。从间接薪酬角度看，公司为员工提供教育培训、“五险”、双休、节假日礼品、集体旅游等福利项目。从广义薪酬的角度分析，公司目前提供的薪酬偏重硬薪酬，对软薪酬的关注度不足。A公司目前的薪酬水平在本地区同行业中属于中等偏上，具有一定的外部竞争力。但基本薪酬的设置仍然以高管的主观评定为依据，没有充分体现岗位价值的差异。以生产部门为例，采取计件工资制，但计件方式由每月度产量倒推测算，同时还受到管理者的主观调控干预，生产部门员工反映计件不够透明公平。实施的薪酬保密制在公司创业初期虽然可以简化管理成本，但随着公司进入成长期，保密薪酬一定程度上弱化了薪酬的激励性。

（6）劳动关系管理存在风险。

针对 A 公司目前的劳动关系管理，通过调研了解到公司针对企业生产部门、研发部门的核心人力资本，尚未签订"竞业限制"条款，存在企业核心人力资本流失的风险隐患。此外生产部会根据订单多寡，临时性招募辅助工人，但用工方式并不规范，存在用工风险。

优化策略：

（1）以经营战略为导向，编制人力资源规划。

公司高管需要根据企业未来 3～5 年的战略方向，先制订 3 年左右的中期计划，再根据每年公司的发展目标，制订年度经营计划。进而实现"中长期战略目标——年度经营目标——绩效目标"的层层分解，以目标管理为导向，推进公司人力资源管理与战略管理的有机衔接。公司分解战略目标，根据人力资源供需现状，编制中短期人力资源规划。

（2）通过工作分析，编制部门和岗位的工作说明书。

对于公司部门协作不紧密，岗位职责不清晰，管理岗位流动性弱等突出问题，项目组建议优化组织结构，通过工作分析，编制各部门、各岗位的工作说明书，明晰各部门和岗位的工作责任与权限，并为员工培训绩效与薪酬管理提供基础和保障。

（3）建立基于"培训环"的培训开发管理机制。

建议公司应逐步树立人力资本投资观，把培训视为员工激励的手段之一。基于人力资源管理"培训环"理论，建立"培训需求分析—培训计划制订—培训方案实施—培训效果评估"的系统管理机制。其中培训需求分析要综合考虑三个方面：企业需求（由公司战略目标和年度发展目标决定）、部门需求（结合部门岗位职责）、岗位需求，可以通过问卷和访谈相结合的方式获取。培训计划的制订以年度计划为重点，兼顾企业、部门、岗位需求，由人力资源部拟订年度培训计划，自上而下编制培训预算和时间进度。培训方案实施过程中，要处理好各项资源配置，尽可能地在公司内实现培训资源共享。培训结束后要分阶段有重点地开展培训评估（包括反应层、学习层、行为层、结果层四个阶段的评估），辅之以相应的激励机制，促进培训成果转化。

（4）建立科学规范的绩效考核制度。

逐步建立科学规范的绩效管理机制，工作重点包括以下三个方面。

1）提炼 KPI 指标，签订绩效合同。

公司逐步建立绩效文化，根据企业战略目标和年度发展目标，通过纵横分解，提炼出企业级、部门级、岗位级的 KPI 指标，形成指标体系。各部门负责人，各岗位任职者以年度为单位，和公司签订绩效合同，为后续员工绩效考核、职务晋升、薪酬设计提供重要依据。

2）构建部门及岗位的绩效考核指标体系。

建议生产部门以任务绩效为主，根据公司的经营目标，提取ERP系统的数据作为各部门、各岗位绩效考核指标制订的基础，以及优化计件工资制度的依据。建议参谋部门（行政、人力资源、财务等部门）的绩效考核指标以周边绩效为主，任务绩效为辅。对于研发部，完善项目考核制，以项目周期为考核周期，加强定期反馈。

3）强化绩效考核与其他人力资源管理模块的关联性。

公司逐步确立绩效考核在人力资源管理中的中心地位，把绩效考核结果与员工薪酬设计、培训开发、劳动关系、职务晋升等事务更加紧密地联系起来。

4）发挥薪酬管理的激励性。公司逐步推行薪酬公开制，进一步发挥薪酬的激励性与约束性作用。

建议采用结构工资制（基本工资+企业工龄工资+学历工资+岗位工资+绩效工资），通过不同模块的薪酬组合，更加充分地体现薪酬设计的内部公平性与外部竞争力。其中岗位工资可通过对岗位的价值评价与排序，设计具有不同级差幅度的岗位工资等级制。发挥非货币薪酬的激励性。逐步建立管理人员的竞争—上岗机制及聘用制度，使“庸者下，能者上”，尤其是通过不同职业生涯路径设计，提升青年员工的工作积极性和成就感，也促进人力资源在公司内部的良性流动。

5）规划用工制度，规避劳动关系管理风险。

针对A企业现状，需要审视评估可能存在的用工风险，对核心技术专家和生产专家可探索竞业限制合同条款的签订。对生产部门的辅助性工人，通过劳务派遣方式满足临时性用工需求，以减少企业用工风险。目前宏观经济处于结构性调整的下行期，中小企业的可持续发展更需要重视人力资本的价值，以科学规范的人力资源管理推动企业赋能员工、激活组织。

资料来源：杨斌．中小企业人力资源管理优化思考——以A公司为例［J］．中国管理信息化，2021，24（03）：145－147.

第 15 章　全球化人力资源管理

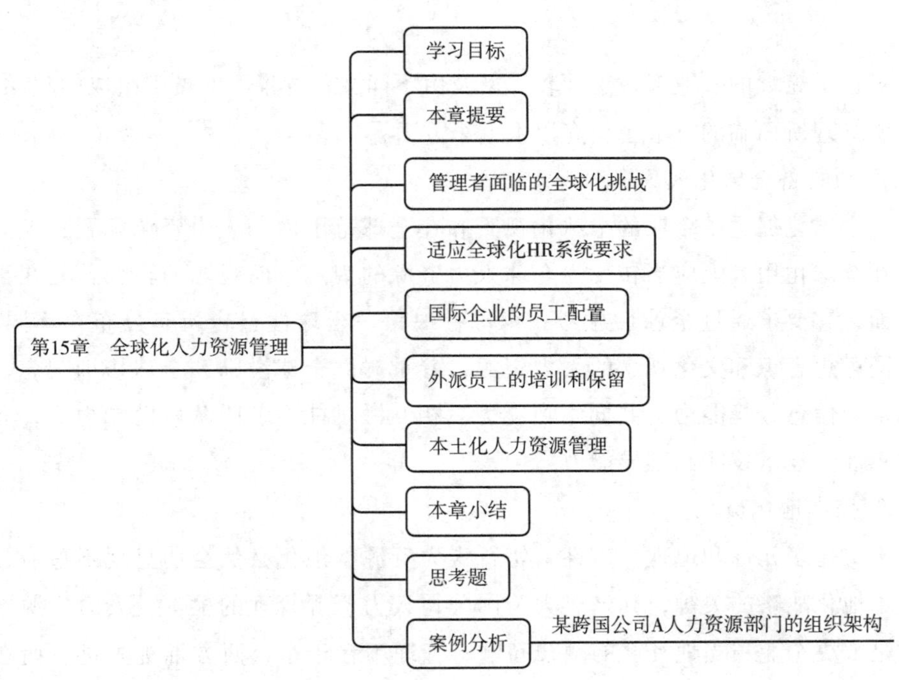

学习目标

1. 了解管理者面临的全球化挑战
2. 了解适应全球化 HR 系统要求
3. 掌握国际企业的员工配置逻辑
4. 掌握外派员工的培训和保留方法
5. 掌握本土化人力资源管理思维

本章提要

全球经济一体化的发展变化趋势使众多组织面临着前所未有的激烈竞争，也对管理者提出重新思考在全球性的环境中如何提高组织绩效水平和寻找更好的组织资源利用的要求。全球性组织（Global Organization）的出现使众多组织面临更强大的竞争压力。对于处在全球竞争环境下的管理者来说，如果不进行自我调整，就会处于被动的位置。全球化对企业产生的影响是巨大的，不仅使企业由此面对一个更大范围的市场，从而给企业带来许多利益，还对企业竞争优势获得提出了新的要求。管理者要清楚认知面临的挑战，并掌握全球化和数字化思维以应对世界变化。

15.1 管理者面临的全球化挑战

面对这个庞大的、业务辐射面较广以及由不同文化背景下的员工组成的集团企业，人力资源管理所面临的挑战主要有以下五个方面：

1. 必须具备全球化人力资源观念。

经济全球化促进了企业的全球化视野和在全球范围内的人力资源配置，人力资源管理者在全球化用人上应当转变为全球人力资源的观念。而观念的转变首先在于战略意识方面，它要求通过全球性思考、全球性决策、全球性整合所有分布在不同区域、具有不同思想意识和文化观念的人力资源，着重树立全球激励和全球培训观念，加强开发和培训信息分享能力、共同学习能力、相互激励能力、团队协助能力等，尤其是文化敏感性、技术技能和领导能力。

2. 管控本地化员工。

由于文化多元性和地理扩散性，实行人力资源本地化必然会明显地不适应，但作为企业本地化战略的关键，其已成为跨国公司人力资源管理的根本。人力资源本地化的核心是解决企业与当地社会的融合问题。管理不在于东、西方谁更先进，而在于两者之间的有机融合。企业不会为了获得控制权或不信任外国人而由总部派大量人员来分公司，一般都会先分析不同国家人力资源的状况，包括哪些人力资源是可以获得的，人力成本的高低等。在企业创立初期，一些欧美、日本、韩国等发达国家的总经理和经理都是由总部派驻，但随着本地化战略的实施，这些发达国家负责人的职务都改由本地人担任，人力资源管理者也逐渐本地化，事实证明只有人员本地化才能使企业真正融入当地的文化，也才能使产品迅速打入当地的主流市场。但面临的挑战也接踵而至，即总部如何管控本地化员工。对此，企业应当分别从业务、财务、人事三个方面制定最佳的管控模式，建置全球化布局所需的组织架构及战略性人力资源规划。

3. 搭建支撑激励员工的人力资源管理平台。

员工激励是人力资源管理中的软性工作，全球化用人因为存在文化中的差异，激励工作显得尤其复杂。因此，需要通过搭建一个科学的人力资源管理平台来实现对员工的激励。在全球化用人过程中，可以通过模块化、程式化和数据化的形式来搭建支撑激励员工的人力资源管理的硬性平台。

人力资源规划是 HR 管理的前提，只有以此为基础，才可以进行岗位设置、人员培养、绩效改善和报酬管理；在进行 HR 规划的基础上，岗位体系是必须首要考虑的管理模块，这具体包括组织架构、部门职能、岗位设置、岗位职级及人员编制等工作；除了岗位体系外，人员体系也是 HR 管理的核心部分，这主要包括人员招聘、安置、培训、开发及晋升等方面的管理；此外，在 HR 管理体系中，还有绩效体系和报酬体系，这是 HR 管理中尤其需要关注的方面，绩效体系主要涉及对员工业绩的考核计划、实施、面谈及改善等，而报酬体系则需要解决员工工资、福利、奖金等方面的政策和确定等级结构设计和调整等问题。

4. 维护不同的道德标准。

道德规范一般指的是界定正确和错误行为的准则和原则。道德准则是对组织期望员工遵循的基本价值观和道德观点进行阐述的正式文件。全球化的环境带来了不同的道德标准的问题，各国的道德规范和准则有着不同的要求。例如，在组织资源的配置调整过程中，处在各个层次上的管理者都面临在降低成本的同时提高绩效水平的巨大压力。压力来源既有来自股东的，也有来自社会公众的，还有来自外部顾客的，以及内部员工的要求。在管理者进行决策时，把哪一方的利益作为最重要的决策要素也反映了不同的道德标准。再如，一些采购经理可能为了节省成本而购买劣质的原材料；一些销售经理可能为了获得订单而向政府官员行贿等。这些为了个人和群体获得短期收益的不道德行为，在不同的国家受到的惩罚会不一样。

环境问题是企业道德中一个不可忽视的因素。在人类生存环境越来越恶化的今天，环境日益成为全球性市场中取得成功的一个不可忽视的重要因素。企业追求绿色经济、进行绿色管理往往会给企业带来一个良好的声誉，从而建立起竞争优势。企业生产的产品应该是绿色的，依托绿色建立起的品牌，往往成为差异性的重要来源，这是因为越来越多的消费者愿意为此支付较高价格。相反，如果企业不重视环境问题，生产对环境不利的产品最终会影响企业形象。危害企业人权问题也是在国际化环境中必须要重视的一个敏感因素，如果企业存在着侵犯人权的情况，那么国际管理者将面临潜在的道德问题。总部设在美国的多国公司经常被指责剥削不发达国家的劳动力。

5. 信息技术和电子商务对全球范围管理的影响。

全球化的企业环境对管理者的一个重大挑战是有效利用信息技术和电子商务。目前多数企业都广泛使用互联网、视频会议等信息系统，通过信息技术建立起公司的竞争优势。信息技术提供了更加丰富、更加有意义的信息，从而改变了管理者扮演角色的方式，也对管理者所扮演角色需要的技能提出新的要求。信息技术和电子商务使许多从事技术和专业工作的员工可以在家中也可以在沙滩上办公，只要打开电脑就可以开展工作。这改变了传统的管理方式。一般来说，电子化企业拥有一些共同的文化特征：如非正式的工作地点、团队精神、快速及时完成项目的巨大压力以及超长的工作时间，因此，这些企业的员工管理会有一些新的要求。例如，网上闲逛会使员工容易陷入互联网而无所收获。因此，管理者要思考如何使工作变得更有意思，还需要提供正式的休息来克服单调性，需要制订清晰的指南使员工们清楚他们应该有什么样的网络行为。

新信息技术使各层级管理者能够方便、快捷地获得更多、更准确的信息，从而提高了计划、组织、领导和控制的能力。信息技术的运用还改写了沟通的原则。通过“命令链”来进行沟通不再对传统沟通行为产生约束。员工可以在任何时间、任何地点和任何人进行及时沟通。总体来说，信息技术的使用增强了个人准确、快速地获取信息并根据这些信息进行决策的能力，减少了企业雇佣员工数，保证低成本进行全球竞争的需要。与此同时，信息技术带来的改变还不仅止于此。通过利用新信息技术，提高了管理质量。例如，通过使用功能强大的新型软件程序，扩展了员工的知识和能力，使向员工授权成为可能；也使自我管理团队这种组织方式更为普遍，这种由员工自己负责监督自己的活动，监控自己的产品和服务质量的方式正是通过电脑来实现的。基层管理者由过去指挥的职责转变为向员工提供建议和指导，协助团队成员找到更有效完成任务的新方法和新途径。

15.2 适应全球化人力资源系统要求

从一小步到全球化，人力资源管理将受到不同的冲击与挑战。针对不同的“走出去”阶段，企业的国际化人力资源管理模式多种多样，所面临的人力资源管理挑战也各有不同。随着国际化战略的不断深入，很多中国企业已经不仅仅停留在“海外扩张”期的人才数据集中和机制建立，而是逐步在“跨国运营”期建立起相对统一的人力资源战略，并向进行综合管控与运营的“全球协同”阶段迈进。

从人力资源管理的角度检查促进全球化的因素。企业可以用以下驱动因素来评估是否急需转型为全球化的 HR 系统：(1) 数字化企业的变革频率加快。随着数字化技术以越来越快的速度推动所有类型的业务职能提升，公司也会面临所有运营领域的变革提速。此外，公司还会经历重大的结构调整。(2) 经济自由遭到挑战。尽管经济持续复苏，但总体经济自由度尚未达到 2007 年时的水平。在经济自由度较少的国家，企业可能会更多地寻求引进外资，或者它们会根据这些结论调整其出口。(3) 人才的全球化流动。培训出大量高水平专业人才的国家是幸运的，但它们却不一定能够利用这些人才，因为这些人才出国了。与之类似的挑战还有国际招聘、文化兼容、培训需求等。(4) 科技已经成为促成和加速的力量。智能手机和互联网使用成本的下降和社交媒体的强大，可以让管理者与身处不同大陆和时区的员工保持联系。对企业来说，随着全球化的到来，它们需要打造出注重价值链和供应链的全球化战略。

数字化人力资源管理除了能够更好地整合企业内部人力资源要素外，更能够通过与外部伙伴建立网络关系，实现人力资源管理的虚拟化。随着全球互联网使用人数的增长，这个让数字化企业大展拳脚的平台每天都会迎来数量更多、差异更大的用户。要顺应这一趋势，企业就要进行调整，以适应更全球化的需求和交付浪潮——其结果就是聘用当地员工在该地区高效开展业务。重中之重是要明确适应全球化 HR 系统应达到的要求：

(1) 开展业务和文化适应性。买家会寻找既能理解全球化流程，又熟悉本地实践的供应商。供应商要想了解本地的实践，只能在相应的国家开展业务，或者至少有员工曾在目标国家生活和工作过。这种对本地实践的了解除了法律和法规要求外，还包括在纵深文化方面对相应国家的价值观和实践的理解。

(2) 地区数据中心。从本质上来说，HR 系统中存储的数据和信息属于个人可识别信息（Personally identifiable information，PII）。正因为如此，这些信息在本地数据存储、对话和分享方面受到多方面的管制。关于云部署，有一个秘密知道的人不是那么多，那就是大多数企业在发现自身实践与这些监管要求发生冲突时，都会假装没这回事。从长远来看，无视这些要求不能解决问题，供应商找出一套部署架构，让客户在操作其系统时既能符合本地的监管要求，又不会损害全球化的收益。解决问题的基础就是分地区（如果不按国家来划分）设立数据中心以迎合本地的法律法规要求。因此，买家希望了解其供应商有哪些已经建好和计划兴建的数据中心。下一步就该了解供应商如何按照本地法律法规的需求对数据进行区分和分割，同时仍能采用统一的流程，从全球化的角度利用数据。

(3) 语言支持。供应商需要支持各国语言，从而实施全球化的解决方案。尽管我们在拥有高度技能的员工中发现英语已作为通用语言传播开来，但当 HR 系统被用于制造业和店铺时，本地的语言支持就成了一个关键的要求。买家关注的不仅是语言学角度的正确翻译，更重要的是相应国家的商务术语是否能在各自的 HR 系统中正确体现。供应商只有在相应的国家良好地运营过，才能在提供语言支持方面有效地达到这一级别的目标。

(4) 本地化支持。本地化支持也同样重要，其内容已经不再局限于正确地采集地址或验证电话号码。本地化的质量需要与总部设在国内的供应商所能达到的亲切程度和效率在同一个水平线上。对于拥有大量员工的全球化企业而言，它们理应对本地流程提供良好的支持，否则就相当于剥夺了员工理应享有的权利。对供应商来说，这还意味着它们需要对本地的情况进行一定的了解并保持下去。而想要了解本地的情况，就只能开展本地业务或与已扎根多年的本地供应商或合作伙伴建立良好的合作关系。

(5) 工资单支持。由于法律法规的制定周期缩短，而税收机构在规范化和宣传法律法规上的变动方面行动迟缓，薪酬对企业和供应商双方来说都是十分头疼的问题。在对员工士气的影响上，几乎没有什么能比迟发工资或发错工资更糟的了。但关键是，组织不仅要正面应对这些问题，还要将人才管理与薪酬挂钩，让企业开出的工资单体现出对员工辛苦付出的肯定。与本地合作伙伴携手进行工资单自动化的供应商在薪酬透明度方面赶不上——或者需要十分努力地进行整合才能赶上——那些在相关国家本土开工资单的供应商。

(6) 人才管理。根据同样的思路，全球化企业需要设立全球化的人才管理职能。招聘人才是一个全球化的职能，这将让企业能够洞悉全球的人才梯队，并能够调整其招聘和薪酬策略。绩效管理方面的思路也与此相同，全球各分支机构的绩效评估措施和指标应当统一并清晰可见，从而让组织能清楚地看到全球绩效的优缺点。同样，薪酬的管理也是全球化的职能，需要围绕规划和模拟展开大量复杂的工作，以此让企业了解该在什么地方招聘人才。本地化支持也同样重要——其内容已经不局限于正确地采集地址或验证电话号码以及为此付出多大代价。此外，学习和培训方面也应该进行全球化的考虑。最后，继任者管理也需要在全球范围内考量——让高管们从全球的层面查看企业的人才储备。全球化企业不希望看到的是，尽管它们扛下了全球化运营的成本和种种负担，但在人才方面却捉襟见肘，只因为高层对公司的人才储备缺乏了解，以及因为这一原因而导致关键的高绩效人才难以在企业内部流动。

(7) 可收可放的实践。全球化企业遭遇的一种常见挑战就是，国内的实践往往不能转移和嫁接到其他国家。在这个过程中，流程和员工的文化和成熟度会起到重要作用，但实践本身的灵活性和适应性决定了该实践是否能在全球范围内推广。对于供应商来说，这意味着它们的系统需要具备足够的灵活性，从而根据本地要求进行定制，获得能在全球范围内应用的实践，实现始终如一、清晰可见且兼顾效率的运营。

(8) 数据隐私。全球化 HR 系统另一个较少提及的“陷阱”是难以符合本地的数据隐私要求。起码的一项要求就已经是一大难题了：将重要员工信息存储在各国境内——考虑到大多数供应商所拥有的数据中心的地点，这几乎无法办到。但是，迟早本地的劳资联席委员会、立法委员或使用社交媒体的员工也会发现这一不合规的做法，然后我们就会看到企业和供应商为解决这一问题而相互推诿。供应商需要培养能够将全球化（Global）与本地化（Local）融为一体的能力，既能满足本地的法律法规要求，又能具备足够的灵活性，例如，对本地内容加以集合和隐蔽——从而提供全球化人力资本管理的功能。

(9) 系统敏捷性。敏捷性这个词近来已经被用滥了。因此，让我们从全球化 HR 系统的角度对其进行定义。在这一语境中，敏捷性意味着企业的 HR 系统能轻松添加和关闭国家类目，轻松将员工在不同国家之间进行调动，并且可以在系统的各种层级改动关键的系统配置。这意味着企业能从全球和当地的层面管理系统配置上进行改动——理想情况下，这些改动出现在系统设置的许多方面。

一直以来，本地配置只是一个选择，而非系统的强制要求，但在全球化配置中，本地配置应当是默认选项。一旦拥有了本地配置，就不应当让它被全球化配置覆盖，除非应强制性的要求进行覆盖。基于同样的理由，现代化系统应当就本地配置的改动提醒其操作者，并在使用系统的过程中询问是否有必要保留这些改动，从而避免全球化 HR 系统的过时和过度膨胀。

（10）合作者生态系统。尽管全球化浪潮和数字化业务能让客户在全世界的任何地方运营，但即使是规模大的企业应用程序供应商也不可能在客户的所有市场都开展业务并深入地了解本地情况。因此，关键是确保这些入选了候选名单的供应商拥有强大的合作者生态系统，并且还能提出具有吸引力的合作者价值主张。这将能在企业希望获得深入的本地支持和洞见的市场内吸引到本地的合作者。

考虑到企业扩展全球业务的目标速度，它们不能指望应用程序的供应商在自己计划部署 HR 系统的每一个国家都提前开展了业务，即使供应商能在该国找到合作者。不过，企业应当希望（并在有些时候要求）供应商具备足够的灵活性，以快速的方式，与企业选定的本地合作者合作。

人员无疑在大多数企业的开支中所占比较大。同时，企业能主动应对而不是被动地卷入全球化浪潮。而转型为数字化公司也是企业需要考虑的另一个战略。企业战略的实施不可避免地会涉及员工，而带动员工流程的又是企业选择的 HR 系统。在企业主动设计全球化战略或至少行动起来应对全球化趋势时，如果这个系统的选择不当，便有可能会对企业构成妨碍，甚至成为其全球化进程中的“拦路虎”。

15.3　国际企业的员工配置

随着市场全球化和竞争国际化的趋势不断增强，跨国公司的人力资源配置也逐渐由最初的殖民化向本土化、区域化和国际化发展。这种先进的人力资源配置与开发的理念和方式不仅为跨国公司赢得了空前发展，同时也为世界企业在参与国际化竞争中成功获取和有效配置人力资源，构造核心竞争力和竞争优势提供了重要借鉴。当前跨国公司全球化人力资源配置的主要趋势与特点有：

（1）人力资源配置理念由以民族为中心转向以全球为中心。

跨国公司成为经济全球化的主要载体和表现形式，其竞争力不仅体现在拥有雄厚资本、先进技术、驰名品牌、完善的销售网络以及科学的管理等诸多方面，更重要的是先进的人才理念和人力资源全球配置的能力。与传统跨国公司的殖民化掠夺型人力资源配置方式相比，现代跨国公司的人力资源配置理念和战略都发生了本质的变化。国际人力资源管理文献中描绘了跨国公司管理子公司和为子公司配备人员的方法，即民族中心法、多中心法、地区中心法和全球中心法。民族中心法是国外的子公司很少有自治权，公司总部进行战略性的决策，国内与国外公司的主要职位由总公司的管理人员来担任。多中心法是将各子公司看成是独立的实体，具有一定的决策权，子公司由当地人进行管理，但这些管理人员是不可能被提拔到总公司任职的。地区中心法体现了跨国公司地区人才战略管理的特点，人员可以到国外任职，但只能在一个特定的区域内，地区经理不可能被提拔到总公司任职。而全球中心法则是从世界范围看待它的经营管理，无论是总公司还是子公司，它们的每一个部分都在运用本身的竞争优势做出贡献。它们在全球范围内有着综合性的业务，它们只强调能力而不介意所聘人员的国籍。目前的跨国公司已经越来越多地以全球为中心配置人力资源。例如，摩根士丹利在全球 5 万多名员工中，有超过 120 种不同国籍和 90 种语言，分驻全球 28 个国家的 600 多个办事处，形成了全球覆盖的金融网络。

（2）技术人才和高层管理人才成为全球化人才战略的中心。

全球化人才战略即跨国公司在全球范围内挑选合适岗位的人才，主要是技术人才和高层管理人才。充足的高质量技术研发人才是跨国公司得以持续获取垄断利润的发动机，而高层管理人才则是支撑其庞大的国际化体系运营的舵手。随着国际市场竞争的加剧和跨国公司自身的全球化发展，仅仅依靠母国的人才难以满足其日益发展的国际性研发和管理的需求，也难以应对更高层面的国际市场挑战，因此，跨国公司必须广泛招募全球一流的科技人才和高层管理人才，以保证它的技术开发和国际化管理处于世界领先水平，保持竞争的制高点。

近年来，随着跨国公司研发的国际化对国际化科技人才的竞争越来越激烈。美国一直处于吸引人才的领先地位，全世界科技移民总人数的 40% 移民到了美国。在一个跨国公司的董事会或经理层中往往聚集了来自许多不同国籍的高层管理人才。瑞典跨国公司伊莱克斯的首席执行官声称，在聘用高级管理人员时并不局限于其所在国家，只要他具有适合该职务的能力就行。例如，雀巢公司董事会由 6 个国籍的经营、法律等方面的专家搭建而成，执行董事会（相当于经理层）的成员由来自 10 个不同国家的经营专家组成，位于瑞士韦威的雀巢总部则由 80 多个国家的员工构成。这种大面积高管阶层国际化的现象在传统跨国公司中是不可能见到的，也是现代跨国公司人才国际化最显著的标志。它不仅使跨国公司的管理效率得到了新的提高，同时进一步增加了它的开放性和与世界的融合性，成为真正意义上的全球公司。从另一方面也可以看出，人才已经成为跨国公司竞争力的核心。

（3）本土化人才战略成为实施全球化人才战略的主要支撑。

近年来，跨国公司在东道国大力实施本土化战略，这种本土化已经从单纯生产发展到包括生产、研发、采购等各个环节，其目的是推动其全球化战略。本土化的核心是人力资源的本土化配置。主要表现在：海外子公司人力资源配置已经由局部本土化发展到全面本土化；由传统的单纯低端人才（普通员工、一般技能）本土化发展到高端人才（高管人员、研发人才）本土化。跨国公司海外子公司的全部或大部分重要职位都逐渐由东道国的本地人才担任，其在海外设立的研发中心也大量雇佣本地的科技人才。

对于跨国公司的人力资源战略来说，没有为了本土化的本土化，本土化的目的在于支持其全球化战略。2005 年 1 月 4 日，诺基亚（中国）投资有限公司重组了四家在华的生产型合资企业，实现了从全球到中国，再由中国支持全球的规划。诺基亚宣称，21 世纪将把中国作为其全球的人才基地，为世界各地提供全面的高级人才支持。普华永道 2004 年发布的人才本土化研究报告声称：成本将不再是企业在选择本地人和外籍人时主要考虑的问题，取舍标准将完全回归到能力。目前，跨国公司在华设立的研发中心达 600 家左右，吸引他们的主要是中国物美价廉的技术人力资源。微软是在中国设立研发机构最多的公司之一，目前在华设立了五个研发机构，其中在华的微软亚洲研究院有研究员 170 人左右，是微软在美国本土以外成立的第二个全球性研发机构，其中许多是行业的国际著名专家和海外华人学者。

（4）培训与开发成为优化人力资源配置的重要方式。

当跨国公司成功地获取人力资源后，如何对其继续保持和施加影响，跨国公司采用各种形式的培训，使员工文化理念、技术等方面适应母公司需要，成为国际型人才，以实现人力资源结构的进一步优化，支持企业战略的有效贯彻和实施。许多跨国公司都有自己的培训理念和战略。雀巢公司自 1998 年以来，在中国推出了滚动培训项目（CCAT），强调雀巢文化和卓越经营的主要特征，改变沟通态度和团队合作，所有员工都参加了培训。诺基亚的中国人力资源战略则是通过吸收、培养和激励员工实现业务发展，重点培养中层以上本地人才在商务、技术和管理方面的技能。

跨国公司培训与开发的主要方式，一是建立专业学校进行培训。许多跨国公司建立了自己的“大学”或“学校”，而且数量不断增加。摩托罗拉大学、麦当劳大学以及迪士尼大学、爱立信管理学院等都是专为母公司培训各种国际化人才的场所。诺基亚分别在中国、美国、欧洲以及亚太地区设有四所诺基亚学院，其宗旨是为创建持续学习的环境和支持员工不断的成长，并最终确保企业竞争优势的稳步提升。西门子公司于 1997 年 10 月在北京成立了西门子管理学院，每年有 6 000 人参加各种培训，到 2003 年，有 1 000 名本地经理人参加了全面培训。二是送出去培训。跨国公司还定期将公司员工送回母公司或世界著名院校接受培训。松下公司每年“输入”100 名海外经理，让他们与日本总部的同事一起工作。自 2001 年以来，雀巢公司陆续将中国公司重要骨干送到世界著名的瑞士洛桑国际管理学院参加特别培训。三是储备新生力量。微软公司为了保持人才战略的可持续性，尤其注重在大量优秀高校毕业生中选拔人才。

正如比尔·盖茨所说："从长远来看，潜质更有价值"。爱立信中国公司每年招聘60～80名大学应届毕业生，这些新来的大学生大部分要接受一年左右的培训，还有一部分要在不同岗位上轮换，一年后再决定其适合的岗位。同时爱立信还设有人才库对储备的优秀后备人才建立了内部提拔制度。

（5）先进的薪酬制度成为人力资源配置的重要激励机制。

跨国公司制定国际薪酬政策具有以下特点：一是激励性，即薪酬政策是跨国公司最重要的激励机制。二是调动性，即能够将人才吸引到最需要的地方并留住他们，尤其是有利于公司以最经济的方式调动驻外人员。三是公平性，即使居住在国外和国内同一职位水平的人员具有平等的购买力。薪酬激励体现最为明显的是总经理报酬。美国企业普遍以高工资收入和认购股权两种做法来提高首席执行官的报酬。"仅在1999年，美国首席执行官的平均年收入已接近1 000美元，是与其身体等重的黄金价值的12～13倍。"在最近5年首席执行官的总报酬中，迪士尼公司为6亿美元以上，通用电气为1.6亿美元以上，美国在线为2亿美元以上。惠普首席执行官一年总收入为8 000万～9 000万美元。此外，认股权已经成为一种普遍形式，20世纪80年代初，美国首席执行官收入中只有2%来自认股权，而1999年则超过50%。

构建国际化人才体系是中国企业跨国经营成功的重要保证。跨国直接投资是一项复杂的跨国经营活动，改革开放40多年来，中国企业的从业人员素质虽然有很大程度提高，但与发展对外直接投资、从事跨国经营的公司的从业人员相比还有很大差距。突出表现在缺乏风险意识，心理适应能力差，国际法律商务知识欠缺等方面。目前，缺乏通晓国际经营规则和国际管理经验的人才已经成为中国企业海外经营失败的重要原因，不仅如此，世界一流科技研发人才的匮乏也严重制约了中国企业的国际竞争力。因此，大力实施国际化人才战略，构建国际化人才体系，努力培养和造就一批精通国际规则、具有国际化经营能力以及具有世界一流研发水平的专业人才和管理人才队伍将是中国企业实施全球化战略的关键。第一，树立全球人才意识，积极培养网络国际人才；第二，利用当地人才资源，积极实施人才本土化战略；第三，实施人才培训计划，积极培育国际化经营人才；第四，建立科学有效的薪酬激励机制，从而成功实现中国企业跨国经营。

15.4 外派员工的培训和保留

案例一

小刘是A科技公司的职员，2012年春节前加入公司，2012年4月被公司派遣参加一项先进的技术培训。培训结束后，小刘回到公司开始主持研发新项目。新项目进行到一半时，小刘被同行企业以高薪挖走。虽然同行企业按照小刘事先与 A 公司签订的《培训协议》，替小刘赔付了 A 公司的培训及相关费用，但是 A 公司投入了大量财力、物力、人力进行的新项目，因没有其他人员掌握这项先进技术的核心部分而就此搁浅。

案例二

小赵是一家贸易企业的业务经理，因工作表现出色，被企业当作后备人才培养，并于 2009 年 2 月被企业派往北京，公费脱产研读 MBA，当小赵怀揣着工商管理硕士的毕业证书回来后，不但职位没有得到任何晋升，而且薪酬方面也没有得到任何的改善。在外界公司许以高薪和高管职位时，小赵递交了辞呈。

案例三

小马是一家物流企业的人力资源经理，公司现需建立绩效管理体系，于是派半路出家的马经理参加绩效管理培训。马经理学成归来后开始建立企业绩效管理体系，但总是无法有效开展，后来经过咨询公司介入后，才发现马经理由于没有绩效管理的基础知识，对绩效管理培训课程的很多内容仅是一知半解，在实施过程中更是断章取义，导致整个绩效管理体系重新返工。

跟很多同行聊天时发现，大部分公司对于外部培训管理，不外乎寻找培训供应商、培训人（或部门）申请、领导审批、签订《培训协议》、参加培训、报销培训及相关费用、培训资料存档等，正规的公司，还会有形式各样的“培训分享会”。

然而以上三个案例，都是按照这样的培训流程进行，却没有达到应有的效果。其实培训流程框架没有问题，只是在执行的细节方面还需进一步规范。

（1）正确选择受训人。

参加外训首先要选对人。选择人员可以从多个维度进行考察，这些维度主要包括：受训者对企业的忠诚度、个人的意愿以及是否具备将培训转化为实际工作的能力等。

如果对企业的忠诚度不够，往往就是所谓的“培训是为他人作嫁衣”的情况；个人如果没有接受培训的欲望，外培就成了变相的旅游、休闲，参加培训也仅仅是走个过场，那么，培训对这样的受训人也不会产生任何的价值；同时，接受培训不是目的，真正的目的是通过外部培训拓展视野和思路，获取新知识、新技能，因此要求受训人还要能够将培训内容转化为工作绩效，这就要求受训人有一定的组织能力、沟通协调能力以及演讲能力。

案例一中，公司在挑选外派人员时，没有进行认真地分析和挑选。小刘 2012 年春节前加入公司，至 2012 年 4 月，入职仅仅 3 个月，还没有对公司产生较强的归属感。同时由于时间短，无法对小刘的工作能力、管理能力，尤其是工作稳定性做出准确的判断，导致小刘学成归来不久，便挂职而去，不仅培训没有起到任何的效果，还使企业丧失了稍纵即逝的商机并造成了极大的经济损失，培训风险非常高。

（2）外训要有明确的目的，且需与职位、薪酬相挂钩。

培训不是福利，更不是公费旅游，也不要把派人参加外部培训当作对员工的奖励，看成是留人的法宝，尤其是外训，既然付出了人力和财力，就一定要有目的，有效果，要么是需要受训者接受培训后完成某项或某类工作，要么是需要受训者胜任重要的岗位。因此在外训前，要事先设计好受训者学成归来后的新岗位，以及与新岗位相匹配的待遇等，这样既满足了受训人的期望，又达到了企业的目的，不会在外派培训后出现人岗脱节的现象。

案例二中，小赵固然有不忠实的表现，但首先应该检讨的是企业人力资源管理。公司只是因为小赵工作出色，便外派研读费用不菲的MBA，然而却没有铺好后续的路，仅仅将外派脱产研读MBA当作一次奖励。随着小赵培训归来，能力和市场竞争力均已提升，但是在公司的职位及薪酬并没有得到提高，因此当外部满足了小赵的期望时，小赵义无反顾地跳槽离去。人力资源部好心办坏事，原本设想是通过培训留住小赵，结果反而因为培训，使小赵更快地离开了公司。

（3）外训不需要全员参与，但也不宜“单兵作战”。

外部培训一般费用不菲，从成本角度出发，没必要派相关人员全体参加。但是要求参加外训的人能够在接受培训后，对企业内相关人员进行再培训，使外部培训的内容成为可持续的内部培训内容，实现外部培训的成本经济化及效果最大化。同时还要避免培训沟通中的信息失真，所谓“差之毫厘，谬以千里”，一旦信息失真，将会对企业造成不可估量的负面影响。

因此，如果有条件，至少应该派两名与培训内容相关的人员参加，一个是决策者，主要作用是引起足够的重视和了解培训内容的整体思路，便于培训后工作的有效开展；一个是执行者，能够通过培训掌握实际操作的思路和技能。

案例三中，正是因为半路出家的马经理一个人参加培训，没有同事在培训中共同探讨交流，导致绩效管理体系建立工作无法保质保量的推进。如果马经理作为执行者，则缺少相关人员督导执行过程，修正培训效果的偏差；如果马经理作为督导者，则又缺少和自己信息对称的执行者去操作，从而出现操作过程中断章取义的情况，导致最终的结果和最初的期望南辕北辙。

（4）全球性心智模式培训。

①利用公司回派人员的作用。回派人员是指在外派到期后，从所在国返回公司总部的管理者或员工。由于这些人员一般具有较好的全球性视野、丰富的海外市场经验和良好的外语能力，对公司形成全球性心智模式具有重要的指导作用。然而，大量证据表明，北美和欧洲的跨国公司并没有充分利用这些回派人员。通过回派人员有组织地给母公司同事和下属传授他们的跨文化技能、经验和洞察力，公司就会形成“全球性思考，本地行动”的企业文化。

②海外实地实习。海外实地实习的核心思想是把员工置于本国亚文化圈一段时间，时间的长短应适可而止，既能保证员工学到当地人们的行为方式，又不至于让宝贵的时间从工作中损失。一般来说，可设计为期一周的跨文化实地实习。这种方法本身具有模拟性，能使涉及此培训的员工在一定程度上“沉浸于国外的文化”，而他们必须在陌生的环境中有效整合不同的社会系统和功能，处理文化多样性，因此能帮助员工形成所谓的全球性领导技能，如减少主观偏见、拓宽视野和提高人际交往技能等。

③国际评价中心技术。近年来，人们设计了特殊的评价中心技术并应用在国际商业派遣中，多文化间评价中心（Intercultural Assessment Center，IAC）就是其一，其方法是运用许多跨文化角色扮演、案例研究、小组讨论和国际谈判模拟来测量候选人对不确定的容忍度、目标导向、交际能力和元沟通技能等，以此来评估外派候选人的多文化胜任能力。目前，一些欧洲跨国公司已经开始采用此类评价中心方法作为公司跨国管理项目的一部分，如戴姆勒·奔驰宇航公司（Daimler Chrysler Aerospace）运用两年一次的国际评价中心技术来选拔和培训海外派遣的候选人。在国内有良好业绩且具有潜力的年轻管理者由他们的上级提名参加这个项目。参加评价中心评估后，候选人收到关于他们自身国际派遣上的优势和缺点的详细反馈，根据反馈，人力资源部门制定具体培训项目以符合这些管理者的具体需要。候选人再次要求参加为期 18 个月的管理培训项目，包括跨文化沟通、自我意识培训和国外项目分配等。培训项目后，候选人参加第二轮国际评价中心来评估他们的学习过程，那些在该过程中胜出的管理者将指派为海外子公司主要位置的候选人。这种两年一次的国际评价中心技术能给参加评价中心的人员提供全球化的视角。当公司有越来越多的管理者参加这样的评价中心技术时，一个真正的国际导向的企业文化也就形成了。

（5）多媒体或基于互联网的培训。

随着科技的发展，网络和计算机的应用使人们在日常生活中学习更加方便、快捷，大量的教育软件被开发出来帮助人们提高学习的效果。与此同时，多媒体软件和基于因特网的培训也被应用到外派员工的培训中来。

①多媒体软件。由 Park Li 公司出品的衔接文化软件，主要是为旅行或居住海外的人而设计的自我培训项目，而未来要被外派的人员也可以用它来进行自我培训，或者和传统的培训一起使用。对个体而言，该软件基于个体的目的不同而使用，如外派、外派家庭、商业旅行、外派导师、回派等。其优点在于外派的配偶和孩子能通过学习为他们设计的活动而得到培训，而此类家庭培训通常在公司外派培训中被忽视。软件中每一个外派项目中都有个体独立的学习路径，在说明书中同时也附有相应的学习模型。个体既可以同时使用说明书和光盘来学习，也可以只通过光盘学习。在学习的每个阶段，该软件都会给被培训者介绍即将讨论的重要的概念，而后给出相关概念的自我评估测试，测试的结果通过软件计算出来并解释给被培训者。而后他们可以有机会

学习更多的概念，并通过文化理解和互动性案例练习评估他们最近学习的技能。这些小测验的结果同样根据被培训者实际完成的能力给予正反馈，该软件对处理个人适应、跨文化调整和跨文化的价值观差异均具有重要的价值。诚然，衔接文化软件不是万能的，它不能代替传统的培训和现实的培训，但它对外派人员和他们的家庭在跨文化调适上是一个非常好的工具。

②基于互联网的培训。对外派人员自我培训最具有价值的网络是由外派人员自己建立的主页，如现在定居和工作在马来西亚的英国夫妇威廉姆斯（Williamsons），他们的主页这样写道："是否你正在寻找海外工作的机会，是否正在计划你的海外旅行，那么 WWW 是一个好的起点。该主页的目的就是提供我们所发现的最有价值的网络联结。最后我们也希望能拥有一个给外派家庭提供信息的网站，尽管这些网址具有明显的英国文化特点，但我们希望每个人能从中发现有用的东西。"在这个网站中，他们讨论了文化震荡的现实性以及如何克服这些震荡，讨论了外派人员乐观和冒险的必要性，提供了在热带生活的建议以及其他具有很好此类信息的网址。总之，他们为外派人员提供了可供选择的外派信息资源。

15.5 本土化人力资源管理

"本土化"是随着"全球化"而兴起的概念，随着经济全球一体化的发展，出现了很多跨国公司，这些跨国公司在国外设立分厂或子公司，拓展市场，以寻求更广阔的发展空间。在运行中，这些跨国公司的分厂或子公司为了更快地适应当地的情况，尽早创造合理的利润而调整企业的发展战略，聘请当地人来企业工作，甚至加入企业战略决策层。因为，企业只有尽快"入乡随俗"，给投资地带来一定的"好处"，才能赢得当地人的认同。而要想达到这一目的，最直接的方式莫过于聘请熟知当地发展情况的当地人进入公司，参与生产或者是直接参与公司的管理工作，这样才能帮助企业尽快产生一种适合当地的能被当地人所接受的企业文化，从而尽快融入当地的大环境中。因此，人力资源本土化就是企业在向外部扩张时为了加快适应当地的发展情况并尽快产生经济利润，适当吸引当地人才的人力资源管理战略。在进行本土化人力资源管理时要有以下六个思维：

（1）选拔并培养本土管理人才。

当前，外资企业要想实现人力资源管理本土化，促进分公司经济效益的最大化，不仅要聘请当地人参与到企业产品的生产过程中，更要大胆地聘请当地员工参与到产品的设计工作中，还可以聘请当地人参与到企业的管理工作中，这样能更好地激励当地人积极发挥自身的主观能动性。为此，外资企业的管理人员应在日常的工作中，悉心选拔本土管理人才。在实际操作中，外资企业的高层管理人员在组织带领团队开展工作时，要细心观察团队中的当地人才，选择具有一定管理能力或管理潜能的人员，进行一定的培训，同时制定制度，约束当地的高管，促使他们重视本土人才的选拔和培养。此外，外资企业还要不断地为当地人才提供参与管理的机会，让他们能参与到企业高层的管理决策活动当中，从而了解企业的战略决策，并为该战略决策的完善建言献策。为此，外资企业的管理人员需要组织举办高层管理的研讨会或者就重大项目召开专题决策会议，选拔一定的本土管理者参与其中，从而逐渐提升他们的综合能力与素质，更好地为企业人力资源管理的本土化贡献自己的力量。

（2）构建适应当地环境的企业文化。

企业文化是企业的灵魂所在，是企业发展软实力的载体之一，更是推动一个企业不断向前发展的不竭动力。它包含着十分丰富的内容，如文化环境、文化观念、企业制度、历史传统、价值观念、企业精神、行为准则及道德规范等，其中，企业员工在生产经营活动中所秉持的精神和价值观念是企业文化的核心所在，对于外资企业而言，具有十分重要的意义和价值。在实际生活中，不同国家和地区在文化、传统习俗等方面具有较大的差异，特别是一些发达国家，在人力资源管理方面比较先进，而被投资企业，在人力资源管理方面比较落后，为了更好地实现人力资源管理的本土化，应将两种文化相互融合，适应当地环境的企业文化，尽量减少企业文化中不和谐的因素，这样才能促进外资企业的健康持续发展。在实际操作中，外资企业首先可以对当地员工进行跨文化培训，促使他们通过培训教育了解双方的文化理念及管理方式。其次，企业的管理者也应尽可能了解投资所在国的文化，以便更好地与当地的员工进行沟通交流，避免在文化习俗方面与当地员工产生不必要的冲突。最后，企业还要结合当地的文化，从当地文化中汲取有益的养分，逐渐构建适应当地环境的企业文化，从而获得当地员工的认可，以实现更好的发展。

（3）实施符合当地员工需求的绩效评估机制。

外资企业对员工进行的绩效考核，直接关系到员工的薪资和福利待遇，同时也关系到员工的职责岗位的晋升。在实际生活中，任何一家企业的员工，对于晋升、薪资及福利待遇都十分关注，理想的薪资和福利待遇以及良好的晋升通道，都会调动员工的工作积极性，激励他们更加努力地工作。因此，外资企业要想实现人力资源的本土化，还必须实施符合当地员工需求的绩效评估机制。在实际操作中，外资企业的人力资源管理部门应该对本企业原有的绩效考核方式予以一定的优化调整，积极采用更适应当地发展环境的绩效考核方式，如考核回报讨论会、专业技能比赛以及一对一谈话等考核方式，吸引当地员工更积极、主动地参与进来，更好地表现自己。此外，外资企业还要优化调整绩效考核的周期，根据自身实际的经营情况，采用月份考核、季度考核及年度考核等不同的周期性考核，从而促进企业管理层实时掌握员工工作的情况，提升他们工作的效率，实现人力资源管理的优化，进而促进企业经济利益的提升。

(4) 建立符合当地发展的人才激励机制。

外资企业要想实施人力资源管理的本土化，实现更好的发展，还必须建立符合当地发展的人才激励机制。在实际生活中，外资企业投资的人力资源成本相对较低，即使是高端人才，在成本方面也比外资企业自身所在国的成本要低，这样能提升企业的经济效益。此外，为了实现企业的健康发展，更好地激发当地员工工作的积极性，外资企业还应开放员工晋升通道，以有效刺激当地员工的热情，促使他们充分发挥出自身的价值，获得一定的物质奖励、精神奖励或工作环境奖励。在具体操作中，外资企业可以为当地人才建立有效的激励机制。首先是物质激励，如提升员工的基本工资，增加一定比例的奖金，或是给予员工其他的公共福利，从而切实改善当地员工的生活条件。其次，对员工进行一定的精神奖励，促使他们获得一定的成就感，从而更积极地发挥自身的价值。最后，对当地员工进行工作环境激励。例如，为当地员工增添先进的办公设备，改善他们的工作环境，让他们在更轻松、和谐的环境中工作，从而有效提升他们工作的效率。

(5) 设置内、外圈。

这里提出的"内、外圈"的管理思维，正是费孝通先生差序格局理论在企业人力资源管理上的应用，如图 15－1 所示。

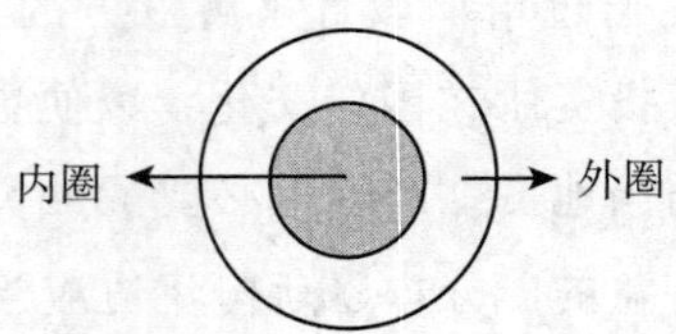

图 15－1 内圈和外圈

内外圈的意思就是，在企业中，企业组织以老板为中心，员工对企业的影响呈同心圆结构一圈圈扩散出去，越远的影响越小；老板与各圈员工的关系，相处之道与处理规则并不相同，因此在人力资源管理上，也要区别对待；对老板来说，应该把更多精力和资源投入到内圈员工的管理上。"内、外圈"实际上是一种对企业员工分类的方式。不同的分类，意味着管理思路的不同，比如按照部门分为生产部、财务部、市场部；也可以按照管理层级分为文员、主任、经理、总监、副总；还可以按照专业等级分为助理工程师、工程师、高级工程师、总工程师。

企业首先是由很多自由人组成的社会性团体，在这个团体中，每个人的想法都不尽相同，每个人都是在自己的处境下去做未来的打算。老板自然是把企业看成自己的家业，但不是每个员工的想法都和老板相同，这既是出于个人利益的考虑，也是由于每个人不同的教育背景、工作背景、个性、价值观等使然。事实上，对企业大多数员工来说，包括很多职位很高的员工，工作只是个人谋生的手段和职业发展的平台，他关心个人收入并且希望利用这家企业培养自己的能力，以便在未来获得更大的职业提升。在这样的情况下，既然大多数员工不能把企业作为终生的事业来维护、珍惜，企业也就不可能让大多数员工来承担未来发展的责任。

但是反过来，企业的事务庞杂而具体，老板不可事无巨细去承担每一个业务决策的责任，他需要很多真正把企业当成家的人、真正把企业的事当成自己事的人、真正为企业而不是他个人去承担责任的人、真正可信的人，去帮助他管理企业，与他共同承担起经营企业的责任，而这样的人，就是企业的“内圈人”。毫无疑问，老板自然要把“内圈人”作为心腹，委以重任，“内圈人”也自然会对企业决策有更大影响。按照这样的思路，“内、外圈”是个相对概念，没有明确界限。即，相对于李四来说，张三对企业的归属感更强，更能站在企业的角度而不是自己的角度思考问题，更得老板信任，那么张三对于李四而言，就是内圈；相对于王五来说，张三对企业的影响更小，与企业的渊源更浅，那么张三对于王五而言，就是外圈。“内、外圈”管理思维的要点，如表 15－1 所示。

表 15－1　“内、外圈”管理思维的要点

	内圈	外圈
定义	企业内部对决策事实上影响较大的人群	企业内部对决策事实上影响较小的人群
详细的解释	• 层级较高，但层级低的人如果事实上权力大也是内圈 • 深得老板信任，但不得不重用的能人，即使不信任也是内圈 • 是老员工，但新员工如果深得老板赏识与重用，也是内圈	• 层级较低，但如果层级高的人事实上权力小也是外圈 • 老板不信任或不熟悉的人，但信任的人如果不再参与管理，也是外圈 • 新员工，但老员工如果因为能力、观念或利益诉求不再符合老板要求，被架空后，也是外圈
管理特点	• 家长式的管理 • 基于信任的授权 • 人是核心，岗位是附属；人是不变的，岗位可以换	• 基于绩效的管理 • 基于职责的授权 • 岗位是核心，人是附属；岗位是不变的，人可以换
激励	• 基于共同理想和目标、由信任产生的相互责任感等，内在激励为主 • 薪酬只是附属手段，内圈成员关注由自我实现、被认可、归属感、成就感等组成的综合回报 • 内圈成员具备自发的忠诚与献身精神	• 收入提高、晋升等外在激励为主 • 薪酬是主要手段，由于收入水平、在企业的地位等因素导致外圈成员更关注财务回报 • 外圈成员对企业的忠诚度普遍较低
成员的吸纳与淘汰	• 吸纳：须具备共同价值观和共同利益；须经内圈成员共同、长时间地考察 • 淘汰：共同价值观或共同利益被打破；或相互信任被摧毁	• 吸纳：常规的招聘程序 • 淘汰：常规的解聘程序

（6）在奔跑中解决问题。

企业需要奔跑，只有奔跑才能化解眼前的危机，只有奔跑才能让自己存活下来。当看不清方向的时候，方向就未必是最重要的，奔跑本身才更重要，因为方向是在奔跑中发现的。对于中小企业来说，外部环境不允许在管理上过于规范。中小企业的首要问题是生存，是业务问题，而不是管理问题；中小企业老板首先考虑的事情是企业怎么生存下去，客户在哪里，生意从哪里来，而不是管理上要多规范。企业有发展才有改进的空间，解决任何问题都需要探索的过程，没人保证新办法就一定比老办法好，新人就一定比老人能干，新的商业模式就一定能比传统商业模式更具竞争力。所以解决任何一个问题都需要冒风险，都需要给自己留下犯错误、走弯路的空间，这就是所谓的“管理的冗余度”。不管现在有多少问题，只要企业在发展，只要大家看得到未来的前景，所有的问题就都不是问题；否则，再小的问题也会把企业压垮。在静态环境下看问题，往往很难找到解决办法；在动态环境下看问题，所有问题的解决方案都存在于未来。因此，企业所有问题几乎都是发展的问题。企业未来的生存和发展空间只有在奔跑中才能找到。做企业需要信心，企业家需要信心，员工需要信心，合作伙伴更需要信心。停下来就会让人心慌，只有奔跑，才会让人坚定。真正的方向不是想出来的，而是摸索出来的，正如所谓的“摸着石头过河”。

在知识经济时代，人力资源管理工作的重要性越来越明显，以人为本的管理原则也逐渐获得各行各业的广泛认同。对于外资企业而言，必须实施人力资源管理的本土化，才能实现更健康的发展。

本章小结

面对由庞大的、业务辐射面较广以及不同文化背景的员工组成的集团企业，人力资源管理所面临的挑战主要有以下五个方面：①必须具备全球化人力资源观念；②管控本土化员工；③搭建支撑激励员工的人力资源管理平台；④维护不同的道德标准；⑤信息技术和电子商务对全球范围管理的影响。

数字化人力资源管理除了能够更好地整合企业内部人力资源要素外，更能够通过与外部伙伴建立网络关系，实现人力资源管理的虚拟化。随着全球互联网使用人数的增长，这个让数字化企业大展拳脚的平台每天都会迎来数量更多、差异更大的用户。要顺应这一趋势，重中之重是要明确适应全球化 HR 系统应达到的要求：①开展业务和文化适应性；②地区数据中心；③语言支持；④本地化支持；⑤工资单支持；⑥人才管理；⑦可收可放的实践；⑧数据隐私；⑨系统敏捷性；⑩合作者生态系统。

当前跨国公司全球化人力资源配置的主要趋势与特点有：①人力资源配置理念由以民族为中心转向以全球为中心；②技术人才和高层管理人才成为全球化人才战略的

中心；③本土化人才战略成为实施全球化人才战略的主要支撑；④培训与开发成为优化人力资源配置的重要方式。

外派员工的培训和保留要注意以下几个方面：①正确选择受训人；②外训要有明确的目的，且需与职位、薪酬挂钩；③外训不需要全员参与，但也不宜“单兵作战”；④全球性心智模式培训；⑤多媒体或基于互联网的培训。

“本土化”是随着“全球化”而兴起的概念，随着经济全球一体化的发展，出现了很多跨国公司，这些跨国公司在国外设立分厂或子公司，拓展市场，以寻求更广阔的发展空间。在进行本土化人力资源管理时要有以下六种思维：①选拔并培养本土管理人才；②构建适应当地环境的企业文化；③实施符合当地员工需求的绩效评估机制；④建立符合当地发展的人才激励机制；⑤设置内、外圈；⑥在奔跑中解决问题。

思考题

1. 思考在全球化背景下，管理者面临着哪些挑战？
2. 如何在数字化的基础上，建设全球化人力资源管理系统？
3. 思考跨国公司的员工应进行怎样的配置，请举例说明。
4. 思考外派人员应怎样进行培训，使企业更好地适应本土化，请举例说明。

案例分析

某跨国公司 A 人力资源部门的组织架构

某跨国公司 A 主要从事成套设备的研发、生产和销售工作。公司的主要经营战略包括两个方面：一方面围绕主营业务不断开发周边产品，从以生产销售为主导，转变为提供解决方案的一站式服务；另一方面通过并购外部企业，扩大经营范围。这样的经营策略，不仅会有新的公司被并购进来，还要根据业务需要进行组织重组。

随着进入集团的分/子公司越来越多，人力资源部门也变得“越来越复杂”——不同领域的人力资源部门仅仅支持自己业务的管理工作。纵观集团全局，出现了很多内部问题：(1) 无法及时准确地将总部的人力资源管理策略下达到各个分/子公司；(2) 即便在一个地区，也会因为不同分/子公司的历史原因，使人力资源管理存在不同的政策；(3) 整体管理效率不高，很多重复性工作不能实现集约化。

为此，集团从总部开始梳理内部组织流程。业务上按照产品和区域两条线施行矩阵管理。人力资源部门施行统一的“三支柱”管理模式。从总部到各个区域，再到各个地区的分/子公司逐层梳理各个职能领域的汇报关系。本章主要介绍薪酬管理部门的实际架构。

首先我们看一下人力资源管理在全球的组织结构设计。这是一个典型的“三支柱”模型。

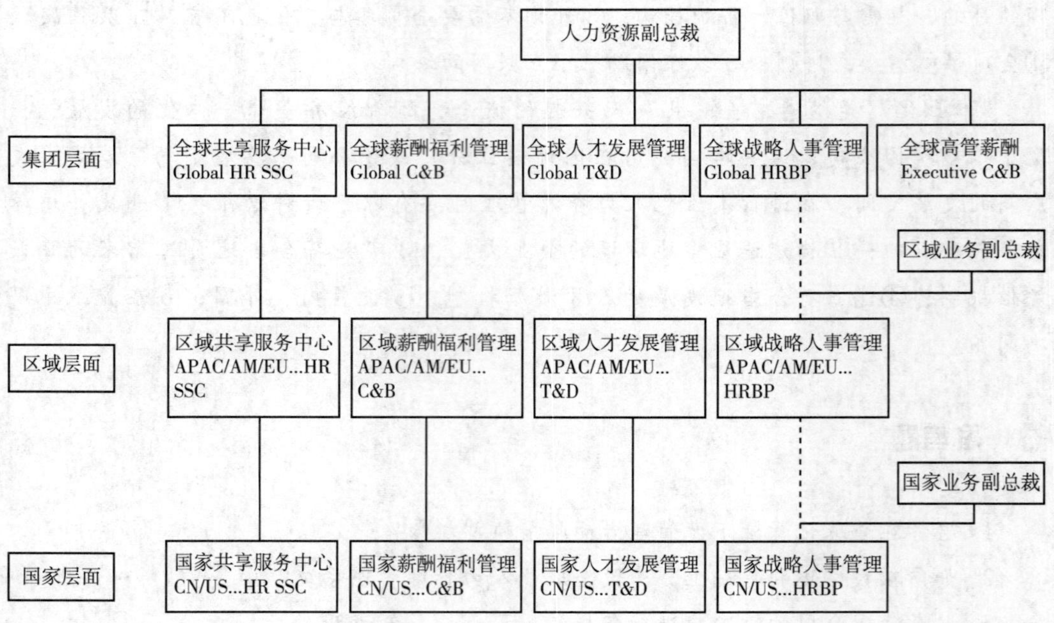

纵向看：集团人力资源管理按照地域范围划分为全球、区域、国家三个层级。为了便于从上至下地贯彻执行各项政策，集团设立几个区域办公室——亚太区、欧洲区、美洲区、其他区。

横向看：每个层面都是按照不同的功能模块划分为不同职能部门的。从总部到地方，基本上都是采用实线的汇报关系。唯独业务部门人力资源（HRBP）的汇报关系不一样——实线汇报给各自的业务经理，虚线汇报给上级 HRBP。这样做的好处是，有利于人力资源管理接近业务部门。

从这样的组织设计可以看出，集团公司重视统一的人力资源管理，充分体现了人力资源部门的“一站式”服务宗旨，有利于提高内部管理效率，降低沟通成本。同时，把人力资源管理的各个职能模块化，使从业者明确各自的职责。在人员数量的配备上，易于比较不同国家、不同区域的人力资源管理人员与其所支持的全体员工的比例关系，通过人员配比关系控制公司支持人员的数量增长，降低内部管理成本。

资料来源：思想会．某跨国公司人力资源部门的组织架构．(2020-11-18)［2021-06-10］. https://www.163.com/dy/article/FRNCBLJT0544E5T4.html.

参考文献

[1] 李芝山. 关键事件法在员工绩效管理中的规范应用 [J]. 中国集体经济, 2008, 000 (022): 65-66.

[2] 于秀芝. 人力资源管理: 第3版 [M]. 北京: 中国社会科学出版社, 2006.

[3] 张呈琮. 人力资源管理概论 [M]. 杭州: 浙江大学出版社, 2010.

[4] 王萍, 付滨, 金岳祥, 等. 人力资源管理: 第2版 [M]. 杭州: 浙江大学出版社, 2012.

[5] 胡阳. 基于生命周期理论的中小企业招聘策略研究 [J]. 知识经济, 2017 (19): 90-91.

[6] Zoho云服务. 如何建立一套完整的数字化招聘策略 [EB/OL]. (2020-06-05) [2021-06-16]. https://baijiahao.baidu.com/s?id=1668647675570344136&wfr=spider&for=pc.

[7] 游金会. 基于胜任力的Y公司员工招聘体系优化研究 [D]. 东华大学, 2018.

[8] 荣佳怡. XF集团招聘渠道问题的对策研究 [D]. 华东师范大学, 2019.

[9] 江一帆, 董小燕, 何颖, 等. 面试成功率影响因素分析 [J]. 合作经济与科技, 2019, 608 (09): 76-78.

[10] 李泽惠. 互联网招聘与传统招聘比较研究 [J]. 电子商务, 2019, 229 (01): 95-96.

[11] 王卉. 数字化时代人才招聘的转型与发展 [J]. 中国经贸, 2017 (23): 77.

[12] 王丽娟. 招聘与录用: 第2版 [M]. 北京: 中国人民大学出版社, 2018.

[13] 任康磊. 人力资源量化管理与数据分析 [M]. 北京: 人民邮电出版社, 2019.

[14] 林丽, 张建民. 现代人力资源管理 [M]. 北京: 机械工业从出版社, 2018.

[15] 周施恩. 人力资源管理高级教程 [M]. 北京: 清华大学出版社, 2017.

[16] 陈全明. 培训管理 [M]. 深圳: 海天出版社, 2002.

[17] 冯光明. 人力资源开发与管理 [M]. 北京: 机械工业出版社, 2013.

[18] 谌新民．员工培训方案［M］．广州：广东经济出版社，2002.

[19] 考德威尔．新雇员引导［M］．乔宝龙，译．上海：上海财经大学出版社，2001.

[20] 金延平．人员培训与开发［M］．大连：东北财经大学出版社，2013.

[21] 吴睿．企业数字化培训工作现状及应对策略［J］．企业改革与管理，2020（12）：77－78.

[22] 路易斯·R. 戈麦斯·梅希亚．人力资源管理［M］．上海：上海人民出版社，2015.

[23] 陈春花．管理的常识：让管理发挥绩效的7个基本概念［M］．北京：机械工业出版社，2012.

[24] 田磊，叶刚跃．基于吉尔伯特行为工程模型的营业厅绩效提升［J］．电信技术，2018（09）：80－81＋85.

[25] 戴维·帕门特．关键绩效指标：KPI的开发、实施和应用［M］．北京：机械工业出版社，2012.

[26] 付亚和，许玉林．绩效管理［M］．上海：复旦大学出版社，2014.

[27] 赫尔曼·阿吉斯．绩效管理［M］．刘昕，柴茂昌，孙瑶，译．北京：中国人民大学出版社，2013.

[28] 李业昆．绩效管理系统［M］．北京：华夏出版社，2011.

[29] 加里·德斯勒．人力资源管理：第14版［M］．刘昕，译．北京：中国人民大学出版社，2017.

[30] 董克用．人力资源管理概论：第4版［M］．北京：中国人民大学出版社，2015.

[31] 刘昕．人力资源管理：第2版［M］．北京：中国人民大学出版社，2015.

[32] 冉军．人力资源管理［M］．北京：清华大学出版社，2017.

[33] 徐晓珍．基于员工关系的企业和谐管理研究［D］．上海交通大学，2008.

[34] Leat M. Exploring Employee Relations［D］. 1st ed. Ox ford：Butterworth－Heinemann Elsvier Ltd，2001.

[35] Farnham D，Pimlott J. Understanding Industrial relations［M］. 5th ed. London：Pan Books Ltd，1984.

[36] 刘昕．现代企业员工关系管理体系的制度分析：一种全面的战略人力资源管理视角［M］．北京：中国人民大学出版，2004.

[37] 程延园．员工关系管理［M］．上海：复旦大学出版社，2008.

[38] 张锋．把握员工关系管理的拐点［J］．企业改革与管理，2005，000（005）：52－53.

[39] 刘昕，张兰兰．员工关系的国际发展趋势与我国的政策选择——兼论劳资关系、劳动关系和员工关系的异同 [J]．中国行政管理，2013 (11)：58 -62 +101.

[40] 王裕明，吴国庆．劳动关系与争议处理：政策与实务 [M]．北京：北京大学出版社，2008.

[41] 陈维政，余凯成，程文文．人力资源管理：第 4 版 [M]．北京：高等教育出版社，2016.

[42] 左祥琦．学好用好《劳动合同法》[M]．北京：北京大学出版社，2007.

[43] 王胜会．我的第一本 HR 入门书 [M]．北京：人民邮电出版社，2013.

[44] 朱丽．巨人网络：打造"梦幻办公"[J]．中外管理，2015 (03)：54 -55.

[45] 李发海，章利勇．组织发动机 [M]．北京：电子工业出版社，2015.

[46] 李开复．世界因你不同 [M]．北京：中信出版社，2009.

[47] 曹仰锋．海尔转型——人人都是 CEO [M]．北京：中信出版社，2014.

[48] 刘润．互联网 + 小米案例版 [M]．北京：北京联合出版公司，2015.

[49] 白雪．互联网大公司渐成创业黄埔军校 [EB/OL]．(2015 -03 -19) [2021 -06 -16]．https：//tech. huanqiu. com/article/9CaKrnJIzIh.

[50] 乔建，康友兰．东方遇到西方——联想国际化之路 [M]．北京：机械工业出版社，2015.

[51] Moore J F. Predators and prey：a new ecology of competition [J]. Harvard Business Review，1993，71 (3)：75 -84.

[52] 吴建材．商业生态系统及其特征研究 [J]．科技信息，2007 (7)：168 -184.

[53] 钟耕深，崔祯珍．商业生态系统理论及其发展方向 [J]．东岳论丛，2009，30 (6)：27 -33.

[54] 胡岗岚，卢向华，黄丽华．电子商务生态系统及其协调机制研究——以阿里巴巴集团为例 [J]．科学与经济，2009，23 (9)：5 -10.

[55] 陈健聪，杨旭．互联网商业生态系统及其内涵研究 [J]．北京邮电大学学报：社会科学版，2016 (1)：45 -52.

[56] 赵雪晴，高功步．电子商务生态系统协调性优化策略研究——以苏宁云商为例 [J]．电子商务，2015，000 (009)：13 -14.

[57] Kemal A，Delic U. The rise of the intelligent enterprise [J]. ACM Ubiquity，2002 (12)：1 -2.

[58] 施炜．不确定时代的自组织管理 [J]．中国人力资源开发，2015.

[59] Florida R. The Rise of the Creative Class：And How It's Transforming Work，Leisure，Community，and Everyday Life [M]. New York：Basic Books，2002.

[60] Graham P. Mary Parker Follett - Prophet of Management：A Celebration of Writ-

ings from the 1920s [M]. Boston: Harvard Business Press, 1995.

[61] Konczak L J, Stelly D J, Trusty M L. Defining and Measuring Empowering Leader Behaviors: Development of an Upward Feedback Instrument [J]. Educational and Psychological Measurement, 2000, 60 (2): 301 -313.

[62] Rothstein L R. The Empowerment Effort that Came Undone [J]. The Journal of Product Innovation Management, 1995, 4 (12): 347 -348.

[63] Honold L. A Review of the Literature on Employee Empowerment [J]. Empowerment in Organizations, 1997, 5 (4): 202 -212.

[64] Lee M, J. Is Empowerment Really a New Concept [J]. The International Journal of Human Resource Management, 2001, 12 (4): 684 -695.

[65] Spreitzer G M. Social Structural Characteristics of Psychological Empowerment [J]. Academy of Management Journal, 1996, 39 (2): 483 -504.

[66] Blair M M, Stout L A. A Team Production Theory of Corporate law [J]. Virginia Law Review, 1999, 85 (3): 247 -328.

[67] Clarkson M B. A Stakeholder Framework for Analyzing and Evaluating Corporate Social Performance [J]. Academy of Management Review, 1995, 20 (1): 92 -117.

[68] Guest D E, Peccei R. Partnership at Work: Mutuality and the Balance of Advantage [J]. British Journal of Industrial Relations, 2001, 39 (2): 207 -236.

[69] 王辉，武朝艳，张燕．领导授权赋能行为的维度确认与测量 [J]. 心理学报，2008 (12): 1297 -1305.

[70] 孙中伟．从"个体赋权"迈向"集体赋权"与"个体赋能"：21 世纪以来中国农民工劳动权益保护路径反思 [J]. 华东理工大学学报（社会科学版），2013，28 (002): 10 -20.

[71] 欧阳如．"变形虫"式管理模式在公路施工企业里的运用 [J]. 科技风，2010，000 (010): 91 -92.

[72]《互联网时代》主创团队．互联网时代 [M]. 北京：北京联合出版公司，2015.

[73] 李丽娜．坚持"知行合一"的培训体系　阿里巴巴集团学习体系探秘 [J]. 传媒评论，2014，000 (005): 16 -17.

[74] Ulrich D. Human Resource Champions: The Next Agenda for Adding Value and Delivering Results [M]. Boston: Harvard Business School Press, 1997.

[75] 洪流．人力资源产业园运营模式研究——以中国南昌人力资源服务产业园为例 [D]. 江西财经大学，2020.

[76] 樊文．苏州人力资源服务产业园的发展现状、问题及对策研究 [D]. 苏州

大学，2016.

[77] 胡小玲. 人力资源服务专题　人力资源产业园区组织架构及运营模式研究 [J]. 中国劳动，2018，413 (05)：32－34.

[78] 沈海. 宁波市人力资源服务产业园区发展的现状、问题及对策研究 [D]. 宁波大学，2018.

[79] 田永坡，王琦，吴帅，等. 中国人力资源服务产业园发展质量评估研究 [J]. 中国人力资源开发，2020 (10).

[80] 周剑. 本土化人力资源管理 8 大思维 [M]. 北京：电子工业出版社，2013.

[81] 刘宝剑，吴春旭. 中小企业特点及其 ERP 实施的关键问题 [J]. 现代情报，2006，26 (2)：167－168，171.

[82] 张桂英. 科技型小企业特点及人力资源管理对策分析 [J]. 中小企业管理与科技，2010 (4)：64.

[83] 李一凡. 互联网创业型企业人力资源管理特点的分析 [J]. 中国科技投资，2016 (34)：222.

[84] 刘干文，彭海艳，黄姝. "十四五"期间中小企业人力资源管理优化路径 [J]. 中小企业管理与科技 (上旬刊)，2021 (07)：3－5.

[85] 赵贵林. 中小企业人力资源管理存在的问题及对策分析 [J]. 中外企业文化，2021 (02)：37－38.

[86] 张文斌. "互联网＋"下的企业人力资源管理创新 [J]. 中国储运，2021 (09)：142－143.

[87] 彭剑锋. 企业"十四五"人力资源战略规划的十大命题：战略分析与要点把握 [J]. 中国人力资源开发 2020，37 (12)：8－16.

[88] 郭双喜. 优化政府服务，推动中小企业创业创新发展的几点对策 [J]. 区域治理，2019 (6)：39.

[89] 刘昕，柴茂昌. 论政府对中小企业的人力资源管理服务——美国的经验及其对我国的启示 [J]. 经济体制改革，2014 (4)：159－163.

[90] 徐建华. 政府对中小企业的服务职能转变研究——以山东省烟台市为例 [J]. 环渤海经济嘹望，2015 (9)：50－52.

[91] 刘消寒. 政府对中小企业扶持体系的构建 [J]. 社会科学战线，2012 (5)：243－245.

[92] 于北方. 政府为主导的中小企业金融服务体系建立初探——以苏南地区为例 [J]. 当代经济，2015 (30)：58.

[93] 杨斌. 中小企业人力资源管理优化思考——以 A 公司为例 [J]. 中国管理信息化，2021，24 (03)：145－147.